중 국 사 를   움 직 인

1 0 0 대   사 건

주나라부터 중화인민공화국까지

중국사를 움직인 100대 사건

홍문숙 · 홍정숙 엮음

청아출판사

역사의 무게는 무겁다

역사의 무게는 무겁다. 물론 물리적 총량을 나타내는 무게가 아님은 당연하다. 그러나 만약 물리적 측정이 가능하다면 실로 대단한 수치를 기록하지 않을까 하는 생각도 해본다. 말하고픈 역사의 무거운 무게는 당연히 그것의 가치에 대한 것이지, 단순히 오랜 시간의 축적이 아니다. 역사는 인류에게 매우 중요한 의미를 가지며, 인류 사회 발전에 미치는 영향이 지대하다는 것을 강조하기 위함이다.

동서고금을 불문하고 사람들은 유유히 순환하고 반복되는 역사를 거울 삼아 현재의 착오들을 줄이고 발전된 미래를 지향할 것을 한목소리로 주장한다. E. H. 카는 "역사는 과거와 현재의 대화이다."라고 했으며, 바이런은 "미래에 대한 최선의 예언자는 과거이다."라고 했다. 또한 공자는 '온고지신(溫故知新)'이라는 말로 과거를 중시했다. 그렇기에 우리는 역사를 단순히 과거를 기술한 고리타분한 옛이야기로 넘길 것이 아니라 역사를 통해 현재 우리 삶을 반추해 볼 필요가 있다.

《중국사를 움직인 100대 사건》에서는 중국 3천여 년의 유구한 역사를

100개의 사건을 통해 소개한다. 중국사 역시 인류 사회에 대한 기록인지라 어느 사건이든 인간의 희망과 욕망이 묻어나지 않는 것이 없다. 또한 각각의 사건들은 때로는 필연적으로, 때로는 우연적으로 발생해 공통되거나 혹은 상반된 이해관계, 지리적, 문화적 요인 등으로 민족과 시대의 경계를 넘어서 광범위하게 영향을 끼치기도 했다. 마치 중국 역사라는 거대한 유기체가 태어나 성장하는 것처럼 말이다.

역사에 대해 글을 쓴다는 것이 막중한 일임을 알기에, 100개의 사건을 선택하고 기술하는 데 많은 고민이 있었고 조심스러웠음을 밝힌다. 사건의 중요도에 대한 경중이 있겠지만, 타산지석으로 삼을 만한 사건들도 함께 소개하는 데 중점을 두었다.

2013년 1월

엮은이

차 례

Chapter1

주나라부터 진나라까지
고대 중국의 국가들

Chapter2

한나라부터 수나라까지
천하의 분열과 재통일

Chapter3
당나라부터 송나라까지
화려한 문화가 꽃피다

Chapter4
원나라부터 청나라까지
역사의 무대가 확장되다

Chapter5

개혁의 물결과
현대 중국의 성립

일러두기
이 책의 인명 및 지명 등의 표기는 사료에 의거한 한문 음독과 국립국어원 외래어 표기법에 따른 표기를 혼용하여 사용했습니다.

주나라부터 진나라까지

Chapter1 고대 중국의 국가들

기원전 1070년에 무왕이 창건한 주나라는 기원전 770년 평왕이 낙양으로 도읍을 옮기면서 동주 시대를 맞이했고, 동주 시대는 다시 춘추 시대와 전국 시대로 나뉜다. 춘추 시대는 제 환공, 진(晉) 문공, 초 장왕, 오왕 합려, 월왕 구천 등이 패권을 다퉜으며, 전국 시대는 기원전 453년 진(晉)이 한, 위, 조로 분리된 뒤 진(秦), 초, 연, 제가 발흥해 총 7패가 득세했다. 전국 시대는 진(秦) 영정이 천하를 통일하고 진나라 시대가 개막되면서 끝이 났다.

삼감의 난
제후의 반란과 봉건제도의 탄생

> ◁│ **기원전 1046년** 무왕이 상나라를 멸망시키다.
> ◁│ **기원전 1043년경** 무왕이 병사하고 성왕이 즉위하자 주공 단이 섭정을 하다.
> 이에 의심을 품은 관숙, 채숙, 곽숙, 즉 삼감이 난을 일으키다.
> ◁│ **기원전 1038년경** 삼감의 난을 진압하다.
>
> 주나라 무왕은 기원전 1046년에 600년간 지속된 상나라를 멸망시켰다. 무왕은 상나라 유민들을 다스리기 위해 상의 후예인 무경을 파견하고, 자신의 동생인 관숙, 채숙, 곽숙을 제후로 봉해 무경을 감시하게 한다. 그러나 무왕이 사망한 후 주공 단이 왕위를 찬탈할 것을 의심한 관숙, 채숙, 곽숙은 무경과 연합해 반란을 일으킨다. 이것이 바로 삼감의 난이다. 3년에 걸쳐 난을 진압한 주공은 혈연에 기초한 봉건제를 수립하여 주왕을 정점으로 한 피라미드 신분 구조를 완성했다.

상(商)나라는 기원전 1600년경에 탕왕(湯王)이 하(夏) 왕조를 멸망시키고 박(毫)을 도읍지로 정해 세운 나라이다. 하 왕조의 존재에 대한 논란은 계속되고 있지만, '상'이란 글자가 새겨진 갑골문이 발견되고 상나라의 마지막 수도였던 은허(殷墟)의 유물이 발굴되면서 상나라가 실재했다는 것에는 이론이 없다.

상나라는 도읍을 박에서 효(囂), 상(相), 형(邢) 등으로 옮기다가 기원전

1300년경 반경(盤庚)이 은허로 도읍을 옮기기까지 쇠퇴기와 부흥기를 반복하며 약 600여 년 동안 지속되었다. 상나라는 제22대 왕 무정(武丁) 때 최고의 전성기를 누렸는데, 이때 귀방, 강족, 토방, 회이 등의 이민족을 정벌하면서 영토를 넓혔다.

그러나 무정 이후의 왕들은 형편없었으며, 특히 주왕(紂王)은 애첩 달기(妲己)에게 빠져 주지육림(酒池肉林)의 호화로운 생활을 하고, 포락지형(炮烙之刑)으로 충신을 대하는 등 폭정을 행했다. 결국 주왕은 상나라의 멸망을 초래한 폭군이라는 불명예를 얻었다. 주왕을 몰아내고 상나라의 뒤를 이은 것이 주(周)나라이다.

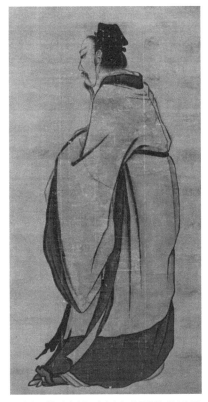

주나라 무왕 상나라를 멸망시킨 뒤 무왕은 1차 분봉을 실시해 일족과 공신들을 제후로 삼는 봉건제를 실시하였다.

주나라는 농사를 관장하는 농경신 후직(后稷)을 시조로 하는 주민족이 세운 나라이다. 상나라 말기 주왕이 회하(淮河) 유역의 회이와 전쟁할 때 주 문왕(文王)은 상나라 타도 의지를 다지고 있었다. 그는 이미 견융, 밀수, 여국, 한국, 숭국 등을 정벌하고, 관중 평원의 요충지인 풍(豐)으로 천도함으로써 상나라와의 일전을 준비했다. 문왕이 상나라와 대치하던 중 세상을 떠나자 문왕에 이어 즉위한 무왕(武王)이 이를 계승하여 서북의 강족과 서남의 강, 파, 촉 등 주변 여러 부족과 연합했다. 드디어 기원전 1046년 무왕은 목야(牧野)에서 상나라 군대와 일전을 치렀고, 상나라를 멸망시켰다.

무왕은 상나라를 멸망시킨 후 도읍을 호(鎬)로 옮기고, 일족과 공신들에게 땅을 분배했다. 이것이 1차 분봉이다. 선왕의 후손들을 초(焦), 축(祝), 계(薊), 진(陳), 기(杞)의 제후로 봉했으며, 태공망(太公望)을 제(齊), 주공(周公) 희단(姬旦)을 노(魯), 소공석(召公奭)을 연(燕)의 제후로 봉했다. 한편 무왕은 상나

태공망 무왕은 주나라를 세우는 데 공헌한 일족과 신하들에게 땅을 하사했는데, 이때 태공망은 제를 하사받았다.

라 주왕의 아들 무경(武庚)에게도 상나라의 도읍지였던 은을 분봉했다. 이는 주나라가 비록 상나라를 상대로 싸워 이기기는 했지만, 상나라의 유민들까지 모두 제압하지는 못했기 때문이다. 무왕은 상나라의 유민들을 다스리기 위해 어쩔 수 없이 상나라의 후예인 무경을 파견해야 했다. 그럼에도 불안이 지속되자 무왕은 무경을 감시하고자 자신의 동생들에게 은 주변 지역을 분봉했다. 이에 관숙(管叔), 채숙(蔡叔), 곽숙(霍叔)을 각각 관(管), 채(蔡), 곽(霍)의 제후로 봉하고 이들을 삼감(三監)이라 불렀다.

그런데 기원전 1043년경, 천하가 안정되기도 전에 무왕이 병사하고 말았다. 이어 태자 희송(姬誦)이 성왕(成王)으로 즉위하자 그의 나이가 어린 탓에 주공 단이 섭정을 하게 되었다. 관숙, 채숙, 곽숙, 즉 삼감은 갑작스런 상황 변화에 불만과 의심을 품으며, 특히 관숙은 자신이 무왕의 동생이고 주공 단보다 형이므로 무왕 사후 왕위가 자신의 것이 될 수 있다고 생각했다. 과거 상나라 때는 왕위를 아들이 아닌 형제에게 물려주는 경우가 종종

있었던 것이다.

결국 관숙, 채숙, 곽숙은 주공 단이 어린 조카의 왕위를 빼앗을 것이라는 말을 사방이 퍼뜨리고, 상나라의 후예 무경과 연합해 반란을 일으켰다. 또한 삼감과 무경의 연합에 동쪽의 회이까지 합세했다. 이를 '삼감의 난'이라 하며, 주공은 이를 진압하는 데 무려 3년이라는 시간을 소요했다. 《후한서》〈동이전〉은 '관숙과 채숙이 주나라를 배신하고, 이적(夷狄)을 끌어들였다'라고 기록했다. 또한 《상서대전》은 '엄군(奄君)과 박고(蒲姑) 등이 상나라의 무경을 꾀어 지금의 주나라 왕은 어리고, 섭정을 맡은 주공은 왕위 찬탈의 의심을 받고 있으니 일을 도모하기에 적합하다고 말했다'라고 전한다. 여기서 엄군과 박고는 동이족을 가리킨다. 과거 상나라의 끈질긴 정벌에도 굳건히 버텼던 동이족은 왕의 교체로 혼란한 시기를 겪고 있는 주나라를 무너뜨리기에 좋은 기회라고 생각했다.

반면 주공 단은 삼감의 난을 엄중하고 위태로운 사건으로 판단하고, 직접 정벌을 단행했다. 주공은 비록 상나라 유민들의 거센 저항으로 진압에 어려움을 겪었으나, 기원전 1038년경 결국 관숙과 무경을 죽이고, 채숙과 곽숙을 형벌함으로써 반란을 잠재웠다.

삼감의 난은 주공 단에게 상나라를 포함한 동쪽 지역에 대한 정벌의 필요성과 통치에 대한 자각을 갖게 했다. 그리하여 그는 낙양(洛陽)에 상나라 유민들을 동원해 낙읍(洛邑)을 건설하고, 동정의 근거지로 삼았다. 이후 삼감의 난에 가담했던 회이, 엄,

주공 단 관숙과 무경을 처형하고, 채숙과 곽숙에게 형벌을 내림으로써 삼감의 난을 직접 정벌한 주공 단은 이후 주나라를 쪼개 수많은 제후들에게 분봉했다.

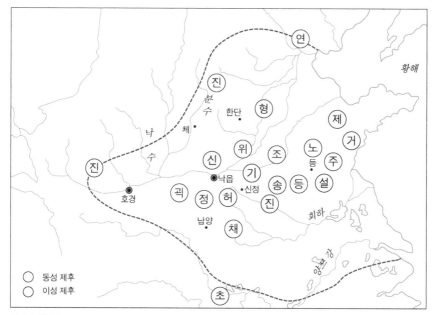

주나라 제후국

박고는 주나라에게 정복당했다. 또한 주공은 상나라 사람들을 뿔뿔이 흩어지게 하여 멀리 송(宋) 땅으로 보내 버리고, 상나라 주왕의 이복형인 미자(微子)를 송의 제후로 봉했다. 여기서 송은 상나라 영역을 둘로 쪼갠 것 중 하나였으며, 나머지 하나는 위(衛)였다. 위의 제후로는 무왕의 막내 동생 강숙(康叔)이 봉해졌다. 이어서 주공은 확대된 봉지를 다시 동성(同姓) 제후에게 분봉했다. 소공의 아들은 연, 성왕의 동생은 진, 주공의 아들은 노를 분봉받았다. 그리하여 주나라 초기에는 호경과 낙읍, 두 개의 도성과 약 56개의 동성 제후국과 약 70개의 이성(異姓) 제후국이 존재했다.

이렇게 두 번에 걸쳐 분봉된 제후국은 기본적으로 주나라 왕과 혈연관계에 있었으며, 그렇지 않은 이성 제후국일 경우에는 혼인을 통해 관계를 다졌다. 이러한 관계는 제후국에도 비슷하게 적용되었다. 제후국은 정치적 자립성을 가지고 있었기 때문에 제후왕은 적장자에게 제후 자리를 물려줄 수 있었으며, 그 외의 아들을 경(卿), 대부(大夫)로 삼아 분봉할 수도 있었다. 제후와 경, 대부의 관계는 왕과 제후의 관계와 비슷하게 혈연을 기초로 했던 것이다. 이리하여 주나라는 혈연에 기초한 종법(宗法) 관계로 맺어진 봉건제를 수립했다. 대대로 주왕은 대종(大宗), 아우들은 소종(小宗)이었다. 이는 제후국도 마찬가지여서 제후는 대종이며, 제후의 아우들은 소종이었다. 결국 주나라는 주왕을 정점으로 한 피라미드 형태의 신분 구조를 형성했다. 이러한 구조 때문에 제후국은 언제나 주나라의 명에 복종해야 했으며, 전쟁 시에는 군사를 보내고, 일정한 공물을 바쳐야 했다. 즉 제후국은 주나라 왕실을 보호할 의무를 지게 된 것이다.

역사적으로 제, 노, 진, 연, 위 등이 주나라 보호국으로서 중요한 역할을 했다. 태공망이 제후왕이었던 제는 동이족을 막아 주었고, 주공과 그의 아들 백금이 제후왕이었던 노는 회이와 서융의 반란을 진압했다. 또한 항상 오랑캐가 출몰하던 서쪽 지역의 진은 제후왕 숙후가 지켜 냈으며, 주나라의 동북쪽에 위치한 연은 융의 침입을 방어했고, 위는 상나라 유민들이 반란을 일으키지 않도록 했다.

주나라는 서양 중세의 계약적 봉건 제도와는 달리 혈연에 기초한 종법적인 봉건제를 만들었다. 그러나 시간이 지나면서 주나라 봉건제의 왕실에 대한 충성도는 점차 약화되었다. 이는 초기의 혈연관계가 소원해지고, 주나라 왕실이 제후에게 분봉할 땅이 줄어든 반면, 제후국은 강성해졌기 때문이다. 인간의 권력을 향한 욕망은 피보다 진했던 것이다.

BC 770

제자백가 출현

중국 전통을 확립하다

> **기원전 551년** 유가를 창시한 공자가 탄생하다.
> **기원전 320년경** 공자의 사상을 접하고 감화된 맹자가 여러 나라를 주유하다.
> **기원전 233년** 법가 사상을 집대성한 한비자가 생을 마감하다.
>
> 춘추전국 시대는 중국 역사상 사상적으로 가장 풍요로웠던 시대이다. 이
> 시대에 공자, 맹자, 노자 등 제자백가들이 등장해 자신의 학파를 전파하고
> 제자를 양성하며 중국 전역을 주유했다. 이때 태동한 여러 사상들은 오늘
> 날까지 동아시아에 정치, 사회, 문화적으로 큰 영향을 미치고 있다.

    기원전 770년부터 기원전 221년까지를 일컫는 춘추전국 시대는 사회 전
반에 큰 변혁이 일어난 시기였다. 우선 정치적으로는 종법적 봉건제가 붕
괴되고, 사회적으로는 씨족 질서가 해체됨에 따라 혼란과 분열의 양상을
보였다. 하지만 춘추전국 시대는 문화, 특히 사상적으로 중국 역사상 가장
풍요로웠던 시기였다. 이것은 제자백가(諸子百家)의 등장으로 가능했으며,
이들에 의해 중국의 전통적 성격이 형성되었다.

기존 질서가 붕괴하면서 각 제후국들은 독자적으로 주 왕조를 제치고 천하를 움직이고자 하는 의도를 품기 시작했다. 이에 각국 군주들은 급변하는 정세에 맞춰 부국강병을 이룩하기 위해 경쟁적으로 인재를 등용했다. 엄격한 신분 질서에 금이 가자 귀족들은 더 이상 혈연을 신분 보장제로 생각하지 않았으며, 신분 이동이 가능하다고 생각하는 자들도 속출하기 시작했다. 결국 개인의 능력이 신분을 결정한다는 인식이 널리 퍼졌다. 게다가 자신들의 사상으로 변혁의 시대에 맞는 새로운 나라가 세워지길 원했던 제자백가가 자신의 학파를 전파하는 데 애쓰면서 학문의 기회가 평민에게까지 확산되었다. 이로써 제자백가의 활동은 더욱 활발해졌다.

제자백가는 자신의 정치적 주장들을 펼치고자 제후국들을 떠돌며 제자들을 양성했다. 제자들은 서책을 편찬하고, 자신의 사상을 민간에 전파하기도 했다. 당시 제자백가는 과거 상주 시대의 신비주의, 주술과 마력의 사고에서 벗어나 인간을 중심으로 한 합리적인 사상을 펼쳤다. 즉 인간 삶에서 신을 분리하고, 인간의 의지가 운명을 결정짓는다고 생각했다. 또한 불완전하기는 했으나 자연의 원리를 합리적으로 파악하려는 움직임도 나타났다. 그리하여 최소한 하늘을 신과 동일시하거나 신이 살고 있는 곳으로 여기지 않고, 자연의 일부분으로 인식했다. 제자백가의 인간 중심 사상은 어떻게 해야 더욱 인간다운 삶을 살 수 있을까 하는 고민으로 이어졌으며, 이는 제자백가가 정치에 참여하는 계기가 되었다. 제자백가는 자신들의 사상으로 현실 정치의 문제점을 해결하고 더 나은 세상을 구현할 수 있으리라 생각했다.

제자백가의 제자와 백가는 수많은 학자와 학파를 의미하지만, 기록에는 약 14개 정도가 남아 있다. 제자백가에 대한 최초의 기록은 《사기(史記)》

유가 학파를 성립한 공자 춘추 시대 공자가 창시한 유가는 인의와 예악을 중심으로 하며, 전국 시대 맹자에 의해 발전되었다.

에 나타나며, 유가(儒家), 묵가(墨家), 명가(名家), 법가(法家), 도가(道家), 음양가(陰陽家) 등이 기록되어 있다. 《한서(漢書)》〈예문지(藝文志)〉는 《사기》의 기록에 더하여 종횡가(縱橫家), 잡가(雜家), 농가(農家)를 포함하고 소설가(小說家)를 더했다. 또한 병서가(兵書家), 수술가(數術家), 방기가(方技家), 병가(兵家), 의가(醫家) 등도 등장하기 때문에 이를 제자백가에 포함시키기도 한다. 이들 제자백가는 각자의 입장에서 사회와 인간의 삶에 대한 사상과 학문을 제기했고, 같은 학파조차 시대와 장소에 따라 각기 다른 특성들을 보였다.

　제자백가의 시작은 유가의 창시와 맞물린다. 유가는 춘추 시대에 공자(孔子)에 의해 창시되었으며, 인의(仁義)와 예악(禮樂)을 중심으로 한 교화를 주장했다. 여기서 인의는 인간을 사랑하는 마음이며, 예악은 그것을 표현하는 방법으로, 공자는 주로 인간의 삶을 이끄는 데 치중했다. 유가는 춘추 시대의 증자와 자사, 자하를 거쳐 전국 시대의 맹자(孟子)와 순자(荀子)에 의해 계승, 발전되었다. 맹자가 공자의 인(仁) 사상을 계승하여 정치를 이끄는 데 치중했던 반면, 순자는 예(禮) 사상을 계승하여 후에 법가의 탄생에 영향을 주었다.

　법가는 한비자(韓非子)가 신불해(申不害)와 신도(慎到), 상앙(商鞅)의 학설들을 종합하여 집대성한 것으로 유가가 제창한 인의와 예악의 교화로 세상을 다스리는 것을 불가능하다고 여겼다. 그리하여 법가는 오로지 법률을 치국의 기준으로 삼았다. 여기서 법은 만인에게 적용할 수 있는 보편적인 성문법의 일종으로, 모든 사람들은 이 법을 존중해야 하며, 지위고하를 막론하고 평등하게 적용되어야 한다고 했다. 또한 상벌을 동시에 진행하여 공이 있으면 상을 주고 죄가 있으면 반드시 벌을 받아야 한다고 주장했다. 법가는 군주에게 절대적인 권위를 부여했는데, 그것이 술(術)과 세(勢)이다. 술은 군주가 신하에게 임무를 주고 그것을 감독하는 것으로, 상벌이 존재했다. 또한 세는 군주가 권위와 세력을 유지하는 것으로, 군주는 반드시 도덕적으로 완벽할 필요가 없으며 군주의 권위는 어떠한 경우에도 위협받지 않는다는 것이다. 때문에 법가는 강력한 통치력을 원하는 군주들에게 크게 환영받았다.

　유가에 이어 묵적(墨翟, 묵자)에 의해 묵가가 일어났다. 묵자는 유가에서 학문을 시작했지만, 유가에 대한 실망으로 독자적인 일파를 일구었다. 묵가는 겸애(兼愛), 상동(尚同), 상현(尚賢), 비공(非攻), 비유(非儒), 비악(非樂) 등으로 요약된다. 묵자는 세상이 모순되고, 혼란스럽고, 전쟁이 계속되는 것은 서로가 사랑하지 않기 때문이라고 생각했다. 따라서 그 해결책으로 모든 사람을 차별 없이 사랑하는 겸애를 주장했으며, 이는 자연스럽게 남을 공격하지 말라는 비공으로 이어졌다. 아울러 신분을 세습할 것이 아니라 능력이 뛰어나고 어진 이가 사회적 지위를 누려야 하며, 아랫사람은 윗

유교, 도교, 불교가 하나임을 의미하는 송나라 시대 그림 유가, 도가 사상은 후대에 이르러 일부가 종교화되기도 하였다.

사람에게 절대적으로 복종해야 한다고 보았다. 이것이 상현과 상동이다. 또한 수공업자 출신이었던 묵자는 당시 귀족층에 대해 부정적인 시각을 가지고 있었기 때문에 사치가 심했던 예악을 반대했다. 특히 그는 유가에서 중시하는 장례 비용을 줄일 것을 주장했다. 그러나 묵가는 당시 정세에 비추어 개혁적이고 극단적인 면이 있어 위정자들이 받아들이기에는 다소 무리가 있었다.

명가는 묵가가 어휘에 대한 엄격한 개념 규정의 중요성을 강조한 데에서 비롯된 일종의 논리학이다. 명가는 혜시(惠施)와 공손룡(公孫龍)에 의해 발전했는데, 혜시는 장자와 여러 차례 변론을 펴기도 했다.

도가는 노자가 창시했으며, 장자에 의해 계승되었다. 도가는 유가, 법가와 달리 모든 형식적인 것들에 반대하여 천지 만물의 근원인 도의 존재와 무위자연을 주장했다. 무위(無爲)를 통해 통치하는 자를 현명한 통치자로 여겼으며, 이상적인 국가를 소국과민(小國寡民)의 원시적 공동체로 삼았다.

한편 종횡가는 외교술을, 잡가는 제자백가를 집대성했고, 농가는 농업 기술을, 소설가는 문학 창작을, 병가는 군사 사상을, 음양가는 현학 사상을 주로 연구했다.

춘추전국 시대의 제자백가는 한곳에 머무르지 않고, 여러 나라를 두루 돌아다니며 자신들의 학파를 선전했다. 유가 사상의 공자와 맹자는 노나라를 벗어나 자신의 정치적 입장을 주장했으며, 도가 사상은 초나라에서 유행했고, 묵가 역시 각지로 흩어졌다. 또한 각 학파는 자신의 학설을 전파하기 위해 저서 편찬에도 심혈을 기울였다. 하지만 이들의 저서 대부분은 본인이 쓴 것이 아니며 제자들에 의해 저술, 편찬된 것이 많았다. 활발한 제자백가의 저술 활동은 후에 문학 발전에 기여했으며, 특히《맹자》,《장자》,《한비자》,《좌전》의 문장이 뛰어나다는 평을 듣고 있다.

BC 651

규구의 회맹
강한 제후국들의 시대

> ◁ **기원전 656년** 제나라가 초나라 정벌에 나서다.
> ◁ **기원전 651년** 제 환공이 규구의 회맹을 통해 첫 패자가 되다.
> ◁ **기원전 632년** 진 문공이 천토에서 회맹하고 제나라에 이어 패자가 되다.
>
> 춘추 시대 가장 먼저 융성한 정나라에 의해 주나라의 권위가 실추되고, 정
> 나라 역시 좁은 영토 등의 한계로 패권을 잃은 후 제나라, 진(晉)나라, 초나
> 라가 등장해 춘추 시대의 질서가 확립되었다. 안정된 내치를 이룩한 동쪽
> 의 제나라와 활발한 북진을 펼친 남쪽의 초나라가 두각을 나타냈으며, 초
> 나라의 북진을 막고자 제나라는 초나라 정벌에 나섰다. 제나라는 초나라의
> 북진 의지를 좌절시킨 후 송나라 규구에서 회맹을 하고 패자가 되었다. 제
> 환공 사후 춘추 시대의 패권은 진(晉)나라로 넘어갔다가, 다시 초나라 장왕
> 이 진을 토벌하면서 춘추 시대의 패자가 되었다.

기원전 770년, 서쪽에서 이민족 견융(犬戎)이 침입하자 주 평왕(平王)이
안전한 낙읍으로 수도를 옮기면서 동주 시대가 시작되었다. 그러나 동주
시대의 주 왕조는 이미 정치, 군사적으로 위용을 잃은 상태였다. 실권은 강
력한 제후국들에게 넘어갔으며, 이 시기를 춘추 시대라 일컫는다.

과거 주나라 초기에 천여 개 정도였던 제후국은 시간이 지나면서 합쳐
져 춘추 시대 초기에는 그 수가 100~200개 정도에 이르렀다. 그중 제법

영향력을 가지고 있던 제후국으로는 제(齊), 노(魯), 위(衛), 정(鄭), 송(宋), 진(陳), 채(蔡), 진(晉), 진(秦), 초(楚), 오(吳), 월(越) 등이 있었다. 이들 춘추 시대 제후국 사이에서는 점차 주 왕조를 중심으로 하는 봉건 질서가 실종되었으며, 대신 '패자(霸者)의 회맹(會盟)'이라는 새로운 질서가 등장했다. 이는 제후국 중에 가장 강력한 패자가 다른 제후국들을 불러 모아 맹약을 맺는 것으로 패자는 회맹을 통해 힘과 권위를 확인했으며, 중원의 질서를 규정했다.

춘추 시대에 가장 먼저 두각을 나타낸 것은 정나라였다. 낙읍 근처에 자리한 정나라는 영토가 작고 분봉도 비교적 늦었으나, 정 장공(莊公)이 즉위한 후 강성해지기 시작했다. 정 장공이 전쟁에서 연달아 승리하자 노, 제, 진 같은 제후국들이 우호적인 입장을 취했고, 이때부터 정 장공은 주 왕조를 무시했다.

정 장공의 득세에 부담을 느낀 주 평왕은 장공의 권한 절반을 괵공(虢公)에게 주어 정나라를 견제하고자 했다. 하지만 정 장공의 힐난에 못 이긴 주 평왕은 오히려 태자 호를 정나라에 인질로 보내야만 했다. 정나라와 주왕조 사이에 생긴 틈은 주 환왕 때 이르러 더욱 악화되었다. 주 환왕이 정나라의 모든 권한을 괵공에게 주려고 하자 불만을 품은 정 장공은 채나라를 시켜 주나라의 곡식을 약탈했고, 주 환왕은 정 장공이 알현할 때 예우로써 대하지 않고 함부로 했다. 이후 장공은 주 환왕을 알현하지 않았으며, 주 환왕은 이것을 정나라 토벌의 명분으로 삼았다.

기원전 707년, 주 환왕은 채나라, 위나라, 진나라와 함께 정나라 정벌에 나섰으나 패하고 말았다. 심지어 그는 후퇴하던 중 정나라에서 쏜 화살을 맞는 굴욕을 맛봐야 했다. 이로써 정 장공의 위세는 더욱 높아졌고, 주 왕조의 권위는 극도로 실추되었다. 그러나 정나라는 영토가 좁고, 국력을 증강시키는 데도 한계가 있어 정 장공의 패권은 지속되지 못했다. 정나라 이후부터는 영토가 넓고, 강한 국력을 가진 제와 진(晉), 초 등이 등장해 춘추 시대의 새로운 질서를 확립했다.

먼저 동쪽의 제나라가 강국으로 대두됐다. 제나라는 주 왕조가 태공망에게 분봉한 나라였다. 기원전 685년, 재상으로 등용된 관중(管仲)은 넓은 영토를 바탕으로 자원과 철광석을 개발하고, 소금 사업으로 재정을 안정시켰다. 또한 전국을 21향(鄕)으로 재편했으며, 정전법을 현실적으로 고쳐 생산량을 증대시켰다. 게다가 인재 등용에도 차별 없이 공평함을 유지했다. 관중이 안정된 내치로 제나라의 부국강병을 이룩하자 제 환공은 이를 바탕으로 적극적인 대외 활동을 전개했다. 당시 북쪽의 융과 적이 연나라와 위나라를 침입하자 제 환공은 관중이 제시한 존왕양이(尊王攘夷)에 따라 그들을 몰아냈다. 존왕양이는 이민족의 침입으로부터 주 왕조를 보호한다는 것이었다. 제나라가 연나라와 위나라를 구출함으로써 제후국 사이에서 제나라의 권위는 높아졌다. 그러나 제나라를 완전한 패자라고 인정하기에는 여전히 시기상조였다. 남쪽의 초나라가 위협이 될 정도로 성장했기 때문이다.

초나라는 정나라가 등장한 지 얼마 되지 않아 강국으로 떠올랐다. 주나라 초기에 초는 자작의 신분이었으나, 기원전 704년 웅통(熊通)이 스스로 무왕이라 칭했다. 그리고 기원전 690년 무왕의 뒤를 이은 문왕이 영(郢)으로 천도하여 국력을 키우면서 북진을 추진했다. 그리하여 성왕(成王, 재위 기원전 671~기원전 626) 때에는 중원에 위협이 될 정도였다. 마침내 초나라가 기원전 658년 정나라를 침입하자 북쪽의 제나라를 중심으로 한 제후국

회맹하러 가는 환공

들과 남쪽의 초나라가 대립하는 춘추 시대 남북 대립의 장이 형성되었다.

중원의 송, 진(陳), 위, 정, 허(許), 조(曹) 등의 제후국들은 제나라가 초나라의 진군을 막아 주길 기대했다. 기원전 656년, 제나라는 두 가지 구실을 들어 초나라 정벌에 나섰다. 첫째는 초나라가 주나라에 공납을 제대로 하지 않았다는 것이었고, 둘째는 서주 시대 소왕(昭王, 재위 기원전 996~기원전 977)이 남방 원정 중 행방불명된 것에 책임이 있다는 것이었다. 하지만 당시 제나라와 초나라의 세력은 서로를 압도할 정도로 강하지 못해 승패를 예측하기가 어려웠다. 이에 먼저 화친을 신청한 것은 초나라였다. 결국 제나라와 초나라는 소릉(召陵)에서 강화를 맺었다. 제나라는 초나라를 완전히 굴복시키지는 못했으나 초나라의 북진 의지를 좌절시키고, 패자로서의 위신을 지켰다는 소득을 얻을 수 있었다.

기원전 651년, 제 환공은 제후국들에게 제나라가 패자라는 사실을 공고히 하고자 했다. 이에 제 환공은 송나라 규구(葵丘)에 제후국들을 모아 회맹을 하고 춘추 시대의 첫 패자가 되었다. 회맹(會盟)이란 제후 사이에 어떤 문제가 발생했을 때, 이 문제를 회의에 올려 결론을 낸 후 그 결론에 따라 실행하는 것이다. 제 환공은 규구의 회맹에서 공동 조약을 체결했다. 그 내용은 적자를 폐하고 서자를 세우지 말 것, 불효한 자는 죽일 것, 첩을 정실로 삼지 말 것, 노약자를 보호할 것, 빈객과 여행자를 살필 것, 사의 관직은 세습하지 말 것, 대부를 함부로 죽이지 말 것, 다른 나라에 해가 되는 수리 공사를 하지 말 것, 흉년이 들었을 때 곡물 파는 것을 금하지 말 것 등이다.

춘추 시대 패자의 위치는 제 환공이 죽은 뒤 진(晉) 문공(文公, 재위 기원전 635~기원전 628)에게 넘어갔다. 기원전 632년, 초나라가 진(陳), 채, 정, 허의 연합군과 함께 송나라를 공격하자, 진 문공은 황허를 건너 위나라와 조나라를 항복시킨 후 제나라와 진(秦)나라, 송나라와 초나라를 공격했다. 진 문공은 초나라를 성복(城濮)으로 유인하여 격파하고 돌아오는 길에 천토(踐土)에서 회맹했다.

이후 초나라 장왕(莊王)이 필(邲)에서 진(晉)을 토벌하여 패자가 되었으나, 초는 중원의 제후들과 달리 회맹을 하거나 주 왕조에게 전리품을 바치지 않았다. 당시 초나라는 중원 제후국들이 명목상으로나마 주 왕조를 존중한 것에 반해 남방의 이민족다운 독립성과 문화를 보였기 때문이다.

초나라 이후 진(秦) 목공(穆公), 월(越) 구천(句踐) 등이 패자를 계승했으니, 이들을 일컬어 춘추오패라고 한다. 혹은 춘추오패에 월왕 구천 대신 송 양공(襄公)을 넣기도 하는데, 이는 제나라의 패업이 약해진 뒤에 송 양공이 스스로 패자라 칭하고 초나라와 싸우다 대패한 뒤 전사했기 때문이다.

《도덕경》의 탄생

노자가 창시하고 장자가 발전시킨 은둔의 철학

◁ _◢│ 기원전 4세기 《도덕경》이 편찬되다
◁ _◢│ 기원전 369년 도가 사상을 계승한 장자가 태어나다

《도덕경》은 노자의 사상이 담겨 있는 저술로, 도(道)를 중심으로 만물의 기원, 도덕, 정치, 철학 등의 사상을 집대성한 책이다. 이 저술이 노자의 실제 저서인지에 대해서는 의견이 분분하지만, 200년 후 전국 시대 때 장자에 의해 계승, 발전했다. 장자의 사상은 노자의 사상과 함께 '노장' 사상으로 불리며, 절대 자유를 추구하는 사상, 현실 도피 사상, 은둔 사상 등 다양하게 인식되는 한편, 중국 역사상 은둔자의 철학으로 발전했다.

노자가 만년에 푸른 소를 타고 함곡관을 지나려 할 때 관지기 윤희가 그를 존경하여 한 권의 책을 얻고자 거듭 간청하니, 노자는 그곳에 머물면서 도를 설파하고, 단숨에 5천 자에 이르는 책을 써 주었다.

사마천의 《사기》에 기록된 《도덕경(道德經)》이 편찬된 경위이다. 일명 《노자》라고도 하는 《도덕경》에는 도가 사상의 창시자인 노자의 모든 사상이 담겨 있다.

　노자는 초나라 고현 출신으로 이름은 담(聃), 자는 백양(伯陽)이며 주나라 왕실의 장서 관리자였다고 알려져 있다. 하지만 생몰 연대가 불분명하고, 행적에 대한 기록이 거의 없기 때문에 그의 이름과 생애에 대해 여러 가지 견해가 존재한다. 그를 노래자(老萊子), 태사담(太史儋)으로 부르기도 하며, 노자가 정치적 원인으로 노나라로 망명했을 때 당시 17세였던 공자가 그에게 주례(周禮)에 관한 질문을 했다고 하여 공자보다 20세 정도 연상이라고 보기도

도가 사상의 창시자 노자 초나라 출신인 노자에 대한 기록이 거의 없으므로 그의 생애에 대해 의견이 분분하다.

한다. 또 어떤 이는 《도덕경》을 전국 시대의 저술로 여기고 노자를 전국 시대 인물이라고도 한다. 심지어 노자의 실재를 부정하는 학자까지 있으며, 노자에 대한 분분한 설로 인해 《도덕경》의 실제 저자가 노자인지 아닌지에 대해서도 논란이 분분하다. 즉 《도덕경》의 저자를 노자로 보는 견해

와 전국 시대의 도가 유파들이 지었다는 견해가 상존한다.

《도덕경》은 상과 하, 두 편으로 나누어져 있으며, 상편 〈도경(道經)〉은 37장, 하편 〈덕경(德經)〉은 44장으로 총 81장이다. 모든 글은 간단한 운문체로 되어 있어 의미가 다양하게 해석되며, 도교 신자들은 후에 이것을 주문으로 외우기도 했다. 일부 학자들은 철학적 입장에서 전략, 전술을 다루고 있다고도 본다.

《도덕경》에서 볼 수 있는 노자의 사상은 철학 사상과 정치 사상으로 분류할 수 있다. 노자의 철학 사상 중심에는 도(道)가 있다. 《도덕경》에서는 도를 이렇게 설명한다.

> 도라고 말할 수 있는 도는 참된 도가 아니다. 이름을 지어 부를 수 있는 이름은 참된 이름이 아니다. 이름이 없는 것이 천지의 시초이고, 이름이 있는 것이 만물의 어머니이다.

노자는 도를 만물의 기원으로 지칭했으며, 그것에 이름을 붙일 수 없지만 그것을 굳이 명명해야 한다면 '도'라고 했다. 또 노자는 도를 '무(無)'라고도 했다. 여기서 무는 존재를 부정하는 의미가 아니라 상대적인 성격을 갖지 않는다는 것이다. 즉 무는 절대적이고 무한한 힘을 가지고 있다. 《도덕경》은 '천하 만물은 유에서 나오고 유는 무에서 나온다'라고 적고 있다. 노자는 무에서 유가 생성되고, 유가 다시 무로 돌아가는 원리에 따라 만물이 생성되고 멸한다고 보았다. 또한 만물의 생성은 의식적인 것이 아니라 불변의 법칙에 따라 무의식적으로 이루어지는 무위(無爲)의 원리에 따르며, 인간도 천지 만물의 구성체인 만큼 무위를 따르는 것이 당연하다고 여겼다. 이것이 바로 노자의 정치 사상이다.

노자는 무위를 통한 지배를 강조해 사회 진보는 혼란을 야기할 뿐이고, 생산의 발전은 인간의 탐욕을 부추길 뿐이며, 탐욕은 전쟁의 원인이라고 했다. 또한 문화는 지식의 발전을 가져오고, 이는 결국 전쟁에 이용될 뿐이라고 주장하면서 문명이 없던 시대, 어리석을 정도로 순박한 자연 상태로 돌아가야 한다고 주장했다. 그리하여 탄생한 노자의 이상적 국가 형태가 '소국과민(小國寡民)'이다.

> 백성에게 문자 대신 새끼를 꼬아서 뜻을 전달하게 하고, 백성은 스스로 만든 음식을 맛있어 하며, 스스로 짠 옷을 입으며, 내 집에 살면서 편안함을 느끼며, 예부터 해온 것들에 만족한다. 이마에 손을 얹고 보면 이웃나라가 들어오고, 닭이 우는 소리, 멀리 개 짖는 소리가 들릴 정도로 가까이 있어도 백성들은 늙어 죽을 때까지 서로 오가는 일이 없다.

이처럼 인구가 적고 작은 나라가 노자의 이상국이었다. 이러한 노자의 주장은 현실에 대한 실망에서 비롯된 것이었는데, 이 주장은 통치자들의 신랄한 비판을 피할 수 없었다. 당시는 크고 강한 것이 작고 약한 것을 지배하는 약육강식, 적자생존의 사회였기 때문이다.

노자의 사상은 약 200년 후 전국 시대 장자에 의해 계승, 발전되었다. 장자는 노자와 함께 '노장'으로 불리는 도가의 대표 사상가로, 그의 일생에 대해 알려진 바는 적으나 저서인 《장자》는 도가의 핵심 경전으로 유명하다. 《장자》는 총 33편이 전해지며, 크게 〈내편〉, 〈외편〉, 〈잡편〉으로 나누어진

도교 스승들이 황제에게 《도덕경》을 바치는 모습 도가 사상은 한나라 시대에는 황로 사상이라는 이름으로 정치, 군사에 적용되었으며, 일부는 후한 시대에 도교로 발전했다.

다. 《장자》는 우언 형식을 띤 글들이 대부분이며 문학적 상상력과 표현력이 우수하여 문학책으로 간주되기도 한다.

장자 역시 도를 우주 만물의 원천이라 여겨 《장자》에 '도란 무엇인가? 그 어떤 것에서도 생겨나지 않으며 그 어떤 것에도 의존하지 않아서 그 자체가 근원적인 존재이며, 하늘과 땅이 열리기 전 아주 오래전부터 존재했다'라고 기술했다. 장자는 인위가 세상 모든 싸움의 원인임을 지적하고, 언어와 지식을 부정했다. 또한 세상에 존재하는 모든 가치관과 판단을 거부하고, 심지어 자기 자신을 잊고 천지 만물과 혼연일체를 이룰 것을 주장했다. 이를 이룬 자를 지인(至人)이라 일컬었으며, 지인만이 절대 자유의 세상을 살 수 있다고 했다.

도교로 발전한 도가 사상 노자의 사상은 《도덕경》을 기반으로 하여 도교로 발전했다.

　　노자와 장자로 대표되는 도가 사상은 자유를 추구했다. 자유는 절대적
이며, 누구라도 도를 깨닫기만 하면 절대 자유에 도달할 수 있다고 보았
다. 그러나 도가 사상은 절대 자유를 추구하는 사상이기도 했지만, 현실에
서 벗어나고자 하는 '현실 도피 사상', '은둔의 사상'으로 인식되기도 했다.
따라서 도가 사상은 중국 역사 속에서 귀족과 지식인들에게는 패배자, 은
둔자의 철학으로 여겨지며 발전했고, 어렵고 추상적인 면이 있어 이해하
기 어려운 백성들에게는 종교를 떠올리게 했다.

　　도가 사상은 한(漢)나라의 개국과 함께 위정자 사이에서 황로 사상이라
는 이름으로 유행하기도 했다. 황로 사상은 황제(黃帝)와 노자의 준말로,
노자의 사상이 정치나 군사에 적용된 것을 일컫는다. 한나라 개국 초기에
는 계속된 전쟁으로 백성의 삶이 피폐해졌다. 따라서 백성들을 위로하고,
그들이 더 잘살 수 있는 환경을 만들어 주는 것이 절실했다. 조참, 진평, 전
숙, 급암, 직불의, 사마담 등이 황로 사상의 대가들에게 교육을 받았으며,
한 문제(漢文帝), 문제의 황후 두씨, 두씨 일가, 한 경제(漢景帝)도 황로 사상
을 배웠다. 하지만 한나라 중기에 사회와 경제가 발전하면서 사회적 모순

과 민족 갈등이 격화되고 정치 상황이 복잡해지자 도가 사상은 더 이상 통치 사상으로 적합하지 않았다. 이에 유가에게 그 자리를 내주고 말았다.

한편 도가 사상의 한 줄기는 후한 시대에 도교로 발전했다. 당시 장릉(張陵)이 오두미도(五斗米道)라고도 불렸던 천사도(天師道)를 만들었는데, 이것이 도교의 출발이었다. 이들은 노자를 시조로 하고, 《도덕경》을 경전으로 삼았다. 이후 도교는 불교와 결합하여 민간 신앙으로 발전해 현실의 고난

장릉 천사도를 창시한 인물. 천사도는 노자를 시조로 하며 《도덕경》을 경전으로 삼았으니, 이것이 곧 도교의 시작이었다.

을 비판하고, 새 세상을 원하는 민중의 바람에 힘을 보태기도 했다. 그리하여 중국 역사상 도교의 영향을 받은 민중 봉기가 다수 일어났다.

BC 520 혹은 497

유가 학파 창시
중국의 전통 문화를 집대성하다

> ◁ **기원전 551년** 유가를 창시한 공자가 춘추 시대에 주나라 제후국인 노나라에서 태어나다.
> ◁ **기원전 479년** 공자가 73세의 나이로 세상을 떠나다.
> ◁ **기원전 312년** 맹자가 공자의 인 사상을 계승, 발전시키고 제자 육성 및 저술에 힘을 쏟다.
>
> 중국 역사에 지대한 영향을 미친 유가 사상은 춘추 시대 공자에게서 시작되었다. 공자는 서주 시대의 질서 회복을 목표로 정명을 내세웠고 이를 위해서는 인(仁)이 기초되어야 한다고 여겼다. 유가 사상은 전국 시대에 이르러 맹자와 순자로 이어졌다. 맹자는 공자의 인 사상을 계승했으며, 순자는 예를 중시한 자하파를 계승했다. 맹자는 인 사상을 바탕으로 성선과 왕도 정치를 주장했으며, 순자의 사상은 성악을 바탕으로 하며 법가로 이어졌다.

춘추 시대 공자에게서 비롯된 유가 사상은 중국 역사상 가장 오랫동안 중국의 사회, 사상, 정치, 문화에 절대적인 영향을 끼친 사상이다. 춘추 시대 제자백가 중 가장 먼저 성립되었으며, 전국 시대의 맹자가 대표적인 사상가이다.

공자는 노(魯)나라에서 태어났으며, 그의 조상은 송(宋)나라의 몰락한 귀족이었다. 그는 조실부모했지만 일찍이 학문에 뜻을 두었으며, 17세에 노나라의 말단 관리 신분으로 《시경(詩經)》과 《서경(書經)》, 《예(禮)》를 익혀 서주 시대 문화에 접근했다.

공자는 청년 시절부터 주 무왕의 조카로 성왕을 도와 주나라의 기틀을 세운 주공을 이상적인 인물로 삼았고, 동주의 수도 낙읍에서 유학하며 서주 시대의 문화를 경험했다. 그는 30대에 이르러 학문에 큰 진전을 보였으며, 노나라의 수도 곡부에서 사학(私學)을 시작했다. 당시에는 귀족 자제들만이 교육을 받을 수 있었는데, 공자는 귀천을 가리지 않고 누구든 공평하게 교육시켰다. 이때 문하생으로는 자로, 증점, 염백우, 염구, 중궁 등이 있다.

공자는 당시 실권을 장악하고 있던 삼환(三桓), 즉 계손, 숙손, 맹손 등의 공격을 받아 노 소공이 제나라로 쫓겨나자 소공과 함께 제나라로 향했다. 그는 제나라 경공과 함께 음악을 논하는 한편, 정치를 묻는 경공에게 정명주의(正名主義)를 강조했다. 정명주의는 각자가 자신의 신분에 맞게 행동해야 한다는 주장으로, 임금은 임금답고, 신하는 신하다우며, 아버지는 아버지답고, 아들은 아들다워야 한다는 것이다. 하지만 공자의 주장은 제나라 대부 안영의 반대에 부딪혀 실행되지 못했으며, 이에 공자는 다시 노나라로 돌아왔다.

노나라로 귀국한 공자는 중도(中都)의 지방관으로 임명되어 1년 만에 그곳의 질서와 예의, 윤리의 기틀을 마련했고, 점차 인망이 높아지자 기원전 500년에는 대사구(大司寇, 지금의 최고법관)가 되었다. 그리고 노나라와 제나라의 협곡(夾谷) 회담에 참석해 과거 제나라에게 뺏겼던 문수(汶水) 북부 일대의 땅을 돌려받았다. 그러나 공자의 관직 생활은 오래가지 못했다. 공자는 노나라의 왕권 회복을 위해 삼환 타도를 주장하면서 삼환과 대립했

공자 공자는 서주 시대를 이상적인 시대로 생각하고 여러 나라를 유랑했으나 그의 정치 이념을 받아들여 주는 곳이 없었다.

다. 당시 노나라에서는 제례 의식을 치르고 제사에 사용된 고기를 신하들에게 나누어 주어 신하를 예우했다. 그런데 공자는 삼환의 농락으로 고기를 하사받지 못했고, 이에 그는 관직을 버리고 노나라를 떠날 결심을 했다.

노나라를 떠난 공자는 몇몇 제자들과 함께 위, 송, 조, 정, 진, 채 등 여러 나라를 유랑했다. 그는 자신의 정치 이념을 실현시켜 줄 군주를 찾았으나, 부국강병을 제일의 목표로 삼던 춘추 시대와 그의 사상은 맞지 않았다. 결국 10년이 넘는 세월을 떠돌던 그는 다시 노나라로 돌아와 제자 육성과 저술에 전념했다. 그는 고전을 바탕으로 제자들을 가르쳤으며, 자신의 관점에 따라 《역경(易經)》, 《서경》, 《시경》, 《예기》, 《춘추(春秋)》, 《악기》 등을 정리했다.

공자는 주공이 살았던 서주 시대를 이상적인 시대로 생각했다. 따라서 서주 시대의 질서를 회복하는 것을 목표로 삼았고, 실현 방법으로 정명을 내세웠다. 정명은 계층 간의 직분과 한계를 명확히 한 것으로, 사회 구성원들이 직책과 직분에 충실하면 사회 제도와 조직은 순조롭게 운영된다고

〈효경도〉〈효경〉은 효도에 관하여 공자가 한 말을 기록한 책이다.

보았다. 이렇게 형성된 질서는 반드시 도덕적 관념 인(仁), 즉 사람을 사랑하는 것을 기초로 삼아야 한다고 강조했다. 이에 따라 그는 신분의 귀천을 따지지 말고, 교육을 통해 도덕적 인의 완성자인 군자(君子)를 길러 낼 것을 주장했다. 결국 공자가 가장 중요하게 생각한 도덕 철학은 인이었으며, 공자가 주장한 예(禮), 효(孝), 제(悌), 충(忠) 등 나머지 덕목들은 인의 실천 방법이었다.

공자의 사상은 실현되지 않았지만, 그의 사상은 수많은 제자들에게 전해졌다. 사마천의 《사기》에 따르면 공자는 3천여 명의 제자를 가르쳤으며, 그중 우수한 제자가 72명이었다고 한다. 특히 덕행에서는 안회, 민자

건, 염백우, 중궁, 언어에서는 재아, 자공, 정사에는 염유, 자로, 고대 문헌에서는 자유, 자하 등이 뛰어난 재능을 보였다고 한다. 한편 이들은 공자가 죽고 난 후 모두 여덟 개의 파로 나누어졌다. 그중 증자를 우두머리로 하는 효 중시파와 자하를 우두머리로 하는 예 중시파가 중요했다. 이후 공자의 사상은 전국 시대에 맹자와 순자로 이어진다.

전국 시대는 오직 강한 국력을 가진 나라만이 계속되는 전쟁에서 살아남을 수 있었던 약육강식, 적자생존의 시대로, 당시 유가는 크게 빛을 보지 못했다. 유가가 다시 주목받게 된 것은 맹자가 뛰어난 언변으로 공자 사상을 전파한 후부터였다. 그리하여 맹자는 공자 다음 가는 성인을 의미하는 '아성(亞聖)'의 자리에 올랐다.

맹자는 전국 시대 추나라 출신으로, 노나라 공족 맹손씨의 후예이다. 그는 맹모삼천지교(孟母三遷之敎), 단기지계(斷機之戒)로 유명해진 어머니 예(倪)씨의 가르침을 받았다. 이후 공자의 제자이며 《중용(中庸)》의 저자인 자사의 제자에게 가르침을 받았다. 그는 공자의 인 사상을 계승했으며, 공자가 제시하지 못한 인을 실천하는 근거를 '성선(性善)'에서 찾았다. 즉 인간의 성품은 나면서부터 착하며, 인간 본성에는 네 가지 마음씨가 있다고 했다. 이것을 사단(四端)이라 하며, 측은지심(惻隱之心, 불쌍히 여기는 마음), 수오지심(羞惡之心, 부끄러움을 아는 마음), 사양지심(辭讓之心, 양보하는 마음), 시비지심(是非之心, 잘잘못을 아는 마음)이 있다. 그는 이러한 사단을 자각하고 충실하게 이행하는 것이 인의예지의 시작이라고 보았다.

특히 맹자는 인 사상이 정치에 실현되면 왕도 정치가 성립된다고 강조했다. 이는 당시 전국 시대에 유행하던 무력 및 권모술수를 통한 패도 정치와 대립되는 개념이었다. 왕도 정치는 군주의 도덕적 실천에 의지하며,

구현하기 위한 방법으로 백성을 기르는 양민, 백성을 가르치는 교민을 주장했다. 구체적인 정책으로는 정전제, 학교 교육, 농사철 보호 등을 제시했다. 또한 맹자는 민본을 정치의 근본으로 여기고, 백성들을 위하는 정치를 펼치지 못한다면 군주 방벌도 가능하다고 했다. 이는 역성혁명을 인정하는 것으로 해석될 수 있는 혁신적 사고였다.

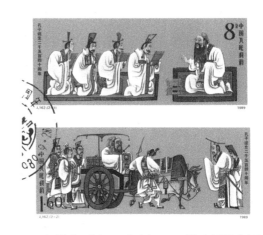

1989년 발행된 공자 우표 공자 탄생 2,540주년을 맞아 중국에서 발행된 우표. 공자와 그의 사상은 현재에 이르기까지 동아시아에 많은 영향을 끼치고 있다.

맹자가 공자의 인 사상을 계승했다면, 전국 시대 순자는 공자의 예를 중시한 자하파를 이었다. 그러나 순자는 자유와 자하에 대한 비판도 서슴지 않았기 때문에 그의 사상은 유가를 따르면서도, 유가와 다른 점을 가지고 있다. 그것이 바로 맹자의 성선설과 정반대의 개념인 성악설을 주장한다는 점이다. 그는 태어나면서부터 지니고 있는 인간의 본성에는 악과 욕망이 존재하기 때문에 이것을 제어하는 것이 필요하다고 했다. 그리하여 그는 교육을 강조했다. 또한 인간은 무리를 형성하므로 각자의 본분을 지키지 않으면 분쟁이 생긴다고 보았다. 이렇듯 순자의 예는 공자의 예처럼 고정된 규범이 아니라 법적 강제력이 부여된 것이었기 때문에 기존 유가와 차이를 보였다. 이런 점 때문에 그의 문하에서 이사와 한비자 같은 법가들이 탄생했다.

유가는 시대에 따라 변화, 발전하며 중국 역사에 지대한 영향을 미쳤다. 특히 통일 국가가 등장하면서 통치자들의 위치를 확고히 하는 데 사용되었고, 한나라 무제 때에는 유교(儒敎)로 승화되어 중국의 국교로 불렸을 정도였다. 중국 역사에서 도교나 불교에게 주도권을 빼앗긴 적도 있었으나, 통치 이념으로써 2,500여 년간 개인뿐만 아니라 중국 사회 전반에 막강한 역량을 발휘했다.

또한 유가는 중국의 전통 문화를 집대성했다는 평가를 받는다. 중국 역대 시문학은 《시경》, 문물과 제도는 《예기》, 최초의 왕조부터 주나라까지의 역사는 《춘추》, 점복과 관련된 것은 《주역》 등의 유교 경전에 기록되어 있기 때문이다. 유가는 우리나라에도 영향을 주어 특히 조선은 유가를 바탕으로 정치, 사회, 법률, 학문, 문화 등을 이룩해 나갔다.

오월의 싸움

춘추 시대 마지막 패권 다툼

> ◁⎄ **기원전 506년** 오왕 합려가 모사 오자서, 장군 손무와 초나라를 공격하여 수도
> 를 함락하다.
> ◁⎄ **기원전 496년** 오왕 합려가 동쪽의 월나라를 공격하나 월왕 구천에게 패하다.
> ◁⎄ **기원전 494년** 와신한 오왕 부차가 월나라를 공격해 부초에서 대승을 거두다.
>
> 초나라를 공격해 수도를 함락하고 패자가 된 오왕 합려는 월나라를 공격하
> 다 월왕 구천에게 대패하고 숨을 거두었다. 2년 후 합려의 아들 부차가 복수
> 에 성공하여 월왕 구천은 굴욕적인 조건으로 강화를 맺었다. 이어서 오왕 부
> 차는 제나라를 정복하고 진, 노 등과 회맹하려다 월왕 구천의 공격을 받았
> 다. 월왕 구천은 오나라 수도를 함락하고 태자를 죽인 후 화의를 맺고, 4년
> 후 다시 오나라를 공격해 멸망시킴으로써 춘추 시대 마지막 패자가 되었다.

    춘추 시대 말 패자가 된 초나라를 위협한 것은 중원의 나라가 아니라 장
강 하류에 위치한 오나라와 월나라였다. 초나라는 오나라에게, 오나라는
다시 월나라에게 패자의 자리를 내주면서 주 왕조를 보호해야 한다는 명
분과 주 왕조가 분봉한 제후국들을 함부로 병합하지 않는다는 명분이 사
라졌다. 남방의 이민족으로 구성된 초나라에게 주 왕조에 대한 존경심이
부족했던 것처럼 이민족으로 구성된 오나라와 월나라 역시 마찬가지였다.

원래 오나라는 주 문왕의 백부인 태백(太伯)이 건국했다고 하고, 월나라는 하(夏) 왕조 소강제(少康帝)의 서자 무여(無餘)가 시조라고 하지만 모두 확실치 않다. 그보다 이 두 나라는 중국 동남과 남방의 토착 민족을 선조로 하는 백월(百越)이 세웠다고 보는 것이 타당하다. 삼국 군주들은 중원 제후들에 비해 왕으로서 성숙하지 못했고, 북방 이민족의 침입으로부터 자유로웠기 때문에 서로 치열하게 다툼을 벌였다.

오나라는 수몽(壽夢, 기원전 585~기원전 561)이 진(晉)나라의 '오를 도와 초를 제압한다'라는 정책에 따라 진의 군사 기술을 습득하고 중원의 문화를 수용하여 부

재상 오자서 초나라 출신 오자서가 오나라 재상으로 등용되면서 오나라의 국력은 더욱 강해졌다.

국강병을 이룩했다. 오나라의 국력은 오왕 합려(闔閭)가 초나라 출신 오자서(伍子胥)를 재상으로 등용하면서 더욱 강해졌다. 오왕 합려와 오자서는 각자 왕과 재상이 되는 과정에서 많은 우여곡절을 겪은 공통점이 있었다.

우선 오왕 합려의 경우를 보자. 원래 오왕 수몽(壽夢)에게는 제번(諸樊), 여제(餘祭), 여매(餘昧), 계찰(季札) 등 네 명의 아들이 있었고, 이들 중 막내 계찰이 가장 현명했다. 따라서 수몽 사후 뒤를 이은 장남 제번과 오나라 백성은 계찰이 왕위를 잇기를 바랐으나 계찰은 극구 사양했다. 이에 제번

은 자신의 아들이 아닌 형제에게 왕위를 물려주고, 마지막에는 계찰이 왕위를 잇도록 했다. 드디어 셋째 여매가 죽고 계찰이 왕위를 이을 차례가 왔으나 계찰이 도망쳐 버려 왕위는 여매의 아들 요(僚)에게 돌아갔다. 여기에 불만을 가진 이가 있었으니 바로 제번의 아들 광(光)이었다. 결국 광은 오나라 군대가 초나라로 출격하여 없는 틈을 이용해 요를 죽이고 스스로 왕이 되었으니, 이가 바로 오왕 합려였다.

한편 초나라 출신이었던 오자서가 오나라로 오기까지는 무려 16년이나 걸렸다. 16년 전 초나라 태자 건(建)의 소부였던 비무기(費無忌)는 진나라로 태자비를 간택하러 갔다. 그런데 그는 초 평왕(平王)의 환심을 사고자 태자비를 초 평왕에게 바쳤고, 초 평왕 사후를 걱정하여 태자 건을 변방으로 추방할 것을 참소했다. 그럼에도 여전히 불안했던 비무기는 태자 건이 반란을 꾸미고 있다고 고해 그를 없애고자 했다. 이에 태자 건의 태부인 오사(伍奢)가 잡혀 오게 되었는데, 그가 바로 오자서의 아버지였다. 초 평왕은 오사를 인질로 삼아 오사의 아들 오상과 오자서까지 잡아들이려고 했으나, 오자서는 태자 건이 피신한 송나라로 도망쳤다. 결국 오사와 오상은 죽임당했으며, 오자서는 초나라에 복수를 결심했다. 오자서는 송나라에서 화씨의 난이 발생하여 정나라로 도망쳤고, 정나라에서는 진 경공과 꾸민 음모가 들통 나서 겨우 목숨을 부지한 채 오나라로 도망쳤다.

오왕 합려는 즉위한 지 얼마 지나지 않아 초나라를 공격하기 시작했다. 기원전 506년, 드디어 모사 오자서, 장군 손무(孫武)와 함께 초나라를 모두 다섯 번 공격하여 초나라의 수도 영(郢)을 함락하고 합려는 패자가 되었다. 초나라를 떠나면서 복수를 다짐했던 오자서는 아버지와 형을 죽음으로 내몬 초 평왕의 시신에 채찍질을 하여 원수를 갚았다고 한다.

패자가 된 오왕 합려는 기원전 496년 오나라의 동쪽에서 점점 강국으로 성장하던 월나라 공격을 감행했다. 이전에 오왕 합려가 초나라 원정으로 나라를 비운 틈을 타 월나라가 침입한 것을 보고, 더 이상 월나라의 성장을 두고 볼 수만은 없었기 때문이다. 그리하여 월나라의 왕권 교체기를 이용하여 공격했으나 오히려 대패하고 부상을 입은 채 귀국했다. 결국 오왕 합려는 병상에서 일어나지 못하고 숨을 거두었고, 아들 부차(夫差)에게 자신을 죽인 것은 월나라 왕임을 잊지 말라는 유언을 남겼다. 이후 오왕 부차는 복수를 결심하고, 혹여 그것을 잊을까 두려워 섶에 누워서 잠을 청했다고 한다.

한편 월나라의 득세는 초나라의 '월을 도와 오를 제압한다'라는 후원 정책이 바탕이 되었다. 기원전 496년, 오나라와의 전쟁에서 승리하고 오왕 합려에게 부상을 입힌 사람은 2대 왕 구천(句踐)이었다. 월왕 구천은 오왕 합려와의 전쟁에 '자살부대'를 투입해 승리로 이끌었다. 죄인들로 구성된 자살부대원들이 진영 앞에서 스스로 목을 찔렀고, 이에 당황하는 오나라 군대를 급습했던 것이다.

기원전 494년, 드디어 와신한 오왕 부차는 월나라를 공격하여 부초에서 대승을 거두었다. 월왕 구천은 5천여 명의 군사와 함께 회계로 물러났지만, 오나라 군대에게 포위당해 목숨이 위태로웠다. 이에 월왕 구천은 재상 범려(范蠡)의 말에 따라 매우 굴욕적인 조건으로 강화를 청했다. 즉 자신은 오왕의 신하가 되고, 자신의 부인은 오왕의 첩으로 바치겠다는 것이었다. 월왕 구천의 강화 제안에 오자서는 극구 반대했지만, 북쪽으로의 영토 확장을 꿈꾸던 오왕 부차는 이를 받아들였다.

강화 체결 후 월왕 구천은 오왕 부차의 말을 끌어 주는 등 3년 동안 오왕 부차의 종처럼 생활했다. 기원전 491년에야 월나라로 돌아온 월왕 구천은 상담(嘗膽)하는 인내의 시간을 보냈다. 그는 오왕 부차에게 받은 치욕을 잊지 않기 위해 쓸개를 매달아 식사 전에 먼저 쓸개의 맛을 보았다. 더불어 월나라의 국력을 키우기 위해 직접 농사를 짓고, 부인에게는 직접 베를 짜도록 하고, 과세를 줄여 백성이 생업에 집중할 수 있도록 했다. 더불어 오왕 부차에게는 미녀 서시(西施)를 보내 정사에 소홀해지도록 하고, 고소대(姑蘇臺) 재건축에 적극 원조함으로써 오나라가 국력을 낭비하도록 했다. 또한 해마다 조공을 받쳐 월나라에 대한 경계를 늦추도록 했다.

한편 오왕 부차는 강화를 맺은 후 월나라에 대한 경계심을 풀고 북쪽의 제나라를 공격하고자 했다. 이에 오자서는 월나라를 존속시킨다는 후환을 남긴 채 제나라를 공격하는 것은 적합하지 않으니 제나라 공격을 미룰 것을 진언했다. 오자서의 조언을 무시하고 출전한 오왕 부차는 제나라와의 전투에서 크게 승리를 거두고 다시 한 번 제나라를 공격하고자 했다. 여기에 오자서가 다시 반대 의견을 내자, 오왕 부차는 오자서를 제나라로 보낸 후 자결을 명령했다. 오자서는 목숨을 끊으며 자신의 무덤가에 가래나무를 심어 그것으로 오왕 부차의 관을 만들고, 자신의 눈을 빼내 오나라 동쪽 관문에 걸어 오나라 멸망을 볼 수 있게 해달라는 유언을 남겼다고 한다.

기원전 482년, 제나라를 정복한 오왕 부차는 진나라, 노나라 등의 제후국을 불러 회맹하기 위해 송나라 땅 황지(黃池)로 향했다. 이때 호시탐탐 기회를 엿보던 월왕 구천이 군사 5만을 이끌고 오왕 부차의 귀로를 차단하고, 오나라 수도를 공격했다. 월왕 구천은 이내 오나라 수도 오(吳)를 함락한 뒤 태자를 죽였다. 이 소식이 황지에 있던 오왕 부차에게 바로 전달되자, 오왕 부차는 화의를 신청했다. 월왕 구천은 오나라 주력 부대가 복귀할 경우 싸워 이긴다는 확신이 없었기 때문에 강화를 받아들여 철수를 시작했다. 그러나 4년 후, 오나라의 국력이 급격히 쇠퇴한 것을 간파한 월왕 구천은 다시 군대를 동원해 오나라를 공격했다. 기원전 473년, 드디어 양산에서 오왕 부차를 포위했다. 그는 오왕 부차를 불쌍히 여겨 항복을 받아들이려 했지만, 범려가 회계의 일을 상기시키며 반대했다. 이에 오왕 부차는 자결을 결심하고, 과거 오자서의 조언을 무시한 것을 한탄하며 칼을 들었다.

오나라를 멸망시킨 월왕 구천은 군대를 이끌고 북상하여 서지(徐地)에서 제, 진, 송, 노나라를 불러 회맹을 열고 춘추 시대 마지막 패자가 되었다. 하지만 월왕 구천이 다시 패권의 자리를 초나라에게 내주자, 초와 진(晉)이 각축을 벌이고, 제, 진(秦) 등이 두각을 나타냈다.

상앙의 변법

강력한 변법으로 중앙 집권과 법치주의의 기초를 닦다

기원전 406년 위나라 문후가 법가 이회를 등용해 변법을 실시하다.

기원전 359년 상앙이 진나라에서 1차 변법을 실시하다.

기원전 338년 효공이 죽고 권력 기반을 잃은 상앙이 모반 누명을 쓰고 거열형을 당하다.

전국칠웅은 강력한 군사력을 기반으로 상호 경쟁과 대립을 거듭했다. 부국 강병을 극대화하기 위해 각국은 군주 중심의 지배 체제를 정비했는데, 이를 위해 대두된 것이 변법이었다. 그중 가장 성공적인 결과를 이끌어 낸 나라는 상앙이 주도한 진나라였다. 상앙은 두 차례에 걸쳐 변법을 실시했으나 권력 기반이 와해되면서 모반 누명을 쓰고 목숨을 잃었다. 그러나 그가 이룩한 개혁은 약소국 진나라가 중국을 통일하는 바탕이 되었다.

전국 시대의 기점에 대해서는 기원전 475년, 혹은 진(晉)나라가 분할된 기원전 453년, 마지막으로 진나라가 조(趙), 위(魏), 한(韓)으로 분할된 것을 주(周) 왕실이 정식으로 인정한 기원전 403년 등 여러 가지 주장이 존재한다. 기점에 대한 의견은 이렇게 분분하나 종결 시기는 기원전 221년, 즉 진(秦)나라가 전국을 통일한 때로 일치된다.

전국 시대의 특징은 진(秦), 조(趙), 위(魏), 한(韓), 제(齊), 연(燕), 초(楚) 등

의 일곱 제후국들, 일명 전국칠웅(戰國七雄)이 하극
상의 전형을 보여 준다는 것이다. 즉 전국 시대에
이르러서 전국칠웅의 공이나 후들은 춘추 시대까
지 그나마 존재했던 주 왕실에 대한 상징
적 권위를 무시하고 각자 왕이라고 칭
했다. 이는 당연히 전국칠웅 간의 상
호 경쟁과 대립으로 이어졌다. 이
로써 전국 시대에는 오직 전쟁
에서 승리해야만 생존을 장담할
수 있었으며, 전국칠웅은 약육
강식, 적자생존의 세계에서 살아남기
위해 군사력을 키워야만 했다. 더불어
증강시킨 군사력을 뒷받침할 만한 경제
성장도 함께 꾀할 필요가 있었다. 또한
하극상의 재현을 막고, 부국강병을 극대

법가 사상가 이회 위나라에 등용된 그는 변법을 실
시하여 위나라의 부국강병을 이루고자 하였다.

화하고자 군주 중심의 지배 체제로 정비해야 했다.

전국 시대 나라 중 가장 먼저 변법(變法)을 실시해 부국강병을 이룩하고
자 했던 나라는 위나라이다. 위나라는 기원전 406년 문후(文侯, 재위 기원전
445~기원전 396)가 법가 이회(李悝)를 등용함으로써 변법을 실시하기 시작
했다. 이회는 먼저 관직, 작위를 세습하는 관례를 없애고 신흥 지주 계급
의 정치 참여를 확대시켰다. 또한 토지를 국유화하는 지력(地力)을 단행하
여 생산력을 향상시켰고, 곡가 조절책인 평적법(平糴法)을 제정하여 물가
를 조절했다. 다음으로 〈도법(盜法)〉, 〈적법(賊法)〉, 〈수법(囚法)〉, 〈포법(捕

法)〉, 〈잡법(雜法)〉, 〈구법(具法)〉 등
여섯 편으로 구성된 《법경(法經)》을
제정했다. 이는 법치 제도의 정비를
의미하며, 개혁으로 발생한 구 귀족
과 신흥 세력 간의 갈등을 해소하려
는 의도가 반영되어 있다.

다음으로 변법을 시행한 나라는
조나라였다. 기원전 403년, 조열후
(趙列侯, 재위 기원전 408~기원전 387)
는 공중련(公仲連)을 재상으로 삼아
변법을 추진했다. 공중련은 우수한
인재를 발탁하고, 근검절약을 강조

초나라 변법을 주도한 오기 초나라 도왕의 초빙으로 재상에 오른 오기는 귀족의 특권을 빼앗고 관직의 기강을 정비했다.

하여 재정을 안정시켰으며, 공덕을 적절히 평가하는 등 정치적 개혁을 추
진했다.

기원전 385년에는 양쯔 강 중류에 위치한 초나라가 개혁을 추진했다. 초
나라의 변법은 도왕(悼王, 재위 기원전 402~기원전 381)이 등용한 오기(吳起)
의 주도로 이루어졌다. 오기는 원래 위나라 사람이었으나 제나라가 노나
라를 침공했을 때는 노나라를 섬겼고, 다시 위나라 문후에게 등용되었을
때는 진나라의 5성을 빼앗아 위나라의 영토를 넓히는 데 크게 공헌했다.
이처럼 전국 시대의 인재들은 고국에 충성하기보다는 자신의 능력을 알
아봐 주는 군주에게 의탁하여 출세의 길을 걸었다. 오기 역시 그러한 인물
이었다. 초나라 도왕의 초빙을 받아 재상이 된 오기는 세습 귀족의 특권을
빼앗아 군사와 정치 예산을 증대시키고, 현실적으로 불필요한 관직을 폐

지함으로써 관리의 기강을 정비했다.

제나라는 기원전 357년 추기(鄒忌)가 인재를 등용하고 법을 수정하는 개혁을 추진했다. 한의 경우에는 기원전 351년 재상 신불해(申不害)가 강력한 중앙 집권제를 시행했으며, 진나라는 기원전 359년과 기원전 350년, 연나라는 기원전 316년에 변법을 실시했다.

이렇듯 전국 시대의 모든 국가들이 경쟁적으로 변법을 실시했지만, 나라마다 그 정도와 효과에 차이를 보였다. 제나라와 초나라는 구 귀족의 방해로 개혁의 추진이 어려웠던 반면, 위나라와 진나라는 부국강병을 이룩했다. 특히 가장 성공적인 경우는 상앙이 변법을 추진한 진나라였다.

상앙은 원래 위나라 사람으로 본명은 공손앙(公孫鞅)이었으나, 나중에 진나라에서 상읍 땅을 봉지로 받았다고 하여 상앙이라고 불렸다. 기원전 361년, 위나라 재상 공숙좌(公叔座)는 상앙을 위나라 혜왕(惠王)에게 추천했다. 그러나 혜왕은 그의 비범함을 알아차리지 못하고 공숙좌를 비웃었을 뿐이었다. 결국 상앙은 진나라 효공(孝公, 재위 기원전 361~기원전 338)이 널리 객경을 초빙한다는 소식을 접하고 진나라로 왔다. 그러나 상앙이 처음부터 효공에게 발탁된 것은 아니었으며, 진나라에 온 지 3년째인 기원전 359년에 등용되어 개혁의 핵심이 되었다.

상앙의 1차 변법은 기원전 359년에 실시되었다. 상앙은 1차 변법에서 십오제(什伍制)와 연좌제(連坐制)를 실시했다. 먼저 십오제는 진나라의 모든 가구를 5가구, 10가구 단위로 구성한 것으로, 십오의 단위를 기본으로 조세 납부와 병역의 의무를 공동으로 지게 했다. 한편 십오 내에서 범죄가 발생했을 경우 그 십오가 똑같은 처벌을 받도록 하는 연좌제를 병행했다. 그리고 범죄자를 알면서도 고발하지 않는 자에게는 요참형(腰斬刑)을 내리고, 범죄자를 고발하면 그 공을 치하하는 등 상벌을 분명히 했다. 이로 인해 십오 내에서는 서로 감시하고 고발하는 분위기가 형성되었다. 다음으로 상앙은 기존 귀족들의 세습 특권을 없애고 군공(軍功)에 따라 작위를 결정하고, 그 작위에 따라 정치적 특권, 경제적 부, 사회적 지위와 명예를 누리도록 했다. 그리하여 기존의 공작, 후작, 백작,

상앙의 변법을 후대에 그린 그림

자작, 남작의 작위를 20등급으로 세분해 확대한 20등작제를 실시했다. 이 20등작제에는 여자, 범죄자, 미성년자들을 제외한 거의 대부분의 백성을 포함시켰으며, 비록 귀족일지라도 군공이 없으면 작위를 박탈하고 토지를 회수했다. 반대로 누구든 전쟁에서 군공을 세우면 그 정도에 따라 작위를 하사했다. 또한 작위에 따라 토지와 집, 노비의 수, 옷의 종류 등에 차등을 두었다. 이에 귀족들은 군공을 세워야 한다는 중압감에 시달린 반면, 일반 백성들은 적극적으로 참전하는 태도를 보였다. 당시 20등작제의 실시가 철저히 이루어지고, 전쟁이 빈번하게 일어남에 따라 20등작제의 당초 목적이었던 구 귀족 계급의 해체가 성공적으로 이루어졌다.

기원전 350년, 상앙은 1차 변법을 바탕으로 2차 변법을 실행했다. 2차 변법에서 그는 군주의 명령이 1차 변법 때 제정한 십오 단위에 효과적으로 전달될 수 있는 제도를 만들었다. 그것이 바로 군현제이다. 그는 향과 읍

을 현으로 통합하여 진나라 전국에 31개의 현을 만들고, 중앙에서 임명한 관리를 현에 파견해 군주가 지방을 직접 통제할 수 있도록 했다. 다음으로 상앙은 '1가구에 성인 남성 2명이 있을 경우 2배의 세를 부담한다', '부자와 형제가 한집에 함께 사는 것을 금한다' 등의 법령을 제정하여 1가구에 5명 내지 8명이 사는 소농민을 적극적으로 창출했다. 또한 상앙은 이러한 소농민을 중앙 집권적인 군현제의 기반으로 인식하고 토지를 균등하게 나누어 주는 토지 제도, 즉 수전제를 시행하여 소농민을 보호했다. 이때 소농민에게 분배된 토지의 크기는 1가구당 1경(頃)이었다. 상앙은 수전제를 통해 소농민을 보호할 뿐만 아니라 이들을 철저히 파악하여 안정적 재정 확충과 통치를 가능하게 했다. 더불어 납세의 공평성을 확보하기 위해 도량형을 통일시켰으며, 법가 이론으로 사상을 단일화했다.

상앙이 주도한 20여 년간의 진나라 개혁은 매우 성공적이었다. 이로써 진나라 사회에서는 폐쇄적인 씨족 질서와 귀족 계급이 와해되었고, 군주의 지위가 확고해지면서 부국강병을 이룩할 수 있었다. 그러나 세습적인 지위와 특권을 유지하고 싶은 귀족들의 반발과 불만을 완전히 소멸시키지 못했다. 이에 상앙은 이들의 불만을 잠재우는 본보기로 태자의 교육을 담당하던 공손가(公孫賈)에게 경형(黥刑)이라는 중형을 내리기도 했다. 이처럼 지위고하를 가리지 않은 법 집행은 새로 제정된 법률들이 백성을 제재하는 수단에 그치는 것이 아님을 증명했고, 백성 역시 신법을 철저히 따랐다.

그러나 모순되게도 상앙은 백성의 철저한 준법으로 목숨을 잃었다. 기원전 338년 상앙의 최대 지지자였던 효공이 죽자, 상앙은 권력 기반을 잃고 보위에 오른 태자와 구 귀족들의 공적으로 전락하고 말았다. 상앙은 모반을 꾀했다는 누명을 쓴 뒤 망명을 시도했으나 곧 잡혔고, 거열형(車裂刑)

에 처해져 비참한 최후를 맞이했다. 그렇다고 해서 상앙의 변법마저 처참한 종말을 맞은 것은 아니었으며, 그의 변법은 생명을 유지했다. 그리하여 중국 서쪽의 약소국이었던 진나라는 전국 시대 최강국이 되었고, 약 100여 년 후 중국 최초의 통일 왕조를 이룩했다.

BC 333

합종연횡
권모술수와 책략이 난무하던 시대

> ◀◀ **기원전 333년** 소진이 연 문공에게 합종책을 건의하다. 이후 조나라, 한나라, 위나라, 제나라, 초나라까지 설득하여 6국의 합종을 확립하다.
>
> ◀◀ **기원전 328년경** 장의가 진나라 혜문왕에게 연횡책을 건의하다. 이후 장의는 위나라를 시작으로 초나라, 한나라, 제나라, 조나라, 연나라를 차례로 설득하여 합종을 깨고 연횡을 완성하다.
>
> 전국칠웅은 전쟁과 군사력으로 서로를 견제하는 상황에 처하자 권모술수와 책략을 통해 승리를 거두고자 하였다. 이에 소진은 진나라에 대항해 연, 제, 초, 한, 위, 조의 여섯 나라가 연합하는 합종설을 주장했으며, 장의는 이 여섯 나라가 진나라와 각각 연맹을 체결하는 연횡책을 주장했다. 전국칠웅은 처음에는 소진의 의견에 따라 합종을 완성했으나, 수세에 몰린 진나라가 장의를 등용하면서 6국은 합종을 깨고 연횡을 확립했다.

약육강식, 적자생존의 전국 시대에서 살아남기 위해 전국칠웅에게 절실한 것은 강한 군사력이었다. 각국이 경쟁적으로 시행한 변법은 전쟁을 승리로 이끌기 위해 필요한 재정과 병사를 확보하는 도구였다. 하지만 전쟁의 규모가 점점 커지고, 기간이 길어지면서 전국칠웅은 전쟁만이 능사가 아니라고 생각했다. 이런 데에는 7국 중 하나가 강국으로 성장하면 나머지 6국의 집중적인 견제를 받는 상황 또한 한몫했다. 전쟁을 하지 않고도 승리할 수 있는 최선의 방법은 다름 아닌 외교 전략이었다. 그래서 전국 시대에는 긍정적인 의미로 외교, 부정적인 의미로 권모술수와 책략이 난무했다.

기원전 4세기 중엽 진나라는 상앙이 두 차례에 걸쳐 변법을 실행하여 부국강병을 이룩하고 강대국으로 성장했다. 진나라가 수도를 동쪽 함양으로 옮기고 점차 세력을 넓혀 동쪽으로 영토를 확장하자, 진나라와 국경을 맞대고 있던 위나라는 위협을 느껴 수도를 안읍으로 옮겼다. 진나라의 동쪽 진출로 인한 위나라의 천도는 나머지 국가들을 긴장시키기에 충분했다. 그리하여 진나라와 비교해 상대적으로 군사력이 약했던 나머지 연(燕), 제(齊), 초(楚), 한(韓), 위(魏), 조(趙) 6국은 진나라를 상대로 한 전략과 외교 정책을 모색했다. 여기에 남북으로 종렬하고 있는 6국이 서로 연합해 진나라에 대항해야 한다는 합종설(合縱說)과 진나라가 너무 강하므로 동쪽에 있는 6국이 각각 진나라에 의지하여 연맹을 체결해야 한다는 연횡설(連衡說)이 대두되었다. 이렇게 상반된 주장을 펼친 인물은 낙양 출신인 소진(蘇秦)과 위나라 사람인 장의(張儀)였다. 이 둘은 제나라 출신의 종횡가 귀곡자(鬼谷子)의 문하에서 가르침을 받은 제자들이었다.

소진이 전국칠웅 중 가장 먼저 찾은 나라는 진나라였으나, 혜문왕(惠文王)의 신임을 얻는 데는 실패했다. 당시 진 혜문왕은 상앙을 처형한 직후였기 때문에 유세가(遊說家) 소진에게 거부감을 느꼈다. 다음으로 소진은 조나라로 향했으나, 조나라의 실권자 봉양군(奉陽君) 역시 그를 등용하지 않았다. 그다음으로 연나라로 간 소진은 기원전 333년, 연 문공(文公)을 알현하여 설득했다.

"연나라가 지금처럼 중원의 전쟁과 상관없이 안전하게 있을 수 있었던

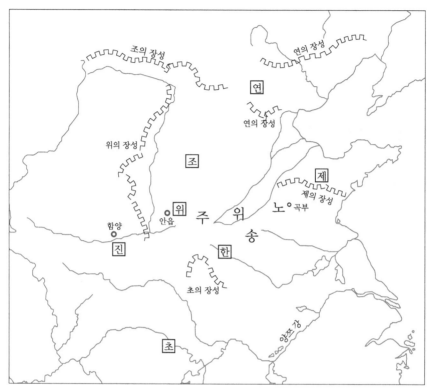

전국칠웅 전국 시대는 진, 조, 위, 한, 제, 연, 초 등 일곱 제후국이 득세하여 주 왕실의 권위를 무시하고 스스로를 왕으로 칭했다.

이유는 바로 연나라 남쪽에 조나라가 위치하기 때문입니다. 만약 조나라가 제나라와 진나라를 막고 있지 않다면 연나라의 안전은 보장할 수 없습니다. 따라서 조나라와 합종한다면 연나라의 우환은 자연히 없어질 것입니다."

이에 설득당한 연 문공은 소진에게 예물과 거마를 주며 조나라로 갈 것을 명했다.

연나라에 오기 전 소진은 조나라의 정권을 잡고 있던 봉양군에게 내쳐

졌지만, 연 문공의 명령으로 조나라를 방문했을 때는 숙후(肅侯)가 왕으로 즉위한 후였다. 조 숙후를 알현한 자리에서 소진은 조나라와 국경을 맞대고 점차 세력을 확장하고 있는 진나라에 대항할 수 있는 계책을 말했다.

"서쪽의 진나라는 현재 중원 진출을 바라고 있으며, 그런 진나라가 최대의 걸림돌로 여기는 것이 바로 조나라입니다. 그럼에도 진나라가 감히 조나라를 공격하지 못하는 것은 한나라와 위나라가 진나라의 후방에 위협을 가할 것이 걱정되어서입니다. 반면 진나라가 후방의 걱정거리를 해소하고자 먼저 한나라와 위나라를 공격하려 든다면, 이들 나라는 곧 진나라의 신하를 자처할 것이 분명하며, 이후 진나라는 곧 조나라를 공격할 것이 분명합니다. 한, 위, 제, 초, 연, 조 6국은 진나라에 비해 영토와 군대가 작고 약합니다. 하지만 6국이 합종한다면 그 영토는 진나라의 5배가 되고, 군대도 10배가 됩니다. 6국의 합종으로 진나라에 대항한다면 감히 진나라도 6국 중 어느 나라도 공격하지 못할 것입니다."

소진의 말에 매우 만족한 조 숙후는 소진에게 6국 합종의 임무를 맡겼다.

소진의 다음 목적지는 한나라였다. 이번에도 소진은 한나라의 선혜왕(宣惠王)에게 6국 합종설을 강력히 주장했다.

"한나라는 영토가 900리에 달하고, 병사가 30만이며, 활과 칼 등의 무기를 가지고 있는 강한 나라입니다. 그럼에도 한나라가 진나라에게 위협을 느껴 스스로 굴복한다면 대왕께서는 천하의 웃음거리가 될 것입니다. 또한 진나라는 분명 한나라의 영토를 요구할 것이며, 이는 한 번으로 그치지 않아 결국에는 모두 진나라의 것이 될 것입니다."

다음 차례는 위나라였다.

"위나라는 비록 영토는 작으나 강대한 군사력을 가진 나라입니다. 그런

합종을 제안한 소진

데 현재 대왕께 진나라를 섬길 것을 진언하는 신하들이 있다고 하니 이들은 분명 충신이기 보다는 간신이 분명할 것입니다."

위 양왕(襄王) 역시 소진의 뛰어난 언변에 설득돼 합종설에 동의했다.

이어 소진은 제나라 선왕(宣王)을 찾았다.

"제나라는 천혜의 지리적 조건을 갖춘 곳에 위치해 있으며, 막강한 병력을 가지고 있고, 백성 또한 부유한 강대국입니다. 그런데 제나라의 몇몇 신하들은 서쪽의 진나라가 혹시나 제나라를 공격할까 두려운 나머지 진나라를 섬길 계책을 내놓고 있는데, 이는 매우 그릇된 생각이옵니다. 진나라는 감히 제나라를 공격하지 못할 터, 그 이유인즉슨 위나라와 한나라를 뒤로 한 채 진나라가 원정을 나선다면 진나라의 후방은 이들로 인해 안전하지 않게 되며, 제나라의 험난한 지형 또한 진나라의 진군을 어렵게 할 것입니다. 그러니 제나라가 먼저 진나라에게 복종하는 것은 후세의 웃음을 살 뿐입니다."

마지막으로 소진은 초나라 위왕(威王)을 찾아갔다.

"진나라를 배척하고 나머지 나라들과 합종을 한다면 천하에 초나라만큼 강하고, 현명한 군주가 계신 나라는 없게 될 것입니다. 이러할진대 만약 대왕께서 합종을 거부하시고 연횡을 받아들이신다면 초나라는 진나라에게 땅을 주어 섬겨야 할 것입니다."

초 위왕까지 소진의 의견에 따르니 비로소 6국의 합종이 확립되었다. 이후 종약장(從約長)이 된 소진은 진나라에 6국의 합종 문서를 보냈고, 이로써 진나라는 15년 동안 함곡관 밖으로 군을 내보내지 못했다.

이러한 6국의 합종책에 대항해 나온 것이 바로 연횡책이며, 이것을 주장한 대표적인 인물은 장의였다. 위나라 사람이었던 장의는 위나라와 초나라에서 유세를 했지만 등용되지 못했다. 그러다 기원전 328년 진나라의 혜문왕에게 건의한 연횡책이 받아들여지면서 벼슬길에 올랐다. 진나라와 동맹을 맺어야 한다고 주장한 장의는 6국을 설득하기 위해 처음으로 위나라를 방문했다.

"위나라는 영토가 작고, 동서남북으로 제나라, 한나라, 초나라, 초나라와 접해 있습니다. 그러나 위나라는 사방을 경계하기에는 군사력이 이에 미치지 못하며, 현재 위나라가 다른 나라와 합종하여 평화를 얻었다고는 하지만 서로의 이익 앞에서는 혈육도 배신하는 것이 현실임을 헤아려 주십시오. 대왕께서는 소진의 합종책을 믿기보다 진나라와 친교를 맺어 한나라와 초나라의 위협에서 벗어나는 것이 옳을 줄 압니다."

그리하여 위나라는 합종책에서 처음으로 이탈한 국가가 되었다.

다음으로 장의는 제나라와 초나라의 합종을 깨기 위해 초나라로 갔다.

"만약 대왕께서 제나라와의 합종을 깨신다면, 진나라는 과거에 점령했던 상어의 땅 600리를 초나라에 기꺼이 돌려드리겠습니다."

이에 초나라 회왕(懷王)은 장의의 변설에 속아 제나라와 단교했다. 그러나 진나라가 초나라에게 이양하려 했던 땅은 600리가 아닌 6리였고, 장의가 억지를 써서 초나라를 농락한 것이다. 이에 기원전 312년, 초나라는 진나라를 공격하기에 이르렀다. 하지만 초나라는 진나라에게 참패했으며, 급기야 한나라와 위나라가 초나라의 영토를 침범하자 진나라와 어쩔 수 없이 강화를 맺고 철수했다. 장의는 초나라 회왕의 미움을 사 죽을 뻔했으나, 초왕의 애첩과 상관대부의 도움으로 무사히 초나라를 떠났다.

장의는 바로 한나라로 향했다. 한나라 왕을 만나 진나라를 섬길 것을 설득하자 한나라 역시 합종책에서 이탈했다. 장의는 이러한 공으로 무신군 (武信君)에 봉해졌고, 다시 제나라로 떠났다. 그는 제나라 왕에게 이미 진나라와 초나라는 혼인으로 친교를 맺었으며, 한나라와 위나라, 조나라가 땅을 바쳐 진나라를 섬기고 있음을 강조했다. 이에 제나라도 합종을 깨고 진나라와 동맹을 맺게 되었다. 이어 장의는 조나라, 연나라를 설득함으로써 마침내 연횡책을 완성했다.

전국 시대는 합종책과 연횡책을 주장하는 유세객들의 매수와 협박, 음모, 암살 등이 난무한 시대였다. 군주들 역시 자신의 이익에 부합하면 출신국과 상관없이 유세객들을 신임했으며, 합종과 연횡을 반복했다. 결국 6국은 최강국 진나라에 맞서 중요한 시기에 합종책을 깨고, 진나라와 연횡책을 맺음으로써 멸망의 길을 걸었다.

진 시황의 대륙 통일

강력한 중앙 집권적 통치 체제의 탄생

> **기원전 246년** 영정이 13세의 나이로 진나라 왕에 즉위하다.
> **기원전 230년** 한나라의 멸망을 시작으로 6국을 와해시키다.
> **기원전 221년** 영정이 통일의 대업을 이룩하고 스스로를 황제라 칭하다.
>
> 13세의 나이로 진나라 왕에 즉위한 영정은 10년 뒤 전국 통일의 대업을 시
> 작한다. 원교근공으로 6국의 동맹을 와해시킨 영정은 한나라 공격을 시작
> 으로 약 10여 년간 조나라, 연나라, 위나라, 초나라, 제나라를 멸망시키고
> 대륙을 통일했다. 광대한 영토를 차지한 영정은 스스로를 황제라 칭하고,
> 강력한 통치를 위해 중앙 집권제를 확립한다. 진 시황은 정치, 경제, 문화
> 등의 발전을 이루었으나 대규모 토목공사, 분서갱유 등의 실정을 거듭하며
> 진나라 몰락의 계기를 제공했다.

전국 시대에는 전쟁이 일상처럼 느껴질 정도로 빈번했으며, 승패에 따
라 각국의 존폐가 좌우될 정도로 격렬해졌다. 이에 각국은 전쟁의 승리를
위해 전투 방식, 군대의 편제, 무기 등을 더욱 발전시켰다. 또한 전쟁에서
소비되는 군량과 물자의 공급을 위해 백성을 동원하자, 그에 따라 백성의
고통과 불만은 말할 수 없을 정도로 극심해졌다. 백성들은 자연스레 전쟁
을 종식시킬 수 있는 국가의 탄생을 바라게 되었다. 하지만 전국칠웅이 중

원에 공존한 상태로는 전쟁이 끝나지 않을 것 또한 자명했으므로, 중원 통일을 위해서 또 다른 전쟁이 불가피했다. 그리고 이러한 통일 전쟁을 완수한 나라가 바로 진나라였으며, 이를 이룩한 왕이 영정(嬴政)이었다.

영정은 기원전 246년에 13세의 어린 나이로 왕이 되었기 때문에 초기 국정은 재상 여불위(呂不韋)의 섭정으로 운영되었다. 그로부터 10년 후 영정은 친정을 시작하면서 태후의 애인이었던 환관 노애(嫪毐)가 일으킨 난을 계기로 여불위를 파면시켰다. 건장한 남자였던 노애를 환관으로 위장시켜 태후의 궁으로 들여보낸 것이 여불위였기 때문이다. 이후 영정은 초나라 출신의 법가 학자 이사(李斯)를 승상으로 기용하고, 한나라 출신의 정국(鄭國), 위나라 출신의 위료(尉繚) 등을 발탁하여 통일 대업에 시동을 걸었다.

진왕 영정은 소양왕(昭襄王)이 채택했던 '원교근공(遠交近攻)'의 계책을 이어 갔다. 원교근공은 먼 곳의 나라와 외교 관계를 맺고, 가까운 나라는 공격하는 것을 의미한다. 이에 따라 영정은 인접한 한나라와 위나라를 적극 공략하고, 초나라와 조나라와는 친교를 맺어 6국 간의 연락 체계를 무너뜨리고 전시 상황이 닥쳐도 서로 동맹을 맺지 못하도록 했다. 또한 각국에 첩자를 보내 군신 관계를 이간시키고, 장군과 대신들을 매수했다.

이렇게 6국을 종합적으로 약화시킨 영정은 기원전 230년, 당시 가장 약했던 한나라를 공격하여 한나라 왕 안(安)의 항복을 받았다. 기원전 229년과 기원전 228년에는 천재지변을 틈타 조나라의 수도 한단을 공격했다. 이 일로 조나라의 유목왕(幽穆王)은 포로로 잡혔으며, 태자는 북쪽의 대군(代郡)으로 달아나 대왕(代王)이 되었다. 기원전 222년, 진나라는 대군을 공격하였고, 이로써 조나라는 완전히 멸망했다.

다음으로 진나라가 공략한 나라는 연나라였다. 진나라가 연나라를 공격한 이유는 기원전 227년, 연나라 태자 단(丹)이 위나라 출신의 자객 형가(荊軻)를 보내 영정을 살해하려 했기 때문이다. 형가의 비수를 피해 목숨을 보존한 영정은 이듬해인 기원전 226년에 연나라를 공격하여 수도 계성을 함락하고, 연나라의 영토 대부분을 점령했다. 그러자 연나라 왕 희(喜)는 요동군(遼東郡)으로 도망갔으며, 기원전 222년에 진나라가 요동군을 공격하자 연나라는 완전히 멸망했다.

진 시황 중원을 통일한 진나라의 초대 황제

기원전 225년, 연나라의 영토를 대부분 확보한 진나라가 위나라를 공격했다. 왕분(王賁)이 선봉장이 되어 맹공을 펼치자, 위나라는 수도 대량으로 퇴각한 채 진나라의 도발에 일절 응하지 않았다. 이에 진나라가 황허를 이용해 대량을 침수시키자 위나라 왕 가(假)는 더 이상의 저항을 포기하고 항복하였고, 이로써 위나라는 멸망했다.

위나라를 멸망시킨 진나라의 다음 목표는 초나라였다. 기원전 224년, 영정은 먼저 이신(李信)에게 20만 대군을 주어 초나라를 공격하도록 했다. 그러나 이신은 초나라 군대에게 대패했고, 다시 왕전(王翦)을 대장 삼아 60만 대군을 출병시켰다. 2년여 동안 전쟁이 지속된 끝에 기원전 223년 초나라 수도 수춘이 함락되고 초나라 왕 부추(負芻)는 포로가 되었다.

제나라를 제외한 5국이 차례로 멸망하자, 동쪽에 홀로 남아 있던 제나라는 감히 진나라에 대항할 수 없었다. 기원전 221년, 파죽지세로 남하하는 진나라의 군대에 못 이겨 제나라 왕 전건(田建)이 항복하면서 제나라도 운명을 다했다. 이로써 진왕 영정은 6국을 멸망시키고 중원 통일을 이룩했다. 기원전 230년, 한나라의 멸망으로 시작된 통일 대업은 기원전 221년, 마지막 제나라가 멸망하기까지 불과 10년의 세월밖에 걸리지 않았다.

기원전 221년, 통일 대업을 이룩한 진 영정은 일단 자신을 칭하는 호칭부터 바꿨다. 영정은 자신이 세상에 존재하는 유일무이한 지배자임을 과시하고자 자신을 '황제(皇帝)'로 칭할 것을 명했다. 아울러 황제의 사후에 생전의 업적에 따라 신하가 시호(諡號)를 붙이는 것을 불허하고, 처음의 황제는 시황제(始皇帝), 이후의 황제는 2세황제, 3세황제라고 칭할 것을 명했다. 군주의 호칭 개명은 진나라 왕 영정이 통일 국가의 기초를 다지기 위해 단행한 첫 번째 정책으로, 이때부터 중국 역사에 황제가 등장하였다.

이어 시황제는 광대한 영토를 원활하게 통치하기 위해 전대미문의 중앙집권제를 확립했다. 처음에 관료들은 주나라의 봉건제를 추천했으나, 승상 이사는 이를 반대하고 군현제를 채택할 것을 주장했다. 그는 주 왕실의 붕괴 원인을 제후의 분쟁에서 찾았던 것이다. 이에 시황제가 이사의 건의를 받아들여 군현제를 채택하니, 전국은 36개의 군과 현으로 나뉘었다. 군현에는 황제가 직접 임명한 관리를 파견했는데, 각 군에는 지방관 수(守), 문서와 사법 담당자 승(丞), 군대 관리자 위(尉), 백성과 관리를 감사하는 감(監)을 설치했다. 또한 현에는 수장 현령(縣令)과 그 아래에 현승(縣丞)과 현위(縣尉)를 두었으며, 군현의 모든 관직 세습을 금지시켰다.

또한 시황제는 이와 병행해 중앙 정부 기구를 정비하여 최고 통치자를 황제로 규정하고, 황제 아래 재상급 관원인 승상, 태위(太尉), 어사대부(御史大夫) 등 삼공(三公)을 두었다. 승상은 행정 업무의 최고 수장으로, 황제를 보좌해 정무 처리를 도왔으며, 이사가 통일 국가 진의 1대 승상을 맡았

진 시황 암살 기도 형가가 태자 단의 부탁을 받고 시황제를 암살하려는 장면을 묘사한 것. 왼쪽이 진 시황, 가운데 무릎을 꿇고 있는 사람이 형가의 부사인 진무양, 그 오른쪽이 형가이다.

다. 또한 태위는 군사 업무를, 어사대부는 감찰 업무를 담당했다. 하지만 중앙 행정의 구체적인 정무는 삼공 산하의 장관급 관원인 봉상(奉常, 제사), 정위(廷尉, 사법), 종정(宗正, 황족 사무), 위위(衛尉, 황성 보안), 태복(太僕, 교통), 소부(少府, 궁중 물품), 전객(典客, 외국 관민 접대), 치속내사(治粟內史, 양식), 낭중령(郎中令, 궁정 금위) 등의 구경(九卿)이 맡아 보았다.

황제 제도와 군현제, 삼공구경 실시로 정치적인 면에서 중앙 집권 체제의 골격을 갖춘 시황제는 경제, 문화면에서도 통일을 추진했다. 먼저 각국마다 제각각이었던 도량형을 통일했는데, 길이는 촌·척·장으로, 양은 승·두·통으로, 무게는 양·근·석으로 일치시켰다. 또한 형태와 크기, 무게가 모두 달랐던 각국의 화폐를 통일해 반량전을 통일 화폐로 삼았다. 반량전은 둥근 원형 안에 네모난 구멍이 난 형태로, 이는 이후 중국 금속 화폐의 기본이 되었다. 다음으로 수레바퀴의 크기를 6척으로 통일했으며, 진나라에서 통용되던 문자를 기초로 이사가 고안한 소전체로 문자를 통일

여산릉의 병마용갱

했다. 뿐만 아니라 법가로 사상을 통일시키고, 전국 도로의 폭을 50보로 규정하는 등 사회 모든 영역을 통일시키고, 규범화했다.

이러한 정치, 경제, 문화 등에 걸친 전 방위적 통일 정책은 강력한 중앙 집권적 통치 체제의 탄생에 첫 번째 목적이 있었다. 또한 이 정책들은 단순히 영토의 통일이라는 의미에 그치지 않고, 중국의 사회, 경제, 문화가 획기적인 발전을 이루는 데 큰 영향을 주었다.

하지만 진 시황은 장성 축조, 여산릉, 아방궁 건설 등 대규모 토목공사를 펼치고, 분서갱유 같은 야만적이고 폭력적인 사상 탄압을 시행함으로써 진나라 몰락의 계기도 함께 제공했다. 그리하여 진 시황이 이룩한 통일 국가 진나라는 그의 기대처럼 지속되지 못하고 2세황제에서 마감되었다.

만리장성 축조

중국 역사와 함께한 인류 역사상 최대의 건축물

> ◁◁ **기원전 214년** 진 시황이 장성 수축을 결정하고 서쪽 감숙성 임조부터 동쪽 요동까지 약 5천여 킬로미터의 장성을 쌓다.
>
> ◁◁ **기원전 214년** 지방 개발을 목적으로 운하 영거의 착공을 명령하고, 함양을 중심으로 각종 치도를 건설하다.
>
> ◁◁ **기원전 212년** 아방궁과 여산릉을 축조하다.
>
> 만리장성은 진나라가 춘추전국 시대의 장성들을 연결하면서 축조되었다. 애초에는 북방 이민족의 침략을 막기 위한 것이었으나 여러 왕조를 거듭하며 개보수되면서 중원과 외부, 농경 세계와 유목 세계의 경계를 짓는 역할도 했다. 만리장성은 5천여 킬로미터에 해당하는 것을 10년 만에 쌓은 것으로 당시 백성의 고생이 극심하였다. 그러나 진 시황은 만리장성 축조와 함께 대규모 토목공사를 일삼았고, 이는 진나라의 멸망으로 이어졌다.

진 시황이 대륙을 통일했을 당시 중국 북방의 흉노는 점차 세력을 규합하여 하남 혹은 오르도스라는 넓은 목초지를 향해 점차 남하하고 있었다. 이것이 가능했던 이유는 이전의 흉노는 몽골 초원 지대에서 유목 생활을 했으나 두만선우(선우는 흉노의 군주를 말한다)의 등장으로 세력이 강화되었고, 진 시황은 6국을 통일하고 내치에 힘을 기울이고 있었기 때문이다.

흉노의 오르도스 점령은 진나라로서는 결코 방관할 일이 아니었다. 흉노의 남하는 백성에게 고통을 안겨 준 것은 물론, 수도 함양에도 충분히 위협적이었다. 이로 인해 민간에서는 "진나라는 호(胡)에 의해 망한다."라는 말이 나돌 정도로 심각했다. 그리하여 기원전 215년, 진 시황은 대장군 몽염(蒙恬)을 북으로 파견하여 흉노를 정벌하도록 했다. 그리고 그해에 몽염과 진나라 30만 대군은 흉노를 황허 북쪽으로 몰아내고 오르도스 지역을 회복했다.

이어 진 시황은 그 지역에 구원군(九原郡)을 설치했으며, 죄수 등을 강제 이주시켜 안정을 시도했다. 그러나 흉노를 황허 이북으로 몰아냈을 뿐 섬멸하지는 못했기 때문에 북방 수비를 강화할 필요성을 느꼈다. 이에 진 시황은 기원전 214년에 장성 수축을 결정했다. 진나라는 서쪽 감숙성 임조부터 동쪽 요동까지 약 5천여 킬로미터의 장성을 쌓았다. 그러나 이는 장성을 새롭게 건축한 것이 아니라 춘추전국 시대의 각국이 패권을 다투면서 쌓은 장성들을 개축하거나 연결한 것이었다.

패권 경쟁이 치열했던 춘추전국 시대에는 서로를 방어할 목적으로 장성을 쌓았다. 기원전 7세기에는 초(楚)나라가 한(韓)나라와 위(魏)나라의 공격에 방어하고자 방성(方城)을 쌓았고, 제(齊)나라는 초나라와 월(越)나라에 대항하여 제장성(齊長城)을, 위나라는 진(秦)나라를 막고자 위장성(魏長城)을, 조(趙)나라는 제나라와 위나라에 대해 조장성(趙長城)을 쌓았다. 또한 연나라, 조나라, 위나라는 북방에도 장성을 건축했는데, 이는 모두 흉노를 방어할 목적이었다. 한편 전국 시대의 진나라는 위나라를 방어할 목적으로 참낙(塹洛)을, 조나라에 대항해서 상군새(上郡塞)를, 흉노의 침입을 대비해서 농서, 북지, 상군 등에 장성을 쌓았다.

진 시황이 대륙을 통일하면서 각국 사이에 존재했던 장성들은 원래의 기능을 잃었고, 대신 북쪽의 흉노를 방어하는 기능만 남았다. 그리고 진나라가 대륙을 통일한 후 연나라, 조나라의 장성들을 연결하여 완성한 것을 만리장성이라고 한다.

진나라는 장성 수축을 위해 병사를 동원하고 민간인까지 징발했다. 기록에 따르면 동원된 민간인은 40만에서 50만 명으로 추정되며, 병사들은 30만에서 50만 명에 이르렀다. 장성은 주로 흙과 돌로 지어졌는데, 수축에는 대략 10여 년이 걸렸

만리장성 북방 흉노의 침입을 막기 위해 지은 거대한 장성. 진 시황이 대륙을 통일하기 전부터 존재했던 장성을 연결하여 만든 것이다.

고, 대부분 험준한 산맥에 건축되었다. 당시 동원된 백성들은 극심하게 노동력을 착취당했으니, 약 5천여 킬로미터에 해당하는 장성을 10년 만에 쌓은 것으로도 그것을 짐작할 수 있다. 다음 시들이 백성의 고역을 반증한다.

아들이 있어도 키우지 말고, 말린 고기는 딸아이에게 먹이게.
모르겠는가! 만리장성이 해골 위에 세워졌다는 것을.
영정이 천하를 얻은 뒤, 북방에 만리장성을 쌓았네.

아방궁 아방궁을 축조하는 데는 무려 70만 명이 동원되었다. 이렇게 10년 동안 대토목공사들이 실행되자 진나라의 재정은 빠르게 악화되어 진나라의 멸망으로 이어졌다.

백성의 생명 절반이 흙이 되었고, 백골이 이리저리 다니는구나.

만리장성의 축조는 북방 흉노의 침입을 막아 주었다. 이로써 백성들은 이민족 침입의 불안에서 벗어날 수 있었으며, 안정된 농경지를 확보할 수 있게 되었다. 그러나 이러한 이점이 있음에도 백성의 삶은 나아지지 않았다. 공사가 워낙 방대하여 백성의 노역과 조세의 부담이 가중되었기 때문이었다.

또한 진 시황은 장성 축조와 함께 여러 대토목공사도 동시 다발적으로 착수했다. 장성 축조를 시작한 기원전 214년에는 영남 지방의 개발을 목적으로 상강(湘江)과 이강(灕江)을 연결시킨 운하 영거(靈渠)의 착공을 명령했으며, 함양을 중심으로 방사선 모양의 각종 치도(馳道)를 건설했다. 기원전 212년에는 황제의 새로운 궁전 아방궁(阿房宮)과 진 시황의 능인 여산릉(驪山陵)을 축조했다. 이때 동원된 인력은 영거 건설에 50만 명, 각종 치도 건설

영거 진 시황이 6국을 멸망시키고 중국을 통일한 후 영남 지방으로 군대와 물자를 운송하기 위해 상강과 이강을 연결해 만들었다.

에 300만 명, 아방궁 공사에 70만 명, 여산릉 공사에 75만 명 정도였다. 이처럼 대토목공사들이 불과 10년이라는 기간 동안 동시에 실행되자 진나라의 재정은 빠르게 악화되었고, 백성의 조세 부역에 대한 부담과 불만이 날로 커져만 갔다. 이는 결국 진나라의 운명을 단축시켰다.

장성은 진나라 멸망 후에도 중국 역사와 함께 발전했다. 진나라 이후 한(漢)나라 역시 흉노의 침입을 방어하기 위해 장성을 개축했다. 한나라 시대의 장성은 서쪽으로는 둔황의 옥문관까지, 동쪽으로는 고조선에 이르기까지 총 1만 킬로미터가 넘는 길이였다. 하지만 흉노 방어가 목적이었기 때문에 흉노 세력이 상대적으로 약했던 후한 시대에는 축조가 거의 이루어지지 않았다. 장성은 5세기에서 7세기까지 다시 적극적으로 축조되었으며, 특히 5세기에는 화북 지역을 통일한 북위(北魏)가 북방의 몽골계 유목국가인 유연(柔然)을 방어하기 위해 장성을 보강하고 650킬로미터를 새로

명나라 시대 그려진 고지도에 나타난 만리장성

쌓았다. 6세기에는 북제(北齊)와 북주(北周)가 각각 1천 킬로미터, 1,500 킬로미터 길이의 장성을 축조했다. 수나라 역시 돌궐을 방어할 목적으로 장성을 보수하고, 오르도스 지역에 장성을 쌓았다.

장성은 당나라, 오대십국 시대, 북송 때는 거의 건설되지 않았다. 당나라 때는 영토가 장성의 범위를 벗어났기 때문이며, 오대십국 시대와 그 이후에는 북방 이민족이 장성 지역을 점령하고 있었기 때문이다.

장성이 다시 건축되기 시작한 것은 12세기이다. 북송을 몰아내고 화북을 차지한 금나라가 타타르 족의 침입을 막기 위해 흥안령산맥(興安嶺山脈)에 4천 킬로미터가 넘는 장성을 쌓았다.

명나라 시대에 들어서서 장성은 약 200여 년 동안 20여 차례의 대규모 공사를 통해 지금의 모습으로 건축되었다. 명나라가 장성을 축조한 최초의 이유는 원나라 잔당 세력이 남하하는 것을 저지하기 위해서였다. 이에 영락제(永樂帝, 재위 1402~1424)는 동쪽에 산해관을 설치했고, 정통제(正統帝, 재위 1435~1449)는 내장성을 쌓았으며, 성화제(成化帝, 재위 1464~1487)는 오르도스 남쪽에, 가정제(嘉靖帝, 재위 1521~1567)는 동쪽 일대에 대대적으로 장성을 수축했다.

장성은 여러 왕조가 2천여 년에 걸쳐 축조했기 때문에 시대와 지역에 따라 구조, 재료, 높이, 폭 등에 차이가 있다. 구조에 따라 2층으로 건설된 곳도 있으며, 높이는 평균 6미터~9미터이다. 또한 건축 재료를 살펴보면 한나라 때의 장성에는 역암과 홍유, 명나라 때의 장성에는 벽돌이나 석재가 쓰였다. 장성의 관문, 산의 입구, 산과 바다의 접경 지역에는 성루를 쌓았으며, 하천이 지나는 곳에는 수문을 설치했고, 성벽 곳곳에 망루를 설치했다.

진나라가 춘추전국 시대의 장성들을 연결하면서 축조되기 시작된 만리장성은 중국 역사와 함께한 인류 역사상 최대의 건축물 중 하나가 되었다. 중국 역사상 장성 축조에 적극적이었던 왕조는 북방 이민족 침입 방어를 최우선 목표로 하여 사회 안정을 이룩했다. 또한 거대한 장성은 농경 세계와 유목 세계, 중원과 외부를 경계 짓는 역할도 함께했다.

분서갱유

폭력적이고 야만적인 사상, 문화 통제 정책

> 🔖 **기원전 221년** 진 시황이 사회, 경제 영역까지 걸친 대대적인 통일 작업에 착수하다.
>
> 🔖 **기원전 213년** 재상 이사의 건의로 진나라 사서 외의 고전 문헌과 제자백가의 서적들을 불태운 분서 사건이 벌어지다.
>
> 🔖 **기원전 212년** 진 시황이 유생들을 생매장한 갱유 사건이 벌어지다.
>
> 중국을 통일한 진 시황은 춘추전국 시대의 다양한 사상을 약화시키고 법가 사상 아래 전제주의적 통일 국가를 만들고자 했다. 이를 위해 진 시황이 구축한 신제도를 비판하며 신하와 학자들이 목소리를 내자 진 시황은 재상 이사의 건의를 받아들여 진나라 사서를 제외한 모든 서적을 불태우는 분서 사건을 일으켰다. 갱유 사건은 불로장생에 현혹된 진 시황이 불로초를 구해오지 못하고 자신을 비난하는 방사들과 유학자들을 산 채로 묻은 사건이다.

  기원전 221년, 대륙을 통일한 진 시황은 사회 각 영역에서 전면적인 통일 작업을 착수했다. 우선 그는 정치 체제를 완비함과 동시에 문자, 화폐, 법률, 도량형, 수레바퀴의 크기, 도로의 폭 등을 통일시켰다. 정치, 경제 영역에 걸친 대대적인 대통일 작업을 수행하면서 진 시황은 이를 문화와 사상적인 면에까지 적용해야겠다고 생각했다. 즉 춘추전국 시대에 유행하던 유가(儒家), 묵가(墨家), 농가, 도가(道家) 등 다양한 사상의 영향력을 약화시키고, 법가(法家)로 통일시킴으로써 황제 전제주의적 통일 국가를 구축하고자 했다.

《사기》〈진시황본기(秦始皇本紀)〉의 기록에 의하면, 기원전 213년에 진시황은 함양궁에서 천하 통일을 경축하는 연회를 열었다. 이 자리에서 복야(僕射) 주청신(周靑臣)을 비롯한 군신 대부분은 진 시황이 구축한 신제도를 칭송하기에 여념이 없었다. 그러나 신제도를 비판하고 구제도를 중시하는 신하들이 여전히 존재했기 때문에 진 시황은 연회에서 이 문제를 신하들끼리 논의하게 했다. 이때 박사 순우월(淳于越)은 전통을 중시해야 한다는 보수적인 의견을 내놓았다.

"은나라, 주나라 두 왕조는 천세를 누린 왕조로, 두 왕조가 그럴 수 있었던 것은 아들 형제에게 분봉했기 때문입니다. 하지만 오늘날 천하의 주인인 폐하의 자제들은 벼슬이 없는 필부에 지나지 않으니, 만약 반란의 무리가 일었을 때 과연 누가 폐하를 보좌할 수 있겠습니까?"

순우월의 발언에는 봉건 제도로 돌아가자는 주장과 함께 유가 사상이 담겨 있었다. 비록 그의 의견은 신제도, 즉 군현제에 대해 비판적이었지만, 이것 또한 진나라에 대한 충성심에서 기인한 것이었다. 그러나 법가 사상, 특히 한비자를 숭상했던 진 시황에게 순우월의 태도는 매우 거슬렸다. 이때 재상 이사(李斯)의 반박이 시작되었다.

"오제(五帝)와 하, 은, 주나라의 제도는 서로 중복되거나 답습하지 않았습니다. 각자 독자적인 체제를 갖추고 시대의 변화에 따라 적응했을 뿐 일부러 옛것을 따르지 않거나, 무조건 옛것을 따르지도 않았습니다. 지금은 폐하가 천하 통일을 이룩하여 그 업적이 후세에 길이 남을 터, 그럼에도 유학자들은 국면을 제대로 이해하지 못하고 있습니다. 삼대에는 제후들이 경쟁적으로 유세객들을 불러 모았지만, 이제 폐하께서 대통일을 완성하고 법령을 통일하였으니, 백성들은 생업에 종사하고, 관리들은 새 법령을 익히는 데 온 힘을 기울이면 될 뿐입니다. 현시대와 맞는 새로운 것을 배우려 하지 않고 옛것만 고수하는 태도는 민심을 어지럽게 하고, 나라를 불리하게 합니다."

이처럼 이사는 과거로 현재를 논하는 것을 강력히 반대했다. 게다가 사교육을 받은 사람들이 법을 잘못 이해하고, 자신의 학문만으로 법을 판단하며, 민간에서 개인의 학문적 소양을 드높이기 위해 조정에서와 다른 말을 한다고도 주장했다. 그러니 사학(私學)을 금지시켜 비방의 기회를 주지 말 것을 주장했다.

그는 한걸음 더 나아가 진 시황에게 '분서'를 진언했다.

"사관에게 명하시어 진나라 사서(史書)를 제외한 다른 서적들을 불태우시고, 지방관에게 박사가 직무상 봐야 하는 도서와 농서, 복서, 의서 외의 《시경》, 《서경》, 제자백가의 서적들은 모두 불태우라고 명하십시오. 또한 명령이 내려진 후에도 시서(詩書)에 대해 언급하면 그들을 참수하여 본보기를 보이시고, 여전히 고대의 전례를 찬미하고 현재를 비판하는 자가 있다면 일가족을 처형하시고, 관리 중에 죄를 알면서도 처벌하지 않는 자가 있다면 그들을 죄로 다스리시고, 30일이 되어도 분서를 하지 않는 이가 있다면 묵형(墨刑)에 처하십시오. 반대로 법령을 배우고자 하는 관리들을 스승으로 여기십시오."

결국 진 시황은 이사의 의견을 받아들였고, 진나라 사서 외의 고전 문헌과 제자백가의 서적들이 잿더미로 변했다. 하지만 이때 실제로 소각된 서적 대부분은 6국의 역사서들이었으며, 제자백가 서적은 그다음이었고, 유가 경전은 살아남아 박사부의 관리를 받았다. 그러나 분서 사건은 유학자들의 분노를 사기에 충분했으며, 최악의 문화 참사라는 오명을 피할 수 없었다.

분서 사건은 진 시황이 사상 통제를 위해 펼친 폭력적이고 야만적인 정책

《제감도설》에 실린 분서갱유 상상도

이었다. 하지만 기원전 212년, 분서 사건을 압도하는 또 다른 사건이 발생했으니, 바로 '갱유' 사건이었다.

갱유 사건은 진 시황이 유생들을 생매장한 사건으로, 이 사건의 직접적인 원인을 제공한 것은 유학자가 아닌 방사(方士) 후생(侯生)과 노생(盧生)이었다. 이들은 진 시황이 불로장생의 미신에 현혹되어 불사의 선약을 구해 오게 한 사람들이었다. 이미 진 시황은 서복(徐福)이라는 자에게 어린아이 3천여 명과 보물로 선단을 꾸려 장생불사의 선약을 구해 올 것을 명했다. 그러나 서복은 돌아오지 않았으며, 일설에는 명령을 완수하지 못해 진 시황에게 죽임당할 것이 두려워 일본으로 도망쳐 정착했다고도 한다.

서복에게 크게 배신을 당했음에도 진 시황의 불로장생에 대한 염원은 멈추지 않았다. 함양은 여전히 방사들로 가득했고, 후생과 노생도 이런 방사 중 하나였다. 그들은 진 시황에게 불로장생에 효험이 있는 법술들을 건의했다. 그러나 아무리 신통한 방사라 할지라도 세상에 존재하지 않는 것을 내놓을 수는 없었다. 실패를 용납하지 않고 가차 없이 처형하는 진 시

진 시황의 명을 받고 불로초를 찾아 떠나는 동남동녀들

황의 성정을 너무도 잘 알았던 이들은 결국 도주를 결심하기에 이르렀다. 뿐만 아니라 이들은 오히려 진 시황의 성정과 정치를 비난하는 유언비어를 퍼뜨리기도 했다.

"진 시황의 성정은 괴팍하여 자신의 신하들조차 신임하지 못해 모든 일을 독단적으로 처리한다. 또한 관리는 옥리만 채용할 뿐 70여 명의 박사들은 냉대받고 있다. 게다가 처벌과 사형만으로 황제의 위엄을 지키려고 하니 백성과 관료들은 죄를 지을까 두려워 간언하지 못하고 그저 제 몸 하나만을 살필 뿐이다. 그런데 어찌 이런 황제를 위해 불로장생의 영약을 구해다 줄 수 있겠는가?"

이를 알아챈 진 시황은 격노하여 이들을 체포하게 하고, 비방에 동조한 학자들이 있는지 조사할 것을 명했다. 진 시황의 명령에 어사가 파견되었지만, 후생과 노생을 끝내 잡아내지는 못했다. 그런데 조사하는 도중 진 시황을 비방하는 무리가 주로 유생들이었다는 사실이 드러났다. 이로써 후생과 노생에 대한 진 시황의 화는 유생에게 향했다. 진 시황은 함양을 철저히 수색해 비방에 관련된 자 460명을 잡아들였다. 여기에는 후생, 노생 등과 아는 자, 그들과 비슷한 방술을 구사한 방사들, 비방에 관련된 유학자들이 포함되어 있었다. 진 시황은 이들 460명을 구덩이에 산 채로 묻어 버렸다. 이것이 갱유 사건으로, 역사는 전년에 일어난 유가 탄압 사건인 분서와 함께 '분서갱유'라고 일컫는다.

분서갱유는 역사상 유례가 없는 문화 탄압 사건으로, 진 왕조 이전의 문화가 소실되는 결과를 가져왔다. 특히 법가로 사상을 통일하는 와중에 유가 사상과 유학자의 피해가 생기자, 진 왕조는 오히려 지식인들의 지지를 잃게 되었다. 이에 반발하는 지식인들을 상대하고자 더욱 고압적이며 법가를 바탕으로 한 논리만을 주장하게 되었다. 이러한 분위기를 감지한 진 시황의 장자 부소(扶蘇)는 진 시황에게 간언했으나, 도리어 노여움을 사 변방으로 쫓겨났다. 이로써 진 시황 측근에는 정책을 비판하는 자가 더 이상 남아 있지 않았다. 결국 최초의 통일 국가 진 왕조는 진 시황의 독재 및 폭정으로 건국 15년 만에 멸망에 이르렀다.

진승의 난

진나라 멸망의 불씨를 당기다

> ◁ **기원전 209년** 안휘성 수졸의 둔장 진승이 농민을 이끌고 진나라에 반기를 들다.
> ◁ **기원전 208년** 진승이 성보에서 배신자 장가에게 목숨을 잃다.
> ◁ **기원전 206년** 진나라의 3세황제 자영이 유방에게 항복하면서 진나라가 멸망하다.
>
> 농민 출신 진승은 '왕후장상의 씨가 따로 없고 모두 같은 인간'이라는 구호로 농민을 설득하여 수십만의 봉기군을 모아 진나라에 대한 반기를 든다. 그러나 봉기 6개월 만에 내부 분열로 반란군이 약화되고, 장한이 진나라 봉기군을 제압한다. 진승을 죽이고 그의 반란군을 흡수한 항량이 반진 세력의 수장으로 나선다. 항량 사후 그를 이은 항우와 강소현에서 봉기한 유방은 함양을 함락하기 위해 경쟁했고, 3세황제가 유방에게 항복하면서 진나라는 결국 멸망한다.

기원전 209년, 지금의 안휘성 숙주에 있는 대택향(大澤鄕)에서 변방을 지키는 수졸의 둔장(屯長) 진승이 농민 출신 수졸 수백 명을 모아놓고 진 왕조에 반기를 들었다.

진승은 하남성 양성의 미천한 농민 출신으로, 가난하여 남의 땅을 경작하며 살았다. 그는 농민들에게 말문을 열었다.

"우리는 어양(漁陽)에 도착해야 할 기한을 이미 넘겼소. 그리고 우리가

　　　　　　　　　　　　　　　　　　　중국사를 움직인 100대 사건

어양에 무사히 도착한다 해도 참수를 피할 방법은 없소이다."

당시 진나라에는 기한을 넘긴 자는 이유를 불문하고 참형에 처하는 법령이 존재했고, 진승 무리는 대택향에서 홍수를 만나 더 이상 앞으로 나갈 수 없는 상황이었다.

"설사 다행히 참수를 면해 부역에 종사해도 목숨을 보장할 수 없고, 부역에 차출되었다가 살아 돌아온 사람을 보지 못했을 것이오. 어차피 죽을 목숨이라면 뜻을 이루고 죽는 것이 낫지 않겠소. 어찌 왕후와 장상의 씨가 따로 있겠으며, 그들도 우리와 같은 인간일 뿐이오!"

이와 같은 설득에 많은 농민이 호응하니, 진승 무리의 위세는 등등했다.

이처럼 시작된 진승의 봉기는 진승이 대초(大楚)의 장군(將軍), 반란 동지 오광(吳廣)이 도위(都尉)를 자처함으로써 빠른 속도로 일어났다. 게다가 장이(張耳), 진여(陳余), 무신(武臣), 주문(周文) 등의 반진 명사들까지 무리에 가담하자 엄연한 반진 군대의 모습을 갖추게 되었다. 이내 진승의 봉기군은 초(楚)나라 말기의 도읍지였던 진성(陳城)을 점령하고, 급기야 진승은 장초(張楚)를 건국하고 왕을 칭했다. 다음으로 진승은 오광을 가왕(假王)으로 임명하고, 진나라 군을 공격했다. 오광이 주문과 함께 진나라 타도를 위해 함양으로 진군하니, 이때 진나라의 가혹한 통치에 불만이 고조된 백성이 동조하여 봉기군은 수십만에 이르렀다.

그러나 진승의 봉기는 세력 분열로 고작 6개월 만에 실패로 끝났다. 진승은 여러 갈래로 진격을 명하고, 이에 오광은 형양으로, 주문은 함곡관으로, 무신, 장이, 진여 등은 북쪽의 조나라로 향했다. 그러나 오광은 부장(部將)이었던 전장(田臧)에게 살해되고, 주문은 미숙한 전술로 패했으며, 조나라를 평정한 무신, 장이, 진여는 서쪽으로 진격하라는 진승의 명령을 어기

함곡관 중국 최초의 요새이자 관문. 진승의 봉기군이 패퇴하고, 유방이 이곳을 통과해 장안의 관중으로 진격했으며, 항우가 장량과 한판승을 벌인 곳이다.

고 그대로 조나라의 왕, 승상, 대장군이 되었다. 진승이 연나라를 평정하고자 파견한 한광(韓廣)마저 연나라의 왕이 되면서 봉기군의 세력은 약화, 분열되었다.

반면 진 2세황제(二世皇帝, 재위 기원전 209~기원전 207)는 진승의 봉기군이 함곡관을 넘어 함양 부근까지 파죽지세로 진군하자 장수 장한(章邯)을 파견했다. 그는 군대를 조직할 여유가 없었지만 여산릉 부역자들을 사면하는 방법으로 수십만 명의 병졸을 모집했고, 봉기 전에는 농민에 불과했던 봉기군을 격파해 나갔다. 승세를 잡은 장한은 진승이 있는 진성으로 진격했다. 진승은 대군을 이끌고 진성을 방어했지만, 끝내 장한의 공격을 이겨내지 못하고 성보로 퇴각했다. 진승은 그곳에서 오광과 마찬가지로 배신자 장가(莊賈)에게 목숨을 잃었다. 기원전 208년, 마침내 진나라는 농민 반란군을 완전히 진압했다. 중국 역사상 최초의 농민 반란으로 기록되는 '진승의 난'은 이렇게 끝을 맺었다.

당시 빈농 진승과 오광이 규합한 반진 무리가 삽시간에 봉기군으로 성장할 수 있었던 것은 2세황제의 실정 때문이었다. 기원전 210년, 순행 도중 사구(沙丘)에서 병사한 진 시황은 첫째 아들 부소(扶蘇)에게 황위를 물려주었다. 그러나 환관 조고와 승상 이사가 공모하여 진 시황의 조서를 위조하였고, 결국 부소는 불효의 죄를 뒤집어쓰고 자결로 생을 마감했다. 그리하여 막내아들 호해(胡亥)가 황위를 이어 2세황제가 되었지만, 그는 황제의 자질이 부족한 인물이었다. 2세황제는 조정의 실권을 장악하여 전횡을 일삼는 조고에게 모든 것을 맡긴 채 방탕하게 생활했다. 또한 진 시황이 생전에 착수한 만리장성 축조, 여산릉, 아방궁 건설 등의 대토목공사를 계승했다. 불과 10여 년에 걸쳐 진행된 이러한 대토목공사들의 건축 비용과 노동력이 모두 백성의 세금과 노동력으로 이루어졌음은 물론이었다. 또한 그는 북방의 흉노 정벌을 이유로 백성을 무자비하게 징발했다. 이 모든 것들이 백성에게는 생사의 문제였다. 진나라의 가혹한 법제 역시 백성이 등을 돌린 이유 중 하나였다. 그리하여 진승이 봉기를 일으켰을 때 백성은 '이래도 죽고, 저래도 죽는다'라는 심정으로 봉기군에 적극 가담했다.

장한의 활약으로 2세황제는 6개월 만에 진승의 난을 진압했다. 하지만 진승의 난은 반진의 불씨가 되었고, 전국 각지에서는 농민 반란이 발생했다. 이 중 가장 강한 농민 반란군은 항우(項羽)와 유방(劉邦)이 일으켰다.

진승의 봉기가 일어난 그해에 전국 시대 초나라의 귀족 출신 항량(項梁)이 조카 항우와 함께 회계 태수 은통을 죽이고 오중에서 군사를 일으켰다. 항량과 항우의 봉기군은 약 8천 명이었으며, 이들은 진승의 봉기군이 진의 장한에게 대패하자 장한의 후방을 공격했다. 이때 진영(陳嬰)과 영포(英布), 포장군(蒲將軍) 등이 합세하였고, 항량의 봉기군은 크게 늘어나 대군으로 성장했다. 그런데 얼마 지나지 않아 진승이 측근에게 살해되고 진가(秦嘉)가 무리를 이끌자, 항량은 그를 죽이고 진승의 무리를 흡수했다.

순식간에 반진 세력의 수장이 된 항량은 대책을 마련하던 중 전략가 범증(范增)의 건의에 따라 초 회왕의 손자인 양치기 웅심을 그의 조부와 같은 이름으로 옹립했다. 그러나 항량은 진과의 전투에서 매번 승리를 거두다 그만 자만하였고, 불행하게도 정도(定陶)에서 진의 장한에게 죽임을 당했다.

항우 초나라 귀족 항량은 조카 항우와 함께 봉기하였다. 항량은 반진 세력의 수장이 되었으나 진의 장한에게 죽임을 당했다. 이후 항우는 스스로 장군이 되어 거록 전투에서 대승을 거두고 반란군의 수장이 되었다.

진의 장한은 이어서 조나라의 한단을 공격하고, 거록을 포위했다. 이에 조나라 왕 조헐이 구원을 요청하자 초 회왕은 송의(宋義)를 상장군, 항우를 차장, 범증을 말장으로 삼아 조나라 구원을 명했다. 이는 항우에게는 용납할 수 없는 인사 조치였다. 그는 자신이야말로 항량의 뒤를 이어 상장군이 되어야 한다고 생각했다. 게다가 전략에 있어 송의와 심하게 대립하자, 항우는 초 회왕의 명령이라고 날조하여 송의를 죽였다. 그리고 스스로 장군이 되어 거록의 포위를 풀어 주었고, 진나라 군대와 전투를 벌여 진나라 장군 왕리를 생포하고, 소각과 섭간을 죽음으로 몰아넣었으며, 장한을 퇴각시켰다. 이로써 거록 전투에서 대승리를 거둔 항우는 명실 공히 반란군의 수장이 되었다.

한편 유방은 진승이 봉기를 일으킨 지 2개월이 지난 후에 강소성 패현에서 봉기했다. 그는 원래 진 시황의 여산릉 공사에 투입되는 인부들을 관리하는 책임자였으나 도망자가 속출하자 그들을 풀어 주고 자신도 숨어 지내고 있었다. 그러던 중 패현의 현령이 백성에 의해 죽임당하고, 문서 담당 하급 관리 소하(蕭何)와 옥리 조참(曹參) 등이 그를 패공으로 추대하자, 이를 받아들임으로써 진나라에 항거했다. 유방의 봉기군은 금세 그 수가 늘어 2, 3천 명이 되었으며, 그 일대에서 점차 세력을 넓혔다. 그러나 역량의 부족함을 느낀 유방은 기원전 208년에 항량과 연합을 이루었으며, 항량 사후에는 초 회왕의 명령에 따라 함양 공격에 나섰다.

이리하여 반진 세력의 양대 세력으로 성장한 항우와 유방은 초 회왕의 '함양을 먼저 함락시킨 사람을 진의 본거지인 관중의 왕으로 삼는다'라는 약속의 주인공, 즉 천하의 새 주인이 되고자 경쟁한다.

농민 출신 진승은 진나라를 직접 멸망시키지는 못했다. 하지만 그가 올린 반란의 기치는 불씨가 되어 각지에 반진 봉기를 일으켰다. 그리고 기원전 206년, 마침내 진나라의 3세황제 자영이 유방에게 항복함으로써 진나라는 멸망했다.

한나라부터 수나라까지

Chapter 2 천하의 분열과 재통일

진승오광의 난 이후 각지에서 반란이 일어나면서 진나라가 몰락한다. 혼란한 틈을 타 천하를 다시 통일한 것은 유방의 한나라였다. 한나라 시대에는 경제가 부흥하고, 서역과의 교류를 통해 전 분야에 걸쳐 발전을 이루었으나 외척 및 환관의 발호로 결국 위, 촉, 오 삼국 시대가 열린다. 또한 북쪽의 오호십육국과 중원의 동진이 대치하다 581년 수나라가 건국되면서 중국은 다시 통일 국가 시대로 접어든다.

BC 206

홍문의 연

천하를 앞에 둔 항우의 결정적인 실수

> ◁◁ **기원전 208년** 반진 세력의 지도자 항량이 진나라 장수 장한에게 패해 전사하다.
> ◁◁ **기원전 206년** 항우가 홍문에서 회합을 열다.
> ◁◁ **기원전 202년** 항우가 해하에서 한신의 군대에 패하고 이후 유방이 한나라의
> 황제로 즉위하다.
>
> 항량이 정도에서 장한에게 패해 전사한 후 반란군의 중심에 항우와 유방이
> 등장했다. 항우의 모사 범증은 함양에 먼저 입성한 유방을 견제하여 홍문의
> 연에서 유방을 제거하고자 하였으나, 유방은 모사 장량의 꾀로 위기에서 벗
> 어났다. 항우가 함양에 입성하여 스스로 초 패왕이 되자 유방은 항우에게 반
> 기를 든 제후들을 규합해 반항우 체제를 구축하고 항우에 맞섰다. 결국 해하
> 전투에서 항우는 자결로 생을 마감했고, 천하는 유방의 손에 들어간다.

　기원전 208년, 반진 세력의 지도자 항량은 초 회왕을 옹립해 반진 세력
의 맹주로 삼았다. 그러나 얼마 지나지 않아 항량이 정도에서 진나라 장군
장한에게 패해 전사하자 항우와 유방이 반란군의 중심으로 떠올랐다. 당
시 초나라는 진나라 수도인 함양의 공략을 준비하던 때로 초 회왕은 제후
와 장수들에게 먼저 함곡관을 돌파하여 관중(關中)을 평정하는 사람을 관
중의 왕으로 삼겠다는 약속을 내세웠다. 그리고 항우에게는 북상하여 진

장한의 군대에 포위된 조나라를 구원할 것을, 유방에게는 함양의 관문인 함곡관을 공략할 것을 명했다.

항우는 초 회왕의 명에 따라 자신은 차장의 신분으로 상장군 송의(宋義), 말장 범증(范增)과 함께 조나라 왕 헐이 있는 거록(鉅鹿)으로 향했다. 관중왕이 되려면 항우는 한시라도 빨리 관중에 들어가야 했다. 그러나 상장군 송의는 안양(安陽)에서 진군을 멈춘 채 40여 일이 넘도록 전세만 관망하며 항우의 속을 태웠다. 당시 항우는 항량 사후 자신이 상장군이 될 것을 기대했으나 그렇게 되지 못한 것에 불만을 품고 있었다. 또한 서쪽으로 진군한 유방에 비해 진나라의 주력 부대인 장한의 군대를 격파해야 했기 때문에 무작정 송의를 따를 수만은 없었다. 이에 항우는 더 이상 참지 못하고 송의의 목을 베어 버렸다. 그리고 스스로 상장군에 올라 전군에게 죽을 각오로 싸울 것을 명하니, 항우를 따랐던 대부분의 병사들은 죽기 살기로 싸워 진나라 군대를 격파해 나갔다. 결국 항우는 아홉 차례의 격전 끝에 진나라 장수 왕리(王離)를 생포했으며, 도주한 장한에게 항복을 받아 냈다. 하지만 함곡관을 돌파해 함양에 먼저 도착한 것은 항우가 아니라 유방이었다.

항우와는 달리 유방의 남로 진군은 순조롭게 진행되었다. 먼저 유방은 진류(陳留)를 공략해 군량미를 해결하고, 이어 남양(南陽) 군수를 자결케 하고 남양을 공략했다. 이어서 무관으로 들어가 남전에서 진 군대를 격파했으며, 몇 개월 후에는 함양 근처의 패상(霸上)에까지 이르렀다. 이에 진 3세 황제 자영(子嬰)이 유방에게 항복하니, 유방은 바로 서진하여 함양에 입성했다. 이때가 기원전 206년으로, 유방은 항우보다 먼저 함양에 도착했다. 함양에 입성한 유방은 먼저 진나라의 법을 폐지하고 살인하는 자에게는 사형을, 상해를 입힌 자와 도둑질을 한 자에게는 그에 상응하는 벌을 준다

한 고조 입관도 초 회왕은 최초로 관중을 평정하는 자를 관중 왕으로 삼는다고 약속했다. 유방은 관중 사람들에게 3장의 법으로 다스리겠다고 약속하고 먼저 관중에 입성했다.

는 3가지 법, 즉 '약법3장(約法三章)'을 선포하여 민심을 안정시켰다. 그리고 군대를 패상으로 물리고 항우를 기다렸다. 당시 유방은 항우와 대치했을 때 승산이 없다고 생각했다. 이는 유방의 군대가 10만이었던 것에 비해 항우의 군대는 투항한 장한의 군사들을 합쳐도 40만에 이르렀기 때문이다.

유방이 함양에 입성한 지 1개월이 지난 후에 항우는 40만 대군을 이끌고 신풍(新豊)의 홍문(鴻門)에 진을 쳤다. 군사력과 군대 숫자에서 모두 우세했던 항우는 단숨에 유방을 물리쳐 관중의 주인이 되고자 했다. 반면 유방은 자신이 절대적으로 불리하다는 것을 파악하고 항우에게 대적할 의향이 없음을 전하려고 했다. 결국 유방은 항우에게 사죄를 하여 위기를 모면하고자 했으며, 유방이 불과 100여 기만을 이끌고 홍문으로 향함으로써 회합이 이루어졌다. 회합에서 유방은 자신을 항우의 신이라 칭하며 사죄했다.

"처음에 신과 장군이 함께 진나라를 공격할 때 장군은 하북에서, 신은 하남에서 싸움을 벌였습니다. 공교롭게 신이 먼저 관중에 들어가 진의 항복을 받아 냈으나, 신은 처음부터 이 모든 것을 장군에게 바치고자 했습니다. 그리하여 군대를 패상으로 물리고 장군을 기다렸던 것이온대, 장군께서 저와 장군을 이간질하려는 소인배들의 말만 듣고 저를 의심하신다고 하오니 천하의 백성들까지 그러할까 두렵습니다."

항우는 유방이 신이라 자칭하며 조아리는 모습을 보고 그를 죽이고자 했던 마음을 접고 연회를 열었다.

이때 항우는 시골 출신의 유방이 천하의 주인 자리를 놓고 경쟁할 만한 상대라고 생각하지 않았다. 하지만 그의 모사 범증만은 달랐다. 범증은 이때야말로 유방이라는 후환을 없앨 절호의 기회라 여겼다. 하여 그는 항우에게 여러 차례 유방을 죽일 것을 눈치 주었으나 항우는 거듭 이를 무시했다. 이에 범증은 항우의 사촌동생 항장(項莊)을 시켜 검무를 추는 척하면서 유방을 죽일 것을 지시했다. 항장이 연회장 내에서 번뜩이는 칼을 들고 검무를 추기 시작하자, 유방의 모사 장량은 유방이 위태롭다고 판단하고 즉시 중무장한 번쾌(樊噲)를 불러들였다. 번쾌의 소란스런 입장에 놀란 것도 잠시 항우는 짐짓 여유를 부리며 번쾌에게 술과 날돼지고기를 내렸다. 번쾌가 호기롭게 이를 모두 먹어 치운 뒤 다른 사람의 유언비어를 믿고 공을 세운 유방을 죽이려는 행동은 진나라의 행패를 그대로 따라하는 것과 다름없다고 책망하듯 말했다. 항우는 이에 마땅히 대꾸할 말을 찾지 못했다. 머쓱해진 항우가 마지못해 번쾌를 자리에 청하자 험악해진 연회장의 분위

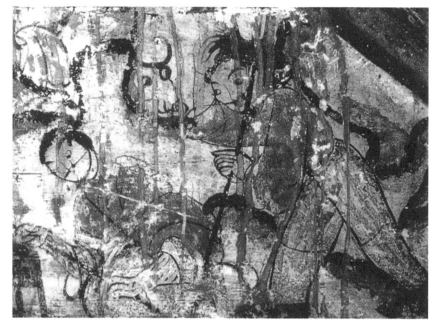

홍문의 연 함양을 정복한 항우가 유방을 떠보기 위해 홍문에서 연을 베풀었다. 항우가 유방을 죽이지 않으려 하자 항우의 모사 범증만은 이를 안타까워했다.

기는 가라앉는 듯했다. 유방은 이때를 기회 삼아 몰래 말을 타고 연회장을 빠져나왔다. 항우는 홍문의 회합에서 자신의 우유부단함으로 유방을 죽이지 못한 것이 자신의 운명에 어떠한 결과를 가져올지 몰랐다. 오직 항우의 모사 범증만이 이를 한탄할 뿐이었다.

드디어 함양에 들어간 항우는 항복한 진왕 자영 및 진에 관련된 자를 모두 죽이고, 아방궁을 비롯한 함양의 궁전을 불태웠다. 또한 초 회왕을 의제(義帝)에 봉한 뒤 스스로 서초패왕(西楚霸王)이 되어 팽성(彭城)을 새 도읍지로 삼았다. 그리고 진나라의 중앙 집권제를 부정하고 전국 시대처럼 공신 18명을 제후왕으로 봉했다. 이때 유방은 파촉(巴蜀)과 한중(漢中)의 제후로 봉해졌다. 그러나 항우의 이러한 처사는 시대 역행적이고 공적과 무관한 경우가 있어 많은 사람들의 불만을 낳았다. 결국 공신 분봉 1개월 만에 제나라 전영(田榮)이 반기를 일으킴으로써 전쟁의 불씨가 되살아났다.

항우는 북상하여 제나라의 반란을 진압하기 위해 애썼지만, 제나라가 완강히 저항하는 탓에 좀처럼 팽성으로 돌아올 수 없었다. 이에 유방은 항우가 쉽사리 귀국하지 못하는 틈을 타 관중을 평정하고, 항우의 의제 시해를 명분 삼아 분봉에 불만을 품고 있던 여러 제후들과 반항우 연합 체제를 구축했다. 그리고 즉시 팽성을 공략했다. 유방의 팽성 점령 소식을 들은 항우는 허를 찌르는 공격으로 팽성을 되찾을 수 있었다.

이후 항우는 유방이 머물고 있는 형양(榮陽)을 포위하는 한편, 오창(敖倉)의 보급로를 차단하는 작전으로 유방을 압박했다. 그러나 유방의 모사 진평(陳平)이 항우와 범증을 이간시킴으로써 유방은 무사히 형양을 빠져나올 수 있었다.

항우와 유방은 광무(廣武)에서 다시 대치했다. 시간이 지남에 따라 군량미 확보에 어려움을 겪던 항우는 유방의 가족들을 인질로 잡고 항복을 권했지만, 유방이 이에 응하지 않자 더욱 어려운 상황에 처했다. 또한 마침 한의 장수 한신(韓信)이 초나라를 공격했다는 소식까지 더해지자 항우는 더욱 불리해

유방의 모사 장량 홍문의 연에서 유방을 구한 주역으로, 유방은 그를 두고 "군막에서 계책을 세워 천 리 밖에서 벌어진 전쟁을 승리로 이끈 것이 장자방이다."라고 하였다.

졌다. 이때 유방이 항우에게 홍구(鴻溝) 강을 경계로 서쪽은 한나라, 동쪽은 초나라가 가지며, 인질로 삼은 유방의 가족을 돌려보낸다는 조건으로 강화를 제안했다. 항우는 불리한 조건임에도 교섭에 나설 수밖에 없었다. 그리하여 항우는 군대를 동쪽으로 이동시켰으나, 유방은 모사 장량과 진평의 조언에 따라 약속을 어기고 동진 중이던 항우의 군대를 추격했다. 더불어 한신에게도 합류를 명했다.

기원전 202년, 항우는 해하(垓下)에서 한신의 군대와 대치했다. 한신이 항우의 군대를 포위하니 항우의 군대는 점차 군량미가 떨어져 탈영병이 속출했다. 게다가 한신이 한의 병사들에게 초나라 노래를 가르쳐 부르게 하자 항우는 초나라의 모든 백성이 유방을 돕고 있는 것으로 착각했다. 이

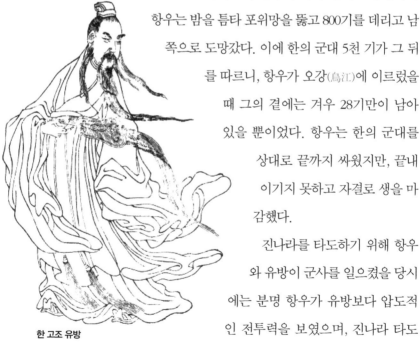

내 항우의 병사들이 향수에 빠져 전의를 상실하자 항우는 밤을 틈타 포위망을 뚫고 800기를 데리고 남쪽으로 도망갔다. 이에 한의 군대 5천 기가 그 뒤를 따르니, 항우가 오강(烏江)에 이르렀을 때 그의 곁에는 겨우 28기만이 남아 있을 뿐이었다. 항우는 한의 군대를 상대로 끝까지 싸웠지만, 끝내 이기지 못하고 자결로 생을 마감했다.

진나라를 타도하기 위해 항우와 유방이 군사를 일으켰을 당시에는 분명 항우가 유방보다 압도적인 전투력을 보였으며, 진나라 타도

한 고조 유방

에 결정적인 공을 세웠다. 하지만 홍문의 회합에서 항우는 유방을 죽이지 못한 결정적인 실수를 범했다. 이로써 4년여에 걸친 초한 전쟁의 서막이 올랐고, 결과적으로 경쟁자 유방에게 천하의 주인 자리를 내주고 말았다. 유방은 기원전 202년에 한나라의 황제로 즉위했다.

여후의 섭정

중국 황실을 피로 물들인 악녀

> ◁ **기원전 202년** 유방이 한나라를 건국하자 여후는 황후가 된다.
> ◁ **기원전 195년** 한 고조가 병사하고 태자 유영이 혜제로 즉위하다.
> ◁ **기원전 180년** 여후가 여록과 여산에게 군대를 장악하고 어린 황제를 통제할
>   것을 당부하고 숨을 거두다.
>
> 한 고조 유방의 황후 여후는 유방이 황권을 강화하는 데 큰 역할을 했으며,
> 태자 유영을 위해 이성(異姓) 공신인 한신과 팽월을 숙청했다. 유영이 혜제
> 로 즉위하자 여후는 자신과 혜제를 불안하게 하는 척부인과 유여의에게 보
> 복했다. 잔인하고 비윤리적인 방법들로 위협 요소들을 제거해 나가자 충격
> 을 받은 혜제가 죽고, 여후는 8년간 정권을 장악하며 여씨 일족을 모아 한
> 나라를 통치했다. 그 후 여후는 병세가 악화되어 혜제 시절을 포함해 15년
> 간 이어진 집권 시대에 종지부를 찍으며 생을 마감했다.

《사기》의 저자 사마천은 실제로는 제왕이 아니었으나 천하를 지배한 왕
조와 제왕을 기록한 〈본기〉에 당당히 한 여인을 기록하며, 그녀의 정권 장
악 시기를 원년, 2년 등으로 연도까지 표기했다. 그녀가 바로 한 고조 유방
의 황후 여후로, 그녀는 한 고조가 죽은 기원전 195년부터 생을 마감한 기
원전 180년까지 유씨를 대신해 천하를 지배했다.

여후는 유방이 패현의 정장일 시절 혼인하여 그가 진나라에 대항하여

군사를 일으킬 때부터 동고동락했으며, 기원전 202년 유방이 황제로 즉위해 한나라를 건국하자 비로소 황후가 되었다. 사실 여후는 한 고조의 천하 통일 과정에 큰 역할을 못했으나, 황후가 된 후 한 고조가 황권을 강화하는 데 결정적인 역할을 했다. 바로 이성(異姓) 공신 한신(韓信)과 팽월(彭越)을 사지에 몰아넣은 장본인이 바로 여후였던 것이다.

한신은 한 고조의 최대 경쟁자였던 항우의 군대를 해하 전투에서 격파한 한나라 건국 일등공신으로, 한나라 건국 후 초왕에 봉해졌다. 그러나 약 9개월 후 그는 반란을 꾀한다는 누군가의 밀고에 의해 체포되었다. 비록 증거 부족으로 석방되었으나, 왕에서 회음후로 격하된 채 수도 장안에서 연금생활을 해야 했다. 이를 계기로 한신은 조회와 순행 참석을 피하며 몸을 사렸다. 그러나 기원전 196년, 한신에게 불만을 품은 하인이 여후에게 밀고했다.

"한신이 대(代)나라의 진희(陳豨)가 일으킨 반란에 호응하여 여후와 태자를 공격하려고 합니다."

이에 여후는 재상 소하(蕭何)를 시켜 한 고조가 이미 반란을 평정하고 개선 중이니 한신에게 미리 축하인사를 하러 입궁할 것을 권했다. 그리고 여후는 한신이 장락궁(長樂宮)에 들어선 순간 미리 대기시킨 군사들을 풀어 한신을 사로잡은 후 종실(鐘室)에서 죽였다.

양왕 팽월 역시 한신과 비슷한 경로로 죽음을 맞이했다. 실제로 팽월에게 반란을 종용하는 세력도 있었으나 팽월은 이를 거부했다. 그런데 한신과 마찬가지로 팽월에게 죄를 지어 죽을 뻔했던 하인이 도망쳐 이를 밀고했으며, 한 고조는 즉각 체포령을 내렸다. 심문을 통해 팽월은 사형을 언도받았으나, 한 고조는 차마 그를 죽이지 못하고 유배를 명했다. 그러나 불행하게도 팽월은 유배 길에 여후를 만나 자신의 억울함을 호소했다. 여후는 겉으로는 팽월의 억울함을 들어주는 척하며 그를 데리고 낙양으로 돌아왔다. 팽월은 여후를 통해 누명을 벗길 기대했으나, 여후는 오히려 한 고조에게 팽월을 숙청하여 후환을 없앨 것을 강력히 주장했다. 그리하여 팽월은 살해되었으며, 그의 가족은 삼족이 몰살당했다. 심지어 여후는 본보기를 보이기 위해 팽월을 삶아 죽으로 만들어 여러 장수들에게 나누어 주기까지 했다.

이처럼 한나라 건국 후 한 고조와 여후가 이성 공신들을 숙청한 것은 황권을 강화하기 위해서였다. 특히 여후가 적극적이고 잔인했던 이유는 그들의 능력과 지위 등이 태자 유영(劉盈)에게 큰 부담이었기 때문이다. 그리하여 그녀는 한 고조가 재위하고 있을 때 자신과 태자에게 위협으로 작용할 수 있는 요소들을 미리 제거하고자 했던 것이다.

그런데 공신들 외에 여후를 더욱 불안하게 했던 것이 있었으니, 바로 한 고조의 총애를 받던 척부인과 그의 아들 유여의(劉如意)였다. 한 고조는 사랑하는 척부인에게 유여의를 얻은 후 유영을 폐하고, 유여의를 태자 자리에 앉히려고 했다. 한 고조는 경포 토벌 전투에서 화살을 맞아 귀국한 후에도 태자 폐립을 간절히 원했으나, 대신들의 강력한 반대에 부딪혀 끝내 뜻을 접어야만 했다.

기원전 195년, 한 고조가 병사하자 태자 유영이 혜제(惠帝)로 즉위했다. 혜제의 나이가 어렸기 때문에 실권은 여후에게 있었으며, 여후는 과거 자신과 혜제를 가장 불안하게 했던 척부인과 유여의에게 보복을 가했다. 먼저 그녀는 한 고조가 죽기 전 조나라 왕으로 봉했던 유여의를 장안으로 불러들이고, 척부인을 하옥시켰다. 여후는 유여의를 살해할 계획이었으나,

혜제가 이를 눈치채고 조
석을 유여의와 함께했기
때문에 실행하기가 여의
치 않았다. 그러던 중 혜
제가 아침 일찍 사냥을
나간 날 마침내 여후는
유여의를 독살했다. 다음
으로 여후는 척부인의 손
발을 모두 자르고, 눈과
귀를 멀게 하고, 성대를
상하게 해 벙어리로 만든
다음 변소에 가두어 인체
(人彘), 즉 '사람돼지'라고
부르게 했다.

기원전 194년에는 제나
라 왕 유비(劉肥)까지 살
해하려고 했다. 유비는

제나라 왕 유비 유방이 여후와 혼인하기 전 얻은 아들로, 여후는 제왕 유비를 탐탁지 않게 여겨 독살하려고 했으나 실패했다.

한 고조가 여후와 혼인하기 전 얻은 아들로, 한 고조는 그를 제나라 왕으로
봉하면서 산동 지역 대부분의 땅을 봉토로 하사했다. 이렇듯 한 고조가 생
전에 그를 특별히 배려하자 여후가 제왕 유비를 탐탁지 않게 생각한 것이
당연하다. 그리하여 여후는 연회 중에 제왕 유비를 독주로 살해하고자 했
다. 그러나 혜제가 이 또한 알아채고 제왕 유비를 형님으로 우대하며 함께
독주를 마시려고 했기 때문에 실패했다. 이후 제왕 유비는 여후의 장녀 노

원공주(魯元公主)에게 제나라의 군을 진상하고, 태후로 모심으로써 목숨을 구할 수 있었다.

여후는 혜제의 정권에 위협이 될 만한 요소들을 잔인하고 비윤리적인 방법들로 제거해 나갔다. 그러나 오히려 혜제는 척부인이 인체가 된 모습, 조왕 유여의의 독살과 제왕 유비의 독살 미수 사건 등을 보며 권력에 환멸을 느끼고 정치를 멀리하며 주색에 빠졌다. 또한 여후의 압박에 강제로 어린 외종질과 혼인까지 하면서 더욱 무기력해졌다. 결국 기원전 188년, 혜제는 세상을 뜨고 말았다.

혜제의 죽음 후 여후는 혜제와 비빈 사이에서 태어난 아들 중 한 명을 양자로 삼아 길렀던 태자 공(恭)을 소제(少帝)로 즉위시켰다. 이후 소제 공이 자신을 낳아 준 생모가 여후에 의해 죽임당했다는 것을 알고 복수를 다짐하자, 이 소문을 들은 여후는 소제 공을 살해하고 다른 어린 손자 홍(弘)을 제위에 앉혔다. 그러나 어린 황제는 허수아비에 지나지 않았으며, 한나라는 더 이상 유씨의 왕조가 아닌 여씨의 왕조가 되었다.

여후는 여씨 정권의 확립을 위해 여씨 일족을 제후왕으로 삼았다. 이에 조카 여록(呂祿)은 조왕, 여산(呂産)은 양왕, 여태(呂台)는 여왕, 여태의 아들 여통(呂通)은 연왕에 봉했다. 그리고 여록에게는 북군의 지휘를 맡겼으며, 여산에게는 남군의 지휘를 맡겨 한나라의 군대를 장악했다. 이는 한 고조의 "유씨가 아닌 사람이 왕이 되면 천하가 다 같이 그를 쳐야 한다."라는 유훈과 전면 배치되는 것으로 왕릉을 비롯한 대신들의 반발은 당연했다. 그러나 좌승상 진평(陳平)과 태위 주발(周勃)이 "한 고조께서 살아계실 때 유씨를 제후왕에 임명했던 것처럼 여후께서 권좌에 계실 때 여씨를 제후왕에 임명하는 것도 그릇된 일은 아닐 것입니다."라는 말로 여후에게 힘을 실어 주자 반발은 일단락되었다. 이로써 혜제 사후 여후가 집권한 약 8년 간 여씨 제후왕은 10여 명, 여씨 후작은 20여 명이었으며, 여씨 관리는 그 수가 헤아릴 수 없을 정도였다.

여씨 일족의 전 방위 포진으로 한나라가 전복 위기에 처하게 되었을 즈음, 여씨 정권의 핵심인 여후가 병상에 눕게 되었다. 기원전 180년, 여후는 병세가 악화되자 여록과 여산을 불러 유씨 일족의 불만이 고조되어 있으니 자신이 죽은 뒤 군대를 장악하고 어린 황제를 통제할 것을 당부했다. 곧 여후가 숨을 거두며 혜제 시절을 포함한 15년 동안의 집권 시대에 종지부를 찍었다.

여후가 죽고 여씨 일족이 정권을 잡자, 제왕 유양(劉襄)이 먼저 여씨 일족 타도를 외치며 군대를 일으켰다. 그리고 제왕 유양은 여후 집권 때에 빼앗긴 제나라 땅을 되찾고 유씨 제후왕들에게 격문을 돌려 호응을 호소했다. 이에 유씨 제후왕들이 호응했음은 당연한 일이었다. 한편 제왕 유양의 진군 소식은 장안의 여록과 여산에게도 전해졌고, 그들은 대장군 관영(灌嬰)에게 진압을 명했다. 그러나 관영은 한 고조 시절의 공신으로 친유씨파였기에 형양에 주둔한 채 제나라와 연합해 버렸다.

이와 더불어 장안에서는 진평과 주발이 여씨 일족 제거에 호응했다. 그들은 여후 시절에는 승상과 태위로 인정받았으나, 여후 사후 상장군 여록과 상국 여산에게 그 지위를 잃고 밀려났다. 진평과 주발은 여록의 절친한 친구였던 역기(酈寄)를 시켜 여록이 북군을 통솔할 수 있는 인장을 내놓도록 했다. 이리하여 인장을 확보한 주발은 군인들을 향해 "여씨의 편인 병사들은 오른쪽 어깨를 드러내고, 유씨의 편인 병사들은 왼쪽 어깨를 드러내라." 하고 외쳤다. 그러자 모든 군사들이 왼쪽 어깨를 드러냈고, 이로써 주발은 북군을 접수했다. 이후 주발은 여록을 죽이고, 여씨 성을 가진 자를 보이는 대로 살해했다. 또한 남군의 여산은 유장의 공격을 받아 죽음을 맞이했다. 이처럼 여씨 일족이 몰살된 것은 여후가 죽은 지 불과 2개월 만이었다. 여씨 정권을 붕괴시킨 주발과 진평 등 대신들은 한 고조의 넷째 아들 유항(劉恒)을 문제(文帝)로 즉위시켰다.

오초칠국의 난

황제 중심의 중앙 집권 체제 형성

> ◁ **기원전 177년** 문제 시절 제북왕 흥거가 반란을 일으키다.
> ◁ **기원전 174년** 회남왕 유장이 반란을 일으키다.
> ◁ **기원전 154년** 오왕 유비가 7국의 왕과 연합하여 '오초칠국의 난'을 일으키다.
>
> 한 고조 유방은 통일된 중앙 정부를 세우면서 성씨가 다른 공신 일곱 명을
> 왕으로 봉하고 독립된 통치권을 위임하여 제후국을 다스리게 했다. 하지만
> 유방은 제후왕들이 광대한 영토와 강력한 군대를 거느리게 되자 반란을 두
> 려워했다. 한편 경제의 제후국 영지 삭감 정책에 불만을 품은 오왕 유비는
> 7국의 왕과 연합하여 오초칠국의 난을 일으켰으나, 주아부의 총공세에 동
> 월에서 살해되고 다른 왕들은 모두 자살한다. 이로써 오초칠국의 난은 3개
> 월 만에 평정되었다.

　경제(景帝, 재위 기원전 156~141)는 중앙 정부에 비해 힘이 강해진 제후국
을 억누르기 위해 제후왕의 과실 정도에 따라 영지를 삭감했다. 먼저 초왕
유무(劉戊)가 효문태후(孝文太后)의 상중에 여자를 가까이했다는 죄로 동해
군 38현을 몰수했고, 교서왕(膠西王) 유앙(劉卬)에게는 6현을, 조왕(趙王) 유
수(劉遂)에게는 18현을 바치도록 했다. 그리고 몰수한 현들은 중앙 정부의
관리를 받도록 하여, 제후왕 영지 삭감 정책을 확대 실시하고자 했다. 이러

한 과정은 제후왕들에게 혹시나 영지를 빼앗기지 않을까 하는 위기의식과 불만을 불러일으켰다.

과거 한 고조 유방은 통일된 중앙 정부를 세우면서, 항우 타도에 공을 세운 성씨가 다른 공신 7명과 유씨 성의 자제들 9명을 왕으로 봉했다. 그리고 황제 자신은 제후국을 제외한 수도 장안과 서북 지역을 직할했으며, 분봉된 제후왕들에게는 사실상 독립된 통치권을 위임하여 제후국을 다스리도록 했다. 이리하여 주나라의 봉건제와 진나라의 군현제가 혼재한 군국제(郡國制)가 확립되었다. 여기서 군은 중앙의 통치를, 국은 제후의 통치를 받는 지역을 가리킨다.

그러나 고조 말년에 이르러 왕조의 지배력이 안정되자, 고조는 광대한 영토와 강력한 군대를 거느리게 된 이성 제후왕들이 반란을 일으킬까 두려워 그들을 제거해 나가기 시작했다. 이들에게는 주로 모반죄가 적용되었으며, 연왕 장도, 초왕 한신, 양왕 팽월, 회남왕 경포 등이 숙청되었다. 그리고 숙청된 자들의 자리는 종실인 유씨 일족이 대신하였다. 고조는 종실을 우대함으로써 과거 진나라의 전철을 답습하지 않을 의도였으나, 제후왕에게 정치와 경제 전반을 위임한 상태에서 종실인 동성 제후왕이 중앙 권력에 무조건 충성할 것이라고 기대하는 것은 일차원적인 사고였다. 제후왕이 중앙 권력에 위협적인 존재로 성장할 가능성은 성씨와는 무관한 문제였다. 특히 몇몇 제후국은 광산 개발과 염철 생산 등으로 중앙 권력과 맞먹는 부국강병을 이룩한 데다 대가 이어질수록 혈연관계에 따른 결속력이 희석되었기 때문이다.

실제로 문제 시절인 기원전 177년에는 제북왕 흥거(興居)가 반란을 일으켰으며, 기원전 174년에는 회남왕 유장(劉長)의 반란이 일어났다. 비록 당시 반란의 규모가 크지 않아 손쉽게 진압했으나, 이러한 반란들은 제후왕 통제를 위한 정책 마련의 계기로 작용하기에 충분했다.

처음으로 제후왕의 세력을 약화시켜야 한다고 주장한 사람은 가의(賈誼)였다. 가의는 문제에 의해 최연소 박사관(博士官)에 임명된 인재였으나, 주발(周勃) 등의 수구파 대신들이 시기하여 장사왕의 태부, 양왕의 태부 등으로 좌천된 인물이었다. 그러나 그는 계속해서 국정에 관한 의견을 상소로 올리곤 했다. 그는 제후왕의 세력 약화를 위해 제후왕의 아들을 모두 계승자로 인정하여 제후국을 분할할 수 있을 만큼 분할할 것을 진언했다. 하지만 당시 문제는 가의의 정책을 시기상조라고 여겼기 때문에 실행에는 소극적인 태도를 보였다. 그러나 문제의 뒤를 이어 황제가 된 경제는 달랐다. 그는 가의의 제후왕 억제책을 계승한 어사대부 조조(晁錯)의 건의에 따라 제후국 영지 삭감 정책에 적극 나섰다.

오왕(吳王) 유비(劉濞)는 고조의 형인 유중(劉仲)의 아들로 황실의 원로였다. 그는 젊은 시절 고조를 따라 경포 토벌전에 종군한 공으로 장강 하류에 위치한 오나라의 왕으로 봉해졌으며, 그 후 약 40년 동안 오나라를 통치했다. 그는 구리 광산을 개발하고 소금을 쪄서 막대한 국부를 마련함과 동시에 백성의 과세액을 줄이고, 인재를 등용하는 등 안정된 정치를 펼쳤다. 그런데 경제 즉위 후 오왕 유비도 조조의 제후왕 축소 정책에 따라 영지를 바쳐야 할 처지에 처했다. 특히 중앙 정부는 회계군과 예장군의 헌납을 명했는데, 이는 오왕 유비로서는 쉽게 받아들일 수 없는 조치였다. 그 이유는 이 땅들이 오나라 경제력의 근원인 소금과 구리의 생산지였기 때문이다. 오왕 유비는 이를 바탕으로 40여 년에 걸쳐 중앙 권력의 도움 없이 오나라의 부국강병을 이룩했다고 여겼다. 게다가 오왕 유비는 경제가 태자였을 시절 던진 바둑판에 맞아 자신의 아들이 절명한 사건으로 경제에게 원한을 가지고 있었다. 그리하여 영지를 바치는 대신 무력으로 대항하기로 결정했다. 기원전 154년, 그는 이미 영지 삭감 정책에 불만을 품고 있던 초왕 유무(劉戊), 교서왕 유앙, 조왕 유수, 제남왕 유벽광(劉闢光), 치천왕(菑川王) 유현(劉賢), 교동왕(膠東王) 유웅거(劉雄渠) 등 7국의 왕과 연합한 뒤, 간신 조조를 제거한다는 명분으로 오초칠국의 난(吳楚七國-亂)을 일으켰다. 또한 이 반란에 한나라의 외번인 동월(東越)이 파병하고, 북쪽의 흉노까지 원병을 약속함에 따라 반란의 규모는 크게 확장되었다.

처음에 경제는 조조를 참수하여 반란군을 회유하고자 했다. 하지만 간신 조조를 주살한다는 명분은 단순히 표면일 뿐 속뜻은 당연히 정권 찬탈에 있었다. 그리하여 오초 연합군은 수도 장안을 함락시키고자 먼저 양나라를 공격했다. 또한 교동, 교서, 치천, 제남왕은 초기에 반란에 동참하려다가 변심한 제나라를 응징하러 나섰다. 결국 경제는 주아부(周亞夫)를 태위로 임명하고, 난포, 두영, 역기 등을 파견하여 난을 평정하도록 했다. 그리고 양왕 유무(劉武)에게는 오초 연합군의 공격을 막아 중앙 정부를 보호할 것을 명했다.

이때 양나라는 극벽(棘壁) 싸움에서 오초 연합군에게 크게 패했음에도 결사적으로 싸웠으며, 주아부는 양나라 수도 수양의 동북쪽에 위치한 창읍에 군대를 주둔시켜 오초 연합군의 보급로를 끊어 버렸다. 이에 오초 연합군은 양나라에 막혀 더 이상 서진할 수 없게 되었고, 보급로의 차단으로 굶주린 병사들은 전의를 상실했다. 여기에 주아부가 성벽을 굳게 닫고 공격에 전혀 응하지도 않은 채 시간만 끌자, 오초 연합군은 어쩔 수 없이 철수하기 시작했다. 철수하는 연합군에게 주아부가 총공세를 시작했고, 이에 오왕 유비는 동월로 도망쳤으나 후에 그곳에서 살해되었으며, 초왕 유무는 초나라로 도망가 자살했다. 한편 제나라로 진격했던 교동, 교서, 치천, 제남왕 등은 난포가 이끄는 한군의 공격을 받아 후퇴하다 모두 자살하고 말았다. 마지막으로 흉노의 원군을 기대하며 저항하던 조왕 유수도 역기의 공격을 이기지 못하고 자살해 버렸다. 이로써 오초칠국의 난은 불과 발발 3개월 만에 평정되었다.

오초칠국의 난이 평정되자 제후국은 큰 타격을 입었고, 제후왕의 세력은 급격히 약화되었다. 제후왕의 존재는 여전했으나, 그 지위와 역할은 전에 미치지 못하게 되었다. 제후국의 정치와 조세 징수의 권한은 중앙에서 파견된 관리에게 넘어갔으며, 제후왕은 중앙 관리의 감시를 받게 되었다. 또한 광대했던 제후국의 영지는 삭감되거나 잘게 나뉘었다.

이러한 중앙 정부의 후처리는 한 무제(武帝) 시기에 이르러 비로소 제도화되었다. 그는 제후국을 축소시키고, 제후왕의 정치권력을 박탈하기 위해 추은령(推恩令)과 주금률(酎金律)을 시행했다. 추은령은 제후왕이 죽은 후 영지를 모든 왕자들에게 분봉하게 한 것이며, 주금률은 종묘 제사에 황금을 헌상하게 한 것으로 그 기준을 엄격히 했다. 이로써 중앙 황권은 막강해진 반면 제후왕은 귀족 지주로 전락하였고, 한의 군국제는 사실상 군현제와 다름없게 되어 황제 중심의 중앙 집권 체제가 형성되었다.

비단길 개척

동서 간의 경제 문화 교류가 이루어지다

> ◁▯ **기원전 139년** 한 무제가 장건을 서역으로 파견하다.
> ◁▯ **기원전 126년** 장건이 13년에 걸친 험난하고 긴 원정을 마치고 장안에 돌아오다.
> ◁▯ **기원전 115년** 오손과의 동맹을 목표로 파견 나간 장건이 귀국하여 서역 국가
> 들과 우호적인 관계를 수립하다.
>
> 장건은 무제의 명을 받고 흉노를 협공하기 위해 월지와 동맹하고자 장안에
> 서 출발했다. 그러나 장건은 월지와의 동맹에 실패하고, 귀국하던 중 흉노의
> 포로가 되었다가 귀국했다. 그 후 오손과 동맹하기 위해 다시 파견된 장건은
> 오손의 사절 수십 명과 말을 데리고 귀국했으며, 그의 부하들 또한 서역의
> 사절과 함께 귀국했다. 두 차례 서역 원정에서 흉노 제압에는 실패했지만,
> 한나라는 서역 여러 나라와 교류할 수 있는 우호적인 관계를 수립했다.

서역은 중국의 서쪽에 자리 잡고 있는 여러 나라를 통칭하지만, 지리적
범위는 시대에 따라 달랐다. 오늘날에야 그 범위를 중앙아시아 타림 분지
에서 확장해 서부아시아, 인도까지 포함하지만, 한 대에는 옥문관(玉門關)
과 양관(陽關)의 서쪽, 즉 지금의 신강위구르 자치구와 그 서쪽의 광활한
지역을 지칭했다. 신강위구르 자치구는 중앙의 톈산산맥을 중심으로 남쪽
은 타림 분지, 북쪽은 중가르 분지로 이루어져 있다.

동양과 서양이 교류한 실크로드

　타림 분지의 대부분은 위구르 어(語)로 '들어가면 나올 수 없는'이라는 뜻의 타클라마칸 사막이 차지하고 있으며, 타클라마칸 사막의 북쪽으로는 고비 사막, 남쪽으로는 히말라야와 쿤룬 산맥, 서쪽으로는 '세계의 지붕'이라는 별명을 가진 파미르 고원이 있다. 그야말로 험준한 자연물로 둘러싸인 곳이지만, 한나라 때는 이곳에 오아시스를 중심으로 크고 작은 오아시스 국가들이 자리 잡고 있었다. 하지만 이 국가들은 한 무제(武帝, 재위 기원전 141~기원전 87)가 장건(張騫)을 파견하여 정보를 수집해 오기 전까지 베일에 싸인 신비로운 존재였다.

　무제가 장건을 서역으로 파견한 것은 기원전 139년으로, 한나라가 흉노와의 굴욕적인 관계에서 벗어나 우위를 차지하려는 정치적 이유에 기인한다. 당시 한나라와 흉노는 겉으로는 평화를 유지했으나, 이것은 흉노의 요구들을 굴욕적으로 수용하여 이루어진 것이었다. 흉노에 비해 군사적으로 열세였던 한나라는 흉노의 물자 요구를 받아들이고, 황실 공주를 흉노에게 시집보냄으로써 안녕을 꾀했다. 그런데 문제(文帝)와 경제(景帝)가 다스린 '문경의 치(文景之治)'의 시대를 통해 경제력을 회복한 한나라는 무제 시대에 이르러 비로소 국력이 강해지고, 사회 경제적으로 안정을 이루었다. 그리하여 무제는 한나라 건국 이래 지속된 흉노와의 굴욕적인 관계를 청산하고자 흉노를 협공할 동맹자를 찾았다.

무제는 포로가 된 흉노 병사를 통해 당시 일리(현재의 카자흐스탄) 지역의 유목민 월지(月氏)가 흉노에게 패해 서쪽으로 밀려나 원수지간이 된 것을 알게 되었다. 무제는 월지와 흉노 협공의 동맹을 맺기로 결정하고 장건을 사신으로 파견했다. 당시 서역에는 36개의 국가들이 존재했으나 한나라에게는 대부분 그 존재가 모호하고 신비로웠다. 월지도 마찬가지로 그 이름이 알려지긴 했으나, 위치한 장소를 정확히 몰랐으며 분명한 것은 흉노의 지역을 통과해야 한다는 것이었다. 그만큼 월지 사신으로 나서는 자는 모험심이 강하고, 위험을 감수할 수 있는 사람이어야만 했다.

장건은 흉노 포로 출신인 감보(甘父)와 100여 명의 사절단을 이끌고 장안을 출발했다. 그는 농서(隴西, 현재의 감숙성)에서 서역 북도를 따라 서쪽으로 향했는데, 흉노의 영지를 지나다 그만 흉노에게 사로잡혔다. 흉노의 황제 군신선우는 장건의 목적을 알고 그를 강제로 억류시켰다. 반고의 《한서(漢書)》에 따르면 선우는 "흉노가 만약 한의 영역을 지나 월 지역으로 사신을 보내고자 한다면 한은 이를 용인하겠는가?"라고 물었다고 한다. 이로써 흉노에게 회유된 장건은 흉노족 여성을 아내로 맞이하고 자식까지

장건 기원전 139년 한 무제는 장건을 서역으로 파견한다. 이후 장건은 수차례 서역을 방문하여 한나라의 이름을 알리고 활발하게 교류하였다.

낳아 10년의 세월을 흉노 지역에서 보냈다. 그렇다고 해서 장건이 사신의 임무를 잊은 것은 결코 아니었다. 10년 후 한의 장군 위청의 공격으로 흉노의 감시가 소홀해지자 그는 때를 놓치지 않고 탈출했다.

다시 서쪽으로 향한 장건이 도착한 곳은 대원(大宛)이었다. 물자가 풍부하고 강성한 한나라와의 교역을 원했던 대원의 왕은 장건 일행에게 길을 안내했다. 그 이유는 당시 월지가 오손(烏孫)에게 패해 일리 지역을 포기하고 대하로 이주한 후였기 때문이다. 장건이 월지에 도착한 해는 기원전 129년으로 장안을 떠난 지 10년 만이었다. 비록 오손에게 쫓겨나긴 했으나 월지는 기후가 좋고 풍요로운 지역에 정착했기 때문에 생활이 안정되어 있었다. 이러한 이유로 월지는 흉노 협공에 동의하지 않았다. 장건은 월지와의 동맹을 성사시키지 못했지만, 그곳에서 1년을 머무르면서 서역 여러 나라의 정보 수집에 나섰다.

1년을 머문 장건은 월지가 한나라와 동맹할 의사가 없음을 확인하고 귀국길에 올랐다. 그는 10년 전 흉노에게 잡힌 것을 거울삼아 귀로는 서역 남도를 택했다. 그러나 그는 흉노에게 또다시 사로잡혔고, 이번에는 흉노의 엄격한 감시를 받았다. 장건의 귀국은 불가능해 보였다. 그런데 마침 흉노 사회에 선우 자리의 계승을 놓고 내란이 발생했고, 이를 틈타 장건은 장안으로 돌아올 수 있었다. 처음에 그와 함께 장안을 떠났던 사람들은 100여 명이었으나, 기원전 126년 13년에 걸친 험난하고 긴 원정을 마치고 장안에 돌아왔을 때 그의 곁에는 흉노 부인과 아들 감보뿐이었다.

장건이 무제에게 보고한 서역 사정은 한나라가 대외 정책을 수립하는 데 중요한 역할을 했다. 기원전 123년, 무제는 위청 장군의 흉노 정벌에 장건을 교위로 종군시켰다. 장건은 서역에 대한 정보를 방출하여 물과 초목이 있는 장소를 한나라 군대에게 알려주었고, 이에 한나라는 흉노를 고비 사막 북쪽까지 내쫓고 하서회랑 지역을 장악했다. 그리하여 한나라는 서역 국가들과 교섭할 수 있는 교통로를 개통했다.

그러자 무제는 기원전 119년에 흉노와의 대결전을 눈앞에 두고 일리 지역에 있는 오손과 동맹하겠다는 목표를 세우고, 장건을 다시 사절로 파견했다. 이때 사절단의 규모는 300여 명에 이르렀으며, 1만 마리 이상의 소와 양, 막대한 금과 은, 비단을 함께 가져갔다. 그러나 오손은 왕위 계승 문제 때문에 한나라의 제안을 거절했다. 월지에 이어 오손과의 동맹 체결에 실패한 장건은 이번에도 부하들을 대원, 월지, 강거, 대하 등으로 파견하여 한나라의 위용을 과시했다. 기원전 115년, 장건은 오손의 사절 수십 명과 말을 데리고 귀국했으며, 그의 부하들 또한 서역 여러 나라 사절들과 함께 귀국했다. 이로써 한나라는 서역의 국가들과 우호적인 관계를 수립했다.

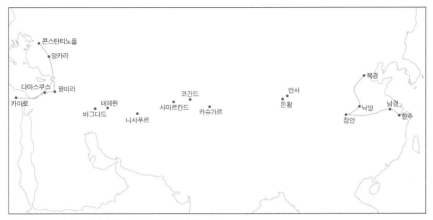

실크로드 중국에서 중앙아시아를 지나 유럽까지 이르는 교역로.

장건은 두 번에 걸친 서역 원정을 감행했으나 한나라의 흉노 제압이라는 목표를 달성하지 못했다. 하지만 장건이 가져온 대원의 명마 '한혈마(汗血馬)'에 대한 정보는 한나라의 기병이 강화될 수 있는 기반을 제공했다. 무제는 대원의 명마를 구하기 위해 이광리를 파견했으며, 기원전 101년에 이광리는 대원의 이사성을 함락하고 수천의 명마를 데리고 돌아왔다. 이로써 강력한 기병을 갖게 된 한나라는 흉노에게서 서역에 대한 지배권을 가져올 수 있게 되었다.

뿐만 아니라 대원 정벌은 서역에 대해 더 많은 정보를 획득하게 하여 한나라 상인들은 서역과 직접 교류하기 시작했다. 서역에서 한나라로 유입된 것은 콩, 포도, 석류, 호도, 마늘, 수박 등이 있으며, 이러한 농작물들은 다시 황허, 양쯔 강 유역에서 재배되기 시작했다. 또한 향료, 옥 같은 사치품과 목화, 양모 같은 생필품도 들어왔으며, 코끼리, 사자, 공작새 등이 들어와 사육되었다. 또한 서역에서 음악, 춤, 악기, 곡예 등이 전해져 한나라

한혈마 피와 같은 땀을 흘리며 하루에 천 리를 달린다는 명마인 한혈마(汗血馬)가 대원에 있다는 장건의 정보를 바탕으로 무제는 이광리를 보내 한혈마를 입수하고 서역에 대한 지배권을 갖게 되었다.

문화는 더욱 풍성해졌다.

한나라에서 서역으로 수출된 것 중 가장 중요한 것이 바로 비단이다. 비단을 수출함으로써 한과 서역의 교역로는 '실크로드'라는 명칭을 얻게 되었다. 비단은 서역 국가에서 매우 큰 인기를 끌었으며, 중앙아시아를 거쳐 수백 년 후에는 로마까지 운송되었다. 이 밖에도 철기, 동기, 칠기가 수출되었으며, 야철 기술과 우물 파는 기술도 전해졌다.

한나라는 효율적 지배와 교역로 유지를 위해 둔전(屯田) 정책을 실시하였으며, 기원전 74년에 선제(宣帝)는 서역도호부(西域都護府)를 설치했다. 이후 한나라는 서역 지배권을 단기간 잃어버리기도 했는데, 바로 왕망의 집권기와 후한 성립 초 혼란을 겪을 때였다. 후한의 2대 황제 명제(明帝, 재위 28~75) 때에 이르러서야 서역과의 교류가 다시 회복되는 듯했으며, 곧 다시 단절되었다가 장제(章帝, 재위 75~88) 때 반초(班超)의 원정에 의해 서역 지배권을 회복했다.

비단길 개척으로 한나라는 중앙아시아, 서아시아, 유럽 국가들과 활발한 상업적 교류를 할 수 있었다. 뿐만 아니라 비단길에는 동서 간의 공식적인 경제 문화 교류라는 의미가 더해지니 이야말로 중국사에서 진정한 외교의 시작이라고도 볼 수 있다.

유가 국교화

중국 유교 문화의 토대를 세우다

> **기원전 136년** 한 무제가 장안에 오경박사를 설치하다.
> **기원전 134년** 유가의 효과적인 보급을 위해 효렴과를 실시하다.
> **기원전 124년경** 한 무제가 유학자 관리 임용을 원칙으로 삼아 유학의 유행을 불러일으키다.
>
> 한나라 건국 후 사회 경제적 분위기가 안정되자 기존의 황로 사상은 더 이상 적합하지 않았다. 이에 따라 한 무제는 유가 사상이 자신의 중앙 집권적인 통치 체계를 공고히 하는 데 부합된다고 여겼다. 특히 그는 동중서의 춘추공양학을 중심으로 하는 유가 사상에 주목하여 오직 유가만을 국교로 인정했다. 또한 무제는 유가의 효과적인 보급을 위해 유학자 관리 임용을 원칙으로 삼아 유학의 대유행을 불러일으켰다. 무제 사후 유가가 국교로 정착되면서 유가는 중국 봉건 시대의 정통 사상으로 자리 잡았다.

진나라가 몰락하고 통일 국가 한나라가 건국되었다. 초기의 한나라는 사회 경제적 기반이 심각하게 파괴된데다 진의 가혹한 법치와 수많은 전쟁으로 백성 또한 피폐해진 상태였다. 따라서 통치자들에게는 백성을 위로하고, 생산력을 증강시켜 사회 경제적 안정을 이룩하는 것이 급선무였다. 이에 한나라는 군대를 해산하여 귀향시키고, 노역을 면제시키고, 토지를 분배해 농사에 전념토록 했으며, 개간을 장려했다. 또한 진나라의 가혹한 법을 폐지하고 황로(黃老) 사상을 통한 무위(無爲) 정치를 시행했다. 황로 사상은 전설상의 황제(黃帝)와 노자의 정치 사상을 바탕으로 작위적인 법치를 지양하고 백성의 부담을 줄여 주는 것을 근본으로 한다. 그리하여 문제(文帝)와 경제(景帝)는 황로 사상을 통한 무위 정치를 통해 안정된 사회 경제를 실현하여 '문경의 치(文景之治)'를 이룩했다.

그러나 문경의 치 이후 안정된 상태에서 황제가 된 한 무제는 정치뿐만 아니라 사회 경제적으로도 중앙 집권 체제 구축을 원했다. 이를 위해 그는 한나라 초기의 군국제가 제후왕들이 세력을 확장하는 기반이 된다고 판단하고 군현제를 실시하여 제후왕들의 세력을 약화시켰다. 또한 그는 중앙에 평준관(平準官)을 설치해 물가 안정을 담당하게 했으며, 지방 현에 균수관(均輸官)을 설치해 지방의 물자 유통을 관리했다. 더불어 화폐 오수전을 제조하여 유통시키고, 소금과 철을 전매하여 중앙의 재정을 확보했다. 대외적으로는 북방 흉노와의 화친 정책을 과감히 포기하고, 적극적인 선제 공격을 펼쳐 흉노를 몰아내고 서역 지배권을 성공적으로 확보했다.

아울러 한 무제는 자신의 강력한 중앙 집권 체제를 공고히 하기 위해 통일된 사상 체계를 만들었다. 한나라가 건국되면서 법가 외의 사상들이 다시 고개를 들기 시작했고, 특히 진나라의 법가를 대신해 유가와 도가의 영향이 커지기 시작했다. 일찍이 한 고조 유방은 숙손통(叔孫通)의 의견을 받아들여 의례를 제정하는 등 유가를 받아들였고, 도가는 황로 사상에 녹아 들어 있었다. 하지만 오직 강력한 중앙 집권 통치 체제에만 관심이 있었던 한 무제에게 황로 사상은 적합하지 않았다. 한 무제는 유가 사상이 국가의 권위와 위엄을 세워 주고, 전제주의적 중앙 집권제에 부합된다고 여겼다.

특히 그는 춘추공양학(春秋公羊學)을 중심으로 한 유가 사상에 주목했다.

헌제의 토론 무제 시절 국교로 채택된 유교는 이후 중국 정치의 대표적인 사상으로 자리 잡았다. 이 그림은 후한의 마지막 황제인 헌제가 유교 경전을 놓고 관리들과 토론하는 모습이다.

춘추공양학은 공자의 《춘추》를 해석한 《춘추공양전(春秋公羊傳)》을 주로 연구하는 학파로, 동중서(董仲舒)와 공손룡(公孫龍)이 중심 학자였다. 한 무제는 즉위하여 널리 인재를 구한다는 조칙을 내렸고, 기원전 140년 동중서는 1만 자에 달하는 〈천인삼책(天人三策)〉을 올렸다.

　동중서는 광천 출신으로 경제 때 박사가 된 인물이었으나 중용된 것은 한 무제 때였다. 그의 유가 사상은 법가와 도가 사상을 수용한 매우 새로운 것이었다. 그가 주장했던 유가 사상을 천인감응(天人感應)설이라고도

하는데, 천재지변의 원리에 의해 음양이 서로 바뀌며 운행하는 이치를 추론하여 정치와의 상관관계를 밝힌 것이다. 즉 하늘과 인간은 긴밀한 유대관계를 가지고 있어 인간이 하늘의 평가를 받는다는 것이다. 그리하여 황제가 선정을 베풀면 하늘이 상서로운 징조를 내려 주고, 그렇지 않을 때에는 하늘은 일식, 월식 같은 징조와 지진, 산사태 등의 자연재해로 경고를 내린다고 했다. 또한 황제의 지위는 하늘이 부여했기 때문에 절대적이며 당연히 추앙받아야 마땅하다고 주장했다. 따라서 백가 사상들을 배척하고 오로지 유가 사상만을 독존시켜야 한다고 주장했다.

"춘추대일통(春秋大一統)은 고금을 막론한 도리입니다. 그러나 작금에 스승들은 도를 달리하고, 사람들은 저마다 다른 논조를 펴며, 백가들은 모두 다른 근본 사상을 가지고 다른 방향으로 나아가고 있습니다. 이렇게 해서는 하나의 통일 사상으로 거듭날 수 없어 법률과 제도가 수차례 바뀔 것은 당연지사로, 아래에서는 백가 가운데 무엇을 따라야 할지 알지 못하게 됩니다. 이에 신은 육예(六藝)의 과목과 공자의 학술에 들어가 있지 않은 것은 그 도를 모두 끊어 버리고, 그것들이 더 이상 나아가지 못하게 하는 것이 마땅하다 생각합니다. 그리되면 사악하고 치우친 논조들은 없어질 것이고, 하나의 통치 사상이 탄생함으로써 법과 제도가 밝아짐은 물론이요, 백성 또한 따라야 할 것이 무엇인지 알게 될 것입니다."

이러한 동중서의 유가 사상은 한 무제의 관심을 독차지하기에 충분했다.

한 무제는 동중서의 건의를 받아들여 다른 모든 학설들을 물리치고 오직 유가의 학술만을 국교로 인정했다. 그 일환으로 그는 기원전 136년 장안에 오경박사(五經博士)를 설치했다. 오경박사는 유교 경전인 오경, 즉 《시(詩)》, 《서(書)》, 《춘추(春秋)》, 《주역(周易)》, 《예기(禮記)》를 연구하는 학

효행에 대한 이야기를 나누고 있는 학자들

자 관리들로, 한 무제는 문제, 경제 시대에 《시》, 《서》, 《춘추》를 연구하던 삼경박사를 오경박사로 확대시켰다. 원래 박사는 전국 시대에 제사와 의례를 담당하는 부서인 태상(太常)에 소속된 관리였으며, 실제로 정무에 참여하지는 않았다. 그러나 한 무제 시대에 이르러서는 전문적으로 역사와 학문을 연구하는 학관으로써 정치에 중요한 영향을 미치기 시작했다. 또한 국립대학 격인 태학(太學)의 설치를 명해 귀족 자제와 지방에서 선발된 인재들에게 유가 경전을 가르쳤다. 그리고 이들을 지방 정부의 관원으로 임명하기도 했다. 또한 황실은 유가의 의례와 관습을 실행했으며, 진나라 때 분서갱유로 유실된 유가의 서적들을 수집, 정리했다.

또한 기원전 134년에는 효렴과(孝廉科)를 실시하여 관리 임용에도 유가 사상을 적용했다. 효렴과의 선발 기준에는 현량, 명법, 치극, 병법, 음양재이 등과 함께 찰거(察擧) 과목 중 하나로 효행이나 청렴이 있었다. 지방 군국에서 20만 명당 한 명씩 천거되었으며, 천거된 자는 경서와 정치에 대한 시험을 통해 선발되어 낭중에 임명되었다. 그리고 후에 이들은 현령(縣令),

현장(縣長), 상(相)에 임명되거나 조정에 출사했다. 또한 기원전 124년 한무제는 유생 공손홍(公孫弘)을 재상에 임명하였고, 오경박사가 각각 10명의 제자를 두게 하는 것을 허락했다. 이로써 유학을 익힌 자의 관리 임용이 원칙으로 자리 잡게 되었다. 이는 유학의 대유행을 불러일으켜 유가를 제외한 백가의 후퇴를 야기하기도 했다.

　한 무제는 표면적으로 유가 사상을 국교로 인정했지만, 실질적으로는 법치주의를 실시하여 법가적 통치를 포기하지 않았다. 때문에 한 무제 시대에 완전한 유가 국교화가 성립되었다고는 볼 수 없다. 유가가 진정한 국교로 정착된 것은 무제 사후 선제(宣帝)와 원제(元帝) 시대에 이르러서였다. 특히 원제 시대에는 유가 관료가 관료계를 장악하여 정치에서 주도권을 잡았고, 원제는 유가를 맹신하여 화폐경제와 염철 전매제도를 폐지하기도 했다. 유가가 완전한 우위를 점령한 이때부터 유가는 중국 역사에서 2천여 년 동안 다양하게 변화하며 중국 봉건 시대의 정통 사상으로 자리 잡았다.

마읍 전투

흉노와 한나라의 전쟁

◁◁ **기원전 135년** 한 무제가 흉노의 화친 제안을 놓고 중신들과 어전회의를 하다.

◁◁ **기원전 129년** 한나라가 1차 흉노 원정을 시작하다.

◁◁ **기원전 110년** 한 무제가 흉노와 전쟁을 하여 한나라의 승리로 끝을 맺다.

한나라와 흉노의 화친 정책을 놓고 중신들의 의견이 엇갈리자 강경파 왕회는 계책을 냈다. 흉노의 군신선우가 마읍 땅을 노리고 있음을 이용하여 끌어들인 뒤 미리 한나라 군사들을 매복시켜 공격하자는 것이었다. 그러나 군신선우는 마읍으로 진격하던 중 한나라 기병이 매복해 있음을 눈치채고 회군한다. 마읍 전투는 허무하게 끝났지만, 한 무제가 흉노 정벌의 의지를 다지는 계기가 되었다. 이후 한 무제는 흉노에 사신을 보내 전쟁을 일으켜 승리를 거두었다.

기원전 135년, 한 무제는 흉노의 화친 제안을 놓고 중신들을 불러 어전회의를 열었다. 그러자 강경파 왕회(王恢)는 흉노와의 화친을 버리고 공격할 것을 주장했고, 화친파 한안국(韓安國)은 수천 리를 행군해야 한다는 원정의 불리함을 이유로 화친을 유지할 것을 주장했다. 중신 대다수가 화친을 주장하자 한 무제는 어쩔 수 없이 그 의견을 따랐다. 그런데 기원전 133년, 이 문제가 다시 거론되었을 때 화친파들이 2년 전과 같은 이유로 원정을 반대하자 왕회는 한 가지 계책을 냈다.

그 계책은 유인책이었다. 흉노의 군신선우가 물자가 풍부하고 비옥한 마읍 땅을 노리고 있음을 이용하여 흉노를 끌어들이자고 진언한 것이다. 왕회는 흉노와 교역을 하던 마읍의 호족 섭일(聶壹)을 거짓 투항하게 한 후 흉노가 군사를 이끌고 마읍에 도착했을 때 미리 매복시킨 한나라 군사들로 하여금 그들을 공격하게 한다면 충분히 승리할 수 있다고 장담했다. 이 무렵 중앙 집권 체제를 완성한 한 무제는 지금까지 흉노와의 굴욕적인 화친 관계를 청산하고, 적극적 강경책으로의 전환을 희망했다. 하지만 군사적으로 열세였던 한나라가 흉노에 정면으로 맞서기는 무리였기 때문에 한 무제는 왕회의 계책을 받아들였다.

기원전 133년, 섭일은 한나라의 밀명을 받고 흉노의 군신선우를 찾았다. 그는 "제가 마읍 관리들의 목을 베고 성문을 열면 선우께서는 마읍의 주인이 되실 수 있습니다."라고 말했다. 군신선우는 섭일을 믿을 만한 자로 여기고 그의 제안을 수락했다. 그리고 곧 마읍의 성벽에 섭일이 말한 대로 목이 걸린 것을 확인한 군신선우는 10만 기병을 이끌고 마읍 공격에 나섰다. 하지만 이것은 한나라의 유인책으로, 섭일이 마읍 성벽에 단 목은 모두 죄수들의 목이었으며, 이미 한나라의 30만 병력이 마읍에 매복한 상태였다.

당시 흉노를 이끈 군신선우는 흉노의 영웅이자 건국자인 묵특선우의 손자로, 즉위한 뒤 한나라와의 평화조약을 파기했다. 그리고 한나라의 북변을 자주 침범하여 약탈을 일삼고, 한나라로부터 공납을 받았다. 이렇듯 전투 경험이 많고 위세가 대단한 군신선우는 마읍으로 진격하던 중 한 가지 이상한 점을 발견했다. 그것은 초원에 소, 말, 양떼들이 많은 반면 인적을 찾을 수 없다는 것이었다. 이를 괴이하게 여긴 군신선우는 인근 봉화대를 급습하여 생포한 병사를 문초한 끝에 한나라 기병이 매복해 있음을 알아내고 즉시 회군을 명령했다.

마읍 전투는 한나라가 야심차게 준비한 흉노 공격이었지만, 사실상 전투 한 번 없이 허무하게 끝나고 말았다. 그러나 이 사건은 한나라와 흉노 간 화친 관계의 종말을 의미하는 사건이었다. 마읍 전투를 계기로 흉노는 한나라 북변을 더욱 자주 침범하였고, 한 무제는 흉노 정벌의 의지를 다지게 되었다.

한나라의 흉노에 대한 화친 정책이 적극적인 선제공격으로 전환된 것은 기원전 129년부터였다. 한 무제는 위청(衛靑), 공손오, 공손하, 이광 등 네 명의 장군에게 각각 1만의 군사를 주어 흉노를 정벌하도록 했다. 그러나 한나라의 1차 흉노 원정은 큰 성과를 거두지 못했다. 공손오는 흉노에게 패해 7천 기를 잃었으며, 이광 자신은 포로가 되었다가 탈출했고, 공손하는 흉노를 아예 만나지도 못한 채 돌아왔다. 오직 위청만이 승전을 알렸지만, 그도 겨우 포로 700여 명을 잡아 오는 것에 그쳤다.

위청은 한 무제의 총희인 위황후의 동생으로, 한나라 초기에 흉노와의 전쟁에서 큰 활약을 보였다. 그는 거기장군(車騎將軍)으로 임명되어 기원전 129년부터 기원전 119년까지 총 7차례 흉노 원정에 나섰으며, 기원전 129년 첫 번째 원정과 그다음 해의 두 번째 원정에서 승리를 거두었다. 기원전 127년, 흉노가 어양(漁陽) 지역을 침입하여 약탈하고 수많은 목숨을 앗아가자 그는 세 번째로 출정했다. 그는 흉노 수천을 포로로 잡고, 소와 양을 많이 획득하는 전과를 올렸으며, 진나라 때 흉노에게 빼앗겼던 오르도스 지역을 수복했다. 기원전 124년, 대장군(大將軍)이 된 위청은 그 이후에도 수차례 출정하여 흉노 주력 부대를 막북으로 후퇴시켰다.

곽거병 세 차례 흉노 원정에 나서 모두 승리했으며, 이후로도 흉노와의 전쟁에서 두각을 나타냈다.

한편 위청과 더불어 흉노와의 전쟁에서 두각을 나타낸 인물이 있었는데, 그가 바로 곽거병(霍去病)이다. 그는 위청의 생질로, 주로 서쪽의 흉노를 토벌했다. 20세에 표기장군으로 임명된 뒤 기원전 121년에 세 차례 흉노 원정에 나서 모두 승리했다. 처음에 그는 농서 지역으로 출정해 그 일대의 흉노에게 타격을 주었고, 같은 해 여름 두 번째 출정에서는 거연택을 넘어 기련산을 공격했다. 뒤이은 세 번째 출정에서는 하서(河西) 지역을 차지했다. 이때 흉노의 서쪽을 맡고 있던 혼야왕은 선우의 문책이 두려워 휴도왕을 죽이고 한나라에 투항했다. 이후 하서 지역에는 무위, 주천, 장액, 돈황 등 4군이 설치되었고, 한나라는 이들 4군을 서역 진출의 기점으로 삼았다. 또한 기원전 119년에 곽거병은 위청과 공동으로 출병하였으며, 이들

한나라의 포로가 된 흉노족 김일제 곽거병은 흉노의 번왕인 휴도왕을 토벌하고 그의 장남인 14세 일제를 한나라에 포로로 끌고 왔다. 그 뒤 일제는 무제의 신임을 받아 한나라 관료로 일하면서 김씨 성을 하사받았다.

은 평성 부근에서 동서로 갈라져 위청은 서로군을, 곽거병은 동로군을 인솔했다. 여기서 곽거병은 흉노를 쫓아 바이칼 호까지 진격하였고, 이로써 흉노는 남부 근거지를 완전히 상실했다.

기원전 110년, 한 무제는 비로소 18만 대군을 이끌고 북쪽 변방의 전선을 순시했다. 심지어 그 와중 흉노에 사신을 보내 전쟁을 도발했다. 그러나 선우에게는 한나라 사신을 억류하는 정도로 대항할 힘밖에 남아 있지 않았기에 흉노는 치욕을 감수하고 바이칼 호로 이주했다. 이리하여 마읍 전투로 시작된 한나라와 흉노의 전쟁은 일단 한나라의 승리로 끝을 맺었다.

한나라의 흉노에 대한 대외 정책은 한 무제가 즉위하면서 생긴 변화였다. 한 무제는 문경지치의 태평성대를 통해 축적된 재정으로 대외 팽창 정책을 펼쳤으며, 우선 북방의 흉노를 제거하는 데 힘썼다. 다음으로 그는 흉노에게서 서역 지역의 지배권을 빼앗기 위해 전략을 구사했다. 이에 한 무제는 이광리, 이릉 같은 장수들을 흉노 전쟁에 출병시켰으나 번번이 패함으로써 승기를 완전히 잡지 못했다. 결국 한 무제는 기원전 89년에 이르러 흉노와의 전쟁을 포기했다.

한편 흉노는 수차례 한나라와 전쟁을 치르면서 인구 감소와 가축 손실을 겪었고, 이로 인해 내부에 균열이 생겼다. 결국 흉노는 한 무제 사후 호한야선우, 도기선우, 거리선우, 호갈선우, 오자선우 등 다섯 선우 사이에 권력 분쟁이 생겨 남북으로 분열되었다. 급기야 기원전 54년에 북흉노가 남흉노를 공격하기에 이르자, 남흉노의 호한야선우는 한나라에 원군을 요청하면서 항복했다. 또한 흉노가 서쪽으로 이동하면서 유럽에도 큰 영향을 미쳐 로마 제국 멸망의 원인이 되기도 했다.

중앙 집권 체제와 경제력 회복, 풍부한 재정을 이룩한 한 무제는 흉노 정벌을 시작으로 대외 팽창 정책을 구사했다. 그러나 그의 대외 팽창용 침략 전쟁은 흉노에만 국한된 것이 아니었다. 당시 한나라의 주변국으로는 흉노 외에도 남쪽으로 남월, 동쪽으로 고조선, 서남쪽으로 전(滇), 야랑(夜郎) 등이 있었다. 한 무제는 기원전 111년에 남월을 침략하여 9군을, 전과 야랑에는 7군을 설치했으며, 기원전 108년에는 고조선을 공격하여 4군을 설치함으로써 한나라의 위용을 과시했다.

사기의 완성

중국 3천 년 역사를 집대성하다

> **기원전 110년** 부친 사마담이 자리에 누웠다는 소식을 접한 사마천이 낙양으로 돌아오다.
>
> **기원전 103년** 부친의 유언을 받들어 사마천이 《사기》 집필을 시작하다.
>
> **기원전 91년** 사마천이 중국 역사상 최고의 역사서 《사기》를 완성하다.
>
> 《사기》는 한나라 시대의 역사가 사마천이 지은 중국 최고의 역사서이다. 사마천이 이릉 사건에 연루되면서 집필에 위기를 겪었으나, 부친 사마담의 유언과 사서 완성에 대한 강한 의지로 저술을 이어 갔다. 중국 통사의 서막을 연 《사기》는 내용이 상세하고 확실할 뿐만 아니라 생생한 상황 묘사와 탁월한 인물 형상화로 뛰어난 문학적 가치를 지닌다. 또한 기전체라는 창조적인 형식을 만들어 냈으며, 후세의 소설과 중국 전기 문학 발전에도 지대한 영향을 끼쳤다.

극형을 받으면서도 부끄러운 빛조차 띠지 않았던 것은 이 저술이 미완성으로 끝날 것이 안타까워서였습니다. 이 저술을 완성하여 명산에 보관하였다가 각지의 지식인들에게 전달할 수만 있다면 저의 수치도 씻어낼 수 있을 것입니다.

사마천(司馬遷)은 친구 임안(任安)에게 보낸 편지에 자신이 고통과 치욕을 참으면서 살아야 했던 이유를 적었다.

문왕(文王)은 수감된 시기에《주역(周易)》을, 공자는 평생을 떠돌다 진채에게 구금당했지만《춘추(春秋)》를, 굴원(屈原)은 유배를 간 후《이소(離騷)》를, 좌구(左丘)는 실명했어도《국어(國語)》를, 손자(孫子)는 무릎 뼈가 잘린 아픔 속에서《병법(兵法)》을 완성했다. 이들은 모두 역경 속에서 저술하여 마음속의 울분을 해소했다. 나 또한 울분에 찬 심정을《사기》 저술에 매진함으로써 해소하지 못할 일이 없지 않은가!

이리하여 궁형(宮刑)을 받아 하루하루가 고통이었던 사마천은 기원전 91년에 중국 역사상 최고의 역사서《사기》를 완성했다.

태사령이었던 사마천이 한 무제에게 궁형을 받게 된 것은 소위 '이릉(李陵)의 사건'에 휘말렸기 때문이다. 한 무제는 흉노를 토벌하기 위해 총비 이씨의 오빠 이광리를 대장으로 삼아 3만의 군대를 파견했다. 하지만 이광리의 군대는 흉노에게 모두 패하였고, 오직 기도위(騎都尉) 이릉만이 흉노에 맞서 용감하게 싸웠다. 그는 5천의 보병과 함께 악전고투했으나 곧 흉노군에게 포위되었으며, 원군의 지원을 받지 못해 끝내 항복하고 말았다. 이 소식이 한나라에 이르자 조정은 3만의 군대 대부분을 잃고 돌아온 이광리는 제쳐 두고, 한 무제에게 이릉의 가족을 하옥시키고 이릉에게 죄를 물을 것을 진언했다. 이렇듯 조정 대신들이 한목소리로 이릉만 비난하자 사마천이 이릉의 변호를 자처했다. 이릉과 일면식조차 없었던 사마천은 "이릉은 겨우 5천의 보병만으로도 용감하게 적진 깊숙이 들어가 흉노 수만 명의 목숨을 빼앗았습니다. 비록 이릉이 패하긴 했으나, 나라를 위해 죽기 살기로 싸워 흉노의 예봉을 꺾은 것은 공으로 인정할 만한 것이며, 또한 그가 투항한 것은 적당한 기회를 노려 오늘의 패배를 설욕하고 한나라에 보답하고자 한 것이 분명합니다."라고 강한 어조로 말했다. 이것은 사마천이 한 무제의 공평치 않은 처사를 비난한 것으로, 이광리가 3만 군대 대부분을 잃고 돌아왔음에도 총비 이씨의 오빠라는 이유로 논죄의 대상에서 제외시킨 것을 꼬집은 것이다. 사마천의 언변에 뼈가 있음을 알아챈 한 무제는 진노하여 사마천을 사형시킬 것을 명했다.

사형을 명받은 사마천은 중국 역사상 길이 남을, 일생일대의 중요한 결정을 내렸다. 그것은 바로 궁형을 받아 환관이 되는 것이었다. 당시 사형을 면하는 방법에는 궁형이나 돈 50만 전을 내는 것이 있었으나, 50만 전은 사마천이 감당할 수 없는 거금이었다. 따라서 그가 생명을 연장할 수 있는 방법은 오직 궁형뿐이었다. 하지만 궁형은 사인(士人)으로서 견디기 힘든 형으로, 그가 환관이 되면서까지 살고자 했던 이유는 오직 《사기》의 완성 때문이었다. 당시는 사마천이 《사기》를 저술한 지 약 7년이 지난 때였다.

사마천이 치욕적인 삶을 선택하면서까지 《사기》를 포기하지 않은 데에는 그의 부친 사마담(司馬談)의 유언도 크게 작용했다. 사마천의 집안은 대대로 한나라에서 벼

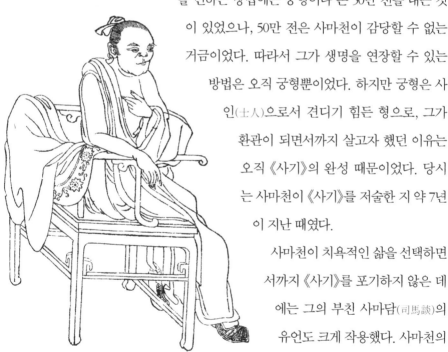

사마천 중국 최고의 역사서 《사기》를 집필한 한나라 시대 역사가.

슬을 했으며, 특히 그의 부친 사마담은 36년간 태사령을 지냈다. 사마담은 유가뿐만 아니라 묵가, 법가, 도가, 명가, 음양가에 통달했으며, 그중 도가를 가장 높이 평가했다. 그는 《춘추》 이후의 역사가 제대로 정리되지 않았음을 자각하고, 역사서 편찬을 위해 수많은 자료를 수집했다. 이러한 일은 한 개인으로서는 불가능한 일이었으며, 사마담은 사마천에게 사관의 교육을 시켰다. 그리하여 사마천은 10대에는 고문을 읽고, 동중서 문하에서 유학을 배우고, 20대에는 사마담의 권유로 각지를 유랑했으며, 유랑을 마친 후에는 낭중이 되었다. 낭중은 낮은 직책이었으나 사마천은 한 무제를 수행하면서 서북, 서남의 귀주와 운남을 돌아볼 기회를 가졌고, 역사가 만들어지는 현장을 체험했다.

기원전 110년, 파촉과 운남에 파견된 사마천은 사마담이 한 무제의 봉선(封禪)을 준비하던 중 발병하여 자리에 누웠다는 소식을 접하고 낙양으로 돌아왔다. 봉선은 황제가 태산에 올라 자신의 치적을 하늘에 올리고 양부(梁父) 언덕에서 지내는 제사로, 탁월한 업적을 남긴 황제만이 올릴 수 있는 행사였다. 당시 봉선에 참여하는 일은 사관에게 매우 영광스러운 일이었으나, 사마담은 참가하는 사관 명단에 오르지 못했다. 이에 크게 실망한 사마담은 병을 얻었고, 끝내 자리에서 일어나지 못했다. 한창 《춘추》 이후 역사를 정리하고 있던 그는 사서(史書) 완성을 이루지 못하고 세상을 뜨는 것이 안타까운 나머지 사마천에게 뒤를 이어 완성하라는 유언을 남겼다.

사마천이 본격적으로 《사기》 저술에 나선 것은 부친 사후 그가 태사령으로 임명되어 태초력(太初曆)이라는 새로운 역법을 발표한 뒤로 여겨진다. 《사기》의 본래 명칭은 《태사공서(太史公書)》로, 《사기》라는 이름은 삼국 시대 이후에 얻었다. 사마천은 앞서 말한 '이릉의 사건'으로 위기를 겪

명나라 때 간행된 《사기》

었으나, 부친의 유언과 사서 완성에 대한 강한 의지로 저술을 이어갔다.

사마천은 《사기》의 분량을 《태사공자서(太史公自序)》에 언급했는데, 모두 130권에 52만 6,500자에 달하며, 〈본기(本紀)〉 12권, 〈표(表)〉 10권, 〈서(書)〉 8권, 〈세가(世家)〉 30권, 〈열전(列傳)〉 70권으로 이루어져 있다.

각 권이 다루고 있는 내용을 살펴보면 〈본기〉는 오제(五帝), 하(夏), 은(殷), 주(周), 진(秦), 한(漢) 제왕들의 사적 기록으로, 예외적으로 제왕에 버금가는 인물인 항우와 여후가 기록되어 있다. 〈표〉는 역사상의 인물과 사건을 일목요연하게 나타낸 일종의 연대기로, 연표를 중심으로 하고 있다. 〈서〉는 여러 가지 제도를 정리한 것으로, 예(禮), 악(樂), 율(律), 역(曆), 천관(天官), 봉선, 하거(河渠), 평준서(平準書) 등을 설명하고 있다. 〈세가〉는 봉건 제후의 기록으로, 춘추전국 시대의 제후와 한나라 건국 후 제후들로 나누어져 있으며, 제후뿐만 아니라 명문가, 공자, 진승 등도 여기에 실려 있다. 마지막으로 〈열전〉은 개인들의 기록으로, 다양한 인간들이 등장하여 《사기》에서 가장 흥미로운 부분이다. 대표적으로 〈백이열전(伯夷列傳)〉, 〈관안열전(管晏列傳)〉, 〈노자한비열전(老子韓非列傳)〉, 〈손자오기열전(孫子吳起列傳)〉, 〈오자서열전(伍子胥列傳)〉 등이 있다.

《사기》는 고대부터 편찬 시점에 이르는 통사(通史)의 형식으로, 중국 통사의 서막을 열었다는 의의를 가진다. 또한 사마천은 역사를 통해 교훈을 전하고자 각 권의 끝에 '태사공 왈(日)'이라는 형식을 빌려 자신의 의견을 피력했다. 이와 더불어《사기》가 가지고 있는 또 다른 특징은 그 내용이 상세하고 확실할 뿐만 아니라 생생한 상황 묘사와 탁월한 인물 형상화로 뛰어난 문학적 가치를 가지고 있다는 것이다. 이것이 가능했던 이유는 사마천의 광범위한 자료 수집에서 찾을 수 있다. 그는 당시 전해 오던《세본(世本)》,《국책(國策)》,《진기(秦記)》,《국어》,《춘추》등 약 103종의 저서를 열람했다. 더불어 그는 금석문(金石文), 문물, 회화, 건축 등에서도 자료를 찾았으며, 이것이 여의치 않을 경우에는 각지를 유랑하여 자료를 수집했다.

사마천의《사기》는 25사(史)로 이루어진 중국 정사의 효시로, 형식면에서 기전체(紀傳體)라는 창조적인 형식을 만들어 냈다. 이후《사기》의 기전체는 역사서의 전범으로 인정되어 2천여 년 동안 정사의 대부분이 그 형식을 따랐다. 뿐만 아니라 우리나라에도 영향을 미쳐 김부식은 기전체로《삼국사기》를 편찬했으며,《고려사》도 그 형식을 취했다. 또한《사기》는 인물 전기의 효시로도 인정되어, 후세의 소설과 중국 전기(傳記) 문학 발전에 지대한 영향을 끼쳤다.

왕망의 신나라 개창

신나라를 세운 왕망의 급진적인 개혁

◁ **기원전 33년** 왕망이 왕봉의 추천으로 황문랑이 되어 입관하다.

◁ **8년** 왕망이 스스로 황제가 되어 새 왕조 신(新)을 개창하다.

◁ **23년** 현실성 없는 급진적인 개혁으로 백성들이 반란을 일으키자 신나라는 건국 15년 만에 멸망하다.

왕망이 실권을 장악한 시기는 전한이 패국의 길로 접어들고 민심이 악화된 때였다. 이에 반해 왕망은 솔선수범하여 자산을 내놓고 이재민을 돕는 등 백성의 인심을 얻어 명성이 날로 커졌고, 마침내 스스로 황제가 되어 새 왕조 신을 개창하기에 이른다. 왕망은 전한의 사회 제도적 모순을 해결하기 위해 토지 개혁, 노비 매매 금지, 화폐 개혁 등 여러 가지 개혁 정책을 실시했다. 그러나 개혁의 내용과 방법이 매우 급진적이고 현실성이 없어 사회를 더욱 혼란시켰고, 이는 신나라의 멸망으로 이어졌다.

왕망은 전한(前漢)의 11대 황제 원제(元帝, 재위 기원전 49～기원전 33)의 황후 왕씨의 조카이다. 원제 사망 후 왕 황후의 아들 유오(劉驁)가 제위에 올라 성제(成帝, 재위 기원전 32～기원전 7)가 되자 황후는 황태후가 되었고, 그녀의 일족 왕씨는 외척으로서 조정의 중요한 직책을 차지하게 되었다. 우선 왕태후의 오빠 왕봉(王鳳)은 대사마장군에 임명되었고, 왕상(王商)과 왕근(王根) 등 10여 명의 일족들은 제후왕으로 봉해져 세력을 휘둘렀다. 이러한 왕씨 일족이 휘두른 권세의 정점을 넘어 새 왕조 신(新)을 개창한 인물이 왕망(王莽)이었다.

왕망의 어린 시절은 조정의 대권을 장악한 다른 외척 왕씨들과는 달리 불우했다. 어려서 아버지 왕만(王曼)을 여의고, 형 왕영(王永)마저 일찍 세상을 떠났기 때문에 사촌들과 달리 가난한 생활을 했다. 그러나 그는 유학 연구에 전념하고, 어머니와 형수를 돌보면서 검소하게 생활했으며, 주위와 숙부들에게 예의바르게 행동해 칭송을 들었다. 특히 왕망은 백부 왕봉이 병이 들었을 때 그를 극진히 보살핌으로써 그의 신망을 얻었다.

왕망은 기원전 33년에 왕봉의 추천으로 황문랑(黃門郎)이 되어 입관했다. 그는 여전히 주위 사람들을 잘 관리하여 평판을 잃지 않았고, 순조롭게 승진하여 기원전 16년에는 봉읍(封邑) 1,500호를 영유하는 신도후(新都侯)에 봉해졌다. 그리고 기원전 8년, 드디어 숙부 왕근이 사직하자 왕씨 일족과 고모 황태후의 후원으로 불과 38세의 나이에 대사마 자리에 올랐다. 왕씨 일가에서 다섯 번째 대사마의 탄생이었다.

그러나 기원전 7년, 성제가 죽고 애제(哀帝, 재위 기원전 7~기원전 1)가 즉위하자 그는 새롭게 일어난 외척 부씨와 정씨의 압박을 피해 신도로 떠났다. 그러나 그의 은퇴 기간은 그리 길지 않았다. 왕망이 은퇴한 지 6년이 지났을 즈음 애제가 갑작스럽게 붕어하자, 태황태후가 된 왕씨가 그를 불러 대사마의 자리에 앉혔기 때문이다. 애제의 뒤를 이어 황제가 된 이는 평제(平帝, 재위 기원전 1년~기원후 6) 유간(劉衎)이었다. 그리고 왕망은 자신의 딸을 평제와 결혼시켜 정식으로 국장이 되었고, 조정의 권세는 다시 외척 왕씨에게로 돌아갔다.

왕망이 실권을 장악한 시기는 전한이 패국의 길로 접어들기 시작한 때였다. 당시 전한의 운명에 먹구름이 드리운 가장 큰 이유는 원제부터 평제까지 약 50년 동안 왕망과 같은 외척들이 발호하고 귀족들의 토지 겸병이 가속화되었기 때문이다. 특히 귀족의 토지 겸병으로 인해 농민들이 노비 혹은 유민으로 전락하여 국가 재정 상태를 악화시켰으며, 치안 유지를 어렵게 했다.

그런데 이렇게 전한 후기의 사회가 불안정하고, 민심이 악화된 때에 왕망은 태황태후 왕씨가 하사한 256만의 토지를 사양했다. 게다가 전역에 가뭄이 들고 메뚜기 떼가 극성을 부려 이재민이 발생하자 그는 솔선수범하여 자산을 출현했으며, 관민들도 동참시켜 이재민을 구제했다. 또한 유학을 연구한 사람답게 태학을 확장해 유학자와 인재들을 1만 명까지 늘리고, 유학을 장려해 백성의 인심을 얻었다. 민심이 왕망을 향하자 공경대부, 박사, 제후 등 900명이 넘는 사람들이 그의 덕을 칭송하는 상소를 평제에게 올리기까지 했다. 이로써 그의 명성은 날로 커졌다.

한편 오래전부터 있던 참위설도 왕망의 명성을 높이는 데 일조했다. 민간에는 '안한공(安漢公)인 왕망이 왕이 된다'라고 적힌 흰 돌이 무공현에서 발견되었다는 소문과 황지국(현재 베트남)에서 진상한 코뿔소가 성천자의 출현이 멀지 않았음을 의미한다는 얘기가 떠돌았다.

5년, 평제가 14살의 어린 나이로 갑자기 사망했다. 왕망의 명성이 최고조에 달했을 때 평제가 돌연사했기 때문에 평제의 죽음에 왕망이 간여했을 것이라는 설도 있지만, 이는 확실하지 않다. 공석이 된 황제의 자리에 왕망은 거우 2살이었던 유영(劉嬰)을 앉히고, 자신은 서주 초에 주공이 어린 성왕을 섭정한 것을 빗대 가황제(假皇帝), 섭황제(攝皇帝)가 되었다. 왕망은 가황제로 황제와 다름없었으나 진정한 황제는 아니었다. 이에 아직 민심을 잃지 않았던 왕망은 '가황제가 진짜 황제가 될 것이다', '한 고조 유방은 왕망이 황제가 되어야 한다고 유언하셨다' 등의 공작을 통해 새로운 왕조 탄생 및 왕망의 황제 즉위 당위성을 만들었다. 그리하여 8년, 왕망은 선양의 형식으로 스스로 황제가 되었으며, 한이라는 국호를 버리고 신이라는 새 왕조를 열었다.

8년에 개국한 왕망의 신나라는 그 역사가 15년으로 매우 짧다. 신나라는 15년 동안 전한 사회의 제도적 모순을 해결하기 위해 여러 가지 개혁 정책을 실시했다. 그러나 신나라의 개혁은 현실성 결여와 급진적인 진행으로 모두 실패했으며, 이는 결국 신나라의 멸망으로 이어졌다. 왕망은 전한 후기에 폐단을 일으켰던 귀족의 토지 겸병에 강한 반감을 가지고 있었다. 토지 겸병에 대한 그의 생각은 《한서》에 잘 나타나 있다.

> 진나라는 무도하여 백성에게 세금을 무겁게 매겼고, 사리사욕을 채우는 데 급급해 백성의 삶을 피폐하게 했다. 또한 주공의 제도를 파괴하고, 정전(井田)을 폐지했기 때문에 토지 겸병이 발생했다. 그리하여 위에 있는 자들은 가늠할 수 없는 양의 토지를 가지게 되었고, 힘없는 백성은 송곳조차 꽂을 만한 땅도 가지지 못하게 되었다.

그리하여 왕망은 정전제를 부활시켜 전국의 토지를 왕전(王田)으로 규정하고, 개인 간의 토지 매매를 엄금했다. 이를 왕전제라 일컬으며, 왕전제는 전국의 토지는 모두 국가가 주인이라는 전제하에 장정 8명 이하의 가구에 1정, 즉 900무까지 소유할 수 있도록 했다. 만약 그 이상일 경우 초과된 토지는 친족이나 마을에 토지가 없는 사람들에게 분급할 것을 명했다. 그러나 왕전제는 시행 3년 만에 폐지되었다. 토지 사유화가 급속도로 진행되고 있었던 당시 상황을 전혀 고려하지 않아 귀족과 대토지 소유자들의 격렬한 반대에 부딪혔기 때문이다. 또한 관료들의 누적된 부패도 실패의 원인으로 작용했다.

이와 함께 왕망은 노비 소유에 제한을 두었으며 매매를 금지시켰다. 또한 명칭도 사속(紗屬)으로 고쳤다. 하지만 노비는 토지 경작에 있어 핵심적인 노동력이었기 때문에 토지 문제를 우선 해결해야만 했다. 왕망이 노비매매를 법으로 금지시켰음에도 현실에서는 여전히 매매가 이루어졌으며, 토지 문제와 연관성이 큰 만큼 왕전제의 폐지와 함께 시행 3년 만에 폐지되었다. 그러나 신나라 때는 오히려 노비가 급격히 늘어나 그 수가 10만에 가까웠는데, 이는 일반 백성이 법을 어겼을 경우 모두 노비로 전락했기 때문이다.

다음으로 왕망은 경제에도 개혁을 시도했다. 그는 백성이 대상인과 고리대의 착취로 고통을 당한다고 생각하여 화폐 개혁을 단행했다. 한 무제 이후로 사용이 정착된 오수전을 폐지하고, 대신 금, 은, 동, 거북, 조개, 베 등 무려 28종의 화폐를 제조, 발행했다. 그러나 이렇게 다양한 화폐의 발행은 오히려 백성의 혼란을 초래했으며, 백성들은 익숙한 오수전을 계속 사용했다. 이에 왕망은 오수전을 사용하는 자들을 법으로 엄히 다스렸고, 이로써 백성의 상업 활동은 위축되었고 삶이 나아지기는커녕 더욱 피폐해져만 갔다. 그런데 이렇게 현실성을 전혀 고려하지 않은 신나라의 화폐 개혁은 15년간 다섯 번이나 실시되었다. 또한 소금, 철, 술, 각종 자원 등을 국가가 전매해서 관리하여 물가를 조정하고자 했다. 그러나 이 또한 각지 호족의 이익과 상반되는 정책들로 호족들의 반발을 불러일으켰다. 게다가

이를 관리하는 관료들이 대상
인으로 구성되면서, 재물이 관
리 관료들에만 집중되는 부작
용을 낳았다.

마지막으로 왕망은 모든 관
직 및 군현의 명칭에 대해서도
개혁을 단행했다. 유가 경전에
기초하여 주의 정치 제도를 본
뜬 이상주의 국가를 실현하고
자 했던 그의 의지가 반영된 것
이다. 이에 왕망은《주례》에 따
라 주 대의 3공, 9경, 27대부, 91
원사에 맞추어 새로 관직을 만

왕망전 왕망은 화폐 제도에도 개혁을 단행했다. 금, 은, 조개, 베 등 28종의 다양한 화폐를 제조했으나 이는 오히려 백성의 혼란을 초래했다.

들었다. 명칭 또한 대대적으로 수정하여 대사농(大司農)은 희화(義和)와 납언(納言)으로, 소부(少府)는 공공(共工)으로, 태수(太守)는 대윤(大尹)으로, 현의 현령(縣令)과 현장(縣長)은 재(宰)로 바꾸었다. 또한 지금껏 왕으로 칭했던 주변국의 군주를 후(侯)로 격하시켰으며, 흉노를 강노복자(降奴服子), 고구려를 하구려(下句麗)라고 불러 정세를 불안하게 했다.

앞서 말한 것처럼 왕망은 신나라가 주나라를 본으로 삼은 유가적 이상 국가가 되길 원했다. 따라서 그는 전한의 모든 제도와는 다른 새로운 체제를 완성하기 위해 많은 개혁을 시도했다. 하지만 왕망의 개혁은 전한의 사회적 모순을 해결하기는커녕 개혁의 내용과 방법이 매우 급진적이고 현실성 없어 사회를 더욱 혼란시키는 결과를 초래했다. 또한 왕망의 실패한 개혁들은 초기의 명성과 민심을 잃게 했으며, 호족, 대상인 같은 지배층의 반감도 샀다. 결국 왕망의 신나라는 백성 봉기와 각지 호족의 반란으로 건국 15년 만인 23년에 종말을 맞이했다.

녹림·적미의 난

왕망의 개혁이 실패한 결과

◁◁ 17년 녹림군이 호북성 경산현의 녹림산에서 일어나다.
◁◁ 22년 왕망이 적미군 토벌을 위해 군대를 파견하다.
◁◁ 27년 적미군이 의양에서 유수의 군대에 투항하면서 종말을 맞다.

왕망의 개혁 정책이 모두 실패로 돌아가자 각지에서 왕망에게 불만을 가진 집단들이 생겨났다. 먼저 세력을 떨친 녹림군은 유연과 유수와 연합해 일족인 유현을 경시제로 추대했으며, 번숭을 수장으로 한 적미군은 백성의 호응을 얻어 대군으로 성장했다. 녹림군과 적미군은 '왕망 타도'를 외치며 왕망을 죽이기에 이른다. 왕망의 신 왕조를 붕괴시키는 데 결정적인 역할을 한 것은 분명 녹림군과 적미군이었지만, 투쟁의 결실은 호족 세력인 유수의 차지로 돌아갔다.

전한 사회의 제도적 폐해와 모순을 해결하고자 왕망은 신 왕조를 열었고, 여러 개혁 정책들을 실시했다. 왕전제 실시, 노비 매매 금지, 화폐 개혁, 육관(六管) 정책 등은 각지의 호족들을 규제하고, 호족과 대상인에게 착취당하던 농민들을 보호하려는 것이었다. 그러나 그가 실시한 개혁 정책들은 호족의 이익과 상반되었고, 현실성 부재와 급진적인 성격 때문에 모조리 실패했다. 호족에게서 불만이 터진 것은 당연했으며, 농민조차 왕망의 개혁 정책에 불만을 갖게 되었다. 또한 개혁이라는 미명 아래 수많은 법령이 실시되자 사회 혼란은 가중되었으며, 모순은 더욱 격화되었다. 왕망의 개혁 정책이 실패하자 먼저 일반 백성들이 일어났고, 다음에 각지의 호족과 지주 계급의 무장이 이루어졌다.

왕망 이전부터 각지에서 빈번히 생겨난 초적 무리는 왕망의 개혁이 실패하면서 더욱 활발해져 크고 작은 농민 봉기군으로 성장했다. 그중 왕망 정권의 붕괴에 결정적인 역할을 한 농민 봉기군이 녹림군(綠林軍)과 적미군(赤眉軍)이었다.

먼저 세력을 떨친 것은 녹림군으로, 왕망 정권 붕괴 6년 전인 17년에 호북성 경산현의 녹림산에서 일어났다. 이때의 녹림군은 왕광(王匡)과 왕봉(王鳳)이 수장으로서 무리를 이끌고 근처를 약탈하면서 연명했다. 그러나 전염병이 유행하여 녹림산을 떠나면서 녹림군은 평림군(平林軍), 하강군(下江軍), 신시군(新市軍)으로 나누어졌으며, 왕광과 신시군은 하남성 남양으로 향했다. 이곳에서 남양의 호족 세력인 유연(劉縯), 유수(劉秀) 형제들과 연합하면서 녹림군의 세는 확장되었다. 이때부터 녹림군은 그 이름을 잃고, 왕망 정권을 타도하고 한을 부흥시키는 것을 목표로 하는 호족 세력에 흡수되었다. 여기서 아이러니한 것은 약탈을 일삼던 녹림군이 호적 세력과 결합했다는 것이다.

23년, 녹림군은 자신의 세력이 점점 커지자 한나라 종실 가운데 한 명을 천자(天子)로 내세우려고 했다. 유현(劉玄)과 유연, 두 사람이 천자로 거론되었고 장수 대부분은 두뇌 회전이 빠르고 배짱이 두둑한 유연을 천자로 세우고 싶어했다. 그러나 장수 낙방종(樂放縱)은 유연보다 유약하고 다루기 쉬운 유현이 천자에 적격이라고 생각했다. 결국 녹림군과 호족 유씨 일족의 연합군은 유현을 경시제(更始帝, 재위 23~25)로 추대했으며, 공식적으로 왕망 정권 타도와 한나라 부흥의 기치를 높였다.

한편 호북성에서 녹림군이 생겨날 즈음 산동성에서는 여모(呂母)라는 여인이 자식의 원수를 갚기 위해 무리를 모집하고 있었다. 이듬해인 18년에 낭사(琅邪) 출신 번숭(樊崇), 역자도(力子都), 봉안(逢安), 서선(徐宣), 사록(謝祿), 양음(楊音) 등 왕망 정권을 전복시킬 뜻을 품은 1만여 명의 무리가 여모의 반란군과 합세하니, 비로소 무리는 반(反)왕망 반란군이 되었다. 22년, 왕망은 번숭군의 토벌을 위해 군대를 파견했다. 이때 번숭군은 왕망의 군대와 대치했을 경우 그들과 자신을 구별 짓기 위해 오행 중 화덕을 상징하는 붉은색으로 눈썹을 붉게 칠하고 있었다. 이때부터 번숭군은 적미군이라는 칭호를 얻게 되었다.

적미군은 삼노(三老), 종사(從士), 졸사(卒士), 신인(新人)이라는 계급을 조직하여 조직으로서의 모습을 갖추려 했으나, 수장이었던 번숭조차 문맹에 가까웠기 때문에 제대로 된 법률이나 규정이 없었다. 적미군의 규칙 대부분이 극히 단순했으며, 그 또한 말로만 정해지는 등 그야말로 무식한 집단이었다. 그러나 왕망이 파견한 왕광(녹림군의 왕광과 동명이인)과 염단(廉丹)을 연이어 무찌르면서 적미군에 대한 백성의 호응은 높아졌으며, 그 수는 어느새 크게 늘어 대군으로 성장했다.

녹림군과 유씨 호족과의 연합으로 탄생한 경시제군, 적미군은 왕망 정권 타도를 위해 비슷한 시기에 일어난 봉기 세력이었으나, 왕망의 신 왕조를 멸망시킨 것은 경시제군이었다. 23년, 왕망은 경시제군의 북상을 막기 위해 왕읍(王邑)을 총사령관으로 임명하고 42만에 달하는 군대를 파견했다. 왕읍이 다다른 곳은 바로 유수가 지키고 있던 곤양(昆陽)으로, 곤양성

광무제 유수 하북에서 독자적인 세력을 구축한 남양의 호족 유수는 낙
양을 도읍으로 삼고 광무제에 올랐다. 광무제는 적미군에게 항복을 받아
낸 후 한을 부흥시켰으니, 이를 후한이라 한다.

을 지키던 녹림군의 수는 8, 9천에 지나지 않았다. 유수는 왕봉에게 곤양성의 수비를 맡기고, 자신은 지원군을 모집하기 위해 곤양성을 빠져나갔다. 수적으로 우세했던 왕읍의 군대는 곤양성을 완전히 포위하여 화살을 비처럼 쏘고, 구름사다리차와 쇠말뚝차를 이용해 쉴 새 없이 성을 공격했다. 그러나 왕읍의 군대는 지휘 계통의 혼란과 작전 미숙으로 효과적인 공격을 할 수 없었다. 결국 신 왕조의 주력 부대가 유수와 3천여 지원군의 공격에 패함으로써 왕읍은 패주했다.

곤양 전투에서 유수가 대승을 거두고 왕망의 군대가 큰 타격을 입자, 경시제는 유연과 유수 형제에게 두려움을 느끼기 시작했다. 그리하여 경시제는 형 유연을 살해하여 스스로 분열을 초래했다. 하지만 유수는 형 유연의 억울한 죽음에 대한 분노를 억누르고 은인자중하는 모습을 보였다. 이후 유수는 경시제의 낙양 천도를 위해 궁전을 정비하라는 명을 받고 하북성으로 떠났다. 한편 경시제는 전의를 상실한 왕망을 총공격하여 왕망을 죽이고 신 왕조를 멸망시켰다.

기아에 굶주린 백성의 봉기로 시작하여 결국 경시제가 신 왕조 붕괴를 이루었으나, 경시제는 백성의 기대에 부흥하지 못했다. 24년, 경시제는 장안으로 천도하여 변모를 시도했다. 그러나 그는 황제로서의 자질과 인망이 부족하고 쾌락을 쫓는 성정이었기 때문에 정사를 살피지 않았다. 정치를 뒷전으로 하고 사치스럽고 문란한 생활만을 일삼으니 오히려 왕망의 신 왕조 시절이 나았다는 백성까지 생겨났다. 상황이 이쯤 되자 한때는 동맹군이었던 적미군이 장안의 경시제를 공격 목표로 삼았다.

왕망의 신 왕조 붕괴와 함께 적미군 대다수는 고향인 산동성으로 돌아가길 원했다. 하지만 적미군 지도부는 군대의 해체를 원하지 않았을 뿐만 아니라 그대로 서진하고자 했다. 이에 적미군 지도부는 경시제의 실정을 서진의 명분으로 삼고, 장안의 수많은 재물들로 병사들을 유혹했다. 또한 자신들이 신앙으로 모시고 있던 한 고조의 손자 유장(劉章) 성양경왕(城陽景王)의 후손 중 유분자(劉盆子)를 황제로 내세우기까지 했다. 25년, 적미군은 관중을 돌파하고 장안을 공략했다. 경시제는 장안 탈출에 성공했으나 이내 적미군에게 항복했으며, 이후 적미군의 간부 사록(謝祿)에 의해 살해되었다.

장안에 입성한 뒤 적미군은 황제를 옹립하고, 관리를 채용하고, 법률을 제정하여 나름대로 국가 체제를 이루려고 노력했다. 하지만 지도부를 비롯한 대부분이 미천한 출신에 통치 능력이 없었기 때문에 적미군의 노력은 흐지부지되었고, 군사들은 장안 약탈을 일삼기 시작했다. 장안의 식량은 3개월 만에 동이 났으며, 적미군의 약탈은 민가를 가리지 않고 자행되었다. 이내 장안은 옛 수도의 위용은커녕 더 이상 약탈할 재물도 남아 있지 않고, 사람 그림자조차 찾아 볼 수 없는 황량한 사막으로 변했다. 굶주림에 지치고 고향이 그리워지기 시작한 적미군은 고향 산동성이 있는 동쪽으로 향했으며, 27년 의양에서 유수의 군대에 투항함으로써 종말을 맞았다.

왕망의 신 왕조를 붕괴시키는 데 결정적인 역할을 한 것은 분명 녹림군과 적미군 같은 농민 반란군이었다. 하지만 지난하고 격렬했던 투쟁의 결실은 농민 세력이 아닌 호족 세력, 즉 유수의 차지로 돌아갔다. 25년, 적미군이 경시제를 공략할 때 유수는 이미 한단을 함락한 후 하북성에서 독자적인 세력을 구축한 상태였다. 그해 6월, 유수는 낙양을 도읍지로 삼고 자신은 황제 광무제(光武帝)가 되어 연호를 건무(建武)라 칭했다. 27년 1월, 광무제는 지리멸렬해진 적미군에게 항복을 받아 냄으로써 농민 반란에 종지부를 찍었다. 이것이 한을 부흥시키고 이후 220년까지 지속된 후한(後漢)의 시작이었다.

백마사 건립

중국에서 불교가 공인되다

<< 68년 중국 최초의 사찰 백마사가 건립되다.

<< 420~589년 남북조 시대에 불교가 정권의 도움을 얻어 더욱 융성하게 일어나다.

<< 460년 문성제가 중국 3대 석굴 중에 하나인 윈강 석굴을 조영하다.

백마사는 명제가 불교를 신봉하여 만든 중국 최초의 사찰이다. 백마사의 건립은 불교 전래가 공인되었음을 뜻하는데, 이는 불교가 전해지기 시작한 전한 말엽이 유학의 전성기였기 때문이다. 이후 불교는 남북조 시대에 흥성하여 수, 당 시대에 전성기를 보내다가 송, 명 시대에 이학의 발달로 침체되었다. 이후 중국 불교계는 문호 개방에 따라 외국과 활발하게 교류하며 회복 추세를 보이고 있다.

"짐이 꿈속에서 키가 크고 거대하며 금빛이 번쩍번쩍 하는 신선을 보았는데, 그 신선이 궁전 앞을 날아다니다가 갑자기 서쪽 하늘로 날아갔다."

64년, 명제(明帝, 재위 57~75)는 지난밤에 꾼 꿈의 내용을 초왕 유영(劉英)에게 말했다. 이에 독실한 불교 신자였던 유영은 명제가 꿈속에서 본 금신(金神)이 바로 부처님이라고 해몽했다. 그러자 이를 길하게 여긴 명제는 불법을 구하기 위해 낭중 채음(蔡愔)과 박사 진경 (秦景) 등을 천축에 파견했

백마사

다. 천축은 지금의 인도로, 채음과 진경은 여정 중 대월지국(大月氏國)에서
천축의 고승 가섭마등(迦葉摩騰)과 대월지국의 승려 축법란(竺法蘭)을 만나
게 되었다. 가섭마등과 축법란은 불경을 얻고자 먼 곳에 사신을 파견한 명
제에게 감동하여 낙양 방문을 결심했다. 그리하여 67년, 두 고승은 다라수
(多羅樹)잎에 새긴 불경《42장경(四十二章經)》과 불상을 백마 네 필에 싣고
긴 여정 끝에 낙양에 도착했다.

　명제는 가섭마등과 축법란을 외국인과 소수 민족을 접대하던 홍려사에
머무르게 했으며, 68년에 이들이 머물면서 불교의 예와 의식을 가르칠 수
있는 중국 최초의 사찰을 건설했다. 사찰의 이름은 고승들이 불경과 불상
을 싣고 왔던 백마를 사육했기 때문에 백마사(白馬寺)라고 했다. 백마사는
천축의 방식을 모방하여 지은 사찰로 건물 중앙에는 탑이 세워졌으며, 불

당은 벽화로 장식되었다. 가섭마등과 축법란은 이곳 백마사에 머물며《42 장경(四十二章經)》을 한자로 번역하였는데, 이것이 현존하는 중국 최초의 한자 불교 경전이다. 이후 서역의 승려들은 백마사를 찾아와 불경을 번역 했으며, 불교를 널리 전파하는 데 애썼다.

백마사의 건립은 단순히 중국 최초의 사찰이라는 사실에 그치는 것이 아니라 중국에서 불교가 공인되었음을 뜻한다. 인도의 불교는 기원전 3세 기부터 다른 나라에 전파되기 시작했으며, 중국에 전해지기 시작한 것은 전한 말엽으로 알려져 있다. 그러나 당시는 유학의 전성기였기 때문에 이 민족의 종교였던 불교는 널리 전파되지 못했다. 이후 불교는 한나라 말기, 위진 남북조의 전란과 혼란의 시기에 발전했다. 백성과 일부 귀족들은 오 랜 전쟁으로 희망을 잃고 인생무상을 느꼈으며, 이런 상황들이 불교 교의 와 맞아떨어졌기 때문에 신속하게 전파되었다. 위진 시대에 남방에서는 당시 성행하던 노장 사상을 바탕으로 한 현학(玄學)과 함께 불교 교리를 해 석한 격의불교(格義佛敎)가 유행했다. 격의불교는 중국 사상을 받아들여 불교 사상을 쉽게 이해할 수 있었으나, 불경 본래의 뜻을 왜곡하는 한계를 드러내기도 했다.

401년, 서역의 구자국(龜玆國) 출신인 구마라습(鳩摩羅什)이 후진의 요흥 (姚興)에게 초빙되어 장안에 들어왔다. 그는 국사의 예우를 받으면서 제자 들을 가르치며, 도생, 승조, 도융, 승예 등과 같은 제자들과 함께 불경을 번 역했다. 그가 번역한 불경으로는《법화경(法華經)》,《반야경(般若經)》,《대 지도론(大智度論)》,《아미타경(阿彌陀經)》 등이 있는데, 이전의 것과 달리 불 경을 본연의 뜻으로 번역함으로써 격의불교의 역기능을 극복했다. 또한 《중론(中論)》,《백론(百論)》 등 중관(中觀) 계통의 불경을 번역하고 제자들

윈강 석굴 중국 3대 석굴. 460년 승려 담요에 의해 조성된 이곳에는 50개가 넘는 동굴에 10미터가 넘는 본존이 안치되어 있으며, 5만 개 이상의 불상이 조각되어 있다.

에게 전파하여 삼론종(三論宗)의 유파 형성을 이끌었다. 더불어 그가 번역한 《성실론(成實論)》, 《화엄경(華嚴經)》, 《아미타경》은 각각 성실종(成實宗), 천태종(天台宗), 정토종(淨土宗)의 중요 경전이 되었다.

남북조(南北朝, 420~589) 시대에 불교는 정권의 도움을 얻어 더욱 융성하게 일어났다. 먼저 남조의 경우 불교의 전성기는 양(梁)나라가 들어섰을 때였으며, 당시 사찰의 수는 무려 2,800여 개에 이르렀다. 그러나 북조에서는 북위(北魏)의 태무제(太武帝, 재위 423~452)가 사원을 허물고 승려들을 투옥시키는 등 대대적인 불교 탄압 정책을 펼쳐 심각한 타격을 입었다. 태무제는 불교가 보호 육성되면서 타락의 기미를 보이고, 사원 경제가 국가 경제에 해를 끼친다고 생각했다. 그러나 태무제 사후 즉위한 문성제(文成帝, 재위 452~465)부터 불교는 세력을 회복하기 시작했다. 그는 '오랑캐에게는

중국사를 움직인 100대 사건

룽먼 석굴 낙양 남쪽에 조영된 석굴. 북위 시대에 조영된 이래 당나라 시대까지 개착되었다.

본래 부처가 없다'라는 설을 반박하고, 불교를 통해 왕권의 이익을 강화하고자 했다. 그리하여 태무제 때 불타 버린 사원을 다시 짓도록 하는 한편, 460년에는 승려 담요(曇曜)에게 평성 서쪽 교외에 석굴 다섯 곳을 파고 불상과 조각을 하도록 했다. 이것이 바로 중국 3대 석굴 중에 하나인 윈강(雲崗) 석굴이다. 윈강 석굴의 전체 동굴 수는 50여 개로, 각 석굴에는 10미터가 넘는 본존상이 안치되어 있고, 5만 개 이상의 존(尊)이 조각되어 있다. 또한 제16굴부터 20굴에 있는 불상은 제왕을 형상화해 부처의 힘을 빌려 황제의 세속적 지배를 정당화했다.

　이후 북위는 494년, 대동에서 낙양으로 천도하면서 낙양 남쪽 교외에 룽먼(龍門) 석굴을 조영했다. 룽먼 석굴은 당나라 때까지 개착되었으며, 규모와 예술성이 모두 뛰어났다. 석굴 사원의 불상 조각은 남북조 시대 미술의 핵심을 이루었으며, 이후 중국 미술에 많은 영향을 끼쳤다.

남북조 시대에 대대적으로 홍성한 불교는 수, 당 시대에 전성기를 구가했다. 문제(文帝, 재위 581∼604)는 천하를 통일하고 수나라를 건국하면서 불교를 적극적으로 수호했으며, 양제(煬帝, 재위 604∼618) 역시 불교를 숭상했다. 당시 수나라에는 23만 명이 넘는 승려와 4천 개에 가까운 사찰, 20만 개의 불상, 100개가 넘는 불탑, 82권의 불경 등이 존재했다. 이로써 불교가 수나라의 짧은 역사 동안 지속적으로 발전했음을 알 수 있다.

천축으로 떠나는 현장 불교를 공부하러 떠난 현장은 서역 남도를 거쳐 많은 불경을 가지고 장안으로 돌아왔다. 그는 《대반야경》 등 불경 75부 1,335권을 번역했다.

또한 당나라 태종은 건국 후 불교와 도교에 경중을 두지 않고 사찰을 건축했으며, 측천무후는 자신의 정권 찬탈을 정당화하기 위해 불교를 이용하기도 했다. 당나라 불교의 특징은 외부와의 빈번한 왕래이다. 629년, 현장(玄奘)은 불경을 공부하고자 천축으로 떠났으며, 645년에는 18년 만에 서역 남도를 거쳐 많은 불경을 가지고 장안으로 돌아왔다. 그 후 그는 《대반야경(大般若經)》,《대보살장경(大菩薩藏經)》,《성유식론(成唯識論)》 등 불경 75부 1,335권을 번역했다. 또한 고려, 일본 등의 승려들이 중국으로 들어와 불교를 전파하거나 배웠다. 수, 당 이전에는 학파의 개념이었던 종들이 비로소 화엄종, 선종(禪宗), 정토종, 법상종(法相宗), 율종(律宗), 밀교 등의 종파로 거듭났다.

수, 당 시대에 전성기를 지낸 불교는 송나라와 명나라 시대에 이르러 유교, 도교, 불교 3교의 정립 대신 유교를 핵심으로 한 '3교 합일'이 전개되면서 이학(理學)이 발달하여 침체기를 겪기도 했다. 이후 청나라 말 시작된 불교 개혁으로 회생의 불씨가 일기도 했으나, 문화혁명으로 다시 한 번 큰 타격을 입었다. 그러나 중국 개방에 따라 외국과 활발히 교류하면서 중국 불교계는 회복 추세를 보이고 있다.

73

서역으로 파견된 반초

중국과 서역 간에 경제와 문화 교류를 촉진시키다

> ◁ **73년** 반초가 흉노의 잦은 침략에 분개하며 무장을 결심하다.
> ◁ **87년** 우전국이 사차국을 복속시킴으로써 후한이 서역 남도의 교역로를 확보하다.
> ◁ **94년** 반초가 서역 50여 개국을 조공국으로 복속시키면서 후한과 서역의 정치, 경제, 문화 교류가 이루어지다.
>
> 흉노의 잦은 침략에 시달리던 후한은 서역 제국과 우호 관계를 맺어 흉노를 제압하려 했다. 이에 반초가 서역 국가들을 설득하기 위해 사신으로 파견되었다. 반초는 선선, 우전, 소륵, 구자, 사차, 고묵, 언기 등 서역 50여 개국을 후한의 조공국으로 복속시켰다. 이로써 후한은 서역과 정치, 경제, 문화교류를 안정적으로 전개하며, 반초가 귀국하는 102년까지 북흉노에게서 서역에 대한 패권을 지켜 냈다.

"사내대장부로 태어나 장건처럼 이역으로 나가 공을 세워 스스로 봉후의 자리에 올라야지, 어찌 집안에 편히 앉아 필연(筆硯)만을 벗 삼아 의지하겠는가!"

73년, 난대영사(蘭臺令史) 반초는 흉노의 잦은 변경 침략으로 가욕관(嘉峪關) 성문이 폐쇄 중이라는 소식에 분개하며 무장을 결심했다. 그는 두고(竇固)가 대장군으로 있는 흉노 원정군에 가담했다. 당시 후한은 흉노와의

중국사를 움직인 100대 사건

전쟁에서 승리했지만, 흉노에 대한 강경책을 고수하기보다는 서역 제국과 우호 관계를 맺음으로써 흉노를 제압하는 방법을 채택했다. 반초의 능력을 알아본 두고는 명제(明帝)에게 반초를 가사마(假司馬)로 임명해 줄 것을 청했고, 반초는 서역 제국을 설득하기 위해 사신으로 파견되었다.

당시 흉노는 남흉노와 북흉노로 분열된 상태로, 후한의 변방을 침략한 것이 바로 북흉노였다. 흉노가 남과 북으로 갈라진 것은 효선우(孝單于)가 선우의 형제 상속이라는 전통을 깨고 자신의 아들에게 선우를 물려주기 위해 동생 지아사(知牙師)를 죽였기 때문이다. 이러한 상황에 일축왕(日逐王) 비(比)가 반발하여 독립적인 정권을 창출하니, 이것이 바로 남흉노였다. 남흉노는 후한에게 조공을 바치고, 왕자를 인질로 보내는 등 스스로 종속국을 자처했다. 이에 후한은 흉노 왕족들에게 선물을 보내고, 재정을 지원해 주며, 장성 이남에 거주하는 것을 허락하는 등 남흉노에게 정치, 경제적 영향력을 행사했다.

반면 북흉노는 후한에게 도전적인 입장을 고수했다. 이들은 경제적인 어려움 속에서도 후한과 화친하기보다는 약탈과 전쟁을 통해 식량과 물자를 조달해 나갔다. 특히 왕망 시대에 주춤했던 후한이 서역 지배권을 확보해 나가자, 후한은 북흉노를 더 이상 좌시할 수만은 없게 되었다. 그리하여 후한은 북흉노 정벌과 서역에서의 북흉노 고립을 동시에 꾀했다. 북흉노 정벌 사업은 두고가 맡았으며, 그는 주천군을 출발하여 천산에서 흉노를 격퇴해 나가기 시작했다.

북흉노 정벌 전쟁 중에 사신이 된 반초는 일행 36명과 처음으로 선선국(鄯善國)에 도착했다. 그러나 서역에 대한 북흉노의 강한 영향력과 위협 때문에 선선국은 신중하게 반초 일행을 맞이했다. 시간이 지날수록 선선국은 반초 일행을 소홀히 대했으며, 비밀리에 내방한 북흉노의 사신과 동맹까지 맺으려 했다. 만약 선선국과 북흉노의 동맹 관계가 성사된다면 반초 일행의 목숨도 보장할 수 없는 상황이었기에, 반초는 북흉노 사신을 살해하기로 계획했다. 반초는 "호랑이 굴로 들어가야 호랑이 새끼를 잡을 수 있다. 여기서 흉노의 사신을 베지 못한다면 우리의 목숨뿐만 아니라 서역 제국 모두가 흉노의 것이 될 것이다."라는 말로 일행을 격려한 뒤 밤을 틈타 북흉노 사신과 일행 130여 명을 죽였다. 이로써 선선국은 후한의 영향권 안으로 들어왔다.

이어 반초는 서쪽에 위치한 우전국(于闐國, 호탄)을 찾았다. 비교적 강대국이었던 우전국은 친흉노파로 후한과의 친선 관계를 달가워하지 않았으며, 우전국 왕은 심지어 반초 일행을 제물로 바치라는 무당의 말을 듣고 그대로 따르려 했다. 그러자 반초가 무당의 목을 베고 다시 후한과 친선 관계를 맺기를 권고하니, 우전국 왕은 흉노의 사신을 죽이고 후한에게 조공을 약속했다.

74년, 반초는 소륵국(疏勒國, 카슈가르)에 도착했다. 당시 소륵국 왕은 친흉노파 구자국(龜玆國, 쿠차)에 의해 옹립된 구자국 사람 두제(兜題)였다. 그렇기에 소륵국 사람들은 두제를 왕으로 모시길 원하지 않았지만, 구자국과 흉노가 두려워 이를 받아들이고 있을 뿐이었다. 이에 반초는 부하 전려(田慮)를 보내 두제를 생포한 후, 이미 죽은 소륵국 왕의 조카 충(忠)을 왕으로 삼았다. 이로써 구자국은 더 이상 소륵국에 간섭할 수 없게 되었고, 소륵국은 후한과 우호 관계를 맺었다. 반초가 서역에 파견된 지 3년 만에 서역 남도는 후한의 세력권에 놓였다.

그러나 75년, 명제의 죽음으로 반초의 서역 개척에 적신호가 켜졌다. 반초는 서역 개척에 소극적이었던 장제(章帝, 재위 75~88)의 명령에 따라 귀국해야 했지만, 그럴 경우 후한의 서역 지배권이 다시 북흉노에게 돌아갈 것은 자명한 일이었다. 실제로 반초가 소륵국을 떠나 우전국에 당도하자, 소륵국은 다시 구자국에게 점령당했다. 결국 반초는 장제에게 귀국 명령 철회를 요구하는 탄원서를 올리고, 다시 소륵국으로 향했다. 그리고

카슈가르에 있는 반초 방문 기념 벽화

마침내 소륵국을 수복했다. 또한 반초는 사차국(莎車國, 야르칸트) 정복에 나섰다. 87년, 그는 우전국에서 현지 모집한 2만 5천여 명의 병력으로 사차국을 복속시켰으며, 이로써 후한은 서역 남도의 교역로를 확보할 수 있게 되었다.

이후 반초는 북흉노가 남흉노와의 경쟁에서 지친 틈을 이용해 서역 북도를 점령해 나갔다. 그는 역시 서역 현지에서 모집한 병력으로 고묵국(姑墨國)을 공격해 승리했으며, 강거(康居, 키르키스스탄)도 복속시켰다. 또한 90년에는 대월지 원정군 7만여 명을 격파하여 조공을 바치도록 했으며, 다음 해에는 구자국의 항복을 받아 냈다. 그리하여 후한은 서역도호부와 무기교위를 설치하고, 반초를 도호로 삼았다. 94년, 도호 반초는 언기국(焉耆

國, 카라샤르)의 왕을 친한파로 옹립함으로써 후한은 서역 50여 개국을 조공국으로 복속시켰다. 이로써 후한은 서역과 정치, 경제, 문화 교류를 안정적으로 전개할 수 있었다.

한편 반초는 더 나아가 서방의 대진국(大秦國)과도 교역하고자 했다. 이를 위해 부하 감영(甘英)을 파견했지만, 이것은 잘못된 선택이었다. 감영은 반초와 달리 모험심이 부족하여, 지중해 주변에서 "순풍을 만났을 때는 3달이지만, 역풍을 만났을 때는 2년이 걸리는 거리"라는 사공의 말만 믿고 그냥 돌아와 버렸다. 결국 동방과 서방의 직접적인 교류는 1,700년을 더 기다려야 했다.

반초가 73년에 투필종군(投筆從軍)한 때부터 그가 연로하여 귀국한 102년까지 후한은 북흉노로부터 서역에 대한 패권을 지켜 냈다. 또한 후한은 반초의 서역 경영과 더불어 북흉노를 제압하기 위해 끊임없이 정벌을 실행했다. 89년에 두헌과 경병은 남흉노와 연합하여 북흉노를 격파하고, 80여 개 북흉노 부락의 항복을 얻어냈다. 이것은 북흉노에게 매우 큰 타격이었으나, 불행은 이듬해까지 이어졌다. 북흉노가 남흉노와의 전쟁에서 다시 한 번 패했던 것이다. 북흉노의 이러한 상황은 후한에게 절호의 기회였다. 91년, 두헌은 경기(耿夔)에게 군대를 주어 북흉노를 공격하게 했고, 금미산(알타이산)에서 북흉노를 포위했다. 결국 북흉노는 후한에게 항복하는 무리와 선비족에 귀순하는 무리, 서쪽으로 이동하는 무리로 나누어졌다. 이때 서쪽으로 이동한 북흉노 무리는 유럽 역사에 큰 영향을 미쳤다.

채후지 제작

인류의 문화 발전에 큰 영향을 끼치다

> ◁◁ **기원전 50~기원전 40년** 전한 시대에 삼베나 모시풀을 재료로 하는 종이와
> 면화, 솜으로 만든 종이가 생산되다.
>
> ◁◁ **105년** 채륜이 화제에게 종이와 제조법을 상세히 기술하여 헌상하면서 채후지
> 가 만들어지다.
>
> 한 대에 이르러 사회 경제가 발전하자 기존의 재료로는 기록의 수요를 충족
> 시키지 못하게 되었다. 이에 채륜은 마 부스러기, 톱밥, 나무껍질, 그물 따위
> 를 사용하여 종이를 발명했다. 105년에 채륜이 화제에게 자신이 만든 종이
> 를 헌상하고 용정후에 봉해지자 사람들은 채륜의 종이를 채후지라 불렀다.
> 채륜에 의한 제지술 개량은 서적 출판과 교육, 문화 발전으로 이어졌고, 종
> 이의 생산과 품질 개선을 자극해 인류의 학문 발전에 많은 영향을 주었다.

오늘날 다양하게 이용하는 종이는 후한의 채륜이 발명했다고 알려져 있
다. 하지만 기원전 50~기원전 40년대에 제조된 종이가 중국 신안, 서안
지역에서 발굴되면서 채륜이 종이의 발명자가 아니라는 것이 밝혀졌다.
그러나 채륜이 개량한 제지술에 의해 종이 품질이 크게 향상되면서 사람
들의 생활환경과 기록 문화는 비약적인 발전을 이룩했다.

은, 주 시대에 문자가 생긴 뒤 중요해진 것은 문자를 기록할 만한 기록

손자병법을 기록한 죽간

재료의 마련이었다. 은, 주 시대에는 거북의 등껍데기나 짐승의 뼈를 기록 재료로 이용했으며, 춘추전국 시대에는 죽간, 목편, 비단 등을 사용했다. 죽간은 대나무를 폭 약 1센티미터, 길이 약 20센티미터의 크기로 잘라 글씨 쓰기에 알맞게 만든 것으로, 한 줄씩 쓰인 대나무들을 묶어 두루마리로 보관한 것이며, 목편은 나무를 재료로 한 것이다. 따라서 죽간이나 목편은 무겁고, 부피가 많이 나가 기록재로 적합하지 않았다. 전국 시대 송나라 출신 사상가 혜시(惠施)는 수레 다섯 대 분량의 저서를 휴대해야 했으며, 진 시황은 하루에 수레 한 대 분량의 상주문을 읽어야만 했으니 그 불편함을 짐작할 수 있다. 또한 전한 시대의 문인 동방삭(東方朔)은 죽통 3천 통에 이르는 저서를 황제에게 바칠 때 장정 여럿의 힘을 빌려야만 하는 불편함을 겪었다. 기록재로 비단도 사용되었으나 가벼워 휴대가 용이했던 것에 비해 그 가격이 만만치 않아 소수의 왕족과 대부호만 사용할 수 있었다. 따라서 이 역시 기록재로 부적격인 것은 마찬가지였다.

한나라 시대에 이르러 사회 경제가 발전하면서 기존의 재료가 기록에 대한 수요와 만족을 충족시키지 못하자 더 나은 재료가 절실해졌다. 결국 이러한 욕구는 종이의 발명으로 이어졌다.

기원전 50~40년대의 전한 시
대에는 주로 삼베나 모시풀을
재료로 하는 종이와 면화 솜으
로 만든 종이가 생산되었는데,
당시 조잡한 제조 기술로 인해
품질이 매우 떨어졌으며, 가격
도 비싸 필기 재료로써의 경쟁
력이 떨어졌다. 전한 시대 제지
술의 결점들은 약 200년 뒤 후한
시대 채륜(蔡倫)에 의해 보완되
었다. 채륜은 품질이 좋고 경제
적인 채후지(蔡侯紙)를 만든 장
본인이다.

새로운 제지법을 발명한 채륜

　채륜은 계양(桂陽) 출신으로 명제(明帝, 재위 57~75) 때 환관으로 조정에
들어갔다. 그리고 화제(和帝, 재위 88~105) 때에는 중상시에 임명되었으며,
황제가 사용하는 물품을 제작, 관리하는 상방령(常方令)을 지냈다. 재주와
학문이 뛰어났던 그는 최고 관리자로서 기술자들을 관리하며 함께 연구에
참여하기도 했다. 평소 죽간의 불편함을 느꼈던 그는 기존 제지술을 연구
한 끝에 종이가 마섬유를 짓이겨서 얇게 압축한 원리로 만들어졌음을 깨
달았다. 그리하여 그는 삼베나 모시 같은 비싼 재료 대신 저렴한 재료를
이용한 종이 개발에 나섰다.
　수많은 시행착오 끝에 채륜은 드디어 새로운 제지법을 발명했다. 마 부
스러기, 톱밥, 나무껍질, 천, 고기잡이 그물 등과 같은 폐기물들을 합쳐 분

채륜이 고안한 종이 제작 방법

쇄한 뒤 부패를 촉진시키는 석회와 같이 물에 녹여 종이죽을 만들었다. 그런 다음 물 위에 뜬 것을 건져 큰 나무통에 넣은 후 이를 다시 가는 대발로 골라 가는 발에 얇게 펴 발라서 말렸다. 당시 채륜의 제지술은 현대와 비교해도 별 차이가 없다. 이러한 공정을 거쳐 만들어진 종이는 얇고 튼튼해 필기 재료로 적합했다. 또한 폐기물들을 원료로 사용했기 때문에 비용이 거의 들지 않았으며 대량 생산까지 가능했다.

105년, 채륜은 화제에게 자신이 만든 종이와 제조법을 상세히 기술하여 헌상했다. 이에 화제는 채륜을 칭찬하며 제지술 보급을 명했고, 후에 채륜이 용정후(龍亭侯)에 봉해졌기 때문에 사람들은 채륜의 종이를 채후지라 불렀다.

채후지는 표면이 부드러워 필기하기에 적합했고, 경제성과 휴대성이 우수했으며, 대량 생산까지 가능했기 때문에 후한 시대에 널리 퍼졌다. 또한 185년에 좌백(左伯)이 두께가 고르고 질이 부드러운 좌백지(左伯紙)를 만드니, 이로써 종이는 더욱 널리 보급될 수 있었다. 당시 사람들은 좌백지를 두고 빛이 나며 정교하다는 칭찬을 아끼지 않았다고 한다.

3~4세기에 들어서면서 종이는 죽간이나 백서의 역할을 완전히 대신하

였으며, 6세기 초에는 일상용품으로 자리 잡았다. 또한 제지술은 중국을 벗어나 3, 4세기에는 고구려, 백제, 신라로, 7세기 초에는 일본으로 전파되었다. 이어 당 대에는 중앙아시아를 거쳐 아라비아에 제지술이 전파되었고, 송 대에는 유럽에까지 전파되었다.

제지술이 여러 지역으로 파급되면서 그 재료도 지역의 특색에 따라 다양해졌다. 등나무가 생산되는 곳에서는 등나무가 원료로 사용되었고, 대나무, 박달나무가 많은 곳에서는 이것들이 원료가 되었다. 심지어 미역을 원료로 한 종이가 만들어지기도 했다고 전한다. 한국에서는 닥나무, 일본에서는 청단나무 껍질을 재료로 한 종이도 만들어졌다.

채륜에 의한 제지술 개량은 서적 출판과 교육, 문화 발전에 많은 영향을 주었다. 과거 제지술이 개량되기 전보다 손쉽게 필기 재료를 공급할 수 있게 됨으로써 서예와 회화의 발달을 촉진했다. 서예, 회화의 발달은 다시 종이의 품질 개선을 촉진하는 결과를 가져왔고, 이런 순환을 통해 학문과 문화는 더욱 풍성해졌다. 특히 당나라 시대 문인들의 활발한 저술 활동은 종이 사용량을 증가시켰는데, 이 역시 종이의 생산과 품질 개선을 자극했다. 또한 서적 필사가 크게 발전하고, 출판되는 책이 많아지면서 자연스럽게 인쇄술이 발명됐다. 즉 중국인이 자랑스럽게 생각하는 4대 발명품 인쇄술 역시 종이의 발달에서 기인했다고 볼 수 있다.

당고의 화

외척과 환관의 전횡

> ◀ **167년** 환제가 당인들을 석방하면서 종신금고형을 내려 제1차 당고의 화가 일어나다.
>
> ◀ **169년** 이응, 두밀, 장검 등이 목숨을 잃고, 전국의 사인 600~700명이 죽임당하는 등 제2차 당고의 화가 일어나다.
>
> ◀ **184년** 황건의 무리가 봉기를 일으키자 환관이 당고의 금을 해제하다.
>
> 후한 말 외척과 환관의 세력 다툼으로 조정이 혼란해지자 진번과 이응은 환관 정치를 반대하는 모임을 결성해 비판을 서슴지 않았다. 이에 대노한 환제가 당인들에게 종신금고형을 내렸으니 이를 제1차 당고의 화라고 한다. 환제가 죽은 뒤 외척 두무가 영제를 옹립하여 세력을 잡고, 진번과 함께 환관을 척결할 계획을 세운다. 그러나 환관 세력은 진번을 살해하고, 사인 대학살을 시작해 제2차 당고의 화가 일어났다.

    후한 왕조의 황제는 모두 13명으로, 다른 왕조에 비해 단명한 황제가 많은 것이 이색적이다. 게다가 후한은 광무제, 명제, 장제 시대까지 전성기를 보내고, 88년 화제가 10살 나이로 즉위하면서부터 '어린 황제 등극'이라는 특징을 추가했다. 단명 황제와 어린 황제라는 두 가지 특징은 곧 외척과 환관의 정권 다툼이라는 정치적 특색도 만들었다. 황제가 어리기 때문에 태후가 수렴청정을 하게 되었고, 자기 사람을 중용함으로써 외척 정권이 형성되었다. 어린 황제들은 성장하면서 외척 정권에 불만을 갖고 자신의 최측근인 환관들을 통해 외척을 제거했다. 그러자 이번에는 황제의 신임을 얻게 된 환관이 외척을 대신해 전권을 휘둘렀다. 후한 중기부터 계속해서 황제들이 일찍 죽자 외척과 환관의 권력 다툼이라는 악순환이 거듭되었다.

후한 시대에 외척과 환관 발호의 첫 주자는 외척 두씨였다. 장제 사후 즉위한 화제가 불과 10살에 지나지 않았기 때문에 모후 두태후가 섭정을 맡았다. 아울러 그녀의 친인척들이 득세하기 시작했고, 특히 오라비 두헌(竇憲)과 두독(竇篤)이 권력을 장악했다. 그러나 화제가 성장하면서 외척과의 갈등이 심해졌으며, 결국 화제는 환관 정중(鄭衆)과 모의해 두헌을 자결하게 만들었다. 이로써 환관 정중은 외척 제거의 공로로 소향후에 봉해졌고, 최초의 환관 열후가 되었다.

105년, 화제가 죽고 100일이 갓 지난 젖먹이 상제(殤帝)가 등태후에 의해 즉위했다. 생후 100일의 아기가 정치를 한다는 것은 어느 누가 봐도 불가능한 일로 정권은 당연히 등태후에게 돌아갔다. 하지만 상제는 이듬해 유명을 달리했으며, 화제의 조카 안제(安帝, 재위 106~125)가 역시 등태후에 의해 즉위했다. 안제가 친정을 펼치면서 등태후의 일족을 멸했지만, 그렇다고 외척의 득세가 사라진 것은 아니었다. 성씨만 다를 뿐 정권은 다시 외척인 안제의 모후 경씨와 황후 염씨에게 돌아갔다. 안제가 세상을 떠나자 염태후와 염씨 일족은 태자 유보를 폐위시키고, 황족 중 나이가 가장 어린 유의를 소제(少帝)로 즉위시켰다. 그러나 소제가 그해에 죽자, 당시 외척의 정권 장악에 불만을 품고 있던 환관 손정과 18명의 환관들이 정권 찬탈을 모의했다. 125년, 정변에 성공한 19명의 환관들은 유보를 순제(順帝,

환관들 외척의 정권 장악에 불만을 품고 있던 환관들은 정권 찬탈을 모의하고 정변에 성공한다. 이 그림은 당나라 시대 무덤에서 발견된 환관의 그림이다.

재위 125~144)로 옹립하였고, 순제는 19명의 환관들에게 후 작위를 내림으로써 보답했다. 뿐만 아니라 순제는 19명 환관 열후들이 양자를 들이고 그 작위를 세습할 수 있게 했다.

순제 시대에는 사상 최대의 외척이 등장했다. 바로 순제의 황후 양씨 일족으로, 그들은 순제 사후 충제(沖帝), 질제(質帝), 환제(桓帝) 시대까지 약

20년 동안 정권을 장악했다. 순제의 황후 양씨의 오빠 양기(梁冀)는 8세에 즉위한 질제가 자신을 가리켜 '발호장군(跋扈將軍)'이라 하며 경계하자 그를 독살했던 인물로, 외척 양씨 일족을 대표한다. 양기는 환제를 옹립한 후 고위 관직 추천권을 자신이 갖고, 하위 관직 추천권은 환관들에게 주는 방식으로 환관들과 결탁해 자신의 세를 지켜나갔다. 관직을 원하는 자는 그를 먼저 찾았으며, 그의 집이 황궁에 비견될 정도로 양기의 권세는 하늘을 찔렀다. 그러나 양기의 전횡을 그저 두고 볼 환관들이 아니었다. 양태후와 양황후가 세상을 뜨자 환관 당형(唐衡)과 선초(單超)는 환제의 허락 아래 양기를 축출하기 위한 군사를 일으켰고, 양기는 159년에 자살로 생을 마감했다. 하지만 양기의 죽음은 곧 환관의 전횡에 대한 허용이었을 뿐 후한의 정치 상황은 이전과 크게 달라지지 않았다.

이렇듯 후한 말 외척과 환관의 반복적이고 장기적인 세력 다툼으로 조정이 혼란해지면서 경제는 도탄에 빠지고, 백성은 빈곤에서 헤어 나오지 못했다. 그러자 유생들의 맹렬한 비난이 빗발치기 시작했다. 특히 유생들은 환관의 정치 참여를 극도로 꺼려한 탓에 환관 세력을 집중적으로 비난했다. 전면에 나선 것이 낙양의 태학생(太學生) 3만여 명이었다. 이들은 태위 진번(陳蕃)과 사예교위 이응(李膺) 등을 영수로 하여 환관 정치를 반대하는 모임을 결성하고, 시정과 환관에 대한 비판을 서슴지 않았다. 당인들은 이응을 칭송하며 환관에 대한 비판 강도를 더욱 높였다. 이에 위협을 느낀 환관 측은 이응을 필두로 한 당인들을 탄핵하는 상소를 올렸다.

166년, 환제에게 '사예교위 이응 등 유생 무리가 도당을 결성하여 조정을 비방하고 민심을 동요시키고 있다'라는 상소가 올라왔다. 대노한 환제는 즉시 이응과 당인들을 잡아들이라는 명을 내렸다. 이에 200여 명의 이름이 적힌 당인 명부가 작성되었으며, 여기에는 이응, 두밀(杜密), 진식(陳寔), 범방(範滂) 등이 올랐다. 이응을 비롯한 당인들은 북사의 옥에 갇혔으며, 이내 심문이 시작되었다. 그러자 환제의 장인 두무(竇武)는 당인들을 석방해야 한다는 상주서를 올리고, 태위 진번은 당인들을 심문하라는 칙서에 서명을 거부하며 환제에게 이들의 억울함과 무죄를 진언했다. 하지만 환관의 말만 신임했던 환제는 당인 석방을 요구하는 이들의 말을 무시했다.

그런데 당인들을 심문하는 과정에서 환관들의 전횡과 악행들이 흘러나오고, 당인에 환관들의 자제와 친인척의 이름이 오르내리기 시작하는 등 환관들이 예상하지 못한 일들이 일어났다. 적잖이 당황한 환관들은 본인들에게 화가 미칠 것이 두려워 서둘러 상황을 종료시키기로 결정했다.

그리하여 환관들은 환제에게 천문을 운운하며 특사령을 내려 당인들을 석방할 것을 아뢰었다. 167년, 환제는 당인들을 석방하면서 종신금고형을 내렸다. 종신금고형은 평생 출사를 금지하는 것으로, 역사는 이를 '제1차 당고(黨錮)의 화' 혹은 '제1차 당고의 옥(獄)'으로 기록한다. 제1차 당고의 화는 환관 세력과 관료 세력의 충돌에서 비롯되었지만, 당시 후한 말에 환관의 전횡과 득세가 얼마나 심했는지를 보여 주는 사건이었다. 비록 제1차 당고의 화로 당인들의 벼슬길은 막혔으나, 이들이 환관에 대한 비판까지 그만둔 것은 아니었다.

167년, 환제가 죽고 영제(靈帝, 재위 167~189)가 외척 두무에 의해 제위에 올랐다. 영제의 즉위는 환관들을 불안하게 만들었다. 우선 영제의 나이가 불과 12세였기 때문에 두태후가 섭정을 맡았으며, 당고되었던 인사들이 조정에 복귀했던 것이다. 168년, 대장군 두무와 태위 진번은 두태후와 함께 환관을 척결할 계획을 세웠다. 그러나 이러한 모의는 사전에 발각되었고, 환관들이 선수를 쳐 진번을 죽이고 두무를 사로잡았다. 이어 환관은 사인 대학살을 시작했다. 169년에는 이응, 두밀, 순욱, 장검 등 100여 명이 체포되어 무고하게 목숨을 잃었으며, 전국의 사인 600~700명이 죽임당하거나, 파면 혹은 귀양 보내졌다. 뿐만 아니라 이들의 친인척까지 모두 금고에 처해졌다. 이것이 '제2차 당고의 화'이다.

이 사건으로 후한 시대 지식인들은 극심한 공포를 느끼고 정계 진출을 포기하게 되었다. 반면 환관들은 1, 2차에 걸친 당고의 화로 일단 사인들을 억압하는 데는 성공했으나 민심을 완전히 잃었다. 이후 온갖 부정부패를 일삼던 환관들은 184년 황건의 무리가 낙양을 목표로 봉기를 일으키자 사인들과 연합해 공격할 것을 걱정하고, 그제야 당고의 금을 해제했다.

184

황건의 난

후한 타도를 외치며 일어난 농민 대반란

> ◁▷ **184년** 장각이 스스로 천공장군이 되어 아우 장보, 장량과 봉기를 모의하다.
> ◁▷ **184년 2월** 태평도 36방의 전 교단이 머리에 황건을 두르고 일제히 봉기하다.
> ◁▷ **184년 11월** 장건의 갑작스런 병사 후 황건 봉기군이 관군에게 진압당하다.
>
> 외척과 환관의 권력 다툼으로 후한의 혼란이 극에 달하자 태평도 교주 장각은 소규모 농민 반란을 조직화해 황건의 난을 일으킨다. 장각은 장보, 장량과 모의한 뒤 태평도 36방을 일제히 봉기시켰다. 다급해진 후한 조정은 황보숭의 관군을 내세워 진압에 나선다. 장각의 갑작스런 병사로 상황이 어려워진 황건 봉기군은 황보숭의 야간 공격을 막지 못하고 광종에서 패하고 말았다. 비록 황건의 난은 후한 왕조를 전복시키지는 못했지만, 지배 체제를 흔들어 놓기에는 충분했다.

농민들이 황색 띠를 머리에 두르고 반란을 일으킨 이유는 외척과 환관의 발호, 관료의 무능, 조정의 내분, 천재지변으로 인한 기근 등으로 살 길이 막막해졌기 때문이다. 후한의 제3대 황제 장제(章帝, 재위 75~88)가 죽은 후 약 100여 년 동안 후한의 정치는 외척과 환관이 번갈아 집권했다. 외척과 환관의 권력 다툼은 조정의 혼란과 부패로 이어져 관직은 매관매직되기 일 쑤였으며, 관료들 역시 무능하고 부패했다. 《포박자(抱朴子)》, 《심거(審擧)》

중국사를 움직인 100대 사건

등은 당시 관료들이 어느 정도로 무능하고 부패했는지 보여 주고 있다.

> 우수한 인재로 천거된 사람이 글을 읽지 못하고, 효렴에 선발된 이
> 가 부모와 따로 살며, 청렴결백하다는 이들이 진흙처럼 때가 묻고, 계
> 책이 넘치고 훌륭한 장수란 것이 닭처럼 겁이 많았다.

게다가 역병이 유행하고, 수해, 가뭄, 메뚜기 떼의 습격 같은 재해가 한
꺼번에 몰려오니, 이전부터 호족에게 수탈당하고 과중한 부역의 부담을
지고 있던 백성들은 살 방도를 찾을 수 없게 되었다. 결국 백성들은 유민
이 되어 소규모 봉기를 일으키기 시작했다.

당시 곳곳에서 일던 소규모의 농민 반란을 조직화해 황건의 난을 일으
킨 주도 세력은 태평도(太平道)라는 종교 단체의 교주 장각(張角)이었다. 그
러나 장각이 처음부터 난을 계획하고 태평도를 주창한 것은 아니었다. 그
는 자신을 대현량사(大賢良師)라 칭하고 산동, 하북, 하남 일대에서 지팡이
를 짚고 다니며 부적을 넣은 물이나 주술 등을 사용해 의술을 펼치면서 민
심을 얻었다. 그리하여 170년대에는 장각을 따르는 무리가 급격하게 늘어
났다. 몇 번 체포되었다가 풀려난 뒤 장각은 우길(于吉)이 지었다는 《태평
청령서(太平淸領書)》를 바탕으로 교의를 편찬했다. 태평도라는 이름도 여
기에서 유래한다.

장각은 전국 서(徐), 유(幽), 기(冀), 청(靑), 연(兗), 예(豫), 양(揚), 형(荊) 등
8개 주의 수십만 신도들을 36개 방(方)을 설치하여 나누었다. 그리고 각 방
에 거사(渠帥)라는 수령을 두었으며, 규모가 큰 방에는 1만여 명을, 규모가
작은 방에는 약 6천~7천여 명을 두게 했다. 이는 태평도가 종교 집단에서

점차 정치적, 군사적으로 조직화되었음을 의미한다. 결국 점점 위협적인 존재로 성장하는 태평도를 좌시할 수 없었던 후한 조정은 태평도를 강제 해산시키고자 했다.

장각은 184년에 스스로 천공장군(天公將軍)이 되고, 두 아우 장보(張寶)는 지공장군(地公將軍), 장량(張梁)은 인공장군(人公將軍)에 임명한 후 낙양과 각 주에서 봉기를 일으키기로 모의했다. 그들은 '창천이사(蒼天已死), 황천당립(黃天當立), 세재갑자(歲在甲子), 천하대길(天下大吉)'의 구호를 내세워 민심을 선동했다. 이는 '푸른 하늘이 죽고 노란 하늘이 일어나 갑자년에 천하가 크게 길해진다'라는 뜻으로, 푸른 하늘인 후한이 멸하고 노란 하늘인 태평도 무리가 천하의 주인이 된다는 것이다. 장각은 또 봉기의 암호로 신도들의 머리에 누런 두건, 즉 황건을 두르게 했으며, 사원과 주의 관청 대문에 갑자를 써 놓을 것을 지시했다. 그리고 거사 날짜를 3월 5일로 정했다.

그러나 태평도의 봉기는 사전에 발각되었다. 장각은 부하 마원의(馬元義)를 시켜 신도들을 업성(鄴城)으로 모으고, 환관 신도들은 낙양에서 호응하도록 했다. 그런데 장각의 제자 당주가 거사 한 달 전에 봉기 계획을 후한 조정에 밀고해 버렸다. 이 일로 마원의는 처형당하고, 태평도 신도 1천여 명이 옥에 갇혔다. 이에 장각은 후한이 대대적인 진압 작전으로 태평도를 완전히 무너뜨리기 전에 봉기하기로 결정하고, 거사 날짜를 앞당겼다. 그리하여 184년 2월, 태평도 36방의 전 교단은 머리에 황건을 두르고 일제히 봉기했다.

기주를 근거로 한 태평도 봉기군의 주력 부대는 장각과 그의 형제들이 이끌었으며, 장만성(張曼成)은 남양(南陽)을 점령한 후 남양 태수 저공(褚貢)을 죽였다. 또한 파재(波才)는 영천(潁川)을 점령했다. 이로써 태평도 봉기군은 기주, 남양, 영천 세 곳에 중심 세력을 형성했다. 한편 장각은 태평도 신도들이 많은 8주에서도 동시에 봉기할 것을 명했다. 그리고 기주, 남양, 영천의 황건 주력 부대와 8주 황건 봉기군은 모두 낙양을 진격 목표로 삼았다. 황건 봉기군은 한 지역을 점령할 때마다 그곳 관청에 불

황건적 토벌 관우, 유비, 장비는 황건의 난이 일어나자 의병들을 이끌고 황건적 토벌에 나섰다.

을 지르고, 횡포를 일삼던 관리와 호족들을 처형했다. 그러자 각 주의 관리들은 황건 봉기군에 대항은커녕 도망치기에 급급했으며, 후한의 통치 질서는 급속도로 무너졌다.

황건 봉기군이 낙양을 향해 진격해 오자 다급해진 후한 조정은 외척 하진(何進)을 대장군으로 임명하고, 황보숭(皇甫嵩), 노식(盧植), 주준(朱儁)을 장군으로 삼아 진압하도록 했다. 이에 북중랑장 노식은 장각과 그의 형제가 대장으로 있는 기주의 황건 봉기군을 진압하기 위해, 중랑장 황보숭과 우중랑장 주준은 파재가 지휘하는 영천의 황건 봉기군을 진압하기 위해 파견되었다. 한편 후한 조정은 장만성이 있는 남양 황건 봉기군에 대해서는 방어와 수비 전략을 고수했다.

드디어 4월, 영천의 황건 봉기군과 황보숭의 관군이 교전을 벌였다. 그러나 봉기 초기에는 황건 봉기군 위세가 매우 당당하여, 관군은 그만 장사

낙양성 정문

에서 포위당하고 말았다. 전세가 황건 봉기군에게 유리했지만, 이들 대부분은 실전 경험이 없는 농민들이었기 때문에 전술 구사에 능숙하지 못했다. 결국 황건 봉기군은 들판에 진영을 세우는 실수를 저지르고 말았으며, 이것을 놓치지 않고 황보숭은 밤에 황건 봉기군을 공격해 타격을 입혔다. 그리고 구원병을 이끌고 나타난 조조(曹操)와 연합해 공격함으로써 황건 봉기군을 대파했다. 관군은 여세를 몰아 여남, 진국 일대의 황건 봉기군을 격파했다. 당시 영천 황건 봉기군은 낙양에 매우 위협적인 세력이었으나, 황보숭의 관군이 이들을 격파함으로써 낙양은 큰 위험에서 벗어날 수 있었다.

이어 황보숭의 관군이 이동하여 동군(東郡)의 황건 봉기군을 진압했으며, 주준의 관군은 남양 일대의 황건 봉기군을 성공적으로 진압했다. 초기의 기세와 달리 황건 봉기군은 관군에게 쉽게 진압되었는데, 이는 황건 봉기군이 전술적으로 빈약했기 때문이다. 결국 하북 지역의 황건 봉기군만이 세력을 유지하게 되었다.

당시 장각과 장량은 광종(廣宗)을, 장보는 곡양(曲陽)을 점령하여 하북 일대를 장악하고 있었다. 이에 후한 조정은 노식을 시켜 진압하게 했으며, 노식은 광종에서 장각을 패주시켜 포위했다. 그런데 이때 노식이 해임되는 어처구니없는 일이 벌어졌다. 노식이 감찰을 관리하는 환관에게 뇌물을 바치지 않아 미움을 샀기 때문이다. 어이없게 해임된 노식의 뒤를 이어 동탁(董卓)이 동중랑장으로 임명되었다. 그러나 동탁은 전과를 올리지 못했고, 끝내 황보숭이 하북 일대에 투입되었다. 이로써 황건 봉기군은 매우 불리한 상황에 놓였다. 그런데 이때 황건 봉기군의 상황을 더 어렵게 만드는 일이 발생하니, 바로 장각의 갑작스런 병사였다.

장각의 병사 후 황건 봉기군은 장량과 장보의 지휘 아래 관군과 맞서 싸우면서 겨우 광종 일대를 지켜나갔다. 이에 황보숭은 잠시 공격을 멈추고 상황을 지켜보다가 봉기군이 경계를 게을리하는 틈을 타 공격했다. 봉기군은 관군의 야간 공격을 받아 광종에서 패했으며, 장량과 수많은 봉기군이 목숨을 잃었다. 황보숭은 여기에서 멈추지 않고, 관군을 곡양으로 신속히 이동시켜 곡양을 점령하고 장보의 목을 베었다. 이때가 11월로, 황건 봉기군은 결국 그해를 넘기지 못하고 진압당했다.

황건군의 봉기는 비록 후한 왕조를 전복시키지는 못했지만, 후한 왕조의 지배 체제를 흔들어 놓기에는 충분했다. 이후 각 지방에서는 황건 봉기군의 여당들이 20년이 넘도록 지속적으로 활동했으며, 후한 왕조는 관료에게 강력한 병권을 쥐어 주면서 이들을 진압했다. 이는 결국 후한 말 군웅할거의 여건을 만들어 주었다.

관도대전

조조와 원소, 두 영웅의 전투

196년 조조가 헌제를 자신의 근거지인 허성에 모심으로써 세력을 더욱 굳건히 하다.

200년 원소와 조조가 군사적으로 충돌한 관도대전이 일어나다.

204년 관도대전에서 승리한 조조가 중원을 장악하고, 천하 제패의 전기를 마련하다.

조조는 헌제의 후견인을 자청해 자신의 세력을 굳건히 만든 후 백마에서 원소군을 크게 물리쳤다. 이에 원소가 조조군을 다시 공격하자, 당시 가장 강한 두 군벌 세력이었던 원소와 조조가 충돌하는 관도대전이 일어났다. 조조는 원소군의 식량 보급지를 알아내고 습격해 군량미를 모두 태워 버리고 총공세를 펼쳤다. 이로써 조조는 관도에서 2만의 군사로 10만의 원소군을 격파하는 완전한 승리를 거두었다.

189년, 후한의 제12대 황제 영제(靈帝, 재위 156~189)가 죽은 뒤 실권을 장악한 외척 하진은 누이동생 하황후 소생인 소제를 황제로 즉위시켰다. 이어 그는 환관 척결에 나섰다. 그의 계획은 명문 사인 출신 원소(袁紹)와 병주목 동탁의 힘을 빌리는 것이었다. 그러나 당시 환관들은 100년에 가까운 오랜 세월 동안 온갖 음모와 계략과 배신으로 황제를 쥐락펴락하고 있었다. 결국 하진의 계획은 사전에 누설되어 환관들에게 죽임을 당했다. 그러나 원소는 하진의 죽음과 상관없이 독자적으로 사촌 동생 원술과 궁문을 치고 들어가 마침내 2천여 명의 환관들을 주살했으며, 동탁은 소제와 소제의 동생 유협(劉協)의 신병을 확보했다. 그리고 곧 동탁은 소제를 폐위시키고, 유협을 헌제(獻帝, 재위 189~220)로 옹립한 후 전권을 휘두르기 시작했다. 이로 인해 190년에는 각지에서 원소를 맹주로 한 반동탁군인 관동군(關東軍)이 결성되었고, 위협을 느낀 동탁은 낙양을 버리고 장안으로 천도했다. 이때부터 후한은 망국이나 다름없었으며, 중원은 군웅할거 세력으로 들끓었다.

192년, 동탁이 부하 여포(呂布)에게 암살당했다. 동탁의 전횡이 더욱 심해지고, 민생을 파탄 지경에 이르게 하여 추종자들의 불만을 샀기 때문이었다. 동탁의 죽음 후 그의 부하들이 난립하여 싸우면서 장안은 또다시 폐허가 되었다. 이에 헌제는 장안을 떠나 낙양으로 돌아왔지만, 낙양 역시 폐허가 된 지 오래였다. 헌제가 마땅히 의탁할 곳도 없이 곤궁한 생활을 하자, 조조(曹操)가 그를 허성(許城)으로 모셨다. 조조는 황건적의 난을 진압하며 두각을 나타내기 시작했다. 또한 동탁의 토벌군에도 가담했으며, 192년에는 청주 황건적의 투항을 받아 내 청주병을 조직함으로써 정치, 군사적 역량을 확장했다. 그리고 196년, 마침내 조조는 헌제를 자신의 근거지인 허성에 모심으로

여포 동탁의 부하였으나 동탁이 절대 권력을 행사하며 민생을 어지럽히자 왕윤과 모의하여 동탁을 살해했다.

둔전 위진 시대 묘실 벽화에 그려진 고대 군영의 모습. 군량과 재원을 확보하기 위해 국가 주도로 관유지를 직접 경작하던 제도이다.

써 '천자를 옹위하여 제후를 거느린다'라는 명분을 얻었다. 더불어 그는 허성을 임시 도성으로 삼아 명칭을 허도(許都)로 바꾼 후, 식량과 군비를 확보하기 위해 유민과 변방의 병사들에게 둔전을 경작하게 했다. 이로써 조조는 자신의 세력을 더욱 군건히 만들 수 있었다.

한편 관동군의 맹주로 추대된 원소는 북방의 광대한 지역에서 당시 최대의 군벌 세력을 형성하고 있었다. 이런 와중 200년, 서주를 차지하고 있던 유비(劉備)가 조조에게 쫓겨 원소에게 의탁하는 일이 발생했다. 당시 유비는 조조의 명을 받아 원술을 대패시키고 서주의 주인으로 복귀한 상태였다. 그런데 과거 유비가 후한의 외척 동승과 함께 조조를 암살하려던 계획을 세운 것이 조조에게 들통 났고, 이에 조조가 직접 대군을 이끌고 유비를 토벌하려 하자 유비가 원소에게 몸을 의탁한 것이다. 이 일로 원소는 조조의 세가 예상외로 강하다는 것을 알았으며, 조조의 세력이 급속도로 커지는 것을 견제할 필요성을 느꼈다. 200년, 드디어 당시 가장 강한 두 군벌 세력이었던 원소와 조조가 군사적으로 충돌했으며, 이를 관도대전(官渡大戰)이라 한다.

200년 2월, 원소는 10만 대군을 이끌고 업성(鄴城)을 출발하여 여양(黎陽)으로 향했으며, 조조를 유인하기 위해 모사 곽도(郭圖)와 대장 안량(顔良)을 백마(白馬)로 파견해 조조의 동군태수 유연(劉延)을 포위하게 했다.

8월에 이미 주력 부대 2만을 관도에 주둔시킨 조조는 백마의 포위를 풀기 위해 연진(延津)으로 북상했다. 하지만 이는 조조의 유인책이었다. 조조는 군사 일부만을 보내 황허를 건너 원소의 후방을 치는 것처럼 보이게 했다. 원소는 유인책에 걸려 백마의 군대 일부를 연진으로 보내 버렸다. 이때 조조가 직접 기병을 이끌고 백마를 기습하자 원소군은 대패하고 안량은 전사했다.

한편 백마에서 승리한 조조는 재빨리 철수를 시작했고, 조조의 유인책에 말려 군을 잃은 것에 대노한 원소는 기병대장 문추(文醜)에게 조조를 맹추격하라고 명했다. 마침 문추가 백마산에 이르렀을 때, 그는 조조군의 무기, 갑옷 등이 함부로 널려 있는 것을 발견했다. 이에 문추는 아무런 의심 없이 조조군이 남긴 물건들을 회수하기 시작했다. 그런데 그때 매복해 있던 조조군 600기가 나타났다. 조조군은 문추와 원소군을 몰살시킨 후 순조롭게 관도로 퇴각했다.

비록 백마 전투에서는 패했지만 원소군은 여전히 조조군에 비해 수적으로 월등히 우세했다. 원소는 황허를 건너 조조가 있는 관도를 포위했다. 관도는 허도와 불과 100여 킬로미터 거리밖에 되지 않았고, 원소가 조조에 대항하는 다른 반란을 유도했기 때문에 조조는 방어에만 치중했다. 이로써 전세는 장기전의 양상을 띠게

원소 원소는 관도대전에서 불과 2만의 병사를 가진 조조에게 패했다. 군사 수는 조조에 비해 월등하였으나 통솔과 지략에 있어서 미치지 못했던 것이다. 또한 다른 의견을 받아들이지 않는 성격도 패배의 원인이 되었다.

조조와 유비 《삼국지연의》 삽화 중 한 장면. 조조가 유비를 초대해 천하에 영웅이라 할 만한 사람이 누가 있는지 대화하고 있다.

되었다. 이때 원소의 모사 허유(許攸)라는 자가 한 가지 계책을 내놓았다. 시간이 지날수록 조조의 군량미가 바닥날 것이니, 군대를 나누어 관도를 돌아 허도를 급습하자는 것이었다. 하지만 원소는 허유의 계책을 무시해 버렸고, 이에 허유는 자신의 능력을 알아주지 않는 원소에 실망하여 조조에게 투항했다. 게다가 허유는 원소의 식량 창고가 오소(烏巢)에 있으며, 그곳의 책임자가 순우경(淳于瓊)이라는 것까지 알려 주었다. 즉시 조조는 군대를 원소군으로 위장시켜 오소를 습격해 순우경을 죽이고 원소의 군량미를 모두 태워 버렸다.

오소에서 원소군은 큰 타격을 입었지만, 원소는 이를 인정하지 않고 오히려 역습의 기회라고 여겼다. 그리하여 원소는 장합(張郃)과 고람(高覽)에게 조조군의 주력 부대가 없는 틈을 타 조조의 본진을 공격할 것을 명했다. 그러나 장합과 고람은 조조의 협공을 받자 저항을 포기했다. 군량미가 불타 없어지고, 지휘관들의 배신으로 원소군이 동요하자 조조군은 기회를 놓치지 않고 총공세를 펼쳐 7만여 명의 원소군을 격퇴했다. 원소가 패잔병을 이끌고 황허를 건널 때, 그의 곁에는 겨우 900여 명의 기병만이 있었다. 이로써 조조는 관도대전에서 최종 승리했다.

관도대전에서 조조는 2만의 군대를 가지고 10만의 원소군에게 완벽한 승리를 거두었다. 원소군은 조조군에 비해 우세했으나 통솔이 잘되지 않았고, 이에 반해 조조는 뛰어난 통솔과 지략을 발휘했다. 또한 원소의 패배에는 다른 의견이나 타인을 받아들이지 못한 그의 성격에서도 원인을 찾을 수 있다. 202년, 원소가 병으로 생을 마감하자 그의 셋째 아들 원상이 뒤를 이었다. 그러나 곧 형제간의 불화로 세력이 약해졌으며, 204년에 조조에 의해 완전히 멸망했다. 이로써 조조는 당시 13개의 주 중에서 5개의 주를 차지하여 중원 장악을 이루고, 천하 제패의 전기를 마련했다.

적벽대전

삼국 시대 개막의 신호탄

> 🔖 **201년** 유표가 조조에게 패하고 의탁할 곳을 찾던 유비를 받아 주다.
>
> 🔖 **208년** 손권─유비 연합군과 조조의 선발군이 적벽에서 전투를 벌이다.
>
> 북방을 평정한 조조는 천하 통일 대업을 이룩하고자 형주와 강동으로 진격한다. 조조가 형주에 도착했을 때 형주의 유종은 조조 대군에게 겁을 먹고 투항했다. 이에 다급해진 유비는 남쪽으로 도망쳐 손권과 연합한다. 조조의 선발군과 손권─유비 연합군은 적벽 부근에서 각각 진을 친다. 연합군의 황개는 조조군의 함선이 하나로 묶여 있다는 점을 파악하고 조조에게 거짓 투항한 뒤 조조의 함대에 불을 붙였다. 이로써 조조군의 함대는 순식간에 불길에 휩싸여 연합군에 대패했다.

북방 평정을 완성한 조조에게 천하 통일 대업을 위해 남은 것은 남쪽의 형주와 강동을 평정하는 것이었다. 당시 형주에 할거하고 있던 군웅은 유표(劉表)였는데, 그는 201년 조조에게 패하고 의탁할 곳을 찾던 유비를 받아 준 인물이다. 유표는 유비에게 적은 수의 군사를 주어 신야(新野)에 주둔하게 했다. 신야는 비록 변두리 지역이었지만, 유비는 그곳에서 전략가 제갈량(諸葛亮)을 만나 삼고초려 끝에 곁에 두게 되었다. 유비의 삼고초려에 감동한 제갈량은 계책을 묻는 유비에게 "동쪽 오나라의 손권과는 연합하고, 서쪽의 형주와 익주를 차지한 다음, 남쪽의 이월(夷越)과 화친을 맺고, 북쪽의 조조에게 대항해야 한다."라는 융중대책(隆中對策)을 일러 주었다.

한편 강동 지역에서는 손씨 일가가 세력을 떨치고 있었다. 손씨 정권은 손책에 의해 기반이 다져졌는데, 그는 황건적 토벌전에서 큰 공을 세우고 유표와 싸우다 전사한 손견의 장남이었다. 손책은 양주 토벌을 시작으로 강동을 평정한 후 조조가 원

삼고초려 유비는 제갈량을 군사로 맞기 위해 그의 초가집을 세 번 찾아가 결국 설득에 성공하였다.

소와 관도전투를 벌이고 있는 사이 허창을 공격하려 했으나, 그만 암살당하고 말았다. 이후 그의 아우 손권이 뒤를 이었으며, 손권은 장소(張昭), 주유(周瑜), 노숙(魯肅), 여몽(呂蒙) 등의 도움을 받아 정권을 확립했다.

208년, 조조는 남하를 명령했다. 조조 대군의 목표는 형주의 유표였다. 그러나 조조가 형주에 도착했을 때 유표는 이미 병사한 뒤였으며, 그의 아들 유종이 뒤를 잇고 있었다. 유약한 인물이었던 유종은 조조 대군이 형주

융중대 제갈량이 유비에게 천하삼분지계를 설명한 글. 이 계책은 먼저 형주와 익주를 취한 뒤 동쪽의 손권과 연합해 북쪽의 조조에 대항하라는 내용을 담고 있다.

에 도착했다는 소식에 겁을 먹고 바로 조조에게 투항했다.

한편 번성에 주둔해 있던 유비는 유종이 투항하자 유종과 조조 군대에게 협공당할 위기에 처하게 되었다. 이에 유비는 강릉(江陵)으로 후퇴를 결정했다. 강릉은 군사적 요충지이자 대량의 군량미를 비축해둔 곳이었다. 조조는 양양(襄陽)에 도착한 뒤 유비의 강릉 후퇴 소식을 전해 들었다. 유비가 강릉에서 대량의 군량미를 확보할 것을 우려한 조조는 직접 기병 5천을 이끌고 추격했다. 조조군의 추격은 맹렬하여 마침내 당양 장판파(長坂坡)에서 유비를 따라잡았다. 유비의 군대는 제각각 갈라졌지만, 장비가 조조 군대를 상대로 싸우는 동안 유비는 하구(夏口)로 피신할 수 있었다. 이곳에서 유표의 장남 유기(劉琦)의 군대와 합류하니, 그 수가 약 2만 정도 되었다.

조조 군대가 추격을 멈추지 않고 하구에 도달하자, 다급해진 유비는 제갈량의 제안에 따라 손권에게 구원을 요청했다. 이때 조조의 남하를 주시하고 있던 손권도 불안하기는 마찬가지였으므로, 노숙을 파견해 대책을 강구하도록 했다. 유비를 만난 노숙은 번구(樊口)까지 후퇴하여 손권의 군과 연합할 것을 제안했으며, 이에 따라 유비는 제갈량을 손권에게 보냈다. 시상에서 손권을 만난 제갈량은 형주를 점령한 조조의 다음 행로가 강동이 될 것이라고 했다. 또한 그는 조조에게 대항할 마음이 있다면 유비 군대와 연합을 하고, 그렇지 않을 경우 지금이 조조에게 투항할 적기라며 자극했다. 더불어 조조 군대는 오랜 행군으로 지쳐 있으며, 조조의 군사들이 북방 출신이기 때문에 수전에 능하지 않을 뿐만 아니라 형주의 백성들도 조조를 따르지 않을 것임을 상세히 설명하며 승리의 가능성을 내비쳤다. 결국 손권은 유비와 연합하기로 결정했다.

손권은 주유를 도독으로 임명하고, 정보와 노숙에게는 그를 보좌하게 했다. 그리고 수군 3만을 주어 유비와 연합하여 조조 군대와 싸우도록 했다. 그리하여 손권-유비 연합군과 조조의 선발군은 적벽(赤壁) 부근에 진을 쳤다. 이때 손권-유비 연합군은 강의 남쪽에 주둔했으며, 조조 군대는 강의 북쪽에 주둔했다.

조조의 병력은 연합군에 비해 월등했지만, 제갈량의 예상대로 조조의 군사들은 장거리 행군으로 많이 지쳐 있었다. 게다가 그들은 남방의 습한 기후와 풍토에 적응하지 못해 유행병에 걸렸으며, 뱃멀미까지 그들을 괴롭혔다. 조조 군대는 이를 해결하기 위해 크고 작은 군선들을 십여 척씩 쇠고리와 사슬로 연결한 다음 넓은 나무판을 깔아 걸어 다닐 수 있게 했다. 이것이 연환선(連環船)으로, 그제야 병사들은 안정을 찾게 되었다. 연환선은 조조 군사들의 뱃멀미를 해결해 주었지만, 결정적인 단점이 있었으니 진퇴가 자유롭지 못했다. 이점을 정확히

손권

파악한 사람이 주유의 부하 황개(黃蓋)였다.

황개는 화공(火攻), 즉 불로 공격할 것을 제안하며, 자신이 배를 이끌고 거짓 투항한 다음 불을 놓겠다고 했다. 주유가 이를 받아들였고, 황개는 군사들을 시켜 열 척의 배에 마른 섶과 갈대를 싣고 기름을 부은 후 가리개로 덮어놓게 했다. 또한 큰 배 뒤에 작은 배들을 매어 놓아 불을 놓은 후에 옮겨 탈 수 있도록 했다. 다음으로 황개는 조조에게 거짓으로 투항하는 서한을 보냈다. 황개는 서한에 비록 손씨의 은혜를 많이 받기는 했으나 천하의 대업을 이룩하기 위해서는 강동의 힘이 미흡하며, 이를 동오의 장수들은 다 알고 있으나 오직 주유와 노숙만이 모를 뿐이므로, 자신은 이를 헤아려 조조에게 의탁하려는 것이라며 투항 이유를 밝혔다.

조조군 진영에 동오의 장수 황개가 항복하러 온다는 소식이 퍼졌다. 조조의 군사들이 배 위로 올라와 구경하니, 소문처럼 황개가 탄 큰 배 뒤에 작은 배들이 뒤따르는 형태로 수군영을 향해 들어오고 있었다. 그러나 수군영에 거의 다다랐을 때 동오의 배에서 갑자기 불길이 솟아올랐다. 11월이었음에도 세찬 동남풍이 불어오니, 동오의 불은 삽시간에 조조 수군의 배로 번지기 시작했다. 조조 수군의 배들은 모두 연환선이었기 때문에 타는 불길은 마치 거대한 덩어리처럼 보였다. 조조의 군사들은 불길에 타죽거나 불길을 피해 물속으로 뛰어들었다가 익

유비 유비는 오나라의 손권과 연합하여 조조의 대군을 적벽에서 대파했다.

적벽

사했다. 불을 지르고 작은 배에 옮겨 탄 황개의 군사들은 연안의 조조 군대를 향해 불화살을 쏘았다. 그리하여 조조의 진영은 그야말로 불바다가 되었다.

이어서 주유의 명에 따라 연합군 주력 부대가 조조 군대를 맹공격하니, 조조 군사 중 살아남은 자를 찾기 힘들 정도였다. 조조도 겨우 목숨만 부지한 채 화용으로 향하는 소로를 택해 도망쳤다. 그러나 그는 유비와 주유의 추격이 남군(南郡)까지 계속되자 조인, 서황, 악진 같은 부하 장수들에게 강릉과 양양의 수비를 맡긴 채 허도로 도망했다. 적벽 싸움에서 대패한 조조는 남쪽 지방에 대한 공략을 중단했다.

적벽대전은 소수 병력이 정확한 상황 판단과 철저한 약점 분석, 긴밀한 협력, 치밀한 전략 등으로 다수 병력을 이긴 전투로 유명하다. 이 결전에서 조조가 패하고 강남 지역의 병합을 포기함으로써 천하 통일의 시기는 더욱 늦어졌으며, 천하 삼분 정립 국면이 마련되었다. 적벽대전 이후 유비는 익주를 차지해 촉한(蜀漢)을 세웠으며, 손권은 강남을 장악하여 오(吳)를 세웠다. 그리하여 위, 촉, 오가 대립하는 삼국 시대가 도래한 것이다.

228

제갈량의 북벌

천하 통일 대업을 꿈꾸다

- **221년** 유비가 관우의 원수를 갚고자 오나라와 전쟁을 일으키다.
- **228년** 제갈량이 30만 대군을 이끌고 북벌을 시작하다.
- **234년** 제갈량이 북벌 중에 병사하고 촉한의 북벌은 종지부를 찍다.

제갈량은 촉한 건국 때부터 오나라와 협력하여 위나라에 대항하는 것을 기본 정책으로 삼았다. 그는 유비 사후 오나라와 수교를 맺고 천하를 통일하고자 북벌을 결심했다. 네 차례의 북벌에 실패한 제갈량은 그동안 문제가 된 군량 보급 문제를 보완하고 드디어 5차 북벌을 시작한다. 그러나 오장원에 진을 치고 위나라와 대치하던 중 제갈량이 갑작스레 병사하자, 촉한은 더 이상 북벌을 시도하지 못한 채 위나라에 멸망당했다.

221년, 촉한의 유비는 제갈량의 반대에도 관우의 원수를 갚고자 오나라와 전쟁을 일으켰다. 처음에 손권은 유비에게 여러 번 화친을 청했지만, 결국 유비는 직접 군대를 이끌고 나가 효정(猇亭)에 주둔했다. 여기에 오나라는 육손(陸遜)을 대도독으로 삼아 응전태세를 갖추었다. 그러나 육손은 유비의 갖은 유인과 도발에 응하지 않은 채 촉한군의 사기가 떨어지기만을 기다렸고, 6개월이 지난 후에야 화공법으로 급습을 감행했다. 육손은 촉한

중국사를 움직인 100대 사건

운남성 충성사삼탑 중국 남서부에 위치한 운남성 충성사에 있는 세 개의 탑이다. 운남성은 제갈량이 맹획을 일곱 번 생포하고, 일곱 번 풀어 주는 칠종칠금의 민담을 가진 지역으로 제갈량은 북벌을 위해 이 지역의 부족들을 평정했다.

군 40여 개 군영을 격파했으며, 유비는 백제성으로 후퇴했다. 이것이 효정전투이다. 전투에서 패한 유비는 그 울분으로 병을 얻고 일어나지 못했다. 223년, 유비는 유훈으로 제갈량에게 태자 유선(劉禪)을 부탁했다.

당시 유선은 불과 17세에 지나지 않았기 때문에 촉한의 정사는 제갈량에 의해 결정되었다. 제갈량은 촉한 건국 때부터 오나라와 협력하여 위나라에 대항하는 것을 기본 정책으로 삼았다. 그러나 효정전투로 오나라와의 관계가 악화되자, 그는 유비 사후 가장 먼저 등지(鄧芝)를 보내 오나라와 수교를 맺었다.

이후 제갈량은 촉한이 천하 통일 대업의 주인공이 되고자 북벌을 결심했다. 여기에는 유비가 죽은 뒤 세력이 약해진 촉한의 존재를 대외적으로 부각시키고, 국력 신장을 꾀한다는 제갈량의 속뜻이 자리하고 있었다. 그러나 이때 운남 일대에서 맹획(孟獲)이 반란을 일으키는 사건이 발생하자, 제갈량은 북벌을 미룰 수밖에 없었다. 북벌을 위해서는 남방의 안정이 필수였기 때문에 제갈량은 마속(馬謖)의 진언대로 맹획의 마음에서 우러나는 항복을 받고자 했다. 그리하여 맹획을 일곱 번 생포하고, 일곱 번 풀어 주는 칠종칠금(七縱七擒)으로 운남 지역을 평정했다.

이로써 후방의 불안 요소를 제거하고, 남방의 재원과 노동력을 확보하고, 군대의 사기를 높인 제갈량은 북벌을 위한 특별한 작업을 실행했다. 그것은 바로 위나라 사마의를 퇴진시키는 것이었다. 제갈량은 226년, 조예가 황제로 즉위한 뒤 사마의가 반란을 계획하고 있다는 거짓 소문을 퍼뜨렸다. 227년, 위나라 토벌에 나선 제갈량은 출정에 앞서 유선에게 장문의 출사표를 상주하며 각오를 다졌다. 그리고 100여 명의 문무대관에게 촉한의 내정을 맡기고, 장군 이엄(李嚴)에게는 오나라를 경계하게 하는 등 후방을 든든히 한 뒤 군대를 한중으로 출진시켰다. 이듬해인 228년에는 조운(漕運)과 등지를 선봉으로 삼은 30만 대군을 이끌고 기산(祈山)을 공략했다.

제갈량의 1차 북벌 소식에 위나라는 대도독 하후무(夏候楙)를 출정시켰다. 하후무는 위나라 서량대장 한덕(韓德)과 연합하여 조운과 대치했으나, 한덕과 네 명의 아들은 조운에게 모두 죽임당했다. 하후무는 부하 동희와 설칙을 매복하게 해 조운을 공격하여 포위했지만, 조운은 장포와 관흥의 도움으로 위기에서 벗어났다. 한편 전투에서 패한 하후무가 남안(南案)에서 성문을 걸어 잠근 채 전투에 응하지 않자, 제갈량은 계책을 내어 안정(安定) 태수 최량이 하후무를 구하러 오도록 했다. 이때 촉한의 장수 장포와 관흥이 기습으로 최량을 생포한 후 죽이자 안정은 촉한의 것이 되었다. 또한 하후무도 남안을 버리고 도망쳤다. 다음으로 제갈량은 천수(天水) 공격에 나섰으나 위나라 장수 강유(姜維)에게 패해 어려움을 겪었다. 이때 강유의 뛰어남을 알아본 제갈량은 그를 자신의 사람으로 만들고자 계책을 내었고, 결국 강유는 제갈량에 귀순한 뒤 천수를 함락시켰다.

위나라의 조예는 위나라가 연이어 촉한에게 패하자 화흠의 건의를 받아들여 사마의를 복귀시켰다.

한편 낙양을 공격하려 했던 신성 태수 맹달이 금성 태수 신의와 상용 태수 신탐의 배신으로 죽임을 당하자, 제갈량은 가정(街亭)

제갈량 유비가 삼고초려 끝에 맞은 군사. 유비 사후에도 그의 아들 유선을 보필해 촉한의 북벌을 주도했다.

을 지키기 위해 마속을 보냈다. 이때 그는 마속에게 산 밑에 진지를 구축할 것을 명했으나 마속은 제갈량의 명을 어기고 산꼭대기에 진지를 구축했다. 이로써 물길을 차단당해 마속은 대패하고 말았다. 결국 촉한은 남안, 안정, 천수를 지키지 못한 채 후퇴했으며, 제갈량은 패배의 책임을 물어 마속의 목을 베고, 스스로를 우장군으로 격하시켰다.

228년, 군을 재정비한 제갈량은 위나라가 오나라와의 전투에서 패한 틈을 이용하여 제2차 북벌을 감행했다. 그는 이번에도 출정 전에 유선에게 출사표를 올리고, 진창(陳倉)으로 진군했다. 제갈량은 진창을 포위한 채 갖은 방법을 동원하여 함락을 시도했지만, 위나라 장수 학소의 저항이 격렬하여 끝내 점령하지 못했다. 여기에는 여러 이유가 있겠으나 무엇보다 조운 사후 촉한에 위나라를 제대로 공격할 장수가 없었기 때문이다. 시간이 지남에 따라 촉한의 군량미가 바닥을 드러냈고, 위나라의 구원병이 이내 도착할 것이라는 소식에 제갈량은 군대를 철수시켰다.

제갈량의 제3차 북벌은 229년 진창의 학소가 병이 들었다는 소식과 함께 시작되었다. 제갈량은 위연과 강유에게 군사 5천을 주고, 자신은 관흥, 장포와 함께 직접 공격에 나섰다. 한편 이 소식을 접한 학소는 자리에서 일어나지 못했다. 이어 제갈량은 위연과 강유에게 국경 지대인 무도와 음평을 공격하게 했고, 이에 사마의는 장합과 대릉을 내세워 응전했지만 패한 뒤 수비 작전으로 일관하였다. 이후 제갈량은 한중으로 돌아갔다.

231년 봄, 제갈량은 다시 북벌에 나섰다. 제4차 북벌에서 제갈량은 기산을 포위하고, 직접 주력 부대를 이끌고 사마의를 공격했다. 그러나 사마의는 제갈량에게 군량이 절대 부족하다는 것을 알고 쉽게 전쟁에 응하지 않았다. 그런데 이때 사마의의 부장 가후가 촉한의 도발에 응하지 않는 것은 천하의 비웃음만 살 뿐이라며 싸울 것을 종용하였다. 결국 사마의는 장합에게 군사를 주어

목우유마 제갈량은 군량 보급 문제를 보완하기 위해 소나 말을 본떠 만든 수레인 목우유마를 사용해 군용 물자를 운송했다.

싸우게 했다. 제갈량은 장합과의 전투에서 승리를 거두었으나 이번에도 제갈량의 발목을 잡은 것은 부족한 군량이었다. 제갈량은 하는 수 없이 귀국을 결정해야만 했다. 장합은 퇴각하는 촉한군을 뒤쫓는 와중에 촉한군의 화살에 맞아 전사했다.

귀국한 제갈량은 그동안 북벌 실패의 원인으로 지목된 군량 보급 문제를 보완했다. 농업을 장려하여 군량미를 확보했으며, 진법과 무예를 가르쳐 군사력을 강화했고, 산지에서 사용이 쉬운 목우유마(木牛流馬)라는 새로운 운송 기구를 제작하여 군용 물자를 운송하는 데 사용할 수 있도록 했다.

234년, 제갈량은 10만 대군과 함께 북벌에 나섰다. 제갈량은 군량과 물자 공급 문제를 해결하고자 군사를 나누어 오장원(五丈原)에서 둔전제를 실시했다. 또한 오나라에 사신을 보내 협공 약속까지 받아 놓았다. 이에 위나라는 사마의로 하여금 제갈량을 방어하게 하고, 조예는 오나라의 군대를 막기 위해 출정했다. 제갈량은 비록 장기전을 준비했지만, 시간이 지날수록 불리해지는 것은 촉한군이었다. 따라서 제갈량은 먼저 사마의를 도발했으나 사마의는 성문을 굳게 걸어 잠근 채 절대로 응하지 않았다.

양군의 대치가 석 달을 넘어서자 제갈량은 사신을 통해 사마의의 진영에 여자 용품들을 보내 사마의를 조롱했다. 하지만 사마의는 이를 불쾌히 여기기는커녕 사신에게 제갈량의 일상사에 관해 세세하게 묻기 시작했다. 이에 사신은 대수롭지 않게 "승상께서는 이른 새벽에 일어나시어 군영의 대소사를 직접 관할하시고 밤늦게 잠자리에 드십니다. 또한 하루에 식사는 3, 4홉 정도를 드십니다."라고 답했다. 이에 사마의는 "공명이 다망한데 잠도 잘 못 자고, 식사량도 적으니 어찌 오래 살겠는가."라며 수비 작전을 고수했다. 사마의의 생각대로 얼마 지나지 않아 제갈량은 병에 걸리고 말았으며, 234년 북벌 중에 군영에서 병사했다. 제갈량의 죽음으로 촉한의 북벌은 자연스레 종지부를 찍었다.

　제갈량은 삼국 중 상대적으로 국력이 약하고, 지리적으로 불리했던 촉한이 명맥을 유지하는 방법은 북벌이라고 생각했다. 즉 공격이 최선의 방어라고 여겼던 것이다. 하지만 불과 7년 동안 총 다섯 차례 북벌을 감행한 것은 촉한의 국력을 소진시키는 결과를 초래했다. 결국 촉한은 제갈량 사후 국력을 회복시키지 못했고, 263년에 위나라에 멸망당했다.

고평릉 정변

사마씨 세력이 위나라 정권을 장악하다

> ◁ **226년** 문제 사후 명제가 즉위했으나 아들이 없어 황족인 조방을 황태자로 삼다.
>
> ◁ **239년** 명제가 조상과 사마의에게 당시 8살인 황태자 조방의 보좌를 부탁하며 세상을 뜨다.
>
> ◁ **249년** 조상이 소제와 함께 고평릉을 방문한 틈을 타 사마의가 정변을 일으켜 권력을 장악하다.
>
> 명제 사후 사마의와 조상은 그의 유언대로 조방을 보좌했다. 조상은 사마의를 우대하는 듯했으나 실제로는 그의 군사 지휘권을 빼앗았고, 이에 사마의는 병을 핑계 삼아 조상의 경계심을 누그러뜨린 후 정권 찬탈을 준비한다. 마침내 사마의는 조상이 소제를 보좌해 고평릉에 제사를 지내러 간 틈을 타 조상과 그 일파를 모두 주살하는 정변을 일으켰다. 이 고평릉 정변으로 사마의는 승상이 되어 위나라 정권을 장악하였다.

222년, 중원은 조조의 위나라, 유비의 촉나라, 손권의 오나라 등 삼국으로 정립되었지만, 삼국 중 가장 강성했던 나라는 위나라였다. 여러모로 보나 위나라의 국력은 촉나라와 오나라를 합친 것보다 강했지만, 위나라가 삼국을 통일하는 데에는 오랜 시간이 소요되었다. 이는 위나라의 황제권이 조정의 귀족 세력과 지방의 호족 세력을 압도할 수 있을 정도로 강하지 않았기 때문이다. 후한 말, 후한의 귀족 세력이 득세해 황권이 약화되었을 때 정권을 잡은 조조는 호족 세력의 지지를 이끌어 내기 위해 그들에게 관직을 내렸고, 그들의 지지 아래 정권이 유지되었다. 조조 사후 뒤를 이은 문제 조비(曹丕)는 조조가 그랬던 것처럼 황족 세력을 약화시킴으로써 황권을 강화하고자 했다. 하지만 이는 결국 왕실과 공신들의 귀족화를 초래했고, 불과 몇십 년 만에 위나라의 정치 상황은 후한 말과 흡사해지고 있었다.

226년, 문제 사후 명제(明帝)가 즉위했지만, 그는 아들이 없어 황족인 조방(曹芳)을 황태자로 삼았다. 그리고 239년에 명제가 당시 여덟 살에 불과했던 황태자 조방의 보좌를 조상(曹爽)과 사마의(司馬懿)에 부탁하며 세상을 떴다. 어린 소제(少帝)가 즉위하면서 위나라는 귀족 세력인 사마의와 황족인 조상 사이에 권력 투쟁이 본격화되었다.

사마의는 후한 시대의 명문 호족 하내(河內) 사마씨의 후손으로 가문의 정치적 위상이 매우 높았다. 그를 처음 등용한 사람이 당시 승상이었던 조조였으며, 조조가 위나라 왕이었을 때는 조비를 보좌했다. 그리고 조비가 문제로 즉위한 후에는 상서(尚書)로 임명되어 조정의 반열에 올랐다. 또한 명제 때에는 총사령관으로 임명되어 촉나라 제갈량의 북벌을 수비 작전으로 일관하며 성공적으로 방어했다. 그리하여 백성에게

사마의 위나라의 정치가이자 군략가로 제갈량과의 치열한 지략 싸움 끝에 결국 제갈량의 북벌을 막아 낸 인물이다.

신망이 높았다.

　한편 사마의와 함께 명제의 유훈을 받들게 된 조상은 대장군(大將軍) 조진(曹眞)의 아들로, 조씨 황권 강화주의자였다. 그렇기에 그는 사마씨를 조정에서 몰아내고자 자신의 최측근들로 조정 인사를 단행했다. 하안(何晏)은 이부상서(吏部尙書), 등양(鄧颺)은 중서랑에 임명되었고, 이승(李勝), 정밀(丁謐), 필궤(畢軌), 환범(桓範) 등도 조정의 중추 기관을 차지했다. 이후 조상은 하안의 건의대로 사마의를 태부(太傅)로 삼을 것을 소제에 주청하여 사마의의 군사 지휘권을 빼앗았다. 245년에는 여러 개의 군영으로 나누어져 있던 지휘권을 중앙군 하나로 합쳐 군권을 장악하고, 동생 조희(曹羲)를 중령군(中領軍)으로 삼아 금위군을 통솔하게 했다.

　하지만 사마의는 결코 평범한 인물이 아니었다. 그는 아직 조상에게 대항할 만한 힘을 가지고 있지 않았기 때문에 병을 핑계로 조회에 나가지 않는 등 조상의 경계심을 누그러뜨렸다. 그럼에도 조상의 의심은 쉽게 사라지지 않았고, 급기야 이승을 보내 사마의를 염탐했다. 이승이 사마의의 방에 들어서자, 사마의는 짐짓 중병에 걸린 것처럼 머리를 풀어헤치고 병상에 누워 있다가 하인의 도움을 받아 간신히 일어나 앉았다. 이승이 안부 인사를 건네도 헛소리를 해대니, 이승의 눈에는 마치 그가 미친 사람처럼 보였다. 잠시 후 사마의의 손짓에 하인이 죽 그릇을 가져왔다. 그리고 죽을 줄줄 흘리며 추접하게 먹는 사마의의 모습에 이승은 다시 한 번 놀랐다. 이승이 사마의의 집에서 돌아와 자신이 보고 들은 것을 조상에게 상세하게 전하자 조상은 비로소 안심했다.

　그러나 이승이 본 사마의의 모습은 모두 거짓이었으니, 그는 이전부터 아들 사마사(司馬師)에게 금위군의 병권을 장악하라는 밀명을 내려놓은 상태였다. 또한 그는 조정 내에서의 지지 세력 확보에 주력했다. 당시 조상 무리의 전횡이 극심한 상태였기 때문에 사마의는 태위(太尉) 장제(蔣濟), 사도(司徒) 위진(衛臻), 광록훈(光祿勛) 노육(盧毓), 태복(太僕) 왕관(王觀), 성문교위 손례(孫禮)를 비롯해 동생인 상서령 사마부 등의 지지를 얻을 수 있었다.

사마의가 비밀리에 정권 찬탈 준비를 하던 차에 248년, 원로 대신들의 사직과 취임 거부 사건이 발생했다. 그러던 중 249년, 소제가 낙양성의 남쪽 90리 지역에 위치한 명제의 능인 고평릉(高平陵)에 제사를 지내러 행차할 때 조상이 소제를 보좌하기로 했다. 이를 다시 오지 않을 기회로 여긴 사마의는 조상이 소제의 어가를 따라 성문을 나서자, 성문을 모두 폐쇄하고 황태후의 명을 내세워 무기고를 확보했다. 그리고 병력을 모아 낙양을 제압하고, 조상의 죄를 고발하는 조서를 발표한 후 조상과 그 일파를 모두 주살했다. 이것을 역사는 '고평릉 정변'이라고 하며, '고평릉 정변은 아무런 대의명분이 없는 완전한 권력 투쟁이었다'라는 평을 받기도 한다. 정변 이후 사마의는 승상이 되어 위나라 정권을 장악했다.

251년, 사마의가 향년 71세로 세상을 떴다. 하지만 위나라 정권은 고스란히 그의 두 아들 사마사와 사마소(司馬昭)에게 이어졌다. 소제로부터 대장군에 임명된 사마사의 권력은 황권을 능가할 정도로 막강했다. 이에 소제가 몇몇 중신 및 장수들과 함께 사마사 제거 계획을 세웠지만 이내 발각되었다. 결국 사마사는 소제를 폐위시키고 14살의 조모(曹髦)를 황제로 옹립했다. 255년, 사마사가 소제 폐위를 문제 삼는 무리들을 토벌하던 중 사망하자 위나라 정권은 동생 사마소에게 계승되었다. 승상이 된 사마소는 독재를 하고 정권 찬탈에 대한 야욕을 숨기지 않았다.

260년, 조모는 스승 왕경(王經), 왕침(王沈), 왕업(王業)에게 "사마소의 마음은 행인들도 안다."라고 분개하며 사마소 제거를 논의했다. 왕경은 두문불출하며 입막음을 했지만, 왕침과 왕업은 사마소에게 달려가 모든 것을 일러바쳤다. 결국 왕침과 왕업의 배신을 알 리 없는 조모는 사마소를 공격하다가 사마소의 부하 가충(賈充)에게 포위당했고, 가충의 부하 성제에게 살해되었다. 사마소는 공석이 된 제위에 조환(曹奐)을 앉히고, 조씨 정권을 유명무실하게 만들었다. 이미 조씨의 위나라는 생명을 다했지만, 사마소는 조모 살해로 백성의 지지를 얻기 힘들어 새 왕조를 열 수가 없었다.

263년, 사마소는 등애(鄧艾)와 종회(鍾會)를 선봉 삼아 제갈량 사후에 국력이 쇠퇴한 촉나라를 공격했다. 촉나라는 장수 강유가 검각에서 이들을 방어하고자 나섰지만, 등애는 검각에서 멀리 떨어진 음평을 돌아 촉의 수도인 성도로 진격했다. 위나라가 예상치 못한 경로로 진격해 오자 촉의 후주 유선은 스스로 포박하여 등애에게 항복했다. 한편 강유는 종회 대군을 맞아 분투하고 있었으나, 유선의 항복 명령에 따라 종회에게 투항했다. 이로써 촉나라는 43년의 역사

사마소 사마의의 둘째 아들로 형 사마사가 죽자 위나라 정권을 장악했다.

진 무제 사마염 위나라를 압박해 양위 조서를 받아 내고 스스로 황제의 자리에 올랐다.

를 마감했다.

한편 사마소는 촉나라를 멸망시킨 공로를 스스로 인정하여 진왕(晉王)이 되었다. 265년에 사마소가 병사했지만, 사마씨의 정권은 아직 끝나지 않았다. 사마소의 아들인 사마염(司馬炎)이 뒤를 이어 정권을 장악했고, 사마염은 유명무실해진 위나라를 그대로 두지 않았다. 사마염은 과거 위나라가 후한에게 했던 방법을 그대로 답습하여, 조환을 압박해 제위를 자신에게 양위한다는 조서를 발표했다. 사마염 역시 조조가 했던 것처럼 세 번 사양하는 척하다가 황제의 인수를 받았다. 그는 위나라를 진(晉)나라로 대신하고, 자신을 무제(武帝)라 칭했다. 이로써 위나라는 46년의 역사에 마침표를 찍었다.

이제 위, 촉, 오 삼국은 사라지고 중원에 남은 것은 사마염의 진나라와 오나라뿐이었다. 오나라의 수명은 촉나라와 위나라보다 길었지만, 겨우 10여 년에 지나지 않았다. 오나라는 손권 사후 국내적으로 황족과 조정 대신 사이에 후사 문제로 분쟁이 일어났으며, 국외적으로는 교지에서 반란이 발생했다. 이러한 시기에 오나라를 통치했던 자가 오나라의 마지막 왕

중국사를 움직인 100대 사건

손호(孫皓)이다. 그는 폭정으로 민심을 잃었기에 280년에 진왕 사마염은 이를 빌미로 오나라를 공격했다. 대세가 기운 것을 안 손호가 사마염에게 항복함으로써 오나라는 건국 52년 만에 멸했다. 이것으로 후한 말부터 이어진 100년에 가까운 분열과 혼란의 천하는 사마씨의 진나라에 의해 통일되었다.

팔왕의 난

사마씨 일족의 골육상잔

290년 사마충이 혜제로 즉위하다.

301년 사마륜이 혜제를 몰아내고 스스로 제위에 오르다.

306년 사마월이 혜제의 동생 사마치를 회제로 옹립하면서 16년간 지속된 혈육 간의 전쟁이 끝나다.

사마염은 황족 종친을 우대할 목적으로 전국 각지를 사마씨 일족에게 분봉했으나 분권화를 가속시키는 결과를 낳았다. 사마염 사후 사마충이 제위를 잇자 정치는 외척 양씨 일족의 차지가 되고, 가황후가 사마위와 협력해 양씨를 처치하고 사마량에게 정권을 맡긴다. 하지만 정권이 의도대로 운영되지 않자 가황후는 사마량과 사마위를 죽인 뒤 정권을 독차지한다. 가황후가 사마휼을 폐위시키고 독살하는 전횡을 일삼자 사마륜과 사마경은 가황후를 척결한다. 이후 16년간 골육상잔의 비극이 계속되었다.

서진을 건국한 사마염(司馬炎)은 위나라의 멸망이 황권 강화를 위해 지나치게 황족 종친들을 억압한 데서 비롯되었다고 보았다. 따라서 그는 황족 종친을 우대할 목적으로 총 27명에 이르는 사마씨 일족 모두를 군과 현 단위의 왕으로 봉했다. 영토에 비해 분봉할 왕이 많았기 때문에 봉토의 규모는 작았으나, 이들에게 호구와 일정 수의 군대를 함께 나누어 줌으로써 우대에 소홀함이 없도록 했다. 제후왕들은 호구에 따라 하사받은 군사의 수가 달랐는데, 호구가 2만 호일 경우에는 군사 5천 명, 호구가 1만 호일 경우에는 군사 3천 명, 호구가 5천일 경우에는 군사 1,500명을 받았다. 또한 사마염은 성씨가 다른 공신들에게도 작위, 봉토, 군대를 하사했다. 이것으로 사마염은 제후국들이 황실을 보호할 것으로 기대했으나, 실상은 분권화를 가속화하는 결과를 낳고 말았다. 결국 사마염 사후 백치 사마충(司馬衷)이 제위를 이으면서 제후국들은 골육상잔의 비극인 '팔왕의 난'을 일으켰고, 제후국은 황위를 위협하는 존재가 되었다.

290년, 사마충이 혜제(惠帝, 재위 290~306)로 즉위했지만, 그는 매우 아둔한 인물이었다. 굶어 죽는 백성들이 있다는 말에 밥이 없으면 고기를 먹으면 되지 않으냐고 반문한다거나 두꺼비 울음소리를 듣고 조정을 위해 우는지 개인을 위해 우는지 물은 후, 궁중의 두꺼비는 조정을 위해 울고 논밭의 두꺼비는 개인을 위해 운다는 신하의 대답을 한 치의 의심도 없이 믿었다고 한다. 당연하게도 사마충의 인물이 모자람을 알고 조정에서는 그의 태자 자리를 놓고 논란을 벌였다. 그러자 사마염은 논란을 잠재우기 위해 문제를 밀봉하여 낸 후 그것에 태자가 답하도록 했다. 이때 사마충의 부인 가남풍(賈南風)이 미리 문제를 알아내 다른 사람을 통해 답을 얻고 사마충에게 연습시켜 모사하도록 했다. 사마염이 태자 사마충의 답을 보니 최소한 동문서답은 아니었던지라, 그는 사마충의 태자 자리를 유지시켰다. 이렇게 어리석은 사마충이 황제가 되니 자연스럽게 외척이 발호하여 정권은 사마염의 황후 양태후(楊太后)와 그녀의 아버지 양준(楊駿)에게 돌아갔다.

외척 양준이 정권을 장악하자 여기에 불만을 품은 사람이 생겼으니 바로 황후 가남풍이었다. 황후 가남풍은 야심이 많은 여성으로 외모는 출중하지 않았으나, 일찍이 사마충의 태자 자리를 지켜 낼 정도로 권모술수에

능했다. 그녀는 우선 외척 양준을 제거하기 위해 황족 원로인 여남왕(汝南王) 사마량(司馬亮)에게 접근했다. 하지만 사마량은 소극적인 자세를 보이며 이내 허창으로 떠나 버렸다.

이에 가황후는 젊은 초왕(楚王) 사마위(司馬瑋)에게 밀서를 보내 군대를 일으킬 것을 종용했다. 초왕 사마위가 군대를 이끌고 낙양에 도착하자, 가황후는 양준에게 모반죄를 적용해 그와 그의 일당 몇천 명을 죽였다. 이후 가황후는 사마량과 노신 위관(衛瓘)에게 정무 보좌를 맡겼다. 그러나 사마량이 정권을 독차지하자 가황후와 사마위에게는 각각 불만이 쌓였다. 가황후는 자신이 정권을 잡고자 했으며, 사마위는 외척 양준을 몰아내는 데 군사를 일으킨 자신의 공이 가장 컸다고 생각했다. 먼저 손을 쓴 것은 가황후였다. 그녀는 사마위의 불만을 알아차리고 혜제의 밀명을 빙자해 사마위에게 사마량과 위관을 체포하여 죽이도록 했다. 결국 사마량은 사마위에게 살해되었다.

다음으로 가황후는 사마위를 제거할 계획을 세웠다. 불과 스물한 살 남짓한데다 대규모 군대까지 가진 사마위가 정권 쟁취의 걸림돌이 될 것이라고 생각한 것이다. 그리하여 그녀는 혜제의 거짓 조서에 사마량과 위관을 죽인 죄를 물어 사마위를 사형에 처했다. 사마위는 비로소 가황후에게 이용당한 것을 알았으나 후회하기에는 이미 늦었다. 이로써 가황후는 정권을 독차지했다.

가황후의 천하가 10여 년간 지속되었을 즈음 태자 사마휼(司馬遹)이 가황후의 근심거리로 등장했다. 가황후는 자신의 소생이 아닌 태자 사마휼이 영특하여 그가 장성한 후에는 정권을 유지하는 것이 어려울 것이라고 판단했다. 따라서 그녀는 태자 사마휼을 폐위시키고 독살한 뒤 자신의 양자를 새롭게 태자로 삼았다. 이처럼 가황후의 전횡이 극에 달하자 서진의 사마씨 일족도 더 이상 두고 볼 수만은 없었다. 이에 조왕(趙王) 사마륜(司馬倫)과 제왕(齊王) 사마경(司馬冏)이 가황후를 척결했다.

가황후의 죽음으로 서진 조정은 안정을 찾는 듯했으나, 이후 혈육 간의 죽고 죽이는 싸움이 본격적으로 시작되었다. 가황후를 죽인 사마륜은 301년에 혜제를 태상황으로 몰아내고 스스로 제위에 올랐다. 이러한 소식이 각 제후국에게 전해지자 사마경은 장사왕(長沙王) 사마애(司馬乂), 성도왕(成都王) 사마영(司馬穎), 하간왕(河間王) 사마옹(司馬顒)과 연합하여 사마륜을 죽이고 혜제를 복위시켰다. 그리고 혜제를 보좌할 사마경만 낙양에 남고 다른 제후왕들은 봉토로 돌아갔다. 그러나 사마경 역시 최고 권력의 맛을 알고 주색에 빠져 정치를 게을리하자, 이는 다시 사마애, 사마영, 사마옹이 군사를 일으킬 구실이 되었다. 사마경이 이들의 손에 죽임당한 후 정권을 잡은 사람은 사마애였다. 그러자 이번에는 사마영과 사마옹이 연합해 사마애를 공격했으며, 이때 사마애는 불에 타 죽고 말았다. 결국 사마영은 승상이 되어 권력의 정점에 올라섰다. 또한 마침 혜제가 공석이었던 황후 자리에 양씨를 봉하면서 황태자까지 책봉하려 하자, 사마영은 스스로 황태제(皇太弟) 자리에 올라 황위를 예약했다.

그러나 사마씨 일족의 골육상잔은 여기서 끝이 아니었다. 사마영이 황태제가 된 것에 동해왕(東海王) 사마월(司馬越)이 불만을 품은 것이다. 사마월은 군사를 일으켜 사마영을 죽이고자 했다. 그러나 사마영이 혜제를 데리고 사마옹이 있는 곳으로 도망쳐 버렸기 때문에 실패했다. 이렇게 세력이 약해진 사마영을 대신해 사마옹에게 정권이 넘어갔다. 그러자 사마월은 2차로 군사를 일으켜 사마영과 사마옹을 차례대로 죽였다. 306년, 혜제가 사망하자 사마월은 혜제의 동생 사마치(司馬熾)를 회제(懷帝, 재위 306~312)로 옹립했다. 이로써 무려 16년간 지속된 혈육 간의 전쟁이 막을 내렸다.

여덟 명의 제후왕들은 오로지 권력을 움켜쥐기 위해 군사를 일으켰으며, 팔왕의 난으로 희생된 제후왕은 모두 일곱 명이었다. 또한 혜제 때의 연호는 무려 열 번이나 바뀌었다.

이처럼 서진이 삼국을 통일한 지 불과 30년도 채 안되어 벌어진 황족들의 피비린내 나는 내란으로 백성의 삶은 고통 그 자체였다. 수십만이 전쟁으로 목숨을 잃었으며, 생산 활동이 마비되었고, 수많은 도시가 파괴되었으며, 치수 시설은 방치되어 홍수와 가뭄의 피해를 고스란히 입었다. 결국 백성들은 살던 곳을 떠날 수밖에 없었고, 남으로 이주하는 유민들이 대거 발생했다. 또한 제후왕들이 각각 우위를 점하기 위해 흉노, 오환, 갈, 선비 등의 이민족들을 앞다투어 용병으로 끌어들임으로써 서진의 자멸을 초래하기도 했다.

영가의 난

서진의 몰락

◁◁ **304년** 팔왕의 흉노족 유연이 한을 세우다.

◁◁ **311년** 유총이 4군을 파견해 낙양 공격을 재개하다.

◁◁ **316년** 회제가 유요에게 죽임당하고, 서진이 건국 52년 만에 멸망하다.

팔왕의 난과 대기근으로 농민들의 반란이 한창이던 때, 산서 지역의 흉노족 유연이 한을 세운다. 유연은 흉노의 재기를 꾀하며 서진의 수도 낙양을 공격했으나 실패한 뒤 병사했고, 이어서 아들 유총이 낙양을 공략한다. 낙양성 함락에 성공한 유요와 석륵 등이 왕공과 백관, 백성 3만여 명을 죽이고 회제를 평양으로 압송해 살해하자 이는 서진의 멸망으로 이어졌다. 한왕 유총은 이민족 최초로 중원을 차지한 패자가 되었으며, 오호십육국 시대 개막을 알렸다.

중원에서 서진의 사마씨 황족들이 골육상쟁을 벌여 정권을 위태롭게 하고 민생을 파탄 내고 있을 즈음, 화북(華北) 지역 이민족들은 새로운 전기를 맞이했다. 빈궁을 견디지 못한 화북 농경민들이 강남으로 대거 이주하면서 화북 지역 이민족들에게 큰 영향을 준 것이다.

당시 화북 지역에는 북방 이민족들의 이주가 꽤 이루어진 상태였다. 남흉노가 이미 후한 시대부터 반독립 상태로 분산 이주한 상태였고, 오환(烏

桓), 선비(鮮卑), 강(羌), 저(氐) 등이 분산 이주하여 생활하고 있었다. 이들 화북 이민족 대부분은 지방 호족들에 의지한 채 행상, 전객, 노예 등으로 비참하게 생활했다. 그러나 일부는 족장이나 장의 통솔 아래에 병력으로써 활동했으며, 팔왕의 난 때에 용병들로 기용되었다. 그리고 팔왕의 난이 종결될 즈음 이들은 드디어 각각 독립된 세력을 확립했다.

304년, 팔왕의 난과 대기근을 겪으며 유민으로 전락한 농민들의 반란이 한창이던 시기, 산서 지역의 흉노족 유연(劉淵)이 대선우를 자칭하며 한(漢)을 세웠다. 유연은 후한 시대 말 무렵 남하한 흉노의 후손으로, 그의 아버지 표(豹)는 조조의 흉노 정책에 따라 다섯 개로 나누어진 흉노족 가운데 가장 세력이 큰 좌부(左部)의 족장이었다. 유연의 본래 성은 모돈(冒頓), 이름은 원해(元海)였는데, 후에 유연이란 이름으로 개명한 것이다. 그는 어려서 학자 최유(崔游)에게 교육받았으며, 《춘추좌씨전》과 손오병법을 좋아하고 《시경》, 《역경》에도 조예가 깊었다. 그리하여 그는 서진 혜제에게 흉노오부대도독으로 임명되어 건위장군 칭호를 하사받았다. 이후 팔왕의 난 때에는 성도왕(成都王) 사마영(司馬穎) 진영에서 보국장군이 되어 활약했다. 그러나 유연은 역시 흉노족이었다. 그는 서진이 극도로 혼란한 시기를 겪고 있을 때야말로 흉노족이 재기할 기회라고 생각했다. 그리하여 그는 흉노의 원로격인 우현왕 유선(劉宣)의 제안에 따라 귀환을 결심했다. 처음에 그는 성도왕 사마영에게 흉노 장례식을 핑계로 귀환하고자 했으나 좌절된 후, 병력 확보를 이유로 들어 흉노의 본거지인 좌국성(左國城)으로 돌아갔다. 한왕이 된 그는 원희(元熙)를 연호로 하고 평양(平陽)을 도읍으로 삼았다.

유연은 상당, 태원, 하동, 평원 등의 군을 함락시켜 세력을 확장한 뒤,

북방 민족들의 전쟁 모습

308년에는 드디어 스스로 황제라 칭하고 영봉(永鳳)으로 개원하기에 이르렀다. 이후 유연은 병력을 모아 서진의 수도 낙양을 공격했다. 비록 서진이 부패할 대로 부패한 왕조였으나 백성의 신망을 완전히 잃은 것이 아니어서 서진은 유연의 공격을 막아 낼 수 있었다. 유연은 낙양을 두 차례 공격했으나 함락에 실패했다. 310년, 결국 유연은 낙양성 함락을 보지 못하고 병사했다. 유연의 뒤를 이어 장남 유화(劉和)가 제위에 올랐으나, 동생 유총(劉聰)의 능력을 시기한 나머지 그를 제거하려다 실패하고 오히려 유총에게 살해되었다.

311년, 유총은 낙양 공격을 재개하고, 먼저 하남 지역을 모두 점령하여 낙양을 포위하고자 했다. 그는 유요(劉曜), 흉노족의 호연안(呼延晏), 갈족의 석륵(石勒), 한인(漢人) 왕미(王彌) 등을 대장으로 한 4군을 파견해 낙양을 공략했다.

이에 서진은 동해왕(東海王) 사마월(司馬越)이 전국에 격문을 보내 병력을 모집했다. 당시 서진은 혜제가 죽고 동해왕 사마월에 의해 옹립된 회제(懷帝)가 연호를 영가(永嘉)로 바꾸어 쇄신을 꾀하던 때였지만, 모집된 병력은 겨우 4만에 불과했다. 그런데 동해왕 사마월은 낙양을 방어할 생각을 하지도 않고 오히려 석륵을 토벌한다며 군을 이끌고 낙양을 떠났다. 도중에 동해왕 사마월이 병사하고 태위 왕연(王衍)이 군대의 총책임자가 되었으나, 그 역시 낙양을 버리고 떠날 생각뿐이었다. 그리하여 왕연은 회제를 낙양에 남겨둔 채 동해왕 사마월의 운구를 호위한다는 핑계를 대며 동해로 향했다. 이때 왕연의 무리를 뒤따르는 수가 10만을 넘었는데, 여기에는 군대뿐만 아니라 황족, 귀족, 명문가의 자제 그리고 수많은 유민이 포함되어 있었다. 그러나 10만 무리의 이동은 더딜 수밖에 없었기 때문에, 왕연은 금세 석륵에게 따라잡혀 살해되었다.

311년 6월, 낙양성이 함락되었다. 낙양성에 입성한 유요와 석륵 등은 왕공과 백관, 백성 3만여 명을 죽이고, 궁 안에 불을 지르고, 보물과 재물을 약탈했다. 또한 회제를 생포하여 평양으로 압송해 그곳에서 살해했다. 회제가 죽었다는 소식에 사마업(司馬鄴)이 장안에서 황제로 추대되어 민제(愍帝)로 등극했으나, 316년에 유요에게 장안을 빼앗기고 죽음을 맞이했다.

서진은 사실상 회제의 죽음으로 멸망했으며, 이는 건국 52년 만의 일이다. 이것이 '영가의 난'이다. 한왕 유총은 이민족 최초로 중원을 차지한 패자가 되었으며, 오호십육국(五胡十六國) 시대의 개막을 알렸다.

이로써 전통적으로 한족이 지배하던 화북 지역은 한족을 포함하여 5호 즉 흉노, 선비, 저, 갈(羯), 강족 등의 이민족이 통치하게 되었다. 이들은 약 130년간 한(전조), 성한, 전량, 후조, 전연, 전진, 후진, 후연, 서진, 후량, 남량, 남연, 서량, 하, 북연, 북량 등 18개의 나라를 건설했다. 당시 화북 지역에는 실제로 18개의 나라가 건설되었지만, 이 시대에 16국이란 칭호가 생긴 것은 최홍(崔鴻)의 저작《십육국춘추(十六國春秋)》에서 이름을 빌려왔기 때문이다.

5호의 나라들은 짧게는 약 10여 년, 길게는 약 100여 년간 존재하며, 분열과 통일의 과정을 거듭했다. 329년에 갈족 석륵의 후조가 이룩한 화북 지역의 통일은 351년 후조의 붕괴로 다시 분열되었고, 이후 선비족 모용황(慕容皝)의 전연과 저족 부건(苻健)의 전진이 할거했다. 370년에는 전진의 3대 왕 부견(苻堅)이 전연을 멸망시킴으로써 화북 지역은 다시 통일되어 안정을 찾는 듯했다. 그러나 전진이 강남 동진과의 전투에서 패해 멸망하자 화북 지역의 분열은 더 심각해졌다. 이러한 화북 지역의 분열은 선비족 탁발부(拓跋部)의 북위가 출현하여 화북 지역을 평정함으로써 종결되었다.

오호십육국 시대의 나라들은 건국과

중장기병 오호십육국 시대 이후 출현한 중장기병상

오호십육국 시대의 문관(왼쪽)과 오랑캐(오른쪽)

멸망의 속도가 빨랐으며, 그에 따른 혼란도 극심했다. 여기에는 5호 제국들의 구조에 그 이유가 있었다. 첫째, 5호 제국은 부족제를 유지하면서 다수의 한족을 통치했으며, 자기 민족과 한족을 구분하여 각각의 통치 기구를 두었다. 이는 민족 융합의 흐름에 위반되는 일이었으며, 지배자 5호 제국은 어떻게 융합을 조화롭게 이루어야 하는가에 대한 고민을 해야 했다. 둘째, 5호 제국의 군대는 부족의 전통에 따라 종실에 분배되었고, 종실의 여러 왕이 군권을 장악했다. 이러한 군사 봉건제 체제는 나라를 세울 때에는 충분히 도움이 되었으나, 지배권이 안정된 상태에서는 반란의 씨앗이 되곤 했다. 셋째, 5호 제국은 뚜렷한 왕위 계승 제도를 마련하지 못했고, 황제 사후 황위 계승 분쟁을 일으켜 스스로를 약화시켰다.

그러나 오호십육국 시대의 지배자가 5호였기 때문에 시대 분위기가 야만적이고 무질서했다는 평가는 성급한 판단이다. 이 시대에는 이민족과 한족의 대립과 함께 융합에 대한 노력과 시도도 동시에 존재했다. 이는 5호 제국의 공묘(孔廟), 태학 설립, 농업 권장, 장성 축조 등으로 알 수 있다.

또한 5호 제국은 불교에도 관심이 많아 불교 발전에 크게 기여했다.

한편 흉노의 유연이 세운 한나라에 멸망당한 사마씨의 서진은 남하하여 동진(東晉)을 세우고 남조(南朝)를 열었다. 그러나 강남에는 이미 팔왕의 난과 영가의 난으로 피란 온 사마씨 황족과 권문세가들이 자리 잡고 있었다. 또한 낭야왕 사마예(司馬睿) 역시 내분을 피해 강남으로 피신한 상태였다. 317년, 서진의 민제가 죽자 왕(王)씨와 사(謝)씨 등 강남 호족들의 지지를 얻은 사마예가 건업(建業)에서 동진을 건국했다. 이로써 당시 중국에서는 오호십육국의 북조와 동진의 남조가 대치했다.

383

비수대전

천하 통일을 위한 부견의 동진 정벌

전진의 부견은 천하 통일의 꿈을 이루고자 동진 정벌을 결심했다. 그는 90만 명의 대군을 이끌고 장안을 출발했고, 동진은 이에 대항하고자 사현을 선봉장에 임명하여 전진을 견제했다. 90만 대군을 이끄는 부견과 8만 군사가 전부였던 사현은 비수를 사이에 두고 대치했고, 사현은 계책을 부려 부견의 후퇴를 유도한 뒤 맹공격을 퍼부어 전진의 대군을 물리쳤다. 이 전투는 중국 역사상 관도대전, 적벽대전과 함께 3대 대전으로 기록된다.

"동진의 사마요(司馬曜)를 장안에 데려와 상서좌복야(尙書左僕射)로 삼고, 재상 사안(謝安)은 이부상서(吏部尙書), 장군 환충(桓沖)은 시중(侍中)으로 삼겠다."

383년 7월, 전진(前秦)의 부견이 동진 공격을 선언했을 때, 부견의 자신감은 하늘을 찔렀고, 선비족 모용수(慕容垂)와 강족인 요장(姚萇)이 적극 지지했다. 그러나 전진 조정에는 동진 정벌을 반대하는 의견이 더 많았다.

중국사를 움직인 100대 사건

한족 출신 재상 왕맹(王猛)은 죽음을 눈앞에 두고 유언을 남겼으니, 동진이 중원 아래 강남에 위치하고 있지만 정통 제위를 승계하고 있으며, 군신 관계가 정립되어 있으니 감히 정벌하지 말고, 우선으로 선비족과 강족을 정비할 것을 충언했다. 또한 부견이 가장 신임하던 동생 부융(符融) 역시 선비족, 갈족, 강족 등으로 후방이 어지러운 가운데 원정하는 것을 반대했다. 이 외에도 부견의 아들 중산공 선과 명승 도안이 반대했지만, 부견은 동진 정벌의 의지를 꺾지 않았다.

전진은 351년에 저족 출신 부씨가 수립한 정권으로, 부건(苻健)이 장안을 수도로 정하고 국호를 진이라 칭함으로써 건국되었다. 355년, 부건이 죽으면서 그의 아들 부생이 권좌를 계승했으나 폭정을 일삼아 사촌 동생 부견에게 살해되었다. 황제가 된 부견은 부족과 상관없이 선비족, 강족, 갈족, 흉노의 인재를 등용했는데, 특히 한족 왕맹을 재상으로 삼아 관료 제도를 정비하여 중앙 집권제를 강화했다. 또한 학교를 건립해 인재를 양성하고, 치수에 힘써 농업을 발전시켰으며, 부족 간의 갈등을 최소화해 단결을 이끌어 냈다. 그리하여 그는 370년에는 전연(前燕), 376년에는 전량(前涼)을 멸망시키고, 탁발족을 굴복시킴으로써 북방을 통일했다. 북방 통일을 이룩한 부견에게 남은 것은 천하 통일이었으며, 결국 그는 동진 정벌을 결심했다. 북방 통일을 이루어 낸 자신감과 이민족은 통일 국가를 건국할 수 없다는 열등감이 부견의 의지를 더욱 견고하게 만들었다.

383년, 마침내 부견은 보병 60만, 기병 27만, 금위군 3만 등 총 90만 명을 거느리고 장안을 출발했다. 그는 90만 대군을 삼분하여 선봉장 부융을 먼저 출병시키고, 요장은 동쪽으로 남하하게 했으며, 자신은 모용수와 함께 수양성(壽陽城)으로 진격하는 수륙양면 작전을 펼쳤다. 당시 부견은 "전진

사안 전권을 위임받은 사안은 전진의 대군에 맞서 동생 사석을 정벌군 대도독, 사현을 선봉장, 환충을 강주자사로 배치하고, 호빈에게 수양성 방어 지원을 맡도록 하였다.

군사들의 말채찍만을 모아 강물에 던지면 강물의 흐름도 막을 수 있다."라고 말하며 수적 우세를 자랑했다. 실제로 부견의 군대는 90만에 이르는 대군이었으나, 다수 이민족들로 급하게 조직되어 군 정비가 완벽하게 이루어져 있지 않았다.

반면 당시 동진은 황제 사마요가 어렸기 때문에 재상 사안의 보좌를 받고 있었다. 명문가 출신이었던 사안은 은둔과 풍류 생활을 즐기다가 뒤늦게 조정에 입문했는데, 환온(桓溫)이 동진의 황제를 폐위시키고 대권을 독점한 뒤 찬탈을 시도하자 이를 저지했다. 이후 사안은 재상이 되어 사씨 일족의 권세가 과도하게 강성해지는 것을 막고, 몰락 귀족들을 적절히 중용함으로써 정국을 안정시켰다. 또한 조카 사현(謝玄)에게 북방 유랑민들을 훈련시켜 북부군(北府軍)을 조직하게 했다.

전진이 대군을 이끌고 진격해 오자 전권을 위임받은 사안은 동생 사석(謝石)을 정벌군 대도독으로, 사현을 선봉장에 임명하여 전진의 공격을 막도록 했다. 또한 환충을 강주자사로 임

명하여 장강 중류에서 전진의 남하를 저지하도록 했으며, 호빈(胡彬)에게
는 군사 5천을 주어 수양성 방어 지원에 나서도록 했다. 이리하여 동진의
8만 병력 배치가 완료되었다.

10월, 전진의 부융이 회수를 건너 수양성을 공격하여 동진의 평로장군
서원희(徐元喜)를 생포했고, 모용수는 운성(隕城)을 함락했다. 수양성이 함
락되자 수양성 방어 지원에 나섰던 동진의 호빈은 더 이상 나아가지 못하
고 협석(硤石)으로 후퇴해야만 했다. 이에 부융은 곧 협석으로 진군했다.
또한 부융은 부하 양성(梁成)에게 군사 5만을 주며 낙간(洛澗)에 주둔하여
회수의 물길을 끊어 동진의 호빈을 고립시키도록 했다. 이때 고립된 호빈
이 낙간의 동쪽에 주둔하고 있던 사현과 사석에게 상황을 보고하는 밀서
를 보냈지만, 도중에 밀서가 부융의 손에 들어가고 말았다. 곧 부융은 부
견에게 군대를 이동시켜 호빈을 공격할 것을 건의했으며, 부견은 군대 대
부분을 항성에 남겨둔 채 8천 기병과 함께 수양으로 와 부융과 합류했다.

한편 부견은 동진을 공격함과 동시에 항복을 권유하기도 했다. 이때 부
견이 사신으로 파견한 자가 주서였다. 주서는 원래 동진 출신으로, 양양의
수비를 맡다 전진에 패한 뒤 포로가 되어 부견의 사람이 된 인물이었다.
이러한 이유로 주서는 전진을 배신하고 사현과 사석에게 90만 대군이 모
두 모이지 않은 전진의 군대 상황을 알려 주었다. 또한 모두 집결하기 전
에 공격할 것을 건의하며, 심지어 자신도 내응할 것을 약속했다.

11월, 사현은 유뢰지(劉牢之)에게 북부군 1만 5천여 명을 내어 주며 전진
에 대한 기습 공격을 명했다. 이에 유뢰지는 군사를 나누어 전진의 퇴로를
막은 다음, 회수를 건너 맹공격을 가했다. 동진의 기습에 놀란 전진군은 대
부분 도망치다 회수에 빠져 죽었으며, 양성은 전사했고, 왕현(王顯)은 포로

가 되었다. 이어서 사현과 사석은 비수(淝水) 동쪽에 진을 쳐 전진과 강을 사이에 두고 대치했다.

전진의 군대는 비수 서쪽에 진을 쳤고, 동진의 군대는 비수 동쪽에 진을 쳤다. 겨우 8만의 군사가 전부였던 동진은 전진의 후속 군대가 도착하면 전세가 불리해질 것을 우려하여 한 가지 계책을 내었다. 사현은 전진에 사신을 보내 전했다.

전진의 군대가 강 가까이에 진을 친 것은 지구전을 뜻하는 것으로 속전속결의 방법은 아닙니다. 만약 전진의 군대가 조금 후퇴하여 동진의 군이 강을 건너갈 수 있다면 속전속결로 승부를 가를 수 있으니 이 얼마나 멋있는 일이며, 양국에 이롭지 않겠소.

전진의 장수들은 결단코 반대했으나 부견은 동진의 군이 강을 반쯤 건넜을 때 정예 부대로 불시에 습격한다면 승리할 수 있을 것이라 자신하며 동진의 요구를 들어주었다.

전진의 군대에 후퇴 명령이 내려지자, 원정으로 심신이 피로해진 병사들은 고향 생각이 간절했다. 게다가 한족 병사들은 자신들로 인해 동진이 멸망하는 것을 원하지 않았다. 여기에 주서가 후방에서 진의 군사가 패했다는 헛소문을 퍼뜨리며 선동하니 전진 군대의 진용이 흐트러지기 시작했다.

반면 사현과 사염은 전진의 군대가 혼란에 빠지자 맹공격을 퍼부었다. 동진의 공격을 알아차린 부융은 전진군의 퇴각을 저지하고 진용을 정비하려고 애썼지만, 오히려 낙마하여 동진 군사에게 죽임당했다. 여기에 승세

수양성 비수대전이 벌어진 안휘성에 있는 수양성

를 탄 동진 군대가 맹렬히 전진군을 쫓으니, 전진군은 바람소리나 새 울음 소리조차 동진군의 추격 소리로 착각하는 등 두려움에 휩싸여 북으로 향했다. 부견 역시 어깨에 화살을 맞고 겨우 목숨을 부지한 채 화북으로 달아났다. 동진이 8만 군대로 전진의 90만 대군을 비수에서 물리친 이 전투는 비수대전으로 불리며, 중국 역사상 관도대전, 적벽대전과 함께 소수의 군대로 다수의 군대를 물리친 3대 대전으로 기록된다.

전진의 부견이 비수대전에서 참패하자 그의 세력은 점점 약해졌고, 부견 아래서 숨죽이고 있던 이민족들이 다시 일어나기 시작했다. 먼저 선비족 모용수가 부견을 떠났으며, 선비족 모용충은 무력으로 부견을 장안에서 내쫓았다. 마침내 385년에는 부견의 부하였던 강족 요장이 부견을 살해하고 새로운 왕조를 열었다. 이로써 화북은 다시 10개국이 할거하는 분열과 혼란의 시대에 접어들었으며, 중국은 회수를 경계로 남과 북이 대치하는 상황으로 접어들었다.

유유의 송나라 건국

남조 시대를 열다

399년 손은이 절강성 일대에서 난을 일으키다.

418년 낙양과 장안을 탈환하고 건강으로 돌아온 유유가 상국이 되다.

420년 유유가 송나라를 세우고, 중국에 남북조 시대가 도래하다.

한족 출신 유유는 화북 지역을 되찾는 염원을 이루기 위해 북벌을 단행한다. 남연, 서촉, 후진을 멸망시켜 낙양과 장안을 탈환한 유유는 스스로 새 왕조를 개창하기로 마음먹는다. 공제의 선양으로 황위에 오른 유유는 국호를 송(宋), 연호를 영초, 수도를 건강으로 정하고 송나라를 세웠다. 이리하여 104년 역사의 동진이 막을 내리고, 중국에 남북조 시대가 시작되었다.

전진의 남침을 막아 낸 동진은 평화를 되찾았지만, 이내 군벌의 득세와 황제의 무력함, 민란 등으로 분란에 휩싸였다. 385년, 재상 사안이 죽은 후 무제(武帝)의 동생 사마도자(司馬道子)가 정권을 장악했다. 그런데 396년에 무제가 후궁에 의해 어이없이 살해되면서 그 뒤를 이어 사마덕종(司馬德宗)이 안제(安帝)로 즉위했다. 그런데 안제는 정신박약아였기 때문에 사마도자의 전횡은 계속되었다.

동진 사람들의 생활 무력한 황제, 세력 있는 군벌의 득세가 맞물려 삶이 어려워지면서 동진에서는 몰락한 농민들이 민란을 일으켰다.

그러자 황실의 기강이 무너졌다고 생각한 북부군의 총수이자 연주 자사였던 왕공(王恭)이 조정의 쇄신을 요구하며 군대를 움직이려 했다. 이에 사마도자에게 모든 권한을 일임받은 사마원현(司馬元顯)은 당시 북부군의 실세였던 유뢰지에게 사람을 보내 왕공을 버리고 내응할 것을 제안했고, 이에 유뢰지가 배신함으로써 왕공은 죽임을 당했다. 이로써 동진의 군권은 황족 사마원현과 북부군의 유뢰지가 장악하게 되었다.

한편 399년에 절강성 일대에서 오두미교를 신봉하는 손은이 난을 일으켰다. 손은을 따르는 무리의 대부분은 귀족의 대토지 소유로 인해 몰락한 농민이었다. 이들은 귀족들의 사치, 정권의 부패와 무능력, 과중한 세역 부담에 대한 저항으로 난에 가담했다. 손은의 난에 사마원현은 북부군을 파견해 평정을 명했고, 서부군의 환현도 손은의 반란을 진압하고자 건강으로 내려왔다.

당시 사마원현과 서부군의 환현은 서로에 대해 반감을 가지고 있었는데, 손은의 난이 소강상태에 접어들자 사마원현은 이제 환현을 토벌하고자 했다. 이에 환현은 북부군의 유뢰지를 자기편으로 삼은 후 거병하여 건강으로 향했다. 이미 북부군의 협조를 얻은 탓에 건강에 쉽게 입성한 환현은 사마원현을 살해하고 조정을 장악한 후, 유뢰지를 회계내사에 임명해 북부군의 지휘권을 빼앗았다. 더 나아가 403년에 환현은 동진의 안제를 폐위하고, 나라를 세워 국호를 초(楚)라고 했다.

하지만 환현의 초나라는 역사에 이름을 올릴 겨를도 없이 3개월 만에 종말을 고했다. 환현이 지나친 사치와 교만, 음란한 행동 등을 일삼았으며, 빈번하게 법령을 수정하고 부패하자 환현 토벌군들이 조직된 것이다. 환현 토벌군 중 두각을 나타낸 것은 유유(劉裕)였다.

한족(寒族) 출신인 유유는 하급 군관으로 북부군에서 군 생활을 시작했으며, 손은의 난이 일어났을 때 전공을 세워 북부군의 핵심이 되었다. 404년, 유유가 환현의 장수 오보지, 황보부, 환겸 등을 차례로 격파하자, 환현은 심양에 유폐했던 안제를 데리고 광릉으로 도주했다. 환현의 군대는 거듭하여 유유군에게 패했고, 이에 환현은 다시 강릉으로 도주했으나 끝내 유유에게 죽임을 당했다. 405년, 환현을 성공적으로 토벌한 유유는 안제를 다시 건강으로 모서 복위시켰다. 그러나 안제는 허수아비일 뿐 유유는 환현을 토벌한 공으로 도독중외제군사(都督中外諸軍事)로 임명되어 실권을 쥐었다.

유유는 환현처럼 성급하게 황제가 되는 실수를 저지르지 않았다. 그는 일단 천하의 인심을 모으기 위해 다시 군사를 일으켜 북벌을 단행했다. 서진 멸망 후 북쪽의 이민족에게 쫓겨 강남에 동진을 세웠던 한족에게는 화북 지역을 되찾는 것이 최대의 염원이었다. 유유의 북벌은 1, 2차로 나누어져 실행되었으며, 410년에는 선비족의 남연(南燕)을, 413년에는 서촉(西蜀)을, 417년에는 강족의 후진(後秦)을 멸망시켜 낙양과 장안 두 도시를 탈환

유유 환현 토벌군으로 두각을 나타낸 유유는 천하의 인심을 모으기 위해 북벌을 단행하였고, 공제에게 황위를 선양 받아 송나라를 개창했다.

했다. 이내 유유가 한족의 염원인 중원 통일을 이룩할 듯 보였으나, 유유의 북벌은 여기에서 멈추었다. 당시 장안에 머물던 유유는 자신이 건강을 비운 사이 다른 이가 찬탈할 것이 걱정된 것이다.

418년, 유유는 건강으로 돌아와 상국이 되었으며, 왕기지에게 명해 안제를 시해한 후 그의 동생 사마덕문(司馬德文)을 공제(恭帝)로 옹립했다. 이윽고 유유는 새 왕조 개창의 시기가 무르익었다고 판단하고, 공제에게

선양 받는 형식으로 황위에 올랐다. 420년에 유유는 국호를 송(宋), 연호를 영초(永初), 수도를 건강으로 정했다. 이리하여 104년 역사의 동진이 막을 내리고 남과 북이 대치하는 남북조 시대가 시작되었으며, 송나라는 남조의 단명 왕조 중 첫 번째 나라가 되었다.

동진 멸망 후 강남에는 송, 제(齊), 양(梁), 진(陳) 등 4개의 왕조가 차례대로 이어졌다. 이를 남조라 일컬으며, 기간은 불과 170년에 지나지 않는다. 송은 60년, 제는 24년, 양은 56년, 진은 33년의 역사를 가지고 있으며, 그 기간에 배출한 황제는 각각 8명, 7명, 4명, 5명에 달한다. 이렇듯 짧은 통치 기간과 빈번한 왕조 교체로 사회는 극심한 혼란을 겪었다.

420년에 송을 건국한 송 무제 유유는 남조의 사씨나 왕씨 등의 귀족 사회와는 어울리지 않는 지체가 낮은 집안 출신의 무장이었다. 그렇기에 창

업은 했으나 나라를 다스리는 교육을 받지 못해 통치 능력이 부족했다. 그는 조정 인사를 발탁할 때 명문 귀족들을 배제하고, 한족 출신을 중용했으며, 군사력은 일족에게 분배했다. 무제가 즉위한 지 3년 만인 422년에 죽자 장남 유의부(劉義符)가 즉위했다. 유의부는 신하 서선지(徐羨之) 등에게 죽임당했고, 424년에 유유의 셋째 아들 유의륭(劉義隆)이 문제(文帝)로 즉위했다. 문제 때 송나라는 정치적으로 안정되고 문화적으로 크게 발전하여 후세에 원가지치(元嘉之治)라고 불릴 정도였다. 그러나 문제는 황태자 유소(劉劭)에게 살해되어 비극적으로 생을 마감했다. 이후 유준(劉駿)이 효무제(孝武帝)로 즉위했는데, 그는 아버지를 죽인 형 유소를 죽이고 황제가 되었다. 효무제 사후 전폐제(前廢帝)로 즉위한 유자업(劉子業)은 황제가 된 지 불과 1년 만에 폭정을 했다는 이유로 숙부인 유욱(劉彧)에게 살해되었다. 이렇듯 송나라의 황족들이 서로 죽고 죽이며 골육상잔하니, 민생의 안정은 당연히 기대할 수 없는 일이었다. 이러한 상황에서 송 왕조를 배신하는 사람이 등장하는 것은 너무나도 자연스러운 일이었다.

송의 유씨 황족들이 골육상잔으로 그 씨를 말릴 즈음, 친위군 실권자인 소도성(蕭道成)이 송나라의 제7대 황제인 폭군 후폐제(後廢帝) 유욱(劉昱)을 살해하고, 477년에 어린 유준(劉準)을 순제(順帝)로 옹립했다. 479년, 소도성은 겨우 13살이었던 순제를 위협하여 황위를 양위 받고 국호를 제로 했다. 소도성은 재위 동안 몸소 절약하고 호적 정비 사업으로 감세 정책을 펼쳤으나, 큰 성과를 내지 못한 채 즉위 4년 만에 생을 마감했다. 이어서 즉위한 제2대 황제 무제(武帝)는 영명지치(永明之治)라 불리며 나라를 안정시켰으나 곧 송나라와 마찬가지로 골육상잔의 바람이 일었다. 제5대 황제 명제(明帝)는 황태자를 보호하기 위해 황족 27명을 살해할 정도였다. 이렇

소도성 송 왕조 친위군 실권자였던 소도성은 송나라 제7대 황제인 유욱을 살해하고, 마지막 황제인 유준을 순제로 옹립하였다. 그리고 순제로부터 황위를 양위 받아 제나라를 개창했다.

게 황족 간의 살육이 심했던 제나라는 24년 동안 무려 7명의 황제를 배출했다. 명제는 3년이 조금 넘는 기간 동안 제위에 있었으나 그가 일으킨 피바람에 나라는 다시 극심한 혼란을 맞았고, 다시 한 번 선양이 이루어질 조건이 무르익었다.

500년, 황족의 먼 친척이었던 옹주자사 소연(蕭衍)이 자신의 형 소의가 사약을 먹고 죽은 것을 빌미로 거병했다. 이내 건강에 입성한 소연은 당시 황제였던 소보권(蕭寶卷)을 죽이고, 그의 동생 소보융(蕭寶融)을 화제(和帝)로 옹립했다. 그리고 502년, 소연이 화제의 선양을 받아 양을 세우니, 남조는 양나라의 차지가 되었다. 무제(武帝) 소연은 46년간 통치했는데, 이는 남조 역사상 가장 긴 통치 기간이다. 문학자로도 유명한 무제 소연은 근검절약했으며, 주사(周捨)와 서면(徐勉) 등을 중용하여 안정적인 정치를 펼쳤다. 그러나 말년에 불교에 너무 심취한 나머지 정사를 돌보지 않고 불문에 귀의하기를 반복하며, 실정을 거듭했다.

548년, 북조의 동위(東魏)를 배반하고 양나라에 투항한 후경(侯景)이 반란을 일으켰다. 양나라가 동위의 후경 토벌군에게 패하자 화친 조건으로 동위에 보내질 것이 두려워 먼저 군사를 일으킨 것이다. 그는 반란을 일으킨 지 130일 만에 건강을 함락하고 무제를 굶어 죽게 한 다음, 간문제(簡文

帝)를 옹립했다. 이어서 간문제를 죽이고 스스로 황제가 되어 한(漢)을 세웠다.

그러나 후경이 폭정을 일삼자 왕승변(王僧弁)과 진패선(陳霸先)이 상동왕 소역(蕭繹)을 양나라 원제(元帝)로 추대하고 후경 토벌에 나섰다. 후경을 꺾은 진패선은 서위(西魏)의 남침으로 원제가 피살되자 원제의 아들을 경제(敬帝)로 옹립했다. 하지만 그 역시 곧 경제에게 선양 받아 스스로 황제가 되고 국호를

소연 제나라 화제로부터 선양 받고 양나라를 건국한 뒤 무제로 등극하였다.

진으로 개칭했다. 이로써 남조는 진에게 무대를 내주었지만, 진에게 허락된 시간은 그리 길지 않았다. 역사는 다시 남북조 분열에서 통일의 국면으로 접어들고 있었다.

493

북위의 낙양 천도
다민족 통일 국가로 거듭나기 위한 효문제의 한화 정책

> **476년** 북위의 헌문제가 죽자 겨우 5세에 불과한 탁발굉이 효문제로 즉위하다.
> **485년** 북위가 균전제를 실시하다.
> **493년** 효문제가 30만 대군을 거느리고 제나라를 공격하기 위해 평성을 출발하다.

효문제는 통치 체계를 확고히 하고 국가 재정을 건실하게 하려면 한족의 선진 문화를 적극 수용해야 한다고 여겼다. 문무대관들의 반대 속에 낙양 천도를 결심한 효문제는 30만 대군을 이끌고 낙양 천도의 목적을 달성한다. 천도 후 효문제는 한화 정책을 적극 시행하여 한족 복장 착용, 한어의 공식어 지정, 선비의 복성을 한족의 성으로 바꿀 것을 명한다. 이로써 북위는 정치, 경제적으로 발전하고 민족 간의 갈등과 계급 모순을 해결하여 다민족 통일 국가로 거듭났다.

476년, 선비족 북위의 헌문제(献文帝)가 죽자 겨우 5세에 불과한 탁발굉(拓跋宏)이 효문제(孝文帝)로 즉위했다. 너무 어린 나이에 즉위했으므로 그의 조모인 문성제(文成帝)의 황후 풍태후(馮太后)가 섭정을 했다. 북위는 제3대 황제 태무제 때 화북 통일을 이룩했지만, 북위의 통치 계급과 한족 지주 세력 간의 갈등, 통치 계급 내의 갈등, 민족 간의 계급 갈등이 심했기 때문에 개혁이 절실했다. 이에 풍태후는 정치와 경제 분야에 새로운 제도를 도입했다.

484년에 북위는 봉록제(俸祿制)를 단행했다. 이전에 북위는 관료들에게 봉록을 지급하지 않았기 때문에 관료들의 토지와 재산은 나라에서 하사한 것이거나 백성을 수탈한 것이었다. 또한 관료의 임기가 공적과 상관없이 6년으로 정해져 있었기 때문에 관료들의 수탈이 매우 극심했다. 따라서 풍태후는 관료들의 임기를 공적에 따라 나눈 뒤 매 호마다 비단 3필과 곡식 2곡 9말을 내게 해 계절에 따라 관료들의 봉록을 지급했다. 더불어 뇌물을 수수하는 관료들을 엄히 다스려 비단 한 필을 받은 자도 사형에 처했다.

이듬해인 485년에는 균전제(均田制) 실시를 선포했다. 화북 지역은 오랫동안 전쟁에 시달려 경제가 피폐해지고, 황무지가 늘어났으며, 귀족들의 토지 겸병으로 안정적인 재정을 확보할 수가 없었다. 북위의 균전제에는 기본적으로 '모든 토지는 황제의 소유이다'라는 개념이 전제된다. 시행된 균전제의 내용은 15세에서 70세까지 성인 남자에게 40무, 여자에게 20무의 노전(露田, 황무지)을 주고, 마전(麻田)은 남자에게 10무, 여자에게는 5무를 주도록 했다. 만약 마 경작에 적합하지 않은 토지일 경우에는 대신 상전(桑田, 뽕나무 밭)을 주었는데 남자가 20무, 여자는 그 반을 받았다. 지급받은 토지는 기본적으로 70세가 되거나 지급받은 자가 죽었을 때 나라에 반납해야 했다. 그러나 상전의 경우에는 자식에게 물려주거나 일정한 한도 내에서는 매매도 가능했다. 또한 지주의 경우 자신이 소유한 노비와 소의 수량에 따라 별도의 토지를 받을 수 있었는데, 노비는 농민과 같은 수량의 토지를 받았고, 소 한 마리로 30무의 토지를 받을 수 있었다. 북위는 균전제 실시로 농업 생산량 회복과 발전의 성과를 이룩했으며, 모든 백성을 세원으로 여겨 재정을 확보할 수 있었다.

한편 북위는 균전제를 확실히 시행하기 위해 전국적으로 토지 소유 현황과 연령별, 성별에 따른 정확한 인구 파악이 필요했다. 이에 실시된 것이 바로 삼장제(三長制)였다. 다섯 집을 1린(隣)으로 하고, 5린을 1리(里), 5리를 1당(黨)으로 조직했다. 그리고 각 조직에는 인장(隣長), 이장(里長), 당장(黨長)이라는 우두머리를 앉혀 호적의 작성과 조세의 징수, 부역의 징발, 치안 유지의 책임을 지게 했다. 이로써 북위는 지방 통치를 공고히 하고, 중앙 집권을 강화할 수 있었다. 균전제나 삼장제 등과 같은 북위의 제도들은 후에 당나라가 흡수, 계승하였으며, 일부는 새로운 정책으로 거듭나기도 했다.

490년, 풍태후가 죽자 효문제의 친정이 시작되었으며, 북위의 개혁 정책들은 효문제에 의해 계속 추진되었다. 효문제는 통치 체계를 확고히 하고 국가 재정을 건실하게 하려면 한족의 선진 문화를 적극 수용해 한화(漢化)해야 한다고 여겼다. 그리하여 그는 낙양으로 천도를 결심했다. 당시 북위의 수도는 산서 평성(平城)이었는데, 평성은 변방에 위치해 있고, 교통이 불편한데다 북쪽에 위치한 탓에 날씨가 추워 생산량도 많지 않았다. 과거 천도가 거론되었을 때도 선비계 귀족과 고관들의 반대가 극심했던 것을 거울삼아 효문제는 낙양 천도 계획을 먼저 공표하지 않았다. 대신 대관 신료들이 모인 자리에서 대규모 제나라 정벌을 제안했다. 효문제의 숙부 임성왕(任城王) 탁발징(拓跋澄)이 강력히 반대하자 효문제는 "이 나라는 나의 것이오. 내 나라의 군대를 내 마음대로 출전시키는 것을 막는다면 임성왕이라도 용서하지 않을 것이오."라며 화를 냈다. 여기에 임성왕이 "이 나라가 폐하의 것은 맞사오나, 신 또한 이 나라의 대신입니다. 대신으로서 나라를 위태롭게 하는 출정을 두고 볼 수만은 없습니다."라며 응대했다. 그러자 잠시 후 효문제는 임성왕을 단독으로 불러 앉혔다. 그는 임성왕과 마주한 자리에서 평성의 약점들을 열거하며 실제 목적인 낙양 천도를 언급했다. 그제야 임성왕이 효

효문제 풍태후 사후 친정을 시작한 효문제는 북위의 개혁 정책을 계승하였다. 낙양 천도, 한화 정책을 적극적으로 추진하여 북위는 큰 발전을 이룩할 수 있었다.

문제의 의도를 깨닫게 되니, 효문제는 임성왕의 지지를 확보할 수 있었다.

493년, 친히 30만 대군을 거느리고 제나라를 공격하고자 평성을 출발한 효문제는 문무백관 및 30만 대군과 함께 낙양에 도착했다. 과거 40만 대군으로 남정을 감행했다가 참패했던 기억 때문에 신료들에게는 여전히 남정에 대한 불만이 가득했다. 날씨마저 을씨년스럽고 큰 비로 행군조차 힘겨워 보이던 어느 날, 갑옷을 차려입은 효문제가 말 위에 올라 출격 명령을 내렸다. 이에 문무대관이 모두 엎드려 남정을 간곡히 말렸다. 그러자 효문제는 시기가 적절함을 느끼고 "대규모 출병을 하고도 이룩한 것이 없다면 천하의 웃음거리가 될 것이오. 그렇기에 짐은 이번 기회에 낙양 천도라도 해야겠소. 자, 이제 대신들의 의견을 물으니 천도를 원하는 사람은 왼편에 서고, 반대하는 사람은 오른편에 서시오." 하였다. 대신들은 일단 남정을 피할 수만 있다면 낙양 천도는 얼마든지 지지할 수 있었다. 이리하여 효문제는 낙양 천도의 목적을 달성했다.

그러나 효문제의 낙양 천도에 전혀 잡음이 없었던 것은 아니다. 효문제는 낙양 천도 후 대대적인 개혁 정책들을 단행했는데, 이는 선비계 귀족들의 반발을 사기에 충분했다. 결국 이들은 태자 탁발순(拓跋恂)을 내세워 반란을 꾀하고자 했다. 하지만 이를 먼저 눈치챈 효문제가 태자 탁발순에게 자결을 명한 후, 임성왕을 평성으로 보내 목태(穆泰), 동릉왕 탁발사예(拓跋思譽), 대군(代郡)태수 탁발진(拓跋珍), 양평후 하뢰두(賀賴頭) 등의 반란을 진압시켰다.

낙양 천도 후 실시된 효문제의 개혁, 즉 한화 정책은 과감하고 일괄적이었다. 첫째, 관료들의 호복 착용을 금지하여 어전에서 선비 복장을 못하게 하고 한족 복장 착용을 명했다. 둘째, 한족의 언어인 한어(漢語)를 공식어로 지정했다. 따라서 어전에서 선비 언어 사용이 금지되었으며, 30세 이하의 관리들은 반드시 한어를 사용하도록 했다. 이를 어겼을 경우에는 관직 강등이나 파면의 조치를 취하기도 했다. 한편 이미 나이가 들어 한어의 습득이 어려운 30세 이상의 관리들은 점차 한어로 바꾸도록 했다. 셋째, 선비의 복성(複姓)을 단음인 한족의 성으로 바꿀 것을 명했다. 효문제가 모범을 보여 탁발 성을 버리고 원(元)으로 개명하여 원굉(元宏)이 되었으며, 다른 귀족들도 모두 한족 성으로 개명하도록 했다. 넷째, 평성을 버리고 낙양으로 이주한 선비인들은 모두 낙양적(洛陽籍)을 두게 하고, 장례를 반드시 낙양에서 치르도록 했다. 다섯째, 선비와 한족의 통혼을 장려하여 선비와 한족이 일체가 되게 했다. 이에 효문제는 최(崔), 노(盧), 정(鄭), 왕(王)씨 등 네 명의 한족 여자를 후비로 삼았으며, 다섯 명의 동생에게도 한족 여자를 부인으로 삼도록 하고, 공주를 한족에 시집보냈다. 또한 한족의 문벌들을 3대에 걸친 고관의 수를 기준 삼아 4등급을 나누고, 선비 8성에 해당하는 대우와 함께 낮은 관직을 주지 못하게 했다.

풍태후 섭정 기간을 포함한 효문제 시기의 한화 정책들로 북위는 정치 경제에 큰 발전을 이룩했고, 민족 간의 갈등과 계급 모순을 해결하여 다민족 통일 국가로 거듭났다. 하지만 효문제는 낙양으로 천도한 지 몇 년 지나지 않은 499년, 남정 원정에서 병사했다. 이후 북위의 계승자는 효문제의 큰 포부까지 계승하지 못해 북위를 다시 변란에 휩싸이게 했다.

육진의 난

북위의 분열

> ◁◁ **499년** 효문제가 병사한 뒤 북위의 사회적 모순들이 고개를 들기 시작하다.
> ◁◁ **523년** 문벌에서 제외되어 냉대받던 육진의 선비족들이 반란을 일으키다.
> ◁◁ **535년** 우문태가 문제를 새 황제로 옹립함으로써 북위가 동위와 서위로 갈라
> 지다.
>
> 효문제의 낙양 천도 후 훈공에 따라 관료로 진출할 수 있는 특혜가 없어진
> 군진들은 봉기를 일으키고 반란을 획책한다. 이에 북위 조정은 포로를 강
> 제 이주시키는 등 반란군 진압에 나섰으며, 기주에서 또다시 반란이 일었으
> 나 추장 이주영이 진압함으로써 육진의 난은 평정되었다. 그 후 반란 진압
> 을 계기로 군권을 손에 쥔 이주영 일족이 전횡을 일삼자 북위가 동서로 분
> 열하여 멸망하는 원인이 되었다.

499년, 북위 개혁의 구심점이었던 제7대 황제 효문제가 병사하자 북위
신질서에 잠재되어 있던 사회적 모순들이 고개를 들기 시작했다. 효문제
의 뒤를 이은 제8대 황제 선무제(宣武帝, 재위 499~515)는 불교에 심취한 나
머지 정사를 외척에 맡겼으며, 제9대 황제 효명제(孝明帝, 재위 510~528)는
나이가 어려 모후인 호태후(胡太后)가 섭정했다. 호태후는 효명제 등극에
공을 세워 시중, 거문하성, 영군장군이 된 우충 등 귀족파들을 조정에서 몰

아내고, 자신의 섭정에 불만을 품고 연금을 시도했던 유등과 원차를 내보냈다. 호태후는 섭정 동안 북위의 경제를 성장시키긴 했으나, 그녀는 정권을 마음대로 휘두르며 사치스런 생활을 했다. 또한 독실한 불교 신자인 그녀는 전국에 사찰을 건립하여 재정을 악화시켰다. 더불어 문벌귀족들은 서로 부를 경쟁하듯 호화롭고 사치스럽게 생활했다. 이런 북위의 황족과 문벌귀족들의 사치는 백성을 수탈하여 이루어진 것이다. 당시에는 균전제가 점차 무너져 권문세족들은 대토지 소유가 가능해졌고, 노비 예속을 통해 토지와 부를 더욱 증식해 나갔다. 또한 군(郡)의 크기에 따라 비단의 양을 공공연히 정해 관직을 매매했다. 이처럼 효문제 사후 20, 30년간 북위 사회에서는 지배 계급 내부의 갈등과 충돌이 심해지고, 관료 사회는 부패했으며, 피지배층의 불만이 고조되었다. 특히 효문제가 낙양으로 천도한 후부터 북위 군대의 불만은 점점 쌓였고, 이는 결국 봉기로 이어졌다.

북위 군대는 크게 중앙의 근위군과 북부 변방의 군진(軍鎭)으로 구성되었으며, 모두 탁발씨(拓跋氏)의 귀족들이 담당했다. 북위 초기에는 이들의 지위가 비교적 높았으며, 훈공에 따라 관료로 진출할 수 있었다. 그러나 효문제가 낙양으로 천도한 후 이들에게 주어진 특혜가 없어져 문관에 비해 승진이 불리했으며, 대우 역시 달라졌다. 결국 선비족 귀족의 자녀로 이루어진 우림(羽林)의 근위군이 쌓인 불만을 터뜨리며 폭동을 일으켰다. 그러나 근위군보다 더 큰 불만을 가진 병사들이 있었으니 바로 변방의 군진 병사들이었다.

북위는 초기에 북쪽 유연(柔然)의 남침을 막기 위해 군진을 여럿 두었으며, 그중 6개의 진이 중요했다. 이를 육진(六鎭)이라 일컬으며, 회삭진(懷朔鎭), 무천진(武川鎭), 무명진(撫冥鎭), 유현진(柔玄鎭), 옥야진(沃野鎭), 회황진(懷荒鎭) 등을 일컫는다. 육진 역시 중앙의 근위군과 마찬가지로 초기에는 위상을 유지했으나 북위 말년에는 홀대를 받았으며, 당시의 사회적 모순을 고스란히 가지고 있었다. 육진의 선비족 장군들은 문벌에서 제외되어 승진에서 경시와 냉대를 받았으며, 육진 내에도 갈등이 존재했다. 육진 선비족 장군들 역시 병사들과 백성을 착취하여 사치스런 생활을 한 것이다. 또한 유연족의 침입이 계속되었고, 북위의 압박을 받던 소수 민족들도 반항의 조짐을 보였다.

523년, 유연족의 아나괴(阿那瓌)가 회황진으로 쳐들어와 군대와 백성 2천여 명, 가축 10여 만 마리를 약탈했다. 이에 생활이 궁핍해진 회황진의 백성들은 군진의 장군 우경(于景)에게 구제를 요청했으나, 우경은 이를 거절했다. 결국 분노한 백성들이 우경을 잡아 죽이는 폭동을 일으켰으며, 그 여파는 다른 군진에까지 삽시간에 퍼졌다. 두 달 후 옥야진에서 흉노족 파육한발릉(破六韓拔陵)이 봉기를 일으켜 군진의 장군을 살해했으며, 육진의 산호족, 진주와 남진주의 저족과 강족, 고평진의 칙륵인, 박골율진의 호인 등이 반기를 들었다. 반란이 육진뿐만 아니라 북변 전체로 확대되자, 북위 조정은 대도독 이숭과 부도독 최섬에게 반란을 진압하게 했다. 그러나 북위 군대가 싸움에 패하고 도망치니, 북위 조정은 다시 원연을 파견해야만 했다. 원연은 우근을 보내 칙륵인 반란군을 설득하는 한편, 유연족과 결탁하여 반란군 진압에 나섰다. 반란군이 북위 군대에 밀려 남하하는 도중 파육한발릉은 전사했고, 반란군 20만 명은 포로가 되었다. 북위 조정은 이 포로들을 하북 지방의 정주, 기주, 영주 등으로 강제 이주시켰다.

북위 조정은 이로써 반란을 잠재웠다고 여겼으나, 525년 기주에서 다시 반란이 일었다. 북위가 포로들을 강제 이주시켰던 세 곳은 원래 계급 갈등이 심했던 곳으로, 포로들이 유입되면서 그 갈등이 더욱 심화된 것이다. 육진 중 유현진의 병사였던 두락주와 회삭진의 병사였던 선우수례가 각각 봉기를 일으켜 화북 지역을 점령해 나갔으며, 선비족 갈영(葛榮)이 반란군을 무력 통합한 후 낙양을 위협했다. 이에 북위 조정은 원융, 원연 등에게 진압을 명했지만, 원융은 갈영의 군대에 죽임당했으며, 원연은 포로가 되었다. 하지만 갈영의 봉기군은 산서성에 근거를 둔 계호(契胡)족 추장 이주영(爾朱榮)의 7천여 기마병에게 대패했으며, 갈영은 낙양으로 압송되어 참수되었다. 이렇게 육진의 난이 평정되자 북위 조정은 이것으로 평화와 안정을 기대했다. 그러나 북위 조정을 기다리고 있던 것은 왕조의 붕괴였다.

반란 진압을 계기로 군권을 손에 쥔 이주영은 황실의 내정까지 간섭했다. 당시 북위 황실에서는 장성한 효명제가 호태후의 섭정에 불만을 품고 있었다. 이에 효명제는 이주영 군권을 빌려 호태후에게서 정권을 되찾아 오고자 했다. 하지만 호태후가 이를 먼저 눈치채고 친아들인 효명제를 독살해 버렸다. 효명제 독살 소식이 전해지자 이주영은 호태후를 숙청한다는 구실로 군사를 일으켜 낙양에 진입한 후 호태후와 관료 2천여 명을 살해했다. 후세는 이를 '하음(河陰)의 변'이라 일컬으며, 이주영은 효장제(孝莊帝)를 허수아비 황제로 옹립했다.

그러나 효장제는 이주영의 꼭두각시로 남아 있을 마음이 전혀 없었다. 이에 효장제는 희비의 조산을 구실로 이주영을 궁궐로 불러들여 그를 주살했다. 그러자 이번에는 이주영의 조카였던 분주자사 이주조(爾朱兆)가 이를 분하게 여겨 낙양으로 군사를 이끌고 들어오니, 효장제는 말도 없이 걸어서 도망치다 이주조에게 잡혀 살해당했다. 이후 이주조는 절민제(節閔帝)를 황제로 내세웠다.

531년, 이주씨 일족이 북위의 정권을 장악했지만, 이 또한 오래가지 못하고 일족 내부에서 분란이 일어났다. 그사이 원래 이주영에게 소속되어 있던 고환(高歡)과 우문태(宇文泰)가 각기 독립함으로써 북위는 고환의 관동 세력과 우문태의 관서 세력으로 분열됐다.

532년, 고환은 이주씨 군대를 대파하고 낙양에 입성해 절민제를 죽이고 효문제의 손자를 내세워 효무제(孝武帝)로 옹립했다. 그런데 고환의 전횡으로 효무제와 고환의 갈등이 심해지자 효무제는 고환을 제거하려다 실패하고 관중의 우문태에게 의탁했다. 이에 고환은 망설임 없이 수도를 낙양에서 업성(鄴城)으로 옮기며 11세의 효정제(孝靜帝)를 다시 황제로 내세웠다. 이리하여 북위는 관동과 관서에 각각 황제를 두게 되었다. 그런데 535년에 우문태가 효무제의 방탕한 생활을 빌미로 그를 독살하고 문제(文帝)를 새 황제로 옹립하니, 이것으로 북위는 동위(東魏)와 서위(西魏)로 완전히 갈라지게 되었다.

이로써 동위의 실권은 고환이, 서위의 실권은 우문태가 각각 쥐게 되었으며, 오래지 않아 이들은 새로운 정권을 창출해 고환 일족은 북제(北齊)를 세웠고, 우문태 일족은 북주(北周)를 건국했다.

과거제 시행

혁신적인 인재 선발제의 실시

> **581년** 문제 양건이 수나라를 개국하다.
> **598년** 문제가 위나라의 구품중정제를 폐지하고 과거 제도를 통해 관원을 선발하다.
> **621년** 당나라가 건국 이후 처음으로 과거제를 시행하다.
>
> 수 문제가 조정 정치를 혁신하기 위해 펼친 대표적인 정책이 과거제이다. 과거제는 신분에 상관없이 개인의 능력과 재능에 따라 인재를 선발하는 제도로, 과거에 급제한 자들은 입신양명은 물론, 세금과 부역의 면제 등 여러 혜택을 받았다. 또한 능력이 검증된 인재들이 관직에 진출하면서 원활한 국정 운영이 이루어졌다. 이로써 귀족들에게 독점된 관료 사회가 무너지고 황제 중앙 집권제가 강화했다. 수나라 때 만들어져 당나라, 송나라 때에 흥성한 과거제는 1,300년을 존속하며 중국 역사에 큰 영향을 미쳤다.

581년, 수나라를 개국한 문제(文帝) 양견(楊堅)은 관제를 정비하여 국가 기밀을 관장하고 정령(政令)의 반포를 맡는 내사성(內史省), 정령의 심의를 담당하는 문하성(門下省), 전국의 행정 사무를 맡아보는 상서성(尚書省)을 설치했다. 다음으로 지방 행정 개혁를 단행하여 주군현제(州郡縣制)를 주현제(州縣制)로 바꾸었다. 또한 주, 군, 현의 관료를 지방 호족으로 임명하는 과거의 방식을 버리고 모든 관료를 중앙에서 임명한다는 규칙을 정했다. 여기에는 귀족 세력을 꺾겠다는 문제의 의지가 담겨 있다고 볼 수 있다. 이로써 정규 관료로 임명할 인재가 필요하게 된 수나라는 당시로서는 혁신적인 인재 선발제인 과거(科擧)를 실시했다. 과거는 조정에서 과목을 정해 공개적으로 시험을 치른 후 선발된 인재를 관료로 삼는 것을 말한다.

587년, 문제는 위진남북조 시대에 인재를 선발하던 제도인 위(魏)나라의 구품중정제(九品中正制)를 폐지했다. 구품중정제는 관할 지역의 인물을 재덕과 명망을 기준으로 하여 상상, 상중, 상하, 중상, 중중, 중하, 하상, 하중, 하하 등 9품으로 나눈 후 등급에 따라 관직을 수여하는 것이며, 이러한 품계를 정하는 사람을 중정(中正)이라고 했다. 초기에 중정은 공정했으나 시간이 지남에 따라 점차 권문세족들이 중정이 되면서 재능보다는 출신에 따라 등급이 정해졌다. 그리하여 이후 구품중정제는 "상품에는 한문(寒門)이 없고, 하품에는 세족이 없다."라는 말이 유행할 정도로 문벌 세력을 공고히 하는 도구로 전락하고 말았다. 구품중정제의 폐단으로 우수한 인재의 등용이 차단되자, 문제는 각 주에 명하여 세 명씩 인재를 추천하도록 했다. 그리고 이렇게 추천된 총 90명의 인재들에게 시험을 치르게 해 그중에서 관료를 선발했다. 비록 완전한 과거제 형태는 아니었으나 그 시작으로 볼 수 있다.

이어 문제는 598년에 조서를 내려 5품 이상의 중앙 관리와 지방관에게 지행수근(志行修謹)과 청평간제(淸平干濟)라는 2개 과목을 통해 인재를 선발하도록 명했다. 문제 이후 즉위한 수나라 양제(煬帝)는 과거제의 정규 과목에 수재(秀才), 명경(明經), 진사(進士) 등을 실시했다. 이어서 607년에는 효제유문(孝悌有聞), 덕행돈후(德行敦厚), 절의가칭(節義可稱), 조이청결(操履淸潔), 강의정직(强毅正直), 집헌불요(執憲不撓), 학업우민(學業優敏), 문재수

송나라 때 과거시험장의 모습

미(文才秀美), 재감장략(才堪將略), 여력효장(膂力驍壯) 등 10개 과목 시험을 통해 인재를 등용하도록 했다.

과거제는 수나라 때 만들어져 당나라, 송나라 때 흥성하였으며, 명나라와 청나라 때는 쇠퇴하는 모습을 보였다. 청나라 말기에 이르러 완전히 폐지되기까지 약 1,300년간을 존속하며 중국 역사에 큰 영향을 미쳤다.

먼저 당나라는 수나라 때의 과거제를 계승하고 발전시켜 국가의 인재를 선발하는 주요 수단으로 삼았다. 621년, 당나라는 건국 이후 처음으로 과거를 실시했다. 당 고조는 칙령을 반포해 명성이 있는 주의 학사와 과거의 명경, 수재, 준사(俊士), 진사들에게 해당 현의 시험을 주관하도록 하고, 주에서 합격자를 선별하여 공물을 바칠 때 입성할 것을 명했다. 이후 당나라는 과거 시험을 상과(常科)와 제과(制科) 두 종류로 나누었다. 우선 상과는 매년 실시되었으며, 고시 과목은 수시로 변했지만 수재, 명경, 진사, 명법

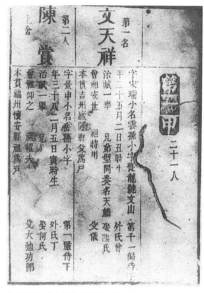

송나라 때 과거제 실시 후 등급을 매긴 문서

(明法), 서학(書學), 산학(算學) 등의 6가지 과목은 자주 출제되었다.

수재는 국가 경영이나 정책을 시험하는 과목으로, 당나라 초기에는 등급이 가장 높았으나 제2대 황제 태종(太宗) 때 폐지되었다. 명경은 유가 경전에 대한 이해를 묻는 시험이다. 9경, 5경, 4경, 3경, 2경, 학구1경, 3예, 3전, 사료 등으로 세분화되었으며, 점차 시험 내용과 방법이 끊임없이 변했다. 진사는 태종 때에 시책(試策)과 경의(經義)만 있었는데, 시험 내

용과 방법이 자주 변해 고종 영륭(永隆, 680~681) 시기에는 잡문 2편인 시(詩)와 부(賦)가 추가되었고, 현종 개원(開元, 713~741) 시기에는 시, 부가 필수 과목이 되었다. 명법은 법률을 시험하는 것으로, 주로 율령과 시책이 각각 10문제씩 출제되었다. 서학은 소학과 문자학에 속하며, 구술시험 통과후 설문(說文), 자림(字林) 시험을 치렀다. 마지막으로 산학은 수학과에 속하며, 고대 수학 저서의 내용을 물었다.

다음으로 제과는 황제가 임시로 영을 내려 설치한 과목으로, 황제가 임의대로 정한 날짜에 시험을 치렀다. 이처럼 제과 역시 황제가 주관하는 시험이었으나, 당시 사람들은 관리가 되는 정통 방법으로 여기지 않았기 때문에 제과 합격자를 종종 무시하곤 했다. 당나라 시기의 제과 과목은 수십가지에 달했지만, 시험 내용은 대체로 비슷했다. 한편 당나라 측천무후(則

　　　　　　　　　　　중국사를 움직인 100대 사건

天武后) 통치 시기에는 상과와 제과 외에 무과(武科)도 신설되었으나 이내 중단되었다. 무과는 무장을 선발하기 위한 과목이었으며, 무과 출신으로는 곽자의(郭子儀)가 유명하다.

당나라 시대에 과거에 응시하는 사람들은 과에 따라 약간 달랐는데, 상과는 주로 국자감, 홍문관, 숭문관에서 선발된 학생들인 생도(生徒)와 각 주현에서 예비 시험을 통과한 후 공물을 바칠 때 수도에 올라와 시험에 참가하는 향공(鄕貢)이 응시했다. 또한 제과에 응시해 합격한 자도 상과에 응시할 수 있었으며, 무과는 각 주현에서 선발된 자들이 볼 수 있었다. 그러나 범법자나 공상인의 자식, 주현의 하급 관리에게는 과거 응시 자격을 부여하지 않았다. 시험 방식은 주로 구술, 경서의 내용 중 한 행만 보고 감추어진 세 글자를 맞추는 첩경(貼經), 경전의 내용에 대해 문답하는 묵의(墨義), 통치법이나 현안에 대한 질문에 답을 적는 책문(策問), 시부 등이었다.

과거에서 가장 어려운 과목은 진사과였으며, 사인들은 진사과를 특별히 중시했다. 진사과에 응시한 사람은 1~2천 명에 이를 정도로 많았으나 합격자는 고작 20~30명에 불과했다.

과거에 합격하는 것을 급제(及第)라고 하였으며, 급제한 자들은 우대받았다. 급제자들은 곡강(曲江)에서 벌이는 축하연에 참석할 수 있었고, 이곳에서 공경들의 사윗감으로 선택되기도 했다. 또한 장안의 자은사탑에서 잔치를 열고 탑에 이름을 새길 수 있는 영광을 누렸으며, 평강리에 있는 유명한 기생집에서 크게 놀 수 있는 기회도 제공되었다. 그러나 무엇보다도 급제를 통해 입신양명할 수 있고, 세금과 부역을 면제받는 것이 가장 큰 혜택이었다.

하지만 과거에 급제했다 하더라도 모두가 즉시 관리에 임용되는 것은 아니었다. 상과 급제자는 먼저 예부의 시험을 통과해야 관리가 될 자격이 주어졌으며, 후에 이부에서 시행하는 문리(文理), 서판(書判), 신언(身言) 등의 까다로운 시험을 치르고, 게다가 용모와 풍채가 위엄이 있는지 확인한 뒤에야 관리에 임용될 수 있었다. 반대로 이부의 시험에서 탈락한 자는 재임용 때까지 기다려야 했다.

수, 당 시기의 과거제도는 일반인에게 관리에 선발될 수 있는 기회를 제공함으로써 이전 세도가와 귀족이 독점하던 관료 사회를 무너뜨렸다. 대신 엄격한 시험을 통과한 인재들이 관리가 되어 통치 계급으로 성장하고, 황제의 지지 기반이 되어 주니 황제는 중앙 집권제를 강화할 수 있었다. 더불어 과거 합격으로 능력이 검증된 인재들이 관리로 진출하면서 원활한 국정 운영을 가능하게 했다. 또한 문벌귀족 신분이 아니면 사회 지도층으로의 진출이 불가능했던 과거와는 달리 개인의 능력과 재능으로 신분 이동이 가능해지면서 사회 분위기가 유연해졌다.

그렇다고 중국 역사와 1,300년간 운명을 같이 한 과거제가 그 긴 세월 동안 역사에 악영향을 끼치지 않은 것은 아니었다. 명, 청 시기에는 내용면에서 지나치게 형식을 강조해 오히려 지식인의 사상을 속박하는 경우도 있었으며, 제도의 미비로 각종 부정행위가 속출하기도 했다. 또한 과거제를 통해 맺어진 인간관계들이 정치적 이익집단으로 변질되어 사회에 혼란과 갈등을 조장하기도 했다. 그러나 과거제의 가장 우수한 장점인 신분이 아닌 능력과 재능에 따른 인재 선발은 중국 역대 왕조들로 하여금 과거제를 선택할 수밖에 없게 만들었다.

대운하 건설

수 양제가 일으킨 대규모 토목공사

> ◁◁ **584년** 문제가 식량 공급을 원활히 하고자 광통거를 건설하다.
> ◁◁ **604년** 문제의 뒤를 이은 양제가 낙양에 대규모의 동도성을 건설하다.
> ◁◁ **605년** 양제가 대운하 건설을 시작하다.
>
> 수 양제는 수나라 통일 이후 급속도로 인구가 증가하자 원활한 물자 공급을 위해 운하 건설에 착공했다. 605년에 건설하기 시작한 대운하는 서쪽의 장안, 북쪽의 탁군, 남쪽의 여항을 물길로 잇고, 해하, 황허, 회수, 양쯔 강, 전당강 등 중국 5대 하천을 연결하였다. 이로써 대운하는 남북을 잇는 단순한 교통로, 운송로뿐만 아니라 국토 통일을 강화시켰다. 그러나 대운하는 양제의 개인적인 유람 시설로 전락했고, 300년 후 송나라 때 이르러 제 기능을 발휘하기 시작했다.

통일 왕조 수나라는 불과 3대(代) 만에 멸망한 왕조였으나, 중국 역사에 큰 족적을 남겼다. 오랜 남북 분열 시대에 마침표를 찍고 통일 시대를 열었고, 관리 등용 제도의 혁신을 꾀한 과거제를 실시했으며, 이전에 도달하지 못한 지역까지 영토를 최대한으로 확장했다. 여기에 남과 북을 잇는 총 길이 약 2,500킬로미터의 대운하를 개통했다는 점에서도 분명 역사에 지대한 영향을 끼쳤다. 수나라의 대운하는 양제(煬帝, 재위 604~618)가 완성했지만,

수 문제 양견 수나라 초대 황제로 혼란한 대륙을 평정하고, 장안을 수도로 삼은 뒤 적극적인 통일 정책을 수행했다.

운하 건설이 수나라 때 처음으로 시작된 것은 아니었다. 춘추 시대 오왕(吳王) 부차(夫差)가 제나라 공격에 필요한 군수물자를 운송하고자 처음으로 운하를 개통해 한구(邗溝)라고 이름 지었으며, 진(秦) 대에는 상강과 이강을 잇는 영거(靈渠)가 건설되었고, 한(漢) 대와 남북조 시대에도 운하는 짧게나마 건설되었으나 남과 북 전체를 잇는 역할은 하지 못했다.

583년, 문제(文帝)는 북주의 수도였던 장안의 남동쪽에 대흥성(大興城)을 세워 수나라의 수도로 삼았는데, 위수(渭水)에 모래 양이 비교적 많은 탓에 조운이 힘들어 식량 공급이 원활하지 못했다. 584년, 문제는 이러한 문제점을 해결하기 위해 우문개(宇文愷)에게 수로 건설을 명했고, 우문개는 대흥성 동쪽에서 시작해 동관(潼關)까지 길이 약 120킬로미터의 광통거(廣通渠)를 건설했다. 또 587년에는 진나라 후주를 공략하기 위한 남벌을 계획하면서 한구를 보수해 개통했다. 한구는 산양독(山陽瀆)이라고도 부르며, 북쪽 산양에서 시작해 남쪽 강도까지 이르며 회수와 양쯔 강을 이어 주었다.

중국사를 움직인 100대 사건

604년, 문제의 뒤를 이어 황제가 된 양제는 장안의 대흥성을 서경으로 삼고, 낙양에 동도(東都)를 건설했다. 그는 장안이 서쪽에 치우쳐 있고, 증가하는 인구를 감당하기에 역부족이라고 생각했다. 하지만 여기에는 양제가 가지고 있던 오명, 즉 아버지 문제를 살해하고 즉위했다는 것에서 벗어나 자신의 정치적 영향력을 강화하려는 의지도 내포되었다고 여겨진다.

양제는 동도 건설을 우문개에게 맡겨 606년에 완공시켰다. 동도성은 궁성, 황성, 외곽성 등 세 부분으로 나누어졌으며, 둘레가 무려 20킬로미터가 넘었다. 또한 동도 가까이에 현인궁(顯仁宮)이라는 별궁을 만들어 천하의 진기한 동물과 나무들을 모아 두었다. 이러한 대규모의 동도성을 건설하는 데 걸린 시간은 고작 1년이니, 동원된 백성의 수와 고통을 미루어 짐작할 수 있다. 당시 공사에 동원된 백성은 매달 200만 명에 달했으며, 공사는 밤낮을 가리지 않았다고 한다. 토목공사가 끝난 후 양제는 부유한 상인 수만 명을 비롯해 백성을 대거 낙양으로 강제 이주시킴으로써 동도를 완성했다.

동도 건설과 함께 양제가 실시한 또 하나의 대규모 사업은 바로 운하 건설이었다. 당시 강남 지역은 남북조 시대를 거치면서 중원을 능가할 정도로 경제가 번성한 상태였다. 따라서 수나라 통일 이후 급속도로 증가한 화북 지역의 식량 공급원으로 적합했다. 따라서 양제는 강남에서 낙양까지 원활하게 물자를 공급하기 위해 운하를 착공하기에 이르렀다. 양제의 대운하 건설은 모두 4단계로 이루어졌으며, 1단계는 동도가 건설된 605년에 시작되었다. 양제는 낙양의 서원에서 회수 근처의 산양에 이르는 통제거(通濟渠)를 개통했으며, 이로써 황허와 회수가 연결되었다. 그리고 같은 해에 회남의 10만 백성을 동원해 한구를 준설했는데, 그 너비는 40보(步)의 통제거와 일치했다. 3단계는 영제거(永濟渠)의 개통으로, 고구려 원정을 위한 군수 운수의 특수 목적을 가지고 건설되었다. 영제거는 심수(沁水)를 남쪽 황허까지 끌어 합치고 북쪽 탁군(지금의 북경)까지 연결한 총 길이 2천 킬로미터의 운하로, 무려 100만 명을 동원해도 노동력이 부족하여 부녀자까지 동원했다. 4단계 운하는 610년에 개수된 강남하(江南河)로, 강남의 식량과 물자를 운반하기 위한 목적으로 만들어졌다. 이는 경구에서 시작해 태호 유역을 지나 여항까지 이르는 약 400킬로미터 정도의 운하이다. 그리고 이 4개의 운하들을 연결하니 서쪽으로는 장안, 북쪽으로는 탁군, 남쪽으로는 여항까지 물길로 이어졌으며, 해하(海河, 하이허 강), 황허, 회수, 양쯔 강, 전당강(錢唐江, 첸탕 강) 등 5대 하천이 연결되었다.

한편 수나라의 대운하는 진 대의 만리장성 축조에 버금가는 대규모 토목공사라고 중국 역사에 기록된다. 그런데 이러한 대규모 토목공사가 불과 시행 6년 만에 완공되었으니, 그 과정에서 인력으로 동원된 백성의 노고를 짐작하기는 어렵지 않다. 대운하가 건설되는 강의 언덕에는 부역에 징집되었다가 죽은 시체가 즐비했으며, 심지어 부역을 피하고자 스스로 손발을 자르는 이들이 생겨나기도 했다. 당시 수나라의 인구는 4,600만 명 정도였으며, 300만 명 정도가 대운하 건설 부역에 징집되었다. 또 운하 건설 때 갑문을 설치하거나, 언(堰)이라는 경사면을 이용해 강 높이 차이에서 발생하는 문제점들을 해결했다.

수나라의 대운하는 초기 건설 목적대로 강남의 풍부한 물자들을 화북 지역으로 원활하게 운송하는 것을 가능하게 했다. 이에 강남의 물자들이 운하를 따라 조운되어 동도의 함가창, 홍락창, 회락창 등의 양식 창고에 수십만 석이 비축되었다. 또한 수나라는 대운하를 통해 강남 지역의 정치, 경

대운하 양제가 건설을 명령한 대운하는 6년 만에 완공되었는데, 서쪽으로 장안, 북쪽으로 탁군, 남쪽으로 여항까지 물길이 이어지며 중국 5대 하천에 연결되었다.

제, 군사를 통제함으로써 통일을 공고히 했다. 결국 대운하는 남북을 잇는 단순한 교통로, 운송로뿐만 아니라 남북 교류를 통한 국토 통일을 강화시켰다.

　반면 수나라 대운하는 이러한 공적인 기능 외에도 양제의 개인적인 용도로 이용되었다. 바로 양제의 강도(江都) 순행 때 사용된 것이다. 양제는 "정해진 거처가 따로 없다."라는 말이 있을 정도로 지방 순행을 수차례 했는데, 특히 남쪽 강도 순행이 세 차례에 걸쳐 이루어졌다. 그러나 양제의 강도 순행은 순행이라기보다는 유람의 성격이 강했다. 일반적으로 순행의 목적은 지역 민심을 살피고 황제의 권위를 널리 알리는 것이었으나, 양제는 강남의 화려하고 낭만적인 문화를 즐기고자 순행을 나갔다.

수 양제 양광 문제의 뒤를 이어 즉위한 양제는 동도성을 건설하여 자신의 정치적 영향력을 강화하였고, 대규모 운하를 건설하여 국토를 통일시켰다. 그러나 이 과정에서 수많은 백성들이 희생되었으며, 수나라가 멸망하는 이유가 되었다.

605년, 통제거가 개통된 후 양제는 현인궁을 떠나는 용주(龍舟)에 몸을 실었다. 용주는 황제가 타는 배로, 605년에 황문시랑 왕홍이 양제의 명을 받아 그해에 건조했다. 4층으로 된 용주는 높이가 약 14미터, 너비는 15미터, 길이는 61미터나 되었고, 1층에는 정전과 좌우 조당이, 2층에는 보석으로 장식된 120여 개의 방이 있었으며, 맨 아래층에는 환관들의 방이 있었다. 황후의 배 역시 규모만 작았을 뿐 화려함에서 용주에 결코 뒤지지 않았다. 궁비, 왕족, 귀족, 문무백관 역시 용주나 황후의 배에 미치지 못해도 그에 버금가는 배를 타기는 마찬가지였다. 그 수도 수천 척에 이르러 행렬의 길이가 무려 100킬로미터에 이르렀다고 한다. 용주가 운하를 따라 강도에 가까워질수록 백성들의 고통은 더욱 심해졌으니, 용주를 움직이게 한 것은 백성 8만여 명이 밧줄로 끌어당기는 힘이었다. 또한 양제와 그 일행들의 진귀한 음식과 술들은 각 주, 현의 관리들이 백성을 쥐어짜 진상한 것들이었다. 용주와 선단에서 흘러나오는 웃음소리가 클수록 백성의 곡소리도 이와 비례하여 커졌다.

611년에는 양제의 두 번째 강
도 유람이 이루어졌는데, 무
려 11개월에 걸쳐 계속되었
다. 616년, 양제는 세 번째
로 강도를 유람했다. 이때
는 전국 각지에서 농민 봉기
가 일어 나라가 어수선했으나,
613년에는 양현감(楊玄感)의 반란
으로 소각된 용주를 다시 제작하
여 유람을 강행했다. 게다가 임종,

황도십이궁이 새겨진 수나라의 거울

최민상, 왕애인 등의 대신들이 강도 유람을 만류하자 이들을 모두 죽이고
강도로 향했다. 강도에서 양제는 풍전등화 상태였던 나라 사정은 아랑곳
하지 않고, 오로지 향락만을 추구했다.

양제는 대운하를 따라 유람하면서 대토목공사 성공의 위업을 알리고,
황제의 위엄을 세우려 했다. 그러나 이는 오히려 결과적으로 수나라를 멸
망의 길로 안내했다. 양제는 대표적인 폭군으로 역사에 남았으며, 대운하
를 단순히 자신의 유람 시설로 전락시켰다.

수나라의 대운하는 당나라 중기 이후부터 민간에게 허용되었으며, 300
년이 지난 송나라 때부터 제 기능을 발휘하기 시작했다.

612

고구려 원정

수나라 멸망의 길

> ◁◁ **607년** 수 양제가 고구려와 동돌궐의 연계를 경계하여 고구려 원정을 결심하다.
>
> ◁◁ **611년** 수 양제가 고구려 정벌을 명하다.
>
> ◁◁ **612년** 수나라의 고구려 원정이 시작되다.
>
> 수 양제는 612년에 113만 대군을 이끌고 고구려 정벌에 나섰다. 그는 총사령관인 육군의 우문술과 해군의 내호아로 하여금 고구려의 평양성으로 진격하게 하였으나 모두 고구려군에게 대패하였다. 특히 양제는 30만 명의 정예 부대를 편성했으나 이 역시 살수에서 고구려 을지문덕 장군에게 대패했다. 이후 수나라의 고구려 원정은 두 차례나 더 이루어졌으나 모두 실패로 끝났으며, 수나라 멸망의 근본적인 원인이 되었다.

581년, 양견이 북주를 멸하고 수나라를 건국한 데 이어 589년, 남조의 마지막 왕조 진까지 멸망시키자 동아시아 질서에 일대 변화가 일었다. 수나라의 중원 통일은 당시 동아시아 최대 강국의 등장을 의미하는 것이었으며, 당시 주변국이었던 돌궐, 거란, 말갈, 백제, 신라, 왜국 등은 투항하거나 사신을 보내 수나라와 우호적인 관계를 유지하려 했다. 그러나 오직 거란과 이웃하고 있던 고구려만은 수나라가 점점 요서 지역에 영향력을 행사하는 것을 두고 보지만은 않았다.

598년, 고구려의 영양왕(嬰陽王)이 말갈의 기병 1만 명과 함께 요서 지역을 먼저 공격했으나, 영주총관 위충이 추격하여 군대를 돌렸다. 이에 격분한 수 문제는 고구려가 조공을 게을리하고 신하의 예를 갖추지 않는다는 구실을 들어 수륙 30만 대군을 일으켰다. 한왕 양양(楊諒)과 왕세적(王世積)은 행군원수로 임명되었으며, 상서좌복야 고경은 한왕장사로, 주라후(周羅睺)는 해군총관이 되었다.

그러나 수나라 육군은 고구려의 영토로 너무 깊숙이 들어온 탓에 군수 보급에 어려움을 겪었고, 해군은 폭풍을 만나 선박이 침몰되어 막대한 손실을 입었다. 결국 고구려와 제대로 된 전투를 치르기도 전에 막대한 병력 손실을 입고 사기가 크게 떨어진 수나라 군대는 아무런 성과 없이 퇴각할 수밖에 없었다. 여기에 고구려가 유감을 표하며 사신을 통해 화친을 청하자, 수나라 군대는 이를 명분 삼아 귀국함으로써 고구려 1차 원정에 실패했다. 이후 수나라의 고구려 원정은 양제에 의해 612년, 613년, 614년 세 차례에 걸쳐 이루어졌으며, 모두 실패로 끝났다.

양제는 '양(煬)'이란 그의 시호에서도 알 수 있듯이 여자를 좋아하고, 예를 멀리하며, 하늘을 거역하고, 백성을 학대한 악덕 군주였다. 그러나 동시에 추진력이 있는 강력한 군주로 평가받기도 한다. 그의 고구려 원정을 살펴보면 실패를 거듭했음에도 시간을 두지 않고 원정을 시도한 것을 알 수 있다. 여기에는 양제의 여러 가지 의도가 깔려 있다. 첫째는 고구려가 요서 지역에서 힘을 비축하는 것을 막고, 수나라와 동돌궐의 우호 관계를 깨고자 함이다. 둘째는 수나라 건국에 동원된 군대를 위무하고, 그들에게 일자리를 제공하기 위함이다. 셋째는 내치 실패에 대한 백성의 관심을 다른 곳으로 돌릴 필요가 있었다. 마지막으로 스스로 수 문제에 버금가는 황제라는 것을 백성들에게 알리고 싶은 자만심과 과시욕도 있었다.

607년, 양제는 북변 순행 중 동돌궐의 계민가한(啓民可汗)의 막사를 방문했다. 그런데 그곳에는 이미 고구려 사신이 방문 중이었고, 양제는 고구려와 동돌궐이 연계할 것이 두려워 고구려 원정을 결심했다. 611년, 양제는 용주를 타고 영제거를 따라 탁군(지금의 북경)으로 향했다. 그리고 그곳에서 고구려를 정벌하라는 조서를 내렸다. 황제의 명에 따라 동래 해구에서는 전함 300척이 건조되었고, 하남, 회남, 강남에서는 수레 5만 대가 제작되었다. 또한 선원 1만 명, 궁수 3만 명, 창수 3만 명 등의 해군이 징집되었고, 여양과 낙구 창고의 쌀을 실은 배들이 꼬리에 꼬리를 물면서 탁군으로 집결했다. 양제의 고구려 출정 준비 명령이 수나라 전국에 미치지 않는 곳이 없으니, 그야말로 수나라 전체가 전쟁 준비로 술렁였다. 경작 시기를 놓친 토지는 황폐해졌고, 국가 재정은 바닥을 드러냈으며, 수탈을 이기지 못한 백성들의 저항이 곳곳에서 일어났다.

612년, 수나라의 2차 고구려 원정이 개시되었다. 양제가 탁군에 집결시킨 군대의 수는 113만이었으며, 대군은 좌우 12군으로 편성되었다. 총사령관으로 임명된 우문술(宇文述)은 요동을 거쳐 고구려로 진격했으며, 양제도 친히 군대를 이끌고 요동으로 향했다. 또한 해군 총사령관인 내호아(來護兒)는 동래 해구에서 출발해 패수(浿水)를 거슬러 올라가 육군을 지원해 평양성을 공격하기로 했다. 육군은 요동성을 포위하고 높은 성벽 안에서 방어와 야음을 틈탄 기습공격으로 일관하는 고구려 군대의 작전 때문에 6개월이 지나도록 평양성을 함락시키지 못했다. 반면 내호아의 해군은 바다를 건너 대동강을 통해 평양성 가까이까지 진격했다. 이때 내호아는

공명심에 사로잡혀 육군을 기다리지 않고 평양성을
공격했다. 그러나 외성과 내성으로 나누어진
평양성의 구조를 알지 못해, 결국 고구려의 고
건무(高建武)가 배치해 둔 복병의 공격을 받아
패하고 말았다.

을지문덕 장군 대한제국 교과서 초등한국역사에 삽화로 실린 을지문덕의 초상이다.

해군의 패배 소식을 들은 양제는 30만
명의 육군 정예 부대를 꾸려 우문술, 우
중문(于仲文), 유사룡(劉士龍)에게 지휘
를 맡기고, 평양성 함락을 명했다. 하
지만 이들 정예 부대는 이미 요동성
지구전으로 피로한 상태였으며, 압록
강을 건널 때에는 무기와 식량조차 번거롭게 느껴질 정도였다. 게다가 이
러한 수나라 군대의 상황을 정확하게 파악한 고구려 장군 을지문덕(乙支文
德)은 정면 대결을 피하고 산발적인 전투를 일삼았다. 결국 수나라 군대가
평양성 30리까지 접근했을 때 피로감은 극에 달한 상태였다. 그런데 마침
을지문덕이 항복의 뜻을 전달했다. 이로써 수나라 군대는 퇴각 명분을 얻
었고, 우문술은 퇴각을 결정하기에 이르렀다. 하지만 을지문덕의 항복은
거짓이었다. 퇴각하던 수나라 군대가 살수를 건널 즈음 고구려군은 총공
세를 펼쳤고, 이로써 수나라 군대는 전멸했다. 이것이 살수대첩(撒水大捷)
으로, 수나라의 30만 대군 중 요동으로 살아 돌아간 자는 겨우 2,700여 명
뿐이었다.

양제는 2차 원정에서 고구려에 패해 구겨진 자존심을 회복하기 위해
613년 봄에 다시 출정했다. 이때도 친정을 한 양제는 우문술을 총사령관

양제의 출행 명나라 때 출간된 《제감도설》에 실린 양제의 출행 장면.

으로 삼은 후 양의신(楊義臣)과 함께 평양을 공격했으며, 2차 때와 마찬가지로 내호아에게 수군을 맡겼다. 양제는 이전과 달리 평양으로 바로 진격하지 않고 각 성들을 차례대로 함락시키는 전략을 택했다. 그런데 이 와중 후방에서 병참을 맡은 양현감(楊玄感)이 군수 보급을 지연하더니 결국 하남성에서 반란을 일으키고 낙양을 공격하는 일이 벌어졌다. 하는 수없이 양제는 반란 진압을 위해 수나라로 회군했다. 그리고 양현감의 반란을 불과 2개월 만에 성공적으로 진압했다.

614년, 양현감의 난을 계기로 수나라 전국이 농민 봉기로 들끓고, 민심은 돌아선 상태였다. 하지만 양제는 다시 네 번째로 고구려 정벌에 나섰다. 수군을 맡은 내호아는 요동 반도 남단에 상륙해 평양 부근까지 진격했다. 그런데 이때 연이은 수나라의 공격으로 피폐해지고, 후방의 신라에게 불안을 느낀 고구려가 사신을 보내 강화를 요구했다. 또한 고구려는 613년 원정 때에 고구려로 도망친 병부시랑 곡사정(斛斯政)을 붙잡아 오고, 조공을 약속하기까지 했다. 이에 양제는 고구려의 화친을 받아들였다. 당시 수나라 군대의 사기가 저하된 상태였고, 탈영병이 속출하는데다, 본국은 다수의 봉기로 매우 혼란스러운 상태에 처하는 등 악조건이 산재했기 때문이다. 이러한 상황에서 양제는 고구려의 화친 제안을 다행스럽게 느꼈을 지도 모를 일이다. 한편 고구려와 강화를 맺고 철수하던 양제의 귀국길은 순탄치 못해서 어가가 도적떼의 습격을 받기도 했다.

수나라 건국 후 문제와 양제의 고구려 원정은 수나라를 피폐하게 했을 뿐, 어떤 효과도 얻지 못했다. 특히 세 차례의 고구려 원정은 수나라 멸망의 근본적인 원인이 되었다. 고구려 원정 준비 기간을 포함해 611년부터 4여 년간 벌어진 수탈로 백성의 피로와 불만은 누적될 대로 누적됐다. 수나라 전국은 농민 봉기로 들끓었으며, 새로운 왕조의 탄생에 대한 기대가 점차 커졌다. 이후 수나라는 재기하지 못하고 혼란에 빠져 618년 역사에서 그 이름을 내렸다.

당나라부터 송나라까지

Chapter3 화려한 문화가 꽃피다

수나라가 폭정으로 멸망한 후 이연이 당나라를 세우고 610년에 고조로 즉위한다. 당나라 시대는 중국 고유 문화가 개화된 시기이다. 그러나 말기에 오대십국이 득세하면서 중국은 다시 혼란을 맞았으며, 이를 통일한 것이 바로 후주의 조광윤이다. 조광윤이 세운 송나라 에서도 많은 문인과 학자가 배출되었으며, 중국 문화는 화려하게 꽃피었다. 그래서 당나 라와 송나라 시대는 중국의 문화가 확립된 시기라 할 수 있다.

617

이연의 거병
당나라의 건국

> **616년** 이연이 수나라의 국경을 침범한 돌궐을 토벌하려 했으나 대패하다.
> **617년** 양제의 소환 명령을 거부한 이연이 3만 명의 병력을 이끌고 거병하다.
> **618년** 양제가 살해되자 이연이 황제의 자리에 올라 당나라를 창업하다.
>
> 수나라 말기 양제의 대운하 건설, 고구려 원정 등 지나친 폭정에 불만을 품은 백성들은 각지에서 반란을 일으켰다. 양제는 이연에게 반란을 진압하고, 돌궐의 침입을 막을 것을 명했으나 이연이 대패하자 소환 명령을 내렸다. 이에 이연은 아들 이세민의 권유로 거병을 결심하고 장안을 함락한다. 이후 양제가 살해되자 이연은 황제의 자리에 올라 국호를 당이라 하고, 연호를 무덕, 수도를 장안으로 하여 당나라를 건국하였다.

수나라가 멸망하고 당나라가 성립되기까지 전후 10여 년간, 특히 양제의 재위 기간에 중국은 매우 혼란한 상태였다. 수나라 말기에 봉기한 반란 집단은 10여 명 단위의 소규모 집단부터 몇십만을 넘는 대규모 집단까지 약 200여 개에 달했다. 원인은 양제의 동도 건설, 대운하 건설, 강도 유람, 고구려 원정 등 지나친 사치와 폭정에서 비롯된 가혹한 세금 징수와 부역 징발 때문이었다.

611년, 왕박(王薄)이 백성의 피해가 가장 심했던 산동 지역에서 먼저 농민 봉기를 일으켰다. 이것을 시작으로 산동 지역 일대에서 반란이 많이 발생했는데, 이는 고구려 원정 당시 하북 지역의 탁군에 육군 기지가 마련된 것과 함께 산동 동래에 해군 기지가 마련되어 징병과 징수가 심했기 때문이다. 또한 당시 발생한 홍수로 황허가 범람하여 침수 지역이 발생한 것도 원인이었다.

이들 반란 집단의 활동은 613년, 양제가 고구려 원정에 한창일 때 일어난 양현감의 반란 이후 전국으로 확산되었다. 양현감은 양제가 즉위하는 데 큰 공을 세운 양소(楊素)의 아들이며, 양제의 고구려 원정 당시 여양(黎陽)에서 병참을 담당하기도 했다. 양현감은 이밀(李密)을 참모로 삼았는데, 그는 반란을 위해 세 가지 계책을 제안했다. 첫째 고구려에 친정 중인 양제를 급습할 것, 둘째 서경 장안을 공격할 것, 셋째 동경 낙양을 공격할 것 등이었다. 양현감은 이 중 세 번째 안을 선택해 반란을 일으켰다. 요동 지역에서 양현감의 반란 소식을 전해 들은 양제는 즉시 위현(衛玄)을 보내 진압에 나섰지만, 오히려 위현은 양현감에게 격퇴당했다. 이에 양제는 고구려 원정을 포기하고 원정군에서 우문술과 내호아를 보내 반란을 진압하도록 했으며, 2개월 만에 평정했다. 양현감은 자살로 생을 마감했으며, 이밀은 도망쳤다.

616년, 양제는 빈번한 반란으로 수나라의 국운이 기울고 있음을 느꼈지만, 강도에 머물며 반란군을 잔인하게 진압했다. 하지만 과거 화북 지역과 산동 지역에 국한되었던 농민 반란 집단들이 세력을 통합하여 대규모 집단으로 조직화되었으며, 두건덕(竇建德), 두복위(杜伏威), 왕세충(王世充), 이밀 등의 세력이 두각을 나타냈다. 이것은 수나라 말기의 소란들이 이제 농민 반란에서 벗어나 군웅할거의 형세를 이루었음을 의미했다. 특히 양현감의 참모였으며 양현감의 반란 때에 도망한 이밀은 하남 지역에서 기의한 적양(翟讓)의 와강군(瓦崗軍)에 참여하여 그 세력을 확장했다. 이내 적양대신 와강군의 수령이 된 이밀은 617년에 낙양 부근의 낙구 창고를 공격해 백성에게 식량을 나누어 주었다. 이로써 와강군이 민심을 얻자 이밀은 정권을 수립해 연호를 영평(永平)으로 하고 위공(魏公)이 되었다. 그리고 전국 각지에 양제를 토벌하자는 격문을 보내 수십만의 병력을 확보한 후 낙양 공격에 나섰다. 하지만 그는 낙양을 좀처럼 함락시키지 못해 장안 공격 시기를 놓치고 말았다. 이후 장안은 이연(李淵)에게 함락되었다.

이연은 중국의 역사가 서위, 북주, 수나라로 교체되는 과정에서 지배층을 이루었던 관롱집단(關隴集團)의 일원으로 명문가 출신이었다. 이연의 어머니인 독고씨는 서위 8주국 독고신의 딸로 수 문제의 독고황후와 자매였다. 즉 양제와 이연은 이종사촌이었던 것이다. 613년, 양제는 고구려 원정 때 고구려로 도망친 곡사정의 친척인 홍화군의 유수를 파면하고 대신 이연을 임명했다. 이로써 이연은 섬서성에서 감숙성에 이르는 13개 군의 병력을 통솔하게 되었다. 그러나 당시만 해도 이연은 천하의 주인 자리에 욕심을 갖고 있지 않았으며, 오히려 향락에 빠진 것처럼 가장해 양제의 의심을 사지 않았다.

616년, 이연은 산서성의 반란과 돌궐의 방어를 위해 태원 유수로 승진했다. 그런데 마침 수나라의 내란을 틈타 돌궐이 국경 지대를 침범하는 일이 발생했다. 이에 이연은 고군아(高君雅)를 시켜 돌궐을 토벌하도록 했으나 오히려 고군아는 대패했다. 결국 양제는 그 죄를 묻고자 이연 소환 명령을 내렸다. 강도로 소환되면 엄중한 형벌을 받을 것으로 예상한 이연의 둘째

아들 이세민(李世民)은 이연에게 거병을 제안하기에
이르렀다. 이세민은 거병을 망설이는 이연에게 수
나라의 종말이 멀지 않았으며, 양제가 '이씨 성을 가
진 자가 천하를 가질 것이다'라는 세간의 소문을 믿
고 이연을 참할 것이 분명하다는 이유를 들어 설득
했다. 이에 이연은 거병을 결심하고 617년 여름 3만
명의 병력으로 거병했다.

당 고조 이연

　이연의 최우선 목표는 장안 함락이었다. 당시 장
안은 많은 재화, 식량, 무기, 관료와 수도방위군 그
리고 그들의 가족, 각종 문서 등이 모여 있던 곳으
로, 점령할 경우 그 이점을 헤아릴 수 없을 정도로 중요한 곳이었다. 따라
서 장안을 공격했을 때 돌궐이 배후를 칠 것을 염려한 이연은 미리 돌궐에
게 금, 은, 비단 등을 주어 남하를 저지했다. 뿐만 아니라 돌궐에게 병마와
기병의 원조까지 받아 냈다. 다음으로 그는 낙구창을 장악한 와강군 이밀
에 대한 방비를 갖추었다. 이밀에게 함께 수나라를 멸하자는 내용의 편지
를 받은 이연은 공손한 태도로 이밀에게 주도권을 내주며 안심시켰다. 이
에 이밀이 낙양 공격에 집중하자, 수나라 군대의 시선은 이밀에게 집중되
었다. 이로써 수나라 군대의 관심을 덜 받게 된 이연에게 장안 함락이 좀
더 용이해졌다.

　이연은 3만의 군으로 대장군부를 구성하고, 배적(裵寂)을 장사, 유문정
(劉文靜)을 사마로 임명했다. 군은 좌, 우, 중 3군으로 편성했으며, 좌군은
장남 이건성(李建成)이, 우군은 이세민이 통솔했다. 이연의 넷째 아들 이원
길(李元吉)은 중군을 맡아 태원의 수비를 담당했다. 7월에 출병한 이연은

당나라 시대 무사의 모습

도중에 수나라 군대의 저항으로 곤경에 처했으나, 진격을 멈추지 않았다. 곽읍, 임분, 강군, 한성, 풍익을 차례대로 함락하고, 같은 해 11월에는 장안을 함락했다. 당시 이연의 군대는 20만 대군으로 늘어나 있었다.

장안을 함락한 이연은 한 고조 유방이 관중에 입성했을 때 진나라의 악법을 폐지한 것을 본떠 수나라의 법률을 폐지하고, 군사의 약탈을 금하고, 국고를 폐쇄해 지도와 호적 등을 보존했다. 그리고 양제의 손자 양유(楊侑)를 공제(恭帝)로 옹립하고, 양제를 태상황으로 추존하는 등 선양을 준비했다.

618년, 자신도 모르는 사이 태상황이 된 양제가 신임했던 장군 우문술의 장남 우문화급(宇文化及)에게 살해되자, 이연은 더 이상 지체하지 않고 공제에게 양위 받아 황제의 자리에 올랐다. 이연은 자신이 당왕(唐王)이었기 때문에 국호를 당, 연호를 무덕(武德)으로 정하고 장안을 수도로 삼았다. 이로써 당나라가 창업되었다.

그러나 618년에 소선(蕭銑), 우문화급, 두건덕, 이궤(李軌) 등의 군웅들이 각각 건국하여 칭제하고, 40명 이상의 군웅들이 할거하고 있었기 때문에 아직 이연의 당 왕조를 통일 왕조라고 하기에는 미흡했다. 특히 낙양에서는 왕세충, 낙구에서는 이밀이 세력을 확충하고 있었고, 우문화급은 북상 중이었다.

먼저 무너진 것은 이밀이었다. 이밀은 우문화급의 공격을 막아 냈지만 병력 손실이 심했으며, 급기야 왕세충에게 패해 이연에게 투항했다. 이밀은 과거의 인연을 염두에 두고 자신을 대우해 줄 것이라 여겼지만, 끝내 이연에게 살해당했다. 620년, 당나라는 이세민을 앞세워 당시 최대의 적이었던 왕세충을 공격했다. 왕세충은 하북의 두건덕에게 원조를 청하면서까지 항거했지만, 이세민을 이기지 못해 포로가 되었다. 이후 이건성이 두건덕의 잔당 유흑달을 평정하면서 이세민과 경쟁 구도가 형성되었다. 하지만 당나라 초기 군웅 토벌에 있어 이세민은 눈부실 정도로 두드러진 활약을 보였다. 이세민의 활약에 힘입어 당나라의 토벌전은 628년에 양사도를 마지막으로 마무리되었으며, 다시 중원은 통일되었다.

626

현무문의 변

정관의 치세

◢◣ **621년** 이세민이 당나라의 최대 적인 왕세충과 두건덕을 사로잡아 위세를 떨치다.

◢◣ **623년** 당 고조 이연이 이세민에게 천책상장의 칭호를 내리다.

◢◣ **626년** 이세민이 이건성과 이원길을 죽이고, 고조 이연에게 상황을 거짓으로 보고하다.

당 고조 이연이 당나라를 건국할 때 가장 공이 컸던 것은 둘째 아들 이세민이었다. 그러나 첫째 이건성이 황태자로 책봉되면서 형제 사이에 권력에 대한 긴장이 고조되었다. 이에 이세민은 현무문의 변을 일으켜 형제를 살해함으로써 위협을 제거한다. 며칠 후 이세민은 고조 이연의 뒤를 이어 태종 황제로 등극한다. 태종의 23년 치세는 연호를 따 '정관의 치'라고 일컫는다.

당 고조 이연은 황후 두씨와의 사이에 네 아들 이건성(李建成), 이세민(李世民), 이현패(李玄覇), 이원길(李元吉)을 두었다. 고조 이연은 당 건국 후 종법 제도의 법칙에 따라 장남 이건성을 태자에 책봉했다. 그러나 만약 당을 건국하는 데 있어 가장 큰 공을 세운 자를 기준으로 태자를 삼았다면, 그 자리는 진왕 이세민의 몫이 됐을지도 모를 일이었다. 당의 창업자는 이연이었으나 실질적으로 창업을 주도한 것은 이세민이었기 때문이다.

당 건국에 가장 공이 컸던 이세민은 둘째 아들이라는 이유로 태자 책봉에 밀려나자 불만을 갖게 되었다. 그러나 태자 이건성 역시 불안하기는 마찬가지였다. 고조 이연이 이세민에게 '천책상장(天策上將)'이라는 생소한 칭호를 내리고, 태자의 동궁에 버금가는 홍의궁(弘義宮)을 짓게 한 것이다. 이로써 이건성과 이세민 사이에는 극도의 긴장감이 감돌았다. 게다가 막내아들 이원길까지 황위에 욕심을 품자 한 핏줄의 삼형제는 서로 죽이고 죽는 운명에 처했다. 역사는 이를 현무문의 변(玄武門之變)이라 한다.

당 태종 이세민 당나라 건국에 큰 공을 세운 이세민은 현무문의 변을 통해 황위를 쟁취했다.

618년, 이연이 수 공제에게 형식상으로 양위를 받아 황제로 등극하여 국호를 당으로 개칭했다. 그러나 당시 당의 지배 영역은 장안 지역에 국한되었으며, 각지에는 여전히 군웅들이 할거하고 있었다. 이에 당 고조 이연은 반란 세력을 제압하기 위해 통일 전쟁을 수행했고, 이 시기에 이세민의 활약은 그야말로 눈부셨다.

먼저 이세민은 618년에 금성 지역을 차지하고 있던 설거(薛擧), 설인고(薛仁杲)의 진(秦)을 멸망시켰으며, 619년에는 하서 5군을 차지하고 있던 이궤(李軌)의 양(涼)을 멸망시켰다. 또한 유무주(劉武周)가 남하하여 산서 남단에 이르렀을 때는 자진 출정하여 유무주의 선봉장 송금강을 격파하고 돌궐로 쫓아냈다. 게다가 621년에는 당의 최대 적이었던 왕세충(王世

充)을 공격하여 왕세충과 두건덕(竇建德)을 모두 사로잡는 전과를 올리며
위세를 떨쳤다. 왕세충은 낙양을 중심으로 정(鄭)을 세우고, 당시 최대의
유력 군웅인 이밀을 격파한 후 세력을 떨치고 있었다. 정벌에 나선 이세민
이 낙양을 포위하자, 왕세충은 두건덕에게 원군을 요청했다. 이세민은 왕
세충과 두건덕의 연합으로 동서에서 협공을 받았지만, 낙양을 포위한 채
지구전을 펼쳤다. 결국 식량이 부족해진 두건덕이 퇴군 기미를 보이자, 이
것을 기회 삼은 이세민은 총공세를 펼쳐 두건덕을 생포했다. 또한 왕세충
은 두건덕의 생포 소식에 스스로 항복했다. 이후에도 이세민은 당의 통일
전쟁에 앞장서서 622년에는 두복위(杜伏威)를, 623년에는 유흑달(劉黑闥)
과 서원랑(徐圓朗)을 항복시켰다. 이처럼 당의 천하 통일을 위한 반란 세력
진압은 이세민이 이루었다 해도 과언이 아니었다. 당 고조 이연도 이를 충
분히 인식하고 있어 그에게 천책상장의 칭호를 내렸다.

그런데 이세민은 단순히 공적을 쌓는 데만 그치지 않았다. 그는 당 고조
이연을 부추겨 태원에서 군사를 일으킬 때부터 자신만의 정치 세력을 형
성하고 있었으며, 당 건국 후에는 할거 세력들을 평정하여 그 층을 더욱 두
텁게 했다. 그리하여 그의 수하에는 위지경덕(尉遲敬德), 진숙보(秦叔寶), 정
교금(程咬金) 같은 장수들과 두여회(杜如晦), 방현령(房玄齡), 우세남(虞世南)
등 18학사(十八學士)라 불리는 문관 인사들이 모였다.

상황이 이쯤 되자 태자 이건성은 이세민에게 큰 위협을 느꼈다. 그는 직
접 통일 전쟁에 참여하지 않는 대신 장안에 남아 고조 이연을 도와 정사를
처리했다. 하지만 이세민이 당의 최대 적인 왕세충 정벌의 공을 인정받아
고조 이연에게 천책상장으로 책봉되자, 그에게도 무공이 간절해졌다. 이
에 태자 이건성의 측근인 왕규(王珪)와 위징(魏徵)은 태자 이건성에게 두건

덕의 잔당을 이끈 유혹달을 토벌할 것을 진언했다. 이것으로 이건성은 약간의 군공을 쌓을 수 있었지만 불안은 해소되지 않았다. 이건성은 재상 배적의 지지를 받았고 수많은 인재와 용장들이 그를 따랐지만, 스스로 자신의 능력이 이세민에 미치지 못한다고 생각했다. 그리하여 그는 이세민을 경계하고, 점점 비대해지는 이세민의 세력을 약화시키고자 했다. 그리고 마침 동생 이원길이 이세민을 제거하자는 제안을 함으로써 태자 이건성과 이원길의 연합이 이루어졌다.

양측의 암투가 시작되었다. 먼저 이건성과 이원길은 고조 이연의 비빈들과 가깝게 지내며 아첨을 하고, 뇌물을 주고, 이세민의 험담을 했다. 그리하여 이세민의 흉이 고조 이연의 귀에 들어가게 했으며, 고조 이연이 점차 이세민을 멀리하도록 유도했다. 또한 이세민 휘하의 사람들을 매수하고, 중상모략으로 배제시킨 뒤 먼 곳으로 배속시키는 등 다양한 방법을 썼다. 그들은 위지경덕에게 뇌물을 주어 회유하려 했으나 실패하자 그를 살해하려 했고, 이마저 실패하자 모반죄로 그를 몰았다. 또한 고조 이연에게 이세민 휘하의 방현령과 두여회를 진왕부에서 쫓아내고 멀리 강주 자사로 보내라고 했다.

626년, 양측의 암투가 한창 치열할 때 변방에서 돌궐의 침입 소식이 전해졌다. 태자 이건성과 이원길은 이때가 이세민의 군사력을 분할시킬 절호의 기회라고 생각했다. 이건성은 고조 이연에게 이원길을 수장으로 삼아 진왕부의 군사를 이끌고 돌궐을 정벌할 것을 진언했다. 이는 곧 이세민의 귀에 들어갔으며, 이세민은 장손무기(長孫無忌)와 방현령, 두여회, 위지경덕 등을 불러 대책을 상의하고 이들을 먼저 없애자는 계획을 세웠다. 그들의 계획은 고조 이연이 부른다고 꾸며 이건성과 이원길을 궁으로 불러

토번의 사신을 접견하는 당 태종 이세민

들인 뒤 모두 주살하는 것이었다.

626년 6월 3일, 이세민은 입궐해 고조 이연을 알현한 뒤 태자 이건성과 이원길이 후궁들과 음란한 관계에 있으며 아무런 죄가 없는 자신을 죽이려 한다고 고했다. 이에 고조 이연은 이튿날 아침에 둘을 불러 진상을 조사하기로 했다. 6월 4일 새벽, 이세민은 장손무기, 위지경덕과 함께 수하 부대를 이끌고 장안성 태극궁(太極宮)의 북문인 현무문(玄武門)에 매복했다. 현무문은 황궁을 출입할 때 반드시 통과해야 하는 문으로, 이미 현무문의 수비대장인 상하(常何)를 매수한 상태였다. 태자 이건성과 이원길은 고조 이연의 부름을 받고 입궐해 현무문에 당도했다. 그들은 이세민과 한창 암투 중이었기 때문에 호위 무사들을 대동했으나, 황제가 있는 궁까지 군사를 데리고 갈 수는 없었다. 그리하여 두 사람이 현무문을 지나 임호전에 다다랐을 때 이세민과 그의 부하들이 나타났다. 이세민은 말을 달려 도망치는 태자 이건성에게 활을 쏘아 죽였고, 이원길에게도 활을 쏘았으나 비껴 나갔다. 이원길은 이세민의 활은 피했으나 곧 위지경덕에게 추격당 해 죽음을 맞이했다. 이세민은 태자 이건성과 이원길의 호위 부대와 싸워 모두 진압한 뒤 위지경덕을 시켜 고조 이연에게 상황을 거짓으로 보고했다.

"태자와 제왕이 모반을 꾀했으나, 진왕이 이들을 모두 죽여 진압했습니다. 진왕은 황제께서 놀라실 것을 우려해 저를 보내 어좌를 보존하라 하셨습니다."

무장한 당나라 군대

이것이 현무문의 변이다.

현무문에서 태자 이건성과 이원길을 살해한 이세민은 후환을 없애기 위해 그들의 아들 10명을 모두 죽였다. 그러나 이건성과 이원길 휘하의 사람들을 최대한 수용함으로써 궁에 피바람을 일으키지는 않았다. 며칠 후 이세민은 태자가 되었고, 약 두 달 후 고조 이연의 뒤를 이어 태종 황제가 되었다. 그는 형제를 살육하여 황제가 되었다는 도덕적 불명예를 얻었으나 황실 내부 투쟁에서 패배하면 곧 생존 박탈로 이어지던 시대에 불가피한 선택이었다. 태종 이세민의 23년 치세는 연호를 따라 '정관(貞觀)의 치세'라고 일컬어진다.

690

무주혁명

중국 최초의 여황제가 탄생하다

◁┃ **655년** 고종이 측천무후를 황후로 책봉하다.
◁┃ **684년** 조정에 측천무후에 대한 반기가 형성되자 서경업이 군사를 일으키다.
◁┃ **690년** 측천무후가 자신을 성신황제라 칭하고 새로운 왕조 주(周)를 열다.

측천무후는 중국 역사상 전무후무한 여황제이다. 고종의 총애를 독점한 뒤 황후 자리에 올라 황제와 동등한 권위를 행사했으며, 면밀하게 정치적 기반을 다져 나갔다. 그녀는 자신을 반대하는 문벌 귀족을 배척하고, 신흥 서민 계층을 육성했으며, 불교를 이용해 자신의 황제 등극을 정당화했다. 마침내 새로운 왕조 주(周)를 열어 스스로 황제가 되었으니, 역사는 측천무후의 주나라를 '무주'라고 부르며, 이 사건을 무주혁명이라 한다.

당나라는 건국된 지 100년도 채 안 되어 중국 역사상 최초이자 최후의 여황제인 측천무후에 의해 역사가 중단되었다. 측천무후는 당나라 2대 황제 태종의 재인(才人)이라는 보잘 것 없는 위치에서 시작해 궁중 여인이 오를 수 있는 최고의 자리인 황후에 올랐고, 급기야 새로운 왕조 주(周)를 열어 스스로 황제가 되기에 이른다. 이씨 왕조 당나라의 입장에서 본다면 측천무후의 이 같은 행동은 여화(女禍)에 해당했으나, 그녀의 치세 이후 당나라가 더욱 안정적으로 번영의 길을 걷자 후세의 평가는 분분할 수밖에 없다.

측천무후는 재주가 뛰어나고 그 자태가 아름다워 14세의 어린 나이에 태종의 재인이 되었다. 그러나 애교가 없고 성정이 거칠어 태종의 총애를 받지 못했다고 한다. 그녀의 성정을 알 수 있는 유명한 일화는 태종의 명마 사자총(獅子驄)과 관련된 이야기다. 사자총의 성격이 난폭하여 좀처럼 길들이지 못하자 태종은 농담 섞인 어조로 후궁들에게 누가 이 명마를 길들일 수 있는지 물었다. 이에 측천무후가 호기 있게 대답했다.

"제게 쇠로 만든 채찍과 망치와 비수를 주십시오. 처음에는 채찍으로 다스리고, 그래도 말을 듣지 아니하면 망치로 머리를 때려 말을 듣게 하고, 그것도 여의치 않으면 비수로 목을 베어 버리면 됩니다."

이 일화에서 측천무후는 황제의 성은만을 하염없이 기다리는 후궁이 아니라 여걸의 모습을 보여 준다. 당시 당나라 사회는 여권이 강했으나 황자를 출산하지 못한 측천무후가 권력의 중심으로 진출하는 것은 불가능했다. 그런 측천무후에게 기회가 찾아왔다.

649년, 태종이 죽자 측천무후는 황궁의 법도에 따라 여승이 되어 감업사(感業寺)에 머물렀다. 그런데 태종의 뒤를 이어 황제가 된 고종의 황후 왕씨가 측천무후를 다시 궁궐로 불러들여 소의(昭儀)로 봉했다. 자식이 없던 황후 왕씨가 소숙비(蕭淑妃)에게 쏠린 고종의 관심을 돌리기 위해 그녀를 이용하고자 한 것이다. 황후는 태자 시절 측천무후의 미모에 반한 고종이 태종 사후 비구니가 된 측천무후를 만나려고 감업사를 찾은 사실을 알고 있었다. 하지만 황후 왕씨는 측천무후의 환궁이 자신에게 어떠한 불행을 가져올지 미처 몰랐다. 처음에 측천무후는 황후 왕씨에게 순종하여 그녀를 안심시킨 후 권모술수를 부려 소숙비를 제치고 고종의 총애를 독점했다.

당나라 여인들

그리고 자신의 딸을 질식사시킨 후 황후 왕씨의 소행으로 모함하여 폐위
시켰다. 655년, 고종은 드디어 측천무후를 황후로 책봉했다.

　측천무후는 강한 권력욕과 냉혹할 정도로 뛰어난 계책으로 황후가 될
수 있었으나, 여기에는 당시 조정의 세력 구도도 크게 작용했다. 황후 왕씨
의 폐위를 놓고 당 조정은 장손무기, 저수량, 우지녕 등 관중(關中) 및 농서

(隴西) 일대를 중심으로 하는 관롱(關隴) 집단과 허경종, 이의부 등의 비관롱 집단이 첨예하게 대립했다. 결국 군대를 장악한 이적(李勣)이 황후 왕씨의 폐위 문제는 황실의 문제이므로 조정 대신들이 관여할 수 없다고 하여 측천무후는 황후가 될 수 있었다. 이후 측천무후는 자신의 황후 책봉을 반대한 정적들을 강직, 유배시켰다. 또한 병약했던 고종을 대신하여 집권 초기 때부터 정무에 나섰다. 그리하여 674년에는 급기야 황제를 천황(天皇), 자신을 천후(天后)라고 부르게 하고 황제와 동등한 권위를 부여받아 정무를 독단적으로 처리했다.

683년, 고종이 승하하자 그녀는 자신의 두 아들 이현(李賢)과 이단(李旦)을 연이어 황위에 올렸다. 그들이 바로 중종(中宗, 재위 683~684)과 예종(睿宗, 재위 684~690)이다. 중종은 재위 기간이 불과 54일에 지나지 않았으며, 예종 또한 6년에 그쳤다. 특히 중종은 측천무후의 반대를 무릅쓰고 황후 위씨의 아버지 위현정을 시중으로 임명하려다 측천무후의 분노를 사 폐위되었다. 측천무후는 이를 자신의 권력에 대한 도전으로 여겼으며, 위씨 일족의 득세를 차단할 필요성도 느낀 것이다. 또한 그녀는 예종을 옹립한 후에도 여전히 권력의 중심에서 정무를 살폈다. 이렇듯 측천무후가 제멋대로 황제를 갈아 치우자 조정 일각에서는 그녀에 대한 반감이 형성되었다. 684년, 급기야 서경업이 측천무후 토벌을 외치며 군사를 일으켰다. 서경업의 반란은 40여 일 만에 평정되었지만, 측천무후에게는 더 이상 이씨의 당왕조를 이어 갈 마음이 남아 있지 않았다.

그녀는 이미 황후 시절부터 자신의 정치적 기반을 다졌다. 자신을 반대하는 관롱 집단, 즉 문벌 귀족을 배척하고 무력화시키는 한편, 비관롱 집단인 신흥 서민 계층을 육성했다. 그녀는 고종이 살아 있을 당시 시와 부, 잡

측천무후 황후, 황태후, 황제로서 권력을 장악하며 당나라 번영의 기초를 다진 그녀의 치세를 '무주의 치'라고 한다.

문으로 시험을 치르는 방식으로 과거 제도를 정비했다. 그리하여 북문학사(北門學士)라고 불리는 젊은 문인과 학사들을 대거 등용하여 《열녀전(烈女傳)》, 《신궤(臣軌)》 등 수많은 책을 보수하고 편찬하게 하였으며, 더불어 재상에게 시무를 맡게 해 재상의 권한을 분산시켜 견제하였다. 또한 서경업의 반란이 있은 후부터는 자신의 정책에 불만을 가진 자들을 밀고하게 하고, 밀고자를 관리로 등용하였다. 이때 등용된 관리에 색원례와 내준신 등이 있다. 이러한 밀고 장려책은 반대 세력을 숙청하는 효과도 낼 수 있었다. 한편 측천무후는 불교를 이용하여 자신이 황제가 되어야 한다는 여론을 조성했다. 그녀는 《대운경(大雲經)》을 위조하여 여황제의 출현이 곧 부처의 뜻이라고 선전했으며, 봉황의 출현을 연출하는 한편, 빠진 이가 다시 났다는 등갖가지 신비한 징조를 만들어 냈다.

이로써 지난하지만 면밀하게 황제 등극 계획을 완수한 측천무후는 690년, 국호를 주로 바꾸자는 대신들의 요청을 수락하여 스스로 황제 자리에 오르고 '성신황제(聖神皇帝)'라 칭했다. 이로써 중국 역사상 전무후무한 여황제가 탄생했으며, 역사는 측천무후의 주나라를 동주, 서주와 구분 지어 무주(武周)라고 부른다. 또한 이 사건을 무주혁명(武周革命)이라 한다.

황제가 된 측천무후는 인재 선발과 등용을 중요하게 생각하여 황제가 직접 주관하는 전시(殿試)를 창설하고 무과(武科)를 도입했다. 이때 배출된 관리로는 적인걸, 장간지, 설인귀 등이 있다. 또한 그녀는 농업을 권장했는데, 전답을 성공적으로 일구어 여분의 생산량을 비축한 관리는 승격시켰으며, 반대로 관리가 잘못하여 백성들이 피폐해졌을 경우 죄의 경중에 따라 직위를 강등하거나 해임토록 했다. 한편 그녀는 토번의 공격을 격퇴하여 변경 지역을 안정시켰으며, 군전(軍田)과 둔전(屯田)을 지속적으로 실시하여 농민들의 부역을 경감시켰다.

측천무후는 28년을 당 왕조의 황후, 7년을 당 왕조의 황태후, 15년을 무주의 황제 자리에 있었다. 그녀가 어떤 이름으로 정사를 살폈든지 재위 동안 나라의 경제와 사회를 안정시켜 당나라 번영의 기초를 다졌다. 그리하여 역사는 그녀의 치세가 태종의 '정관(貞觀)의 치(治)'에 버금간다는 평가를 내려 '무주(武周)의 치(治)'라고 한다.

그러나 그녀는 역사에 오점 또한 남겼다. 측천무후는 가혹한 형벌을 내리는 관리를 등용하고, 서로가 서로를 밀고하게 만드는 공포정치를 펴 사람들을 두려움 속으로 몰아넣었다. 또 극도로 사치스런 생활을 즐기고, 불교를 숭상하여 궁전과 불당 건축에 백성의 노동력을 착취했으며, 그로 인해 생산력에 타격을 입혔다. 새로운 관리들을 대거 등용함으로써 관료 기구가 팽창한 것은 결국 백성의 세 부담으로 직결되었으며, 장이지 등 소인배를 총애하여 정사를 망쳤다.

측천무후는 말년에 무주의 황태자 책봉을 두고 많은 고민을 했다. 그녀는 조카 무승사(武承嗣)나 무삼사(武三思)를 황태자로 책봉하려 했으나, 조정 대관들의 반대에 부딪혀 결국 폐위된 중종을 다시 불러들여 황태자로 삼았다. 705년, 측천무후는 병으로 자리에 누웠다. 철의 여인도 세월은 이길 수 없던 것이다. 이때 재상인 장간지가 그녀의 와병을 틈타 군사를 일으켜 측천무후를 퇴위시키고, 중종을 복위시켜 당 왕조를 재건했다. 이로써 측천무후의 무씨 왕조는 막을 내렸다.

745

현종의 양옥환 귀비 책봉

여인의 치마폭에 빛바랜 개원의 치

> ◁| **713년** 태평공주 일파를 제거한 현종이 황제로서의 권위를 되찾다.
> ◁| **745년** 양옥환이 귀비로 정식 책봉되다.
> ◁| **756년** 안녹산의 난으로 현종과 황족들이 피란길에 오르다.
>
> 당나라의 태평성세를 이룬 현종은 무혜비가 세상을 떠나자 실의의 세월을 보내던 중, 아들 이모의 비인 양옥환에게 반해 그녀를 귀비로 책봉했다. 사랑에 눈이 먼 현종은 정치를 관심 밖에 두었고, 양귀비의 친인척들을 대거 등용하여 부패 권력을 양산했다. 당나라가 이루 말할 수 없을 정도로 부패하고 쇠퇴하자, 이에 반발해 안녹산이 군사를 일으켰다. 결국 현종은 촉 땅으로 몽진하고, 이형에게 임금의 자리를 내주었다. 안녹산의 난을 평정한 후 장안으로 돌아온 현종은 개원성세를 이룩한 황제라는 것이 무색할 정도로 쓸쓸히 생을 마감했다.

당나라 제6대 황제 현종 이융기(李隆基)의 재위 기간 44년은 전기 개원(開元, 713~741) 시기와 후기 천보(天寶, 742~756) 시기로 나누어진다.

현종 이융기는 위황후가 중종(中宗)의 딸 안락공주와 함께 중종을 독살하고 전권을 휘두르자 고모인 태평공주와 연합해 정변을 일으켜 위씨 일족을 몰아냈다. 당시 황제였던 중종의 넷째 아들 이중무(李重茂)는 즉위한 지 17일 만에 이융기의 아버지 예종(睿宗)에게 황위를 양위했으며, 이로써

중국사를 움직인 100대 사건

이융기는 황태자가 되었다. 그러나 예종은 황제 재목이 아니었던지라 권력은 정변의 주동자였던 이융기와 태평공주에게 양분되었다. 이로써 당 왕조에서 이융기와 태평공주 간의 권력 투쟁이 시작되었다.

당 현종 이융기 태평공주와의 권력 투쟁에서 승리하고 현종으로 즉위하였다.

이융기는 예종에게 황위를 선양 받아 현종에 즉위했지만, 태평공주는 조정의 재상 다섯 명과 상황 예종을 배후에 두고 현종과 대치했다. 713년, 태평공주는 제2의 측천무후를 꿈꾸며 정변을 일으켰다. 그러나 태평공주의 계획은 사전에 발각되었고, 현종이 선수를 쳐 태평공주와 그녀의 일파를 성공적으로 제거했다.

비로소 황제의 권위를 찾은 현종은 요숭(姚崇)을 비롯한 송경(宋璟), 장구령(張九齡) 등 뛰어난 재상을 통해 율령 제도를 완비하는 등 개혁 정치를 단행했다. 또한 왕족과 외척의 병권을 빼앗아 반란을 예방하는 한편, 관료 기구를 간소화하고 정비해 중앙 집권을 강화했다. 동시에 감찰 기구를 두고, 유능한 인재 선발에도 힘썼다. 경제 분야에 있어 현종은 둔전제와 부병제를 확대 실시했으며, 몸소 의복을 검소히 하여 이전의 사치스러웠던 황실을 변화시켰다. 또한 농업을 장려하고 생산량 향상을 위해 수리 공사를 실시했다. 이로써 당나라는 건국 이후 최고의 전성기를 누렸다. 인구는 증가하고, 수도 장안은 국제 도시로 성장했으며, 그 위상은 다른 나라에까지 미쳤다. 역사는 이를 '개원의 치(治)'라고 부르고, 태종의 '정관(貞觀)의 치'와 더불어 당나라의 태평성대를 대표한다.

그러나 현종의 태평성세는 개원 말 천보 연간에 이르러 급격히 쇠락했

말에 오르는 양귀비

다. 정치에 열정과 흥미를 잃은 현종은 점차 인재 등용을 소홀히 하고, 신하의 직언을 피하였으며, 간신 이임보의 감언이설에 현혹되었다. 게다가 736년에는 총애하던 무혜비(武惠妃)가 세상을 떠나자 실의의 나날을 보냈다. 궁궐에는 수천 명의 후궁이 있었으나 이 중 현종의 마음을 사로잡는 이는 없었다. 그러던 중 현종은 자신의 18번째 아들인 수왕 이모(李瑁)의 비가 미색이 뛰어나다는 소문을 들었다. 수왕의 비 이름은 성이 양, 이름이 옥환(玉環)이었다. 현종은 양옥환의 미모를 확인하고자 술자리 시중을 들게 했으며, 그 자리에서 그녀에게 반했다. 더구나 양옥환이 현종이 지은 〈예상우의곡(霓裳羽衣曲)〉을 보고 노래를 부르며 춤을 추자 그녀가 며느리임에도 취하고 싶은 욕심이 생겼다.

무소불위의 황제라도 56세의 현종이 22세에 불과한 아들의 아내, 즉 며느리를 비로 삼는 것은 부담스러운 일이었다. 현종은 먼저 아들 이모에게

중국사를 움직인 100대 사건

해당탕 화청지에 있는 양귀비와 현종이 목욕을 하던 곳이다.

위씨를 비로 삼게 하여 죄책감을 던 후, 양옥환에게 여관(女冠, 도교의 여승)을 자청하게 하여 태진궁(太眞宮)에 기거하게 했다. 그리고 745년, 현종은 그녀를 귀비로 정식 책봉했다. 이로써 양옥환은 우리에게 너무나도 익숙한 양귀비가 되었다. 당시 황후의 자리가 공석이었기 때문에 양귀비는 사실상 황후나 마찬가지였다.

양귀비는 음률에 정통하고 가무가 뛰어났으며 총명하고 민첩하여 예술가 기질을 가진 현종의 사랑을 독차지했다. 매년 10월이면 현종은 여산 근처의 온천궁인 화청지(華淸池)에 양귀비와 행차하여 겨울을 보내며 정무를 보았다. 그리고 2월이나 4월쯤 다시 장안으로 돌아왔다. 또한 그는 양귀비가 좋아했던 남방 지역 과일인 여지(荔枝)를 신선한 상태로 공수하고자 사천에서 장안으로 통하는 수천 리 조공길 개통을 명했다.

현종의 양귀비에 대한 총애는 날이 갈수록 깊어졌고, 그녀뿐만 아니라

당 현종과 양귀비

그녀의 일가까지 총애했다. 양귀비의 양아버지 양현염은 병부상서, 숙부 양현규는 광록경, 육촌 오빠 양섬은 전중소감, 양기는 부마도위에 올랐다. 또한 그녀의 세 언니들은 한국부인, 진국부인, 괵국부인에 봉해졌으며, 장안 거주가 허락되었다. 현종이 양귀비를 곁에 두고 향락을 누리며 사치스런 생활을 하자, 황족과 신료들은 현종과 양귀비에게 진귀한 물품을 앞다투어 진상했다. 이 모든 것은 백성을 수탈한 결과물이었다.

현종의 양귀비 총애로 가장 큰 이익을 본 인물은 단연 그녀의 사촌 오빠 양소(楊釗)였다. 애초에 그는 말단 관직에 불과했으나, 현종의 환심을 사고자 애쓴 결과 국충(國忠)이라는 이름을 하사받았다. 양국충은 행실이 부정하고 표리부동한 자로 양귀비를 등에 업고 권세를 키워 나갔다. 그는 탁지 낭중(度支郎中), 감찰어사(監察御史), 시어사(侍御史) 등 40여 개 직무를 겸임했으며, 752년에 이임보가 죽자 재상 자리에 올랐다. 현종이 양귀비의 치마폭에 싸여 있을 때 양국충은 자신의 재산을 불리고 전횡했다. 조정에는 간신들이 들끓고, 백성들의 고단함은 이루 말할 수 없을 정도로 당나라는 부

피란을 떠나는 황제 안사의 난으로 인해 촉 땅으로 피란 가는 당 현종. 이 길에서 양귀비는 죽음을 맞는다.

패하고 쇠퇴하고 있었다. 그러나 현종은 여전히 태평성대라고 착각했다.

755년, 절도사 안녹산이 양국충을 토벌한다는 구실로 범양에서 군사를 일으켰다. 안녹산의 군대는 파죽지세로 진격해 한 달여 만에 낙양을 점령하고, 장안의 동쪽문인 동관에 도달했다. 이에 가서한(哥舒翰), 곽자의(郭子儀), 이광필(李光弼) 등은 동관을 수비하며 안녹산의 근거지인 범양 공격을 건의했다. 그러나 가서한이 공을 세우는 것을 두려워한 양국충은 동관에서 밖으로 나가 싸울 것을 강력히 주장했으며, 현종은 어리석게도 가서한에게 나가 싸울 것을 명했다. 756년, 가서한은 병사를 데리고 관문을 나섰으나 안녹산의 대장 최건우(崔乾祐)에게 대패하고 안녹산에게 동관을 빼앗겼다.

동관을 잃은 현종은 양국충의 권유대로 촉 땅으로 몽진을 떠났다. 동관이 함락된 지 불과 닷새 만이었으며, 양귀비와 그녀의 언니들, 황족, 양국충 등 측근들이 피란 무리에 속했다. 현종이 금위군 1천여 명의 호위를 받으며 마외역(馬嵬驛)에 도착했을 때, 군사들은 배고픔과 피로에 지칠 대로 지쳐 있었다. 게다가 병사들 사이에 가서한이 안녹산의 포로가 된 것은 양국충의 모함 때문이었다는 소문이 퍼졌다. 결국 병사들은 양국충이 모반하려 했다는 구실로 양국충과 그의 아들 양훤, 양귀비의 언니 한국부인, 진국부인을 제거했다. 그럼에도 해산하지 않은 채 현종에게 양귀비 주살을 청했다. 현종은 양귀비가 구중궁궐에 있었기 때문에 양국충의 모반 계획을 알지 못했다며 변호했지만, 성이 난 병사들은 쉽게 물러나지 않았다. 목숨에 위협을 느낀 현종은 하는 수 없이 환관 고력사에게 양귀비를 불당으로 데리고 가 죽일 것을 명했다. 이로써 양귀비가 목을 매 자결하여 37년의 생을 마감했다.

이후 현종은 서쪽으로 피란길을 재촉했지만, 백성의 만류가 이어지자 태자 이형(李亨)에게 군사를 내주며 반란군 진압을 명했다. 그리고 이형에게 양위의 뜻을 밝히니, 이형은 몇 번의 고사 끝에 영무(靈武)에서 숙종(肅宗)으로 즉위했다. 안녹산의 난이 평정된 후 장안으로 돌아온 현종은 태극궁에서 홀로 지내다 762년, 개원성세(개원의 치)를 이룩한 황제라는 것이 무색할 정도로 쓸쓸히 생을 마감했다.

안사의 난

당나라 체제를 붕괴시킨 반란

> ◀ **745년** 양귀비에게 빠진 현종이 정사를 돌보지 않자 이임보가 대신하여 정사를 돌보다.
>
> ◀ **752년** 이임보 사후 재상의 지위를 놓고 안녹산과 양국충이 세력 다툼을 벌이다.
>
> ◀ **756년** 낙양을 점령한 안녹산이 대연을 건립하고 황제가 되어 연호를 건무라고 정하다.
>
> 절도사 안녹산은 양국충과의 권력 다툼에서 밀려나자 그를 토벌한다는 명분으로 15만 대군을 이끌고 낙양을 함락했다. 이를 '안사의 난'이라고 한다. 이 반란은 당나라 쇠퇴의 전환점이자 중국 사회를 변화시키는 계기가 되었다. 인구의 급격한 감소, 재정 적자의 악화, 민생 파탄, 균전제와 조용조제가 붕괴되는 등 당나라의 근간이 흔들리자 당나라는 존속을 위해 새로운 지배체제로의 전환이 절실해졌다.

755년, 당나라 절도사 안녹산(安祿山)이 반란을 일으켰다. 그는 이민족 군사 8천여 기를 중심으로 한족과 이민족 출신으로 구성된 군사 15만 명을 이끌고 하남을 향해 진군했다. 그는 현종 주변의 부패를 척결하고 양귀비의 사촌인 재상 양국충(楊國忠) 토벌을 명분으로 내세웠다.

당나라는 현종 집권 초기에 '개원의 치'라고 일컬을 정도로 태평성대를 누렸다. 이 시기에 당은 인구가 크게 증가했고, 경제적으로도 크게 번성했

소그드 인 당나라의 수도 장안은 실크로드 교역이 활발히 이루어진 국제 도시였다. 여러 나라의 민족이 오갔으며, 안사의 난을 일으킨 안녹산은 이란계 소그드 인이었다.

으며, 당의 세련된 문화가 주변국에 널리 전파되어 동아시아 문화권이 형성됐다. 또한 수도 장안은 실크로드를 통한 서역과의 활발한 교역으로 국제 도시의 모습을 갖추었다.

하지만 당나라의 전성기라고 할 만한 이 시기에 이미 균전제, 부병제 등 당나라의 근간이 되는 율령 체제가 붕괴될 조짐을 보이고 있었다. 즉 천무후부터 현종에 이르기까지 자연재해와 관리들의 폭정, 귀족과 지주의 토지 겸병 등으로 농민들은 토지를 상실하고 유민으로 전락하기 시작했다. 이것은 곧 당나라의 재정 악화로 이어졌으며, 균전제의 기초 위에 운영되는 부병제의 붕괴로 이어졌다.

이에 당 왕조는 정책에 변화를 주어 객호(客戶)를 인정하여 토지와 재산에 대해 과세하고, 변경에 열 개의 번진을 설치하고 절도사를 두어 모병제를 일부 도입했다. 하지만 모병제 실시로 당 왕조는 더 큰 재정적 부담을 짊어져야 했다. 더욱이 절도사에게 군사뿐만 아니라 행정적인 권한까지 주어 절도사가 자신의 세력을 강화시킬 수 있는 발판을 제공했다. 여기에 절도사들은 변경의 안전이 자신들에 의해 유지되자 사적인 군대를 양성하기 시작했다. 또한 당 왕조가 중앙 정계에 영향력이 없는 무관이나 이민족 출신을 절도사로 임명하면서 절도사의 독립성이 더욱 강화되었다. 이로써 야심에 찬 절도사가 군사를 일으키면 그것이 곧 반란으로 연결될 수 있는 상황이 형성되었다.

8세기 중반, 현종은 개원의 치가 무색할 정도로 정치에 무관심하고 향락만을 추구해 정사를 돌보지 않았다. 특히 745년에 양귀비를 맞이한 후부터 그 정도가 더욱 심해졌다. 이런 현종을 대신하여 정사를 돌본 이가 구밀복검(口蜜腹劍)의 주인공인 이임보(李林甫)였다. 그는 매우 교활하고 간사하여 아첨을 잘했으며, 재상의 자리에 있었던 10여 년간 사리사욕만 챙겼다. 또한 귀족 세력을 견제하고자 무관을 경시하는 사회 풍조를 이용해 이민족 출신을 번진 절도사로 등용하자고 주장한 장본인이다. 이리하여 이민족인 안녹산이 절도사로 임용되었다.

페르시아와 돌궐의 혼혈이었던 안녹산은 일찍 아버지를 여의고 어머니를 따라 돌궐 부락에서 생활했다. 716년에 돌궐에서 당으로 망명한 그는 당나라가 소수 민족을 변방의 군사로 모집할 때 군에 들어갔으며, 30대에 유주 절도사 장수규에게 발탁되었다. 그는 자신이 소수 민족 출신으로 변방의 지리에 밝고, 여러 언어에 능통한 것을 적극 활용해 토벌 작전에서 많은 공을 세웠다. 742년에는 평로 절도사가 되었고, 744년에는 범양 절도사에 임명되었으며, 751년에는 하동 절도사까지 겸임하였다. 이로써 안녹산은 당 왕조 전체 군사의 40퍼센트에 가까운 병력을 장악하게 되었다. 안녹산이 이렇게 빠르게 승진할 수 있던 것은 그의 능력과 더불어 현종, 이임보, 양귀비의 전적인 신임을 받았기 때문이다.

안녹산은 권모술수에 매우 능한 인물로, 현종을 알현할 때 일부러 바보 같은 언행을 일삼았다. 그는 처음 태자를 만났을 때 짐짓 예를 알지 못하

안사의 난을 일으킨 안녹산

는 척 절을 하지 않았다. 이에 주위에서 절을 종용하자 그는 자신이 오랑캐라 예를 알지 못했으며 태자가 무엇인지 반문했다. 현종이 웃으면서 자신의 뒤를 이어 황제가 될 인물이라고 알려 주자 안녹산은 세상에 황제는 오직 현종만 있는 줄 알았다며 그제야 태자에게 절을 올렸다고 한다. 또 한번은 현종이 안녹산의 비대하고 축 처진 배를 가리키며 그 속에 무엇이 들었는지 물었다. 이에 안녹산은 현종에 대한 충성심만이 가득 들었다고 아첨하기도 했다. 그는 현종뿐만 아니라 조정 대신들에게도 아첨하며 뇌물을 주었다. 특히 현종이 양귀비를 총애하자 안녹산은 출세를 위해 그녀에게 접근했다. 그는 이미 중년의 나이로 양귀비보다 무려 10여 살이나 위였음에도 그녀의 양아들이 되기를 자처했다. 안녹산은 때를 가리지 않고 궁궐을 드나들며 양귀비를 만났지만, 현종은 둘의 관계를 조금도 의심하지 않았다.

752년, 재상 이임보가 세상을 뜨자 재상의 지위를 놓고 안녹산과 양국충 사이에 다툼이 벌어졌으나 양귀비의 영향으로 양국충이 재상이 되었다. 그러나 안녹산은 양국충이 재상감이 아니라고 생각했고, 양국충이 재상이 될 수 있었던 것은 오직 양귀비 때문이라고 생각했다.

한편 재상이 된 양국충은 무려 40개가 넘는 관직을 겸직하면서 권력을 마구 휘둘렀다. 또한 안녹산을 경계하여 태자 이형과 함께 안녹산이 반역을 도모하려 한다고 진언하여 현종과 안녹산 사이를 이간했다. 그러나 현종은 양귀비를 총애하여 안녹산을 친아들처럼 여겼고 그를 조금도 의심하지 않았다.

양국충과의 권력 다툼에서 밀려난 안녹산은 결국 반란을 일으켜 양국충을 몰아내기로 결정했다. 이에 그는 해, 거란, 실위, 말갈 등의 이민족으로 구성된 자신의 군대에서 이민족 출신 500여 명을 선발해 장군으로 삼고, 2천여 명은 중랑장으로 임명했다. 또한 이민족 출신 장군 32명을 한족 장군으로 대체했으며, 군량미 비축과 군마 사육에 매진했다. 이로써 안녹산의 군대는 당나라 중앙군을 훨씬 능가할 정도였다.

755년, 안녹산은 양국충 토벌을 명분으로 내세우고, 범양에서 거병하여 낙양으로 진격했다. 안녹산의 15만 대군은 평균 30킬로미터의 속도로 진군하여 33일 만에 낙양을 함락했다. 당시 당나라의 중앙군은 오랫동안 지속된 평화로 전쟁 대비를 전혀 하지 못했기 때문에 제대로 싸우지 못하고 동관까지 철수했다. 낙양을 점령한 안녹산은 756년에 대연(大燕)을 건립하고 스스로 황제가 되어 연호를 건무(建武)로 정했다.

낙양 점령 이후 안녹산은 장안을 향해 진격하려 했으나 곳곳에서 조직된 의병들에게 막혀 진군에 어려움을 겪었다. 또한 당나라 군대가 동관에 방어진을 치고, 배후에서는 평원태수 안진경과 상산태수 안고경, 곽자의, 이광필 등이 공격하자 안녹산의 군대는 더 이상 진격할 수가 없었다. 그런데 이때 동관을 지키던 가서한(哥舒翰)이 반란군을 저지해 무공을 세울까 두려워한 양국충은 현종으로 하여금 가서한에게 낙양 공격 명령을 내릴 것을 상주했다. 현종은 이에 가서한에게 낙양 공격을 명했다. 이것은 동관을 포기하는 것과 마찬가지였으나 가서한은 황제의 명령에 불복할 수 없었다. 가서한은 군대를 이끌고 관문을 나섰으나 반란군에 대패했고, 당나라 군대는 동관을 반란군에게 내주고 말았다.

안녹산이 장안을 향해 빠르게 진격하자 현종은 양귀비와 황족, 양귀비

사천으로 피란 가는 당 현종

의 일족, 대신, 측근들을 데리고 사천으로 피란을 떠났다. 피란 행렬이 장안에서 약 60킬로미터 떨어진 마외역에 이르렀을 때 금위군 사이에서는 사태의 원인을 제공한 양국충에 대한 불만이 쇄도하기 시작했다. 그리하여 금위군은 쿠데타를 일으켜 양국충의 목을 베고, 급기야 현종의 거처를 포위한 채 양귀비를 죽일 것을 요구했다. 이에 현종은 양귀비에게 자결을 명했다. 양귀비가 죽은 10여 일 후 장안은 반란군에게 함락되었다. 그러나 여전히 난을 진정시킬 방도를 찾지 못한 현종은 결국 태자 이형에게 황위를 물려주고 태상황이 되었다.

한편 안녹산 반란군에서는 내분이 일어나 자멸의 길을 자초하고 있었다. 장안 함락 후 안녹산은 건강이 매우 악화되었고 성격까지 광폭해져 지배자로서의 위엄을 상실한 상태였다. 이에 예전부터 안녹산에게 반감을 품은 엄장이 태자 안경서(安慶緖)와 환관 이저아를 부추겨 안녹산 암살을 모의했다. 태자 안경서는 안녹산이 애첩 소생의 아들을 사랑해 황제 자리가 자신에게 돌아오지 않을지도 모른다는 위기의식을 가지고 있었다. 757년, 안녹산은 아들 안경서에 의해 자던 중 살해당했다.

같은 해, 현종을 태상황으로 밀어내고 제위에 오른 숙종은 곽자의와 이광필을 재상에 임명하고, 회흘과 서역 여러 나라에 원조를 요청해 반격을 가했다. 당 왕조는 비로소 장안을 수복할 수 있었다. 이때 안경서의 부장 사사명(史思明)이 항복했으나 숙종은 이를 거짓으로 받아들였다. 이에 사사명은 758년, 반란을 일으켜 스스로 대연 황제에 올랐다. 이후 당나라는 안경서를 살해했지만, 761년에는 사사명이 자신의 아들 사조의(史朝義)에게 살해되었다. 이로써 반란군은 완전히 분열되었다. 당 왕조는 반란군의 분열을 틈타 공격을 멈추지 않았고, 763년 사조의가 자결하면서 9년의 난에 종지부를 찍었다.

안녹산에서 안경서, 사사명, 사조의까지 이어진 '안사의 난'은 당나라가 번영에서 쇠퇴의 길로 접어드는 전환점이었으며, 더 나아가 중국 사회를 변화시키는 계기가 되었다. 전란으로 인구는 890만 호에서 290만 호로 급격히 감소하였다. 이로써 재정 적자가 악화되었으며, 당 왕조는 군비 조달을 위해 백성을 더욱 수탈할 수밖에 없었다. 결국 민생 파탄은 균전제와 조용조제를 붕괴시켰으며, 부병제가 완전히 무너져 군사제도는 모병제로 전환되었다. 또한 안사의 난을 평정하기 위해 지방에 파견한 절도사가 병권을 장악하자 군사의 중앙 집권화는 붕괴되고 지방 분권화가 촉진되었다. 이렇게 당나라의 근간이 되었던 율령 체제가 붕괴되자 당나라는 존속을 위해 새로운 지배 체제로의 전환이 절실해졌다.

우이당쟁

40년간 계속된 관료 집단의 권력 투쟁

> ◁ **808년** 제책 시험을 계기로 우당과 이당 간에 정치 투쟁이 시작되다.
> ◁ **846년** 권세를 누리던 이당 시대가 무종의 사망으로 막을 내리다.
> ◁ **848년** 40년간 이어진 우이당쟁이 이덕유의 죽음으로 끝을 맺다.
>
> 우이당쟁은 우승유와 이종민의 우당, 이덕유의 이당 사이에 벌어진 정치 투쟁으로 무려 40여 년간 지속되었다. 우당과 이당은 파면과 불임용을 거듭하고, 극심하게 대립하며 권력을 주고받았다. 우당은 목종 때 권력을 잡은 이래 경종, 문종 때까지 실권을 장악하였고, 무종이 즉위하면서 이당의 반격이 이루어졌다가 다시 선종 때 우당이 권력을 차지하였다. 선종 즉위 후 이덕유가 죽으면서 이당이 와해되자 우이당쟁의 최종 승자는 우당에게 돌아갔다.

우이당쟁은 우승유(牛僧孺)와 이종민(李宗閔)을 영수로 하는 우당과 이덕유(李德裕)를 영수로 하는 이당 사이에서 벌어진 정치 투쟁으로, 우승유와 이덕유의 부친 이길보(李吉甫)의 개인적 원한에서 시작되었다. 또한 진사 시험에 응시한 우승유와 이종민의 답안에서 비롯된 싸움은 점차 과거 출신 관료와 귀족 관료 사이의 싸움으로 전개되었다. 당쟁은 사실상 헌종 때부터 시작되었다고 볼 수 있으나, 정식적인 붕당은 목종(穆宗, 재위 820~

824) 때 형성되었다. 이후 우이당쟁은 무려 40여
년간 지속되었다.

808년, 헌종(宪宗, 재위 805~820)은 조정에 직언
을 서슴지 않는 인재 선발을 목적으로 제책(制策)
시험을 실시했다. 이때 우승유와 이종민은 시험
지에 조정의 실정을 신랄하게 비판하는 글을 썼
으며, 시험관들은 이들이 선발 조건에 적합하다
고 생각하여 헌종에게 추천했다. 그런데 당시 재
상이었던 이길보는 이들이 비판한 조정의 문제
점들이 자신을 겨냥하고 있음을 단번에 알아챘
다. 게다가 귀족 출신 관료였던 이길보는 과거를

헌종 헌종은 이길보를 좌천시키고 우
승유와 이종민을 발탁하지 않음으로써
우당과 이당 간의 당쟁을 잠식시키는
듯했으나, 오히려 이를 계기로 본격적
인 당쟁이 시작되었다.

통해 관리가 된 사람들을 탐탁지 않게 여기고 있었다. 때문에 그는 헌종을
알현하는 자리에서 우승유와 이종민의 단점을 나열하며, 이들의 진사과
합격은 시험관과의 개인적인 관계 때문에 이루어졌다고 고했다. 시험관들
의 파면과 우승유 및 이종민의 불임용을 거듭 호소하자 헌종은 이길보의
요구대로 시험관들을 파면시키고 우승유와 이종민을 선발하지 않았다. 그
러자 이번에는 우승유가 부당함과 억울함을 피력했으며, 이 문제는 조정
에서 공론화되었다. 사태가 커지자 헌종은 이길보를 회남 절도사로 좌천
시키고, 우승유와 이종민은 발탁하지 않는 것으로 매듭지었다. 당시 우승
유와 이길보의 관계가 악화로 치닫지는 않았지만, 여기에 원한을 품은 이
길보의 아들 이덕유가 한림학사가 되면서 본격적인 당쟁이 시작되었다.

821년, 목종 재위 때 진사 시험은 이종민이 주관했다. 그런데 이 시험에
서 이종민의 친척이 합격하자, 시험관이었던 전휘(錢徽)가 뇌물을 받고 이

종민의 친척을 합격시켰다는 의혹이 제기되었다. 이에 이덕유가 이종민과 전휘를 청탁 혐의로 고발함으로써 이종민은 검주자사로 좌천되고, 전휘 역시 강등되었다. 이를 계기로 이종민은 이덕유에게 원한을 가졌으며, 호부시랑 우승유와 유대를 형성했다.

이후 당 조정은 우승유와 이종민을 따르는 과거 출신 관료들의 우당, 이덕유와 결탁한 귀족 출신 관료들의 이당으로 극명하게 나누어졌다. 우당에는 우승유, 이종민, 이봉길(李逢吉) 등이 있었으며, 이당에는 이덕유, 이신(李紳), 원진 등이 있었다. 우당의 이봉길이 득세하면서 조정은 우당이 차지했으며, 823년에 우승유가 재상이 되자 이덕유는 지방으로 떠났다. 우당은 목종 사후 경종(敬宗, 재위 824~826) 때까지 실권을 놓치지 않았다.

우당의 권력은 문종(文宗, 재위 826~840) 때에도 여전했다. 문종 즉위와 함께 환관이 된 이종민은 재상에 우승유를 추천했으며, 이에 829년 우승유는 다시 재상에 올랐다. 조정의 권력을 장악한 우당은 이덕유를 서천 절도사로 좌천시켰다. 그런데 831년 토번의 장군 실달모(悉怛謀)가 300여 명의 부하와 가족을 데리고 당나라에 투항하자 서천 절도사 이덕유는 이를 규합해 적은 군사로 유주(維州)를 수복할 수 있었다. 이어서 실달모가 토번을 서북쪽으로 몰아내는 일에 자원하자, 이덕유는 문종에게 이를 보고했다. 문종이 조정 대신들에게 의견을 묻자 대부분의 대신은 찬성 의사를 표했지만, 우승유만은 강력히 반대했다. 그는 유주를 얻고 잃는 것은 나라에 큰 이익으로 작용하지 않으며, 토번과의 관계를 악화시키기보다 정전 약속을 지켜 신의를 유지하는 것이 낫다고 주장했다. 결국 문종은 이덕유에게 실달모를 토번으로 압송하고 유주를 토번에 돌려줄 것을 명령했다. 이덕유는 할 수 없이 명에 따랐지만 분이 풀리지 않았다.

이당의 반격은 문종의 뒤를 이은 무종(武宗, 재위 840~846) 때 이루어졌다. 이덕유는 감군(監軍)인 환관 양의(楊義)의 환심을 사는 데 성공하여 양의의 추천으로 재상이 되었다. 이제는 우승유와 우당이 좌천될 시기가 된 것이다. 우승유는 태자소사(太子少師)로 좌천되었으며, 844년에는 번진과 연계가 있다는 죄명으로 남방으로 내쫓겼다. 이종민도 두 달이 안 되는 동안 세 번이나 파직당했다. 실권을 장악한 이덕유는 번진 문제를 해결하고, 무종에게 폐불(廢佛)을 건의했다. 무종은 불교보다 도술을 편애하여 도사 조귀진을 가까이 두고 승려들을 멀리했지만, 그럼에도 당시 불교의 부패는 만만치 않았기 때문이다. 당시 승려의 수는 30만 명에 이르렀으며, 사찰이 소유한 토지가 기하급수적으로 늘어나면서 일반 농민들이 소작농으로 전락하는 경우가 빈번했다. 심지어 고리대금업을 하는 사찰이 있는가 하면, 승려가 관리와 뒷거래로 조세를 착복하고, 음란한 행동을 하기도 했다. 이런 상황에서 무종은 842년, 이덕유의 건의를 받아들여 꼭 필요하지 않은 승려와 처첩을 거느리고 수행을 하지 않는 승려를 모두 환속시키라는 조서를 발표했다. 그리고 843년에는 궁궐 안에 있는 모든 불경과 불상의 파괴를 명했으며, 규모가 작은 사찰을 철거하고 작은 사찰 소유의 불상과 불경을 큰 사찰로 옮기도록 했다. 또한 무종은 불교 탄압 강도를 높여 845년에는 전국의 4,600여 개 사찰을 모두 허물고, 승려를 환속시켰으며, 사찰의 토지와 노예를 몰수했다. 이덕유와 이당은 무종의 폐불 정책에 적극적으로 동의하여 세수 확대에 기여하는 등 권세를 누렸다. 그러나 846년, 무종이 사망하면서 이당의 시대도 막을 내렸다.

선종(宣宗, 재위 846~859)은 즉위한 뒤 무종 시대의 조정 대신들을 모두 몰아냈다. 재상 이덕유는 파직되어 형남 절도사가 되었고, 조정은 다시 우승유와 우당이 차지하였다. 우당은 이당을 배척함과 동시에 이당이 추진했던 모든 정책을 반대로 돌려놓았다. 따라서 이덕유의 폐불 정책은 폐기되어 무종 때 철거되었던 사찰들이 다시 지어졌으며, 환속했던 승려들은 칙령에 따라 다시 불교로 귀의하는 등 불교가 다시 흥성했다.

당 왕조 6대에 걸쳐 무려 40여 년간 이어진 우당과 이당의 권력 투쟁은 이덕유의 죽음으로 드디어 그 끝을 맺었다. 선종의 즉위와 동시에 좌천되었던 이덕유는 형남 절도사에 이어 조주사마(潮州司馬)를 전전하다가 다시 애주(崖州)에서 사호참군(司戶參軍)으로 좌천되었고, 848년 그곳에서 숨을 거두었다. 이로써 이당이 와해되자 우이당쟁의 승리자는 우당이 되었다. 선종 이후 우이당쟁은 우당과 이당의 주요 인물들이 세상을 뜨면서 사그라졌다.

우이당쟁은 정치와 사회 발전을 위한 논쟁이 배제된, 단순히 권력 쟁취를 위한 관료 집단의 다툼이었기 때문에 당쟁의 피해는 오롯이 백성의 몫이었다. 또한 당 왕조의 존립을 위협하는 번진들을 해결하지 못하고 개인적 원한과 복수에 초점을 맞춘 논쟁만 거듭함으로써 환관들에게 권력을 내주었다.

감로의 변

당 왕조를 휘두른 환관들의 전횡

- **826년** 환관 왕수징의 옹립으로 문종이 제위에 오르다.
- **835년** 문종이 감로를 핑계로 환관들을 한자리에 모아 주살하려 했으나 실패하다.
- **840년** 문종 사후 당 왕조의 황제들은 모두 환관들에 의해 옹립, 폐립, 생사가 결정되다.

환관은 당나라 초기에는 정치에 간여할 수 없었으나, 측천무후 시대에 권력을 잡기 시작해 대종 시대에 권세가 막강해졌다. 대종 사후 환관은 군사권마저 장악하고 모든 행정권을 차지했으며, 황위를 좌지우지했다. 이를 두고 볼 수 없던 문종은 조정 관료와 함께 환관 세력을 주살하려 했으나 실패하고, 오히려 관리들이 환관들의 신책군에 의해 살해되는 '감로의 변'이 일어났다. 이후 환관 세력의 전횡은 극에 달하여 당 왕조를 멸망으로 이끌었다.

감로(甘露)는 '단 이슬'을 뜻하는데, 고대부터 가을과 겨울에 감로가 내리면 태평성대가 올 것이라 여겨 이를 경축했다고 한다. 그러나 당나라 말궁궐 정원의 석류나무에 내린 감로는 상서로운 징조가 아닌 정변의 신호였다. 당나라 제14대 황제 문종은 조정 관료와 함께 환관 세력을 제거하기위해 감로를 핑계로 환관들을 한자리에 모아 주살하려 했으나 실패하고, 이로써 오히려 환관의 전횡은 극에 달했다.

숙종 숙종은 안사의 난 와중 환관 이보국의 도움을 받아 즉위하였다. 이 그림은 성양 지방을 둘러보고 있는 숙종을 그린 것이다.

당나라 초기 태종 때 환관은 엄격한 제재와 경계 때문에 정치에 간여할 수 없었다. 그러나 환관들은 측천무후 시대에 권력을 잡기 시작한 이래, 중종 복위 후 정권을 장악한 위황후(韋皇后)가 자신의 정치적 기반 확립을 위해 환관 세력을 키움으로써 그 수는 많아지고 품계는 더욱 높아졌다.

또한 이융기가 위황후를 몰아내고 환관 세력을 이용해 황위에 오르면서 환관은 명실상부한 정치 세력으로 성장했으니, 개원 시기에는 그 수가 3천여 명에 달했다. 당 왕조 환관의 전횡은 고력사(高力士)부터 시작되었다. 그는 현종이 사랑하는 무혜비를 잃고 상심해 있을 때 양귀비를 소개한 이였다. 고력사는 현종에게 정성을 다해 신임을 얻었으며, 양귀비에 빠져 정사를 내팽개친 현종을 대신해 상소문을 심사하고, 황제의 명령 없이 일을 처리하는 등 막강한 권세를 휘둘렀다. 그리하여 황태자 이형은 그를 가리켜 둘째 형이라고 부르기까지 했다. 그러나 안사의 난을 피해 사천으로 피란을 떠난 현종이 양위하여 황태자 이형이 숙종으로 즉위하자 고력사는 환관 이보국(李輔國)에 의해 밀려났으며, 현종이 죽은 지 얼마 지나지 않아 세상을 떠났다.

황태자 이형이 안사의 난 중에 숙종으로 즉위한 데에는 환관 이보국의 도움이 매우 컸다. 그는 이형에게 사천으로의 피란 대신 군대를 정비하여 당 왕조를 부흥할 것과 황위에 오를 것을 적극 주장했다. 이로 인해 숙종의 총애를 얻은 이보국은 곧 원수부(元帥府) 행군사마(行軍司馬)에 임명되어 군사권을 장악했고, 수도 장안으로 귀환한 뒤에는 성국공으로 봉해지는 등 여러 관직을 겸하며 권력의 핵심이 되었다. 심지어 이보국은 숙종이 병에 걸리자 황후를 유폐시켜 끝내 살해하고, 대종(代宗, 재위 762~779)을 옹립했다. 이에 대종에게 상부(尙父)라는 별칭을 얻었으며, 조정의 모든 권한이 그에게 집중되었다. 그러나 대종은 이보국이 "황제께서는 궁내에 머물고 있으니 바깥일은 제가 알아서 처리하겠습니다."라며 안하무인으로 행동하자 그를 제거하기로 결심했다. 결국 이보국은 금군 일부를 장악하고 있던 환관 정원진(程元振)에게 모든 권력을 빼앗겼다. 환관 정원진은 이보국의 모든 권력을 이어받았으나 곧 파직되었으며, 그의 권력은 다른 환관에게 이어졌다. 대종 시대에 환관 권력은 이보국에서 정원진에게, 또 어조은에게 이어졌으며, 점점 그 권세가 막강해졌다.

대종 사후 즉위한 덕종(德宗, 재위 779~805) 대에 환관은 군대를 감독하고 금군을 통솔할 수 있는 권한까지 가졌다. 비록 안사의 난은 평정되었으나, 여전히 지방에서 번진이 할거하고 있었기 때문에 덕종은 그 세력을 약화시키고자 했다. 그리고 동방의 하북, 산동 번진이 반란을 일으켜 당 왕조를 다시 위기에 빠뜨리자, 덕종은 환관 두문창(竇文場)과 확선명을 금군 통령에 임명했다. 이후 덕종은 중앙 금군인 신책군(神策軍)의 통수권을 환관에게 주었다. 환관이 군사권까지 완전히 장악하자 모든 행정권은 환관에게 넘어갔다. 이에 환관의 대권 장악을 좌시할 수 없던 왕숙문(王叔文)과 왕비(王伾) 같은 조정 관료들이 순종(順宗, 재위 805) 때 영정혁신(永貞革新)을 단행했다. 이들의 개혁 정책은 대부분 환관의 권한과 이익을 축소시키는 것으로, 곧 환관 구문진(俱文珍) 세력의 반발을 샀다. 결국 순종은 구문진의 획책에 빠져 황태자 이순에게 양위를 선포했으며, 헌종(憲宗, 재위 805~820)이 황위에 올랐다.

환관의 전횡은 헌종이 환관들에게 감군(監軍)의 중요한 역할을 일임하면서 전성했다. 그런데 만년의 헌종이 신선술에 빠져 금단을 복용하면서 이성을 잃고 포악해지자 환관 진홍지(陳弘志)와 왕수징(王守澄)은 헌종을 독살하고, 그의 셋째 아들 이항을 목종(穆宗, 재위 820~824)으로 옹립했다. 환관에 의해 황제가 된 목종 역시 헌종과 마찬가지로 금단을 복용하고 향락을 즐길 뿐이었다. 이어 824년에는 경종(敬宗, 재위 824~826)이 황위에 올랐지만, 환관 유극명(刘克明)에게 살해당했다. 이후 황위는 경종의 이복동생 이앙에게 돌아갔다. 이처럼 당의 황위는 사실상 12대 황제 목종부터 환관의 손에 좌우되었다.

826년, 문종은 환관 왕수징에 의해 제위에 올랐다. 그는 부친 목종과 형 경종의 죽음으로 환관들의 전횡을 몸소 겪었기에 즉위하면서부터 환관 세력 타파를 결심했다. 먼저 자신을 황제로 추대한 환관 왕수징을 제거하기 위해 정주(鄭注)와 이훈(李訓)을 중용했다. 이들은 문종에게 왕수징과 갈등

중국사를 움직인 100대 사건

관계에 있는 환관 구사량(仇士良)을 신책군 좌군중위, 왕수징을 신책군 우군중위로 임명하여 왕수징의 권력을 분산시킬 것을 건의했다. 이어서 문종은 왕수징을 신책군 관군용사로 승진시킨 후, 축하 연회 자리에서 그를 독살했다. 왕수징과 그의 세력을 제거한 문종은 이훈, 서원여(舒元輿), 왕애(王涯) 등을 재상으로, 정주는 봉상 절도사로 임명했다.

왕수징을 성공적으로 제거한 이훈과 서원여는 마침내 환관 세력을 전부 제거하려는 계획을 세웠다. 그들은 왕수징의 장례식에서 정주가 호위를 가장해 환관 무리를 주살하기로 계획했다. 그런데 이훈은 정주가 홀로 공을 세울 것을 시기한 나머지 먼저 일을 꾸며 환관들을 모두 죽이고 정주를 축출하고자 했다. 이에 이훈은 곽행여, 왕번, 한약, 나립언, 이효본 등과 비밀리에 행동 계획을 세웠다.

835년 11월 21일, 문종은 대명궁 자신전에서 조회를 열었다. 그때 금오대장군 한약이 정원의 석류나무에 감로가 내렸으며, 이는 문종의 현명함에 하늘이 감동했기 때문이라고 아뢰었다. 그러자 이훈과 서원여 등은 문종에게 직접 가서 감상할 것을 청했으며, 문종은 함원전에서 기다릴 테니 이훈에게 먼저 가볼 것을 명했다. 그러나 잠시 후 돌아온 이훈이 감로가 출현하지 않았음을 보고하고, 문종은 구사량과 어홍지(魚弘志)에게 환관들과 확인할 것을 명했다. 구사량과 어홍지가 금오정에 다다랐을 즈음, 마침 그곳에서 한약을 만났다. 별다른 이유 없이 극도로 긴장한 한약의 모습에 구사량과 어홍지가 영문을 몰라 하고 있을 때, 장막에 가려진 군사들의 모습이 눈에 띄었다. 매복한 군사들을 본 구사량과 어홍지는 황급히 함원전으로 돌아가 문종이 탄 어가를 납치해 궁으로 돌아가려고 했다. 이에 이훈이 금오위 병사들에게 상금을 내걸며 문종을 옹위할 것을 명했지만, 금오위 병사들이 함원전에 도착했을 때는 이미 환관들이 문종을 데리고 황궁으로 도망친 후였다. 결국 이훈은 공격을 멈추고 궁에서 도망쳤으며, 미처 궁 밖으로 나오지 못한 관리들은 환관들의 신책군에 의해 살해되었다. 이것이 '감로의 변'으로 600여 명의 관리들이 신책군에게 살해되었으며, 이훈 역시 봉상에서 잡혀 압송 도중 죽임당했다.

감로의 변이 실패하자 환관 세력의 전횡은 극에 달했다. 840년에 문종이 죽자 구사량과 어홍지는 황태자 이성미를 폐하고 문종의 동생 이염을 무종(武宗, 재위 840~846)으로 즉위시켰다. 이후 19대 황제 소종(昭宗)까지 당 왕조의 황제들은 모두 환관들에 의해 옹립, 폐립, 생사가 결정되었으며, 당연히 황권은 실추되었다. 이는 결국 민심의 이반으로 이어져 당 왕조를 멸망으로 이끌었다.

황소의 난

당나라 멸망을 이끈 대규모 농민 반란

> ◁◁▮ 855년 통치 세력의 부패와 국정 혼란으로 전국에 크고 작은 반란이 일어나다.
> ◁◁▮ 874년 소금 밀매업자 왕선지가 하남에서 군사를 일으키다.
> ◁◁▮ 880년 60만 대군을 이끌고 낙양을 점령한 황소가 장안에 입성하여 황제가 되다.
>
> 안사의 난으로 번진이 당 왕조의 통제에서 벗어나자 당 왕조는 중앙 정부군을 증강하는 데 많은 돈이 필요했다. 가혹한 세금 징수를 단행하여 민생이 파탄 나자 전국에서 크고 작은 반란이 이어졌다. 그중 소금 밀매업자인 황소는 왕선지와 가담하여 농민들을 모아 당 왕조에 가장 치명적인 타격을 입히는 농민 반란을 일으켰다. 황소는 60만 대군을 이끌고 낙양을 점령한 뒤 동관을 공격하고 장안에 입성해 황제의 자리에 오른다. 황소의 난은 10여 년간 계속되어 당 왕조를 유명무실한 존재로 전락시켰다.

안사의 난이 완전히 진압된 것은 763년 2월이었다. 이후 당 왕조는 존속되긴 했으나 국정 운영에 어려움이 더욱 심해졌다. 당 왕조는 안사의 난을 평정하기 위해 번진을 각 지역으로 확대해 절도사로 하여금 병권을 지휘하도록 했다. 이리하여 번진은 내지까지 설치되어 40개 정도로 확대했으며, 중요도에 따라 절도사, 방어사, 단련사가 파견되었다. 안사의 난 이후 절도사는 군사 지휘권의 장악과 더불어 국가에서 위임받은 행정권까지 행사할 수 있게 되었다. 그런데 점차 번진이 당 왕조의 통제에서 벗어나 독립적인 경향을 보이자 그들의 세력 확장을 억제하고 순응시킬 필요를 느꼈다. 그리하여 최우선으로 황제와 유대가 돈독하고 강한 중앙 정부군을 증강하고자 했다. 이에 많은 재정이 필요해진 당 왕조는 가장 손쉽게 재정 수입을 늘릴 수 있는 방법인 세금 징수를 감행했다. 가혹한 세금 징수는 곧 민생의 파탄으로 이어졌다. 이와 더불어 당 왕조는 전횡을 일삼는 환관뿐만 아니라 국가 주도권을 가지고 정치 투쟁을 벌이는 전통 문벌 귀족과 신흥 관료의 대립으로 더욱 혼란에 빠졌다.

통치 세력의 부패와 국정 혼란은 결국 크고 작은 반란을 초래했다. 855년 절동 지역에서 일어난 병사들의 반란을 시작으로, 858년에는 영남, 호남, 강서, 선주 등지에서 병사들이 반란을 일으켰다. 859년에는 구보(裘甫)라는 농민이 반란을 일으켰는데, 초기에는 100여 명 정도였던 반란군에 유랑 농민과 도둑들이 합세해 그 규모가 상당했다. 이후에도 반란은 끊이지 않았으며, 그중에서도 황소의 난은 당 왕조에 가장 치명적인 타격을 입혔다. 평민 출신의 소금 상인이었던 황소는 소금 전매로 막대한 부를 형성한 후 북방 출신의 병사들을 회유해 난을 일으켰다.

안사의 난 이후 당나라의 조세 제도는 조용조에서 양세법으로 바뀌었다. 그리하여 농민은 소유하는 농지의 양과 질에 따라 하세와 추세로 나누어 세금을 냈다. 당 왕조는 거두어들인 양세를 주로 번진의 군사비로 지출했으며, 관료의 봉급으로도 사용했다. 그러나 번진의 확대에 따른 막대한 재정 지출을 양세의 수입만으로 감당하기에는 이미 벅찬 지경이었다. 이에 부족한 세입을 충당하기 위해 소금의 전매를 실시했다.

758년, 제오기(第五琦)의 건의에 따라 강회 지역에서 소금 전매를 우선

적으로 실시한 후 760년에 전국적으로 실시했다. 전매 초기에는 소금 가격이 소금 1두당 10문이었으나, 여기에 소비세 100문을 물어 110문을 받았으며, 이는 점차 인상되어 나중에는 소금 1두당 300문에 이르렀다. 이는 당 왕조가 재정이 악화될 때마다 소금 가격을 올렸기 때문이다. 소금의 가격이 원가의 약 30배까지 오르자 소금을 사지 못해 음식을 싱겁게 먹는 백성이 생겨나는가 하면, 소금 밀매업자까지 출현했다. 그러자 당 왕조는 소금 밀매업자의 성행으로 세입이 줄어들까 걱정하여 이들을 염적(鹽賊)이라 칭하고 엄벌했다. 이에 소금 밀매업자들은 비밀결사대를 조직하고 무장하여 당 왕조에 대항했으며, 당 왕조의 엄한 염적 토벌은 반란으로 이어졌다.

874년, 소금 밀매업자 왕선지(王仙芝)가 하남에서 군사를 일으켰다. 그는 천보평균대장군(天補平均大將軍)이라고 자칭하고, 당시 극심한 빈부의 격차를 빚어낸 당 왕조의 죄를 폭로, 규탄하는 격문을 띄운 후 봉기에 참여할 것을 호소했다. 그러자 수천 명의 농민들이 봉기군에 가담했으며, 얼마 지나지 않아 황소도 산동에서 호응했다. 왕선지와 황소의 지휘 아래 봉기군이 점점 강해지자 당 왕조는 군사를 소집하고 번진 절도사에게 봉기군 진압 명령을 내렸다. 하지만 절도사들은 당 왕조의 명령에도 적극적으로 진압에 나서지 않았다. 더구나 봉기군이 따로 거점을 마련하지 않은 채 약한 상대를 골라 공격하는 작전을 펼쳐 산동, 하남, 호북 지역까지 세력을 떨치자 당 왕조는 회유책을 썼다.

먼저 당 왕조는 왕선지에게 투항을 조건으로 좌신책군압아(左神策軍押牙) 겸 감찰어사(監察御使)의 관직을 제안했다. 왕선지는 당 왕조의 제안에 동요했다. 하지만 황소는 당 왕조가 왕선지에게 낮은 관직을 주어 봉기군에 내분을 일으키려는 것임을 알아챘다. 황소가 왕선지를 일깨우자 왕선지도 곧 정신을 차리고 당 왕조가 파견한 칙사를 쫓아 버렸다. 이후 왕선지와 황소는 군사를 나누어 공격하기로 결정하고, 왕선지는 서쪽으로, 황소는 동쪽으로 진군했다. 하지만 878년, 왕선지가 호북으로 출격했다가 황매에서 대패하고 전사하고 말았다. 그러자 왕선지의 부하들은 모두 황소에게 의탁했으며, 황소는 충천대장군(衝天大將軍)으로 추대되었다.

왕선지의 10만 군까지 흡수한 황소의 목표는 당나라 제2의 도시 낙양이었다. 그러나 낙양은 결코 만만한 도시가 아니었다. 당 왕조는 낙양 부근에 수십만 대군을 집결시켜 봉기군을 토벌하려 했다. 이에 황소는 낙양을 포기하고 상대적으로 약한 광주로 진군하여 879년에는 마침내 광주 함락에 성공했다. 광주가 함락되자 봉기군의 세력은 더욱 확장되었으며, 880년에는 60만 대군을 이끌고 북상하여 낙양을 점령한 다음 동관을 공격했다. 황소의 동관 공격 소식에 당나라 희종(僖宗)과 조정 대신들은 대경실색하여 사천으로 피란을 떠났다. 미처 떠나지 못한 대신들이 황소에게 투항함으로써 황소는 마침내 장안에 입성했다. 그리고 희종을 몰아내고 황제의 자리에 올라 국호를 대제(大齊)라 하고 연호를 금통(金統)으로 정했다.

황소는 상양(尙讓)을 재상으로, 주온(朱溫)을 대장군으로 임명하는 등 통치 체제를 정비했다. 또한 당 왕조의 고위 관료와 부호들의 재산을 몰수하여 백성에게 나눠 주는 등 민심을 안정시키는 데 힘썼다. 하지만 사천으로 피란 간 희종을 쫓지 않는 결정적인 과오도 저질렀다. 황소는 장안을 점령한 뒤 여세를 몰아 희종을 추적해야 했지만, 그러지 않았다. 또한 당 왕조의 금군과 번진 세력을 무장 해제시키고 자신의 군사력을 강화해야 했지만, 여기에도 무관심했다. 게다가 봉기군이 점령한 지역에 군대를 주둔시

황소의 장안 입성 황소의 동관 공격 소식에 당 희종과 대신들이 서둘러 피란을 떠났고, 남은 자들은 황소에게 투항하였다. 황소는 스스로 황제의 자리에 올라 국호를 대제라고 하였다.

키지 않는 실수를 저질러 후에 당 왕조가 반격할 수 있는 빌미를 제공했다.

881년, 당 왕조는 황소의 과오를 기회로 삼아 각지의 절도사들을 규합하고 군대를 재정비했다. 당 왕조는 이민족 출신 이극용(李克用)과 연합해 장안을 공격했으며, 883년에 장안을 포위했다. 포위 기간이 길어지자 황소 진영의 식량 사정이 어려워지면서 전세는 황소에게 불리해졌다. 그런데 이때 황소에게 결정적으로 타격을 안겨 준 사건이 발생했다. 바로 동주를 지키고 있던 부장 주온이 봉기군을 배반하고 당 왕조에 투항한 것이다. 게다가 이극용이 양전파를 지키던 상양을 무찌르고 장안을 향해 진격하자, 황소는 할 수 없이 장안을 포기하고 남전으로 후퇴해야 했다. 이후 황소의 봉기군은 당 왕조와의 전투에서 모두 패했고, 황소는 태산 낭호곡(狼虎谷)으로 도망쳐 884년 그곳에서 자결로 생을 마감했다. 이로써 10여 년간 이어진 황소의 난이 평정되었으며, 885년에 사천으로 피란을 떠났던 희종은 장안으로 돌아왔다.

황소는 반란을 통해 새 왕조를 열지는 못했지만 당 왕조를 유명무실한 존재로 전락시켰다. 황소의 난은 10여 년 동안 전국 각지에서 당 왕조에 치명적인 타격을 가했을 뿐만 아니라 지주 계층에게 심각한 위협을 주었다. 또한 반란의 중심지였던 강회 지역의 경제가 완전히 파괴됨으로써 가뜩이나 재정 악화를 겪고 있던 왕조의 재정은 파탄 지경에 이르렀다.

한편 지방의 번진은 황소가 장안을 지배하는 동안 완전히 독립된 국가로 나아갈 채비를 갖추었다. 그리하여 당 왕조는 불과 23년 후에 오대십국에게 역사의 자리를 내주었다.

후량 건국

오대십국의 탄생

⟪ **907년** 주전충이 후량을 건국함으로써 290년 역사의 당나라가 멸망하다.

⟪ **923년** 주전충 사후 이존욱이 스스로 황제가 되어 후당을 건국함으로써 후량이 멸망하다.

⟪ **951년** 곽위가 쿠데타를 통해 황위에 올라 새 왕조 후주를 건국하다.

황소의 난 진압에 큰 역할을 한 주전충과 이극용은 당나라 정권을 놓고 대립했다. 권력 다툼에 승리한 주전충은 당나라의 실세가 되어 환관 세력을 완전히 와해시키고, 애제에게 양위 받아 스스로 황제에 오른 뒤 5대의 첫 왕조인 후량을 건국했다. 이후 중원 지역은 송나라가 건국되는 960년까지 후량, 후당, 후진, 후한, 후주 등이 명멸을 거듭하는 오대십국 시기에 들어선다. 한편 남방 지역은 10국이 평화로운 시기를 누리며 당나라의 문화를 계승했다.

875년부터 10년간 지속된 황소의 난을 진압하는 과정에서 가장 큰 역할을 한 것은 황소군의 장수 주전충(朱全忠)이었다. 907년, 급기야 주전충은 당나라의 애제에게 양위 받는 형태로 황제 자리에 올라 후량을 건국함으로써 290년 역사의 당나라를 멸망시켰다. 이후 중국 역사는 송나라가 건국되는 960년까지 오대십국 시기로 들어섰다. 5대는 화북 지방을 순차적으로 지배한 후량, 후당, 후진, 후한, 후주를 말하며, 10국은 같은 시기에 남방 지역에 건립된 오, 남당, 전촉, 후촉, 오월, 민, 초, 형남, 남한과 화북 지방 끄트머리에 건립된 북한을 가리킨다. 오대십국은 당나라 말기부터 나타난 번진 할거의 연속이라는 성격을 지니며, 907년 후량 건국 이후부터 송나라가 건국되는 960년까지 약 54년간 지속되었다.

907년에 후량을 건국한 주전충의 원래 이름은 주온으로, 황소의 부하 장수였다. 그러나 그는 황소를 배신하고 당나라에 항복하여 좌금오위대장군 관직과 전충이란 이름을 하사받았다. 또한 황소의 난이 종결된 후에는 그 공을 인정받아 동평군왕에 봉해졌다. 이후 그는 황소의 난 진압에 큰 공을 세워 강력한 번진 세력으로 등장한 이극용(李克用)과 함께 당나라 정권을 놓고 대립하였고, 결국 권력 다툼의 승자가 되었다. 이로써 당나라의 실권은 주전충에게 돌아갔으며, 이극용은 자신의 근거지인 산서 지역으로 물러났다. 당나라의 실세가 된 주전충은 소종(昭宗)을 낙양으로 데리고 온 후, 대대적이고 무자비한 숙청을 감행하여 환관 세력을 완전히 와해시켰다. 이것으로 양왕(梁王)에 책봉된 그는 마지막 걸림돌이었던 재상 최윤까지 죽이고 당나라의 전권을 휘둘렀으며, 904년에는 소종을 살해하고 애제(哀帝)를 등극시켰다. 급기야 907년, 그는 애제에게 양위를 강요하여 황제가 되었으며, 5대의 첫 왕조인 후량을 건국했다. 후량 건국 후 주전충은 수도를 자신의 근거지인 개봉(開封)으로 옮겼다.

하지만 주전충이 후량을 건국했다고 하여 천하가 그의 것은 아니었다. 여전히 각지에는 많은 군벌들이 할거하며 주전충을 따르려 하지 않았다. 특히 이극용이 그러했으며, 908년 이극용이 병사한 뒤 그의 뒤를 이은 아들 이존욱(李存勖)도 후량을 맹렬히 공격했다. 후량은 내분에도 시달렸다. 912년에 주전충의 아들 주우규(朱友珪)가 아버지를 살해하고 제위를 찬탈

《한희재야연도》 후당의 고굉중이 그린 《한희재야연도》의 일부. 후당 시대 연회의 모습을 그린 그림으로, 당시 복식과 사회상을 볼 수 있다.

했으며, 그 자신도 동생 주우정(朱友貞)에게 죽임을 당했다. 이존욱은 이런 혼란을 틈타 연일 후량을 공격하여 마침내 수도 개봉을 점령했다. 923년에는 이존욱이 마침내 스스로 황제가 되어 후당을 건국함으로써 3대 16년 역사의 후량이 멸망했다.

　이존욱은 후당의 수도를 낙양으로 정하고, 화북 지역 통일을 이루었다. 그러나 이것을 태평성대로 착각한 이존욱은 금세 교만해져 향락을 일삼고, 국정을 살피지 않았다. 건국 초기에 국정을 안정시키고, 국가 기반을 다져야 할 때 황제가 정사를 뒤로하고 방탕한 생활을 하자 각지에서 반란이 일어나기 시작했다. 926년에는 이존욱이 부활시킨 환관 감찰 파견제에 불만을 가진 장수들이 반란을 일으켰다. 이 반란으로 이존욱이 죽고 그의 양자 이사원이 명종(明宗)으로 즉위했다. 명종은 7년 동안 황위에 있으면 서 내정을 살피는 데 주력하고, 환관 세력을 억제했으며, 대규모 토지 측량 을 시행해 세제를 정비했다. 그러나 그는 933년 후계자를 정하지 않은 채 병사하고 말았다. 이에 그의 아들 이종후가 황위를 이어 민제(閔帝)가 되었 으나, 934년에는 명종의 양자 이종가(李從珂)가 민제를 죽이고 황위를 찬탈 했다. 그러자 이번에는 명종의 사위 석경당(石敬瑭)이 이종가에게 반란을 일으켰으나 역부족이었다. 이에 그는 거란의 야율덕광을 아버지로 섬기 고, 영토 일부를 양도하는 조건으로 거란에게 원군을 요청했다. 936년 석 경당은 거란의 책봉을 받아 후진을 건립한 후, 937년 거란의 대군과 함께 낙양을 공격하여 후당을 멸망시켰다. 후당은 이렇게 네 명의 황제가 13년 간 통치했다.

937년, 수도를 낙양에서 개봉으로 옮긴 후진 고조 석경당은 거란과의 약 속을 지키기 위해 해마다 30만 필의 비단을 조공으로 바치고, 만리장성 이 남 지역인 연운(燕雲) 16주(州)를 할양했다. 연운 16주는 남북이 300~400 리, 동서가 1천 리에 달하는 지역으로, 이후 오대십국의 혼란이 종식되고 송 왕조가 중국을 통일했을 때에도 거란에게 완전히 탈환하지 못했다. 그 리하여 중원은 북방 민족의 침입과 위협에서 자유롭지 못했고, 이민족 정 권은 한족 정권 지역까지 세력을 확대할 수 있었다. 942년, 석경당이 병사 하자 후진의 황위는 석경당의 조카 석중귀(石重貴)에게 돌아갔다. 하지만 석중귀는 석경당과 달리 거란과의 약속을 이행하지 않았다. 그는 거란에 게 바치던 조공을 중단하고 관계를 아예 단절하려 했다. 이에 격분한 거란의 야율덕광은 대군과 함께 후진을 공격했다. 후진은 장군 두중위에게 방어를 명했지만, 그는 변심하여 거란에 투항하고 말았다. 거란군은 수도 개봉을 향해 계속 진격했으며, 946년에 개봉을 함락했다. 이로써 후진은 건국 11년 만에 멸망했다. 후진을 멸망시킨 거란의 야율덕광은 947년에 국호를 요(遼)로 고치고 중원을 점령하려 했다. 그러나 거란군의 무자비한 약탈로 한족의 저항이 거세지자 야율덕광은 어쩔 수 없이 만주로 철수했다.

요나라가 철수한 개봉은 후진의 절도사 유지원(劉知遠)이 접수했다. 948년, 유지원은 스스로 황제가 되어 국호를 후한이라 칭했다. 그러나 후한은 5대 중 가장 짧은 역사를 가진 왕조로, 4년 후 대장군 곽위(郭威)가 일으킨 반란으로 멸망했다.

951년, 곽위는 쿠데타를 통해 황위에 올라 새 왕조 후주를 건국했다. 954년에 곽위가 죽자 황위는 그의 양자인 시영(柴榮)에게 돌아갔으며, 그가 5대 황제 중 가장 성군이라 칭해지는 세종(世宗)이다. 세종은 어지러운 국면을 타개하기 위해 일련의 개혁 조치를 단행했다. 그는 개봉을 중심으로 버려진 땅을 개간하고 치수에 힘을 기울였으며, 행정 개혁과 군대 정비를 통해 내정에 힘썼다. 그 결과 후주는 중원 통일을 꿈꿀 정도로 강한 경제력과 군사력을 보유할 수 있었다. 세종은 먼저 요의 원군을 등에 업고 남하한 북한을 격파했다. 그 후 적극적으로 원정에 나서 후촉과 남당을 공격하였고, 959년에는 요나라를 공략하여 하남의 영주와 막주, 하북의 와교관, 익진관 등을 수복했다. 그러나 세종은 원정 중 병을 얻어 사망하였고, 7살 난 세종의 아들 공제(恭帝)가 뒤를 이었다. 요나라의 반격과 어린 황제의 즉위에 불안감을 느낀 군인들은 친위 대장이었던 조광윤(趙匡胤)을 옹립하기에 이르렀다. 이로써 후주는 성군 세종의 치세에도 10년을 넘기지

5대 시대의 예술 작품 〈광려도〉, 〈팔달춘유도〉

못하고 960년에 멸망했다.

이렇듯 중원 지역은 군벌 정권의 성격을 지닌 5대가 전쟁을 통해 순차적으로 정권을 교체하면서 혼란의 시기를 보냈다. 반면 북한을 제외한 남방 지역의 10국은 대체로 평화로웠고 왕권 교체도 드물어 경제, 사회면에서 비교적 안정된 시기를 가졌다. 그리하여 10국은 뛰어난 당 대의 문화를 온전히 계승할 수 있었다. 특히 당 왕조의 귀족과 문인들이 전란을 피해 남당과 촉으로 대거 유입됐으며, 이들은 남당과 촉에서 회화와 문학을 발전시켰다. 이렇게 남방 지역의 번창한 경제와 문화는 중원의 경제와 문화를 앞질렀다.

960

진교병변
조광윤의 송나라 건국

> ◁◁ **951년** 오대십국의 마지막 왕조 후주가 곽위에 의해 건립되다.
> ◁◁ **959년** 곽위의 뒤를 이은 세종이 천하 통일을 이루기 위해 요나라 정벌을 감행하다.
> ◁◁ **960년** 조광윤이 어린 공제에게 황제를 선양 받고 송나라를 건국하다.
>
> 후주 세종의 뒤를 이은 것은 일곱 살의 공제였다. 황태후는 조광윤에게 요나라의 공격을 방어할 것을 명했고, 이를 위해 진교역에 진을 치고 있던 조광윤은 부하들에 의해 황제로 추대된다. 개봉으로 돌아온 조광윤은 공제에게 황제를 선양 받고 송나라를 건국하니 이것이 진교병변이다. 이로써 혼란의 오대십국 시대가 가고 통일 왕조 시대로 접어들었으며, 송나라 역사는 이후 319년간 지속되었다.

　　오대십국의 마지막 왕조 후주는 하북의 군벌인 곽위에 의해 951년에 건립되었다. 곽위가 몇 년 뒤 사망하자 그의 양자 시영(柴榮)이 뒤를 이어 세종(世宗)으로 즉위했다. 세종은 큰 포부를 품고 과거 후당이 거란에게 할양한 연운 16주를 되찾기 위한 통일 전쟁을 계획했다. 이에 그는 중앙의 금군을 재편하여 강화해 나갔고, 마침 북한(北漢)이 거란과 연합하여 침공하자 친정을 감행했다. 세종은 고평에서 북한 군대를 만나 힘든 싸움을 벌였으나 조광윤의 선전으로 북한을 물리쳤다. 원래 조광윤은 후주 개국 공신

Chapter3 ● 당나라부터 송나라까지　　　　　　　　　　319

송나라를 건국한 조광윤

으로 금군군관(禁軍軍官), 전장금군(典掌禁軍)의 직위에 있었는데, 고평 전투 승리 후에는 세종의 더 큰 신임을 얻어 금군 사령관이 되었다.

북한에게 승리를 거두고 자신감을 얻은 세종은 좀 더 적극적인 통일 전쟁을 펼쳤다. 세종은 955년에 후촉의 사천을 빼앗은 데 이어, 같은 해 겨울에는 남방의 강국 남당을 공격했다. 그리고 958년까지 세 차례에 걸쳐 남당을 공격하여 양쯔 강 하류 지역을 장악했다. 세종은 남당의 양주를 얻는 데 조광윤이 큰 공을 세운 것을 인정해 광국절도사(匡國軍節使)와 금군 최고 사령관에 임명했다. 959년, 마침내 세종은 천하 통일을 이루기 위해 요나라 정벌을 감행했다. 세종은 일련의 전투에서 요나라를 격파해 연운 16주 중 2개 주를 회복하는 등의 성과를 보여 통일을 이루는 듯했다. 그러나 천운은 그의 편이 아니었는지, 세종은 원정 중 병을 얻어 959년에 세상을 떠났다.

세종이 갑작스럽게 병사하자 일단은 그의 아들 시종훈(柴宗訓)이 황위를 이어 공제가 되었다. 그러나 공제의 나이가 일곱 살에 불과한 것이 문제였다. 어린 황제가 즉위하고, 절도사들의 힘이 여전히 강력하자 후주의 민심과 정세는 금세 불안해졌다. 게다가 세종의 붕어로 후주의 정세가 어지러움을 틈타 요나라가 재침을 시도하니 군인들의 불안은 더 심해졌다. 이에 요나라의 침공을 막기 위해 출전한 장수들이 금군 사령관 조광윤을 옹립하기에 이르렀다.

960년, 금군 사령관 조광윤은 어린 공제를 대신해 정무를 살피던 황태후의 명에 따라 요나라 방어에 나섰다. 조광윤의 군대는 수도 개봉에서 약 40리 떨어져 있던 진교역(陳橋驛)에 머물렀다. 개봉을 떠난 다음 날 조광윤은 술에 만취해 잠이 들었다가 동생 조광의(趙匡義)가 깨워 마당으로 끌려나갔다. 그곳에는 부하들이 집합하여 칼을 받쳐 든 채 그에게 황제가 되어 달라고 외치고 있었다. 그가 자고 있던 사이, 동생 조광의와 심복 조보(趙普)가 조광윤을 황제로 추대하기로 계획

한 것이다. 조광윤은 제대로 정신을 차리기도 전에 어느새 황포를 입고 있었고, 장병들이 함성을 지르자 그제야 공제, 황족, 중신들을 해하지 않는다는 다짐을 받아낸 후 회군을 결정했다. 개봉으로 돌아와 황궁을 점령한 조광윤은 공제에게 황위를 선양 받아 황제가 되었다. 그는 국호를 송이라 칭하고 개봉을 수도로 삼았다. 이것을 진교병변(陳橋兵變)이라 하며, 이로써 중국 역사는 혼란의 오대십국 시대에 종말을 고하고 다시 통일 왕조의 시대로 접어들었다.

진교병변 진교역에서 조광윤을 황제로 추대하고 송 왕조를 세우기 위해 혁명을 모의한 일을 진교병변, 즉 진교의 변이라 한다.

조광윤이 심복 조보를 찾아가 국사를 의논하는 모습

진교병변 같은 군사 정변은 오대십국 시대의 왕권 교체 때마다 나타났다. 그러나 진교병변이 과거의 정변과 다른 점이 있다면, 그것은 피를 흘리지 않고 새 왕조를 열었다는 것이다. 물론 조광윤을 반대했던 한통(韓通)이 그의 부하들에게 피살되었지만, 그는 공제와 후주의 황족들인 시씨를 남송 멸망 때까지 보호했다. 특히 공제가 968년, 열여섯 살의 어린 나이로 병사했을 때는 황제의 예로 장례를 지내 주었다. 또한 조광윤은 후주 세종의 아들을 휘하의 반미에게 키우게 하였고, 후에 그 아이는 송나라의 관리가 되었다.

한편 진교병변의 또 다른 의의는 조광윤이 5대의 할거 정권을 답습하지 않고 황권 중심의 통일 왕조 송나라를 건국한 것이다. 5대의 흥망을 몸소 체험한 조광윤은 5대 왕조처럼 단명하지 않기 위해 중앙을 강화하고, 당나라 말기부터 존재했던 번진 세력들을 제거할 필요성을 느꼈다. 조광윤이 번진 세력들의 병권을 빼앗아 장악한 사건을 역사는 배주석병권(杯酒釋兵

權)이라 한다.

961년 가을, 조광윤은 석수신(石守信), 고회덕(高懷德), 왕심기(王審琦) 등 개국 공신들을 궁중 연회에 초대했다. 그는 금위군 장수 석수신에게 술을 권하며 말했다.

"만약 경들의 도움이 없었다면 지금의 짐은 없었을 것이오. 그러나 경들이 모르는 것이 있소이다. 황제 노릇이 얼마나 힘든지 말이오. 황제가 된 후 편안한 잠을 잘 수 없으니 차라리 절도사 시절이 더 행복한 것 같소."

조광윤의 이 같은 말에 석수신 등 공신들은 이상히 여겨 황급히 연유를 물었다.

"아니, 그 이유를 경들은 진정 모른단 말이오? 세상에 황제라는 자리에 앉고 싶지 않은 사람이 어디 있겠소?"

이 말에 뼈가 있음을 알아챈 석수신 등 공신들은 모두 바닥에 무릎을 꿇고 말했다.

"저희들이 어찌 황제께 다른 마음을 가질 수 있겠습니까? 절대 두 마음을 먹지 않겠습니다."

하지만 조광윤은 머리를 흔들며 말했다.

"내가 설마 그대들을 못 믿겠는가? 그대들이 황위를 탐내지 않는다 해도 그대들의 부하 중 부귀를 얻고자 그대들을 황제로 만들려는 자가 있을 수 있지 않겠소? 만일 그들이 그대들에게 황포를 걸쳐 준다면 그대들이 하기 싫다고 해도 거절하기 힘들 것이 아닌가?"

이에 공신들이 어찌해야 할지를 묻자 조광윤은 크게 한숨을 내쉬며 말했다.

"인생이란 백마가 달리는 것을 문틈으로 보는 것처럼 눈 깜짝할 사이에

덧없이 지나는 것과 같으니, 남아 있는 시간이 얼마나 되겠소? 누구나 부 귀를 누리며 잘살고 싶고, 자손들이 태평하길 바라지 않소? 그러니 경들은 병권과 자리를 내놓고 아예 지방으로 내려가 좋은 논밭을 사고 집을 지어 여생을 편히 보내는 게 좋지 않겠소? 그리고 내 자식과 경들의 자식을 혼 인시킨다면 군신 관계가 더욱 돈독해져 서로가 편안할 거라 생각하오."

조광윤의 말을 숨죽여 듣고 있던 공신들은 이튿날 모두 나이가 들었으 니 이만 사직하겠다고 청했고, 조광윤은 이를 말없이 받아들였다.

배주석병권의 일화처럼 평화적으로 번진 세력의 병권을 장악한 조광윤 은 번진의 재정권, 행정권도 회수했다. 이후 그는 군대와 각 지방의 실권자 를 모두 문관으로 임명하고, 이들을 중앙에서 파견했다. 또한 각급 관리들 의 근무에 성적을 매겨 3년의 임기를 마치면 교체하는 방식을 채택해 지방 반란의 가능성을 배제했다. 이것은 모두 황제 권한을 강화하기 위한 것이 었다. 조광윤은 당나라의 제도를 따르는 한편, 새로운 기구를 창설하여 황 제권을 더욱 강화했다. 행정면에서도 사실상 재상을 없애고 5~6명으로 구성된 재상부를 구성해 임무를 담당하게 했으며, 업무의 최종 결정은 재 상부의 합의와 황제의 결재로 이루어지게 했다. 한편 군사를 담당하는 추 밀원(樞密院)을 두어 황제에 직결시켰다.

황제 중심의 집권 체제를 구축한 조광윤은 통일 전쟁에 박차를 가했다. 그는 북방 요나라와의 전투를 과감히 포기하고 우선 남정에 나섰다. 그는 963년에 호북성의 형남을 합병하여 양쯔 강 중류를 얻었으며, 965년에 사 천성의 후촉을 병합했고, 971년에는 광주를 지배한 남한을 멸망시켰다. 그 리고 975년에는 화남에서 최대 세력을 자랑하는 남당을 멸망시켰다.

그러나 송나라가 통일 왕조의 모습을 갖추어 나갈 즈음인 976년, 조광윤이 병사했다. 송나라의 완전한 중국 통일은 조광윤의 동생 조광의가 978년 오월, 979년 북한을 차례로 멸망시키면서 이루어졌으며, 송나라의 역사는 319년 동안 지속되었다.

1004

전연의 맹약

송나라와 요나라가 맺은 평화 조약

> ◁◁ **907년** 요나라 야율아보기가 거란 부족 전체를 통일하여 권력을 확립하다.
> ◁◁ **936년** 요나라가 후진의 석경당에게 연운 16주를 할양받다.
> ◁◁ **976년** 요나라를 정벌할 계획을 세운 조광윤이 병사하자 송나라는 연운 16주
> 수복에 실패하다.
>
> 송나라가 요나라를 몰아내고 통일을 이루려 하자 양국 사이에 영토 분쟁이
> 끊이지 않았다. 양국이 전주에서 대치하던 중 전세가 송나라에 유리해지자
> 위협을 느낀 요나라는 송나라에 사신을 보내 화친을 제안했다. 이로써 양국
> 은 화의 회담을 통해 전연에서 평화 조약을 맺으니, 이것이 전연의 맹약이
> 다. 이 조약으로 송과 요 사이에 평화가 유지되었으며, 두 나라는 현실적인
> 이익을 얻을 수 있었다.

1004년, 요나라의 성종(聖宗)과 소태후(蕭太后)가 20만 대군을 이끌고 대
대적인 남하를 강행했다. 요나라는 황허 북쪽 기슭의 평원 지구에 머물면
서 강을 건너 송나라의 수도 개봉을 공격할 태세였다. 이에 크게 놀란 송
나라 황제 진종(眞宗, 재위 998~1022)은 중신들을 모아 의견을 물었다. 송
나라 조정은 곧 천도를 하자는 신하와 항전을 주장하는 신하들로 나뉘었
고, 좀처럼 중론은 모아지지 않았다. 천도를 주장하는 쪽에는 부재상인 왕

흠약과 진요수가 있었는데, 이들은 각각 금릉(金陵)과 성도(成都)로 천도할 것을 주장하는 등 천도파들조차 의견 일치가 안됐다. 한편 재상 구준(寇準)과 고경(高瓊)은 항전을 주장하며, 진종에게 친정에 나서 군사들의 사기를 북돋우라고 강력히 요구했다. 진종은 요나라가 두려웠지만 구준의 강력한 요구와 연운 16주(지금의 북경 부근) 회복을 위해 할 수 없이 친정을 결정했다.

요나라 정벌은 건국 이후 줄곧 송나라의 염원이었다. 거란은 요나라로 국호를 개칭하기 전인 936년에 후진의 석경당에게 연운 16주를 할양받았다. 당시 후당을 멸망시키기에 역부족이던 석경당은 거란에게 도움을 청했고, 거란은 연운 16주 할양을 조건으로 내세웠던 것이다. 이로써 화북의 한족에 대한 비한족의 지배가 시작되었으며, 송나라는 건국 후 연운 16주를 수복해 요나라를 화북 지역에서 몰아내고 통일을 이루고자 했다. 따라서 양국 간 영토 분쟁은 끊이지 않았다.

송 태조 조광윤은 요나라 정벌을 계획했으나, 국력의 열세를 깨닫고 남방을 정벌한 뒤로 계획을 늦췄다. 하지만 976년 북쪽의 북한과 오월을 남겨둔 채 조광윤이 병사하여 연운 16주 수복을 이루지 못했다. 979년에는 태종 조광의가 북한을 평정하면서 요나라 정벌의 기치를 이어 갔다. 송나라가 북을 공격하자 요나라는 북한에 원군을 보냈다. 이에 송나라는 북한을 평정한 후 그대로 진격하여 유주(幽州)까지 들어갔다. 그러나 요나라의 완강한 저항에 송나라는 유주 함락에 어려움을 겪었고, 요나라의 지원군까지 남하한다는 소식에 고량하에서 총공세를 펼쳤다. 여기서 태종은 오히려 화살을 두 대나 맞고 포로가 될 뻔했다가 노새가 끄는 수레를 타고 간신히 도망쳤다. 태종은 요나라 정벌을 포기하기 하지 않고 980년, 986년에 다시 공

거란인 요나라는 거란 사람들의 국가이다.

격했지만, 모두 패했다.

태종 이후 진종 시대의 송나라는 요나라 정벌에 소극적인 자세를 취했고, 문신 관료 체제 확립으로 군사력까지 약화해졌다.

반면 요나라는 907년에 야율아보기가 8개 부족으로 나뉜 거란 부족 전체를 통일하여 전제적인 권력을 확립했다. 이후 야율아보기는 원정에 나서 서남방의 탕구트를 제압한 데 이어 926년에는 발해를 멸망시켜 세력을 확장했다. 또한 야율아보기의 뒤를 이은 태종은 936년에 후진의 석경당으로부터 연운 16주를 획득하여, 유목 민족의 만리장성 이남 지역 지배라는 새로운 전기를 이루었다. 또한 979년 고량하 전투, 986년 기구관 전투 등 송나라의 계속되는 공세를 성공적으로 막아 내면서 만만찮은 모습을 보였다. 이후 요나라는 왕위 계승 문제로 혼란을 겪기도 했으나 성종 즉위 후 안정을 되찾아 세력을 확장했다. 993년, 성종을 대신해 섭정하던 소태후가 소손녕에게 명령해 고려를 침략했으며, 1004년에는 송나라를 위협했다.

송나라와 요나라는 황허를 사이에 두고 전주(澶州)에서 대치했다. 요나라는 소달람을 선봉장으로 삼아 송나라를 공격했고, 송나라는 화살을 쏘아 방어했다. 이때 요나라의 장수 소달람이 화살에 맞아 전사하면서 전세는 송나라에게 유리해졌다. 이에 구준이 진종에게 화북 지역까지 진격할 것을 진언했다. 그러나 진종은 전쟁을 할 마음이 없었기 때문에 쉽게 진격 결정을 내리지 못했다. 한편 요나라는 지휘관 소달람을 잃어 사기가 떨어진 상태에서 송나라의 지원군이 집결하고 있다는 소식을 접하게 되었다. 이것은 요나라에서 전쟁을 주도하고 있던 소태후에게 예상 밖의 상황이었다. 소태후는 송나라의 문관 중시, 무관 경시 풍조로 인해 송나라가 친정을 피할 것이라 생각했으며,

송나라 제3대 황제 진종 요나라의 강화 제안을 기회 삼아 전쟁을 빨리 끝내고자 전연에서 평화 조약을 맺었다.

또한 송나라의 군사력이 매우 약할 것이라 여겼던 것이다. 전세가 불리해지고, 후퇴 중에 송나라의 공격을 받을 위험이 있다고 판단한 소태후는 송나라에 사신을 보내 화친을 제안했다.

요나라의 강화 제의에 구준은 진종에게 연운 16주 반환을 조건으로 내세울 것을 진언했다. 그리고 만약 요나라가 거부할 때는 항전을 계속할 것을 주장했다. 하지만 진종은 요나라의 강화 제안을 기회로 삼아 전쟁을 빨리 끝내고자 했다. 이에 그는 조이용(曹利用)을 사신으로 파견하며 은 100만 냥이라도 좋으니 반드시 화친을 얻어 내라고 명령했다.

양국은 황허에서 불과 하루 거리밖에 안되는 전연에서 화의 회담을 거행

요나라 기마병

했다. 양국은 전연에서 평화 조약을 맺었으니, 역사는 이를 '전연의 맹약'이라 한다. 이것으로 송나라는 요나라에게 군대 철수 약속을 받아내고 평화를 획득했다.

하지만 전연의 맹약으로 얻은 평화는 송나라에게 적지 않은 출혈을 일으켰다. 송나라는 요나라에게 매년 은 10만 냥과 비단 20만 필을 바쳐야 했는데, 이것은 전쟁 배상금 혹은 신하의 나라가 바치는 공납 형태가 아니었다. 양국은 지극히 평등한 독립 국가 성격을 유지한 채 송나라가 형, 요나라가 동생인 관계를 맺었다. 송나라는 형의 나라가 되어 체면을 차리는 듯 했으나, 진종은 요나라의 소태후를 숙모라고 부르는 등 굴욕적인 모습을 피하지 못했다. 또한 연운 16주는 그대로 요나라가 차지하며, 양국은 현재의 방어 시설은 그대로 유지하되 더 이상 증축하지 않기로 협의했다. 양국은 평화 조약 체결을 천지신명에 고하고 후대까지 영원히 지킬 것을 맹세했다. 진종은 '대송 황제'의 이름으로, 성종은 '대거란 황제'의 이름으로 조약을 맺었다.

전연의 맹약으로 양국은 현실적인 이익을 얻었다. 우선 송나라는 매년 은 10만 냥과 비단 20만 필을 요나라에게 바쳐야 했지만, 전쟁으로 인한 경제적, 인적 손실에 비하면 그리 큰 손해는 아니었다. 또한 송나라는 차, 비단, 도자기, 철기, 서적 등을 요나라에 수출하여 요나라에게 지급한 은 일부를 거두어들였다. 송나라에게 더욱 다행스러웠던 것은 비록 연운 16주

회복에 실패했지만 더 이상의 영토를 잃지 않은 것이다. 진종은 영토를 잃지 않고, 요나라에게 지급할 돈이 은 100만 냥이 아닌 은 30만 냥으로 결정된 것에 안심했다. 한편 기마 병력이 우수한 요나라는 강남 지역에서 불리한 전쟁을 피할 수 있었다. 또한 요나라는 송나라에게 매년 받는 비단 20만 필과 은 30만 냥으로 체제를 유지하고, 군대 정비에 드는 비용을 마련할 수 있었다. 그리고 송나라와의 활발한 무역을 통해 선진 문물을 수용하여 정복 왕조의 틀을 점차 만들어 나갔다.

전연의 맹약은 송나라가 매우 유리한 고지에 있었음에도 요나라와 화친을 맺은 굴욕적인 조약으로 평가된다. 송나라가 매년 요나라에게 지급하기로 약속한 돈과 비단은 고스란히 백성의 부담으로 전가됐으며, 반대로 요나라가 더욱 강성해질 수 있는 길을 열어 주었다. 양국은 이후 전쟁을 더 이상 하지 않고, 100년이 넘는 기간 동안 평화를 유지했다.

1048

활자 인쇄술 발명

중국의 4대 발명품 중 하나

> ◁◁ **868년** 당나라 시대에 가장 오래된 조판 인쇄물인 《금강경》이 간행되다.
>
> ◁◁ **1297~1307년** 왕정이 목활자를 실용화해 활자 인쇄술을 크게 개선시키다.
>
> ◁◁ **1773년** 최대 규모의 목활자 인쇄물인 《무영전취진판총서》가 간행되다.
>
> 활자 인쇄는 한 글자씩 활자를 만든 후 책을 인쇄할 때 필요한 글자 하나하
> 나를 판에 배열하여 인쇄하는 방법이다. 이 방법에는 인쇄를 마친 후 조판
> 한 글자를 떼어 다음 인쇄에 사용할 수 있는 장점이 있다. 이러한 활자 인쇄
> 술은 송나라 필승이 발명했으며, 이로써 시간과 비용, 인력을 절약하고 대
> 량 인쇄가 가능해졌다. 인쇄술의 발달로 송나라에서는 귀족과 서민 문화 모
> 두 발전했으며, 역사서와 의학서까지 보급되는 등 문화가 한층 발전했다.

선진(先秦) 시대 서적들은 대부분 손으로 직접 쓰거나 베껴 쓴 것으로,
책이 한 권 탄생하기까지 많은 시간이 소요되었다. 한 대에는 종이가 발명
되면서 서적 양이 증가하고, 복제 기술에 대한 욕구가 강해지면서 인쇄의
개념이 생겨났으며, 수나라 이전까지 새(璽), 장(章), 인(印) 등의 방식을 사
용하여 도장이나 탁본이 유행했다. 수나라 때 이르러 비로소 조판 인쇄술
이 발명되었으며, 당나라 때 크게 성행하였다. 조판 인쇄는 재료에 따라 목

332   중국사를 움직인 100대 사건

《금강경》 당나라 때 간행된 중국에서 가장 오래된 조판 인쇄물

판, 석판, 동판으로 분류되며, 재료가 되는 판 위에 먼저 볼록하게 글자를 반대로 새긴 후 먹을 칠하여 종이에 찍어 냈다. 중국에서 가장 오래된 조판 인쇄물은 당나라 함통(咸通) 9년(868)에 간행된《금강경(金剛經)》으로, 인쇄 기술이 아주 정교하고 아름답다.

조판 인쇄는 완성된 조판으로 여러 번 대량으로 인쇄할 수 있다는 장점이 있어 당나라 시대를 거쳐 송나라 시대에 이르기까지 번성했다. 그러나 일일이 손으로 베껴 써야 하는 수고로움에서 벗어날 수는 있었지만, 서적을 출판할 때마다 무수히 많은 판을 다시 제작해야 한다는 단점도 있었다. 또한 조판에 한 글자의 오류라도 발생했을 때에는 전체를 다시 새겨야 하는 문제점도 있었다. 때문에 판을 제작해야 하는 시간, 인력, 물자 비용의 소비가 심각했으며, 조판을 보관하고 관리하는 데에도 많은 비용과 노력이 요구되었다. 5대 시대에 만들어진《구경(九經)》은 제작에만 22년이 걸렸고, 송나라 시대의《대장경(大藏經)》은 12년에 걸쳐 13만 개가 넘는 판이 만들어졌다. 이러한 조판 인쇄의 단점은 활자 인쇄가 발명되면서 해결되었다.

활자 인쇄는 한 글자 한 글자 활자를 만든 후 책을 인쇄할 때 필요한 글자를 판에 배열하여 인쇄하는 방법이다. 인쇄를 마친 후에는 조판한 글자를 떼어 내어 다음 인쇄에 사용할 수 있다. 이러한 활자 인쇄술은 평민 출신 필승(畢昇)이 송나라 경력(經歷, 1041~1048) 연간에 발명한 것이다. 필승의 활자 발명에 대한 기록은 송나라 시대의 유명한 과학자인 심괄(沈括)의 저서《몽계필담(夢溪筆談)》에 자세히 기술되어 있다. 필승은 나무로 활자를 만들려고 시도했으나 나무가 물과 닿으면 쉽게 변형되어 실패를 거듭했다. 그래서 나무 대신 점토를 재료로 선택했다. 활자 두께는 동전의 가장자리만큼 얇았으며, 반대로 새긴 글자 하나하나를 불에 구워 단단하게 했다. 또한 자주 쓰는 글자는 여러 개를 준비하고, '지(之)'나 '야(也)' 같은 글자는 수십 개 만들었다. 활자를 보관할 때는 발음에 따라 분류해 종이에 싸서 보관했다. 조판을 만들 때는 철판 위에 먼저 송진, 밀랍, 종이 재를 바른 후 인쇄에 필요한 활자를 일렬로 배열했다. 다음으로 약간의 접착액을 그 위에 바르고 다른 판으로 눌러 고정시켜 인쇄판을 완성했다. 인쇄를 한 뒤에는 철판에 열을 가해 접착액을 녹이고, 활자를 손으로 떼어 냈다. 이러한 방법은 시간에 비해 많은 양의 인쇄를 가능하게 했으며, 비용과 인력을 절약했다.

필승이 발명한 활자 인쇄술은 당시 인쇄술 발달에 큰 영향을 끼쳤다. 특히 송나라 시대에는 이때까지 발달해 온 제지술과 결합하여 각종 서적을 대량으로 생산할 수 있었다. 중앙의 국자감이나 지방의 전운사에서 대량의 책을 출판해 지식 전달에 앞장섰는데, 이는 다시 인쇄술의 발달로 이어졌다. 인쇄술의 발달과 서적의 대량 생산은 이처럼 상호 작용하며 송나라 시대에 귀족과 서민의 문화를 모두 발전시켰다. 또한 송나라 때는 과거제가 발전하고 서민층까지 과거 응시가 허용되면서 계층을 뛰어넘어 역사서와 의학서 등이 폭넓게 보급되었으며, 거리에서도 서적을 구입할 수 있었다. 이러한 송나라 시대의 문화 현상은 인쇄술의 발전에서 기인했다고 볼 수 있다. 송나라 시대의 인쇄업은 남경, 성도부, 항주, 구주, 명주, 복주 등의 다수 지역에서 발달했다.

필승의 점토 활자는 활자 인쇄술의 기초로, 이후 활자 인쇄술 발전에 바탕이 되었다. 활자 인쇄술은 발전을 거듭한 끝에 원나라 대덕(大德, 1297~1307) 연간에 농학자 왕정(王楨)이 목활자(木活字)를 실용화해 활자 인쇄술을 크게 개선시켰다. 목활자는 송나라 시대에도 있었으나, 물과 접촉하면 쉽게 변형을 일으키고, 높낮이가 일치하는 않는 단점 때문에 실용화되지 못했다. 하지만 왕정은 조판 인쇄술에서 단서를 찾아 판에 목활자를 배열한 후 나무 부스러기로 그 틈을 고정시켰다. 이것은 쇠판에 열을 가해 점토 활자를 빼내는 번거로움과 시간을 절약할 수 있게 했다. 게다가 회전 활자판을 고안해 조판공이 활자를 찾는 수고까지 덜어 주었다. 그는 자신이 개발한 인쇄술을 저서《농서(農書)》의 권말에 수록된〈조활자인서법(造活字印書法)〉에 자세히 기술했다. 목활자와 회전 활자판을 이용하여 인쇄한 대표적인 서적은《정덕현지(旌德縣志)》이다.

이 외에도 원나라 시대에는 주석 활자가 발명되었으며, 명나라 시대에는 동활자와 납활자도 출현했다. 청나라 강희(康熙) 말년에서 옹정(擁正) 초

년에 이르기까지 《고금도서집성(古今圖書集成)》이 동활자로 인쇄되어 발간되었다. 그러나 이런 다양한 활자 중 가장 보편적인 활자는 역시 목활자였으며, 청나라 건륭(乾隆) 38년에 총 2,300여 권의 《무영전취진판총서(武英殿聚珍板叢書)》가 인쇄되었으니 이는 최대 규모의 목활자 인쇄물이다.

활자 인쇄술의 발달로 책을 인쇄할 때 필요한 글자를 찾아 배열하여 인쇄할 수 있고, 인쇄를 마친 후에는 해체하여 다음 인쇄를 준비할 수 있게 되었다. 만일 오자가 있으면 오자만 바꾸면 되므로 전체 서판을 버릴 필요도 없었다. 따라서 돈, 인력 등을 절약할 수 있었으며, 속도 또한 조판 인쇄와는 비교할 수 없을 정도로 빨라져 인쇄의 효율성을 크게 향상시켰다. 활자 인쇄술은 한국, 일본, 이집트, 유럽에까지 전파되었다.

중국은 종이, 나침반, 화약, 인쇄술을 중국의 4대 발명품으로 정해 매우 강한 긍지와 자부심을 가지고 있다. 이 중 종이를 제외한 3가지는 모두 송나라 때 발명된 것이다. 송나라는 비약적인 산업 발전을 바탕으로 과학 기술 발전을 이룩했으며, 산업 발전과 기술 혁신이 상호 작용하여 송나라의 문화를 한층 발전시켰다.

왕안석의 신법

부국강병을 위한 변법 개혁

> 🏇 **1041년** 범중엄이 〈십사소〉 개혁안을 내놓다.
>
> 🏇 **1058년** 왕안석이 〈만언서〉를 올려 적자 재정을 해결하고 약해진 군사력을 개선해야 한다고 주장하다.
>
> 🏇 **1071년** 왕안석 중심의 신법당과 신법을 반대하는 사마광 중심의 구법당으로 나뉘고, 태황태후 조씨와 황후 고씨가 신법 폐지를 진언하다.
>
> 북송은 강력한 중앙 집권제를 확립하고자 관료 기구를 분화하는 방법을 택했다. 이로 인해 관료의 수가 늘어나자 오히려 국정 운영에 비효율성과 복잡성을 초래했다. 이에 왕안석은 농촌 정책인 청묘법, 상업 정책인 균수법, 군사 정책인 장병법 등 재정과 정치, 사회, 군사 등 전 부문을 포괄하는 신법을 제정했다. 이러한 왕안석의 신법은 북송의 재정 수입을 크게 증가시켰으며, 실행과 중지를 반복하며 북송에서 유지되었다.

건국 초기, 북송은 오대십국의 전철을 밟지 않기 위해 여러 조치를 취했으나 11세기에 들어서면서 각종 폐해가 나타나기 시작했다.

절도사 출신이었던 태조 조광윤은 송나라를 건국한 뒤 강력한 중앙 집권제를 확립하고자 관료 기구를 분화하는 방법을 사용했다. 중앙 관료뿐만 아니라 지방 관료까지 황제가 임명했으며, 중앙 기관에서 모든 지방 업무를 관여하도록 했다. 이로 인해 중앙 기관의 업무가 늘어났고, 관료의 대량 임용이 불가피했다. 그리하여 11세기 초기에 1만 명 정도였던 관료는 3년마다 치러지는 과거를 통해 꾸준히 증가하여 11세기 중반에는 2만 4천여 명에 이르렀다. 관료의 수가 이렇게 빠르게 불어나자 오히려 국정 운영은 비효율적이고 복잡해졌으며, 관료를 유지하기 위한 비용도 만만치 않았다. 또한 북송은 오대십국처럼 단명 왕조가 되지 않기 위해 강한 군대 창설을 목표로 했다. 그리하여 초기에 37만 정도였던 군대의 규모는 인종(仁宗) 시기에 이르러 점점 증가해 약 125만에 이르렀다. 이에 북송은 대부분의 재정을 군대 유지에 써야 했고, 11세기 중반에 이르러 북송의 재정은 적자로 돌아섰다.

하지만 당시 북송은 토지 겸병으로 인해 적자로 돌아선 재정 상태를 회복하기가 쉽지 않았다. 당연히 토지를 소유한 양민의 수가 많을수록 조세 확보에 유리했지만, 11세기에 들어서는 많은 토지가 소수의 사대부나 지주들에게 편중되어 토지 겸병 현상이 심각했다. 즉 전체 인구의 10퍼센트도 안 되는 사대부와 지주들이 전체 토지의 70퍼센트 이상을 차지한 것이다. 이들은 각종 면세 특권을 가지고 있었으며, 설사 면세 특권이 없다 하더라도 다양한 불법 행위를 통해 납세를 피했다. 특권 계층의 세금 탈루로 인한 세금 공백은 다시 농민에게 전가되었고, 농민은 지주의 토지를 소작하거나 유랑하는 삶을 선택하기도 했다. 또한 농민들은 불만의 표시로 반란을 일으키기도 했다.

이처럼 북송 중기에 계층 간의 갈등이 고조되고, 재정 적자로 어려운 국면을 맞자 일부 사대부 계층에서 각성이 일어났다. 이런 각성은 두 번의 변법 개혁으로 표출되었는데, 첫 번째는 1041년부터 1048년까지 범중엄(范仲淹)이 주도했고, 두 번째는 1069년부터 1076년까지 왕안석(王安石)이

주도했다.

먼저 범중엄은 인종의 명으로 〈십사소(十事疏)〉라는 개혁안을 내놓았다. 〈십사소〉는 대외적으로 강한 모습을 보이기 위해 내부를 공고히 하고, 군대를 강하게 만들기 위해 백성의 삶을 윤택하게 하고, 백성을 잘 살게 하기 위해 깨끗한 관료 사회를 만들어야 한다는 등 10개 분야의 개혁을 담고 있다. 범중엄의 개혁안은 인종의 큰 지지를 얻어 시행되었지만, 시행되자마자 절대다수 관리들의 이익을 침해한다는 이유로 반대에 부딪혔다. 결국 범중엄이 참지정사(參知政事)의 자리에서 1년 만에 물러나 지방관으로 좌천되면서 개혁은 실패로 끝났다.

북송의 두 번째 변법 개혁은 1067년, 19세의 청년 신종(神宗)이 즉위하고, 왕안석을 발탁하면서 추진되었다. 1042년, 진사과에 4등으로 급제하여 지방관에 임명된 왕안석은 여러 해 동안 지방관을 지내면서 사회적 갈등과 빈곤이 토지 겸병 때문에 발생한 것이며, 생산력의 발전만이 유일한 해결이라고 생각했다. 그리하여 1058년 인종 말기에 〈만언서(萬言書)〉를 올려 변법을 실시하여 적자 재정을 해결하고 군사력을 강화해야 한다고 주장했다. 하지만 인종은 개혁에 대한 의지가 소멸된 상태였고, 이후 황제가 된 영종(英宗)은 개혁에 대한 의지는 있었으나 개혁을 반대하는 세력이 강해 변법을 제대로 추진하지 못한 채 병사했다. 영종의 뒤를 이어 황제가 된 신종은 태자 시절부터 왕안석을 주시하고 있었다. 그리하여 신종은 즉위하자마자 왕안석을 강녕지부(江寧知府)로 임명하고, 얼마 지나지 않아 다시 한림학사(翰林學士) 겸 시강(侍講)으로 임명했다. 1069년에는 신하들의 불만을 뒤로하고 왕안석을 참지정사에 임명하여 변법을 도모했다.

1069년, 왕안석은 신법 추진 기구의 창설을 신종에게 주청하여 제치삼

신종 19살에 즉위한 신종은 왕안석을 발탁하여 개혁을 추진하게 하였다.

사조례사(制置三司條例司)를 설치했다. 그리고 인재들을 불러 모아 자신이 신법을 계획하고 관철하는 데 협조하도록 했다. 이로써 왕안석은 재정과 정치, 사회, 군사 등 전 부분을 포괄하는 신법을 제정했으며, 특히 재정과 경제 부분은 왕안석 신법의 핵심을 이루었다. 왕안석의 신법은 크게 농촌 정책, 상업 정책, 군사 정책으로 나눌 수 있다.

먼저 농촌 정책으로 청묘법(青苗法)을 실시했다. 청묘법은 상평창(常平倉)과 광혜창(廣惠倉)에 축적된 자본을 이용해 곡식

가격이 오르면 시중 가격보다 싸게 판매하고, 시중 가격이 낮으면 비싸게 구매하도록 한 것이다. 또한 1, 2월과 5, 6월에는 주현(州縣)의 정부가 농민에게 돈이나 곡식을 빌려 주고 2할의 이자를 더하여 곡식이나 현금으로 갚게 했다. 이것은 과거 지주들이 농민에게 돈과 곡식을 빌려 주고 받은 6 ~7할의 이자에 비하면 매우 낮은 이율이었다. 청묘법은 당시 성행하던 대지주의 고리대금업을 방지하는 한편, 안정된 세 수입을 확보하기 위한 것이었다. 또한 지방 관청은 부역이 필요할 때 인부를 고용하고, 농민들의 부역을 면제해 주는 대신 돈을 징수하는 제도인 면역법(免役法)을 만들었

다. 면역법은 농민을 부역에 동원하는 대신 농사에 전념하게 하고, 원래부터 부역이 면제되었던 특권 계층에게 절반의 돈을 내게 하여 지방 관청의 재정 수입을 늘리는 효과를 기대한 것이다. 이와 더불어 각지에서 황무지의 개간과 수리 시설의 건설을 장려하는 농전수리법(農田水利法)을 만들어 농토를 확충했으며, 이에 따르는 비용은 개간과 수리 시설로 이익을 얻는 사람들끼리 출자하도록 했다.

변법 개혁을 주도한 왕안석

다음으로 왕안석 신법의 상업 정책은 균수법(均輸法) 시행이 핵심이다. 균수법을 통해 발운사(發運使)로 하여금 매년 수도로 들어오는 물자의 상황을 파악하여 가격이 싼 물품들은 저장하도록 했다. 또한 중소 상인들을 상대로 낮은 이율로 돈을 빌려 주는 시역법(市易法)을 만들었다. 균수법과 시역법은 대상인들의 농간을 억제했고, 일반 백성의 조세 부담을 점차적으로 경감시키면서 안정적으로 재정을 확보하게 했다.

왕안석 신법의 농촌 정책과 상업 정책이 재정 수입을 늘리는 등 부국을 목표로 했다면, 군사 정책은 강병이 목표였다. 먼저 각 부대마다 장수 1명과 부장 1명을 두어 사졸과 한곳에서 훈련받는 장병법(將兵法)을 시행했다. 또한 10집을 1보, 5보를 대보, 10대보를 도보로 편성하여 유사시를 대비해 무장 훈련을 시켰다. 그리고 평상시에는 순찰을 돌며 치안을 맡도록 했다. 이는 군비 절감과 군대 강화의 효과를 가져왔다. 이 외에도 말 기르기를 원하는 백성에게 말을 기르게 하여 전시에 군마로 쓰도록 한 보마법(保馬法), 군기감(軍器監)을 두어 무기와 장비를 점검, 제조, 개량하도록 한 군기감법(軍器監法) 등을 시행했다.

한편 왕안석은 교육 제도에 개혁의 칼날을 겨누었는데, 그는 학교 교육을 바로잡기 위해 태학삼사법(太學三舍法)을 만들었다. 태학을 외사(外舍)와 내사(內舍), 상사(上舍)의 3등급으로 나누고, 평상시 학교 성적이 상등이면 관원으로, 중등이면 과거 2차 시험을 면제해 주고, 하등은 과거 1차 시험을 면제해 주는 것으로 과거제를 개혁했다.

왕안석의 신법은 재정과 경제의 성장 개혁을 중점으로 하여 북송의 재정 수입을 크게 증가시켰다. 또한 군사력도 크게 향상되어 북송은 서하와의 전투에서 이례적으로 승리했다. 그러나 왕안석의 신법은 관료와 대지주, 대상인들의 이익을 침해하는 경우가 많아 이들의 심한 반대에 부딪혔다. 또한 신법을 시행함에 있어 충분한 논의를 거쳐 단계적으로 실시하기보다는 한번에 급진적으로 시행하여 초기의 동조자들까지 반대파로 돌아서게 만들었다. 특히 한기, 문언박, 구양수, 사마광, 소식, 소철, 정호, 정이 등이 왕안석의 신법을 강력히 반대했다.

하지만 왕안석은 신법의 추진을 결코 늦추지 않았고, 결국 조정은 왕안석 중심의 신법당(新法黨)과 신법을 반대하는 사마광 중심의 구법당(舊法黨)으로 나누어지게 되었다. 왕안석의 신법은 왕안석이 1071년 태황태후 조씨와 황후 고씨의 신법 폐지 진언에 따라 지강녕부로 좌천되고, 1076년에는 구법당의 반대로 다시 지방관으로 좌천되면서 잠시 중단된 적은 있으나, 적어도 신종의 재위 기간에는 지속되었다. 특히 1076년, 왕안석이 정계에서 은퇴했을 때에도 신종은 왕안석의 신법을 계속 유지한 채 직접 제도 개혁을 주도했다. 그러나 1085년에 신종이 사망하고 10살의 철종(哲宗)이 즉위하면서 태황태후 고씨가 수렴청정을 하자 신법은 중지되었다. 태황태후 고씨는 구법당의 사마광을 재상으로 등용하고, 정권을 잡은 구법

당은 신법을 모두 폐지해 버렸다. 이후 왕안석의 신법은 철종의 친정 기간
과 휘종의 재위 기간에 실행과 중지가 반복되었으며, 이에 따라 북송 조정
은 신법당과 구법당의 대립으로 첨예한 갈등 속에 빠졌다.

1087

3당의 당쟁
당쟁에서 비롯된 북송의 위기

◁◁ 1094년 철종이 신법을 전면 부활시키면서 당쟁이 격화되다.
◁◁ 1101년 신종의 황후인 상태후가 병사하자 신법과 구법의 중도 정치가 수포로 돌아가다.
◁◁ 1120년 북송의 지배 체제를 흔들어 놓은 방랍의 난이 일어나다.

송나라는 태조와 태종 시대에 걸쳐 강력한 독재 정치 체제를 확립했으나 이는 점차 관료들의 정쟁으로 발전했다. 특히 왕안석의 신법이 실시되면서 송 조정은 신법당과 구법당으로 나누어져 격렬한 당쟁을 벌이게 된다. 신법에 뜻을 둔 신종이 병사하자 정치는 구법당 중심으로 돌아갔으나 내분으로 인해 다시 신법으로 정권 교체가 일어났다. 시간이 지날수록 당쟁은 반대를 위한 반대, 보복의 수단으로 악용되었고, 이로 인해 북송은 황권의 약화, 민란 등으로 위기를 맞이하였다.

송나라는 태조와 태종 시대에 걸쳐 강력한 황제 독재 정치 체제를 확립했다. 이에 따라 재상의 권한이 상대적으로 약해져 황제를 보좌하며 정사를 통할하는 데 그쳤으며, 황제와 고관대작에게 간권하던 간원(諫院)이 독립하자 조정에서는 재상과 간원의 논쟁이 끊이지 않았다. 결국 이는 점차 관료들이 당파를 만들어 다투는 정쟁으로 발전하기에 이르렀다.

1004년, 진종(眞宗) 때 동북방에 있는 요나라가 침입하자 송 조정은 주전파와 주화파로 대립했다. 당시 재상 구준(寇準)은 개봉을 버리고 도망치자는 조정의 중론에 맞서 진종에게 친정을 진언했으나, 결국 송 조정은 요나라와 굴욕적인 조건으로 '전연의 맹약'을 맺었다.

인종(仁宗) 때에는 참지정사에 임명된 범중엄(范仲淹)이 부필(富弼), 구양수(歐陽脩)와 함께 인재 양성, 관리 선발, 군비 증강, 백성의 부담 경감 등을 골자로 하는 열 가지 개혁안〈십사

〈십사소〉를 통해 개혁을 제안한 범중엄

소(十事疏)〉를 제출했다. 하지만 경력신정(慶曆新政)이라 일컫는 범중엄의 개혁안은 기득권 세력과 마찰을 빚었다. 범중엄은 붕당을 조직하고 거란과 내통했다는 반대파의 모함으로 조정에서 쫓겨났으며, 경력신정은 폐지되었다. 이후 송 조정에서는 사사건건 당쟁이 벌어졌다.

인종 사후 영종(英宗)이 즉위했을 때는 영종의 부친 묘를 인종으로 삼을 것인지, 아니면 친부인 복왕(濮王)으로 삼을 것인지를 놓고 대립했다. 당시만 해도 당쟁은 그리 심한 편이 아니었으나, 왕안석의 신법이 실시되면서 송 조정은 신법당과 구법당으로 나뉘어 격렬한 당쟁을 벌였다.

왕안석의 신법은 정치 개혁에 뜻을 둔 신종(神宗, 재위 1067~1085)이 즉위하면서 실시되었다. 그러나 왕안석의 신법은 시작부터 호족 지주 계층을 기반으로 하는 구양수, 부필, 한기(韓琦), 문언박(文彦博), 사마광 등 구법당의 반발을 샀다. 구법당은 신법을 반대하는 이유로 왕안석의 인물됨과 학식 부족 등을 들며 대립했다. 이에 왕안석은 개혁 추진을 위해 새로운 인재를 양성하여 대거 발탁했지만, 관리로 등용된 이들은 개혁보다는

권력 장악에 열중했다. 구법당은 왕안석의 신법을 격렬히 반대했지만, 신법은 신종의 재위 때만 유지되었고, 구법당은 파면당하거나 조정에서 축출당했다.

1085년, 신종이 병사하고 이어 철종(哲宗)이 즉위했다. 그러나 철종이 아홉 살에 불과해 신종의 어머니인 선인태후(宣仁太后)가 섭정을 시작하면서 신법당과 구법당의 정치적 위치가 역전되었다. 신법이 탐탁지 않던 선인태후는 1086년에 구법당의 사마광, 문언박, 여공저(呂公著) 등을 불러 20여 년간 시행되어 온 신법 폐지를 명했다. 사마광은 문하시랑에 이어 상서좌복야로 재상이 되어 조정의 전권을 쥐었다. 이로써 조정의 요직을 차지한 구법당의 관료들은 신법당을 조정에서 몰아냈으며, 신법을 모두 폐지하고 인종 시대의 구법을 부활시켰다. 그러나 1087년에 정권을 완전히 장악한 뒤 구법당은 내분으로 격하게 대립했다.

당시 구법당은 소순(蘇洵), 소식(蘇軾), 소철(蘇轍) 등이 중심이 된 촉학(蜀學)과 정이(程頤), 정호(程顥)를 중심으로 한 낙학(洛學)으로 나누어져 있었다. 그러나 왕안석이 신종의 신임을 얻어 강력하게 신법을 추진하자 합심해 반대했다. 촉학파는 신법을 반대했기 때문에 자연스럽게 구법당에 속했다. 반면 낙학파는《춘추》의 명분론,《대학》과 《중용》의 수신론을 중시해 혈연 중심의 종법 관계에 바탕을 둔 질서를 중요시했으므로, 지극히 현실적이고 부국강병만을 추구하는 왕안석의 신법을 받아들일 수 없었다. 그런데 촉학파와 낙학파는 같은 구법당이면서도 서로 대립했다. 이는 촉학파가 유가와 함께 도가와 불가를 포용했던 것에 비해 낙학파는 오로지 유가만을 중시하여 사상적 대립을 이루었기 때문이다. 하지만 구법당은 서로 파쟁을 할 뿐 구체적인 정책 방안과 대책을 가지고 있지 않아 정치를 혼란스럽게 했다.

이러한 상황에서 1093년에
선인태후가 사망하고 철종이
친정을 시작했다. 그리고 다
시 한 번 구법당과 신법당의 정
권 교체가 이루어져 신법이 시
행되었다. 1094년, 철종은 과거
구법당의 전성기 때 조정에서
축출당한 장돈(章惇)을 재상으
로 삼고, 신법을 열렬히 추종했
던 증포(曾布)를 기용했다. 이로
써 신법이 전면 부활했으나, 신

소순과 소철 소순, 소철, 소식 등을 중심으로 한 촉학파는 왕안석
의 신법을 반대하였다.

법당에는 더 이상 왕안석 사후 개혁을 주도할 만한 인재가 없었으므로 사
회를 개혁하는 주체가 되지 못했다. 더구나 신법당은 구법당 관료들의 과
거 행적을 쫓아 모두 추방하는 것으로 보복을 가했다. 이때 소식과 소철은
각각 담주와 뇌주로 유배당했다. 초기의 구법당과 신법당의 당쟁에는 나
라를 걱정하는 마음과 고집스러운 학문의 경륜, 강한 추진력이 있었다. 그
러나 시간이 지날수록 양당의 당쟁은 오직 서로를 반대하고, 비방하며 보
복을 가하는 수단으로만 이용되었다.

1100년, 철종이 죽고 휘종(徽宗)이 즉위하면서 신종의 황후였던 상태후
(尙太后)가 섭정했다. 상태후는 신구 양당의 융화를 도모하고자 추방된 구
법당의 관리를 일부 등용했다. 하지만 이러한 그녀의 노력에도 양당의 대
립은 이미 회복 불가능한 상태였다. 게다가 상태후가 이듬해 병사함으로

정이와 정호 정이와 정호는 낙학파로, 대립 관계인 촉학파와 마찬가지로 왕안석의 신법을 받아들이지 않았다.

써 그녀가 지향한 중도 정치는 수포로 돌아갔다.

이후 휘종이 친정을 시작하면서, 신종의 신법을 계승하여 쫓겨났던 장순(章淳)을 불러들이고, 채경(蔡京)을 재상으로 발탁했다. 그런데 채경은 개혁에는 관심과 의지가 없었던 자로, 구법당이 집권했을 때는 구법당의 일원으로 있다가 신법당이 정권을 장악하자 이번에는 신법당으로 전향한 인물이었다. 그는 환관 동관과 함께 무능한 풍류 황제 휘종의 비위를 맞추며 사리사욕을 채웠다. 또한 보복성 탄압에 나서 구법당을 간당(奸黨)으로 몰아 배척했다. 심지어 1102년에는 휘종에게 상소를 올려 태학의 단례문(端禮門)에 당비(黨碑)를 세워 그 위에 구법당 정치인들의 이름과 죄상을 새길 것을 청했다. 그리하여 사마광, 문언박, 소식, 정이 등 주로 신법에 반대했던 인물 309명의 이름이 새겨진 '원우당적비(元祐黨籍碑)'가 세워졌다. 뿐만 아니라 원우당적비에 이름이 오른 인물들의 문장을 불사르고, 관직을 박탈하고 귀양 보낼 것을 명했으며, 그들의 자손까지 외지로 내쫓는 불이익을 주었다. 반면 신법당의 왕안석은 공자 사당에 배향되어 공자, 맹자를 잇는 성인으로 추존되었다.

북송 말기에 이르러 왕안석의 신법은 이미 변질된 상태였다. 신법당의

정치는 오직 국가 재정을 늘리는 데만 집
중되었고, 이에 국가 재정은 늘어났지만
백성의 부담은 오히려 늘어났다. 그러나
휘종은 풍부한 국가 재정을 믿고 사치를
일삼았다. 궁정 화가에 대한 후원을 아끼
지 않고, 장대한 궁전과 정원을 조영하고,
동관을 파견해 각지의 진귀품을 수집하는
데 열중했다. 당연히 각지에서 원망의 소
리가 커지고, 크고 작은 민중 반란이 일어
났다. 특히 1120년에는 수탈을 못 이겨 방

신법을 반대한 대표적인 인물 사마광

랍이 난을 일으켰는데, 이 방랍의 난은 북송의 지배 체제를 흔들어 놓았
다. 결국 북송은 극심해진 양당의 당쟁과 황권의 약화, 민란 등으로 위기를
맞이하였다.

1126

정강의 변

북송의 멸망

10세기 후반부터 11세기 중반까지 요나라의 배후, 즉 만주 일대는 여진족이 농경과 수렵을 병행하고 있었다. 이들은 5세기 이후부터 만주 일대에서 유목 생활을 하다가 발해가 건국되었을 때는 발해의 지배하에 있었고, 거란이 요나라를 세웠을 때는 요나라의 영향 아래 있었다. 하지만 여진족이 모두 요나라에 편입된 것은 아니었다. 여진족은 자신의 생활 방식을 그대로 유지하는 생여진(生女眞)과 요나라의 지배에 복속된 숙여진(熟

女眞)으로 나누어져 각기 살아 가고 있었다. 이러한 여진족이 강성해지기 시작한 것은 완안 아골타(完顔阿骨打)가 등장하면 서부터이다. 그는 예전부터 존 재한 300호를 모극(謀克), 10모 극을 맹안(猛安)이라고 하는 씨 족 행정 단위를 군사 구조로 재 편성했다. 그리하여 1모극에서 군사 100명을, 1맹안에서 군사 1천 명을 선발했다. 여진 부족 을 통합한 아골타는 1114년에 드디어 요나라에 반기를 들고, 1115년에 금나라를 건국했다.

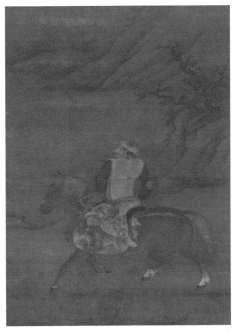

여진족 여진족은 만주 일대에서 유목 생활을 하던 민족으로, 요 나라에 반기를 들고 금나라를 건국했다.

그리고 그는 요나라를 끊임없이 공격하여 요나라의 쇠락을 부추겼다.

만주 일대의 정세가 급변했다는 소식은 송나라에도 전해졌다. 이에 송 나라는 금나라와 연합함으로써 요나라로부터 연운 16주를 탈환할 수 있을 지도 모른다는 기대를 가졌다. 1120년, 송나라 휘종(徽宗, 재위 1100~1125) 은 요나라를 피해 바닷길로 만주 일대의 여진족 국가 금나라에 사신을 파 견했다. 사신이 여러 차례 오고간 후 양국은 '해상 동맹(海上同盟)'이라고 부 르는 조약을 체결했다. 해상 동맹의 내용을 살펴보면 다음과 같다.

첫째, 양국은 협공하여 금나라는 중경을 공략하고 송나라는 연경을 공략한다.

둘째, 요나라를 멸망시킨 후 양국은 만리장성을 국경으로 정하며, 연운 16주는 송나라에 귀속시킨다.

셋째, 송나라는 지금까지 요나라에게 바치던 세공을 금나라에게 바친다.

연운 16주 회복과 요나라 정벌을 염원한 송나라에게는 당시 급성장하던 금나라가 최고의 파트너였다.

같은 해, 해상 동맹 조약에 따라 금나라는 만리장성을 넘어 요나라의 중경을 향해 진격했고, 송나라 군대는 연경으로 향했다. 하지만 금나라가 요나라 공격에 진척을 보인 데 반해 송나라는 공격을 제대로 할 수 없었다. 송나라의 절강성 청계현에서 방랍(方臘)의 난이 발생했기 때문이다. 방랍은 원래 칠원(漆園)의 주인이었으나 청계현의 관리들이 기석 수집을 이유로 수탈을 일삼자 농민을 규합해 반란을 일으켰다.

당시 송나라는 왕안석의 신법 실패와 당쟁, 송 휘종의 정치력 부족 및 사치로 민생이 파탄 지경에 이른 상태였다. 특히 송 휘종의 과도한 예술 활동은 방랍의 난에 직접적인 원인을 제공했다. 그는 절강에 명금국(明金局)을 설치해 각종 예술품을 수집했으며, 응봉국(應奉局)을 설치해 수석과 기석을 채집했다. 이에 재상 채경과 환관 동관이 휘종을 만족시키기 위해 악랄한 수탈과 편법을 서슴지 않으니, 백성의 분노는 극에 달했다. 방랍이 송에 반기를 들자 그 세력은 금세 불어났으며, 마니교 신도까지 가세하여 병력의 수는 100만에 이르렀다. 상황이 이렇게 되자 송 조정은 방랍의 난을 진압하기 위해 군대를 파견하지 않을 수 없었다. 그리하여 송나라는 요나라 공격을 위해 편성했던 15만 대군을 출동시켜 방랍을 토벌했다. 방랍의 난을 진압하는 데 1년이 넘는 세월이 걸렸으며, 1123년에서야 다시 요나라 공격에 나설 수 있었다.

1123년, 송나라는 환관 동관을 총사령관으로 임명하여 다시 요나라 공격에 나섰다. 송나라의 목표는 연경이었다. 그런데 송나라 군대가 연경에 도달했을 때 요나라 황제 천조제(天祚帝)는 이미 도망가고 망명 정부만 남아 있었다. 그러나 송나라 군대는 요나라 망명 정부의 미미한 저항마저도 제대로 처리하지 못했다. 총사령관 동관은 연경 공략 실패에 대한 추궁이 두려워 금나라 아골타

송나라 휘종 휘종은 금나라와 연합하여 요나라에게 연운 16주를 탈환하기 위해 해상 동맹을 맺었다. 이후 정강의 변이 일어나자 흠종과 함께 금나라에 포로로 잡혀갔다.

에게 원군을 요청했고, 금나라 군대는 쉽게 연경을 함락했다.

해상 동맹에 따르자면 연경은 분명 송나라가 공략해야 했으나 그마저도 금나라에 의해 이루어졌다. 이에 금나라는 양국의 국경선을 만리장성으로 한다는 약속을 지키지 않았으며, 연경을 달라는 송나라의 제안도 무시했다. 하지만 송나라는 금나라에 약속 이행을 거듭 촉구했고, 결국 금나라의 아골타는 해상 동맹의 조약대로 연경을 반환하기로 결정했다. 그러나 아골타는 연경을 텅 비우고 반환할 것이며, 전비를 지불하라는 조건을 내세

북송의 수도 개봉 중국 북송 시대 한림학사였던 장택단이 북송의 수도인 개봉의 청명절 풍경을 묘사한 그림이다.

웠다. 금나라의 아골타는 철군하면서 연경을 약탈하고 연운 16주의 백성을 금나라로 이주시켰다. 그리하여 송나라는 폐허나 다름없는 텅 빈 7개의 성을 돌려받았다. 하지만 송나라는 이에 개의치 않았다. 오히려 그들은 큰 공이라도 세운 듯이 전국에 사면령을 내리고, 비석에 자신들의 공을 새기느라 여념이 없었다.

송나라의 안이함은 여기서 끝나지 않았다. 송나라는 금나라에게 약속한 전비를 지불하기는커녕 자신의 역량은 생각지도 않고 연운 16주의 완전한 회복만을 꿈꾸었다. 그러기 위해서는 연운 16주의 대부분을 점령하고 있던 금나라를 몰아내야만 한다고 생각했다. 그리하여 송나라는 패주하여 음산에 숨어 지내는 요나라의 천조제를 비밀리에 만나 요나라와 동맹을 맺고 금나라를 협공할 것을 약속했다. 하지만 1125년, 요나라의 천조제가 금나라 군사에게 잡혔고, 송나라의 모든 계획이 발각되었다. 이에 1125년에 아골타의 뒤를 이어 금나라 태종으로 즉위한 오걸매(吳乞買)는 송나라 공격을 결정하고, 10만 병력을 이끌고 남하하기에 이르렀다.

파죽지세로 남하한 금나라 군대가 송나라 수도 개봉을 포위하자, 송 휘종은 제위를 장남 조환(趙桓), 즉 흠종(欽宗)에게 물려주고 자신은 상황이 되어 강남으로 도망쳤다. 송 흠종은 주전파와 주화파 사이에서 고민을 거듭하다 일단 주전파 이강에게 방어를 맡겼다. 이강은 여러 차례 금나라의 공격을 막았으며, 노장 종사도까지 구원병을 이끌고 개봉에 당도하자 전세가 송나라에게 완전히 불리하지는 않았다. 그럼에도 송 흠종과 주화파는 금나라에 사신을 보내 거듭 화친을 요구했으며, 금나라는 철군 조건으로 북방의 태원(太原), 중산(中山), 하간(河間)의 땅과 엄청난 배상금, 금나라 황제를 백부로 호칭할 것 등을 제안했다. 매우 굴욕적인 제안이었으나 송나라는 위기를 모면하기 위해 금나라의 요구를 수락하여 화약을 체결하고 이강을 파면시켰다.

화약을 맺고 금나라가 철수하자, 송 흠종은 주전파 장수들을 파면하고 구원병을 해산시킨 뒤 다시 방탕한 생활을 즐겼다. 또한 금나라에 약속한 조건들을 이행하지 않았다. 송나라가 거듭 약속을 지키지 않자 금나라 태종은 1126년에 재차 남침을 감행했다. 금나라 군대가 개봉에 이르자 송 흠종은 신병(神兵)을 조직하여 금나라를 물리친다는 곽경(郭京)의 거짓말만 믿고 성을 사수하는 군민을 모두 철수시켰다. 그러나 신병은 금나라 군대에 몰살당했고, 개봉은 약 40여 일 만에 함락되었다. 이때 송 흠종은 화친을 청하러 직접 금나라 진영을 찾았다가 포로가 되었다.

1127년, 금나라는 송 휘종과 흠종을 모두 폐위하고 송나라의 대신인 장방창(張邦昌)을 꼭두각시 황제로 내세워 초국(楚國)을 세웠다. 그리고 금나라는 휘종과 흠종, 황족, 관료, 기술자 등 3천여 명을 포로로 잡아 북으로 철군했다. 이 사건은 1127년, 즉 정강 2년에 일어났기 때문에 역사는 이를 '정강의 변'이라 일컫는다.

정강의 변 이후 송나라의 황족 중 유일하게 북에 끌려가지 않은 이가 있었으니 바로 휘종의 아홉 번째 아들이자 흠종의 동생인 강왕(康王) 조구(趙構)였다. 그는 남경(南京)까지 도망쳐 임안(臨安)을 수도로 삼고 스스로 황제 자리에 올랐다. 역사는 이를 남송(南宋)이라 칭하며, 정강의 변 이전의 송나라를 북송이라 불러 구분한다.

1127

대금전쟁
끝나지 않은 금과 송의 대립

🏹 **1130년** 금나라의 공격이 이어지자 악비와 한세충 등 남송 각지에서 의병이 일어나다.

🏹 **1136년** 금나라는 유예를 황제로 세우고 대제국을 수립하여 남송을 공격하다.

🏹 **1142년** 남송과 금나라 사이에 소흥의 화의가 체결되다.

북송이 멸망한 후 고종은 송나라의 정권을 이어받아 남송을 건립했다. 고종이 금나라의 침입에 대비하자 금나라는 다시 대군을 이끌고 남침을 감행했다. 악비가 위기에 처한 남송을 지켜 냄으로써 형세가 불리해진 금나라는 진회를 이용해 남송과 화친을 맺길 원했다. 이후 최대의 걸림돌이었던 악비가 모함죄로 살해당하자, 금나라와 남송 간에 강화 조약이 체결됐다. 이후 남송은 금나라의 영향에서 벗어날 수 없었다.

1126년 11월, 수도 개봉이 함락되고 휘종과 흠종, 두 명의 송나라 황제가 포로가 되어 북쪽으로 끌려감으로써 북송은 멸망했다. 그리고 1127년 5월, 흠종의 동생인 강왕은 남경에서 고종(高宗, 재위 1127~1162)으로 즉위하여 송나라의 정권을 이어받은 남송을 건립했다. 고종은 즉위하자마자 주전파 관료를 기용하여 군대를 정돈하고, 10만의 병사를 모집하여 금나라의 재침에 대비했다. 그리고 금나라와의 장기전을 예상하여 거처를 응천부에서 양주로 옮겼다.

한편 남송이 건립되고 고종이 전쟁에 대비하자 금나라는 다시 대군을 이끌고 남침을 감행했다. 1127년부터 1130년까지 세 차례에 걸친 금나라의 남침을 피해 고종은 진강부, 상주, 평강부, 임안부, 경원부로 도망쳤다. 특히 1130년의 공격 때는 해상으로 탈출을 시도하여 멀리 온주까지 피신했다. 이처럼 남송의 군사력은 금나라에게 상대가 안 될 정도로 약했지만, 금나라는 남송을 일거에 멸망시키지 못했다. 남송 각지에서 의병이 일어나 관군과 연계하면서 금나라에게 거세게 저항했기

고종 송나라 정권을 이어받은 남송을 건립했다.

때문이다.

위기에 처한 남송을 지켜 낸 대표적인 인물로 악비(岳飛)와 한세충(韓世忠)을 들 수 있다. 1132년, 고종이 온주에서 되돌아와 임안에 수도를 정할 수 있던 것도 악비와 한세충 같은 무장들이 금나라를 물리쳤기 때문이다. 특히 악비는 남송을 이야기할 때 빼놓을 수 없는 인물이다. 그는 상주 탕음(湯陰) 사람으로 농민 출신이었으나 무예가 출중했다. 1122년에 전공을 세워 군관인 병의랑이 되었으며, 이후 종택, 왕언의 휘하에 들어가 금나라와의 전쟁에서 많은 공을 세웠다. 1129년, 금나라의 장수 올술(兀術)이 대

남송의 공신들 왼쪽에서 두 번째가 악비, 오른쪽에서 네 번째가 한세충이다. 이들은 금나라와의 전쟁에서 위기에 처한 남송을 구했다.

군을 이끌고 남하했을 때 광덕군에서 금나라 군대와 싸워 크게 이겼으며, 1130년에는 후퇴하는 금나라 군대를 습격하여 건강부를 탈환했다.

　남송의 무장과 의병들의 항거로 상황이 여의치 않자 금나라는 전략을 수정하여 정강의 변 당시 포로로 잡힌 진회(秦檜)를 남송으로 돌려보내 금나라에 대적하는 세력들을 무너뜨리고자 했다. 또한 송의 대신이었던 유예(劉豫)를 황제로 세우고 대제(大齊)라는 괴뢰국을 수립하여 남송과 대치하게 했다. 유예는 1134년에는 금나라와 연합하여, 1136년에는 독자적으로 남송을 공격했으나 남송의 완강한 저항에 부딪혀 뚜렷한 성과를 보이지 못했다. 그러자 금나라는 1137년에 유예를 폐위시키고 화북 지역의 직접 통치에 나섰다.

　금나라는 형세가 불리해지자 유예가 다스리던 땅을 남송에게 돌려주는 등의 조건을 내세우고, 진회를 이용하여 화친을 맺고자 했다. 진회는 북송 멸망 무렵부터 금나라와 전쟁을 해야 한다고 주장한 인물로, 1130년에 남송에 귀환한 후부터는 입장을 완전히 바꿔 금나라와의 화친을 주장했다. 1131년, 재상으로 승진한 진회는 더 이상 금나라와의 전쟁을 원하지 않는 고종의 심리를 정확히 파악하고 있었다. 그는 정강의 변 때 포로로 잡

남송과 금나라의 전쟁

혀 간 고종의 생모 위현비와 아내 형부인을 돌려보낸다는 금나라의 의견을 고종에게 전함으로써 화친의 구실을 제공했다. 이와 함께 그는 금나라가 흠종을 돌려보내 남경에 새로운 정권을 수립할 수도 있다는 금나라의 협박을 잊지 않고 전했다. 이것은 고종에게 매우 민감한 문제였다. 흠종이 살아 돌아온다면 자신은 황위를 찬탈한 사람이 되기 때문이다. 이에 고종은 진회를 대표로 삼아 금나라와 강화 교섭을 진행시켰다.

양국은 수차례 사신을 교환하고 절충한 끝에 화의를 맺었다. 강화 내용을 살펴보면, 첫째 남송은 금나라의 신하를 자칭하며 조공을 바친다, 둘째 금나라는 하남, 섬서 땅을 남송에게 되돌려 준다, 셋째 1135년에 죽은 휘종의 유해와 고종의 생모 위현비와 아내 형부인을 송환한다 등이었다. 이러한 내용이 알려지면서 남송 내부에서는 강화를 반대하는 목소리가 커졌다. 특히 첫 번째 내용은 큰 반발을 야기했다. 북방 이민족의 신하를 자처하는 것은 한족의 자존심이 허락하지 않던 것이다. 하지만 진회는 이런 반대 의견들을 모두 진압했으며, 1139년에 드디어 양국의 강화가 성립되었다.

그러나 1139년, 금나라 내부에 정변이 일어나면서 강화는 무효가 되었다. 올술이 당시 금나라의 실력자이자 강화파인 달라와 포노호를 반역자로 몰아 제거하고 정권을 장악한 후 강화파의 주장을 백지화시켰기 때문이다. 급기야 1140년에는 남송의 사신을 억류하고 군대를 나누어 하남, 섬서 지역을 공격했다. 이에 남송도 반격을 가했다. 유기는 팔자군(八字軍)을 거느리고 순창 전투에서, 오린은 부풍 전투에서 승리를 거두었다. 특히 악비의 활약이 두드러졌는데, 그는 진회의 반대를 무릅쓴 채 악가군(岳家軍)을 거느리고 출동해 영창부, 채주, 진주, 정주 등을 탈환했다. 한편 올술이 악가군의 병력이 분산된 틈을 타 언성을 공격하자 악비의 아들 악운이 나서서 크게 물리쳤으며, 금나라 사령부와 가까운 거리에 있는 주선진을 공격하여 금나라 사령부를 위협했다.

올술이 주도한 남송 공격에서 성과를 얻지 못하자, 금나라 내부에서는 다시 주전파 대신 강화파가 힘을 얻게 되었다. 그리하여 올술은 남송과의 화약 체결이 국익에 도움이 된다는 판단 아래 남송과 강화를 재추진했다. 이에 남송도 금나라의 강화를 받아들이고자 했으나 악비 등 주전파들이 걸림돌로 작용했다. 당시 악비가 주선진에서 금나라에게 대승을 거두어 남송 군대의 사기가 매우 높았으며, 승리의 기세를 몰아 중원 회복을 이루자는 백성 무리가 늘어났기 때문이다. 그리하여 강화파의 우두머리 진회는 처음부터 마음에 들지 않던 악비 및 강화 교섭에 방해가 되는 장수들을 제거하고자 했다.

1141년, 악비는 수도 임안으로 귀환하라는 명을 받았다. 승세를 몰아 황허를 건너 금나라를 공격할 준비를 하던 악비로서는 탄식이 절로 나오는 명령이었다. 어쩔 수 없이 명에 따라 임안으로 돌아온 악비는 추밀부사에

악비 나라와 민족을 위해 공헌한다는 '진충보국(盡忠報國)'을 등에 새기는 모습이다.

임명되어 병권을 상실했다. 그리고 얼마 지나지 않아 아들 악운 및 그의 부장인 장헌 등과 함께 반란을 꾸민다는 모함을 받았다. 이에 장헌이 먼저 투옥되었으며, 곧이어 악비와 악운도 투옥되었다. 이 사건은 모두 진회가 꾸민 일로, 그는 어사중승 하주(何鑄)로 하여금 악비를 조사하게 했다. 하주의 심문이 시작되자 악비는 어떤 말도 하지 않은 채 옷을 벗어 자신의 등을 내보였다. 그의 등에는 진충보국(盡忠報國, 나라와 민족을 위해 공헌한다)의 네 글자가 새겨져 있었다. 하주는 악비가 반란을 획책했다는 어떠한 증거도 찾을 수 없다고 보고했으나 진회는 '혹 있을지도 모른다'라는 막수유(莫須有)의 죄명을 뒤집어씌워 그들을 살해했다.

금나라와의 강화에 있어 최대 걸림돌이었던 악비를 제거하자 강화파 진회는 더 이상 거칠 것이 없었다. 1142년, 마침내 금나라와 남송은 강화 조약을 체결했다. 조약 체결이 소흥 12년에 이루어졌기 때문에 이 조약을 '소흥의 화의'라고도 한다. 소흥의 화의에는 첫째 양국은 회수와 섬서 대산관(大散關)에 이르는 선을 국경으로 한다, 둘째 남송 황제는 금나라 황제에 대해 신하의 예를 취한다, 셋째 금나라가 남송의 강남 지배를 인정하는 대신 남송은 매년 25만 냥의 은과 25만 필의 비단을 세폐로 지불한다 등의 내용이 포함되었다. 이는 남송에게 매우 치욕적인 일로, 남송이 금나라의 부속국이 되었다는 것을 의미했다. 이후로 남송은 금나라와 큰 전쟁 없이 평화로운 시절을 보낼 수 있었으나 금나라의 지속적인 영향에서 벗어날 수 없었다.

1162

신유학 정립

국가 정통 이념으로 자리 잡은 성리학

⚔️ **1130년** 성리학을 집대성한 인물인 주희가 복건성 우계에서 태어나다.

⚔️ **1178년** 주희가 백록동서원을 세워 후진 교육에 힘쓰다.

성리학은 남송의 주희가 완성했으며, 훈고학의 사상적 한계를 벗어나 인간에 대한 연구 및 우주론적인 체계를 정립한 새로운 학풍이다. 초기에는 지배자에게 인정받지 못했으나, 이후 700년 동안 신유학이라는 이름으로 국가의 정통 이념이 되었다. 지배 계급의 신분 확립을 지향하는 논리로도 자리매김하였으며, 성리학적 학문 탐구의 태도는 중국 사상의 토대가 되었다. 성리학은 중국뿐만 아니라 조선과 일본까지 중대한 영향을 끼쳤다.

성리학은 중국 고대에 의리지학(義理之學) 혹은 도학(道學)이라 불렀다. 북송의 주돈이(周敦頤), 장재(張載), 소옹(邵雍) 등에 의해 성립된 후부터 정호(程顥), 정이(程頤) 형제가 계승 발전시켰고, 남송의 주희(朱熹)가 완성하였다. 일명 정주학(程朱學)이라고 불리며, 이후 국가의 공식적인 사상이 되었다.

위진남북조 시대에는 현학(玄學)이 성행했으며, 당(唐) 대에는 유가 경전의 자구 해석에 치중하는 훈고학이 발달하고 귀족 사회가 부흥하면서 불교와 도교가 성행했다. 송(宋) 대에는 과거를 통해 관리가 된 사대부 계층이 대두했는데, 이들은 유가의 부흥을 통해 국권을 강화하고자 했다. 이에 당 대에 성행하던 훈고학이 쇠퇴하고, 공자와 맹자를 정통으로 여기며 유교의 본뜻을 추구하고 음양오행과 불교 및 도교의 사상을 융합한 새로운 학풍이 나타났다. 이는 유학을 인간에 대한 연구와 우주, 자연에 대한 형이상학적인 문제를 탐구하는 새로운 방향으로 이끌었다. 이로써 기존 유학의 세계관 및 방법상의 문제점을 극복한 성리학은 송 대 이후 700년 동안 '신유학'이라는 이름으로 국가의 정통 이념으로 자리 잡았다.

성리학은 이(理)와 기(氣)의 이원론적 입장을 받아들여 우주(宇宙) 전체에 중점을 둔 이기론(理氣論)과 인간적 측면에 중점을 둔 심성론(心性論)으로 나눌 수 있다.

주희의 이기론은 정호, 정이 형제의 학설을 계승한 것으로, 태극(太極)은 우주의 근본이자 본체이며 이(理)와 기(氣)를 포함한다고 생각했다. 정호, 정이 형제는 이(理) 혹은 천리(天理)를 철학의 기초 범주로 보고, 이는 어느 곳에나 존재하며, 생성되지도 소멸하지도 않는 이 세상의 근본이자 생활의 최고 법칙으로 보았다. 주희가 말하는 이는 모든 이의 종합이며, 이는 시공을 초월하고 모든 선의 도덕적 표준이 되는 태극의 이를 일컫는다. 태극은 만물의 이를 포함하며, 만물은 모든 태극을 체현해 낼 수 있기에 사람과 물건은 각각 하나의 태극을 가지고 있다. 사람과 사물은 추상적인 태극을 존재 근거로 삼아 각각의 완전한 이를 지니게 된다. 이와 기는 상호 의존적인 관계이지만, 이는 자연현상과 사회현상에 우선하는 형이상자이며, 기는 형이하자로 감정, 모양, 흔적이 있고 응집과 조작의 특성을 지니므로

주희 남송의 주희는 성리학을 완성한 인물이다. 성리학은 훈고학의 사상적 한계를 벗어나 인간에 대한 연구 및 우주론적인 체계를 정립한 새로운 학풍이다.

만물의 질료가 된다. 이가 우선하고 기는 뒤따르기 때문에 이에 기초를 두고 움직이는 기가 만나 만물이 성장한다고 했다.

심성론은 인간의 본성과 감정 및 도덕적 행위 주체인 인간의 마음에 관한 이론으로, 다시 성정론(性情論)과 인심도심론(人心道心論)으로 나눌 수 있다. 성정론은 인간의 본성(性)과 감정(情)에 관한 이론이며, 인심도심론은 도덕적 행위 주체로서 인간 마음(心)에 관한 이론이다. 주희는 인간의 본성과 감정을 본연지성(本然之性)과 기질지성(氣質之性), 두 개로 나누어 설명했다. 본연지성은 천명지성(天命之性), 즉 도덕적 본성으로 모든 인간의 마음속에 존재하는 이를 말하는 것이다. 따라서 본연지성에 따른 행위는 선하고, 완전무결하다. 기질지성은 이와 기를 섞어 말하는 것이다. 여기에는 선과 불선이 있으며, 육체와 감각의 작용으로 일어나는 인간의 본능이고, 인간에게는 두 가지가 모두 존재한다는 것이다. 따라서 기질지성에 따른 행위는 인욕에 의한 것이라 악할 수 있으므로 인간은 본연지성에 따라야 한다고 주장했다. 다음으로 도덕적 행위 주체인 인간의 마음에는 도심(道心)과 인심(人心)이 존재한다고 했다. 도심은 천리 혹은 성명(性命)의 정(正)이며 이성에서 나온 의리의 마음이다. 그러므로 도심은 곧 천리이다. 인심(人心)은 형기(形氣)의 사(私), 즉 감성에서 나온 것으로 식색(食色)을 위한 마음이다. 인심에는 사욕과 위태가 있다. 따라서 인심과 도심은 창과 방패처럼 모순된 관계에 있는 것처럼 보이나 도심은 인심을 통해 안정되며 인심은 도심의 명령에 따라야 한다고 했다. 따라서 주희는 '인욕을 버리고 천리를 보존하라(去人慾存天理)'라는 도덕관을 세웠으며, 인간의 본질을 구성하는 것이 바로 천리이고, 사람들 사이에서는 도덕규범인 삼강오륜으로 체현되어 나타나므로 도덕적 실천에 힘써야 한다고 주장했다.

인식론에 있어서 주희는 《대학》에서 '격물치지(格物致知)'라는 명제를 사용하여 인간과 자연의 본질에 대한 인식의 방법적 이론을 연구했다. 인식의 근원에 있어서 주희는 선험론을 주장했는데, 주희에 의하면 사물을 궁구하는 것이 곧 나를 궁구하는 것이므로 궁리는 격물을 떠나서 생각할 수 없으며, 격물해야만 비로소 이를 구할 수 있다고 했다. 또 지행(知行) 관계에 대하여 선지후행(先知後行)을 주장했고, 지보다는 행을 더 중히 여겼다. 즉 지식의 근원에는 지가 우선하나 사회의 효과적인 면에서는 행이 더 중요하다는 것이다. 또 한, 당 시대 《오경(五經)》 중심의 유학이 문자 해석에 치우쳐 실천 면에서 소홀한 것을 보완해 《대학》을 포함한 사서(四書) 중심의 성리학을 성립시켰다. 주희는 사서에 형이상학적 이론 및 수기(修己)의 이론이 많이 담겨 있다고 여겨 가장 중요한 경전으로 삼았다. 또한 성리학의 주요 근거와 토론의 문제는 모두 사서와 밀접히 연관되며, 특히 옛 성인(聖人)의 유교 정신이 담겨 있다고 여겼다. 그리하여 사서를 통해 학문의 기본 방향과 내용을 제시하고, 상호 관련성을 갖게 하여 주석을 달았다. 사서는 《대학(大學)》,《중용(中庸)》,《논어(論語)》,《맹자(孟子)》를 일컫는데,

백록동서원 주자는 이곳에서 50여 년간 후진 교육에 힘썼다.

먼저 근본적인 큰 틀을 제시하는 《대학》을 읽어 개론적으로 파악하고, 《논어》를 읽어 유학의 근원을 이해하여 기반을 다지고, 《맹자》를 읽어 세세한 부분까지 이해한 후, 《중용》을 읽도록 했다. 순서를 지켜 읽어야 유학의 미묘하고 심원한 철학적 경지에 이른다고 생각한 것이다. 이후 사서는 교과서로 지정되어 과거시험의 필독서이자 인재 선발의 표준이 되었다.

주희는 1130년, 복건성(福建省) 우계(尤溪)에서 태어났다. 자는 원회(元晦) 또는 중회(仲晦)이며, 호는 회암(晦庵)이다. 그의 주요 저서로는 《논어요의(論語要義)》, 《소학(小學)》, 《의례경전통해(儀禮經傳通解續)》, 《사서장구집주(四書章句集注)》, 《근사록(近思錄)》, 《주역본의(周易本義)》, 《초사집주(楚辭集注)》, 《시집전(詩集傳)》 등 40여 편이 있으며, 시나 편지를 모은 《주문공문집(朱文公文集)》, 제자와의 문답록인 《주자어류(朱子語類)》 등이 있다. 그는

10세부터 유학 경전을 읽었으며, 19세에 진사에 급제하였다. 22세에 이부(吏部) 임관시험에 합격하여 동안현 주부(문서처리담당직)로 임명되었으며, 동안현의 학교 행정도 담당했다. 이후 71세로 생을 마칠 때까지 대부분 실권 없는 관직에서 50여 년간 후진들의 교육에 힘썼으며, 백록동서원(白鹿洞書院), 악록서원(岳麓書院) 등에서 학문을 강의했다.

주희 생전의 성리학은 지배자에게 위학(僞學)이라 하여 성리학에 찬동하는 학자들은 해임당할 정도로 인정받지 못하였으나, 주희 타계 후 새롭게 평가받으며 원, 명을 거쳐 청조에 이르기까지 관학의 위치를 차지했다. 또 지배 계급의 신분 확립을 지향하는 논리로 자리매김하였을 뿐만 아니라 성리학적 학문 탐구의 태도는 중국 사상의 중요한 토대가 되는 등 성리학이 송 대 이후 중국 사회에 끼친 영향은 실로 대단하다. 성리학은 애초에 실천을 중시하는 학문이었으나, 다시 경전 해석에 치우침으로써 인위적 글공부의 방향으로 나아간 단점이 있다. 그럼에도 중국은 물론이고, 조선 및 일본에까지 중대한 영향을 끼쳤다.

우리나라에 성리학이 들어온 것은 고려 때 안향에 의해서였으며, 조선 시대 이황, 이이에 의해 전성기를 맞이했다. 조선의 성리학은 자연이나 우주보다는 인간의 성정(性情)과 도덕적 가치에 관한 문제를 탐구했다. 조선 중기 이후 많은 정치인들은 성리학이 당시의 정치 현실에 적응하지 못하고 공리공론에 치우쳤다고 비판했지만, 사단칠정론, 인심도심론, 주리론, 주기론의 방면에서는 중국의 성리학보다 더 깊은 연구가 이루어졌다는 평가를 받는다.

원나라부터 청나라까지

Chapter 4 역사의 무대가 확장되다

13세기에는 이민족의 국가인 원나라가 중원을 차지한다. 그러나 원나라가 유목적 관습에서 벗어나지 못한 채 국력이 약해지자 다시 한족 부흥의 움직임이 일어난다. 1368년에 주원장이 세운 명나라는 국내를 안정시키고 동남아와 인도까지 그 세를 확장하지만, 환관의 득세로 멸망하고 만다. 이어서 만주족이 세운 청나라가 중원을 장악했으며, 청나라 시대에는 서구 세력의 침략이 활발해지면서 나라의 근간이 위험에 처한다.

1206

몽골 통일

칭기즈 칸의 정복 사업

> ◁┃ 1219년 칭기즈 칸이 대군을 이끌고 서방 원정에 나서다.
> ◁┃ 1227년 서하 정복 당시 낙마 사고를 입은 칭기즈 칸이 병사하다.
> ◁┃ 1234년 몽골과 남송 연합군의 공격을 받은 금나라가 120년 역사에 종지부를
> 　찍다.
>
> 유목 생활을 하던 몽골 민족은 13세기에 칭기즈 칸이 등장하면서 제국으로
> 성장했고, 중국의 역사는 유라시아 대륙으로 확장되었다. 이후 칭기즈 칸은
> 호라즘을 정벌하고 남쪽으로는 인더스 강, 서쪽으로는 카스피 해를 넘어 남
> 부 러시아에 이르는 중앙아시아 전 지역을 몽골 제국의 영토로 확보하였다.

13세기, 중국 역사의 무대는 중국 대륙을 넘어 유라시아로 확장되었다. 이것은 초원에서 유목 생활을 하던 몽골 민족이 통일을 이루고 정복 사업을 펼쳤기 때문이며, 그 중심에 칭기즈 칸 테무친이 있었다.

몽골 족은 테무친이 등장하기 전까지만 해도 중국 역사에서 두드러지지 않았다. 원래 아르군 강 유역에서 유목 생활을 하던 몽골 민족은 당나라 시대 흑룡강 지류인 살카 강 부근에서 유목 생활을 했으며, 당나라 사람들은

이들을 가리켜 몽올이라고 불렀다. 몽골 족은 11세기 거란의 요나라가 발흥할 때는 요나라에, 12세기 여진족의 금나라가 발흥할 때는 금나라에 복속되었다. 게다가 이때까지 통일을 이루지 못해 동쪽의 타타르 족, 서북쪽의 메르키드 족, 서남쪽의 케레이트 족, 남쪽의 웅구트 족, 서쪽의 오이라트 족 등 여러 부족으로 나누어져 있었으며, 때에 따라 서로 돕기도 하고 전쟁을 벌이기도 했다. 하지만 부족 간의

몽골 제국을 확장시킨 칭기즈 칸

패권 다툼은 12세기 말 테무친이 등장하면서 그 끝을 보이기 시작했다.

몽골 왕족인 보르지긴 족의 후예로 태어난 테무친은 아홉 살 때 아버지를 잃었다. 당시는 금나라가 중원을 지배했던 때로, 금나라는 유목 사회에서 강력한 집단이 출현하는 것을 막기 위해 부족 간 견제와 경쟁을 부추겼다. 그리하여 금나라에 복속된 타타르 족이 금나라에 대한 충성의 증표로 보르지긴 족을 공격하여 수장을 살해했으며, 이후 보르지긴 족의 수장이 된 테무친의 아버지 예수게이를 독살했다. 예수게이의 죽음으로 테무친이 집안의 가장이 되었으나, 곧 예수게이의 정적인 타이치우트 일가에게 권력을 빼앗겼다. 보르지긴 족에 대한 배척으로 어려운 어린 시절을 보낸 테무친은 생존을 위한 싸움을 반복하며 '최고의 쇠로 만든 인간'이란 자신의 이름처럼 스스로를 단련했다.

테무친은 비록 권력 구도에서 밀려났지만, 당시 몽골 지역의 강력한 통치자인 케레이트 족의 토그릴 완 칸 아래에서 점차 세력을 키워 나갔다.

그는 토그릴 완 칸의 지원을 받아 어릴 적 친구인 자무카와 동맹을 맺고, 자신의 아내 보르테를 납치했던 메르키트 족을 공격했으며, 자신의 재산을 약탈한 주르킨 족의 귀족들을 공격했다. 그가 주변 부족들을 굴복시키자 부족장들은 그를 칸으로 추대하고자 했다. 1189년, 드디어 테무친은 부족 연합회의 '쿠릴타이'에서 칸으로 추대되었다. 하지만 당시 그의 지위는 단순히 생존을 위협하는 다른 부족들로부터 부족을 지켜 주는 존재에 지나지 않아서, 아직까지는 중국 역사에서 말하는 '황제'와 거리가 있었다.

테무친의 본격적인 정복 사업은 타타르 족을 공격하면서 시작됐다. 테무친은 타타르 족이 금나라에게 한창 공격받고 있을 때 타타르 족의 배후를 공격해 격파함으로써 아버지의 원수를 갚았다. 이후 테무친은 동맹 관계에 있던 자무카가 배신하자 물리친 뒤 그의 세력을 흡수해 버렸다. 또한 토그릴 완 칸마저 자무카의 이간 정책으로 테무친에게 대항하자, 1203년에는 케레이트 족을 격파해 정적이 될 만한 사람들은 모두 살해하고 나머지는 병졸과 노예로 삼았다. 그는 여기서 멈추지 않고 여세를 몰아 1204년에 나이만 족을 격파했으며, 1205년에는 메르키트 족을 멸망시켰다. 이로써 테무친은 몽골 전역을 통합했다. 1206년, 오논 강 인근에서 쿠릴타이가 소집되었고, 테무친은 나라 이름을 '예케 몽골 울루스'라 하고 비로소 진정한 의미의 황제인 칭기즈 칸의 칭호를 얻었다.

몽골 제국 수립 후 칭기즈 칸은 내부 안정을 도모하기 위해 봉건 제도와 유사한 새로운 조직을 만들었다. 그는 씨족적 공동체를 일소하고 십호, 백호, 천호, 만호 조직을 만들어 군사, 행정 조직을 개편했다. 그리고 천호의 수를 95개로 하고, 그중 88개 천호의 수장에 공신들을 임명했다. 또한 법전을 반포하고 몽골 문자를 창제하여 국가 체제를 완비했다.

내부 안정을 이룬 칭기즈 칸은 밖으로 시선을 돌렸다. 당시 중국은 서하, 금나라, 남송이 정립한 상태로, 칭기즈 칸은 우선 상대적으로 약한 남쪽의 서하를 공격하는 것에 초점을 맞추었다. 1209년, 칭기즈 칸은 서하에 대한 공격을 개시했다. 몽골은 이미 1205년부터 서하를 공격했으나 이번 공격은 특히 대대적으로 감행되었다. 서하는 금나라에 원군을 요청했으나 금나라가 이를 거절했고, 결국 서하는 몽골의 공격을 이겨 내지 못하고 굴복하여 조공을 약속했다.

칭기즈 칸의 다음 공격 대상은 금나라였다. 1211년, 군대를 직접 이끌고 공격한 이후 뒤 매년 금나라를 공격해 금나라의 주를 점령해 나갔다. 급기야 1214년에 칭기즈 칸은 금나라 수도를 포위하기에 이르렀고, 마침 내분을 겪고 있던 금나라는 막대한 전쟁 배상금과 공주를 바치는 조건으로 강화를 요청했다. 이에 칭기즈 칸은 강화를 받아들이고 군대를 철수했다. 한편 몽골의 공격에 제대로 반격을 못한 금나라는 수도를 옮겨 쇄신을 꾀하고자 했다. 이에 금나라는 중도(中都)를 버리고 변경(汴京)으로 천도했다. 하지만 칭기즈 칸은 이를 자신에 대한 도발로 간주하고, 1215년에 금나라를 재침하여 중도를 함락했다. 이후 칭기즈 칸은 부장 무칼리에게 금나라 정벌을 일임하고, 자신은 서방의 호라즘 제국 정벌에 나섰다.

칭기즈 칸의 호라즘 제국에 대한 초기 의도는 무력 정벌보다는 평화적 교역에 가까웠던 것으로 보인다. 1218년, 칭기즈 칸의 명으로 제베가 서요를 멸망시키자 몽골 제국은 호라즘 제국과 국경을 맞대었다. 칭기즈 칸은 당시 전성기를 구가하던 부유한 나라 호라즘과 교역을 통해 평화적 관계를 유지하고자 했다. 몽골은 당시 금나라와 전쟁 중이었으므로 최대 강국이었던 호라즘 제국과 동시에 전쟁을 하는 것이 부담이었기 때문이다. 그

인더스 강 유역을 지나는 칭기즈 칸

리하여 칭기즈 칸은 450여 명의 상단을 호라즘 제국에 보냈다. 그러나 상단들은 호라즘 국왕의 묵인 아래 모두 살해당했다. 이에 칭기즈 칸은 시비를 따지고 사과를 받고자 사절단을 파견했지만, 그들마저도 호라즘의 무장에게 무참히 살해당했다. 칭기즈 칸은 이 모든 사건을 선전포고로 받아들이고, 1219년에 직접 대군을 이끌고 원정에 나섰다.

칭기즈 칸의 호라즘 정복 전쟁은 잔인했다. 칭기즈 칸은 군사들에게 "여자와 개를 제외하고 모두 죽여라."라고 명령했고, 몽골군은 파죽지세로 공격해 호라즘의 수도 사마르칸드를 점령했다. 그럼에도 몽골군의 진격은 멈추지 않았다. 1225년에는 남쪽으로 인더스 강 유역, 서쪽으로 카스피 해를 넘어 남부 러시아에 이르는 중앙아시아 전 지역을 영토로 가졌다.

1226년, 호라즘을 정복한 칭기즈 칸이 귀환했다. 하지만 그의 정복 사업은 여기에서 그치지 않았다. 1227년, 칭기즈 칸은 호라즘 정복 전쟁에 참여하기를 거절한 서하에 대해 재침 명령을 내렸다. 칭기즈 칸은 몽골 제국에 대항하는 세력에게 단 한 줌의 자비도 베풀지 않았으며, 완강하게 저항하는 서하 인을 말살하다시피 했다. 서하를 멸망시킨 칭기즈 칸에게 남은 것은 금나라와 남송뿐이었다. 그는 곧 금나라 공격에 착수했다. 그러나 1227년 여름, 서하 정복 전쟁 때 당한 낙마 사고에서 얻은 병을 끝내 이기지 못하고 병사했다.

유라시아 대륙을 일대 폭풍으로 몰아넣은 칭기즈 칸의 운명은 여기에서 끝났지만, 그의 정복은 자손에게 이어졌다. 칭기즈 칸에게는 네 명의 아들이 있었으며, 그중 셋째 아들 오고타이가 대칸의 자리를 계승하여 금나라 정벌에 나섰다. 1233년, 몽골군이 금나라의 수도 변경을 함락하자 그제야 위기감을 느낀 금나라 애종은 남송과 연합하여 몽골군을 물리치고자 했다. 남송에 도착한 금나라 사신은 애종의 말을 전했다.

"이미 몽골은 40여 개의 나라를 멸망시켰고, 이제 그들의 창칼이 우리를 겨누고 있소. 잇몸이 없으면 이가 시린 법. 금나라가 멸망한다면 그다음은 분명 송나라일 것이오. 그러니 금과 송이 연합하여 몽골의 공격을 막아내야 하오."

하지만 남송은 이미 몽골과 연합하여 몽골의 금나라 공격을 원조하기로 약속한 상태였다. 1234년, 몽골과 남송 연합군의 공격을 받은 금나라는 애종이 자결하면서 120년의 역사에 종지부를 찍었다. 그리하여 중국 대륙에는 이제 몽골 외에 남송만이 남았으며, 금나라 애종의 말처럼 '잇몸을 잃은' 남송은 최후의 운명에 놓였다.

1271

원나라 건국
중국 최초의 이민족 왕조

1234년 칭기즈 칸의 셋째 아들 오고타이 칸이 금나라를 멸망시키다.

1259년 톨루이 가문 형제 사이에 내분이 발생해 몽골 제국의 분열이 최고조에 이르다.

1268년 쿠빌라이 칸이 본격적으로 남송 공격을 재개하다.

칭기즈 칸이 병사한 뒤 몽골 제국은 분열에 휩싸였고, 이 전쟁에서 승리한 것은 쿠빌라이였다. 쿠빌라이는 수도를 연경으로 옮기고 국호를 원으로 바꾸었으니, 원나라는 중국 역사상 최초의 이민족 왕조였다. 원나라는 백성을 몽골인, 색목인, 한인, 남인으로 철저하게 구분했으며, 이러한 신분 제도는 이후 계층과 민족 간 갈등을 심화시켰다.

대제국을 건설한 칭기즈 칸은 모두에게 동등하게 상속한다는 유목민의 관행에 따라 네 명의 아들에게 영토를 분할했다. 그리하여 첫째 아들 주치는 남부 러시아의 초원 지대를, 둘째 아들 차가타이는 서투르키스탄 지역을, 셋째 아들 오고타이는 동투르키스탄 지역을 받았다. 그리고 자신은 몽골 본토와 중국 북부 지역을 다스리며 이들에게 분할한 지역의 통치권을 중앙에 귀속시켰다.

1227년, 칭기즈 칸이 병사하자 그의 뒤를 이어 칸의 자리에 오른 것은 셋째 오고타이였다. 오고타이가 칸이 되는 것에 불만의 소리도 있었지만, 칭기즈 칸의 유지와 왕자로서의 훌륭한 인품 때문에 무사히 칸이 될 수 있었다. 오고타이 칸은 1234년 금나라를 멸망시키고, 여러 정복 사업으로 영토를 확장했다. 또한 거란 족 출신 야율초재(耶律楚材)를 재상으로 삼아 중앙 정부의 정치 체제를 정비하고, 카라코룸

오고타이 칸 칭기즈 칸 사후 뒤를 이어 칸의 자리에 오른 셋째 아들 오고타이.

을 수도로 정하는 등 몽골 제국을 한층 발전시켰다.

그런데 몽골 제국은 1241년에 오고타이 칸이 사망한 뒤 분열의 조짐을 보이기 시작했다. 오고타이 칸의 뒤를 이어 그의 장남 구유크가 쿠릴타이를 통해 칸이 되었지만, 그것은 반쪽짜리 쿠릴타이였다. 칭기즈 칸의 장남 주치 집안의 바투가 서방 원정 때 생긴 구유크와의 불화로 쿠릴타이에 참석하지 않았기 때문이다.

몽골 제국의 계승 분쟁은 1248년에 구유크가 사망하자 다시 발생했다. 오고타이 가문이 칸을 계승하려 하자, 바투 가문과 톨루이 가문이 이를 반

아리크 부케와 그의 부인 아리크 부케는 칸의 자리를 놓고 쿠빌라이와 겨룬 인물이다.

대한 것이다. 서로가 칸의 계승을 놓고 팽팽하게 맞서는 가운데, 1251년 바투가 독단적으로 쿠릴타이를 소집했다. 그리고 그 자리에서 톨루이 가문의 장남 몽케가 칸으로 결정되었다. 칸 즉위 후 몽케는 오고타이 가문을 몰락시키는 한편, 동생 훌라구에게 서남아시아 정복을 명하고, 자신은 동생 쿠빌라이와 함께 남송 정복에 나섰다.

1259년, 드디어 몽골 제국 성립 후 최고의 분열이 일어났다. 몽케 칸이 남송을 공격하던 중 병사하자, 칸의 자리를 놓고 톨루이 가문 형제들이 내분을 일으킨 것이다. 내분의 주인공은 몽케 칸과 함께 남송을 공격한 쿠빌라이와 막내 동생 아리크 부케였다. 몽케 칸이 사망하자 오고타이 가문은 아리크 부케를 칸에 즉위시키고자 했다. 이에 쿠빌라이는 재빠르게 남송과 강화를 맺고, 1260년 개평(開平)에서 쿠릴타이를 개최하여 칸에 올랐다. 그리고 같은 해 아리크 부케 역시 수도 카라코룸에서 쿠릴타이를 통해 칸이 됨으로써 몽골 제국에는 두 명의 칸이 존재했다. 이는 당연히 쿠빌라이와 아리크 부케의 전쟁으로 이어졌다.

1260년에 시작된 이들의 전쟁은 초기에 막상막하였으나, 시간이 지나면서 전세는 점차 막강한 군사력과 풍부한 물자를 장악하고 있던 쿠빌라이에게 유리해졌다. 4년 후 승리는 쿠빌라이에게 돌아갔다. 하지만 쿠빌라이는 아리크 부케에게 항복을 받아 낼 수는 있었지만, 몽골 제국의 분열은 막을 수 없었다. 쿠빌라이 칸은 카라코룸을 그대로 둔 채 수도를 연경(燕京)으로 옮기고 대도(大都)로 삼았다. 1271년에는 국호를 원(元)으로 바꾸었다. 이로써 13세기 몽골 제국은 킵차크한국, 일한국, 차가타이한국, 오고타이한국 등의 사한국과 원으로 나누어졌으며, 이들의 교류는 점차 소원해졌다.

1268년부터 이미 남송을 공격했던 몽골은 쿠빌라이가 원나라를 성립한 후 본격적으로 남송의 양양(襄陽)을 공격했다. 그러나 남송의 저항도 만만치 않아 남송의 군사와 백성들은 사력을 다해 무려 5년이나 양양을 지켜 냈다. 남송은 수비대장 여문환(呂文煥)을 중심으로 몽골군에 맞섰지만 1273년에 결국 함락되었다. 이어서 바얀(伯顔)을 총사령관으로 한 원나라 군대는 1274년, 악주를 점령하고 양쯔 강을 따라 진군해 1275년에는 건강에 주둔했다. 이제 바얀의 원나라 군대는 남송의 수도 임안과 지척 거리에 있었다. 그러나 남송은 원나라 군대를 물리치기에 역부족이었다. 네 살의 황제 공제(恭帝)는 각지에서 조직된 의병들이 수도 임안으로 모였음에도 강화를 주장하는 중신들의 의견을 따르기로 결정했다. 1276년, 남송은 황

쿠빌라이 칸 칭기즈 칸의 손자이자 원나라의 초대 황제

제의 상징인 '전국(傳國)의 새(璽)'를 바얀에게 바치며 항복했다.

하지만 남송의 저항은 계속되었다. 원나라의 임안 함락 때 탈출한 공제의 형 조시(趙是)가 주전파 중신들에 의해 복주에서 즉위했다. 그러나 그것도 잠시였다. 1278년, 조시가 사망하자 남송 조정은 다시 강주로 피신하여 조시의 동생 조병(趙昺)을 옹립했다. 남송 조정은 원나라 군대를 피해 광주의 애산(厓山)에 마지막 근거지를 마련하고 장세걸, 육수부 등이 끝까지 항전했다. 하지만 남송의 운명은 거기까지였다. 1279년, 육수부가 아홉 살이었던 조병을 업고 바다에 투신자살함으로써 남송은 완전히 멸망했다. 이로써 원나라는 중국을 통일하였으며, 몽골 족은 중국 전역을 정복한 최초의 이민족이 되었다.

대제국을 건설한 원 세조 쿠빌라이는 전국적인 통일 지배 체제를 구축하고자 했다. 그는 민정 기관으로 중서성(中書省), 군정 기관으로 추밀원(樞密院), 감찰 기관으로 어사대(御史臺), 재정 기관으로 상서성(尙書省), 지방 기관으로 행중서성(行中書省)을 두었다. 이 기관들은 기본적으로 중국식 제도를 계승한 것이었으며, 주목할 만한 것은 행중서성의 설치였다. 행중서성은 중앙 중서성에서 지방에 관리를 파견하는 출장 기관으로, 중서성 소속이 아닌 황제 직속 기관이었다. 행성으로 불린 행중서성은 독자적이고 총체적인 행정 권한을 소유했으며, 총 11개가 설치되었다. 행중서성은 명, 청 시대를 거쳐 현재까지 이어져 성(省)의 기원이 되었다.

중국사를 움직인 100대 사건

원나라는 백성을 네 개의 신분으로 엄격하게 구별하였는데, 가장 상위를 차지했던 계급은 몽골인이었으며, 그다음으로는 색목인(色目人), 한인(漢人), 남인(南人)의 순서였다. 여기서 색목인은 몽골인을 제외한 유목민과 아라비아 인, 유럽 인을 가리키며, 한인은 거란인, 여진인, 금나라 치하의 한인들을 말하며, 마지막으로 남인은 남송 치하의 한인들을 말한다. 이러한 신분 제도는 원나라가 정복 전쟁을 할 당시 협력 정도를 기준으로 삼은 것이다. 때문에 마지막까지 저항한 남송 치하의 한인들이 가장 낮은 등급을 차지했다.

쿠빌라이 칸의 행차 모습

원나라의 신분 제도는 사회적뿐만 아니라 정치적으로 적용되어 몽골인과 색목인은 상위 기관으로 승진이 가능했으나, 한인과 남인은 제한이 많았다. 그리하여 원나라 시대에 한인들은 승진할 기회가 거의 없었으며, 이후에 부활한 과거 제도를 통해 관리가 되었어도 서리 정도에 머물렀다. 결국 이러한 신분 제도는 계층과 민족 간 갈등을 첨예화시키는 결과를 초래하여, 이후 왕조 멸망의 원인으로 작용했다.

한편 원나라 시대에는 광활한 영토를 바탕으로 동서 교류가 활발했다. 교류와 통치를 위해 초원길, 비단길, 바닷길이 개척되었으며, 사신단과 여행자의 편의를 제공하기 위해 역전 제도가 실시되었다. 그리하여 원나라의 명성이 세계만방에 알려졌으며, 서방 각국의 사절단, 상인, 여행가, 전도사들의 출입이 빈번해졌다. 특히 베네치아 상인 마르코 폴로는 중국 여러 도시를 유람하였으며, 관리로 임용되기도 했다. 그는 17년간 중국에서 살았는데, 후에 원나라를 생동감 있게 표현한 《동방견문록(東方見聞錄)》을 펴 유럽 사람들에게 원나라를 소개했다. 원나라가 중국 역사상 최초의 이민족 왕조였기 때문에 중국 한족에게는 굴욕적인 시대였을지도 모르겠다. 그러나 원나라 통치 기간에 중국은 분명 각 민족 간에 활발하게 교류한 것이 사실이다.

중국사를 움직인 100대 사건

1274

원나라의 일본 원정

쿠빌라이 칸의 일본 정복 야욕

◁◁ **1272년** 고려의 삼별초가 원나라에 패함으로써 고려가 원나라에 예속되다.

◁◁ **1281년** 1차 일본 원정에 실패한 원나라가 2차 일본 원정에 나서다.

◁◁ **1286년** 쿠빌라이 칸이 일본 원정을 포기한다는 조서를 발표하다.

서쪽의 미얀마와 동쪽의 고려를 정벌한 뒤 쿠빌라이는 일본마저 속국으로 만들려고 했다. 원나라는 군사를 일으키는 대신 사신을 파견해 항복과 조공을 요구했으나 일본이 응하지 않자 결국 두 차례에 걸쳐 일본 원정을 감행한다. 해전 경험이 없던 원나라는 자국 군대의 무력함을 맛보며 원정에 실패하였고, 쿠빌라이 칸이 사망하면서 일본 원정은 더 이상 이루어지지 않았다.

서쪽으로는 미얀마와 안남을 항복시키고, 동쪽으로는 고려를 정벌한 원세조 쿠빌라이는 일본을 속국으로 삼으려는 야욕을 숨기지 않았다. 그는 먼저 일본에 사신을 보내 조공을 요구했으나 일본은 이를 거절하고 항전 의사를 표명했다. 1274년, 결국 원나라는 고려와 연합하여 일본을 정벌하기 위해 고려의 합포를 출발했다. 원나라의 일본 원정은 총 세 차례 계획되었으나 쿠빌라이가 세상을 뜨면서 마지막 원정은 실행되지 않았다.

남송이 멸망하기 전인 1274년, 원나라의 쿠빌라이 칸은 고려를 기지 삼아 일본 원정을 감행했다. 1272년, 고려의 삼별초가 제주도에서 원나라에 패하면서 고려는 이미 원나라에 예속된 상태였다.

원나라의 고려 침공은 원나라가 건국되기 전인 1231년, 오고타이 칸이 몽골군 사령관 살리타이(撒禮塔)를 파견하면서 이루어졌다. 오고타이 칸은 고려 침공의 구실로 1225년에 있었던 몽골 사신 저고여(箸告與) 피살 사건을 내세웠다. 이는 저고여가 고려에게 받은 공물들을 싣고 귀국하는 길에 살해당한 사건으로, 몽골은 도적의 소행임을 주장하는 고려의 입장을 무시한 채 고려 조정이 개입되었다고 여기고 일방적으로 국교를 단절했다.

몽골군은 고려를 일곱 차례 공격했는데, 고려의 저항이 만만치 않았다. 1231년, 몽골군 사령관 살리타이는 항복을 권했지만, 귀주성과 자주성의 고려군은 끝까지 몽골군의 거센 공격을 막아 냈다. 이에 몽골군이 우회하여 개경을 포위하고 남하하자 고려 조정은 저고여 피살 사건의 해명과 함께 강화를 요청했다. 결국 몽골군은 고려에 점령지 감독관인 72명의 다루가치(達魯花赤)를 두고 요동으로 철수했다. 몽골의 2차 침공은 1232년 당시 고려의 권력자 최우(崔瑀)가 강화도로 천도하여 몽골에 대한 항전 의사를 드러내면서 일어났다. 이후 고려가 개경으로 환도하는 1270년까지 몽골은 고려를 다섯 차례 공격하여 고려 전역을 초토화했다. 특히 1255년, 몽골이 여섯 번째로 고려를 침공했을 때 고려는 어쩔 수 없이 강화를 요청했다. 이에 몽골은 철수했지만, 최항이 여전히 항전 의사를 꺾지 않자 몽골은 또다시 고려를 침공했다. 결국 고려의 고종은 태자 전을 몽골로 보내 직접 강화를 체결하도록 했으며, 1270년 태자 전이 원종으로 왕위에 오르면서 고려는 개경으로 환도할 수 있었다. 고려 조정이 환도했음에도 삼별초는 제주도에서 끝까지 항거했고, 1273년 몽골군에게 완전히 제압당했다. 이후 고려는 몽골에게 온갖 간섭을 받고 수탈당했다.

고려를 예속시킨 원나라는 이제 일본으로 관심을 돌렸다. 당초 원나라는 일본을 손에 넣을 야심이 있었으나 군사를 일으키기보다 사신과 서신을 통한 회유로 복속시키고자 했다. 그리하여 원나라는 1266년부터 1274년까지 여섯 차례 사신을 파견해 항복과 조공을 요구했으나, 일본은 그때마다 전혀 반응을 보이지 않았다.

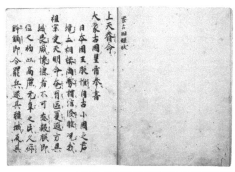
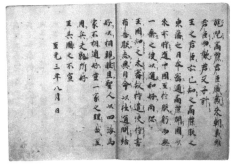

쿠빌라이가 일본에 보낸 친필 국서 일본에 야심을 품은 쿠빌라이는 서신을 통한 회유책을 썼다.

쿠빌라이 칸은 일본으로 갔던 사신이 회답을 얻지 못하고 성과 없이 돌아오자 결국 원정을 결심했다. 쿠빌라이 칸은 도원수 흔도(忻都) 휘하에 몽골인과 한인 군대 2만 5천 명, 김방경(金方慶) 휘하의 고려 육군 8천 명과 수군 6,700명, 크고 작은 전함 900척의 대규모 원정군을 편성했다.

1274년 10월, 여원 원정군은 합포를 출발해 쓰시마 섬과 이키 섬을 점령한 후, 11월 20일 규슈의 하카다 만에 상륙했다. 여원 원정군은 일본군과 대규모 전쟁을 벌여 하카다와 다자이후, 하코자키까지 점령했다. 당시 일본군은 분전했으나 원정군의 낯선 전투 방식과 무기에 놀라 내륙 쪽으로 밀렸다.

밤이 되자 이번에는 여원 원정군이 일본군의 야습을 걱정하기 시작했다. 이에 김방경은 진격을 멈추지 말고 계속 공격할 것을 주장한 반면, 흔도는 군을 철수시켜 함대에 머무를 것을 주장했다. 결국 흔도의 주장에 따라 함대로 돌아가 일본군의 야습을 피했지만 이때 예상치 못한 복병을 만났으니 바로 태풍이었다. 밤새 몰아친 대폭풍우는 여원 원정군의 전함 900척 가운데 200여 척을 침몰시켰으며, 1만 3천 명 이상의 군사들을 죽음으로 몰아넣었다. 태풍으로 엄청난 피해를 입은 여원 원정군은 후퇴했으며, 1차 일본 원정은 완전한 실패로 끝났다.

1차 일본 원정에서 실패한 쿠빌라이 칸은 1275년, 두세충(杜世忠)과 하문저(何文著)를 사신으로 파견하여 일본에게 항복을 요구했다. 그러나 가마쿠라 막부에 도착한 이들은 당시 집권자인 호죠 도키무네(北条時宗)에 의해 참수되었다. 여기에는 가마쿠라 막부의 원나라에 대한 강한 항거 의지가 담겨 있으며, 가마쿠라 막부는 원나라의 공격에 철저하게 대비했다. 이후 쿠빌라이 칸은 일본에 사신을 보내지 않았는데, 이는 원나라의 내분과 남송 공격으로 일본까지 신경 쓸 겨를이 없던 탓이다. 그리고 5년이 지난 1279년, 쿠빌라이 칸은 2차 일본 원정을 계획하고, 양주, 호남, 강서, 복건성에 전함 600척, 고려에 전함 900척을 건조할 것을 명했다.

남송이 멸망한 후인 1281년 5월, 원나라는 동로군과 강남군으로 나누어 2차 일본 원정에 나섰다. 동로군은 4만 명의 원나라군, 한군, 고려군으로 편성되었으며, 1차 일본 원정 때와 마찬가지로 원나라의 흔도, 홍다구(洪茶丘)와 고려의 김방경이 지휘했다. 또한 강남군은 10만 명의 남송 군사들로 구성되었으며, 아라한(阿刺罕)과 남송 출신 항장 범문호(范文虎)가 통솔했

　　　　　　　　　　　　　　　중국사를 움직인 100대 사건

몽골 군사와 일본 군사의 전투

다. 당초 일본 원정군의 계획은 동로군과 강남군이 각각 합포와 경원부에
서 출발해 6월 15일 이키 섬에서 합류하는 것이었다. 그러나 1차 원정 때와
마찬가지로 일찌감치 쓰시마와 연해의 섬들을 점령한 뒤 이키 섬에 상륙
한 동로군은 강남군을 기다리지 않고 진군을 계속했다. 그리하여 6월 6일
에 동로군은 하카다 만에 상륙했다. 그러나 일본이 이미 망루를 쌓아 방어
선을 구축해 놓아 동로군의 진격은 순조롭지 못했으며, 일진일퇴를 거듭
할 뿐이었다. 게다가 홍다구 부대가 일본에게 크게 패하고, 여름철 전염병
까지 퍼져 3천여 명이 목숨을 잃자 동로군의 사기는 크게 저하되었다. 결
국 동로군은 강남군과의 합류를 기대하며 이키 섬으로 후퇴했다.

한편 6월 15일, 이키 섬에서 동로군과 합류하고자 했던 강남군은 경원부
를 출발조차 하지 못하고 있었다. 강남군 사령관 아라한이 병에 걸려 아타
하이(阿塔海)로 사령관이 바뀌면서 시간이 지연되었기 때문이다. 게다가
합류 장소로 이키 섬보다 히라도 섬이 적합하다는 정보를 입수한 강남군
이 동로군에게 알려 주기 위해 선발대를 보냈지만, 선발대는 항로를 오인

해 쓰시마 섬에 도착했다. 결국 동로군과 강남군은 예정일보다 훨씬 늦은 6월 말경 이키 섬에서 만날 수 있었다.

1281년 7월 27일, 여원 연합군은 다카시마를 점령했지만 결정적인 돌파구를 찾지 못하고 있었다. 엎친 데 덮친 격으로 8월의 규슈 일대는 태풍 영향권에 드는 위험한 상태였다. 이로 인해 수백 척의 전함이 침몰했으며, 익사자가 바다를 메웠다. 결국 원나라의 2차 일본 원정 역시 원나라 군사 10만여 명, 고려 군사 7천여 명의 전사자를 낸 채 실패로 끝났다.

두 차례에 걸친 원나라의 일본 원정은 해전 경험이 없는 원나라 기병 부대의 무력함이 드러난 전쟁이었다. 하지만 쿠빌라이 칸은 이를 인정하지 않았다. 1282년, 그는 국내는 물론이고, 고려에 다시 전함 건조 명령을 내렸으며, 군수 물자를 비축하고 군사를 모집했다. 그러나 원나라의 3차 일본 원정은 실행되지 않았다. 1286년에 원나라는 모든 원정 준비를 마쳤으나 쿠빌라이 칸은 백성들의 고통을 줄이기 위해 일본 원정을 포기한다는 조서를 발표했다. 당시 원나라가 이미 한 차례 항복시킨 안남을 재침공해 평정하고, 참파를 점령하는 데 어려움을 겪고 있었기 때문이다. 그리고 1294년에 쿠빌라이 칸이 죽으면서 원나라의 일본 원정은 더 이상 이루어지지 않았다.

1351

홍건적의 난
원나라를 뒤흔든 종교적 농민 반란

◁◀ 1351년 머리에 붉은색 수건을 두른 농민들이 반란을 일으키다.
◁◀ 1355년 백련교 교주 유복통이 몽골인에 대한 저항의 표시와 원 타도 의지를 굳건히 하다.
◁◀ 1368년 주원장이 명나라를 건국하다.

원나라 말에는 과도한 조세와 부역, 빈번한 수재와 기근 등으로 민생이 피폐해지고 혼란이 더욱 극심해졌다. 이에 불만을 품은 백성들은 붉은색 수건을 머리에 두르고 홍건적의 난을 일으켰다. 홍건적은 백련교의 수장 한산동을 중심으로 미륵불의 출현을 고대하며 각지에서 신도를 확보해 세력을 넓혀 갔다. 홍건적의 난을 중심으로 각 지역에서도 반란이 일어났으며, 그중 주원장은 강남의 지원을 바탕으로 한족 왕조인 명나라를 건국하는 데 성공했다.

원나라 말에 이르러 정치, 경제적 혼란이 더욱 극심해진 데에는 여러 이유가 있다. 먼저 몽골 특유의 신분제를 들 수 있다. 몽골 족이 세운 정복 왕조 원나라는 민족에 따라 사회 계급을 몽골인, 색목인, 한인, 남인으로 나눠 차별적으로 통치했다. 몽골인은 지배 계층으로 행정, 군사 등 대부분의 권력을 차지하였고, 계산과 재정에 밝은 색목인은 주로 몽골인을 보좌하는 역할을 맡았다. 그에 반해 한족과 남인은 피지배 계층으로 중앙 정부

진출이 어려웠을 뿐 아니라 가혹한 탄압과 천대를 받았다. 특히 몽골에 끝까지 저항한 남송의 양쯔 강 이남 사람들에 대한 차별과 탄압이 가장 심했다. 또한 종교가 부패하면서 갖은 폐단이 발생했다. 특히 원나라 황제들이 믿었던 라마교 승려들은 과도한 재물 헌납을 요구했다. 또한 궁에서의 대규모 예불 진행에 필요한 엄청난 양의 물자 조달로 민생은 피폐해지고 백성의 불만은 날로 쌓여 갔다. 원나라 중엽 이후로 황위를 둘러싼 잦은 권력 투쟁 역시 통치 집단을 점차 분열시켰다. 몽골 귀족들의 토지 겸병도 극에 달해 농민들은 유민으로 전락했으며, 과도한 조세와 부역, 여기에 수재와 기근까지 빈번하게 일어났다. 이런 혼란 속에서 한족은 탄압과 천대에서 벗어나기 위해 곳곳에서 반란을 일으키기 시작했다.

원나라 말 일어났던 반란 중 가장 대표적인 것이 1351년에 일어난 홍건적(紅巾賊)의 난이다. 홍건적은 홍적, 홍두적으로도 불렸는데, 이것은 과거 송나라가 불의 기운으로 나라를 다스렸다고 여기고 불을 상징하는 붉은색 수건을 머리에 두르면서 붙여진 이름이다. 즉 송을 계승하여 자신들의 정체성을 분명히 한 것이며, 몽골에 대한 저항의 표시이기도 했다.

홍건적의 난은 백련교를 중심으로 하는 농민 반란이다. 남송 시대에 만들어진 백련종을 기원으로 하는 백련교는 미륵불을 숭배했다. 미륵불, 즉 미래불은 극도로 혼란한 세상에서 중생을 구하고 새로운 세상(극락 세계)을 만들기 위해 현세에 나타난다는 부처를 말한다.

당시 하남 지방은 원나라의 착취에 더해 황허 강 대홍수 등 자연재해까지 겹쳐 큰 고통을 겪고 있었다. 더욱이 황허 강 수리 사업에 수많은 농민과 노동자를 징발하면서 민심의 동요는 더욱 거세졌다. 이에 원의 지배에서 벗어나고 싶은 백성들은 미륵불의 출현을 고대하게 되었다. 이런 상황을 바탕으로 홍건적은 성난 민심을 규합하여 그 세력을 넓혀 갈 수 있었다. 홍건적의 중심인물은 하남 지방의 백련교 교주인 한산동(韓山童)과 유복통(劉福通)이었다. 이들은 조상 대대로 백련교 지도자였던 한산동이 송나라 휘종(宋徽宗)의 8대손이라는 유언비어를 퍼뜨려, 그가 새로운 세상의 주인이 되어야 한다며 민심을 선동했다. 그러나 원과 결전을 하려는 사전 계획이 관군에게 알려지면서 우두머리 한산동은 붙잡혀 곧바로 처형되고 말았다.

간신히 안휘성 영주로 도망친 유복통은 흩어진 세력을 모아 반란을 계속 일으켰다. 반란군은 순식간에 하남과 안휘 일대를 장악하고 널리 퍼져 나갔다. 원의 관군은 처음에는 소극적으로 대처했으나 반란군의 규모가 10만에 달하면서 대대적인 진압에 나섰다. 1355년, 유복통은 원의 진압에 대비해 세력을 정비함으로써 몽골인에 대한 저항의 표시와 원 타도 의지를 굳건히 했다. 그는 박주에서 한산동의 아들 한림아(韓林兒)를 황제로 추대해 소명왕(小明王)이라 칭하고, 국호를 송(宋)이라 정했다.

그러나 1357년, 홍건군은 원 진압군의 공격을 받아 중심부인 박주(亳州)를 버리고 안풍(安豊)으로 피신하였다. 그 후 다시 개봉으로 옮긴 유복통은 군대를 3개 군으로 나눠 대북벌에 나섰다. 처음에 유복통 군은 원 황제 순제가 천도까지 고려할 만큼 큰 승리를 거두기도 했다. 하지만 이내 진압군의 반격을 받아 100일 동안 관중의 농 지방에 포위당해 갇혀 있다가 지도자들만 간신히 안풍으로 탈출했다. 북벌이 좌절되고 원의 계속된 반격으로 안풍까지 포위되는 상황에 이르자, 유복통은 당시의 여러 반란 세력 중 남경의 주원장(朱元璋)에게 도움을 청했다.

당시에는 전국 각지에서 우후죽순처럼 대규모 반란이 일어나고 있었다.

여러 반란의 무리 중 북쪽 누주, 유주의 유복통과 한림아, 서쪽 강주의 서수휘(徐壽輝)가 세력을 떨치고 있었다. 하지만 서수휘는 1360년에 휘하에 있던 진우량(陳友諒)에게 살해당했으며, 진우량은 그곳에 한을 세웠다. 서수휘의 부하였던 명옥진(明玉珍)은 진우량에게 불복하여 사천에 하(夏)나라를 건설했지만, 그 역시 5년 만에 병사했다. 이후 그의 아들 명승(明昇)이 왕위를 이었지만, 국력이 점차 쇠퇴하여 결국 명 태조에게 항복했다. 또한 해운업자 방국진(方國珍)은 해상에서 반란을 일으켰으며, 관염 중개인 출신 장사성(張士誠)도 평강(平江)에 오(吳)나라를 세워 봉기했으나, 이 둘은 끝내 원 조정의 회유에 넘어가 관군에 편입되어 지방 정권에 만족했다.

한편 동북쪽 호주(濠州)에서는 곽자흥(郭子興)이 통솔하는 홍건군이 두각을 나타내고 있었다. 가난한 농민 출신 주원장은 전염병으로 부모와 형제를 모두 잃고 황각사에 들어가 중이 되었다. 하지만 절에서도 궁핍한 생활이 이어지자 탁발승이 되어 전국을 떠돌다 홍건군이 봉기하는 시대 흐름을 타고 곽자흥의 휘하에 들어갔다. 그는 곽자흥의 신임을 얻어 핵심 인물로 활동을 했는데, 관군의 공격을 받은 후 조직 내부에 분열이 일어나자 곽자흥을 떠나 독자적으로 세력을 형성했다. 1355년, 주원장은 곽자흥이 죽은 후 곽자흥의 아들 곽천서를 손쉽게 격퇴하고, 휘하 부대의 통제권을 장악했다. 주원장은 유복통이 북쪽에서 원나라 군대를 상대로 격전을 벌이는 사이 식량과 물자가 풍부한 남경을 새로운 근거지로 삼고 무리를 확장했다.

주원장은 유복통의 홍건군이 구원을 요청하자 도우러 갔으나 안풍은 이미 원의 군대에 함락된 후였다. 송의 실질적 지도자였던 유복통은 여기서 목숨을 잃었다. 소명왕 한림아는 안풍을 빠져나와 주원장의 보호로 제주에 머물다 남경으로 오던 중 강물에 빠져 죽었다. 결국 한산동, 유복통이 이끌던 홍건군의 반란은 실패로 돌아가고 말았다. 하지만 원에 저항하는 한족은 더욱 늘어만 갔다.

강남 지방에서 세력을 확보한 주원장은 중원을 재패하기 위해 원 진압군의 공격에 대응하는 한편, 주변의 반란 세력 사이에서 주도권을 장악하기 위해 애썼다. 그리고 1363년, 주원장은 통일 정권을 이루려는 야심을 가진 호광 및 강서의 진우량과 파양호에서 결전을 벌여 승리를 거둠으로써 가장 위협적인 존재를 제거했다. 또한 1367년에는 원에게 의지해 세력을 유지하던 장사성과의 싸움에서 승리해 그를 포로로 잡았고, 방국진에게 항복을 받아 냈다.

강남 지주층의 지원을 바탕으로 군웅들을 차례로 제거하는 데 성공한 주원장은 1368년 마침내 남경을 수도로 정하고 연호를 홍무(洪武), 국호를 명(明)이라 하여 새로운 나라를 건설했다. 같은 해 8월에는 대도를 점령하여 원나라 순제와 몽골인을 만리장성 북쪽으로 쫓아냄으로써 100여 년 만에 한족 왕조를 복원시켰다.

1380

호람의 옥

명나라 개국 공신을 향한 칼바람

> 1373년 좌승상 자리에 오른 호유용이 전권을 마음대로 휘두르기 시작하다.
> 1390년 홍무제가 호유용 역모에 관련 있는 이선장에게 사약을 내리다.
> 1392년 태자 주표가 세상을 뜨자 공신들에 대한 홍무제의 불안이 더욱 커지다.
>
> 명나라 홍무제는 황제에게 위협이 될 만한 개국 공신들을 대거 숙청했는데, 대표적인 것이 호유용과 남옥을 숙청한 '호람의 옥'이다. 홍무제는 황제 권력과 맞먹을 정도로 성장한 호유용이 모반 계획을 세우자 이에 연루된 사람 1만 5천여 명을 처형했으며, 남옥 또한 역모죄로 참수시키고 더불어 그의 가족까지 모두 1만 5천여 명을 숙청했다. 이러한 처참한 숙청을 통해 홍무제는 승상 제도를 폐지하고 황권을 강화할 수 있었다.

1368년, 원의 순제를 몽골 본토로 몰아내고 명실상부한 왕조를 건국한 명나라 홍무제(洪武帝)는 황권을 강화할 목적으로 대대적인 개국 공신 숙청을 감행했다. 대표적인 사건이 좌승상 호유용(胡惟庸)과 개국 공신 남옥(藍玉)을 숙청한 '호람의 옥'이다. 이 사건에 연루되어 죽은 자는 각각 3만여 명과 2만여 명이었다. 이로써 홍무제는 승상 제도를 폐지하고 황권을 강화할 수 있었다.

명나라 개국과 함께 이루어진 논공행상에서 이선장(李善長), 등유, 상무, 탕화, 유기, 왕광양 등이 공후장상에 책봉되었다. 또한 원나라의 행정 제도를 그대로 따라 중앙에 좌우승상이 수장인 중서성을 두고 황제 보좌와 관료 통솔을 맡게 했다. 그러나 시간이 지나면서 국내외 정세가 안정을 되찾자 홍무제는 개국 공신의 권력에 부담을 느꼈으며, 승상에게 집중된 권한 역시 문제가 되었다. 여기에 홍무제의 공신들에 대한 의심이 날로 증폭되면서 숙청의 칼날이 공신들을 향했다.

명나라를 개창한 홍무제

명나라 초대 승상은 이선장이었으며, 이후 왕광양이 그 뒤를 이었다. 왕광양이 주살된 후에는 호유용이 좌승상이 되었다. 호유용은 안휘성 정원 출신으로 1355년에 주원장의 군대에 가담해 주부, 지현, 통판 등의 관직에 올랐으며, 1370년에는 중서성 참지정사가 된 인물이다. 1373년, 우승상을 거쳐 좌승상이 된 그는 홍무제의 총애를 믿고 전권을 마음대로 휘두르기 시작했다. 그는 관리들의 생사 여탈권을 손에 쥐고 관직의 승격과 좌천을 임의대로 결정했다. 심지어 각 주현에서 올라오는 상소문 중 자신에게 불리한 내용이 있을 경우에는 절대 홍무제에게 상주하지 않았다. 이로 인해 그의 주변에 관직을 얻으려는 자들이 모이면서 자연스레 당파가 형성되었

서달(왼쪽)과 유기(오른쪽) 홍무제를 도와 명나라를 건국한 개국 공신들

다. 게다가 민간 상인들마저 호유용과 밀접한 관계를 맺자 호유용의 세력
은 황제의 권력과 맞먹는 세력으로 성장했다.

따라서 홍무제는 호유용 세력의 성장을 좌시하지 않았다. 초기에 홍무
제는 호유용을 신임하여 중용했으나, 서달과 유기 등의 대신들이 호유용
의 전횡을 고하자 호유용을 벌할 기회를 엿보았다. 그런데 마침 호유용의
아들이 마차 사고로 목숨을 잃고, 호유용이 잘못이 없는 마부를 죽인 사건
이 발생했다. 이에 홍무제가 호유용의 잘못을 따져 묻자 호유용은 금전으
로 죄를 면하고자 했다. 홍무제는 크게 화를 내며 그에게 목숨으로 죗값을
치를 것을 요구했다. 이쯤 되자 홍무제의 신임을 잃고 목숨마저 위태롭다
고 생각한 호유용은 결국 어사대부 진녕(陳寧), 어사중승 도절(塗節) 등의

측근들과 모반 계획을 짜기에 이르렀다. 그러나 호유용의 역모는 도절의 고발로 성사되지 못했다. 1380년, 홍무제는 호유용에게 모반죄를 적용해 체포하여 직접 심문했다. 이를 통해 그간 호유용이 전횡은 물론이고, 북원과 일본에까지 사신을 보내 역모에 지원을 요청했음을 알아냈다. 홍무제는 호유용과 진녕, 도절 등 역모 가담자는 물론, 그 가족들까지 모두 1만 5천여 명을 참했다.

호유용의 사건을 계기로 홍무제는 행정 제도를 개혁했다. 1376년에 이미 행중서성을 폐지하고 정사사, 제형안찰사사, 도지휘사사 등을 설치해 지방의 민, 형, 병권을 나누었던 홍무제는 이번에는 아예 중앙의 중서성을 폐지하고, 그 휘하의 육부(이, 호, 예, 병, 형 공)를 황제에게 직속시켰다. 또한 군사 제도를 개편해 원나라 때의 대도독부를 폐지하고 5군 도독부를 두고 통수권 역시 황제에 직속시켰다. 이로써 진한 시대 이래 약 1,600여 년간 시행되어 온 승상 제도가 폐지되었으며, 개인의 사사로운 군대 양성은 꿈도 꿀 수 없게 되었다. 그야말로 절대 권력의 황제 시대가 시작된 것이다.

호유용 사건이 있은 지 10년 뒤인 1390년에 홍무제는 다시 한 번 옥사를 일으켰다. 홍무제는 호유용의 역모에 이선장이 관련 있다는 밀고를 바탕으로 이선장에게 사약을 내렸다. 이선장은 명나라의 초대 승상이었던 인물로, 호유용을 천거한 장본인이자 호유용이 형의 딸을 그의 조카에게 시집보냄으로써 호유용과 인척관계를 맺은 사이이기도 했다. 이선장은 호유용의 역모 계획을 알고 있었으나 가담하지 않아 목숨을 부지할 수 있었다. 그런데 10년이 지난 뒤 이것이 빌미가 되어 본인뿐만 아니라 그의 가족들까지 모두 죽임당한 것이다. 여기에 육중형(陸仲亨), 비취(費聚), 당승종(唐勝宗), 조용(趙庸) 등도 연좌되어 참형을 당했으며, 모두 3만여 명이 목숨을 잃었다.

홍무제가 호유용 사건으로 황제에게 위협이 될 만한 개국 공신들을 대거 숙청한 것은 태자 주표(朱標)에게 안정된 정권을 물려주는 의도가 포함된 것으로 해석된다. 더욱이 태자 주표가 1392년에 세상을 뜨고, 어린 황태손 주윤문(朱允炆)이 황위를 잇는 상황이 되자 공신들에 대한 홍무제의 불안은 더욱 커졌다.

1393년, 홍무제는 어린 황태손의 장래에 위협 세력이 될 가능성이 있는 남옥을 제거 대상으로 삼았다. 남옥 역시 안휘 정원 출신으로, 명장 상우춘(常遇春)의 처남이었다. 그는 명나라 건국의 일등 공신 서달을 따라 북정에 나서 수차례 큰 공을 세웠으며, 1378년에 영창후가 되었고, 1387년에는 북원 평정에 나서 공을 세움으로써 대장군에 임명되었다. 이후 남옥은 북원과의 전투에서 대승리를 거두고 양국공(凉國公)에 봉해졌다. 그런데 남옥은 장군으로서는 용맹하고 담력이 뛰어났으나, 성질이 조급하고 난폭한 면이 있어 자신의 공을 자화자찬하는 것이 심했고 불법 행위를 종종 일삼았다. 이에 홍무제는 남옥의 행실을 크게 꾸짖었지만, 남옥은 반성하는 기미를 보이지 않았다. 여기에 연왕 주체(朱棣)가 남옥을 겨냥해 방자함이 극에 달한 공후들을 제거할 필요성을 주장하자, 홍무제의 남옥에 대한 숙청 의지는 더욱 커졌다.

1393년, 금의위(錦衣衛) 지휘자 장얼(蔣瓛)이 남옥의 역모를 고발했다. 홍무제는 즉시 남옥의 체포와 조사를 명했다. 남옥의 죄는 경천후 조진(曹震), 학경후 장익(張翼), 축로후 주수(朱壽), 첨휘(詹徽) 등과 역모를 꾀했다는 것이었으나 모반의 증거는 불충분했다. 그러나 홍무제는 남옥을 참수하고 삼족을 멸했다. 더불어 남옥과 관련된 자들과 그 가족까지 모두 1만 5천여 명을 숙청했다.

호유용과 남옥 사건 이후에도 홍무제의 공신 숙청은 계속되었는데, 주덕흥, 부우덕, 요영충, 주량조 등의 공신 역시 사약을 받거나 참수당했다. 이로써 명나라의 개국 공신 중 살아남은 자는 탕화와 경중문 등 손에 꼽을 정도였다. 탕화는 홍무제와 동향 출신으로 홍무제의 성격을 익히 알고 있었기 때문에 언제나 신중하고 조심스럽게 행동했다. 또한 명나라 건국 후에는 일찌감치 권력을 내려놓고 귀향하여 공신 숙청의 칼을 피할 수 있었다.

'명나라의 개국 공신에는 남은 자가 없다'라는 말이 생길 정도로 숙청의 바람이 거세고, 남아 있는 조정 관료들 역시 숙청 대상이 될까 하는 두려움에 휩싸였다. 조정의 평화가 손상될 것을 걱정한 황태손 주윤문이 우려를 표명하자, 홍무제는 다음 날 황태손에게 가시가 돋친 나무를 주며 한손으로 쥐어 볼 것을 명했다. 이때 황태손이 즉각 잡지 못하고 머뭇거리자, 홍무제는 "내 손으로 가시를 다 뽑아 주면 너는 쉽게 잡을 수 있을 것이다."라는 말로 공신 숙청의 이유를 설명했다.

홍무제의 개국 공신 숙청 작업은 황태손이 황위를 이었을 때를 대비해 잠재적인 위협 세력들을 제거하기 위함도 있겠으나, 이보다 더 큰 의의는 황권을 강화하는 제도의 마련, 즉 승상 제도의 폐지에 있다.

1399

정난의 변

명나라 황위 계승을 둘러싼 내란

◁◁ **1392년** 황태자 주표가 갑자기 병사하다.
◁◁ **1398년** 명 태조 주원장이 붕어하자 황태손 주윤문이 건문제로 즉위하다.
◁◁ **1402년** 연왕 주체가 남경을 포위하다.

주원장 사후 황태손 주윤문이 건문제로 즉위하자, 연왕 주체와 북변의 번왕들은 건문제에게 위협적인 존재로 떠올랐다. 건문제는 번왕의 세력을 제거하고자 삭번책을 추진했고, 연왕 주체를 모반 혐의를 씌워 잡아들였다. 이에 연왕 주체는 황제를 구출하고 황실을 안전하게 한다는 명분을 내세워 군사를 일으켰다. 그리고 자신의 거병을 '난리를 평정한다'라는 의미의 정난(靖難)이라 일컬었다. 연왕 주체는 정난의 변으로 황위에 올랐으니, 바로 명나라 3대 황제 영락제이다.

명 태조 주원장은 스무 명이 넘는 왕자 중에 장자인 주표를 황태자로 세웠다. 그리고 나머지 아들들을 각지의 왕으로 봉하여 몽골을 방어함과 동시에 황실의 안정을 꾀하고자 했다. 그런데 1392년, 황태자 주표가 한창 나이에 갑자기 병사했다. 이에 태조 주원장은 다음 황태자 자리를 놓고 약 6개월을 고심한 끝에 연왕(燕王) 주체(朱棣)를 후계자로 지명하고자 했다. 태조 주원장의 넷째 아들인 연왕 주체는 지략과 용맹을 겸비했으며, 여러 차례 몽골을 물리쳐 군사적으로 성공을 거두었고, 전란으로 황폐해진 경제를 안정시키는 등 다른 번왕들과 달리 뛰어난 지도력을 발휘했다.

그러나 중신들은 황태자가 죽었으면 그의 장자가 뒤를 잇는 것이 옳다고 주장하며, 만약 연왕 주체가 황태자가 된다면 차남인 진왕(秦王) 주상(朱樉)과 삼남인 진왕(晉王) 주강(朱棡)이 반발할 것이라며 반대했다. 결국 명 태조 주원장은 죽은 황태자의 장자인 주윤문(朱允炆)을 후계자로 지명했다. 당시 황태손 주윤문은 16세였다.

1398년, 명 태조 주원장이 71세로 붕어하자 황태손 주윤문이 건문제(建文帝)로 즉위했다. 건문제는 학문을 논하기 좋아하는 여린 청년이었다. 그가 황제가 되자 몽골에 대한 방어책으로 봉한 북변의 번왕들이 오히려 황실의 근심거리가 되었다. 번왕들은 민정을 살필 수 없었으나 적게는 3천에서 많게는 2만의 병력을 소유했기 때문이다. 특히 황태자 주표가 병사했을 때 다음 황제자로 거론된 연왕 주체는 절대 무시할 수 없는 존재였다. 따라서 황권 강화를 꿈꾸는 즉위 초기의 어린 황제에게 연왕 주체와 강성한 번왕의 존재는 황권을 위협하는 존재였다.

건문제는 유학자 출신 정치가들인 황자징, 방효유, 제태 등의 건의에 따라 번왕의 세력을 제거하는 삭번책(削藩策)을 추진했다. 1398년 8월, 건문제는 국경의 방어를 정비한다는 명목으로 주왕(周王) 주수(朱繡)를 체포하라는 명령을 내렸다. 주왕 주수는 태조 주원장이 살아 있었을 때 범법 행위를 일삼았기 때문에 체포하는 데 큰 반발이 없었다. 주왕 주수는 체포된 후 운남으로 유배되었다. 이것을 시작으로 제왕 주부와 대왕 주계는 평민으로 격하되었으며, 민왕 주편은 추방되었다. 심지어 상왕 주백은 황제의 처벌이 두려워 스스로 목숨을 끊었다.

명나라 3대 황제 영락제 연왕 주체는 반란을 일으키고 건문제에게 황위를 빼앗아 황제 자리에 오르니, 그가 바로 영락제이다.

건문제의 번왕에 대한 압박은 사실상 연왕 주체를 겨냥한 일이었고, 주체 또한 이러한 분위기를 파악하고 있었다. 이에 연왕 주체는 건문제의 삭번책에 대응하여 겉으로는 미친 사람처럼 행동하고, 안으로는 은밀히 병기를 제작하고 군사를 훈련시켰다. 속설에 따르면 그는 한여름에 화롯불을 껴안고 살거나 시궁창에서 잠을 자는 등 이상한 행동을 하면서 몰래 땅굴을 파고 그 안에서 무기를 제작했다고 한다. 그리고 무기 만드는 소리를 감추기 위해 땅 위에 수많은 거위를 길렀다고 한다.

건문제가 먼저 행동에 나섰다. 그는 모반 혐의를 씌워 연왕 주체를 체포할 것을 명했다. 이에 연왕 주체는 오히려 황제 주변의 간신들로부터 황제를 구출하고 황실을 안전하게 한다는 명분을 내세워 군사를 일으켰다. 그리고 자신의 거병을 '난리를 평정한다'라는 의미의 정난(靖難)이라 칭하고, 자신의 군대를 정난군이라고 했다. 역사는 이를 '정난의 변'이라 한다. 연왕 주체는 승려 도연(道衍)을 책사로 삼아 남경을 향해 남하를 시작했다. 그때가 1399년 7월경으로, 연왕 주체의 군대는 1400년까지 일진일퇴하여 북평으로 회군을 반복하다가 1401년 3월, 무읍에서 승리하며 드디어 전세를 역전시켰다. 1402년 3월, 연왕 주체의 군대는 화북 지방을 돌파한 뒤 대운하를 따라 남하하여 숙주, 영벽, 단도현에서 승리를 거두었으며 드디어 남경 주위를 포위했다.

연왕 주체가 거병한 지 3년 만에 남경 주위를 포위할 수 있던 것은 태조 주원장이 어린 손자의 지위를 안정시키기 위해 위협 요인이 될 만한 건국 공신과 무장들을 미리 제거했기 때문이다. 이로 인해 건문제의 군은 50만을 헤아리는 대군이었으나 이를 지휘할 만한 훌륭한 장수가 남아 있지 않았다. 그리하여 건문제는 노장 경병문을 대장군에 임명했고, 경병문이 패한 후에는 전투 경험이 없는 유학자 황자징의 건의에 따라 이경륭을 대장군에 임명하는 바람에 다시 패했다. 또한 건문제의 우유부단한 성격도 패인중 하나였는데, 건문제는 군의 사기를 높여야 할 때 '짐이 숙부를 살해했다는 오명을 받지 않도록 하라'라는 조서를 내려 군의 전의를 상실케 했다.

1402년 6월경, 연왕 주체의 군대가 남경에 도착하자 건문제 측에 분열이 생기기 시작했다. 건문제 군대의 좌도독 서증수가 연왕 주체와 내통하려다 발각된 데 이어 곡왕 주혜와 이경륭이 연왕 주체에게 성문을 열어 주었다. 연왕 주체의 군대가 궁으로 물밀 듯이 들어오자 건문제는 궁에 불을 질렀다. 연왕 주체는 불길 속에서 건문제를 찾았으나 끝내 찾지 못하고 불탄 황후의 시체만 발견했다. 마지막까지 건문제의 시신이 발견되지 않자, 건문제가 승려로 변장해 궁을 빠져나갔을 것이라는 소문이 떠돌았다. 그러나 연왕 주체는 건문제가 불에 타 죽었다고 공표했다. 하지만 이후 연왕 주체는 건문제 생존설에서 자유롭지 못해 그가 살고 있을 거라 추정되는 동남아시아에 대한 원정을 여러 차례 실시했다. 이러한 이유로 후세는 연

명나라 전기의 학자 방효유 홍무제에게 발탁된 이후 건문제를 보필하였다. 영락제는 정난의 변을 통해 황제 위에 오른 후에 방효유를 회유하려 하였으나 방효유는 이를 거부하였다.

왕 주체가 환관 정화에게 명령한 남해 원정이 건문제를 추적하기 위함이었다고 주장하기도 한다.

남경의 주인이 된 연왕 주체가 군신들의 추대를 받아 황위에 올랐으니 바로 명나라 3대 황제 영락제(永樂帝)이다. 제위에 오른 영락제는 건문제의 측근들에게 끔찍한 보복을 가했다. 건문제에게 삭번책을 건의했던 제태와 황자징을 죽였으며, 대학자 방효유를 너무나 잔인하게 숙청하여 후세의 비난을 면치 못했다. 반면 방효유는 유가 충정의 표본이 되었다.

영락제는 책사 도연의 조언에 따라 방효유를 등용하고자 했다. 하지만 입궐을 명받은 방효유는 소복 차림으로 땅에 엎드려 건문제를 애도하며 울기 시작했다. 분노한 영락제는 방효유를 옥에 가두었지만, 회유하기 위해 대접은 소홀히 하지 않았다. 게다가 자신의 즉위를 합리화하는 조서를 쓸 만한 인물로 방효유만 한 인물이 없던 것이다. 조서 작성을 위해 영락제 앞에 다시 선 방효유는 몇 번의 거부 끝에 '연적찬위(燕賊簒位)'라는 네 글자를 적고 붓을 던져 버렸다. 즉 '연나라의 도적놈이 황제 자리를 찬탈했다'라는 것이다. 진노한 영락제는 9족을 멸하겠다고 협박했지만, 방효유는 10족을 멸한다고 해도 역적의 말을 따를 수 없다며 저항했다. 영락제는 칼로 방효유의 입을 귀 밑까지 자르고 귀를 잘랐으며, 그의 친족들을 체포하여 죽였다. 하지만 일찍이 9족은 있었으나 10족은 없었기에 영락제는 그의 친구와 문하생들을 모두 체포하라고 명해 10족으로 채운 뒤 죽였다. 이 과정에서 영락제는 방효유의 10족을 참수하기 전에 한 사람씩 방효유에게 보인 뒤 죽이게 했다고 한다. 이때 참수된 사람은 모두 873명이었다.

영락제는 자신의 권력을 잃지 않기 위해 경계를 게을리하지 않고 중앙 집

영락제와 대신들

권 강화에 힘썼다. 그는 환관 세력들을 적극 활용하여 군을 파견할 때 환관을 동행시켜 감시했으며, 환관들을 해외 사절이나 외국과의 무역을 담당하는 데 등용했다. 또한 내각대학사를 중용하여 내각 정치를 본격적으로 시행했다. 환관과 대학사 두 세력은 영락제의 강력한 중앙 집권 체제의 기반이 되었다.

영락제는 정난의 변을 일으켜 혈육을 참하고 제위에 올라 후세의 비난을 피할 수 없었다. 하지만 막강한 군사력을 가진 북변 번왕들의 잠재된 반란을 잠식시키고 전제 정권을 확립했으며, 명나라가 번창할 수 있는 기틀을 마련했다는 평가를 받기도 한다.

1405

남해 원정

15세기 세계 항행사 최고의 업적

<<1405년 환관 정화가 영락제의 명을 받아 소주의 유가항을 출발하다.

<<1415년 4차 원정을 마친 정화가 영락제에게 기린을 헌상하다.

<<1433년 일곱 차례 이루어진 남해 원정이 마무리되다.

영락제는 안정된 경제력과 뛰어난 기술력을 바탕으로 나라의 권위를 내세우고자 남해 원정을 실시했다. 원정대의 총사령관으로 환관 정화를 임명했고, 정화는 이후 총 일곱 차례 남해 원정을 통해 항로를 개척하고 무역 거점을 마련하는 데 힘썼다. 명나라 때 이루어진 남해 원정으로 중국 문화는 동남아시아와 중동, 아프리카까지 전파되었다.

1405년 6월, 환관 정화(鄭和)는 영락제의 명을 받아 전체 길이 약 150미터, 너비 약 60미터에 이르는 대형 선박 62척과 2만 7,800여 명의 군사 및 의원, 역관을 거느리고 소주의 유가항(劉家港)을 출발했다. 선단은 참파(지금의 베트남), 자바, 팔렘방(지금의 인도네시아), 말라카(지금의 말레이시아), 세무데라, 실론(지금의 스리랑카) 등의 항로를 거쳐 1407년 초 인도의 캘리컷에 도착했다. 항해 도중 선단은 자바의 동왕과 서왕 간 분쟁에 휘말려 170

여 명의 사상자를 냈지만, 서왕의 사과와 황금 1만 냥을 받아 내고 조공을 약속받았다. 또한 팔렘방에서는 중국인 이주 집단의 분쟁에 개입하여 명나라의 지배를 거부하는 중국인 이주 집단을 무력으로 제압하고 선위사사(宣慰使司)를 설치했다. 그리고 수마트라에 도착해서는 수마트라의 왕위 쟁탈전에 개입하여 자이누르아비딘을 정통으로 인정한 뒤 조공을 얻었다. 명나라는 이 항해로 교류가 없던 동남아시아의 여러 나라

환관 정화 영락제의 명을 받아 모두 일곱 차례에 걸쳐 남해 원정을 진두지휘했다.

들에게 조공을 받게 되었고, 이후 정화는 1433년까지 명나라 3대 황제 영락제의 명을 받아 6차례, 5대 황제 선덕제(宣德帝) 명으로 1차례, 총 7차례에 걸쳐 남해 원정을 나섰다.

남해 원정은 주로 영락제의 치세에 이루어졌는데, 이것이 가능했던 이유는 홍무제의 국가 재정 지출 억제 및 농업 진흥 정책에 따른 생산력 증대로 경제가 성장했기 때문이다. 게다가 영락제는 정난의 변으로 황제가 된 후 빠르게 뒷수습을 하여 경제를 안정시켰다. 또한 당시 크게 발전한 항해술과 조선술도 원거리 항해를 가능하게 했다. 영락제는 안정된 경제력과 뛰어난 기술력을 바탕으로 국제적으로 명나라의 권위를 내세우고 싶어했다. 그리하여 그는 동남아시아 여러 나라의 내정에 간섭하지는 않더라도 복속

시켜 조공을 받고자 했다. 또한 궁정에서 사용하는 외국 사치품을 수입하고, 정난의 변 때 살아남아 남경을 탈출했을지도 모르는 건문제를 수색하려는 목적도 있었다.

이리하여 영락제는 원정 선단의 조직을 명했고, 환관 정화를 선단의 총사령관으로 임명했다. 정화는 중국 남부 운남성 곤양 출신으로, 이슬람교도의 자손이었다. 1381년, 명나라가 건국된 지 4년이 지났으나 운남성은 여전히 원나라 잔존 세력이 차지하고 있었다. 이에 명나라는 운남성에 토벌군을 파견했는데, 이때 마화(馬和)로 불리던 어린 정화는 토벌군에게 사로잡혀 포로가 되었다. 당시 10살이었던 마화는 적의 아들이란 이유로 거세를 당한 뒤 연왕 주체의 시중을 들게 되었다. 그러던 중 마화는 연왕 주체가 조카 건문제를 몰아내려고 정난의 변을 일으켰을 때 큰 공을 세워 연왕의 두터운 신임을 받게 되었다. 황제가 된 영락제는 환관들을 매우 신임했는데, 특히 마화의 사람됨과 재능을 알아보고 환관 최고 지위인 태감으로 임명하고 정화라는 이름을 하사했다. 또한 영락제는 대원정을 계획하면서 인도양을 거쳐 페르시아까지 진출하는 데 이슬람교도의 자손인 정화만큼 적합한 인물이 없다고 판단해 그를 총사령관에 임명했다.

정화는 첫 번째 남해 원정을 마치고 1407년 9월에 귀국했고, 곧이어 2차 원정길에 올랐다. 제2차 원정의 항로는 제1차 때와 비슷했으나 시암, 자바를 거쳐 캘리컷, 코친(지금의 인도)까지 간 것이 달랐다. 제2차 원정을 떠난 정화의 함대는 1409년 여름에 귀국했다.

1409년 겨울, 정화는 제3차 원정을 명령받고 다시 유가항을 출발했다. 제3차 원정 항로도 제2차 원정과 거의 같았다. 단지 귀국하는 길에 정화의 함대는 용정향을 얻기 위해 실론에 들렀다. 그런데 실론의 왕은 명나라의 책

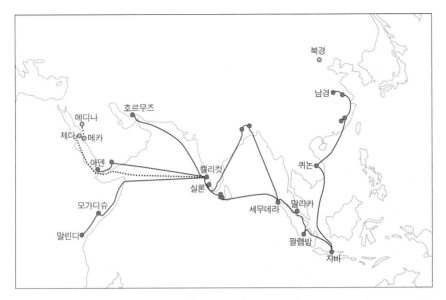

정화의 항해 소주의 유가항을 출발한 정화는 참파(지금의 베트남), 자바, 팔렘방(지금의 인도네시아), 말라카(지금의 말레이시아), 세무데라, 실론(지금의 스리랑카) 등의 항로를 거쳐 인도의 캘리컷에 도착했다. 이후 제4차 원정 때 호르무즈와 아덴에 이르렀고, 5차 원정 때 모가디슈와 브라와를 거쳐 말린디까지 갔다.

봉을 거부한 채 정화 함대의 보물을 강탈하려고 공격했다. 하지만 실론은 명나라에 비해 약소국이었기 때문에 정화는 실론의 군대를 무찌르고 왕과 그의 가족들을 생포했다. 제3차 원정을 떠난 정화의 함대는 1411년 7월에 귀국했다.

정화의 함대는 세 차례에 걸친 남해 원정을 통해 항로를 개척하고 동남아시아 일대의 나라들과 명목상 신종 관계를 맺어 무역 거점을 마련하는 데 힘썼다. 그리하여 명나라는 도자기, 비단, 찻잎 등을 팔았으며 후추, 상아, 보석, 향료, 진귀한 동물 등을 들여왔다.

제4차 원정은 1413년 겨울에 다시 시작되었다. 제4차 원정은 준비 기간이 길었던 만큼 항로도 길어졌다. 함대가 최종적으로 도착한 곳은 캘리컷

기린을 선물받은 영락제 아프리카 원정을 다녀온 정화가 영락제에게 기린을 선물했다. 영락제는 기린을 보고 요순 시대가 도래했다며 크게 기뻐했다.

의 서쪽 페르시아 만의 호르무즈와 아라비아 반도 남쪽의 아덴이었다. 호르무즈 왕은 사자, 기린, 아라비아 말, 페르시아산 진주 등을 헌상했다. 1415년 7월, 귀국한 함대로부터 헌상물을 받은 영락제는 그중 기린을 보고 유교에서 가장 이상으로 여기는 전설의 시대, 즉 요순 시대가 도래했다며 크게 기뻐했다.

제5차 원정은 본대와 분대로 나누어져 1417년 겨울에 이루어졌다. 본대는 아덴까지 갔으며, 분대는 아프리카 대륙 동쪽 해안의 모가디슈와 브라와를 거쳐 말린디까지 갔다. 분대는 말린디에서 금과 은, 비단을 주고 조공을 권한 다음, 사자, 표범, 얼룩말, 코뿔소 등 진귀한 동물을 가지고 1419년 8월에 귀국했다. 1421년 2월에 이루어진 제6차 원정은 과거의 원정 때와는 성격이 달랐다. 비록 항로는 이전과 같았으나 원정의 목적은 교역품이 아니라 조공을 바친 각국 사절의 귀환이었다. 제6차 원정은 함대가 1422년 8월에 귀국하면서 마무리되었다.

여섯 차례에 걸친 원정은 준비 기간이 아무리 길다 해도 2년을 넘기지 않고 재출항했다. 그러나 제7차 원정은 제6차 원정이 끝난 지 9년 만인 1431년에 재개되었다. 그 이유는 남해 원정에 적극적인 영락제가 1424년에 사망하고 홍희제(洪熙帝)가 즉위했기 때문이다. 홍희제는 영락제가 펼친 외정(外征)으로 화려한 외교적 성과를 거둔 대신 막대한 국고 손실도 겪었다고 생각했다. 더욱이 제3차 원정 때까지 약 600만 냥의 은을 소모하자

중국사를 움직인 100대 사건

심각한 재정 악화를 우려한 신하들이 원정을 반대했다. 이런 이유로 홍희제는 즉위 후 원정을 중단시켰다. 그런데 이듬해, 병약했던 홍희제가 즉위 8개월 만에 병사하고 말았다. 이에 선덕제(宣德帝)가 황위를 이었고, 그는 할아버지 영락제의 유지를 받들어 남해 원정 재개를 명했다.

1431년에 제7차 원정이 이루어졌다. 이때에도 함대의 총사령관은 이미 60세가 넘은 정화였다. 그는 처음에 연로함을 이유로 총사령관직을 거절했으나, 대신할 인재가 없음을 알고 다시 원정길에 올랐다. 제7차 원정은 본대와 분대로 나누어 이루어졌으며, 본대는 페르시아 만의 호르무즈까지 갔다. 분대는 아프리카 대륙 동쪽 해안의 모가디슈까지 갔으며, 그곳에서 다시 나누어서 일부를 홍해 입구인 아덴으로 보냈다. 이때 최초로 이슬람교 성지인 메카를 방문하기도 했다. 제7차 원정은 함대가 1433년 7월에 귀국하면서 마무리되었다.

남해 원정은 제7차 원정으로 막을 내렸는데, 그 이유는 약 30년간 총 일곱 번의 원정을 지휘한 정화가 사망했기 때문이다. 정화가 없는 명나라 함대는 더 이상 위용을 발휘하지 못했으며, 약 30년 동안 축적된 항해술은 무용지물이 되었다. 이후 명나라는 쇄국 정책을 폈고, 남해 원정을 다시 실시하지 않았다.

정화의 남해 원정은 항해 거리, 기간, 함대 규모, 항해술 등 모든 면에서 15세기 세계 항행사의 최고 업적이었다. 단적으로 정화의 남해 원정대의 선박 규모는 바스코 다 가마보다 약 66배, 콜럼버스 함대보다 약 32배가 컸고, 시기는 각각 93년과 87년 앞섰으며, 선단의 규모도 그들과 비교할 수 없을 정도로 월등했다. 또한 정화의 함대는 나침반을 이용해 항해술을 활용하고, 별자리와 해상 구역에 따른 천체 고도의 변화를 기록하고, 항로의 지명과 항구 등을 자세히 기록했다. 더불어 남해 원정으로 중국의 문화는 동남아시아와 중동, 아프리카까지 전파되었으며, 중국은 넓은 세계의 지리를 볼 수 있게 되었다. 또한 정화는 원정 지역의 문화를 존중하고 우호 관계를 맺는 데 힘써 중국과 동남아시아가 하나로 연결될 수 있도록 했다. 이때 많은 중국인이 동남아시아에 퍼져 화교의 뿌리가 되었고, 이들은 지금도 동남아시아에서 중요한 역할을 담당하고 있다. 하지만 정화 사후 명나라가 쇄국 정책을 펼쳐 남해 원정이 더 이상 이루어지지 않았으므로 명나라는 대항해시대의 주체가 되지 못하였다.

북경 천도

통일 정권으로 거듭나기 위한 수도 이전

- 1368년 주원장이 남경을 명나라의 수도로 삼다.
- 1402년 정난의 변으로 영락제가 조카 건문제를 몰아내고 황제에 오르다.
- 1409년 영락제가 제1차 북경 순행길에 오르다.

명나라의 수도 이전 문제는 영락제 때 다시 불거졌다. 조카 자리를 빼앗고 황제가 된 영락제는 자신의 세력 기반이 있는 북경으로 천도를 준비했다. 영락제는 자금성을 중심으로 세 부분으로 나누어 북경을 건설하였으며, 얼마 지나지 않아 정식으로 조서를 내려 명나라의 수도로 삼았다. 북경 천도 이후 명나라는 경제는 물론, 정치, 군사적으로 남북 일체화를 이루어 명실상부한 통일 정권으로 거듭났다.

1368년, 명나라를 개국한 주원장은 남경을 도읍으로 삼았다. 남경은 곡창지대이자 물산의 집산지였으며, 오왕 시대에 지은 궁궐도 남아 있었고, 천도로 인한 수고와 비용을 줄이기 위함이었다. 그리하여 그는 남경에 황성과 부성, 외성 등을 건설하기 시작했다. 하지만 서달(徐達)이 대도(大都)를 점령하자 수도 선정 문제가 다시 거론되었다. 이에 대한 의견이 분분하자 태조 주원장은 고향인 봉양을 중도(中都)로 삼고자 했고, 어떤 이들은 송의 수도였던 개봉을 제의하기도 했다. 남경을 수도로 삼는 데 의견이 나뉜 이유는 남쪽에 위치하므로 북방 문제에 한계를 지니며, 태조 주원장이 통일 왕조의 수도는 중원에 위치해야 한다고 생각했기 때문이었다. 그러나 1378년, 주원장은 정식으로 남경을 수도로 삼는다는 조서를 내려 수도 문제를 일단락했다. 천도에 따른 비용 부담을 무시할 수 없었고, 번왕을 분봉하여 북변에 주둔시킨 후 북방 문제가 점차 완화되었기 때문이다.

명나라의 수도 문제는 1402년 정난의 변으로 연왕 주체가 조카 건문제를 몰아내고 황제가 되면서 다시 불거졌다. 1403년, 예부상서 이지강은 영락제에게 북평을 북경으로 개칭할 것을 제안했다. '경'은 원래 수도를 의미하는 말이니, 이는 결국 북평을 수도로 삼자는 것이었다. 예부상서 이지강의 이러한 제안은 영락제의 심중이 반영된 것이며, 영락제는 즉위하자마자 이미 천도를 염두에 두었다. 북평은 영락제의 세력 기반이기도 했으며, 북부 변경을 위협하고 있는 몽골 세력을 효과적으로 방어할 수 있는 지리적으로 중요한 곳이었기 때문이다. 또한 조카 건문제의 제위를 찬탈해 황제가 된 영락제에게 남경은 결코 편한 곳이 아니었다. 1403년 2월, 영락제는 조서를 내려 북평을 북경으로 고치고, 북경유수(北京留守), 북경행도(北京行都), 북경국자감(北京國子監) 등의 기구를 설치한 뒤 북평부를 순천부(順天府)로 명명하는 등 북경 천도를 준비했다.

1406년, 영락제가 북경에 궁궐을 건설할 것을 명하자 이듬해 건설이 시작됐다. 하지만 이는 북경으로의 천도를 천명한 것이 아니었으며, 영락제의 북방 순시에 목적이 있었다. 북경 건설을 위해 영락제는 관원들에게 전국 각지에서 목재와 석재를 채집할 것을 명했다. 이에 관원들은 사천, 호광, 강서, 절강 지방으로 퍼져 목재와 석재를 구했다. 또한 건축 자재의 조달과 함께 각지에서 장인들을 모아 건축 공사를 하도록 했다.

1409년 2월, 영락제는 제1차 북경 순행길에 올랐다. 그는 북경에서 약 1년 6개월이 넘게 머물렀으며, 창평(昌平)의 명당을 능지로 선정하여 북경에 자신의 능묘를 조성하기 시작했다. 이것은 영락제의 북경 천도에 대한 강한 의지를 보여 준다. 또한 그는 북경 방위를 목적으로 10개의 위소(衛所)를 설치하였으며, 이주 정책을 실시해 남경의 부호들과 많은 사람들을 강제로 이주시켰다. 영락제는 이때부터 대부분의 시간을 북경에서 보냈다.

한편 영락제는 북경에 주둔하고 있는 군대와 이주민을 위한 물자를 남방에서 공급받아야 했다. 이에 1411년, 조운 체제와 운하 정비에 착수했다. 특히 당시 조운이 대부분 뱃길을 이용하여 경로가 험한데다 왜구가 자주 출몰하여 위험이 크자 운하를 정비하게 했다. 그리하여 그는 공부상서 송례로 하여금 1289년까지 방치되었던 회통하(會通河)를 보수, 준설했다. 송례는 흙모래가 쌓여 물길이 좁아지거나 막힌 곳을 다시 깊고 넓게 파 소통시키고, 문수와 사수의 물을 끌어들였다. 또한 거기에 갑문을 만들어 물의 양을 조절해 물자를 공급하는 배들이 수로를 통해 회화에 직접 이르도록 했다. 영락제는 1415년에 작은 배 3천여 척을 증설하여 북경에 대한 남방 물자 공급을 도왔다.

회통하의 개통으로 북경에 대한 물자 공급이 원활해지자, 북경의 궁궐 공사도 본격적인 궤도에 올랐다. 1413년 5월에는 장릉(長陵)이 완성되었으며, 1417년 4월에는 서궁(西宮)이 완성되었다. 또한 같은 해 11월에는 건청궁(乾淸宮)의 건설이 시작되었다. 이렇게 북경을 재건하는 대규모 공사가 시작되자 영락제는 더 이상 남경으로 돌아가지 않고 궁궐 건설을 독려했다.

자금성 영락제는 북경에 자금성을 건축하고, 이를 중심으로 내성, 황성의 세 부분으로 나누어 북경을 건설하였다.

북경은 자금성을 중심으로 내성과 황성 세 부분으로 나누어 건설되었다. 1420년에는 드디어 북경의 새 궁전인 자금성(紫禁城)이 완공되었다. '자금'은 하늘의 천제가 사는 자궁과 같은 금지된 구역이라는 뜻이다. 자금성 주위를 너비 52미터, 깊이 6미터의 해자와 길이 3킬로미터, 높이 10미터인 장벽들로 둘러쌌고, 지붕은 황제의 서가를 제외하고 모두 황색 기와로 덮었다. 황성은 봉천전(奉天殿), 화개전(華蓋殿), 근신전(謹身殿)의 삼대전을 중심으로 지었으며, 삼대전 뒤로 건청궁, 교태전(交泰殿), 곤녕궁(坤寧宮) 등 수많은 건물을 지었다. 또한 이러한 궁 외에도 황제가 천지 신령과 선조에게 제사 지내는 천단, 사직단, 산천단, 태묘 등도 건설했다. 한편 영락제는 북경성의 완성을 앞두고 행정 체계까지 완전히 정비하여 북경 천도의 사전 작업을 완료했다.

1421년 정월, 영락제는 스스로 태묘에 가 오묘(五廟)의 태황과 태후의 신위를 봉안하고, 황태자는 천단과 지단에, 황태손은 사직단에 신주를 봉안하도록 했다. 그런 다음 봉천전에서 문무백관의 조하를 받았다. 얼마 지나지 않아 영락제가 정식으로 궁정 및 백관을 북경으로 이동시키고 조서를 내림으로써 북경은 명나라의 수도가 되었다. 이리하여 북경은 정치, 군사의 중심이 되었으며, 중원과 강남이 연결됨으로써 전국적인 통일 지배 체제 중심에 섰다.

하지만 수도가 북경으로 옮겨졌음에도 조정에서는 천도의 타당성을 두고 치열한 논쟁이 끊이지 않았다. 일부 대신들과 남방 출신의 관리들은 자신들의 터전이자 경제 중심지인 남경을 쉽게 포기할 수 없었던 것이다. 그러던 중 1421년 4월, 봉천전, 화개전, 근신전이 화재로 모두 소실되었다. 이 사건을 구실로 천도 반대파들은 하늘이 노했다며 더욱 강경하게 천도를 반대했고, 천도 반대 여론을 형성했다. 이에 영락제가 반성하며 대신들에게 직언을 구하자, 상당수의 관리들이 북경 천도의 부당성을 피력하고 영락제의 시정을 비판하기 시작했다. 그리고 점차 영락제의 초기 의도와는 달리 신하들의 상소는 북경 천도와 그의 정책을 비판하는 쪽으로 바뀌기 시작했다.

비판의 강도가 점점 강해지자 영락제는 더 이상 참지 못하고 북경 천도와 자신의 정책을 비판하는 신하들을 좌천시키거나 하옥시켰다. 특히 주사 소의(蕭儀)라는 자가 격렬한 언사로 북경 천도를 강하게 비난하자 영락제는 그를 사형에 처했다. 그러자 반발은 더욱 심해졌고, 심지어 천도를 찬성한 대신들까지 공격하기에 이르렀다. 이에 영락제는 이들에게 자금성 정문인 오문(午門) 밖에서 무릎을 꿇고 있으라고 명했다.

이처럼 천도 이후 안정을 꾀하여야 할 때 조정의 상황이 악화되자 호부 상서 하원길이 진화에 나섰다. 그는 영락제에게 신하들은 직언하라는 황제의 명을 따랐을 뿐이며, 자신과 같은 대신들이 일처리를 미숙하게 한 탓이니 대신들을 벌하라고 주청했다. 하원길의 이러한 조정 노력이 효과를 내면서 천도를 둘러싼 논쟁은 점차 수그러들었다. 이후 영락제는 천도를 둘러싼 여론의 동요를 완전히 잠재우기 위해 몽골 원정에 나섰다.

영락제가 북경 천도를 감행한 것은 단순히 북경이 자신의 세력 기반이라는 심리적 요인이나, 북방 경비라는 군사적 측면뿐만이 아니었다. 정난의 변에 대한 정당성, 태조 주원장의 후계자로서의 정통성, 중앙 집권적인 지배 체제 구축의 이유도 있었다. 한편 명나라는 북경 천도 이후 정비된 운하로 강남의 풍부한 물자를 북쪽으로 이동시킴으로써 남북 경제의 일체화를 이루었다. 또한 정치, 군사 측면에서도 남북 일체화를 이루어 명나라는 명실상부한 통일 정권으로 거듭났다. 이후 북경은 청나라를 거쳐 오늘날까지 수도로서 역할을 하고 있다.

토목의 변

포로가 된 명나라 황제

◁◁▮ **1406년** 명나라와 몽골 족이 조공 무역으로 평화 관계를 유지하다.

◁◁▮ **1435년** 선덕제가 사망하자 9세의 황태자 주기진이 제위에 오르다.

◁◁▮ **1448년** 오이라트의 에센이 사절을 거느리고 명나라에게 말을 바치고 은상을 요구하다.

명나라 조정이 환관 왕진의 손에 놀아나고 있을 즈음, 몽골은 통일을 완성하고 영토를 확장해 명나라를 위협하기 시작했다. 몽골의 오이라트 에센은 명나라에 사절단을 보내 은상을 요구했으나 환관 왕진이 이를 무시하자 격분하여 명나라를 공격했다. 이에 영종이 직접 군사를 이끌고 나섰으나 오라이트군에게 참패하고 토목에서 포로로 잡히니, 이를 '토목의 변'이라고 한다.

　　명 태조 홍무제는 후한과 당나라 멸망의 원인인 환관들의 정치 개입을 교훈 삼아 환관들의 정치 개입을 엄금했다. 이에 대한 조치로 홍무제는 환관들이 글을 배워서는 안 된다는 내용을 새긴 비석을 궁궐에 세웠다. 그러나 3대 황제 영락제는 홍무제와 달리 환관의 지위를 개선시키고 적극적으로 이용했다. 우선 영락제는 환관에게 진 빚이 있었다. 연왕 시절, 환관을 통해 건문제의 번왕 탄압에 대한 정보를 접수했으며, 이후 정난의 변을 일

으켰을 때에도 환관의 도움을 받아 궁에 진입할 수 있었다.

원래 환관은 6부 중 이부의 관할이었으나 영락제 때부터는 사례감(司禮監)의 관할로 넘어오면서 12감 4사 8국의 24아문(衙門)에 소속되었다. 영락제는 환관을 다방면에 이용했다. 군대를 파견할 때는 군을 감시하기 위해, 외국에 파견할 사절로, 외국 무역을 담당하는 시박사에도 환관을 임용했다. 특히 1420년에 영락제는 동창(東廠)이라는 특무 기구를 만들고 환관들을 시켜 전국의 불순분자를 정탐하고 색출하도록 했다. 이들은 위로는 왕족과 관료, 아래로는 일반 백성까지 감시했으며, 궁궐의 물자 조달, 군대 감독, 조세 징수, 감찰 업무 등을 하면서 지방 정사에 간여했다.

특히 영락제 사후 제위에 오른 선덕제는 어린 소년 환관들을 선발해 한림관에게 글을 배우도록 했으며, 내각 관리들이 올리는 상주문에 대해 구두로 의견을 전하면 환관들이 기록하여 내각에 전달하도록 했다. 이때 황제의 측근에 있던 환관들은 황제의 전지(傳旨)에 자신의 의견을 삽입해 중앙 정무에 깊이 간여했다. 본래 환관 출신은 중하층민이 대부분이었으나 황제의 특무를 맡고 정무까지 영향을 끼치다 보니 곧 이들의 위세는 황제의 위세와 맞먹었다. 그리하여 출세를 위해 자발적으로 거세하고 환관이 되는 경우도 많았으며, 영락제 때 그 수가 1만 명이 넘었다.

황제의 비호 아래 비대해진 환관 세력은 결국 명나라 조정의 화근이 되었다. 1435년, 선덕제가 38세의 나이로 사망하자 겨우 9세의 황태자 주기진이 영종(英宗)으로 제위에 올랐다. 황제의 나이가 어렸기 때문에 선덕제는 태황태후인 홍희제의 황후 장씨에게 수렴청정을 하라는 유조를 남겼다. 하지만 태황태후 장씨는 직접 정무를 보는 일을 삼가고 양사기(楊士奇), 양영(楊榮), 양부(楊溥)등 3양(三楊)에게 정무를 맡겼다. 이들 3양은 영락제

때에 입각해 정무에 참여했으며, 이후 홍희
제, 선덕제 때에도 중진으로서 황제의 두터
운 신임을 받은 인물들이었다. 영종 초기에
는 3양의 국정 운영으로 조정과 사회가 안
정되었다. 그러나 안정된 국정은 오래가지
못했다. 태황태후 장씨와 이미 고령이었던
3양이 세상을 뜨고, 환관 왕진(王振)이 조정
의 실력자가 되었기 때문이다.

즉위부터 영종은 황태자 시절 자신의 교
육을 담당한 환관 왕진을 기용했다. 영종은
왕진을 '왕 선생'이라 부르며 매우 신임했으

영종 중국 역사상 외적과의 전쟁 중 황제가 포
로가 된 것은 명나라 영종이 처음이다.

며, 그에게 사례감을 관장하도록 했다. 왕진은 어린 영종의 두터운 신임을
바탕으로 재물을 축적하고, 관리들을 조정하여 자신의 세력을 강화하고자
했다. 그러나 태황태후 장씨와 3양으로 인해 전면적으로 전권을 휘두르지
는 못했다.

마침내 태황태후 장씨와 3양이 죽자 왕진의 횡포는 극에 달했다. 우선
왕진은 태조 홍무제가 세운 환관의 교육을 금한다는 비석을 옮겨 버렸다.
또한 황제의 전지에 함부로 자신의 의견을 집어넣었으며, 유구(劉球)의 상
주문에서 자신을 비판하는 내용을 발견하고는 그를 찢어 죽이는 등 자신
을 탄핵하는 무리에게 가혹하게 보복했다. 이와 함께 재산을 축적하여 황
성 동쪽에 대저택을 짓고, 지화사라는 절을 건설하는 등 권세 부풀리기에
전념했다.

명나라의 조정이 환관 왕진의 손에 놀아나고 있을 즈음, 명나라에게 위

토곤 몽골 족의 통일을 이룩했으며, 그의 뒤를 이은 아들 에센은 명나라를 위협하기 시작했다.

협적 존재인 몽골 세력에 변화가 생겼다. 명나라에 의해 중원에서 쫓겨나 막북으로 도망친 몽골 족은 타타르와 오이라트, 두 세력으로 분할되었다. 그런데 토곤이라는 자가 오이라트의 수장이 되면서 타타르는 수세에 몰렸으며, 토곤은 사실상 몽골 족의 통일을 이룩했다. 이후 토곤의 아들 에센은 아버지의 뒤를 이어 몽골 족의 통일을 완성하고, 영토를 확장하여 명나라를 위협하기 시작했다.

명나라와 몽골 족의 조공 무역은 1406년 영락제 때 시작되었으며, 몽골은 말을 바치고 명나라는 말 값을 주어 평화 관계를 유지했다. 이때 몽골은 사절단의 규모를 실제보다 부풀려 명나라에 보고했으나, 명나라는 알면서도 마찰을 피하기 위해 몽골이 제시한 은상을 그대로 지불했다. 1448년, 오이라트 에센은 사절단 약 1천 명을 2,500명으로 부풀려 보고하며 관례에 따른 은상을 기대했다. 그러나 당시 전권을 행사한 환관 왕진은 에센에게 사절단의 실제 수에 해당하는 1,500명에 대해서만 은상을 내렸고, 말 값으로 에센이 제시한 가격의 5분의 1만 지급했다. 환관 왕진이 관례를 무시하고 말 값도 제대로 쳐주지 않자 격분한 에센은 급기야 명나라를 공격하기에 이르렀다.

1449년 7월, 에센이 군대를 이끌고 산서의 대동을 공격했다. 환관 왕진은 영종에게 친정을 간청했다. 병부상서 광야와 병부시랑 우겸 등이 황제의 친정을 만류했지만, 영종은 환관 왕진의 말만 믿고 친정을 도모했다. 원래 친정할 때 황제는 명분상 북경에 가까운 관문 거용관만 벗어나면 되지만, 환관 왕진은 영종에게 대동까지 갈 것을 고집했다. 이에 영종은 이복동생 주기옥(朱祁鈺)에게 북경을 맡기고 50만 대군을 이끌고 출정했다.

같은 해 8월, 영종이 드디어 대동에 도착했을 때, 마침 명나라 군대가 양화 전투에서 오이라트군에게 전멸했다는 소식을 들었다. 이에 특별한 군사 작전이 없던 영종의 50만 대군은 일단 후퇴를 결정했다. 그런데 영종은 군을 후퇴시키면서도 환관 왕진의 어처구니없는 말에 따라 위기에 빠졌다. 당시 북경으로 돌아가는 가장 빠른 길은 자형관을 거쳐 가는 것이었으나 환관 왕진은 영종을 자신의 고향 울주에 모셔 고향을 빛내고 싶었다. 그리하여 가장 빠른 길을 버리고 울주를 경유해 북경에 돌아가는 길을 선택했다. 그러나 환관 왕진은 회군 중 군사들에 의해 고향 울주가 피폐해질 것을 우려해 마음을 바꿔 선부를 경유한 회군을 명했다. 이로써 회군 경로를 여러 번 번복한 명나라의 군대는 전의를 상실함과 동시에 불필요하게 전투력을 낭비했다.

환관 왕진의 농락으로 군이 우왕좌왕하자 병부상서 광야는 영종을 호위하는 정예 부대를 편성하여 거용관으로 갈 것을 진언했다. 하지만 환관 왕진은 이를 거부했고, 결국 명나라 군대는 오이라트군의 공격을 받고 몰살당했다. 후미를 잃은 명나라 군은 토목(土木)이란 곳의 자그마한 성채를 향해 후퇴했고, 거기서 병참 부대를 기다리기로 했다. 하지만 토목의 성채는 규모가 작아 대군이 주둔할 만한 곳이 없었다. 더구나 토목의 성채에는 물이 없어 명나라 군은 물을 구하기 위해 갖은 노력을 했지만 구하지 못했다.

토목의 성채는 곧 오이라트군에게 포위당했다. 오이라트의 에센은 사신을 보내 거짓 화의를 청한 뒤 군대를 퇴각시켰고, 이에 환관 왕진은 식수 확보를 위해 군을 내보냈다. 에센은 이 틈을 타 명나라를 공격하여 크게 물리쳤다. 명나라의 참패였다. 혼전 속에서 명나라는 병부상서 광야, 영국공 장보, 호위장군 번충 등 다수를 잃었으며, 호위장군 번충은 죽기 전 영종의 친정을 이끈 환관 왕진을 철퇴로 내리쳐 죽였다. 한편 가부좌를 틀고 앉아 최후를 기다리던 영종은 포로가 되었다. 이리하여 영종은 친정 중 포로가 된 첫 번째 황제라는 오명을 얻었고, 이 사건을 역사는 '토목의 변'이라 일컫는다.

토목의 변으로 영종을 사로잡은 에센은 명나라와의 교섭에서 우위를 기대하며 북경을 향해 진군했다. 하지만 명나라 조정은 병부시랑 우겸의 주도로 영종의 이복동생 주기옥을 황제로 만들고, 20만 대군을 모아 전투태세를 갖추고 있었다. 에센은 북경 포위 공격에 실패했으며, 영종도 협상에 아무런 도움이 되지 않았다. 1450년, 결국 에센은 아무런 조건 없이 영종을 북경으로 돌려보낸 뒤 군대를 돌렸다. 이후 영종은 태상황이 되어 자금성 남궁에 연금되었다가 황제 주기옥이 황태자를 정하지 않고 죽자 1457년에 다시 황제로 등극했다.

한편 토목의 변 이후 명 조정은 환관 왕진의 가산을 몰수했는데, 그의 집에는 창고만 60여 개에 달했고, 창고마다 금과 은, 진귀한 보물이 가득했다고 한다. 이것은 당시 환관의 부패가 어느 정도였는가를 여실히 보여 준다. 이후 명나라에서는 환관이 전권을 쥐고 횡포를 부리는 경우가 종종 있었는데, 성화제 때 왕직, 정덕제 때 유근, 천계제 때 위충현 등이 있다.

1619

살이호대전

누르하치의 복수

◀ 1588년 누르하치가 소극소호, 철진, 혼하 등으로 나뉜 건주여진을 무력 통합하다.
◀ 1616년 허투알라에서 칸의 자리에 오른 누르하치가 후금을 세우다.
◀ 1618년 누르하치가 〈칠대한(七大恨)〉을 내세우며 명나라에 반기를 들다.

명나라군에게 할아버지와 아버지를 잃은 누르하치는 복수를 위해 명나라를 공격하고자 했다. 누르하치는 예허부를 물리친 뒤 칸의 자리에 올라 후금을 세웠다. 이후 명나라의 일곱 가지 죄를 주장하는 〈칠대한(七大恨)〉을 내세우며 4만 5천 명의 군사를 이끌고 살이호를 포위한 뒤 단 나흘 만에 명나라 군 6만을 섬멸했다. 이로써 명나라는 후금에게 군사적 우위를 내주었으며, 후금은 경제력과 군사력을 발전시켜 명나라에 가장 위협적인 존재가 되었다.

명나라 초기 여진족은 건주(建州), 해서(海西), 야인(野人) 세 부락으로 나누어져 중국 동북부 지역을 차지하고 있었다. 이들 중 가장 강성한 건주여진은 농경 생활에 익숙했으며, 명나라의 통제를 받으며 조공을 바쳤다. 그런데 16세기 후반부터 건주여진은 각 부락끼리 반목을 거듭했다. 이는 명나라 장수 이성량(李成梁)이 여진족의 세력 확대를 막기 위해 각 부락의 모순과 갈등을 적절히 이용한 결과였다. 1583년, 니칸와이란(尼堪外蘭) 부락이 명나라 군대와 함께 건주여진의 지도자가 되기 위해 아타이 부락을 공격했다. 이때 기오창가(覺昌安)와 타쿠시(搭克世)가 손녀이며 딸이었던 아타이의 부인을 구하고자 전쟁터에 돌진했다가 명나라군에 의해 목숨을 잃었다. 기오창가와 타쿠시는 후에 청나라 왕조를 창건하는 누르하치(努爾哈赤)의 조부와 부친이다. 대대로 명나라에 호의적이었던 조부와 부친이 명나라군에 의해 죽자 누르하치는 복수심을 품었다.

하지만 누르하치는 결코 서두르지 않았다. 아직은 누르하치가 명나라에 대항할 힘을 가지고 있지 못했기 때문이다. 1588년, 누르하치는 소극소호, 철진, 혼하, 동악, 완안 등으로 나누어져 있던 건주여진을 무력 통합했다. 그리고 이듬해 여진족의 수장을 죽인 공을 인정받아 명나라 조정에게 건주좌위 도독첨사로 임명받았다. 누르하치가 점차 세력을 확대해 나가자 해서와 야인여진은 공포에 휩싸였다. 1593년, 해서여진 중 가장 세력이 강했던 예허(葉赫)부는 여진과 몽골의 9개 부족과 연합하여 누르하치를 공격했다. 이에 누르하치는 고륵산(古勒山)에서 예허부와 몽골의 연합군을 크게 물리치고 해서여진의 세력을 약화시켰다. 1595년, 누르하치는 명나라에게 공을 인정받아 용호장군에 책봉되었다. 1613년, 해서여진의 부락 대부분을 정복한 누르하치는 1616년 드디어 허투알라(赫圖阿拉)에서 칸의 자리에 올라 국호를 대금(大金), 연호를 천명(天命)이라고 했다. 역사는 누르하치의 대금을 후금(後金)이라 칭한다.

누르하치가 여진족을 통일하는 데는 무려 30여 년이 걸렸다. 그는 1616년에 후금을 세울 때까지 명나라와 친선 관계를 유지하여 명나라의 관심이 여진족 통일 작업에 쏠리지 않도록 했다. 그는 직접 북경을 방문해 조공을 바쳤으며, 사신을 통해 자주 조공을 했다. 이는 명나라의 중앙 통치

집단과 변방을 지키는 책임자들의 부패
와 무능력을 반증하는 것이었다. 때문에
1618년에 누르하치가 〈칠대한(七大恨)〉
을 내세우며 명나라에 반기를 들었을 때
명나라는 크게 당황할 수밖에 없었다.

〈칠대한〉 중 첫 번째 한은 명나라군
에 의해 목숨을 잃은 조부와 부친의 억
울함이다. 당시에 명나라는 30통의 칙서
와 30필의 말로 애도를 표했지만, 누르하
치는 조상의 죽음을 일대한으로 삼았다.
두 번째 한은 여진족이든 한족이든 국경
을 넘는 자는 목숨으로 죗값을 치르기로
했으나, 명나라가 국력을 믿고 국경선을

누르하치 여진족을 통일하고 후금을 건설하였다.
1636년 후금은 국호를 청으로 개칭하고, 누르하치
는 청나라 태조가 되었다.

무시했다는 것이다. 세 번째 한은 국경을 넘어 여진족을 약탈한 한족을 벌
했지만, 오히려 후금 사신들을 감금하고 한족을 벌한 자를 죽인 것을 꼽았
다. 네 번째 한은 해서여진의 예허부를 도와주고 자신의 여인을 몽골에게
준 것이다. 다음으로 시하, 삼차, 무안 등에서 명나라가 여진족을 몰아낸
것, 해서여진의 예허부에 사신을 파견한 것, 명나라의 여진족에 대한 처사
에 있어 공평하지 못한 것 등을 나머지 한으로 규정했다. 〈칠대한〉은 약간
의 억지스러움이 있으나, 이는 누르하치가 명나라 공격의 명분으로 삼고
자 했을 뿐 그 내용은 크게 중요하지 않았다.

1618년 4월, 누르하치는 허투알라를 출발해 무순(撫順)을 공격했다. 그
는 먼저 무순을 지키고 있던 이영방(李永芳)에게 투항을 권고했는데, 누르

하치의 기세에 눌린 이영방이 그대로 항복함으로써 무순은 손쉽게 함락되었다. 이어 요동순무 이유한(李維翰)의 병력 요청에 명나라 광녕총병 장승음(張承蔭)이 구원에 나섰으나 후금 군사들에게 대패하고, 변성 청하(淸河)도 점령당했다.

이 소식을 접한 명나라의 신종(神宗, 재위 1572~1620)은 긴급히 양호(楊鎬)를 총사령관 격인 요동경략(遼東經略)으로 임명하여 후금 토벌을 명했다. 전국에 동원 명령이 내려졌으며, 조선 원군을 포함한 47만 명의 대군이 징집되었다. 그러나 47만 대군은 대외적인 수일 뿐 실제로는 10만여 명에 이르렀다. 1619년 2월, 양호는 심양에 주둔한 채 군대를 4대대로 나누고 4로로 누르하치를 공격하는 작전을 펼쳤다. 그리하여 1619년 2월 25일, 좌익중로군 두송(杜松)은 심양, 좌익북로군 마림(馬林)은 개원, 우익중로군 이여백(李如柏)은 청하, 우익남로군 유정(劉綎)은 관전에서 허투알라를 향해 출병했다. 이렇게 명나라는 네 갈래로 나누어 출병했기 때문에 1개 군대의 수는 2~3만에 불과했다.

반면 누르하치는 47만 명의 명나라 군대가 출격했다는 소문에도 당황하지 않았다. 그는 '적군이 여러 갈래로 와도 난 오로지 한 길로만 간다'라는 전략을 세웠으며, 소수 병력으로 명나라의 좌익북로군, 우익중로군, 우익남로군을 방어하게 했다. 이들의 진군은 험난한 지형 때문에 다소 시간이 걸릴 것이라고 예상했기 때문이다. 그리고 그는 6만 팔기군을 데리고 서쪽으로 향했다.

당초 명나라 군대에서는 3월 1일에 4로군이 집합하여 양호의 지시를 따르기로 했다. 그러나 좌익중로군의 두송이 공명심에 이를 어기고 먼저 혼하를 건너 살이호에 도착했다. 살이호는 명나라 수륙교의 요충지이자 무

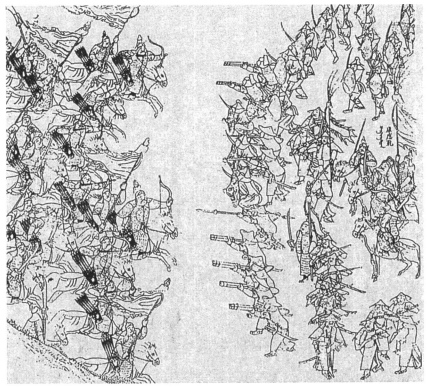

살이호대전 누르하치는 살이호를 포위하고 나흘 만에 명나라군을 섬멸했다. 이 전투를 계기로 후금은 명에 군사적 우위를 차지했다.

순에서는 약 70리, 허투알라에서 약 100리 정도 떨어진 곳으로 양국이 부딪힐 수밖에 없는 장소였다. 살이호에 도착한 두송은 누르하치가 계번성에 머무르며 성을 쌓고 있다는 정보를 입수했다. 그리하여 두송은 2만의 군사를 살이호에 남겨두고 1만의 군사와 함께 계번성으로 향했다. 그러나 두송의 작전은 매우 우매한 것이었다. 두송의 군대는 이미 험난한 혼하를 건너 지쳤으며 북쪽의 혹독한 겨울 날씨에 적응하지 못하여 매우 피로한 상태였다. 또한 누르하치의 6만 팔기군에 대응하기에 턱없이 부족한 3만의 군사를 살이호와 계번성으로 분산시킨 것 역시 실수였다.

누르하치는 차남 대선(代善)과 8번째 아들 홍타이지(皇太極)에게 팔기군 2기를 주어 계번성을 지키게 하고, 자신은 6기를 직접 이끌고 살이호를 포위했다. 해가 질 무렵 누르하치는 명나라군을 공격했으며, 날이 어두워져 명나라군이 횃불을 높이 들자 후금의 군사들은 일제히 화살을 쏘았다. 결국 명나라군은 살이호에서 전멸했다. 곧이어 누르하치는 계번성을 지원하기 위해 나섰으며, 가뜩이나 후금 매복에 걸려 고전을 면치 못한 두송은 퇴로마저 차단당했다. 결국 후금의 협공을 받은 두송의 군대는 섬멸되었으며, 두송은 화살에 맞아 전사했다.

한편 나머지 명나라의 3로군도 두송 군대와 비슷한 운명을 맞았다. 우선 좌익북로군 마림은 철령, 삼분구를 거쳐 3월 2일 상간애에 도착했으나 두송의 패배 소식이 전해지자 진군을 멈추고 명령을 기다렸다. 그런데 때마침 후금 군대의 공격을 받아 명나라군은 싸움 한번 제대로 하지도 못하고 대패했다. 마림은 홀로 개원으로 도망쳤으며, 두송과 마림의 대패 소식에 양호는 급히 우익중로군 이여백과 우익남로군 유정에게 진군을 멈추라는 명령을 내렸다. 이에 이여백은 진군을 멈췄으나, 유정은 전황을 자세히 모르고 진군을 계속해 3월 4일 아포달리강에 도착했다. 유정은 아포달리강에서 후금의 군대를 맞아 분전했으나 결국 패하고 전사했다. 결국 좌익북로군, 좌익중로군, 우익남로군이 전멸하자 양호는 이여백에게 심양으로 회군할 것을 지시했다. 이리하여 누르하치를 섬멸하기 위해 기세등등하게 출정했던 명나라군 중 살아 돌아온 군대는 싸움 한 번 하지 않은 이여백의 우익중로군이 유일했다. 명나라는 곧 개원과 철령도 후금에게 내주었으며, 양호는 패전의 죄로 투옥되었다.

요양 천도 누르하치는 1621~1625년까지 요양을 수도로 삼았다.

　반면 누르하치는 1619년 3월 1일, 명나라의 두송을 물리친 살이호전투부터 3월 4일 아포달리강전투까지 단 4일 만에 명나라군 6만을 섬멸하고 살이호대전의 승리자가 되었다.

　살이호대전에서 누르하치가 승리하자 명나라와 후금의 관계가 재정립되었다. 살이호대전에서 패배하여 국력이 크게 손상된 명나라는 후금과의 관계 및 군사력에서 우위를 내주고, 수세에 몰렸다. 반면 누르하치는 살이호대전을 기점으로 후금의 군사력과 경제력을 크게 발전시켰다. 그리하여 1621년, 누르하치가 요동의 주요 거점인 요양(遼陽)으로 천도한 데 이어, 1625년에는 다시 심양으로 천도했다. 이후 후금은 명나라에게 가장 위협적인 존재가 되었다.

1630

이자성의 난

명나라의 멸망

> **1635년** 반란군 회의에서 이자성이 정부군을 공격하는 의견을 내며 두각을 드러내다.
>
> **1641년** 이자성이 낙양을 점령하다.
>
> **1644년** 이자성이 왕조 성립을 선포하고 연호를 영창이라 하고 스스로 황제가되다.
>
> 정부의 과도한 세금 징수와 대규모 기근이 겹치자 명나라 백성의 삶은 나날이 피폐해졌다. 이에 수많은 농민과 지식인까지 합세해 4만 명에 육박하는 이자군의 반란 세력이 대순을 세우고 정부를 공격했다. 낙양과 서안을 점령하고 20여 일 만에 북경을 포위하고 자금성까지 점령하여 명나라를 멸망시킨 뒤 이자성은 영창(永昌)을 세워 황제로 즉위했다.

　　이자성은 섬서 연안의 역졸 출신으로, 중농의 집안에서 태어났으나 생계를 위해 목동, 역졸, 병졸 따위를 전전하던 사회 최하층이었다. 그는 1631년 고영상(高迎祥)의 반란군에 들어가 대장이 되었고, 1635년 반란군의 대책 회의에서 세력을 모아 네 갈래로 정부군을 공격하자는 의견을 내며 두각을 드러냈다. 1636년, 그는 서안으로 진군하던 고영상이 섬서 순무 손전정에게 잡혀 처형당하자 고영상의 뒤를 이어 제2대 틈왕(闖王)이 되었

　　　　　　　　　　　　　　　　　　중국사를 움직인 100대 사건

다. 그러나 정부군에게 연이어 패하면서 이자성은 정부군을 피해 호북성 운양에 은거했다.

1639년, 중국 전역이 가뭄에 따른 기근에 시달리며 유랑민이 속출하자 이자성은 이들을 규합하여 호북성을 떠나 하남성으로 진출했다. 그는 균등한 토지 소유, 조세 경감, 엄격한 군율 등의 대민 정책을 내세워 여타 반란군을 흡수하고 농민들을 끌어들였다. 이로써 이자성의 반란군은 금세 수만 명의 군대로 성장하였고, 굶주린 농민뿐만 아니라 이암, 우금성, 송헌책 같은 지식인들도 동조했다. 이처럼 이자성의 반란군에 수많은 농민들과 지식인이 가세한 이유는 당시 명나라의 사회 모순이 극도에 달했고, 대규모 기근으로 백성들이 매우 궁핍한 생활을 하고 있었기 때문이다.

16세기 말, 명나라는 과도한 군사비 지출로 재정을 악화시켰다. 14대 황제가 된 만력제는 1592년에 임진왜란이 발생한 조선, 보바이가 반란을 일으킨 영하에 군대를 파견했고, 1594년에는 양응룡이 사천성 파주에서 반란을 일으키자 대규모 군대를 파견했다. 이를 '만력삼정(萬曆三征)'이라 일컬으며, 이로 인해 명나라 정부는 재정 적자에 허덕이게 되었다.

북경의 이자성 동상

또한 만력제는 내각대학사 장거정 사후 정치에 관심을 두지 않고, 20년 가까이 조신들을 알현하지 않는 등 국정을 내던지고 주색에 빠져 재산 축적에 몰두했다. 게다가 자신의 능묘인 건릉 건설에 국가 재정의 대부분을 쏟아부었다. 또한 당시 명나라 관료 사회는 과포화 상태로 녹봉조차 지급하지 못할 정도로 재정 지출이 수입을 월등히 앞서고 있었다. 이에 명나라 정부는 부족한 재정을 메우기 위해 백성들을 쥐어짤 수밖에 없었다.

명 조정이 강구한 방법은 세금을 거둘 수 있을 때 많이 걷는 것이었다. 그리하여 세금 징수를 위해 많은 관원들을 선발했으며 징수 강도 또한 높였다. 그런데 여기에는 한 가지 문제가 있었다. 세금 징수를 위해 선발한 관원들에게 녹봉을 지급하기 위해서 더 많은 세금이 필요했던 것이다. 다음으로 명 조정은 세금을 늘리는 방법을 택했다. 초기에 명 조정은 경작지 1무당 은자 1냥이나 2냥을 세금으로 거둬들였다. 그러나 명 중기에는 인구가 증가하고 물가가 올라 경작지 1무당 은자 5냥에서 10냥으로 크게 올랐다. 또한 세금 징수가 가혹해짐에 따라 실제 은자 7냥에서 8냥에 지나지 않는 세금을 은자 10냥으로 내야 했다. 그리하여 가혹한 세금에 부담을 느낀 농민들은 땅을 버리고 도망치기도 했다. 이에 명 조정은 도망친 농민들의 세금을 군대까지 동원하여 남아 있는 농민들에게 거둬들이니 농민들의 경작지 이탈은 더욱 심해졌다.

이와 더불어 백성의 삶을 더욱 피폐하게 만든 것은 1627년부터 1628년에 걸쳐 발생한 대기근이었다. 가뭄으로 인한 기근은 하남성과 섬서성에서 특히 심했다. 급기야 굶주림을 참지 못한 백성들은 무리를 지어 부호를 약탈했으며, 조정 관리를 비롯해 군사와 충돌하면서 도둑떼로 바뀌었다. 이러한 농민 유구 집단은 제때 배급을 받지 못한 병사들과 실업자가 된 역

졸, 마적 집단까지 합세하면
서 대규모 반란 집단으로 성
장했다.

1628년, 왕가윤(王嘉胤)이
농민들을 규합하여 반란을
일으키자 고영상과 장헌충
(張獻忠) 등이 여기에 가담하
여 장수가 되었다. 처음 명
조정은 당시 북쪽에서 세력
을 넓히고 있던 만주족 때문
에 적극적으로 대응할 수 없
어 이들을 항복시켜 식량을
주고 원적지(原籍地)로 돌려
보내는 초무책(招撫策)을 썼
다. 그러나 초무책은 미봉책
에 지나지 않아 농민 반란군

신해관 만리장성 동쪽 끝에 위치한 곳으로 중원으로 들어가는 최초
의 관문이다.

의 세력은 오히려 점차 확대되었다. 그러자 1630년, 명 조정은 홍승주(洪承
疇)를 삼변총독(三邊總督)에 임명하여 대토벌 작전을 펼쳤다. 결국 농민 반
란군은 왕가윤을 잃고 관군에게 크게 패했다. 하지만 왕가윤의 죽음으로
농민 반란군이 와해된 것은 아니었다. 왕가윤의 휘하 장수였던 고영상이
이들을 집결시켜 자신을 틈왕이라 칭하고, 섬서와 하남으로 진출하니 농
민 반란군의 규모는 3만 내지 4만에 이르렀다.

하남성으로 진출하여 세력을 확장한 이자성은 1641년, 만력제의 아들

복왕 주상순이 살고 있던 낙양을 공격해 점령했다. 이후 이자성은 주상순을 죽이고 재산을 몰수하여 백성들에게 나누어 주어 큰 호응을 얻었다. 이로써 거점을 마련한 이자성의 농민군은 도시 공격을 개시했다.

이자성은 1642년에 개봉을 함락한 데 이어 1643년에는 호북의 양양을 점령한 뒤 이곳을 양경(襄京)이라 개칭했다. 더불어 서툴게나마 행정 기구를 조직하고 스스로 신순왕(新順王)이 되었다. 또한 이자성의 농민군은 서쪽으로 계속 진군하여 서안을 점령해 장안(長安)이라 개칭하고 서경(西京)이라 불렀다. 1644년 2월, 이자성은 드디어 왕조 성립을 선포하여 국호를 대순(大順), 연호를 영창(永昌)이라 하고 황제가 되었다.

같은 해 3월, 이자성은 북경을 점령했다. 당시 명나라 정부군은 오삼계의 지휘 아래 산해관에서 청나라 군사들과 대치 중이었으며, 또 다른 정부군은 하남성의 반란군과 대치 중이었기 때문에 북경성은 거의 무방비 상태였다. 약 20여 일 만에 이자성은 북경성을 포위하고, 환관들의 도움을 받아 자금성까지 점령했다. 이자성의 자금성 입성 소식에 명나라 황제 숭정제는 황태자와 아들 영양, 정왕을 평민 차림으로 변장시켜 피란시킨 후 황후와 후비들에게 자결을 종용했다. 그리고 자신은 소복 차림으로 경산에서 목을 매 자살했다. 숭정제의 자살로 명나라는 277년의 역사에 종지부를 찍었다.

북경을 점령한 이자성은 우선 숭정제의 장례를 치른 후 과거를 실시하고 동전을 주조하는 등 새 왕조 체제를 정비하고자 했다. 그러나 권력 기반의 취약성과 지배 영역의 제한이라는 문제점을 가지고 있었다. 또한 군율이 엄격했던 이자성의 군대는 북경 입성 후에 부호와 신사를 감금, 고문하고 재산을 약탈함으로써 민심을 황폐화시키고 지지 세력을 확보하는 데 실패했다.

한편 이자성은 산해관의 오삼계에게 투항을 요청했다가 거절당했다. 당시 산해관에 주둔한 오삼계 군대의 규모는 이자성의 군대와 팽팽한 균형을 이루고 있었는데, 이런 오삼계가 투항을 거부하고 항쟁을 선언한 것이다. 사실 오삼계는 숭정제가 자결로 생을 마감하고, 부친과 가족들이 모두 북경에 있기 때문에 이자성에게 항복하기로 결정했다. 그런데 북경의 부친이 농민들에게 고문당하고, 자신의 애첩 진원원을 이자성의 부하 유종민이 가로챈 것을 알게 되자 마음을 바꾼 것이다.

숭정제 명나라 제16대 황제 숭정제가 즉위하던 시기 명나라는 각종 부정부패로 피폐해졌고, 이는 명나라 쇠퇴의 계기를 마련한 농민 반란인 이자성의 난을 일으켰다.

이자성이 직접 대군을 이끌고 산해관까지 진격해 오자, 오삼계는 청나라와 손을 잡고 이자성의 군대에 맞서기로 결심했다. 당시 청나라는 어린 황제 순치제를 대신하여 예친왕 도르곤이 섭정을 맡았는데, 오삼계는 예친왕에게 사신을 보내 투항 의지를 전했다. 오삼계와 예친왕은 이자성을 토벌한 후 황허 이북은 청나라, 황허 이남은 명나라가 차지하고 오삼계가 다스린다는 조건으로 연합했다. 이자성의 군대는 오삼계의 군대와 격전을 벌였으나 청나라의 기마병이 가세하면서 대패하였다. 결국 이자성은 철수

명령을 내리고 북경으로 돌아왔지만, 연합군의 진격 소식에 곧 북경을 버리고 자신의 옛 근거지인 서안으로 퇴각했다. 이후 청나라의 예친왕은 순조롭게 북경에 입성했다. 북경에 입성한 후에도 청나라는 이자성을 계속해서 추격했고, 이자성은 추격을 피해 서안마저 포기하고 퇴각을 거듭하다 1645년에 통산현에서 생을 마감했다.

　명나라 말기의 농민 반란인 이자성의 난은 명나라를 멸망시키고, 새 왕조를 여는 데 성공했다. 하지만 대권을 잡은 이자성은 자신의 새 왕조를 유지하지 못하고 결국 이민족 왕조인 청나라에게 중원의 자리를 내주고 말았다.

대만 수복

대만을 청나라의 통치 아래 두다

> **◁◁** 1624년 해상 패권자로 등극한 네덜란드가 팽호도를 점령하다.
> **◁◁** 1662년 정성공이 대만성에 총공세를 펼치자 네덜란드가 떠남으로써 대만을 완
> 전히 되찾다.
> **◁◁** 1681년 삼번의 난이 평정되고 청나라가 대만 정벌을 논의하다.
>
> 대만은 원래 중국의 영토였으나 명나라의 무능과 부패로 네덜란드의 식민
> 지가 되었다. 그러자 정성공은 군사와 전함을 거느리고 대만 공략에 나서
> 코예트가 통솔하는 네덜란드군과 맞붙었다. 정성공은 대만성을 포위해 네
> 덜란드군을 고립시키는 전략을 구사하여 결국 네덜란드의 항복을 받아 내
> 고 대만을 되찾았다.

대만은 일찍이 중국의 영토였으나, 명나라 말에 이르러 조정의 무능과
부패로 네덜란드의 점거를 허용했다. 17세기 초, 세계 최강의 해상 패권국
으로 등극한 네덜란드는 1624년에 동인도회사를 앞세워 팽호도(澎湖島)를
점령했다. 이에 명나라의 복건총병 유자고(兪咨皐)가 출병해 네덜란드 장
교를 생포하는 등 승전을 올렸지만, 잔당 추적에는 실패했다. 이후 네덜란
드군은 대남(臺南)으로 후퇴했고, 안평현에는 대만성(臺灣城), 대남에는 적

정성공 네덜란드로부터 대만을 되찾은 명나라 유신으로, 청나라에 저항하여 반청 운동을 전개하였다.

감성(赤嵌城)을 쌓아 본격적으로 대만을 식민 통치했다. 당시 대만은 수많은 고산족(高山族)과 한족들이 함께 생활했는데, 네덜란드의 가혹한 식민 통치로 고산족과 한족들은 종종 봉기를 일으켰다. 그러나 대만 현지인의 봉기는 매번 네덜란드군에게 진압당해 정성공(鄭成功)의 대만 진군 이전까지 뚜렷한 성과를 내지 못했다.

정성공은 본명이 삼(森)이며, 복건성 천주(泉州) 사람이다. 그는 1624년에 일본 히라도(平戶)에서 태어났으며, 아버지는 당시 해적이었던 정지룡(鄭芝龍)이고, 어머니는 일본인이다. 정지룡은 명나라에 투항한 후 해전에서 공을 세워 복건총병이 되었다. 1630년, 정성공은 홀로 일본에서 중국으로 건너왔다.

이후 정지룡과 정성공 부자는 청나라가 산해관으로 진입해 명나라 조정이 남하하자, 복건성의 복주(福州)에서 당왕(唐王) 주율건(朱聿鍵)을 융무제(隆武帝, 재위 1645~1646)로 옹립하여 항청 투쟁에 참여했다. 정지룡을 통해 정성공을 만난 남명의 융무제는 정성공을 중용하여, 1645년 '주(朱)'라는 성과 '성공'이라는 이름을 하사하고 어영중군도독(御營中軍都督)에 임명했다. 이때부터 복건과 대만 일대 백성들은 그를 국성야(國姓爺)라고 불렀다.

1646년, 남명 정권이 청나라에 투항하자, 정지룡은 정성공의 간곡한 만류를 뿌리치고 투항했다. 정성공은 정지룡과 결별하고 하문(廈門)과 금문

(金門)을 거점 삼아 항청 운동을 전개했다. 1648년, 그는 남명의 영력제(永曆帝, 재위 1647~1662)에 의해 위원후, 연평공으로 책봉된 후 조직적으로 수륙군을 양성했다. 1658년, 드디어 정성공은 수륙군 17만 5천여 명을 이끌고 북정에 나섰다. 그러나 정성공 군대는 양산(羊山)에서 태풍을 만나 배와 군대를 잃고 말았다. 그리하여 하는 수 없이 온주(溫州)의 주산(舟山)으로 퇴각해 군대와 군선을 재정비했다. 1659년, 정성공은 다시 한 번 북상하여 양산을 무사히 통과했다. 이어서 과주, 진강 등을 함락하고, 남경을 포위한 채 절강의 장황언(張煌言)과 연합해 반격을 감행했다. 그러나 남경성에 도착한 정성공은 청나라의 위장 전술에 속아 감휘, 장영, 임승, 진괴, 만례, 이필 등 장군 14명을 잃고 대패했다.

정성공은 청나라에게 크게 패하고 하문으로 돌아왔지만, 청나라의 천계령(遷界令) 선포로 새로운 항청 근거지가 절실해졌다. 천계령으로 광동, 복건, 절강, 강소, 산동 등의 백성이 강제로 이주해야 했으므로 병사 모집과 급료 지불에 큰 어려움을 겪었기 때문이다. 그리하여 정성공은 바다 건너 대만을 공략할 계획을 세웠다. 또한 마침 네덜란드의 동인도회사에서 통역을 맡던 하빈(何斌)이 도망쳐 정성공에게 대만을 구해 줄 것을 간청했다.

1661년, 정성공은 마침내 2만 5천 군사와 200여 척의 전함을 거느리고 대만 공략에 나섰다. 정성공 대군은 팽호도에서 태풍을 피하고 전열을 정비한 뒤 대만 섬을 향해 전진했다. 반면 네덜란드군은 정성공군의 출병 소식에 대만성에 대형 대포를 설치하고, 해저가 얕아 전함의 이동이 힘든 북항로에는 파괴된 갑판들을 깔아 놓아 방어했다. 이로써 네덜란드군은 정성공이 북항로를 포기하고 대만성을 공격할 것이라고 예상했다. 하지만 정성공은 해수의 만조 시기를 이용해 녹이문항(鹿耳門港)을 통과했다.

당시 네덜란드군은 총독 코예트(Coyet)가 통솔하는 2천여 명의 군사와 발렌틴(Valentijn)이 통솔하는 600여 명의 군사가 대만성과 적감성에 각각 주둔하고 있었다. 코예트는 정성공의 대만 상륙을 저지하고자 군대를 2개로 나누어 정성공군을 공격했다. 우선 코예트는 전함 헥토르 호와 스콜라프 호, 백로 호, 마리아 호를 출격시켰다. 이에 정성공은 규모가 비교적 작은 60척의 전함을 출격시켜 헥토르 호를 포위하고 일제히 발포하여 불태워 버렸다. 상황이 불리해진 네덜란드 전함들은 기수를 돌려 도망쳤다. 한편 베더(Beder)는 네덜란드 육군을 이끌고 북선미도(北線尾島)에 상륙했지만, 역시 정성공군의 공격을 받아 대패하고 베더는 전사했다. 결국 두 전투에서 승리를 거둔 정성공은 적감성 서북부 부근의 화료항(禾寮港)에 도착한 뒤 적감성을 포위하여 성을 고립시켰다. 시간이 흘러 성안의 양식과 물이 떨어지자 발렌틴은 정성공에게 항복했다.

다음으로 정성공은 대만성을 공략하기 위해 진군했다. 적감성 함락으로 연락이 단절된 상태였던 대만성의 코예트는 자바의 바타비아(자카르타)에 주둔하고 있던 네덜란드군에게 지원을 요청하는 한편, 정성공과 항복 협상을 벌였다. 이는 다분히 지원군 도착을 위한 시간 벌기용이었다. 코예트는 정성공에게 매년 2만 냥의 세금과 토산물 상납을 약속하며, 정성공이 군을 철수시키면 은 10만 냥을 지불할 것을 조건으로 내세웠다. 하지만 정성공은 이를 단호히 거절했고, 코예트의 대만성 통치와 네덜란드인의 자유로운 출입을 허락해 달라는 두 번째 제안도 거절했다. 결국 정성공과 코예트는 결전을 피할 수 없게 되었다.

정성공은 대만성 함락을 위해 공격을 시작했지만, 네덜란드군의 강력한 화포로 공략이 쉽지 않았다. 그리하여 정성공은 점령 지역의 경계를 강화

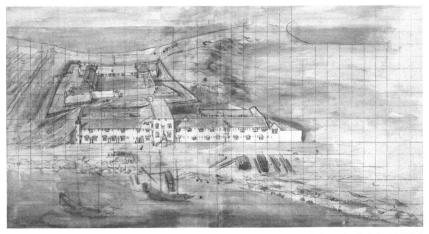

질란디아 요새 정성공은 네덜란드군이 방어하는 요새에 공격을 시작했다. 이에 네덜란드는 동인도회사의 모든 상품과 재산을 질란디아 요새에 남겨두고 떠났다. 이로써 대만은 네덜란드의 지배에서 벗어났다.

하고 장기간 대만성을 포위해 적군을 고립시켰다. 그러던 중 코예트가 요청한 네덜란드 지원 병력이 대만 해역에 도착했다. 이에 정성공은 직접 함대를 이끌고 출전하여 네덜란드 함대 2척을 격침시키고 작은 전함 3척을 사로잡아 승리했다.

1662년, 정성공은 대만성 공격을 재개했다. 먼저 대만성을 외부와 완전히 차단시킨 후 총공세를 펼쳤다. 결국 네덜란드의 코예트는 더 버티지 못하고, 정성공이 내민 항복 문서에 서명했다. 1662년 초, 네덜란드가 떠남으로써 정성공은 대만을 완전히 되찾았다.

대만 수복 후 정성공은 대만에 행정 기구를 설치하고 대만성을 평안진, 적감성을 안평성으로 고쳤다. 또한 천흥과 만년, 두 현을 두어 군현제를 실시했으며, 법률 제정, 학교 건설, 농업 생산력 향상을 위한 황무지 개간 장려, 농사 기술 전수, 해외 무역 발전 등을 통해 대만의 사회, 경제 발전을 촉

순행길에 오르는 강희제 대만 수복 후 정성공의 반청 운동으로 청나라는 이를 방관할 수 없었다. 강희제는 시랑에게 대만 정벌을 명하고, 총공세를 펼쳐 대만을 청나라의 통치하에 두었다.

진시켰다.

그러나 불행하게도 정성공은 대만을 수복한 지 얼마 지나지 않은 1662년 5월에 병사하고 말았다. 그의 뒤를 이어 아들 정경(鄭經)이 대만의 지도자가 되었으며, 1681년에 정경이 사망한 후에는 정경의 아들 정극장(鄭克藏)과 정경의 신임을 받은 대신 풍석범(馮錫範)이 권력 다툼을 벌였다. 그 결과 풍석범은 정극장을 살해하고 정경의 둘째 아들 정극상(鄭克塽)을 옹립한 뒤 전횡을 일삼았다. 따라서 대만의 민심은 정씨 일족과 점차 멀어졌다.

한편 1662년에 남명의 항청 투쟁이 종식되고, 1681년에 삼번의 난이 평정되면서 청나라는 대만에 대한 대대적인 정벌을 논의하기 시작했다. 정성공의 대만 수복은 명나라의 입장에서는 위국하는 일이었지만, 청나라의 입장에서는 정씨 일족이 벌이는 반청 운동 때문에 결코 방관할 사안이 아니었다. 그리하여 1683년, 강희제는 시랑(施琅)을 복건수사제독으로 임명하여 대만 정벌을 명했다. 시랑은 총공세를 펼쳐 팽호도와 그 주변의 섬들을 점령했으며, 결국 정극상은 같은 해 청나라에 항복했다. 이로써 대만은 청나라의 통치하에 들어섰다.

1662

문자의 옥

사상을 탄압하고 언론을 통제하다

↙ **1648년** 모중탁이 문집에 청나라의 연대 기록을 남기지 않았다는 이유로 처형당
하다.

↙ **1713년** 대명세가 저서 《남산집》에 명나라를 동정하는 태도를 드러냈다는 이유
로 참수당하다.

↙ **1729년** 여유량 사건이 일어나다.

청나라 통치자들은 중앙 집권을 강화하기 위해 여러 차례 지식 계급의 사상
을 탄압하고 언론을 통제했다. 이는 사회에 공포감을 조성하여 통치 체계에
절대적인 권위를 부여하는 데 목적이 있었다. 죽임당한 이들은 황제의 이름
을 피하지 않고 그대로 썼다 하여 자살을 명받거나 참수를 당했으며, 본인
뿐만 아니라 그 후손까지 처형당했다. 이러한 지식과 언론의 탄압은 사회의
사상과 언론을 경직시켜 사회, 문화 발전에 악영향을 미쳤다.

'문자의 옥'은 통치자들이 중앙 집권 통치를 강화하기 위해 '문자의 그물'
을 짜서 지식 계급인의 사상을 탄압하고, 언론을 통제한 사건을 일컫는다.
문자의 옥 사건은 봉건 시대 대부분 왕조에서 볼 수 있으나, 청나라 때 그
폐해가 가장 심각했다. 이것은 소수의 만주족 청나라가 다수의 한족을 지
배하는 상황 및 한족의 유구한 역사와 문화적 전통에 대한 두려움에서 기
인했다고 볼 수 있다. 청나라는 한족의 민족의식이 한순간에 소멸되지 않

서예를 연습하는 청나라 제4대 황제 강희제

는 것처럼 자신들의 통치 역시 한순간에 공고해지지 않을 것이라고 생각했다. 결국 청나라는 문자의 옥을 통해 한족에 대한 경각심을 일깨우고, 한족 지식 계급을 강압적이면서 효과적으로 통제했다.

청나라 시대의 문자의 옥은 일반적으로 강희(康熙), 옹정(雍正), 건륭(乾隆) 연간(1662~1795)에 일어난 필화(筆禍) 사건을 말한다. 비록 횟수는 적었으나 이전 순치제(順治帝, 재위 1643~1661) 집권기에도 문자의 옥은 일어났다. 이 시기에는 석함가안(釋函可案), 황육기안(黃毓祺案), 모중탁안(毛重倬案), 장진언안(張縉彦案) 등이 발생했다. 이중 모중탁안은 1648년에 일어난 사건으로, 모중탁이 문집을 출판할 때 서문에 청나라의 연대 기록을 남기지 않아 처형당한 일이다. 장진언안은 1660년에 일어났는데, 장진언이 류정종(劉正宗)의 시집 서문에 '장명지재(將明之材)'라고 쓴 것이 화근이 되었다. 이에 장진언과 류정종이 목숨을 잃었다.

강희 연간에 일어난 문자의 옥 중 유명한 사건은 1683년 명사안(明史案)이었다. 청나라 초기 절강성 호주의 부호 장씨 일가에 장정롱(莊廷鑨)이라는 문인이 있었는데, 그는 맹인이었으나 역사에 깊은 관심을 가지고 있었다. 마침 그는 명나라 재상 주국정(朱國禎)의 저서인 《명사》를 구입하였고, 모원명(茅元銘), 오지명(吳之銘) 등의 문인들과 함께 숭정제에 관한 기록을 보충해 《명사집략(明史輯略)》을 완성했다. 장정롱이 병을 얻어 죽자 그의 아버지 장윤성(莊允誠)이 아들을 불쌍히 여겨 대신 책을 출판했는데, 이 책이 고발당하면서 불행이 시작되었다. 고발에 의하면 이 책은 청나라 황실 선조들의 이름을 직접 거론했고, 누르하치와 홍타이지의 연호를 사용하는 대신 남명의 연호인 '영력'을 기록했으며, 청나라를 비방하는 내용과 명나라에 호의적인 내용을 담고 있다는 것이었다. 결국 장윤성을 포함해 이 책과 관련된 70여 명이 피살되었으며, 이들의 가족과 연루된 수백 명의 사람들이 유배당하거나 노예로 전락했다. 장정롱은 이미 죽었기 때문에 관에서 꺼내져 난도질당했다.

강희 연간인 1713년에는 대명세(戴名世) 사건이 발생해 더 많은 사람들이 투옥되고 죽임당했다. 1711년에 한림관(翰林官)이었던 대명세는 방효표(方孝標)의 《전검기문(己黔紀聞)》에 기록된 명나라 관련 부분을 인용하여 《남산집(南山集)》을 썼다. 분명 대명세는 저서에 청나라를 비방하는 내용을 쓰지 않았지만, 남명의 연호 '영력'이 등장하고 명나라를 동정하는 태도가 드러나 있다는 이유로 고발당했다. 1713년, 대명세가 참수당하고 그의 일족 및 문집과 관련된 300여 명의 사람들이 죽임당하거나 처벌받았다. 이미 세상을 떠난 방효표는 부관참시를 당했고, 그의 후손들도 처형되었다.

강희제 사망 후 뒤를 이은 옹정제는 더욱 처절하고 많은 문자의 옥을 일으켰다. 옹정제는 주로 정적을 없애는 수단으로 이를 사용했다. 특히 사사정(查嗣庭) 사건과 여유량(呂留良) 사건이 규모가 컸다. 1726년에 발생한 사사정 사건은 예부시랑 사사정이 강서성의 향시(鄉試)에서 《시경》의 내용

건륭제의 《어필시경도》

중 '유민소지(維民所止)'를 출제하면서 시작됐다. 유민소지의 원래 뜻은 '백성이 멈추어 사는 곳'이라는 뜻이었으나, 유(維) 자와 지(止) 자가 '옹정(雍正)'이라는 두 글자의 머리를 자른 것이라는 엉뚱한 고발이 들어왔다. 이에 격분한 옹정제는 즉시 사사정을 투옥시켰으며, 사사정이 옥사하자 시신을 능지처참하고 그의 가족들을 죽이거나 유배 보냈다. 사사정 사건은 문자옥의 탈을 썼지만, 옹정제의 숨은 의도는 과거제를 통해 득세하는 붕당 세력을 억제하는 데 있었다.

옹정 시대에 또 하나의 유명한 문자의 옥인 여유량 사건은 1729년에 일어났다. 여유량은 명, 청 교체기의 저명한 학자로, 청나라의 관리로 추천받았으나 이를 거부하고 명나라 부흥을 도모했다. 반청 운동에 실패한 뒤 승려가 된 그는 절에 머무르며 반청 사상이 담긴 책을 저술했는데, 당시에는 큰 반향을 불러일으키지 못했다. 그런데 여유량이 죽은 뒤 증정(曾靜)이 그의 저서를 읽고 감복하여 모반을 계획하기에 이르렀다. 증정은 천섬의 총독 악종기(岳鍾琪)가 송나라의 명장 악비의 후손임을 알고, 제자 장희(張熙)를 보내 의사를 타진하도록 했다. 하지만 증정의 예상과는 정반대로 악종

 중국사를 움직인 100대 사건

기는 이들의 모반 계획을 고발해 버렸다. 옹정제가 문책한 결과, 이들이 여유량의 문장에 영향을 받은 것을 알고, 이미 죽은 여유량의 무덤을 파헤쳐 관을 부수는 처벌을 명했다. 또한 여유량의 후손과 제자들의 재산을 몰수하고 변방으로 쫓아냈으며, 여유량의 저서와 관련된 자들 역시 죽임당하거나 유배를 갔다.

이 외에도 옹정 시대에는 크고 작은 문자옥이 다수 일어났다. 한림관 서준(徐駿)은 상소문에 '폐하(陛下)'의 폐 자를 들개라는 뜻의 '폐(狴)'로 잘못 써 파면당했으며, 이후 '글도 읽을 줄 모르는 청풍(淸風)'이라는 시 구절에서 청풍이 청나라를 비유한 것이라는 모함을 받아 목숨을 잃고 말았다.

건륭제 때 문자의 옥은 강도와 횟수에 있어서 최고였다. 건륭제는 직접 "언어와 문자로 다른 사람을 벌하지 않았다."라고 했으나 실제는 그렇지 않았다. 급기야 '문자의 그물'은 더욱 촘촘해져 무고한 이들에게까지 해가 미쳤으며, 이유 역시 이해 불가한 경우가 많았다. 팽가병(彭家屛)은 건륭제의 이름을 피하지 않고 그대로 써서 자살을 명받았으며, 왕석후(王錫侯)는 그의 저서 《자관(字貫)》이 강희제의 《자전(字典)》과 비슷하다는 이유로 참수당했다. 유아(劉峨)는 저서 《성독실록(聖讀實錄)》에서 아이들에게 피휘법을 가르치기 위해 황제의 이름을 기록했다가 죽임을 당했다. 이에 문인들은 시를 지을 때도 문자 사용에 각별히 주의해야만 했다. 전조망(全祖望)은 순치제를 기리는 시에서 '건(乾)'을 사용해 죽었으며, 호중조(胡中藻)는 〈견마석시(堅磨石詩)〉라는 시에서 '일파심장론탁청(一把心腸論濁淸, 한 줌의 심장으로 청탁을 논한다)'이라는 구절 중 청(淸) 자를 빌미로 참형을 당했다. 서술기(徐述夔)는 《일주루(一柱樓)》라는 시집에 '대명천자(大明天子)'와 '명조(明朝)'를 썼다고 하여 부관참시를 면치 못했으며, 그의 후손들도 처형당했다.

강희, 옹정, 건륭 연간에 발생한 문자옥으로 희생된 대부분의 경우 정치적으로 반청 의도를 가진 것은 없었다. 그러나 청나라의 통치자들은 문자의 옥을 통해 죄를 물으며 사회에 공포감을 조성하여 통치 체계에 절대적인 권위를 부여하는 데 목적을 두었다. 이 시대 문자의 옥은 지식인의 사상과 언론을 경직시키고, 이로 인해 지식인들이 현실 도피함으로써 과학, 사회, 문화 발전에 악영향을 미쳤다.

삼번의 난

청나라의 완전한 중국 통일

◁◁ **1664년** 청나라가 화북 지역 일대 중원의 주인이 되다.
◁◁ **1673년** 강희제가 번을 철폐한다는 승인서를 오삼계와 경정충에게 전달하다.
◁◁ **1674년** 강희제의 오삼계 고립 작전을 눈치챈 경정충이 오삼계의 반란에 호응하다.

청나라가 남쪽 지방에 설치한 삼번은 청나라를 지키는 울타리 역할을 했다.
그러나 삼번 중 가장 세력이 강한 오삼계가 청 조정을 무시하는 횡포를 일
삼자 강희제는 그들이 위험한 존재임을 확신하고 삼번 군과 대치하기에 이
른다. 청나라가 한족의 지지를 받으며 점차 강해지자 삼번의 복건, 광동은
청나라에 투항했고, 오삼계 병사 후 그의 손자 오세번이 자결하면서 삼번의
난은 진압되었다.

청나라는 초기에 남쪽 지방에 세 개의 번병(藩屏)을 설치했는데, 이들을

삼번(三藩)이라 칭한다. 여기서 번(藩)은 울타리를 뜻한다. 1644년, 청나라

가 산해관 안으로 들어오면서 중원의 주인이 되었지만, 이것은 어디까지나

화북 지역에 국한된 것이었다. 남명 정권은 비록 무능과 부패로 세력이 약

했으나 화중(華中), 화남(華南) 지역을 여전히 지배했고, 명의 부흥을 꾀하는

봉기들이 잇따르고 있었다. 이에 청나라는 남명 정권의 멸망을 꾀하고, 명

광동 지방의 방위를 맡은 평남왕 상가희

의 부흥 운동을 잠재우기 위해 직접 나서기보다는 한족 반명(反明) 세력을 이용했다. 북방 출신의 팔기군에게는 이 지역의 아열대 기후가 익숙지 않으므로 반드시 승리할 것이라는 보장이 없었기 때문이다. 또한 청나라는 명나라의 마지막 군대와 대치하기 전부터 억압적인 정복자보다는 혼란 속의 해방자로 비춰지길 바랐다. 따라서 청나라는 친명 세력의 대응자로 일찌감치 청나라에 투항해 청나라의 중원 정복에 큰 공을 세운 일파를 선택했다.

1649년, 복건 지방의 방위를 위해 경중명(耿仲明)이 정남왕(靖南王)에 봉해졌다. 그러나 경중명이 2년 뒤 부하의 잘못을 책임지고 자결했기 때문에 그의 아들 경계무(耿繼茂)가 정남왕을 물려받았다. 또한 광동 지방의 방위는 같은 1649년에 평남왕(平南王)으로 봉해진 상가희(尙可喜)가 맡았다. 다음으로 운남과 귀주는 평서왕(平西王)으로 봉해진 오삼계(吳三桂)가 방위했다. 이들은 공통적으로 청나라에 입관하여 남명 정권 토벌에 나서 공을 세우고, 농민군을 진압했다.

이 중 명나라 말 산해관에 주둔하고 있던 오삼계는 이자성의 난으로 숭정제가 사망하고 북경이 함락되자 이자성과 청나라 중 어느 편에 투항하는 것이 자신에게 이로울지를 최우선으로 했다. 결국 오삼계는 도르곤이 산해관에 도착하자 신속하게 투항함으로써 청나라가 피 한 방울 흘리지 않고 입관할 수 있게 했다. 즉 청나라의 중원 지배에 결정적인 역할을 한 인물이 바로 오삼계였던 것이다. 게다가 오삼계는 남명 정권의 마지막 황제 영력제(永曆帝)가 청나라군에 쫓겨 멀리 미얀마까지 도망치자, 미얀마 정부에 영력제 인도를 요구해 끝내 그를 살해했다. 그 공으로 오삼계는 평서친왕(平西親王)으로 진봉(進封)되었다.

이렇게 민족을 배신하고 청나라에 투항해 청나라를 지키는 울타리를 자처한 삼번들은 청나라 조정에서 많은 혜택을 보았다. 삼번은 청 조정의 동의가 필요 없는 관료 임명권과 독립적인 재정권을 가졌으며, 청 조정에서 많은 예산을 지원받았다. 그리고 무엇보다 삼번은 막강한 군대를 소유하는 것이 허용되었는데, 이는 삼번의 군사력이 반청 세력 토벌에 유용했기 때문이다.

하지만 1662년에 남명 정권이 멸망하고 청나라가 점차 안정적인 기반을 다지자 삼번의 존재는 청나라에게 부담스러워졌다. 더욱이 삼번 중 가장 세력이 강한 오삼계 일파가 병권을 장악하고, 재정을 통제하며, 관리와 사신을 파견하는 등 청 조정을 무시하는 횡포를 일삼자 청나라는 삼번이 청나라에게 위협적인 존재가 되었음을 확신했다. 당시 청나라의 황제였던 강희제는 이러한 상황을 정확히 꿰뚫고 있었다.

1671년, 광동의 평남왕 상가희는 아들 상지신(尙之信)과 불화가 심해지자 청 조정에 귀향과 함께 아들 상지신의 왕위 계승을 허락해 달라고 요청했다. 이에 강희제는 상가희의 귀향은 허락하되, 상지신의 왕위 계승은 허락하지 않았다. 이는 번 철폐를 의미하는 것으로, 강희제의 삼번 제거 의지가 분명하게 드러났음을 보여 준다.

강희제의 광동 번 철폐 명령에 다른 번왕들은 불안을 느꼈다. 이에 운남

평남왕 상지신

의 오삼계와 복건 경계무의 아들 경정충(耿精忠)은 광동 번의 철폐가 일반
적인 것인지, 광동 번에만 해당하는 것인지를 알고자 청 조정에 번 철폐를
원한다는 상소를 올렸다. 이들이 청 조정에게 번 철폐 불승인을 기대한 것
은 당연했다. 그러나 강희제는 이들의 기대와는 다르게 번 철폐를 승인한
다는 명령을 내렸다. 더불어 산해관 밖으로 이주할 것도 명했다. 청 조정
의 대신들은 번 철폐 시 번왕들이 모반을 일으킬 수 있다는 이유를 들어 반
대했지만, 강희제는 지금 번을 철폐하지 않아 번왕들의 세력을 키운다면
후에 더 큰 화를 부를 수 있다는 몇몇 대신들의 의견을 받아들였다.

1673년 7월, 강희제의 번 철폐 승인서가 운남의 오삼계와 복건의 경정충
에게 전달되었다. 오삼계는 불같이 화를 냈지만, 당장 손 쓸 수 있는 방법
이 없었다. 그리고 이로부터 4개월 후 오삼계는 운남에서 명조 부흥을 외
치며 반란을 일으켰다. 그러나 이는 너무나도 궁색한 명분이었다. 오삼계

는 명 왕조를 배신하고 청나라에게 산해관을 열어 준 장본인이었으며, 명 왕조의 마지막 후손인 영력제의 목숨을 빼앗은 것도 본인이었기 때문이다.

반란 초반에 오삼계는 기세등등하게 호남으로 진출했다. 그러자 1674년, 사천 일대가 투항한 것을 비롯해 광서 장군 손연령(孫延齡)도 오삼계군에 투항했다.

강희제는 오삼계를 고립시키는 작전을 펼쳤다. 그리하여 오삼계를 제외한 광동의 상가희와 복건의 경정충에게 번 철폐를 취소한

삼번의 난을 평정한 강희제

다는 명을 내렸다. 하지만 복건의 경정충은 오삼계 고립 작전을 눈치채고, 1674년 3월 총통 병마대장군을 자칭하며 오삼계의 반란에 호응했다. 반면 광동의 상가희와 상지신 부자는 여전히 사이가 좋지 않아 상가희는 청나라의 친왕 승격 회유를 받아들여 반란에 동조하지 않고 청나라에 충성했지만, 그의 아들 상지신은 1676년 2월 반란에 참여했다. 더욱이 상지신은 오삼계에게 총통 대장군이라는 칭호를 받았으니, 이로써 오삼계, 상지신, 경정충 등이 합심한 삼번의 난이 일어났다.

삼번의 연합으로 양쯔 강 이남의 대부분이 삼번에게 점령당했다. 더구나 청나라의 지배에 불응하는 한족들이 대거 삼번 진영에 참여함으로써

통치 기반을 확고히 하지 못한 청나라는 건국 이래 최대 위기를 맞았다. 반란 초기에 청나라는 고전을 면치 못해 양쯔 강을 경계로 삼번군과 대치했다. 하지만 이러한 대치 상태는 오히려 오삼계에게 상지신, 경정충 군대가 합류하는 데 방해가 되었다. 게다가 청나라군이 분전함과 동시에 애초에 한족을 배신한 삼번에 악감정을 가진 한족들이 청나라군을 지지하는 경우가 늘면서 전세는 삼번에게 불리해졌다. 여기에 오삼계가 군을 두 갈래로 나누어 진격하는 전략상의 실수를 저지르자 삼번은 점차 수세에 몰렸다.

삼번 중 복건과 광동이 먼저 백기를 들었다. 1676년 9월에는 경정충, 1677년 6월에는 상지신이 청나라군에 투항했다. 이로써 반란 세력에는 오삼계만 남게 되었다. 궁지에 몰렸지만 오삼계는 자신에게 불리한 전세를 회복하기 위해 황제가 되는 방법을 선택했다. 1678년 3월, 오삼계는 스스로 황제를 칭하며 대주(大周)를 건국하고, 연호를 소무(昭武)라고 했다. 그러나 그는 5개월 후 병사했다. 그가 죽자 손자 오세번(吳世璠)이 귀양부에서 즉위하고 홍화(洪化)라고 개원했으나, 청나라군과 맞서기에는 역부족이었다. 결국 1681년 10월, 청나라군이 세 갈래로 나누어 운남을 공격하자 오세번은 자결했다. 한편 이전에 투항했던 경정충과 상지신은 처형당했다. 이로써 삼번의 난은 완전히 진압되었다.

1681년 삼번의 난을 진압한 강희제는 1683년에 대만까지 평정하여 청나라의 완전한 중국 통일을 이룩했다.

네르친스크 조약 체결

청나라와 러시아의 국경 다툼

> ◁↖ **1650년** 하바로프가 코사크 족 70여 명과 함께 알바진 서쪽까지 들어오다.
> ◁↖ **1682년** 강희제가 러시아군 사정을 살피러 직접 성경으로 나서다.
> ◁↖ **1685년** 강희제가 알바진 수복을 명하다.
>
> 중국이 청나라의 왕조 교체로 혼란스러울 때 러시아는 헤이룽 강 지대로 진출을 시도했다. 알바진까지 들어온 러시아에게 청나라는 퇴각을 요구했으나 러시아는 이를 무시하고 군사력을 증강시켰다. 이에 강희제가 알바진 수복을 명하면서 청나라와 러시아는 접전을 벌인다. 수세에 몰린 러시아가 항복한 뒤 양국은 네르친스크에서 조약을 맺는다. 네르친스크 조약은 청나라가 외국과 대등하게 맺은 최초의 조약으로, 이후 양국은 더 이상 큰 전쟁을 벌이지 않았다.

명나라 말, 청나라 초 왕조 교체로 중국이 혼란스러울 때 제정러시아는 헤이룽 강(黑龍江) 상류 일대로의 진출을 시도했다. 1650년, 하바로프 (Khabarov)는 코사크 족 70여 명과 함께 외흥안령(外興安嶺)을 넘어 알바진 (雅克薩) 서쪽까지 들어왔다. 1년 후에 알바진을 점령할 수 있었으나, 소수 민족의 저항이 심해 결국 물러나야 했다. 이후 러시아의 체르니코프스키 (Czemykovski)가 다시 한 번 알바진을 점령했고, 이어 네르친스크까지 점령해 성을 쌓았다. 그리고 러시아는 곧 약탈자로 변해 현지 노동력을 착취하고, 과도한 세금을 물리고, 납치와 살인을 가리지 않았다. 그러나 청나라는 여기에 신경 쓸 여유가 없었다. 때마침 삼번의 난이 일어났고, 강희제는 남방의 안정이 먼저라고 생각했기 때문이다.

1681년, 강희제는 삼번의 난을 완전히 진압하여 국내 정세를 안정시켰으며, 1682년에는 헤이룽 강 일대의 러시아군 사정을 살피러 직접 성경(盛京)으로 나섰다. 그는 혹시나 러시아의 주의를 끌까 싶어 펑춘(彭春)과 낭담(郎淡)에게 사냥을 핑계 삼은 변경 정찰을 명했다. 그리고 군함 제조와 성루 축조를 명하고, 살포소(薩布素)를 헤이룽 강 지역 방어 책임자로 임명하고, 3천여 명의 군대를 남겨 두었다. 헤이룽 강 일대의 수비를 강화하고, 전투태세를 모두 갖춘 청나라는 일단 러시아의 알바진 사령관에게 퇴각할 것을 권고했다. 그러나 러시아는 청나라의 퇴각 권고를 무시한 채, 오히려 토르푸친(Torpuchin)을 군사령관으로 임명하는 등 군사력을 증강시켰다.

1685년 5월, 강희제는 펑춘을 1만 5천여 군사의 도통(都統)으로 임명하고 알바진 수복을 명했다. 도통 펑춘은 러시아와 대화를 시도했으나 실패하고, 그다음 날 알바진 성을 포위했다. 그런데 이때 러시아군 일부가 뗏목을 이용해 알바진 성 잠입을 시도하다 청나라군에 발각되었다. 청나라군과 러시아군은 격렬한 전투를 벌였고, 러시아군은 40여 명의 사상자를 내고 퇴각했다. 이로써 알바진 성의 러시아군은 외부의 지원을 받지 못했고, 청나라군은 알바진 성에 대포를 쉼 없이 쏘아대면서 맹공을 퍼부었다. 알바진 성은 매우 견고한 성채였으나, 비처럼 쏟아지는 청나라의 폭탄과 화살 앞에 속수무책이었다. 결국 토르푸친은 청나라군에 항복을 청했고, 청나라는 러시아의 투항을 받아들이고 관대한 처분을 내렸다. 즉 러시아에

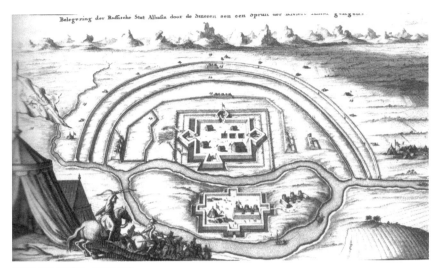

알바진 성을 공격하는 청나라 군대

게 재침략을 하지 않겠다는 약속을 받아내고 포로를 귀환시켰으며, 귀환을 원하지 않는 러시아 군인들의 청나라 거주를 허락한 것이다. 청나라는 러시아 진지를 모두 파괴한 후 알바진에서 청나라 군대도 철수시켰다.

알바진에서 청나라 군대가 철수했다는 소식이 네르친스크로 퇴각하던 토르푸친에게 전해졌다. 때마침 러시아의 페이튼(Peyton)이 600여 명의 군대를 이끌고 네르친스크에 도착한 때였다. 병력이 어느 정도 보강되자 토르푸친은 퇴각을 멈추고 다시 알바진을 점령했다. 러시아의 알바진 재점령 소식이 북경의 강희제에게도 전해졌다. 대노한 강희제는 헤이룽 강 일대에서 러시아군을 완전히 몰아낼 결심을 하고, 1686년 살포소에게 2천여 명의 병력을 주면서 알바진 공격을 명했다.

이번에는 러시아군의 저항도 만만치 않았다. 하지만 청나라군은 약속을 어긴 러시아군을 봐줄 용의가 절대 없었다. 알바진 성을 포위한 청나라군의 맹렬한 공격은 두 달에 걸쳐 계속 되었다. 그리하여 800여 명이었던 러시아군은 거의 전멸하여 살아남은 자가 100여 명 안팎이었으며, 토르푸친은 전사했다. 상황이 불리해졌음을 인식한 러시아는 청나라에게 강화를 요청했으며, 강희제가 이를 받아들여 정전을 명했다.

청나라와 러시아의 강화 협상은 네르친스크에서 이루어졌다. 1689년, 청나라는 색액도(索額圖)를 단장으로 하고, 동국강(佟國綱), 낭담, 반달이선 (班達爾善), 살포소, 마라(瑪喇), 온달(溫達) 등의 사절단을 파견했다. 한편 러시아는 골로빈(Golovin)을 단장으로 삼았으며, 블라소프, 코르니츠키 등으로 사절단을 꾸렸다. 또한 예수회 선교사들이 통역을 맡았다. 협상 첫 번째 날 러시아는 헤이룽 강을 경계로 하여 헤이룽 강 왼편은 러시아 땅으로 삼고, 오른편은 청나라의 땅으로 삼을 것을 제안했다. 이러한 러시아의 제안을 청나라는 절대 받아들일 수 없었다. 색액도는 헤이룽 강이 청나라의 영토임을 분명히 하며 러시아의 협상안을 거절했다. 헤이룽 강에 대한 청나라의 강한 의지를 확인한 러시아는 한 발 물러서는 행동을 취했으며, 여기에 청나라는 네르친스크를 양보할 수 있다는 의견을 피력했다. 결국 양국은 이견을 좁혀 1689년에 양국의 국경을 결정짓는 일명 네르친스크 조약을 체결했다.

청나라와 러시아의 네르친스크 조약은 총 8조항으로 이루어져 있다. 그 내용을 살펴보면 다음과 같다.

제1조 외흥안령 산맥의 이남과 고르비차 강 동쪽을 청나라의 영토로 삼는다.
제2조 아르군 강의 남쪽은 청나라의 영토로, 북쪽은 러시아의 영토

로 한다.

제3조 러시아는 알바진에서 완전히 철수한다.

제4조 국경이 정해졌으므로 국경을 함부로 넘는 자는 죄의 경중을 따져 처벌한다.

제5조 양국은 청나라의 러시아 사람, 러시아의 청나라 사람 거주를 허락하고 과거의 죄상을 추궁하지 않는다.

제6조 통행증을 소지하고 있는 민간인의 왕래를 허용하고 무역할 수 있게 한다.

제7조 조약 체결 후 양국의 범죄자가 국경을 넘을 때는 체포 송환한다.

제8조 양국의 대신은 우호적인 관계를 유지하며, 조약을 준수한다.

네르친스크 조약은 청나라가 외국과 대등하게 맺은 최초의 조약으로, 기존 중국 왕조들이 주변국과 맺은 관계에서 크게 벗어난 행위였다. 지금까지 중국은 주변국에게 조공을 받으며 종주국으로 군림했으며, 청나라 역시 별반 다르지 않았다. 청나라는 이때 주변국과의 조공 관계를 예부(禮部)에서 담당하도록 했다. 그러나 러시아와의 네르친스크 조약은 예부가 담당하지 않고 이번원(理藩院)에서 처리했다. 이번원은 홍타이지 때 만들어진 관청으로, 주로 몽골 족 통치에 대한 업무와 서장, 신강 지역에 대한 업무를 보았다. 이로써 청나라가 러시아와의 외교 관계를 주변국과 다르게 인식하고 있음을 알 수 있다.

청나라는 러시아와 네르친스크 조약을 맺음으로써 약 150년 동안 국경 문제를 놓고 큰 전쟁을 벌이지 않게 되었다. 그러나 청나라는 알바진 전투에서 러시아를 크게 물리쳐 상대적으로 유리한 입장에 있었음에도 러시아와 조속한 조약 체결을 원했다. 그 이유는 오이라트 몽골의 한 부족인 중가르 부족이 중앙아시아와 중국 서북부에서 세력을 떨치며 러시아와 동맹을 맺고 중원을 압박할 것이 우려되었기 때문이다. 실제로 러시아와 조약을 체결하기 위해 네르친스크로 길을 떠난 청나라 사절단은 중가르 부족에게 막히기도 했다. 이에 강희제는 네르친스크 조약으로 동북 변경 지역의 안정을 얻는 동시에 러시아와 중가르 부족의 동맹을 막고자 한 것이다.

한편 네르친스크 조약 체결 후인 1690년에 강희제는 중가르 부족 평정에 나섰고, 1695년, 1697년에 친정을 하여 격전 끝에 중가르 부족을 대파했다. 결국 중가르의 수장 갈단(噶爾丹)이 자살함으로써 강희제는 외몽골을 예속시켰다.

백련교의 난

청나라의 쇠퇴를 불러오다

> ◁◁ **1774년** 관리들의 부정부패와 사치 풍조에 대항해 농민 반란이 일어나다.
> ◁◁ **1796년** 백련교도의 최초 반란이 호북성 양양에서 발생하다.
> ◁◁ **1805년** 청나라가 백련교의 난을 진압하다.
>
> 특권 계층의 부정부패와 사치 풍조가 극에 달하자 백성 사이에서 미륵불이
> 내려와 현세의 고난을 없애고 극락세계를 세울 것이라는 백련교 사상이 급
> 속히 퍼져 나갔다. 더욱이 교주 유송이 청 왕조 멸망을 예언하자 조정에서
> 백련교도를 무분별하게 탄압하였고, 이에 백련교도는 반란을 일으켰으나
> 결국 청군에게 진압되었다. 비록 백련교도의 난은 실패했지만 청나라 쇠퇴
> 의 계기를 제공했다.

약 300년 역사를 가진 청나라의 전성기는 강희, 옹정, 건륭제의 통치 때

였으며, 약 134년의 전성기를 뒤로하고 쇠퇴기를 맞았다. 그런데 사실 청

나라의 쇠퇴는 강건성세(康乾盛世)였던 건륭제 중기 이후부터 조짐을 보이

기 시작했다.

건륭제의 통치 기간은 60년의 황제 재위 기간과 4년의 태상황제 재위 기

간을 합쳐 무려 64년으로, 중국 역사상 가장 길다. 반세기 넘게 모든 권력

백마를 조공품으로 받는 건륭제 반세기 넘게 권력을 차지한 건륭제가 늙어 정사에 소홀해지자, 관리들은 백성을 상대로 각종 부정부패를 일으켰다.

이 건륭제, 즉 황제 오직 한 사람에게 집중된 것이다. 권력의 과도한 집중은 관료의 창의력 부재와 역할의 축소라는 폐해를 낳았다. 건륭제는 나이가 들면서 중앙과 북경 주변의 정무만 처리하고, 각 지방의 탄원이나 정책은 그 지방의 총독이나 순무의 재량에 맡겼다. 이러한 방식은 관리들의 부정부패로 이어졌고, 관리들이 백성을 상대로 한 착복, 횡령, 탈세의 규모는 수십만 냥에 이르렀다. 게다가 권력층의 끝없는 축재에 대한 욕망과 사치 풍조가 더해져 백성의 삶은 궁핍 그 자체가 되었다.

당시 청나라 관리의 부정부패를 단적으로 보여 주는 예가 있으니 바로 화신(和珅)이란 자다. 그는 젊은 나이에 호부상서에 올라 각 지방의 총독이나 순무에게 뇌물을 받고 대역죄를 제외한 모든 죄를 사면해 주고, 백성의 세금을 늘리는 방법으로 축재를 했다. 또한 건륭제의 신임을 얻고, 황실과 혼인을 맺어 무소불위의 권력을 휘둘렀다. 건륭제가 죽은 후 화신은 수많은 죄목으로 처형을 당했는데, 그때 몰수된 재산의 규모가 어마어마하여 당시 청나라 총 예산의 12년 치가 넘는 양이었다고 한다. 이는 일개 관리가 소유할 수 없는 재산 규모이며, 화신의 거의 모든 재산은 백성을 착취하여 형성되었다고 볼 수 있다.

이러한 특권 계층의 부정부패와 사치 풍조는 결국 민심의 동요를 일으

컸다. 1774년경부터 각 지역에서 농민 반란이 일어나기 시작해 1796년에는 이른바 백련교의 난이 일어났다. 중국 역사상 백련교와 관계된 난은 청나라 때가 유일한 것은 아니다. 백련교는 남송(南宋) 시대에 만들어진 백련종을 기원으로 하며, 남송 이후부터 사교로 지목받아 명나라 때 탄압을 받았다. 그러나 백련교는 천리교, 의화권, 팔괘교 등으로 이름을 바꿔 가며 명맥을 유지했고 지속적으로 반란을 일으켰다. 백련교가 일으킨 대부분의 반란은 권력층의 부정부패로 인한 민심의 동요를 규합한 것일 뿐 특별한 정치적 목적을 가진 것은 아니었다.

백련교는 불교의 아미타정토를 신앙으로 삼는 비밀결사이다. 백련교도들은 석가모니 사후부터 56억 7천만 년이 지나면 미륵불이 현세에 내려와 현세의 혼탁함과 모든 고난을 없애고, 지상에 천상의 극락세계를 세울 것이라고 포교했다. 이러한 사상은 당시 가난과 굶주림, 착취에 황폐해진 청나라 백성에게 급속도로 퍼져 나갔다.

청나라 사회에 직접적인 반향을 일으킨 백련교의 움직임은 1775년에 발생했다. 당시 안휘성 출신의 백련교주 유송(劉松)이 만주족 왕조의 멸망을 예언하자 청 조정은 그를 체포하여 처형했다. 그리고 청 조정은 본격적으로 백련교 탄압에 나섰다. 유송의 제자인 유지협, 송치청 등은 청 조정의 탄압에도 사천, 섬서, 호북 등에서 비밀리에 포교 활동을 하면서 교세를 확장시켰다.

1794년, 청 조정은 백련교주 유지협이 여전히 백련교를 확장시키고 있음을 감지했다. 이에 유지협에 대한 체포령을 내리고, 사천, 섬서, 호북 등에서 대대적으로 백련교도들을 체포하고 처형했다. 심지어 백련교 토벌을 구실로 비백련교도까지 탄압하고 갈취하는 횡포를 저지르기도 했다. 백련교도들은 무차별적인 탄압이 종말의 암시라고 주장하며, 재난에서 벗어나기 위해 반란을 일으켜야 한다고 민심을 선동했다.

1796년, 백련교도의 최초 반란이 호북성 양양에서 발생했다. 양양 지방의 관리였던 백련교주 제림(齊林)은 관리들이 백련교도뿐만 아니라 무고한 백성에 가하는 횡포를 참지 못해 반란을 준비했다. 그런데 이것이 사전에 발각되고 말았다. 결국 제림은 반란의 깃발도 올리지 못한 채 동지들과 함께 세상을 떠나고 말았다. 비록 제림은 죽었으나 그의 뜻은 부인 왕총아(王聰兒)에게 이어졌다. 청 조정이 묘족(苗族)의 반란을 진압하기 위해 군대를 이동시킨 틈을 타 왕총아는 남편 대신 요지부(姚之富)와 함께 반란을 일으켰다. 이들의 깃발에는 '관핍민반(官逼民反, 관리가 백성을 핍박하여 백성이 반항한다)'이란 네 자가 쓰여 있었다.

양양의 봉기는 큰 호응을 얻었고 섬서성, 사천성의 백련교도들도 봉기에 가담했다. 백련교 반란군의 세력이 급속도로 확장되자 청 조정은 즉시 대규모 군대를 파견하여 반란 진압에 나섰다. 그러나 지략이 매우 뛰어났던 왕총아는 청 조정의 대군을 전면 돌파하는 것이 무리라고 생각했다. 이에 게릴라 전법을 구사해 사천, 섬서, 감숙, 하남 등지를 떠돌며 청나라 군대를 상대로 승리를 거두었다.

백련교 반란군에게 거듭 패하자 청 조정은 1799년 만주에 주둔하고 있던 액륵등보(額勒登保)와 덕릉태(德陵泰)를 불러 지휘관으로 삼고, 반란군 진압을 명했다. 청나라군은 농민들을 집결시켜 백련교도와의 접촉을 단절시키고, 백련교 반란군의 식량 조달과 병력 보충도 차단시켰다. 또한 청군은 그 지역 지형에 익숙한 현지인들을 중심으로 향용을 조직하여 토벌전에 투입했다. 전세가 백련교 반란군에게 불리해지자 왕총아와 요지부는

중국사를 움직인 100대 사건

모산으로 후퇴했다. 청군은 추격전 대신 모산 전체를 포위했고, 포위망을 뚫지 못한 왕총아와 요지부는 결국 자결로 생을 마감했다. 이후 백련교 반란군은 청군에게 항복을 거부한 채 항쟁했지만, 1801년에 유지협이 체포당했고, 1805년에는 결국 진압되었다.

백련교 무리들이 민심을 얻고, 청군에 대항하여 다수의 성을 함락했음에도 난이 실패로 끝난 데는 청군의 고립화 전술에 허를 찔린 것도 있겠지만, 그들의 행정력 결핍에서 이유를 찾을 수 있다. 전한(前漢) 시대의 유학자 육가(陸賈)는 "천하는 말 위에서 얻을 수 있으나 천하를 다스리는 것은 말 위에서 할 수 없다."라고 말하며 다스림을 중시했다. 그러나 백련교의 무리에는 함락한 지역을 통치할 만한 인물과 능력, 의지가 없었다. 그리하여 성을 함락시켰음에도 다시 산으로 내몰림을 당했다. 백련교도가 지방 신사층의 지지를 얻지 못한 것도 실패의 원인으로 꼽을 수 있다. 실제로 백련교 반란군은 신사층이 청군이 조직한 향용에 적극적으로 가담하면서 열세를 겪고 패전을 거듭했다.

한편 백련교의 난을 진압했지만 청 조정의 출혈도 만만치 않았다. 난을 진압하기 위해 약 10년의 세월을 전쟁으로 보내며 국토를 황폐화시켰고, 1억 2천만 냥 내지 2억 냥이란 거금을 지출했다. 이로 인해 나라는 당연히 재정 쇠퇴의 길로 들어섰다. 청 조정은 백련교 반란군에게 거듭 패하며 관군의 부패함과 무능함을 세상에 스스로 알렸다. 또한 통치 세력은 관군이 자력으로 난을 진압하지 못하고 지방 향용의 힘을 빌린 것에 큰 충격을 받았다. 이렇듯 백련교의 난은 청나라 쇠퇴의 계기를 제공했다.

1840

아편전쟁

청나라 근대화의 계기

◁◁ **1685년** 청나라가 상업 항구를 개방하자 유럽 열강들이 교역을 위해 몰려들다.

◁◁ **1839년** 영국 정부가 선전포고 없이 마카오에 원정군을 파견하면서 전쟁을 시작하다.

◁◁ **1842년** 전쟁에 패한 청나라가 영국과 난징 조약을 맺다.

영국은 청나라와 무역에서 발생하는 적자를 해소하기 위해 중국에 아편을 밀수출하기 시작했다. 아편은 빠른 속도로 퍼졌고, 중독자 수가 200만 명을 넘어서면서 청나라의 사회, 경제는 심각한 지경에 이르렀다. 이에 임칙서가 아편 몰수와 수입 금지라는 강경책을 쓰자 양국의 갈등은 극에 달했고, 영국은 전쟁을 시작했다. 그러나 청나라는 영국의 상대조차 될 수 없었고, 결국 전쟁에 패해 영국과 난징 조약을 맺었다.

영국은 청나라와의 무역에서 발생하는 막대한 무역 적자를 해소하기 위해 1840년, 전쟁이라는 극단적인 방법을 선택하기에 이른다. 이것이 바로 아편전쟁이다. 영국은 자국의 주요 수출품인 아편에 대해 청나라가 부당하게 단속했음을 명분으로 내세웠으나, 후세는 아편전쟁을 역사상 가장 부도덕한 전쟁이라고 일컫는다.

1685년, 청나라는 광주를 상업 항구로 개방하면서 공행(公行)을 통한 대외 무역을 조건으로 내세웠다. 이에 따라 포르투갈, 영국, 프랑스, 네덜란드, 스페인 등 당시 유럽 열강의 상인들이 청나라와 교역하고자 몰려들었다. 특히 18세기 후반부터 이들 나라 중 영

아편을 저장한 창고

국이 강자로 등장했는데, 이는 1780년대부터 동인도회사가 청나라와 무역을 했기 때문이다. 영국은 주로 차, 도자기, 목면 등을 청나라에서 수입했고, 모직물, 면직물 등을 수출했다. 영국인에게 중국 차는 가장 인기 있는 품목이었고, 그에 따른 수요 또한 급증했다. 반면 중국인은 영국산 모직물에 큰 매력을 느끼지 못했는데, 이는 야만인만이 모직물을 입는다는 인식이 강했기 때문이다. 시간이 지날수록 영국의 대중국 무역 수지는 적자를 면하기 어려웠다. 영국에게는 차 수입을 위한 은을 확보하고, 점점 증가하는 무역 적자를 해소하기 위한 대체 수출품이 절실해졌다. 아편은 영국이 모색한 대중국 무역 적자의 타개책이었다. 영국은 인도에서 재배한 아편을 동인도회사를 통해 중국에 밀수출했고, 이렇게 확보한 은으로 중국의 차를 수입했다.

원래 아편은 이시진의 《본초강목》에 수록되어 있는 약초지만, 이것을 담배와 섞어 피우거나 담뱃대에 담아 피우면 마약이 된다. 중국에서 아편이 마약용으로 사용된 것은 17세기 초부터였으나, 영국이 아편을 본격적으로 밀수출한 후부터 중국의 모든 계층에 퍼져 나가기 시작했다. 아편은

아편에 중독된 중국인들

빠른 속도로 중국 전역에 퍼져 40년도 채 안돼 중국의 아편 중독자 수는 최소 200만 명을 넘어섰다. 이에 따라 약 1천 상자였던 수입량은 1만 상자로 증가했다.

아편을 흡입한 하층민은 잠깐 동안 육체노동의 고통을 잊을 수 있었지만, 이는 곧 농촌 경제를 파탄에 이르게 했다. 아편은 관료와 병사에게 흘러들어가 관료 사회를 부패시켰으며, 국가 기강을 흩트리고, 전투 능력을 상실하게 했다. 한편 영국으로의 은 유출이 심화되면서 은값이 폭등하자, 백성의 납세가 제대로 이루어지 않아 청나라 정부는 재정 적자에 시달렸다. 아편이 중국 전역, 전 계층에게 확산되면서 청나라는 정치, 사회, 경제 모든 분야에 적신호가 켜졌다.

대책 마련에 나선 청나라 조정은 두 가지 의견으로 논쟁을 벌였다. 첫째는 아편 통제론이다. 즉 아편 수입을 합법화하여 징세하고, 일반인을 제외한 관리와 병사의 흡입을 금지하자는 주장이다. 둘째는 아편 엄금론이다. 아편 흡입자의 지위, 신분을 막론하고 엄하게 처벌하자는 주장이다. 이에 황제 도광제(道光帝)는 엄금론을 수용했고, 1839년 전에 호북성과 호남성에서 아편을 엄금하여 성과를 올렸던 임칙서(林則徐)를 흠차대신(欽差大臣)에 임명해 광동성으로 보냈다.

임칙서는 아편 금지령이 내려졌음에도 아편 거래가 쉽게 근절되지 않자 아편 몰수와 수입 금지라는 강경책으로 맞섰다. 아편을 사흘 내로 제출하라는 임칙서의 명령서를 받은 영국 상인들은 1,037상자를 내놓겠다고 제안했다. 하지만 영국 상인들의 보유량이 2만 상자가 넘는다는 사실을 알고 있던 임칙서는 영국 상인들을 압박하여 아편 2만 상자를 모두 몰수했다. 임칙서가 몰수한 아편은 1,400톤이 넘었으며, 약 600만 달러에 상당하는 양이었다. 임칙서는 몰수한 아편의 성분을 완전히 없애기 위해 노력을 아끼지 않고, 아편을 짠물에 담갔다가 석회수를 부어 완전히 녹여 버렸다. 또한 영국 상인들에게 아편 밀매를 하지 않겠다는 서약서 제출을 요구하고, 영국 상인들이 이를 거부하자 마카오로 추방했다.

막대한 손실을 입은 영국 상인들은 청나라의 조치는 무역 자유를 침해하고 사유 재산을 몰수하는 행동이라고 비난하며, 영국 정부와 의회에 압력을 가했다. 영국 의회에서는 아편 밀수출을 주장하는 휘그 당과 아편 밀수출 중단을 주장하는 토리 당이 맞섰으나, 근소한 차이로 휘그 당이 승리했다. 결국 영국 의회는 청나라로의 군대 파병을 승인했고, 영국 정부는 1839년 10월에 청나라에 원정군 4천여 명을 파견했다.

한편 영국 정부가 청나라에 원정군을 파병한 데에 구룡(九龍) 사건이 또

아편전쟁 영국의 아편 밀수출을 막으려는 청나라와 자유 무역을 침해한다며 반발한 영국 사이에 벌어진 전쟁. 아편전쟁의 결과 청나라는 영국과 난징 조약을 체결했다.

다른 계기가 되었다. 아편 몰수로 영국과 청나라의 대립이 극에 달해 있을 즈음, 청나라 구룡에서 술 취한 영국 수병이 청나라 사람 1명을 때려죽인 사건이 발생했다. 청나라는 영국 측에 범인 인도를 요구했으나 거부당했고, 영국은 범인에게 벌금 20파운드와 6개월 징역형이라는 가벼운 형벌을 내렸다. 결국 임칙서는 영국 상선에 식량 공급을 중단하고, 영국인들의 거주지인 마카오를 무력 봉쇄했다. 1839년 9월, 영국은 압박 해제와 식량 보급을 위해 구룡으로 향했다. 하지만 교섭에 실패한 영국은 청나라에 포격으로 대응했다.

영국 정부가 1839년 11월에 파견한 원정군이 1840년 6월 마카오에 도착하면서 선전포고 없는 전쟁이 시작되었다. 영국군은 광둥을 공격하는 대신 북상하여 하문(廈門), 정해(定海)를 함락하고, 대고(大沽)로 들이닥쳤다.

영국군은 천진 입구 가까이 북상할 때까지 거칠 것이 없었다. 청나라군은 영국군의 상대조차 되지 못했다. 드디어 영국군이 천진 앞바다에 출현하자, 겁에 질린 청나라 조정은 직례 지역 총독 기선(琦善)을 파견하여 교섭을 진행시켰다. 청나라는 영국을 설득하여 교섭 장소를 광둥으로 옮긴 후, 임칙서를 면직시켜 협상을 유리하게 진행하고자 했다. 1841년, 기선이 협상문에 서명을 미루자 영국군은 호문(虎門)을 공격해 압박했다. 오로지 영국과의 타협에 급급했던 기선은 다시 남하해 천비(川鼻) 지역에서 광둥 무역 재개, 홍콩 할양, 600만 달러의 배상금 지불 등을 내용으로 하는 천비 조약을 맺었다. 이 소식을 전해들은 도광제와 청나라 정부는 격노했다. 더구나 영국은 조약 비준을 준수하지 않고, 홍콩을 강점한 뒤 영국 영토라고 선언했다. 이에 청나라 정부는 기선을 면직시키고 다시 전쟁에 돌입했다.

1841년 1월, 영국은 호문을 맹렬히 공격했다. 청나라에서는 장수 관천배(關天培)가 선전했으나 끝내 전사하고 말았다. 기세를 몰아 영국은 광둥으로 진격했다. 이때 영국군의 약탈과 폭행은 이루 말할 수 없을 정도로 심각해서 이는 곧 청나라 백성의 분노를 샀다. 백성의 분노는 봉기로 이어졌다. 특히 광둥 교외 삼원리(三元里)에서 일어난 농민 봉기군은 영국군에게 심각한 타격을 입혔다. 하지만 농민 봉기군이 영국군을 대적하기에는 한계가 있었다. 그들은 정식으로 훈련받은 군인이 아니었으며, 무기 또한 괭이, 삽, 장대 같은 농기구에 불과했기 때문이다. 1842년 영국군이 광둥을 포위하자 청나라 조정은 정전 조약을 제안했고, 영국군은 600만 달러의 배상금을 받고 철수했다.

하지만 영국은 이에 만족하지 않고, 헨리 포팅거를 새로운 전권대표로 임명했다. 광둥에 도착한 그는 다시 전쟁을 일으켜 하문, 정해, 진해(鎭海),

난징 조약 체결 아편전쟁의 종결을 위해 영국과 청나라가 체결한 강화 조약으로 13조항의 내용을 담고 있다.

영파, 사포(乍浦), 오송(吳淞), 상해를 차례로 함락시켰다. 다음으로 영국군은 양쯔 강을 거슬러 올라가 남경까지 진격했다. 영국군의 기세는 곧 북경까지 이어질 태세였다. 결국 도광제는 결단을 내려 영국과 강화를 체결할 것을 명했다. 1842년 8월, 드디어 난징 조약이 체결되었다. 난징 조약은 전체 13조의 내용을 담고 있는데, 일부를 소개하면 다음과 같다.

첫째, 홍콩의 할양

둘째, 다섯 개 항구(광둥, 복주, 영파, 하문, 상해) 개항

셋째, 영국 영사관 개설

넷째, 아편 배상금 600만 달러, 전비 배상금 1,200만 달러, 공행 부채
　　　 300만 달러 지불

다섯째, 수출입 관세 협의권

1843년, 난징 조약은 도광제의 비준을 거쳐 발효되었다. 이후 영국은 난징 조약을 보완한 후먼 조약의 체결을 청나라에게 강요했다. 후먼 조약은

영국의 치외법권 보장, 관세 협정권 부여, 영사 재판권, 최혜국 대우 등의 내용을 담고 있는 불평등 조약이다. 이는 사실상 청나라가 영국의 반식민지로 전락했음을 말해 주는 것이다. 또한 이것을 시작으로 청나라는 미국, 프랑스, 스웨덴, 노르웨이, 러시아 등 외국 열강들과 불평등 조약을 체결해야 했다. 아편전쟁에 패배하면서 청나라는 세계무대에 '청나라는 종이호랑이'에 불과하다는 것을 여실히 드러냈다. 예전 같으면 조공을 바칠 자격조차 없던 나라들과 조약을 체결해야만 했다. 이러한 상황은 청나라 의지와는 상관없이 청나라를 근대화로 이끌었지만, 반식민지적 상황 탈출과 부국강병이라는 숙제를 남겼다.

1850

태평천국 운동

청나라 말 농민 반란

> ◁◁ **1851년** 홍수전이 배상제회를 태평천국으로 칭하고 스스로 천왕에 오르다.
> ◁◁ **1853년** 태평군이 남경을 함락한 뒤 태평천국의 수도로 삼다.
> ◁◁ **1864년** 홍수전 병사 후 남경이 함락되고 반란이 진압되다.
>
> 아편전쟁에서 패한 후 청 조정의 권위는 추락하고 사회 불안이 심해지자 곳곳에서 반란이 일어났다. 그중 홍수전은 배상제회를 만들어 3천여 명의 교도를 모으고, 배상제회를 태평천국으로 칭해 천왕에 올랐다. 이후 태평군은 청조 타도를 목적으로 한 반란 세력으로 자라나 청나라와의 전투에서 승리를 거두고 통치 체계를 구축해 나갔다. 그러나 태평천국의 지도부 내분을 틈타 청나라가 반격을 시작하자 14년 동안 지속된 태평천국의 반란은 끝이 났다.

제1차 아편전쟁에서 패한 후 열강과 굴욕적인 조약을 맺으면서 청나라의 위신은 땅에 떨어졌다. 청 조정의 추락은 곧 사회 불안을 불러일으켰는데, 이러한 현상은 사실 건륭제 때부터 축적되어 온 것이다. 집권 세력의 부패와 무능, 토지의 소수 지배층 집중으로 인한 농민층의 몰락 등으로 시작된 사회 불안은 아편전쟁의 패배가 더해지면서 반란으로 성장했다. 특히 다섯 개의 무역항을 개항하면서 광둥성에는 경기 불황이 닥치고 실업자가 양산되었다. 거액의 배상금을 지불하기 위해 증세를 한 것 또한 반란의 기폭제가 되었다. 극도로 궁핍해진 백성들은 곳곳에서 반란을 일으켰다. 그중 가장 큰 반란 세력은 기독교도 홍수전(洪秀全)이 이끈 태평천국으로, 아편전쟁이 끝난 지 8년째인 1850년에 폭발했다.

태평천국의 지도자 홍수전은 광둥성의 객가(客家, 다른 지역에서 광둥 성으로 이주해 온 한족을 일컬음) 출신이었다. 그는 몇 차례 과거시험에 응했으나 낙방했는데, 낙방의 울분을 이기지 못한 그는 열병에 걸려 혼수상태에 빠졌다. 40여 일 후 혼수상태에서 깨어난 홍수전은 금발 노인에게 계시를 받았다는 이야기를 했다. 그로부터 6년 후, 그는 우연히 서양 기독교 선교사들에게 얻은 기독교 입문서 《권세양언(勸世良言)》을 읽게 되었다. 그제야 그는 비로소 자신의 신기한 꿈을 이해했다. 자신이 꿈속에서 만난 노인은 바로 천부(天父)이자 상제(上帝)인 여호와이며, 중년 남자는 천형(天兄), 즉 예수 그리스도이고, 자신은 천부의 둘째 아들이자 예수의 동생이라고 생각했다. 그리고 모세와 예수의 뒤를 이어 세상을 구원하라는 명을 받은 구세주로서 세상의 악마를 몰아낼 것을 다짐했다.

홍수전은 배상제회(拜上帝會, 하느님을 모시는 모임)를 만들어 그리스도교 전도를 시작했다. 그는 객가 사람들을 중심으로 빈농, 난민, 광산 노동자, 실업자, 일부 소지주 등을 포교해 회원을 확보했다. 그는 유일신인 상제를 숭배하여 유교, 불교, 도교 등과 관련된 우상을 일체 금지하고, 아편을 배격했다. 또한 모세의 십계(十戒)를 본받아 음주, 간음, 살인, 절도를 비난하며 금욕적인 생활을 주장했다. 이처럼 초창기 배상제회는 청조 타도의 정치적 목적보다 종교적 구원에 치중하는 모습을 보였다.

홍수전은 친구이자 객가 출신인 풍운산(馮雲山)과 함께 광시성 계평현

태평천국군의 전투 모습

(桂平縣) 자형산(紫荊山) 부근으로 근거지를 옮기고 포교 활동을 벌여 약 3천여 명의 교도를 얻었다. 이어 풍운산은 홍수전을 지도자로 삼고, 새로 입회한 석달개(石達開), 양수청(楊秀淸), 소조귀(蕭朝貴), 위창휘(韋昌輝) 등을 중심으로 배상제회를 조직화했다. 배상제회는 모든 사람은 평등하다는 사상을 널리 알리며 급속도로 성장했다. 이로써 더 이상 배상제회와 공권력, 지방 유력자와의 충돌을 피할 수 없었다. 1850년, 광시성에 거주하는 2만여 명의 배상제회 회원들이 자형산 근처의 금전촌(金田村)에 모였다. 당시 성인 남자는 3천 명에 불과했지만 청나라 지방군과의 충돌은 불가피했다.

1851년 1월 11일, 홍수전은 자신의 생일에 배상제회를 태평천국이라 칭하고, 스스로 천왕(天王)에 올랐다. 그리고 종교적 천국의 지상 설립을 목적으로 했으니, 배상제회의 목적이 종교적 구원에서 청조 타도라는 정치적 목적으로 바뀌는 순간이었다. 또한 양수청, 소조귀, 풍운산, 위창휘를 동, 서, 남, 북왕으로 봉하고, 석달개를 익왕으로 봉해 정권 체제를 갖추었

다. 태평군의 수는 금세 50만 명까지 늘
어났다. 이는 반란 참여자들에게 균등
하게 재산을 분배하고, 모두가 형제자
매라 생각하며, 지방 유력자들에 대한
항거라는 교리가 호응을 얻었기 때문
이다. 태평군은 청나라군과의 전투에
서 매번 승리를 거두었는데, 이는 청나
라 군대가 제1차 아편전쟁에서 국력을
소모했기 때문이다.

태평천국의 옥새

　1853년, 태평군은 계속 북진하여 남경을 함락했다. 태평군은 남경을 태
평천국의 수도로 정하고 천경(天京)이라고 개명했다. 이렇게 기반을 마련
한 태평천국은 천조전무제도(天朝田畝制度)를 반포하여 정치, 경제, 사회생
활에 관한 일련의 제도를 마련해 통치 체계를 구축했다. 천조전무제도에
서 주목해야 할 점은 토지 제도를 개혁하여 농민의 욕구를 만족시킨 점이
다. '논밭이 있으면 같이 갈고, 밥이 있으면 같이 먹으며, 옷이 있으면 같이
입고, 돈이 있으면 같이 쓰자'라는 강령을 내세웠으니, 이는 경작지의 사유
를 금지하고, 토지를 균등하게 분배하며, 모든 생산물을 국가가 관리 분배
하고, 잉여 생산물은 국고에 납입시킨다는 것이다. 또한 매매혼, 축첩, 노
비, 창기, 전족 등을 금지시키고 과거 제도를 폐지했다. 그러나 태평천국은
실제로 이러한 제도를 실행에 옮기지 않았다.

　이와 함께 일정한 통치 영역을 확보하지 못한 태평천국은 영토 건설에
주력하여 북쪽과 서쪽으로 각각 대규모 군대를 보냈다. 먼저 북벌군은 진
강(鎭江), 양주(揚州)를 점령하고 톈진을 공격했다. 북벌군의 승승장구는 청

조정을 발칵 뒤집어 놓았다. 청 조정은 남경 부근으로 군대를 이동시켜 베이징을 방어하게 하고, 북상하던 태평군의 보급로를 차단하는 한편, 태평군을 분산시키는 작전을 펼쳤다. 보급도 받지 못하고 지리에 어두웠던 북벌군은 청군에게 격파당했다. 반면 태평천국의 서정군은 석달개의 지휘 아래 중국번(曾國藩)의 상군(湘軍)을 물리치고, 1855년 무창을 다시 점령하여 위세를 크게 떨쳤다.

1855년, 비록 북벌군은 궤멸당했으나 서정군의 승리로 태평천국은 건재해 보였다. 그러나 1856년에 태평천국 지도부에서 권력을 쟁취하려는 내분이 발생했다. 남왕 풍운산과 서왕 소조귀가 전사한 상태에서 천왕 홍수전과 동왕 양수청이 대립했고, 양수청에 대해 북왕 위창휘가 쿠데타를 일으켰으며, 익왕 석달개는 태평천국에서 독립했다. 이것이 바로 '천경사변(天京事變)'이며, 이 내분으로 태평천국의 역량은 크게 줄어들었다.

분열의 틈을 이용해 청나라 군대는 서양 열강들의 원조를 받아 전면적인 반격을 시작했다. 특히 중국번이 이끄는 상군의 활약이 매우 컸다. 홍수전은 난국을 타개하고자 진옥성(陳玉成), 이수성(李秀成) 등의 젊은 장수들을 등용했고, 어느 정도 승리를 거두었다. 그러나 태평천국은 현격한 군사력의 차이를 극복하지 못하고, 1861년에 태평천국의 중요 거점이던 안경(安慶)을 내주었다. 1863년에 소주, 1864년에 항주를 빼앗긴 태평천국은 결국 수도 남경까지 포위당했다. 1864년 6월에 천왕 홍수전이 병사하고 얼마 지나지 않아 태평천국의 수도 남경이 함락됐다. 이로써 14년 가까이 지속된 태평천국의 반란이 진압되었다.

태평천국 운동이 발발했을 당시 청 조정은 이에 대응할 만한 능력이 전무한 상태였다. 그럼에도 태평천국 운동이 실패로 끝난 데는 서구 열강의

도시를 포위한 채 공격하는 태평천국군

간섭이 큰 역할을 했다. 열강은 1861년 말부터 청나라를 적극 지원하기 시작했다. 태평천국을 실질적인 정권으로 인정하고 있던 열강은 처음에 태평천국과 청나라의 대립을 관망하며 양국에게 무기를 팔아 이익을 챙겼다. 그러던 중 1860년에 제2차 아편전쟁을 끝내며 체결한 베이징 조약을 통해 필요한 모든 이권을 챙긴 뒤에는 조약 이행을 위해 청나라가 존속해야만 했다. 또한 태평천국의 기독교 교리 왜곡, 아편 무역 엄금 정책 등도 거슬렸다. 한편 태평천국 지도층의 내분과 부정부패, 체제 이념의 상실, 한인 신사층의 지지 확보 실패, 현실과 동떨어진 태평천국의 이념 등도 실패 요인으로 작용했다.

태평천국 이후 청나라는 국내외적으로 전환을 맞이했다. 태평천국의 진압이 이루어지지 않은 상태에서 제2차 아편전쟁으로 피란길에 올랐던 함풍제가 사망했다. 뒤를 이어 동치제(同治帝)가 어린 나이로 황제에 오르자, 어린 황제를 보좌한다는 명목으로 서태후와 공친왕이 실권을 장악했다. 공친왕은 태평천국 운동 진압 과정과 제2차 아편전쟁을 통해 서구 문물의 우수성을 눈으로 확인한 인물이었다. 그는 서구 문물을 수용하자는 의견을 적극 받아들여 열강과의 외교를 전담하는 총리아문이 신설했다. 청 조정의 서양에 대한 태도가 변하자 태평천국을 진압하는 데 큰 공을 세운 고위 관리들은 서구식 근대화를 목표로 양무 운동을 추진해 나갔다.

청나라의 또 다른 변화는 신사층의 확대였다. 태평천국을 진압하는 과정에서 청 조정은 민간 의용군인 상군에게 크게 의존했다. 청 조정은 상군의 모집과 유지를 위해 과거 급제 자격, 관료 직함, 신사 자격 부여 등을 남발했다. 또한 상군, 회군 등은 독자적으로 세금을 징수할 수 있는 권한까지 얻었다. 이는 곧 농민들의 세 부담으로 이어졌고, 백성의 삶은 여전히 궁핍했다. 이로써 지방군은 청나라의 중앙 정부가 아니라 한인 고위 관리자인 지방군 지도자에게 충성을 다짐했다. 이후 청 조정이 지방군에 대한 통제력을 상실하면서 지방 분권화가 가속화되었으며, 대규모 지방군은 중국 각지에서 형성되는 군벌의 토대가 되었다.

애로 호 사건

제2차 아편전쟁 발발

> ◁◁ **1842년** 아편전쟁에서 참패한 청나라가 영국과 굴욕적인 난징 조약을 체결하다.
> ◁◁ **1857년** 영-프 연합군이 광주를 점령하고 청나라에게 교섭에 요구하다.
> ◁◁ **1858년** 제2차 아편전쟁이 종결되고 청나라 조정에 총리아문이 설립되다.
>
> 애로 호 사건은 아편 밀수선이라는 혐의를 받던 청나라 화물선 애로 호의
> 승무원을 체포하는 과정에서 발생했다. 영국은 애로 호에 걸려 있던 영국
> 국기를 청나라 관원들이 강제로 끌어내려 모독했다는 이유로 사과와 배상
> 금을 요구했다. 청나라가 이를 거부하자 영국은 프랑스를 동원해 광주를 공
> 격했다. 영-프 연합군은 청나라의 수도 베이징을 함락하고 원명원을 파괴
> 했으며, 청나라는 전쟁에서 패하고 만다. 이후 청 조정은 굴욕적인 베이징
> 조약을 체결하고, 반식민지의 길을 걷기 시작한다.

1842년, 아편전쟁에서 영국에게 참패한 청나라는 불평등하고 굴욕적인

난징(남경) 조약을 체결함으로써 통치권을 위협하는 전쟁에서 벗어날 수 있

었다. 반면 영국은 이를 계기로 청나라와의 무역에서 적자를 해소하고 양

국 관계에서 우위를 점할 것을 기대했다. 그러나 아편전쟁 승전국인 영국

의 기대는 금세 허물어지고 말았다. 난징 조약 이후 청나라에 대한 수출은

그야말로 반짝 늘어나는 효과를 냈을 뿐 지속되지 못했다. 이는 청나라 면

포의 우수한 경쟁력, 자급자족의 사회 경제적 구조, 아편 수입으로 인한 은 유출, 그에 따른 구매력 상실, 청나라 백성의 반영(反英) 감정 팽배 등이 작용했기 때문이다. 게다가 청나라는 약속한 다섯 개 항구의 개항을 차일피일 미루었으며, 외국인의 내륙 지역 출입 또한 불허한 상태였다.

이에 영국은 자국 생산품 수출을 위해 청나라 내륙으로의 자유로운 출입과 북쪽 항구 개방이 절실하다고 생각하여 조약 개정의 필요성을 느꼈다. 마침내 영국은 프랑스, 미국과 함께 1854년, 1856년 두 차례에 걸쳐 조약 개정 협상을 요구했다. 그러나 열강들의 요구 사항 대부분이 청나라 입장에서 수용 불가했기 때문에 청나라는 협상에 응하지 않았다. 이에 열강들은 아편전쟁의 전리품인 난징 조약을 거울삼아 다시 한 번 무력행사를 통한 조약 개정의 강한 의지를 다지게 되었다.

1856년 10월, 영국에게 청나라에 대한 무력행사의 빌미를 제공하는 사건이 발생했다. 당시 청나라 화물선 애로 호가 광주 앞 주강(珠江)에 정박하고 있었다. 애로 호의 주인과 승무원은 모두 청나라 사람들이었는데, 애로 호는 아편 밀수선이라는 혐의를 받고 있었기 때문에 청나라 관헌은 애로 호가 정박해 있는 틈을 타 승무원 12명을 모두 체포했다. 이른바 애로 호 사건이라고 불리는 이 사건은 분명 청나라가 자국의 치안 유지를 위해 조치한 정당한 행위였다. 그러나 전쟁의 구실을 찾고 있던 영국은 자국을 모독했다며 청나라에 즉각 항의했다. 영국은 그 이유로 애로 호의 선장이 영국인이며, 체포 작전 중 애로 호에 걸린 영국 국기를 강제로 끌어내려 바다에 던져 버린 것을 들었다. 더불어 승무원 전원 송환과 영국 국기 모욕에 대한 사과 및 배상금 지불을 요구했다. 이에 당시 양광(兩廣) 총독이었던 섭명침(葉名琛)은 청나라 관헌의 청나라 승무원 체포는 영국이 나설 필요가 없는 매우 타당한 일이라고 주장했다. 또한 영국 국기의 훼손을 강하게 부정하며 교섭을 거부했다. 양국 간에 교섭이 결렬되자 영국은 이를 구실로 즉시 광주를 공격했다. 이로써 제2차 아편전쟁이 시작됐다.

청나라 관헌이 영국 국기를 끌어내리는 장면

영국은 당시 협력 관계를 유지하고 있던 프랑스에게 출병을 요청했다. 이에 아시아 침략의 발판을 마련하고자 했던 프랑스는 영국의 제안을 받아들여 공동 출병했다. 이때 프랑스는 자국의 천주교 신부가 포교 활동 중 교수형 당한 사건을 참전 명분으로 내세웠다.

1857년 10월, 홍콩에 도착한 영국과 프랑스 연합군은 같은 해 12월에 광주를 손쉽게 점령하고 섭명침을 포로로 잡았다. 이후 3년간 영국과 프랑스 연합군은 지방관 순무(巡撫)의 괴뢰 정권을 앞세워 청나라에게 교섭에 응할 것을 끈질기게 요구했다. 또한 청나라가 계속해서 교섭에 응하지 않을 경우 군대를 이끌고 북상하겠다는 위협까지 했다. 하지만 청나라는 끝까지 교섭에 응하지 않았다. 영-프 연합군은 미국과 러시아에 협력을 요청하는 한편, 예고대로 북상하여 대고(大沽)를 점령하고, 톈진까지 진격했다. 열강들이 베이징과 지척인 톈진까지 진격해 올 것이라고 예상하지 못한 청나라는 상황이 불리해지자 영국, 프랑스, 러시아, 미국 등 4개국과 협상 테이블에서 마주할 수밖에 없었다. 1858년 6월, 결국 청나라는 대학사

제2차 아편전쟁

계량(桂良)과 이부상서 화사납(花沙納)을 파견하여 4개국 외국 사절의 베이징 상주, 10개의 무역항 개방, 외국 상선의 양쯔 강 진입 승인, 외국인 내륙 지역 여행 허가, 크리스트교 선교의 자유, 배상금 지불 등의 내용을 담은 톈진 조약을 맺었다.

영국과 프랑스 연합군은 톈진 조약 체결로 '난징 조약의 개정'이라는 소기의 목적은 달성했으나 여기에서 멈추지 않았다. 1859년, 영―프 연합군은 베이징에서 톈진 조약의 비준을 원했다. 하지만 외국 사절의 베이징 입성을 꺼려한 청나라는 상하이에서 비준서를 교환하고자 했다. 이에 영―프 연합군은 베이징에서 비준을 성사시키고자 북상을 강행했다. 같은 해 6월 영―프 연합군은 대고에서 청나라와 다시 대치했다. 그러나 1858년에 이미 대고에 주둔시킨 병력을 강화했던 청나라는 영―프 연합군을 포격해 크게 무찔렀다.

1860년, 영국과 프랑스 연합군은 청나라가 조약을 파기했다고 주장하고, 대고에서의 패배를 설욕하고자 8월에 2만 5천여 명의 군대를 이끌고 톈진과 베이징으로 진격해 왔다. 이에 놀란 청나라는 영―프 연합군에게 평화 협상을 제안했으나 거절당했다. 10월, 영―프 연합군은 청나라 수도 베이징을 쉽게 함락했다. 함풍제(咸豊帝)는 공친왕(恭親王) 혁흔(奕訢)을 베이징에 남겨 교섭을 맡기고 러허(熱河, 열하)의 여름 별장으로 도망치기에 바빴다. 영−프 연합군은 약탈과 방화를 일삼았으며, 황제의 별궁인 원명원을 철저하게 파괴했다. 결국 청나라는 백성에게 수도 함락이라는 커다란 충격과 치욕적인 패배를 안겨 준 후 영−프 연합군과 협상을 시작했다. 협상은 러시아의 중재로 이루어졌다.

원명원 황제의 별궁인 원명원은 애로 호 사건으로 영−프 연합군에게 파괴당했다.

청나라는 기존의 톈진 조약을 비준하는 한편, 배상금의 증액과 톈진 개항, 아편 거래의 합법화, 중국인 노동자 이민 허가, 영국에 구룡 반도 할양, 프랑스에 가톨릭 재산 반환 등을 내용으로 한 새로운 베이징 조약을 체결했다. 한편 러시아는 중재의 공을 내세워 청나라와 아이훈 조약을 체결했는데, 이 조약으로 러시아는 청나라의 헤이룽 강 이북, 우수리 강 이동, 시베리아 이서의 엄청난 땅을 할양받았다.

이로써 제2차 아편전쟁이 종결되었다. 청 조정은 비록 전쟁에서 패했으나 통치권은 유지할 수 있었다. 그러나 여러 가지 변화는 피할 수 없었다. 베이징 조약을 계기로 청나라 조정은 대외 강경파인 보수파가 물러났고, 공친왕 혁흔 중심의 대외 화친파가 등장했다. 베이징에 외국 공사관이 설립되었으며, 1861년에는 외교를 전담하는 총리아문(總理衙門)이 설립되었다. 이는 베이징 조약의 영향을 받은 것이기도 하지만, 청나라 내에서 문호 개방의 필요성이 대두되었기 때문이다. 또한 개항한 무역항의 수가 늘어나면서 외국인의 내륙 지역 여행이 자유로워졌고, 외국 상품 유통이 원활해지자 청나라의 경제는 서서히 흔들리기 시작했다. 한편 크리스트교 포교 활동에 제약이 없어짐에 따라 청나라 내에서 신자가 급격히 늘어나 공동체적 사회 구조에도 변화가 생기기 시작했다.

청나라가 제1차 아편전쟁에 이어 제2차 아편전쟁에서도 무력하게 서구 열강에 굴복하며 반식민지의 길을 걷게 되자, 정치적으로 서양 문물을 수용하여 근대화를 신속히 이룩해야 한다는 자성의 목소리가 힘을 얻었다. 반면 백성들은 청 조정의 무력함에 분노를 느껴 반란을 일으켰다.

제2차 아편전쟁의 패배는 청나라에게 제1차 아편전쟁의 패배보다 더 큰 아픔을 주었으니, 바로 중화사상에 빠져 있던 동양인의 청나라에 대한 인식이 변한 것이다. 서구 열강에 의해 힘없이 무너지고, 굴욕적인 조약을 체결하는 청나라의 모습은 조공을 바치던 나라들에게 큰 충격이었으며, 청나라는 더 이상 세상의 중심으로 비춰지지 않았다. 이는 곧 중화질서 붕괴로 이어졌다.

신유정변

서태후 시대의 개막

> ◁▮ **1860년** 청나라가 태평천국 반란을 진압하지 못한 상태에서 영-프 연합군의 공격을 받다.
>
> ◁▮ **1861년** 함풍제가 피난처인 러허에서 병사하자 권력 장악 싸움이 시작되다.
>
> ◁▮ **1865년** 공친왕이 관직에서 물러나고, 모든 권력이 서태후에게 돌아가다.
>
> 태평천국의 반란과 영-프 연합군의 공격으로 어수선한 시기에 함풍제가 죽자 권력 장악을 향한 최상층의 암투가 시작되었다. 청 조정은 공친왕을 대표로 하는 베이징파와 숙순을 대표로 하는 러허파로 갈라졌다. 서태후는 베이징파의 공친왕과 결탁하여 여덟 명의 대신을 파직하고 사형에 처했다. 수렴청정을 선포하고 모든 정권을 장악한 서태후는 40년간 집권을 독차지했다.

1860년, 청나라는 태평천국의 반란을 완전히 진압하지도 못한 상태에서 영국과 프랑스 연합군의 공격을 받았다. 영국은 군함 73척과 병력 1만 8천 명을, 프랑스는 군함 33척과 병력 6,300명의 원정군을 보냈다. 1859년 대고에서 당한 참패를 설욕하기 위해서였다. 연합군은 톈진을 가볍게 함락하고 베이징으로 진격했다. 함풍제는 조서를 내려 결전 의지를 나타냈다. 그러나 함풍제는 조서의 글씨가 마르기도 전에 후비들을 거느리고 러허

함풍제 제2차 아편전쟁이 벌어진 와중 피란길에 올랐던 함풍제가 사망했다. 이로써 청나라 조정에서는 권력 장악을 향한 치열한 암투가 벌어졌다.

(熱河, 열하)로 피란을 떠났다. 그때가 1860년 9월 22일로, 연합군은 한달 후인 10월 13일에 베이징 안정문(安定門)을 점령했다. 황제를 포함한 청 조정 관리들은 연합군의 진격 소식을 듣자마자 줄행랑을 쳤다. 함풍제는 몽진을 떠나면서 이복동생 공친왕(恭親王) 혁흔(奕訢)을 베이징에 남겨 교섭을 맡아보도록 했다. 공친왕은 연합군과 담판을 지어 베이징 조약을 체결하고, 사후 처리를 순조롭게 진행해 청 조정 대신들과 연합군 공사들에게 깊은 인상을 주었다.

1861년 8월, 함풍제가 러허의 이궁에서 병사했다. 함풍제는 숨을 거두기 직전 6살인 재순(載淳)을 황태자로 삼아 제위를 물려주었다. 또한 이친왕(怡親王) 재원(載垣)과 정친왕(鄭親王) 단화(端華), 숙순(肅順) 등 8명의 고명대신에게 어린 황제를 보좌하여 정사를 돌볼 것을 당부했다. 반면 공친왕은 함풍제의 유언에 언급조차 되지 않았다. 국내외적으로 어수선한 정세 속에서 황제가 죽자 조정에는 권력 장악을 향한 최상층의 치열한 암투가 전개됐다. 청 조정은 숙순을 대표로 하는 러허파와 베이징에 남아 전후 처리를 지휘한 공친왕의 베이징파 두 파로 갈라졌다.

재순은 동치제(同治帝)로 즉위하고, 연호를 기상(祺祥)으로 삼았다. 그리고 자신의 생모인 예허나라씨(葉赫那拉氏)를 황태후로 봉했다. 동치제의 생

모인 예허나라씨는 원래 함풍제의 궁녀였
는데, 함풍제의 유일한 후계자를 낳고 의
귀비에 봉해졌다. 그리고 재순이 황제로
등극하자 자희태후, 즉 우리에게 잘 알려
진 서태후로 격상되었다. 정권욕이 강해
생전의 함풍제에게 경계를 당한 그녀는 온
순한 자안태후, 즉 동태후를 꾀어 고명대
신 체제를 대신해 수렴청정의 실시를 주장
했다. 정치에 무관심한 동태후는 서태후
의 조치를 그대로 따랐다. 그러나 함풍제
의 유조에 반하는 수렴청정을 실시할 경우
마찰은 불 보듯 뻔한 일이었다. 이에 서태
후는 공친왕과 결탁하여 계책을 꾸미기에
이른다.

동치제 청나라의 10대 황제 동치제는 즉위한 뒤
자신의 생모인 서태후를 황태후로 봉했다.

　1861년 10월, 재원, 단화, 숙순이 함풍제의 운구를 모시고 베이징으로 돌
아왔다. 이미 동치제와 함께 베이징으로 돌아온 서태후는 공친왕과 여러
신하를 소집한 가운데 재원, 단화, 숙순을 포함한 8명의 대신을 파직하거
나 추방하고 사형에 처했다. 그녀는 고명대신들이 어린 황상을 속이고 전
횡을 휘둘렀다고 거짓 고발했다. 그 후 두 태후의 수렴청정을 선포하고, 혁
흔을 의정왕에 봉하고 연호를 동치로 고쳤다. 이 모든 일이 신유년에 일어
났다 하여 신유정변이라고 하며, 신유정변 결과 청나라의 권력은 서태후
와 혁흔의 수중으로 들어갔다. 이는 향후 40년간 무소불위의 서태후 시대
가 개막됐음을 의미한다.

서태후 신유정변 후 서태후는 청 조정에서 무소불위의 권력을 휘둘렀다.

신유정변이 일어난 뒤 서태후는 권력의 중심에 섰으며, 공친왕은 군기처, 총리아문의 대신으로 내치와 외교에서 최고 권력을 장악했다. 제2차 아편전쟁에서 서양 무기의 위력을 경험한 공친왕은 증국번을 등용했고, 증국번은 서양식 무기로 군대를 무장한 후 태평천국 반란을 진압했다.

제2차 아편전쟁과 태평천국 운동 같은 혼란을 진정시킨 서태후와 공친왕의 연합 정권은 이제 흐트러진 지배 체제 정비를 서둘렀다. 공친왕은 태평천국을 진압하는 데 공이 컸던 증국번, 이홍장, 좌종당 등 유력 한족 지방 관료들을 중용했다. 양무파로 불리는 이들은 반란으로 붕괴되어 가던 청나라의 지배 체제를 공고히 다지고, 양무 운동을 적극적으로 추진했다. 동치 시대에 해당하던 이때 청나라는 잠시 안정을 취했으니 역사는 이를 동치중흥(同治中興)이라 한다.

그러나 서태후와 공친왕의 연합 정권은 오래가지 않았다. 서태후는 이내 공친왕을 견제했으며, 공친왕의 근대화 정책은 관료들의 폭넓은 지지를 얻지 못했기 때문이다. 1865년, 마침내 공친왕은 의정왕 칭호를 빼앗긴 후 관직에서 물러나야 했다. 이제 모든 권력은 온전히 섭정 서태후에게 돌아갔다.

하지만 서태후의 섭정에는 한계가 있었다. 바로 황제 동치제의 성장이었다. 동치제가 친정을 할 나이가 되자 권력을 유지하려는 서태후와 충돌하게 됐다. 1873년, 서태후는 공식적으로 섭정을 끝냈으나, 절대 권력을 향한 욕심을 버리지 않았다. 동치제는 생모인 서태후보다 동태후를 더 따랐고, 자신의 황후마저 동태후 집안에서 택했다. 이에 서태후는 동치제와 황후 사이를 갈라놓고, 동치제의 관심을 정치 밖으로 돌리고 환락에 빠지게 했다. 1875년, 결국 동치제는 20세의 젊은 나이에 후손 없이 사망했다. 서태후는 동치제의 뒤를 잇는 황제로 4살의 종제를 선택했다. 그가 바로 광서제(光緒帝)이며, 서태후는 그의 큰어머니이자 이모였다.

서태후는 어린 광서제를 대신해 자연스럽게 수렴청정을 이어 갔다. 1887년부터 광서제는 친정을 하려 했으나 실권은 여전히 서태후에게 있었다. 1889년, 서태후는 자신이 선택한 황후와 광서제를 결혼시키면서 이화원으로 거처를 옮겼다. 정치에서 한발 물러선 듯 보였지만 여전히 조정 관료들을 모두 장악하여 실권은 서태후의 손에 있었다.

1894년, 청일전쟁이 발발했다. 광서제는 청일전쟁에서 승리하여 진정한 친정을 달성하고자 했다. 그러나 이를 두려워한 서태후가 군비를 빼돌리면서 청나라는 전쟁에서 패하고 말았다. 이로써 열강들의 강점과 영토 할양이 가속화되자 광서제는 망국의 군주가 되지 않기 위해 변법을 구상했다. 1898년, 광서제는 캉유웨이, 량치차오 등을 등용하여 무술변법(戊戌變法)을 실행하고, 위안스카이를 이용해 서태후를 제거하고자 했다. 하지만 위안스카이의 배신으로 광서제의 계획은 서태후에게 들통이 났고, 서태후는 무술정변(戊戌政變)을 일으켜 황제를 영대에 유폐시켰다. 또한 담사동(譚嗣同)을 비롯한 유신파 6명을 처단하고 신정을 폐지했다.

1900년, 서태후는 마침내 광서제를 폐위시키고자 했다. 그러나 그녀의 의지는 열강의 압력으로 좌절되었다. 이에 서태후와 청 조정의 수구파는 청나라에서 발생한 의화단 운동을 통해 열강에게 압력을 가하고자 했다. 그런데 이때 의화단이 독일 공사를 살해하는 사건이 발생했다. 각국 공사는 연합군을 결성하여 의화단을 공격하기로 결정했고, 이에 러시아, 일본, 독일, 영국, 프랑스, 미국, 이탈리아, 오스트리아 8개국 연합군이 베이징을 점령했다. 열강들의 의화단 진압을 묵인하고 피란을 떠난 서태후는 거액의 배상금을 지불하고 청나라 내 열강의 군대 주둔을 인정하는 것을 주요 내용으로 하는 굴욕적인 신축조약을 체결했다.

서태후는 황제가 아니었음에도 황제의 권력과 부귀를 누리고자 했으며, 죽어서까지 그러기를 바랐다. 그녀는 자신의 묘를 황제의 능묘인 동릉에 재건하라고 명령했다. 그러나 황제가 지녀야 할 통치의 책임과 백성의 안위에 대한 의무는 철저히 무시했다. 그녀는 청일전쟁 동안 유린당하는 청나라를 걱정하기보다는 이화원에서 자신의 60세 생일 연회를 열지 못한 것을 안타까워했을 뿐이다. 서태후가 집정한 40여 년간 청나라에서는 독재가 강화되고 부패가 만연했다. 서태후는 청나라를 깊은 혼란에 빠트리고, 망국의 길로 인도한 안내자가 되었다.

양무 운동

청나라의 근대화 운동

- 1862년 공친왕이 영국, 프랑스, 러시아 등 3국과 베이징 조약을 체결하다.
- 1867년 화약과 포탄 생산을 목적으로 하는 톈진기기국이 설립되다.
- 1884년 남양함대, 북양함대, 복건함대가 창설되다.

정권을 장악한 서태후와 공친왕은 아편전쟁과 태평천국 운동으로 무너진 청 조정의 위신을 회복하고자 서양의 문물을 수용해 부국강병을 꾀하고자 했다. 이것이 양무 운동이다. 양무 운동은 지방 관료까지 합세해 근대 군수 공장을 설립한 1단계와 근대적 기업을 설립한 2단계로 약 30년 동안 지속되었다. 양무 운동은 청 조정의 지배 체제를 정비하고 성공적인 근대화를 이룩했으나, 청일전쟁이 발발하자 쇠퇴하였다.

19세기 중반, 청나라는 두 차례의 아편전쟁과 그 사이에 봉기한 태평천국 운동으로 인해 국내외적으로 매우 혼란했다. 1861년, 영국과 프랑스 연합군이 북진해 톈진을 함락하고 기세를 몰아 베이징으로 진격해 오자 함풍제는 러허로 피신했다. 그러나 건강이 쇠약했던 함풍제가 6살의 재순에게 황위를 물려준다는 유언과 함께 세상을 떠나자, 청 조정의 권력은 함풍제의 이복동생 공친왕 혁흔과 황태자의 생모 서태후에게 돌아갔다.

공친왕 혁흔 서태후와 함께 권력을 쥔 공친왕은 양무파를 형성하여 봉건 체제를 유지하면서 서양식 기술을 도입하여 부국강병을 꾀한다.

공친왕 혁흔은 1860년, 영국과 프랑스 연합군이 베이징을 함락했을 때 베이징 조약을 체결한 인물로, 두 차례의 아편전쟁에서 서구 열강의 막강한 군사력을 몸소 체험했다. 또한 서태후의 섭정이 시작된 후에는 의정왕 칭호를 받고 외국 관련 업무 및 외교, 통상 업무를 총괄하는 총리아문을 주재했다. 정권을 장악한 서태후와 공친왕은 아편전쟁과 태평천국 운동으로 무너진 청 조정의 지배 체제를 정비하고 청나라의 위신을 회복할 필요성을 느꼈다. 이에 두 사람의 연합 정권은 이미 경험한 서구 열강의 선진적이고 막강한 군사 기술을 도입하고 군수 산업 강화를 통해 체제를 정비하기를 원했다.

한편 지방에서도 중앙 조정에 동조하는 세력이 등장했으니, 바로 한인 출신 지방 관료들이었다. 증국번(曾國藩), 이홍장(李鴻章), 좌종당(左宗棠) 등이 대표적인 인물로, 이들은 상군과 회군 등의 의용군을 조직해 태평천국 운동을 성공적으로 진압했다. 이들은 태평천국 운동을 진압하면서 서양식 무기의 우수성을 직접 경험했기 때문에 서양 군사 기술 도입과 군수 산업 강화의 필요성을 몸소 느끼고 있었다. 특히 증국번은 상군을 서양식 무기로 무장시켜 반란군 진압에 공을 세운 뒤 양강총독, 직예총독을 역임하며 군수산업을 육성했다. 1870년에 증국번의 뒤를 이어 직예총독이 된 이홍장은 1894년 청일전쟁의 패배로 사임할 때까지 북양대신으로 대외 교섭을 전담했다.

중앙 조정의 공친왕 중심 세력을 양무파(洋務派)라고 부르는데, 여기서 양무는 서양과 관계되는 통상, 선교, 외교 등에 대한 모든 사물을 가리킨다. 양무파는 전쟁과 반란으로 붕괴되어 가는 봉건 체제를 유지하면서 서양의 군사 장비와 기계 설비, 과학 기술 수용을 통한 양무 운동으로 부국강병을 꾀하고자 했다.

양무파 지방 관료들이 실질적으로 이끈 양무 운동은 크게 두 단계로 구분되며, 약 30년 동안 추진되었다. 제1단계는 1860년대 초부터 1870년대 전까지로, 무기 제조, 함선 제작, 유학생 파견, 외국어 학관 설립 등 자강 운동을 중심으로 이루어졌다. 이러한 자강 운동의 핵심은 서양의 선진적 군사 기술을 도입해 태평천국 운동을 진압하는 것이었다. 따라서 제1단계의 양무 운동은 서양의 총포, 군함 수입과 함께 서양식 군대 편성, 근대적 군수 공장 설립이 주를 이루었다. 1863년, 이홍장은 증국번의 도움을 받아 상하이에 10여 개의 공장으로 구성된 강남제조총국(江南製造總局)을 설립하고, 2천여 명의 노동자를 고용해 총포, 탄약, 소형 함선 등을 만들도록 했다. 1865년에는 난징에 금릉기기국(金陵機器局)을 설립해 대포와 화약을 생산했다. 1866년에는 좌종당에 의해 윤선(輪船)을 생산하는 선정국이, 1867년에는 승후에 의해 화약과 포탄 생산을 목적으로 한 텐진기기국이 설립되었다.

아울러 양무파는 군수 공장에 역서국과 교육 기관을 부설하여 서양의 과학 서적을 번역하고 보급했다. 이는 군수 공장들의 열강에 대한 의존도

윤선을 제작한 선정국

를 낮추기 위한 것이었다. 당시에는 모든 군수 공장이 원자재를 대부분 외국에서 수입하고, 외국 기술자를 초빙하여 설계 및 시공, 기계 설비 등의 기술을 전수받았기 때문이다. 1862년, 공친왕은 외교관 양성을 위해 총리아문에 동문관(同文館)을 설립했다. 동문관에서는 영어, 프랑스 어, 러시아 어 등의 어학뿐만 아니라 자연과학도 가르쳤다. 한편 이홍장은 1863년 상하이에 광방언관(廣方言館)을, 서린은 1864년 광동(廣東)에 방언관(方言館)을 세우는 등 동문관의 분교를 설립했다.

양무 운동의 제2단계는 1870년대부터 1890년대까지로, 이 시기에는 군수 산업 중심에서 범위를 확장하여 군수 공장에 공급할 석탄, 철 등의 광산 개발과 제철소 건설, 철도 부설, 통신망 정비, 방적 공장 설립 등이 주를 이루었다. 즉 제2단계 양무 운동에서는 '부강'을 강조하면서 군사 산업을 위주로 한 민간 기업을 설립했다. 상하이윤선초상국, 상하이기기직포국, 전보총국, 철로교통운수업 등의 기업들이 제2단계 양무 운동 시기에 설립되었다. 이로써 1870년대부터 설립되기 시작한 공업 기업이 1890년대에 이르러 20여 개로 늘어났으며, 양무 운동 기간에 설립된 근대적 기업들은 총 24개에 이르렀다.

한편 이홍장 중심의 양무파는 일본의 메이지 유신과 대만 출병을 계기로 일본이 장차 중요 경쟁국이 될 것을 예상하고, 해군 창설을 주장했다. 이홍장은 영국과 독일에서 군함을 구입하고, 군관을 프랑스에 보냈으며, 유학생을 파견해 선박 제조와 운전을 배우게 했다. 또한 1884년에는 남양함대, 북양함대, 복건함대를 창설했다.

난징금릉기기국

초기의 자강과 후기의 부강을 표방한 양무 운동의 목적은 근본적으로 붕괴 조짐을 보이던 청 조정의 지배 체제를 정비하고 성공적인 근대화를 이룩하는 데 있었다. 청 조정은 양무 운동을 통해 국내 반란을 성공적으로 진압하고, 지방 지배 체제를 재건함으로써 기울어져 가던 청나라의 지배 체제를 안정시켰다. 또한 청나라에 근대적 변화를 일으켜 청나라의 군사, 경제, 과학 기술, 문화, 교육 등 여러 방면에서 성과를 이룩했다. 특히 양무 운동을 통해 추진하는 과정에서 근대적인 도시들이 출현하여 도시 노동자들이 성장했으며, 서양의 학문과 언어를 배울 수 있는 교육 기관이 설립되어 새로운 지식층이 형성되었다.

그러나 양무 운동은 소기의 목적을 달성하지 못하고, 1894년 청일전쟁에서 북양함대가 일본군에 의해 궤멸되자 쇠퇴하고 말았다. 이것은 양무 운동이 가진 한계가 드러났기 때문이다.

양무 운동의 실질적인 추진 세력은 증국번, 이홍장, 좌종당, 장지동 같은

군수 공장 군수 공장에서 무기를 나르는 군인들

한인 지방 관료들이었다. 지방에 기반을 둔 이들은 와해된 지방의 지배 체제를 재건했으나, 지역적 한계를 벗어나 중앙 권력의 핵심을 장악하지 못했다. 또한 중앙 조정 보수파들의 끊임없는 견제에서 벗어나지 못했다. 때문에 양무 운동을 추진하는 데 한계가 있었다. 따라서 양무파들은 중체서용(中體西用)을 내세웠다. 중체서용은 서양에게 빌리는 것은 기술뿐이고, 기본 정신은 중국의 전통적 가치에 기인한다는 것이다. 이로써 양무파들은 반대파들의 반발을 무시하고 서양 문물 수용을 통해 개혁을 정당화하고자 했다. 하지만 양무 운동 반대파들의 견제는 계속되었고, 심지어 공친왕까지 반대파와 서태후의 견제를 받았다. 1884년, 결국 공친왕은 청불전쟁이 발발하자 탄핵을 받아 사임하였다. 게다가 양무파 지방관들의 투쟁과 대립도 양무 운동의 실패 요인으로 작용했다. 1884년, 청불전쟁 당시 복건함대에 대한 지원 요청 거절, 후임 관리의 양무 정책 중단, 지방관 전출 시 기업 설비 이전 등은 양무파 지방관들의 분열을 잘 보여 준다.

'관의 감독과 민간의 경영'이란 반관반민(半官半民) 방식도 양무 운동의 한계점이었다. 초기의 양무 기업들은 대부분 반관반민의 방식으로 운영되었는데, 이들 기업은 관료의 무능력과 부패, 무책임 탓에 제대로 성과를 낼 수 없었다. 후에 민간 자본으로 설립된 양무 기업들 역시 마찬가지였다.

여기에는 중국의 전통적인 경제 구조, 전근대적인 경영 방식, 생산성 저하, 자본 부족, 공황 등의 다른 요소들도 작용했다. 더불어 일본의 대만 출병, 청불전쟁, 청일전쟁 등 외세의 침략 또한 청나라가 양무 운동에만 전념할 수 없게 했다.

양무 운동이 추진되면서 청나라는 봉건적인 태도를 숨기지 않은 동시에 열강에게 과도하게 의존했다. 그러나 양무 운동이 청나라 사회 발전에 공헌한 점은 무시할 수 없다. 양무 운동의 실패는 고위층에게 청나라가 정치, 사회적으로 반드시 개혁을 해야 한다는 의지를 갖게 하였다. 이로써 청나라는 다시 한 번 근본적인 개혁을 꿈꾸었다.

청불전쟁

흔들리는 청나라의 위신

◁◁ **1862년** 프랑스가 베트남과 제1차 사이공 조약을 맺다.
◁◁ **1883년** 프랑스는 베트남 수도 후에를 함락하고, 베트남과 후에 조약을 체결하다.
◁◁ **1885년** 청나라와 프랑스가 톈진 조약을 맺고, 청불전쟁 종결에 합의하다.

프랑스군이 하노이를 점령하고 베트남에 대한 보호권을 가진다는 내용의 후에 조약을 체결하자 청나라는 프랑스와 전쟁을 벌이기 시작했다. 그러나 전쟁이 진행되며 점차 열세에 처한 청나라는 프랑스에게 화의를 요청했고, 베트남에 대한 종주권을 프랑스에게 넘겨 준다는 내용의 톈진 조약을 맺었다. 이로 인해 청불전쟁이 종결됐으나 청나라는 베트남 종주권을 상실함과 동시에 막대한 경제적 손실을 입고 위신까지 잃게 되었다.

역대 왕조와 마찬가지로 청나라 역시 전통적인 중화사상을 바탕으로 중화질서를 유지했다. 청나라 입장에서는 세상에 청나라에게 조공을 바치는 조선과 베트남, 류큐 등과 같은 나라와 무역을 위해 방문하는 서양, 일본 같은 나라가 있을 뿐이었다. 따라서 중화질서 속에서 조공국과 서양, 일본 등은 절대 청나라와 대등한 관계를 유지할 수 없었다. 그러나 청나라가 두 차례의 아편전쟁에서 패배하고 불평등한 조약 체제로 편입되자 중화질서는 흔들리기 시작했다. 중화질서 붕괴를 향해 제일 먼저 출발한 것은 일본이었다.

류큐는 청나라뿐만 아니라 일본에게도 조공을 바치고 있었다. 그런데 1874년, 대만의 토착민이 표류하던 류큐 사람들을 살해한 사건이 발생했다. 때마침 베이징에는 몇 해 전에 맺은 청일수호조규(淸日修好條規)의 비준을 위해 일본 관리가 방문해 있었다. 일본 관리는 청 조정에 살인죄를 저지른 대만 사람들의 처벌을 요구했다. 그러나 청 조정은 책임을 회피하고자 대만 사람들의 처벌은 청 조정 권한 밖의 일이라고 했다. 이에 일본은 직접 대만의 토착민을 징벌하겠다며 대만에 군대를 보냈다. 당시 일본에 비해 군사적으로 열세였던 청나라는 일본의 대만 출병을 인정하고, 살해된 류큐인에 대한 보상금 지불과 함께 대만의 일본군 주둔 비용까지 지불했다. 이는 청나라가 류큐에 대한 종주권을 포기하고, 류큐를 일본의 속국으로 인정하는 것을 의미했다. 그러나 이것은 청나라의 종주권 상실의 시작일 뿐이었다. 청나라는 인도차이나 반도에서 프랑스에게 패배함으로써 또다시 중요한 속국 베트남을 내놓아야 했다.

18세기 중엽, 베트남은 북쪽 하노이의 여씨와 남쪽 후에의 응우옌씨(阮氏), 두 세력으로 나누어져 있었다. 그런데 하노이의 여씨가 또 다른 응우옌씨에게 정복당하자 프랑스 선교사들은 후에의 응우옌씨를 후원하여 베트남을 통일하고 응우옌 왕조를 세울 수 있게 했다. 그러나 응우옌 왕조의 2대 왕은 프랑스 선교사를 박해했고, 프랑스는 이를 구실 삼아 1858년에는 다낭을, 1859년에는 사이공을 점령했다. 그리하여 1862년, 프랑스는 베트남과 코친차이나 동부 3성을 할양받는 조건의 제1차 사이공 조약을 맺었다.

흑기군 청나라의 무장 세력으로, 청불전쟁 당시 프랑스군과 싸워 승리를 거뒀다.

당시 프랑스는 베트남을 식민지로 삼고 청나라의 윈난성으로 진출하고자 했다. 윈난에 이르는 진로로 베트남 북부의 송코이(紅河) 수로가 적절하다는 것을 안 프랑스는 베트남에게 송코이 수로 항해권을 요구했다. 그러나 베트남이 이를 거절하자 프랑스는 군대를 동원하여 하노이를 점령했다. 베트남은 청나라의 토벌을 피해 남하해 있던 태평천국의 잔존 세력인 흑기군(黑旗軍)의 힘을 빌려 프랑스에 대항하려 했다. 흑기군과의 교전이 예상외로 격렬해지자 프랑스는 교전을 피해 남진하여 베트남의 수도를 점령했다. 1874년, 베트남은 프랑스와 제2차 사이공 조약을 맺고 화친했다. 제2차 사이공 조약은 베트남의 자주독립국 인정, 양국의 대외 정책 상호 일치, 천주교의 자유로운 포교, 하노이 개항, 송코이 수로 항해권 허가 등의 내용을 담고 있다.

제2차 사이공 조약은 청나라의 베트남에 대한 종주권 부인을 의미하는 것이었다. 때문에 청나라는 이 조약에 대한 거부 의사를 확실히 하고, 베트남이 청나라의 종속국임을 강력히 주장했다. 중국과 베트남의 종주 관계는 오랜 역사를 가지고 있는데, 이는 전한(前漢) 시대로 거슬러 올라간다. 베트남은 기원전 111년에 전한에 복속된 이후로 약 1천 년간 중국의 통치를 받았다. 당나라는 베트남에 안남도호부(安南都護府)를 설치했는데, 이때부터 중국은 베트남을 안남이라고 불렀다. 당나라가 멸망한 후에는 오대십국 중의 하나였던 남한(南漢)에게 크게 승리를 거두고 독립 왕국을 건설했다. 하지만 중국은 여전히 베트남의 종주국인 양 행세했고, 이는 청나라도 마찬가지였다.

1880년, 베트남이 조공과 함께 원조를 요청하자 청나라는 대응책 마련에 고심했다. 먼저 중기택은 베트남으로 하여금 베이징에 관리를 파견하게 하고, 프랑스에도 청나라 공사관의 수행원 자격으로 관리를 파견할 것을 요구했다. 그리고 청나라 통제 아래 송코이 수로를 개방할 것을 건의했다. 한편 유곤일과 유장우, 장지동은 흑기군을 이용하여 프랑스를 막아

프랑스 군사들

야 한다고 주장했다. 그러나 당시 청 조정의 실력자였던 이홍장은 프랑스와의 전쟁을 피하고자 했다. 그리하여 1882년, 톈진에서 프랑스와 회담을 갖고 화친을 도모했다.

그런데 청나라와 프랑스가 베트남에 대한 지위권을 놓고 교섭하던 중 흑기군이 베트남 북부를 순시하던 프랑스군과 무력 충돌하는 사건이 발생했다. 이에 프랑스는 곧 하노이를 점령해 버렸다.

이어서 1883년에는 베트남 수도 후에를 함락하고, 베트남과 후에 조약을 체결했다. 후에 조약의 내용을 살펴보면 첫째 프랑스가 베트남에 대한 보호권을 가지며, 둘째 통킹에 접한 비엔투안 성을 프랑스에 할양하고, 셋째 프랑스가 송코이 강 유역에 군사 보급지를 설치하고, 흑기군을 토벌한

청나라, 베트남 군사와 싸우는 프랑스 군인을 그린 당시 삽화

다는 것이었다. 후에 조약이 알려지자 청나라에서는 공친왕과 이홍장의
반대 의견을 무릅쓰고 프랑스와 전쟁을 해야 한다는 주장이 대세를 이루
었다.

청나라와 프랑스의 1차 무력 충돌이 송코이 강 유역에서 발생했다. 여
기서 청나라가 패하자 프랑스와 화의를 맺자는 이홍장의 주장이 다시 힘
을 얻었다. 1884년에 청나라는 프랑스와 담판을 가졌고, 그 결과 청나라는
1883년에 후에 조약을 승인했다. 이로써 청나라는 베트남에 주둔하던 철
수시켰고, 프랑스는 청나라의 영토를 침범하지 않는다는 내용의 이홍장—
포르니에르 협정을 맺었다.

그러나 이렇게 청나라와 프랑스의 전쟁이 종결되는가 싶었으나 또 다시
양국의 무력 충돌이 일어났다. 이홍장—포르니에르 협정을 전달받지 못한

베트남 주둔 청나라 군대가 송코이 강 유역을 순시하던 프랑스 군대와 충돌한 것이다. 이 사건으로 양국은 전쟁을 재개했다. 청나라는 흑기군 대신 장지동을 양광총독에 임명하고, 정식으로 프랑스에게 선전포고를 했다. 하지만 청나라 해군은 프랑스 해군과의 전투에서 패전을 면치 못했다. 프랑스 해군은 대만의 기륭을 공격함과 동시에 복곤의 마미(馬尾)를 공격하여 청나라의 장패륜이 이끄는 복건함대를 크게 물리쳤다. 반면 청나라 육군은 프랑스 육군과의 전투에서 승리를 거두었으나, 결코 전세를 자국에 유리하게 만들지 못했다. 상황이 이렇게 전개되자 청나라 내에서는 다시 화친을 주장하는 세력이 나타났다.

청불전쟁의 조정자로 영국, 미국, 독일 등이 나섰다. 영국은 이홍장─포르니에르 협정이 유효하다는 전제 아래 양국의 정전 협정을 체결했다. 1885년, 청나라와 프랑스는 텐진 조약을 맺고 청불전쟁 종결에 합의했다. 텐진 조약은 베트남의 보호국으로서 프랑스의 지위를 인정하고, 청나라와 베트남 양국의 변경에 개항을 두고 통상할 것, 관세 특혜 인정, 청나라 남부에 철도 부설 시 프랑스와 협상할 것 등의 내용을 담고 있다. 여기에서 가장 중요한 것은 전한 시대부터 유지해 온 베트남에 대한 종주권을 프랑스에게 넘겨 주었다는 것이다.

베트남에 대한 종주권과 함께 청나라가 잃은 또 다른 것은 경제적 손실과 위신이었다. 분명 청나라는 패전국이 아니었기 때문에 프랑스에게 배상금을 지불할 필요가 없었다. 하지만 청나라는 청불전쟁의 비용으로 은 10억 냥 이상을 지출했고, 부채도 약 2억 냥에 이르렀다. 이는 전쟁 당시 외채를 빌려 전쟁 비용을 충당해야 한다는 장지동의 의견을 받아들였기 때문이다.

한편 청불전쟁은 이전 서양과의 전쟁에서 드러난 청나라의 연약함을 다시 한 번 부각시켰다. 따라서 영국, 러시아, 프랑스 등은 청나라와 그 주변의 나라에 야욕을 품게 되었으며, 특히 청나라가 가진 조선 종주권에 야심을 품은 일본에게 용기를 불어넣어 주었다.

1894

청일전쟁
중화질서의 붕괴

◁◁▊ **1853년** 일본이 미국의 개방 요구를 받아들이고, 메이지 유신으로 근대화를 이룩하다.

◁◁▊ **1884년** 조선에서 일어난 갑신정변을 청나라가 3일 만에 진압하고 일본과 톈진 조약을 맺다.

◁◁▊ **1895년** 시모노세키 조약을 맺음으로써 청일전쟁이 종결되다.

조선의 지배권을 놓고 일본이 야욕을 드러내자 청나라는 양국이 함께 조선의 내정개혁을 수행하자는 제안을 했다. 그러나 일본이 이를 거부하고 조선에 주둔해 있던 청나라 해군을 기습 공격하자 청일전쟁이 발발했다. 일본의 거듭된 공격에 청나라는 결국 화친을 요청했고, 시모노세키 조약을 맺음으로써 전쟁이 종결되었다. 청일전쟁에서 패배하면서 청나라의 중화질서가 붕괴되었다.

19세기 서양 열강들이 아시아에 진출하면서 청나라, 조선, 일본 3개국에는 급격한 변화가 일었다. 우선 청나라는 국내외적으로 태평천국 운동과 아편전쟁을 겪으면서 근대화에 대한 의지를 다졌으며, 야심차게 양무 운동을 실시했다. 하지만 양무 운동은 여러 가지 한계를 드러내며 괄목할 만한 성과를 내지 못했다. 또한 당시 조선은 서양과 일본의 통상 수교를 거부하면서 쇄국 정책을 고수했다. 조선은 오직 청나라와의 외교 관계만을 중시한 채 주변과 국제 정세에 적절한 반응을 보이지 않았다. 한편 일본은 1853년 미국의 개방 요구를 받아들인 데 이어 메이지 유신으로 근대적 통일 국가를 건설하고, 자본주의를 크게 발전시켜 근대화를 이룩했다. 또한 제국주의의 확장 욕망을 드러내기 시작하여 조선에 대해 강압적, 침략적 태도를 보였다.

1875년, 일본은 일본 해군 측량선 운요호를 조선 해안 탐측을 핑계로 강화도 앞바다에 침투시켰다. 이에 조선이 방어적 포격을 가하자 일본은 이를 구실로 무력을 앞세워 통상 수교를 강요했다. 1896년, 결국 조선은 일본과 불평등한 강화도 조약을 맺고 일본에게 개항을 허락하고 말았다. 강화도 조약의 제1조는 조선의 독립 주권을 인정하는 내용을 담고 있는데, 이는 조선에서 청나라의 종주권을 배격하고자 한 것이다. 게다가 1880년에 일본이 조약에 따라 한성에 공사관까지 설치하자 청나라는 조선에 더욱 관심을 가졌다.

아시아 지역을 둘러싼 청나라와 일본의 갈등은 이전부터 존재했다. 그러나 일본이 조선 진출의 야욕을 고스란히 드러내자 청나라는 더 이상 일본을 묵과할 수 없었다. 1882년, 조선에서 군란이 발생하자 청나라는 조선에 군대를 파견하여 영향력을 입증했고, 이듬해에는 조청상민수륙무역장정(朝淸商民水陸貿易章程)을 맺어 조선에 대한 지배권을 강화했다. 1884년에 조선에서 갑신정변이 일어나자 청나라는 이를 3일 만에 진압했고, 일본과는 향후 조선에 출병할 때 상호 통고할 것을 약속한 톈진 조약을 맺었다. 조선에 대한 정치적, 군사적 지배력에서 우위를 차지한 청나라는 위안스카이(袁世凱)를 조선에 파견하여 조선의 외교와 내정에 깊이 간여했다. 그러나 일본은 자국의 경제적 모순을 해결하기 위해 조선 침략을 중단할 수 없었기 때문에 군비 증강을 멈추지 않았다.

1894년, 조선 농민과 동학교도들이 폭정을 제거하고 왜구를 몰아내자는 구호를 내걸고 동학농민운동을 일으켰다. 동학농민군이 순식간에 전주를 점령하자 조선은 청나라에게 원병을 요청했다. 이에 청나라는 톈진 조약에 따라 일본에 파병 사실을 알리고 위안스카이를 특명전권대사로 임명하여 원군을 파병했다. 청나라가 조선에 군대를 파

일본 함대

병하자 일본도 톈진 조약을 근거로 조선에 파병했다. 그러나 청나라와 일본 두 나라가 조선에 군대를 파견할 즈음, 동학농민군은 조선 정부군과 화의를 맺고 전주에서 철수한 상태였다.

동학농민운동이 진압되자 청나라는 일본에게 양국의 동시 철군을 제의했다. 그러나 일본은 이 제의를 거절했을 뿐만 아니라 청나라와 일본이 함께 조선의 내정 개혁을 수행하자고 제안했다. 청나라가 일본의 제안을 거부하자 일본은 단독으로 조선의 내정에 간섭하면서 청나라에게 시비를 걸었다. 일본의 도발에 청나라 정부는 전쟁을 벌이자는 파와 화친을 하자는 파로 나뉘었다. 광서제(光緖帝)는 일본과의 전쟁을 통해 친정(親政)이라는 목적을 달성하고 일본의 세력 확장을 억제하고자 했다. 반면 당시 실권을 장악하고 있던 서태후는 전쟁에서 승리하면 광서제에게 권력이 이동될까 두려워 일본과의 화친을 주장했다. 그리고 또 다른 화친 주장파인 이홍장은 열강들이 나서서 청나라와 일본 문제를 중재해 주길 바랐다. 그러나 열강들은 청나라와 일본의 전쟁을 원했고, 일본의 전쟁 도발에 암묵적인 지

황해해전 청일전쟁은 해전으로 확장되어 황해에서 청나라의 북양함대와 일본 해군과의 격전이 벌어졌다.

지를 보냈다.

　1894년 7월, 일본이 조선의 아산만 근처에 주둔해 있던 청나라 해군을 기습 공격하면서 청일전쟁이 발발했다. 일본의 공격으로 큰 피해를 입은 청나라 군대는 조선의 평양으로 후퇴하여 재집결했다. 이에 일본은 육군을 네 개로 나누어 평양으로 진격해 청나라 군대를 공격했다. 청나라의 좌보귀가 격렬히 항거했지만 결국 숨을 거두었으며, 섭지초는 도망쳤다. 전선은 해전으로 확장되어 황해(黃海)에서 청나라의 북양함대와 일본 해군과의 격전이 벌어졌다. 정여창과 유보섬은 북양함대 소속 10척의 군함을 이끌고 12척의 일본 해군과 맞섰으나 일본 해군에게 대패했다. 이 해전으로 큰 피해를 입은 북양함대는 여순항으로 피신했고, 일본은 황해의 통제권을 장악했다.

　한편 평양을 빼앗긴 청나라 군대는 압록강 근처의 요새에서 방어 태세를 갖추고 있었다. 그런데 군대를 정비한 일본 육군이 몰래 압록강을 넘는 데

화친을 요청하는 청군 수세에 몰린 청나라는 이홍장을 전권대사로 파견하여 일본과 화친을 요청하고, 굴욕적인 시모노세키 조약을 맺음으로써 청일전쟁이 종결되었다.

성공하여 단둥 동쪽 호산에 위치한 청나라 군대 주둔지를 공격했다. 청나라 군대가 단둥으로 후퇴하자 일본 육군은 단둥을 향해 다시 진격했다. 이로써 청일전쟁의 전선이 청나라 영토 안으로 확장되었다. 이와 동시에 또다른 일본 육군이 요동 반도의 도시를 점령해 나갔고, 결국 여순항은 일본군에 포위되고 말았다. 1894년 11월, 여순은 마침내 일본 군대에게 함락되었다. 여순을 함락한 일본 군대는 오늘날 '여순 대학살'이라고 불리는 학살을 자행했다. 여기서 학살된 시민들의 수는 무려 2만 여 명으로 추정된다.

여순 대학살이 있은 후 청나라는 일본에게 화친을 요청했지만 거절당했다. 일본은 웨이하이(威海衛)로 피신한 북양함대를 공격 목표로 삼았다. 일본 육군과 해군은 20여 일 만에 웨이하이를 점령한 후, 유공도(劉公島)를 점령했으며 북양함대를 궤멸시켰다. 그러나 당시 북양함대는 일본군과 일전을 벌일 만한 실력을 갖추고 있었음에도 이홍장이 소극적 방어를 고수했기 때문에 패하고 말았다. 그리고 일본은 승리의 기세를 몰아 요동 반도,

청나라 북양함대 이홍장이 건립한 아시아에서 가장 강력한 해군 함대로, 청일전쟁 때 황해해전에서 일본군 함대에 대패해 괴멸당했다.

발해만, 산동 반도를 점령해 나갔다. 아울러 대만을 점령하기 위해 팽호도 작전에 돌입했다. 1895년, 결국 청나라는 이홍장을 전권대사로 파견하여 일본과 화친을 요청했다.

1895년 4월, 청일전쟁은 시모노세키 조약을 체결하며 종결되었다. 전쟁의 승리로 얻은 시모노세키 조약의 내용은 다음과 같다.

첫째, 청나라는 조선이 완전한 자주 독립국임을 인정한다.

둘째, 청나라는 요동 반도, 대만, 팽호도를 일본에게 할양한다.

셋째, 청나라는 2억 냥의 배상금을 지불한다.

넷째, 사시, 중경, 소주, 항주 등의 4개 항을 개항하며 일본 선박의 자유로운 양쯔 강 항해를 보장한다.

다섯째, 일본군의 웨이하이 주둔권 보장과 일본인의 거주, 영업, 무역의 자유를 승인한다.

시모노세키 조약은 난징 조약 체결로 형성된 청나라의 반식민지 상태를 더욱 심화시킨 조약이며, 일본뿐만 아니라 다른 열강들이 또다시 청나라에서 이권을 챙길 수 있는 도화선이 되었다.

먼저 러시아는 일본의 요동 반도 진출에 위기감을 느끼고 프랑스, 독일과 연합해 일본에게 요동 반도를 청나라에 돌려주라고 압력을 가했다. 일본은 3국의 압력에 굴복해 요동 반도의 반환 의사를 표명했고, 대신 3천만 냥의 배상금을 요구했다. 그러나 청나라는 이를 부담할 능력이 없었다. 이에 러시아는 청나라를 도와 독일, 프랑스 은행에서 1억 냥을 빌릴 수 있게 하고, 도움을 준 대가로 여순과 대련의 조차를 허락했다. 계속해서 청나라는 프랑스에게 광주만과 광동, 광서, 운남을, 독일에게는 자오저우만을, 영국에게는 웨이하이, 구룡, 양쯔 강 유역을 조차할 수 있게 했다.

이처럼 청일전쟁의 패배는 청나라를 조각조각 분할시켰으며, 청나라 사람들에게 식민통치에의 위기감을 불러일으켰다. 또한 청나라가 조선 종주권을 포기하고, 과거 조공국인 일본에게 우세한 자리를 내줌으로써 중화질서는 완전히 붕괴되었다.

개혁의 물결과
현대 중국의 성립

Chapter 5

청나라는 사회 전반의 제도를 근본적으로 개혁하고자 변법자강 운동을 실시했다. 이후 신해혁명의 성공으로 중화민국이 수립되고, 군벌의 권력 다툼을 거쳐 국민당과 공산당이 합작과 내전을 거듭한다. 태평양 전쟁의 결과 국민당 정부가 타이완으로 옮겨 갔고, 중국에서는 공산당 정부가 중화인민공화국을 수립한다.

1 8 9 8 년   변법자강 운동

1 8 9 9 년   의화단 운동

1 9 0 5 년   중국혁명동맹회 발족

1 9 1 1 년   신해혁명

1 9 1 5 년   신문화 운동

1 9 1 9 년   5·4운동

1 9 2 1 년   중국 공산당 창당

1 9 2 4 년   제1차 국공합작

1 9 2 6 년   국민혁명

1 9 3 4 년   대장정

1 9 3 7 년   중일전쟁

1 9 4 6 년   국공내전

1 9 4 9 년   중화인민공화국 선포

1 9 5 0 년   한국전쟁

1 9 5 8 년   대약진 운동

1 9 6 6 년   문화대혁명

1 9 7 2 년   중미 정상 회담

1 9 7 8 년   중국 공산당 제11기 3중전회

1 9 8 9 년   톈안먼 사건

1 9 9 7 년   홍콩 반환

2 0 0 1 년   세계무역기구 가입

1898

변법자강 운동
청나라 말 정치, 사회 제도의 개혁

◀◀▌**1871년** 양무 운동의 결실로 북양함대가 건설되다.
◀◀▌**1888년** 캉유웨이가 최초로 광서제에게 상서를 올려 제도 개혁의 필요성을 주장하다.
◀◀▌**1897년** 독일 자오저우만 강제 점령 사건으로 변법 운동의 분위기가 형성되다.

청일전쟁 패배를 계기로 캉유웨이는 량치차오와 함께 정치, 경제, 교육 등 서양의 과학 기술, 문화, 사상 등을 받아들여 청나라 사회 제도 전반을 근본적으로 개혁할 것을 주장하였다. 광서제가 이를 받아들이면서 변법자강 운동이 시작되었다. 변법을 시행하려는 광서제가 수구파 대신들을 파직시키자 위기를 느낀 서태후는 광서제를 연금하고 변법파 체포령을 내렸다. 이에 캉유웨이와 량치차오가 일본으로 도피함으로써 변법자강 운동은 실패로 끝났다.

19세기 중반에 실시하여 30년간 지속된 청나라의 첫 번째 개혁 운동인 양무 운동의 상징적 결실은 북양함대(北洋艦隊)였다. 북양함대는 원래 뛰어난 전력이 없던 함대였으나 1871년에 북양대신 이홍장의 전폭적인 지원으로 건설되었다. 독일과 영국에서 수입한 재료로 근대식 함대로 재건된 북양함대는 아시아에서 가장 강력한 함대로 거듭났으며, 양무파의 자긍심이었다. 그런데 이러한 청나라 개혁파의 자긍심은 1894년에 청일전쟁이

발발하면서 산산조각이 났다. 청일전쟁에
참가했던 북양함대가 황해해전에서 일본 해
군에 대패해 웨이하이로 피신한 데 이어, 얼
마 지나지 않아 여순항도 일본 해군에게 내
주었기 때문이다. 당시 개혁파들은 일본의
타이완 출병과 톈진 조약 등으로 양무 운동
에 회의를 가지고 있었다. 따라서 이들은 북
양함대의 참패를 비롯한 청일전쟁의 패배를
계기로 양무 운동을 뛰어넘는 근본적인 개
혁을 구체화시켰다.

캉유웨이 중국 근대 정치 사상가로 정치, 경제, 교육 등 청나라 사회 제도를 개혁할 것을 주장했다.

　1895년 4월, 일본과의 전쟁에서 패한 청나
라가 시모노세키 조약을 체결하자 전국적으로 많은 백성들이 격분했다.
더구나 시모노세키 조약의 여파로 청나라의 영토가 열강들에게 조차되자
백성들은 망국의 위협까지 느꼈다. 하급 관리와 지식인들은 청나라의 위
기 탈출 해법을 개혁에서 찾았다. 이들의 개혁 의지를 정치 운동으로 발전
시킨 인물이 바로 캉유웨이(康有爲)였다.

　캉유웨이는 광동성 남해 출신으로 유가 사상의 영향을 많이 받았으며,
서학에 관한 책도 많이 읽어 새로운 사상이 새로운 행동을 가져올 것이라
고 확신했다. 1886년, 그는 〈공자개제고(孔子改制考)〉를 발표해 공자 역시
사회 개혁을 거부하지 않았다는 주장을 펴 학계에 커다란 반향을 일으켰
다. 1888년에는 최초로 광서제에게 상서를 올려 제도 개혁의 필요성을 주
장했다. 1895년, 시모노세키 조약 체결 소식이 베이징에 전해지자 그는 제
자 량치차오(梁啓超) 및 과거 시험을 보던 1,300여 명과 연계해 조약을 거

부하고 변법을 시행할 것을 요구하는 공거상서(公車上書)를 올렸다. 공거
상서에서는 황제가 유조를 내려 천하의 기를 고취시키고, 천도하여 항전
하고, 변법을 시행해 통치할 것을 주장하고 있다. 이 공거상서는 도찰원에
서 거절당해 광서제에게 전해지지 않았지만, 이로 인해 변법 사상의 영향
은 신속하게 확산되었다. 한편 캉유웨이는 글을 올리는 것 외에도 량치차
오와 함께 베이징에 강학회(强學會)를 조직하고, 〈강학보(强學報)〉, 〈시무보
(時務報)〉 등을 창간해 유신변법 운동을 확산시키고자 노력했다.

먼저 캉유웨이를 중심으로 한 변법 운동은 중앙이 아니라 지방인 후난
성(湖南省)에서 실천되었다. 후난성의 변법 운동은 시무학당이 량치차오
를 초빙하면서 시작되었는데, 이들 변법파들은 학회, 학당, 신문, 잡지 등
을 통해 캉유웨이의 변법 개혁론을 적극적으로 고취했다. 그러나 후난성
의 변법 운동은 서양 근대의 자유평등 사상과 달리 신사층의 평등을 추구
하는 성격이 강해 수구적 상층 신사의 호응을 얻지 못했다. 따라서 후난성
의 변법 운동은 중앙으로 전파되지 못하고 정체 상태에 들어갔다.

그런데 1897년에 독일 자오저우만 강제 점령 사건이 발생했다. 이 사건
으로 청나라 분할에 대한 위기의식이 고조되자, 캉유웨이는 광서제에 다
시 상서를 올려 변법을 강력히 주장했다. 상서는 일본의 메이지 유신, 러
시아 표트르 대제의 개혁 등 성공적 개혁 사례들을 담고 있었다. 또한 영
토 분할에 대한 방지책과 제도국(制度局)을 통한 변법 시행 촉구 등의 내용
을 담고 있었다. 하지만 이번 상서 역시 광서제에게 전달되지 못했다. 이
에 캉유웨이는 다시 한 번 상서를 올려 변법 시행의 급박성과 필요성을 강
조했다.

1898년, 캉유웨이의 거듭된 상서가 드디어 광서제의 마음을 움직였다.

당시 광서제는 이미 성년이 되어 친정을 펴고 있었으나, 청 조정의 실권자인 서태후의 간섭에서 자유롭지 못한 상태였다. 그런데 캉유웨이의 상서들이 서태후와 보수적 성향의 정치에서 벗어나고자 했던 광서제의 의지에 불을 지핀 것이다. 광서제는 서태후의 동의를 구한 뒤 드디어 변법을 실시한다는 명령을 내리고 캉유웨이를 총리아문에 임명했다.

캉유웨이는 총리아문에 속한 10여 명의 대신보다 직책은 낮았으나 광서제에게 직접 변법의 내용을 건의했다. 먼저 정치에 있어 옛 관료 기구를

광서제 캉유웨이, 량치차오를 등용하여 변법자강 운동을 통해 근대화를 꾀했다.

개혁하여 중요하지 않은 기구를 없애고, 태만하고 쓸모없는 관리들을 파직할 것을 주장했다. 또한 언론을 개방하고 신민이 글을 올려 시정을 논의할 것을 건의했다. 다음으로 경제에서는 공업과 상업을 보호 진흥시키고, 중국 은행을 설립하고, 전리제(專利制)를 실시하며, 국가 재정 예산을 편성하고 수입과 지출을 공표할 것을 주장했다. 또한 교육에서는 신식 학교를 개설하고, 과거시험에서 팔고문을 폐지했으며, 서양의 과학 기술, 문화, 사상 등을 배울 것을 주장했다. 마지막으로 군사적으로는 구식 군대를 줄이고 신식 군대를 편제하여 훈련시킬 것을 건의했다.

이에 광서제는 팔고문 폐지, 서원의 학당 변경, 농업과 상업 진흥을 목

적으로 노광총국 및 상무국을 설립하고, 유명무실한 관료 기구를 정리하는 등 개혁안을 명령했다. 한편 체계적이고 지속적인 개혁 추진을 위해 개혁 지향적인 관리 임용이 중요하다고 생각한 캉유웨이는 개혁에 미온적인 수구파 대신의 파면을 요청했다. 이에 변법 시행을 서두르고자 했던 광서제는 서태후의 허락 없이 수구파 대신들을 파직했다. 그리하여 양예, 유광제, 담사동, 임욱 등 네 명의 개혁파 관리들이 군기대신(軍機大臣)에 임명되었다.

변법 운동이 활발하게 전개되고 광서제가 서태후를 배제하는 분위기가 조성되자, 서태후를 중심으로 한 수구파 관리들은 불안감을 느꼈다. 수구파 관리들은 변법파가 궁극적으로 지향하는 것은 서양식 입헌군주제의 도입이라며 끊임없이 공격했다. 특히 서태후는 광서제가 개혁을 빌미로 자신의 권력을 빼앗을지도 모른다고 생각했다.

이에 서태후는 변법 조서들이 내려진 지 얼마 지나지 않아 심복 환관들을 보내 광서제와 변법파들의 활동을 감시했다. 그리고 광서제가 변법파를 군기대신으로 임명하자, 서태후는 심복 영록을 임시 직예총독에 임명하고 북양군대를 장악했다. 상황이 이 지경에 이르자 궁궐 내에는 서태후가 광서제를 폐위할 것이라는 소문이 나돌기 시작했다.

비로소 사태의 심각성을 깨달은 광서제는 캉유웨이 등 변법파에게 대책을 강구하라는 밀지를 내렸다. 이에 담사동은 강학회의 회원으로 당시 병권을 쥐고 있던 위안스카이에게 도움을 요청했다. 담사동은 위안스카이에게 군사를 일으켜 영록을 죽이고 서태후가 머물고 있는 이화원을 포위할 것을 요청했다. 그러나 약삭빠르고 야심이 컸던 위안스카이는 이미 서태후 측과 긴밀하게 관계를 맺고 있었다. 위안스카이는 변법파를 배신해 밀고하여 출세의 발판으로 삼았다.

서태후는 광서제가 일본의 이토 히로부미를 접견하기 하루 전날 자금성으로 복귀해 정변을 일으켰다. 그녀는 훈정의 재개를 공표하고, 광서제를 연금시켰다. 그리고 캉유웨이 등 변법파에 체포령을 내렸으니, 캉유웨이와 량치차오는 일본으로 도피해야 했다. 그러나 연금된 광서제를 구하고자 했던 담사동, 양예, 유광제, 강광인, 양심수, 임욱 등은 체포되어 처형되었다. 처형된 이들을 무술육군자(戊戌六君子)라고 부른다. 이로써 변법 운동은 막을 내렸다. 변법 운동은 시작에서 실패까지 103일간 지속되었기 때문에 백일유신(百日維新)이라고도 부른다.

변법자강 운동은 국내적으로는 개혁파와 수구파, 광서제와 서태후, 한족과 만주족의 갈등으로, 국외적으로는 영국과 러시아 대립 등으로 복잡하게 얽혀 있어 결국 실패로 끝났다. 그러나 변법자강 운동이 중국 역사에 남긴 족적은 매우 크다. 변법자강 운동은 최초의 위로부터의 정치적 개혁이며, 변법파들은 봉건 제도에 대담하게 개혁의 칼끝을 겨누었다. 더불어 사상 계몽 운동의 성격도 강해 중국 근대 사회 발전에 크게 기여했다.

1899

의화단 운동

제국주의에 맞서다

> ◀ **1897년** 독일 선교사 두 명이 반기독교 비밀결사에게 살해당하다.
> ◀ **1899년** 의화단의 반기독교 운동이 산둥성 서쪽까지 확산되다.
> ◀ **1901년** 8개국의 연합군이 청 조정을 압박해 신축조약을 체결하다.
>
> 중국인은 나라가 기울어지고 삶이 고된 이유가 기독교에 있다고 생각했다.
> 더욱이 비밀결사 의화단이 성당과 교회를 불태우고 선교사들을 마구 죽여
> 베이징까지 진격하자 반기독교 운동은 점점 악화되었다. 이에 미국, 독일,
> 프랑스 등 8개 연합군은 베이징을 함락하고 중국인을 향해 무자비한 보복
> 행위를 저질렀으며, 서태후와 청 조정을 압박해 신축조약을 맺었다. 이는
> 중국에게 굴욕적인 불평등 조약이었으며, 중국은 열강들에게 분할 통치의
> 도구로 전락하고 말았다.

제1, 2차 아편전쟁 이후 기독교는 중국 사회에 급속도로 전파되었다. 제1차 아편전쟁이 종결된 후 기독교는 포교의 자유를 얻었고, 제2차 아편전쟁이 끝난 뒤에는 선교사들이 중국 내지를 자유롭게 드나들 수 있었으며 치외법권을 획득했다. 또한 교회는 토지를 구매하거나 빌릴 수 있게 되었다. 그러나 기독교의 특혜가 확대되는 것과 비례해 기독교도와 중국인의 마찰도 빈번해졌다.

우선 기독교와 신사층이 부딪혔다. 지방 신사층은 승전의 대가로 얻은 선교사들의 지위와 특권이 자신들의 지위와 권리, 의무를 침해한다고 생각했다. 특히 선교사의 자선사업과 학교 설립 등은 지도층의 역할을 침범하는 것이라고 생각했다. 일반 백성도 기독교에 거부감을 가졌다. 교회가 토지를 구매하거나 빌릴 수 있게 되면서 교회는 하층 농민들을 고용해 토지를 경작했고, 고용된 하층 농민들을 포교해 기독교 신자로 만들었다. 기독교 신자가 증가하자 교도와 비교도 사이에서 분쟁이 잦아졌다. 이때마다 선교사들은 일방적으로 교도들만 비호하여 비교도들이 불이익을 당했다. 또한 기독교의 제사 금지 관습과 남녀가 함께 예배를 드리는 모습 등은 중국인에게 거부감을 주었다. 따라서 당시 중국에서는 반기독교 기운이 팽배했다.

그러나 무엇보다도 중국인은 기독교의 세력 확장을 단순한 포교의 영역으로 생각하지 않고 서구 열강의 중국 침략과 동일시했다. 청나라가 열강과의 전쟁에서 패할 때마다 체결하는 조약들에 굴욕감을 느꼈고, 영토를 빼앗기고 수많은 전쟁 배상금을 물며 생활은 파탄 지경에 이르렀다. 중국의 분열, 망국의 조짐, 민생 파탄의 이유를 서구 열강의 침략에서 찾은 중국인들은 기독교가 그 선봉에 있다고 생각했다. 따라서 중국인의 기독교에 대한 분노와 불만은 커져만 갔으며, 서구 열강들의 침략이 계속됨에 따라 중국인의 기독교에 대한 저항 역시 거세졌다. 당시 중국인의 반기독교 운동은 주로 각지에서 조직된 민간 비밀결사들이 주도했다.

1897년, 독일 선교사 두 명이 반기독교 비밀결사에게 살해당했다. 독일은 이 사건을 빌미로 산둥성을 강제로 점령한 후 청나라에게 자오저우만을 조차지로 승인해 줄 것을 요구했다. 독일의 자오저우만 획득을 표본 삼

의화단의 모습

아 열강들의 경제 침탈이 강화되자, 산둥성에서는 반기독교 운동이 고조되었다. 여기에 의화단이 끼어들면서 사태는 더욱 악화되었다. 의화단은 대도회에서 발전한 비밀결사로, 백련교를 뿌리로 한다. 의화단은 스스로를 하늘에서 내려온 신병이라 믿었으며 권법과 봉술을 익히고, 주술로 총탄을 물리칠 수 있다고 공언했다. 특히 이들은 서양인, 선교사들을 공격 대상으로 삼았다. 이러한 의화단은 청일전쟁 이후 열강의 침략이 가속화되자 투쟁 목표와 규모를 확대, 변화, 발전시켜 부청멸양(扶淸滅洋)을 구호로 내세웠다.

1899년, 의화단의 반기독교 운동이 산둥성 서쪽까지 확산되자 청 조정은 위안스카이를 산둥순무로 임명하고 진압하도록 했다. 위안스카이가 의화단을 잔인하게 탄압하자 의화단은 직예로 도망쳤고, 그곳에서 직예의 의화단과 결집했다. 이들은 교회나 철도, 전신 시설을 파괴하고, 열강의 주재 기관들을 파괴하는 등 대규모 폭동을 일으키며 베이징으로 진격했다. 이에 영국, 미국, 독일, 프랑스 등은 청 조정에 두 달의 기한을 주고 의화단을 소탕할 것을 요구하고, 만약 기한 동안 소탕하지 못할 경우 연합군을 파견해 의화단을 진압할 것이라고 통보했다. 그리고 연합군은 군함을 속속 대고에 집결시켰다.

1900년, 드디어 의화단이 베이징에 입성했다. 그럼에도 청 조정은 의화단 진압에 미온적인 태도를 보였으며, 심지어 세가 확장돼 진압이 어려울 것이라고 예상하고 쌀과 은전을 지급하며 달래기도 했다. 베이징에 입성한 의화단은 베이징에 주재한 열강들의 공사관과 교회

반기독교 운동을 펼친 의화단

를 공격하기 시작했다. 이에 영국, 미국, 독일, 프랑스, 러시아, 일본, 이탈리아, 오스트리아 등 8개국은 자국의 공사관을 지키기 위해 베이징에 군대를 파견하겠다고 통고했다. 서태후는 하는 수 없이 열강의 베이징 주둔군을 소수로 제한한다는 조건을 들어 허락했다. 그리하여 400여 명의 군대가 베이징으로 들어왔다. 그런데 의화단에 의해 일본 공사관의 서기관과 독일 공사가 베이징 거리에서 피살되고, 열강의 공사관과 군대가 포위되었다. 이에 연합군은 청 조정의 반대에도 2천여 명의 군사를 파견해 베이징을 향해 진격했다.

마침내 톈진을 점령한 연합군은 청 조정의 강화 제의에 아랑곳하지 않고 베이징을 목표로 진격을 멈추지 않았다. 그러자 서태후는 의화단의 진압을 유보한 채 열강에 선전포고하고, 의화단에게 각국 공사관과 톈진을 공격할 것을 명했다.

사실 이즈음 청 조정에서는 주전파와 주화파가 첨예하게 대립했는데, 양쪽을 저울질하던 서태후가 주전파를 지지했던 것이다. 서태후가 전쟁을 결심한 결정적인 이유는 열강이 광서제를 복귀시킬 것 같았기 때문이다. 오직 자신의 권력 유지에만 관심이 있던 서태후는 의화단 운동을 이용해

연합군 영국, 미국, 독일, 프랑스, 러시아, 이탈리아, 오스트리아, 일본 등 8개국 연합군의 모습이다.

이를 막고자 했다. 또한 그녀에게는 선전포고를 하고 나면 의화단과 함께 양광총독 이홍장, 호광총독 장지동, 양강총독 유곤일 등이 참전할 것이라는 계산이 있었다.

이후 의화단은 철도나 전선의 파괴는 물론이고, 성당과 교회를 불태우고 선교사들을 마구 죽였다. 특히 각국 공사관이 밀집되어 있던 동교민항(同交民巷)을 포위하고 집중 공격했다. 의화단은 연합군과 거의 2달 동안 격렬한 전투를 벌였으나, 동교민항을 끝내 함락하지 못했다. 병력이 연합군을 훨씬 웃돌았음에도 조직이 느슨해 명령 전달이 잘 이루어지지 않았던 것이다. 그나마 연합군을 상대로 선전했던 직례도독 섭사성도 팔리대 전투에서 총을 맞고 전사했다.

서태후가 의화단과 동맹을 맺고 연합군에게 선전포고를 했지만, 사실 그녀는 연합군과 대립할 의도가 전혀 없었다. 선전포고가 있은 후 서태후는 영국이 서태후의 정권을 광서제에게 넘겨 주려 했다는 것이 거짓이었음을 알게 되었다. 또한 그녀의 기대와는 다르게 이홍장, 장지동, 유곤일

중국사를 움직인 100대 사건

등이 전쟁을 반대하고 그녀에
게 동조하지 않았다. 연합군
이 의화단을 물리치고 베이징
으로 진격해 오는 불리한 상
황이 전개되자 그녀는 열강들
에게 선전포고는 본인의 의사
가 아니었다고 해명하고, 연
합군과 타협을 시도했다.

그러나 1900년 8월, 청 조
정의 정전 협상에도 베이징
은 연합군에게 함락되고 말았
다. 청 조정은 열강과 강화를
맺고자 의화단을 배신하고 연
합군과 결탁해 의화단을 와해
시켰다. 서태후는 광서제와

분할 통치를 풍자한 그림 의화단 운동으로 피해가 커지자 미국, 독일, 프랑스 등 8개 연합군은 청 조정을 압박해 신축조약을 맺었다. 이로써 중국은 열강들에게 분할 통치의 대상이 되었다.

함께 연합군이 베이징을 공격한 날 서둘러 서안으로 도망치며 이홍장을
전권대신으로 임명해 뒷일을 수습하게 했다. 서태후가 없는 베이징은 연
합군이 공동으로 관리하게 되었으며, 연합군의 무법천지가 되었다. 연합
군은 중국인에게 약탈, 강간, 살해 등 무자비한 보복행위를 자행했다.

열강과의 강화는 강화 시기에 대해 연합군의 이견이 좁혀지지 않아 1년
이상 허비되었다. 결국 중국의 영토와 주권 보장, 서태후의 통치 체제 인정
등으로 청 조정을 압박해 1901년 신축조약(辛丑條約)이 체결되었다. 조약
은 총 12조로 이루어져 있다.

신축조약 체결 동의서

첫째, 청나라는 4억 5천 만 냥의 배상금을 분할로 상환하며, 이자는 연리 4퍼센트, 저당은 관세와 염세 등, 기간은 39년 내로 한다. 즉 총 9억 8천만 냥의 배상금을 지불한다.

둘째, 대고와 베이징 사이의 포대를 해체하고, 베이징에 공사권 구역을 설정하며, 베이징과 산하이관까지 철도를 따라 열강이 군대를 주둔할 수 있게 한다.

셋째, 청나라는 배외 운동을 철저하게 탄압하며, 만약 그것에 대한 지방관의 역량이 부족할 경우에는 즉시 파면한다.

넷째, 톈진 20리 안팎으로 중국은 군대를 주둔시킬 수 없다.

다섯째, 총리아문을 폐지하고 외교부를 신설하여 6부 위에 둔다.

신축조약은 중국에게 굴욕적이고 불평등한 조약이었다. 이로써 중국은 열강에게 무장해제당했으며, 열강이 중국을 분할 통치하는 데 필요한 도구로 전락하고 말았다.

중국혁명동맹회 발족

삼민주의로 무장한 혁명 운동

◁◁ **1895년** 청나라가 청일전쟁에서 패배하고 시모노세키 조약을 체결하다.

◁◁ **1900년** 쑨원이 청나라로 돌아오다.

◁◁ **1905년** 도쿄 아카사카 구에서 중국혁명동맹회 결성을 결정하다.

청나라가 열강들에게 분할 통치될 위험에 처하자 쑨원은 일본, 하와이, 베트남, 미국 등 세계를 두루 돌아다니며 혁명 사상을 선전했다. 세계 각지에서 혁명 단체가 결성되자 이를 규합해 혁명 운동을 더욱 강화하자는 움직임이 일었고, 일본으로 돌아온 쑨원이 중국혁명동맹회를 발족했다. 그러나 중국혁명동맹회는 완전한 통일을 이루지 못하고, 여러 차례 무장봉기에서 실패했다.

열강의 힘을 빌려 의화단 운동을 종식시킨 청나라가 이제 열강들에게 분할 통치를 당할 위험에 처하자, 중국인은 열강들이 중국 영토를 수박 쪼개듯 나누어 가지려 한다고 생각했다. 그러나 다행히 서태후가 열강에게 선전포고했을 때 이홍장, 유곤일, 장지동 등 실력 있는 지방 관료들이 열강과 타협해 체결한 동남호보(東南互保) 덕분에 지방 관료들은 강화에 성공할 수 있다. 동남호보는 의화단을 반란군으로 규정하고 조정에 그들의 탄

압을 요청한다는 내용을 담고 있었으며, 이홍장, 유곤일, 장지동은 서태후의 명령을 어기고 출전하지 않았다. 과분의 위기를 겨우 모면한 중국인들은 더 이상 열강들에게 농락당하지 않으려면 체제 변혁이 우선되어야 한다고 생각했다.

중국이 근대 국가로 거듭나길 바라는 여론이 형성되자 보수적인 서태후도 어쩔 도리가 없었다. 이에 서태후는 1901년에 신정(新政)을 추진했다. 그녀가 추진한 개혁안은 2년 전에 반대했던 캉유웨이의 제안과 매우 유사했다. 그러나 그녀는 입헌군주제만큼은 결코 받아들이지 않았으며, 한인 관료들을 끝까지 소외시키고, 만주족 지배 체제를 유지하는 방향으로만 신정을 추진했다. 이는 결국 서태후의 의도와는 다르게 청나라의 멸망을 부추기는 혁명 분위기를 조성했다.

혁명 세력이 성장하고, 제국주의 열강의 침략에서 벗어나야 한다는 생각들이 사회 전반으로 확산되자 분산되어 있던 혁명 세력들은 체계적이고 통일적인 조직의 필요성을 느꼈다. 그리하여 1905년, 중국 혁명의 아버지로 일컬어지는 쑨원(孫文)이 흥중회(興中會)를 중심으로 혁명당들을 규합하여 중국혁명동맹회(中國革命同盟會)를 발족시켰다.

1866년, 광둥성 향산현(香山縣) 부근의 가난한 농가에서 태어난 쑨원은 1879년 하와이 호놀룰루에서 상업에 종사하며 화교 자본가가 된 큰형 쑨메이(孫眉)를 찾아갔다. 그곳에서 그는 미국의 민주주의를 배웠고, 홍콩으로 돌아온 후에는 서의서원에서 의학을 배웠다. 의사로 활동하던 쑨원은 열강의 침입으로 나라가 어수선해지자, 1894년 톈진으로 가서 직례총독이자 북양대신이었던 이홍장에게 정치 개혁을 주장하는 편지를 보냈다. 어려서부터 청나라 타도를 꿈꾸던 그였기에 망설임이 없었다. 1894년에 다시 하와이 호놀룰루로 건너간 쑨원은 그곳에서 '만주족과 청나라 주멸, 중화 회복, 중원의 민주적 국가 수립'을 강령으로 하는 흥중회를 결성했다.

1895년, 청나라는 청일전쟁에서 패하고 굴욕적인 시모노세키 조약을 체결하여 다시 한번 무능을 자처했다. 이에 쑨원은 중국 민족의 위기를 타개하려면 혁명만이 유일하다고 확신했다. 같은 해 10월에는 민중을 동원해 광저우를 점령하려는 최초의 반청 무장봉기를 기도

쑨원 중국 혁명의 아버지로 일컬어지는 쑨원은 흥중회를 중심으로 혁명당을 규합해 중국혁명동맹회를 발족했다.

했다. 그러나 봉기는 사전에 발각되어 실패로 끝났고, 그는 일본으로 탈출했다. 이 사건으로 그는 육호동 등 세 명의 동지를 잃었고, 청 조정에 쫓기는 신세가 되었다.

1896년, 런던에 머물던 쑨원은 런던의 청나라 공사관에 체포되어 억류되었는데, 이 일로 쑨원은 국제적으로 유명해졌다. 영국인 친구의 도움으로 억류에서 풀려난 그는 런던에 체류하는 동안 마르크스와 헨리 조지 등의 저술을 탐독하며 삼민주의 사상의 기초를 닦았다. 1897년에는 일본으로 건너가 일본인 친구 미야자키의 소개로 이누가이 등 일본 우익들과 교우했다. 그는 요코하마에 거주하면서 화교들을 상대로 반청 사상을 선전하며 혁명 세력을 결집시켰다. 이에 일본에서 혁명 세력이 급성장하였는데, 그 이유는 회원 대부분이 유학생과 신식 교육을 받은 지식인이었기 때문이다. 이들은 해외에서 자유롭게 서양 문물을 접하여 개방적인 사상을 지녔으며, 청나라의 후진성을 몸소 체험했다. 그리하여 쑨원의 개혁적인

반청 선전에 쉽게 동조한 것이다.

1900년, 의화단 운동이 수습되고 여전히 혼란스러운 정국에 쑨원은 다시 중국으로 돌아왔다. 그는 이홍장을 황제로 추대해 양광 지역을 독립시키려고 2차 무장봉기를 계획했다. 그러나 이 봉기 역시 사전에 발각되어 쑨원은 다시 망명길에 올라야 했다. 하지만 이번 무장봉기는 1895년의 1차 무장봉기 때와 다른 여론을 만들었다. 쑨원이 1차 무장봉기를 계획했을 당시, 사람들은 쑨원을 가리켜 청나라에 반기를 든 반란자라고 했다. 그러나 2차 무장봉기 때에는 봉기 실패를 아쉬워하는 지식인들이 다수였다. 쑨원은 이런 분위기를 타고 일본, 하와이, 베트남, 시암, 미국 등 세계를 두루 돌아다니며 화교와 유학생을 상대로 혁명 사상을 선전했다. 비록 무장봉기에는 실패했지만, 다른 지역에서 혁명 단체의 결성을 촉진시키는 결과를 낳았다.

1904년에는 화흥회(華興會), 과학보습소, 광복회(光復會)가 결성되었으며, 1905년에는 악왕회(岳王會), 익문사(益文社), 한족독립협회(漢族獨立協會) 등의 혁명 단체들이 속속 결성되었다. 특히 화흥회는 후난성 장사 출신인 황싱(黃興)과 쑹자오런(宋教仁)이 결성했는데, 회원 대부분은 일본 유학파거나 국내 지식인들이었다. 1904년, 화흥회는 서태후의 70회 생일을 축하하는 행사에 참여한 청 조정의 지방 인사들을 시한폭탄으로 몰살시키려 했으나 사전에 누설되어 실패하고 말았다. 이에 황싱은 일본으로 망명했으며, 후에 미야자키의 소개로 쑨원을 만나게 된다.

이처럼 각지에서 혁명 단체가 속속 결성되자 이 단체들을 규합해 통일 조직으로서 혁명을 더욱 강화하자는 움직임이 일었다. 1905년, 해외에서 유학생을 상대로 혁명 단체를 조직한 쑨원이 일본으로 갔다. 일본에 도착

중국혁명동맹회 결성 첫째 줄 왼쪽에서 네 번째가 쑨원이다.

한 쑨원은 황싱, 쑹자오런 등과 만나면서 통일된 혁명 단체를 설립해 혁명 운동을 계획했다. 1905년 7월, 흥중회의 쑨원, 화흥회의 황싱과 쑹자오런, 광복회의 오춘양, 과학보습소의 조아백 등을 포함해 각지의 혁명가 70여 명이 도쿄 아카사카 구에 모였다. 이들은 회의를 거쳐 중국혁명동맹회 결성을 결정했다. 그리고 쑨원이 1903년부터 주장한 '오랑캐를 몰아내고 중화를 회복하며, 중원에 민주적 국가를 설립하고, 땅을 평등하게 나누자'를 강령으로 채택했다.

8월, 쑨원, 황싱은 다른 혁명 단체들과 함께 정식으로 중국혁명동맹회 창립대회를 열었다. 이 대회에서 황싱이 기초한 규약 30개조가 통과되었으며, 조직이 편성되었다. 조직은 삼권 분립의 원칙에 따라 총리 아래 집행, 평의, 사법 등 3부를 두었고, 초대 총리에 쑨원, 집행부 서무장에 황싱, 평의부 의장에 왕징웨이를 선출했다. 또한 지부 설치를 논의해 상하이, 충

〈민보〉 1906년에 발행된 중국혁명동맹회 기관지

칭, 홍콩, 옌타이(煙臺) 등 국내에 5개 지부, 하와이, 벨기에, 샌프란시스코, 싱가포르 등 국외에 4개 지부를 설치했다.

11월, 중국혁명동맹회는 기관지 〈민보(民報)〉를 창간했다. 쑨원은 〈민보〉의 발간사에서 중국혁명동맹회 강령을 설명하고, 민족, 민권, 민생의 삼민주의 이론을 주장했다. 각각의 의미를 살펴보면, 먼저 민족은 청나라를 타도하고 한족 국가의 부활을 의미하며, 민권은 전제 지배를 없애고 민주 국가 수립을 목표로 한다. 민생은 토지를 균등하게 분배하는 것으로, 현재의 땅값은 원주인이 갖게 하되 혁명 이후에 증가하는 땅값은 국가에 귀속시켜 빈부 격차가 없는 사회 혁명을 이루자는 것이다. 그러나 이러한 삼민주의에는 결점이 있었다. 민족에서는 제국주의를 반대하는 구호와 강령이 자세하지 않았고, 민권에서는 민주 국가의 성격과 수립 방법을 구체적으로 밝히지 않았으며, 민생은 다분히 이상적인데다 봉건 제도를 완전히 반대하지도 않았다.

또한 중국혁명동맹회는 비밀결사였기 때문에 활동에 있어 제약을 받았다. 비밀리에 활동해야만 했고, 중국 내에 본부를 설치할 곳도 찾지 못했다. 성공적인 혁명을 위해서는 무력과 자금이 필요했으나 해외에서 이를 조달하기에는 위험이 따랐다. 중국혁명동맹회는 1906년부터 각지에서 혁명 운동을 벌이며 여러 차례 무장봉기를 시도했으나 모두 실패로 끝났다.

특히 1911년, 황허 강 봉기의 실패로 큰 타격을 받았다.

중국혁명동맹회가 무장봉기 때마다 실패한 것은 여러 조직들이 완전한 통일을 이루지 못해 긴밀하게 연결되지 않았고, 쑨원의 삼민주의에 대한 이해 편차가 컸기 때문이다. 비록 중국혁명동맹회는 이념과 조직에 결함이 있었으나 당시에는 가장 잘 정비된 혁명 이론이었으며, 혁명 운동을 중국 전역에 확산시켰다.

1911

신해혁명

청나라가 멸망하고 중화민국이 성립되다

> ◁◁ **1905년** 중국 최초의 정당인 중국혁명동맹회가 결성되다.
> ◁◁ **1911년** 청 조정이 철도 국유화를 발표하자 이를 반대하는 보로 운동이 일어나다.
> ◁◁ **1912년** 중화민국임시정부의 대총통인 쑨원이 중화민국 내각을 구성하다.
>
> 중국혁명동맹회의 무장봉기가 번번이 실패하자 신군이 결성되고, 곳곳에서
> 혁명 단체들의 무장봉기가 이어졌다. 이즈음 청 조정이 재정난에서 벗어나
> 기 위해 철도 국유화를 발표하자, 이를 반대하는 쓰촨 성 보로 운동이 일어
> 났다. 이는 우창 봉기로 이어져 청나라는 빠르게 붕괴했다. 1911년, 마침내
> 손문을 대총통으로 하는 중화민국임시정부가 수립되었고, 이로써 2천 년간
> 지속된 청나라가 멸망하고 전제 정치가 종식되었다.

　　중국 최초의 정당인 중국혁명동맹회는 탄생 이듬해인 1906년부터 청조
타도를 목표로 무장봉기를 일으켰다. 그러나 대중적 기반이 약하고 해외
에서 무장 세력을 들여와 봉기를 일으켜야 한다는 한계 때문에 봉기는 번
번이 실패했다. 이에 중국혁명동맹회 내에서는 봉기군의 중심을 비밀결사
에서 신군으로 옮기고 투쟁 지역도 양쯔 강으로 옮겨야 한다는 주장이 대
두됐다.

신군은 위안스카이가 새로 편성한 신식 육군으로, 청 조정의 신정에 따라 과거제가 폐지되자 많은 젊은이들이 입대했다. 그리고 이들 중에는 쑨원의 혁명 사상에 동조하는 이가 많았다. 1908년 10월, 안후이성에서는 혁

신군 위안스카이가 새로 편성한 신식 육군으로 쑨원의 혁명 사상에 동조했다.

명 단체 악왕회가 신군과 함께 광서제와 서태후의 죽음을 계기로 '안후이 신군 봉기'를 일으켰고, 1910년 2월에는 광둥성의 신군이 '경술 신군 봉기'를 일으켰다. 이 외에도 약 10년 동안 곳곳에서 혁명 단체들의 무장봉기가 이어졌다.

그러나 혁명 단체의 무장봉기는 탄약이 부족한 데다 더 많은 신군의 협력을 이끌어 내지 못하고 모두 실패했다. 특히 1911년 4월에 자금 및 무기 부족, 계획 누설 등의 이유로 실패한 황허 강 봉기는 중국혁명동맹회에 큰 타격을 주었다.

한편 당시 혁명 단체들의 산발적인 무장봉기는 청 조정에도 큰 타격을 주었다. 1901년부터 청 조정은 신정을 실시해 개혁을 추진했지만, 여러 곳에서 발생하는 무장봉기 때문에 개혁에 전력할 수 없었다. 비록 혁명 단체들의 무장봉기는 실패로 끝났지만, 더 많은 신군에게 혁명 사상이 유포되었다.

1911년 5월, 청 조정은 철도 국유화를 발표하고 열강에게 차관을 빌려 재정난에서 벗어나고자 했다. 1905년 이래 청 조정은 신정을 펼쳤으며, 근

대적 상공업을 운영한 입헌파 신사들이 적극적으로 이권 회수 운동을 펼쳐 광산 채굴권과 철도 부설권 등을 열강에게 회수했다. 또한 후베이성, 후난성, 광둥성 등의 철도 건설을 위해 민간 자본을 유치하기 시작했다. 그러나 자본은 쉽게 모이지 않았고, 막대한 자금을 조달할 수 없던 청 조정은 철도 건설에 어려움을 겪었다. 그러자 청 조정은 열강에게 차관을 빌려 철도를 건설하고자 했다. 1908년, 광서제와 서태후가 세상을 뜬 후 섭정을 맡은 순친왕은 내각을 황족 중심으로 개편하고, 철도 국유화를 발표했다. 청 조정은 철도를 민영으로 건설할 경우 오랜 건설 기간과 엄청난 비용이 소요된다는 이유로 국유화를 내세웠다. 하지만 이는 철도가 안정적인 재정 수입원이 될 것이라는 청 조정의 이해와 철도가 많은 이익을 낼 수 있는 투자 대상이라는 열강의 이해가 맞아떨어졌기에 가능했다.

청 조정의 철도 국유화 정책으로 입헌파 신사층과 민중 사이에서 반청 분위기가 고조되었고, 철도 국유화 반대 운동의 조짐이 일기 시작했다. 이들이 보기에 청 조정의 철도 국유화 정책은 개혁에 역행하고, 열강에게 다시 철도 이권을 내준다고 생각한 것이다. 철도 국유화를 반대하는 보로(保路) 운동은 후난성에서 제일 먼저 일어나 후베이성, 광둥성까지 이어졌다. 특히 쓰촨성에서는 '쓰촨보로 동지회'를 중심으로 철도 국유화를 반대했다. 청 조정이 이 운동에 강경하게 대응하자 보로 운동은 점차 반청 운동의 성격을 가졌다. 급기야 보로 운동이 무장 투쟁으로 발전하여 청나라로부터 독립을 선포하기에 이르자 청 조정은 최후 수단으로 호북신군을 파병했다.

그리고 드디어 신군의 혁명 사상에 쓰촨성 보로 운동이 더해져 혁명의 거센 파도를 만들었다. 이것이 우창(武昌) 봉기이다. 우창 봉기는 1911년

10월 10일 혁명 단체가 일으킨 무장봉기로, 청나라의 운명을 바꾸어 놓았다. 당시 후베이성에서는 문학사(文學社)와 공진회(共進會) 등의 혁명파 세력들이 활동하고 있었다. 이들은 혁명 세력을 결집하면서 신군 내에 혁명 사상을 전파했다. 청 조정이 쓰촨성 보로 운동 진압을 위해 군대를 파견하자 당시 우창에는 소수의 신군만 남았다. 절호의 기회를 맞이한 문학사와 공진회는 추석에 봉기하기로 하고 철저한 준비를 거쳐 결행하기로 했다. 그러나 우창 봉기는 이들의 계획과 상관없이 뜻밖의 사고로 황급히 일어났다.

1911년 10월 9일, 한커우 러시아 조계지에서 혁명군들이 폭탄을 제조하고 있었다. 그런데 이때 한 혁명군의 담뱃불이 화약이 있는 곳에 떨어져 화약이 폭발하는 사고가 발생했다. 이를 조사하는 과정에서 봉기에 관한 계획이 모두 들통 나고 말았다. 이로써 봉기를 위한 깃발, 공문서, 명단이 압수되고 관련자들이 체포되자, 우창의 혁명당과 신군은 봉기를 앞당겼다.

혁명군은 삼엄한 경계를 뚫고 10월 10일 저녁에 우창대의 무기고 공격을 시작으로 봉기를 일으켰다. 우창성 밖은 제21 혼성여단의 제11영이, 성 안에서는 제29표가 혁명군에 호응함으로써 혁명군은 무기고를 쉽게 탈취했다. 혁명군은 사산 지역의 초망대에 집결했지만, 사전 준비나 계획이 미흡하여 작전을 펼칠 지휘관이 마땅히 없는 상태였다. 혁명당은 하는 수 없이 오조린을 임시로 선출한 후 총독아문으로 진격했다. 총독아문으로 진격할 때 혁명군은 2천여 명으로 세가 늘어나 있었으며, 오조린의 형인 오조기가 가담함으로써 더욱 확장되었다. 혁명군이 총독아문으로 진격해 온다는 소식에 놀란 호광총독 서징은 혁명군에 대응조차 하지 않고 도망쳐 버렸다. 밤새 총독아문을 공격한 혁명군은 10월 11일에 총독아문을 점령

호북군 정부 봉기를 일으킨 혁명군은 우창성을 점령하고 호북군 정부를 수립했다.

하고 우창을 함락시켜 호북군 정부를 수립했다. 그리고 혁명군은 12일에 한양과 한커우까지 점령하여 우한삼진(武漢三鎭)을 모두 확보했다.

우창 봉기의 성공으로 호북군 정부가 수립되었지만, 혁명 전의 폭발 사고로 혁명군은 지휘부를 잃었다. 때문에 군정부의 도독 선출에 문제가 생겼다. 또한 중국혁명동맹회의 주요 지도자인 쑨원, 황싱 등이 모두 그곳에 없던 것도 원인이었다. 따라서 혁명군은 억지로 리위안홍(黎元洪)을 군정부의 도독으로 선출했다.

우창 봉기의 성공은 1개월 내에 전국적으로 퍼졌다. 후난성, 산시성(산서성), 장시성, 산시성(섬서성), 상하이, 저장성, 광둥성 등 각지에서 무장봉기가 일어나 독립을 선언했다. 이때 독립을 선언한 성은 후베이성, 허난성, 산둥성을 제외한 모두 14개 성으로 청나라의 통치는 빠르게 붕괴되었다. 청나라로부터 독립을 선언한 성이 늘어나면서 호북군 정부는 통일된 정부의 필요성을 느꼈다. 이로써 각 성의 대표들은 청 조정의 반격 위험을 무릅

쓰고 한커우의 영국 조계지에서 모임을 가지고 중화민국임시정부를 수립했다. 역사는 이를 1911년 신해년에 일어났다 하여 신해혁명이라고 한다.

중화민국임시정부의 초대 대총통으로 쑨원이 선출되었다. 해외에서 모금 활동을 하던 그가 1911년 12월 마침 귀국했고, 혁명당원들이 그를 매우 신망했기 때문이다. 1912년 1월 1일, 쑨원은 난징에서 취임 선서를 하고, 중화민국의 내각을 구성했다. 또한 혁명파, 입헌파, 구관료 등의 연합 형태인 임시참의원을 구성했다. 임시참

중화민국 건국기념 달력 1912년 1월 1일. 중화민국 건국 기념으로 출간된 달력.

의원은 2월 7일, 임시약법을 제정하여 공포했는데, 쑨원의 삼민주의를 바탕으로 한 주권 재민, 내각 제도, 국민 기본권 등의 내용을 담고 있다.

1911년 10월 10일의 우창 봉기가 시발점이 되어 청나라를 무너뜨리고 중화민국을 세운 신해혁명은 미완성으로 끝났다. 1911년 10월, 혁명군이 중국 전역을 휩쓸고 있을 당시 청 조정은 더 이상 이들에게 맞설 힘이 없었다. 하는 수 없이 북양신군의 위안스카이에게 전권을 위임하여 혁명군에 관한 일을 처리하도록 했다. 그러나 처음부터 혁명군에 맞설 의사가 없던 위안스카이는 화의를 신청했다. 이에 중국 전체에 일어날 분쟁을 우려한 쑨원이 위안스카이에게 총통직을 제안했으며, 위안스카이가 이를 수락하여 총통이 되었다. 이것은 권력이 위안스카이 중심의 구관료에게 다시

넘어갔음을 의미하며, 더 나아가 혁명 세력의 약화로 이어졌다. 그래서 혹자는 신해혁명을 미완성의 혁명, 제1차 혁명이라고 한다. 이후 혁명군은 1913년에 제2차 혁명, 1915년에 제3차 혁명을 통해 중국의 황제 체제를 완전히 종식시켰다.

신해혁명이 이러한 오명을 얻은 것은 신해혁명으로 봉건 제도가 무너지고 공화 제도가 이룩되었지만, 중국 전체에 뚜렷한 변화가 생기지 않았기 때문이다. 여전히 중국 사회와 경제는 열강들의 손아귀에서 벗어나지 못했으며, 봉건적인 모습을 가지고 있었다. 이는 당시 중국에 민족자본주의가 충분히 발달하지 못했고, 자산 계급의 역량이 부족했기 때문이다.

이처럼 신해혁명은 쑨원이 스스로 "혁명은 아직 성공하지 않았다. 계속 노력하자."라고 외쳤던 것처럼 미완성의 혁명이었다. 비록 신해혁명이 완전히 성공하지 못하고 제2차, 3차 혁명이라는 숙제를 남겼지만, 청나라를 멸망시켜 2천여 년간 지속된 전제 정치를 종식시킨 것은 분명하다.

신문화 운동

지식인들의 사상 계몽 운동

> ◁◁ **1912년** 대총통이 된 위안스카이가 독재 정치를 시작하다.
> ◁◁ **1915년** 천두슈가 후스, 리다자오, 루쉰, 첸쉬안퉁과 함께 〈청년잡지〉를 창간하다.
> ◁◁ **1918년** 소설가 루쉰이 최초의 백화문 소설 〈광인일기〉를 발표하다.
>
> 중화민국이 성립되고 얼마 후 위안스카이가 독재 통치를 시작하자 중국 개혁의 근본적인 해결을 위해 신문화 운동이 발생했다. 유교적이고 봉건적인 제도와 문화를 비판하는 신문화 운동은 천두슈의 〈청년잡지〉 발간을 그 시작으로 한다. 신문화 운동은 학생, 청년층에게 널리 확산되었으며, 사상의 개혁을 불러일으켰다. 또한 중국 국민당이 대중적인 정당이 되었고, 공산당이 창당되었으며, 노동자 조직이 생겨나기 시작했다.

1912년, 중화민국이 성립되면서 2천 년간 지속된 중국의 황제 체제가 무너졌다. 이로써 중화민국 초기에는 민주주의와 자유의 분위기가 형성되었다. 우선 정치적으로 '중화민국은 중화 인민이 조직한다', '중화민국의 주권은 국민 전체에게 있다'를 각각 1, 2조로 하는 임시약법을 선포했다. 또한 국민 모두는 평등하고, 정치에 참여할 수 있으며, 거주, 종교, 집회, 출판, 언론 등의 자유가 있음을 명시했다. 경제적으로는 농업 종사를 적극 권장하는 한편, 상공업을 보호하고, 감세 정책을 추진했다. 이와 함께 사회, 문화적으로는 청나라에서 교부한 도서를 금지시키고, 자유, 평등, 박애 사상을 바탕으로 교육을 실시했으며, 남녀공학과 여학교 창설을 장려했다. 또한 아편의 재배 및 흡연, 전족, 가혹한 형벌, 인신매매, 도박 등을 엄금했다.

하지만 중화민국 초기의 민주주의와 자유의 분위기는 3개월을 넘기지 못했다. 1912년 3월, 위안스카이가 대총통직을 쑨원에게 찬탈하고, 국민당과 국회를 해산시켰기 때문이었다. 그는 1914년 임시약법까지 폐지하고, 봉건 독재적 대총통 권력을 가졌다. 총통이 된 위안스카이는 자신의 권력에 정당성을 부여하기 위해 공교(孔敎) 국교를 주장하는 한편, 스스로 황제가 되겠다는 제제(帝制) 운동을 펼쳐, 1915년에 기어이 황제가 되었다. 이로써 중국은 다시 독재 통치와 봉건 체제로 회귀했다.

이렇듯 중화민국 초기의 짧은 민주주의 정치가 다시 위안스카이의 독재 통치, 제제 운동 등으로 실패하자 진보적인 지식인 사이에서는 중국 개혁을 위한 근본적인 해결책을 모색해야 한다는 움직임이 일어났다. 이러한 상황에서 발생한 것이 신문화 운동이다. 신문화 운동은 유교적이고 봉건적인 제도와 문화를 비판하고 반대한 계몽 운동이다.

신문화 운동은 천두슈(陳獨秀)의 〈청년잡지〉 발간을 그 시작점으로 한다. 천두슈는 일본에서 유학해 서양 사상과 문화를 적극적으로 수용한 인물로, 반청 혁명가로 활동하며 신해혁명에 참가했다. 1913년, 그는 위안스카이를 타도하자는 제2차 혁명에 참가했다가 혁명이 실패하자 일본으로 망명했다. 1915년에는 귀국해 후스(胡適), 리다자오(李大釗), 루쉰(魯迅), 첸쉬안퉁(錢玄同) 등을 편집인으로 참여시켜 〈청년잡지〉를 창간했다. 1916년에는 〈청년잡지〉 2권 1호부터 〈신청년(新靑年)〉으로 개칭하고 "청년은 자주적, 진보적, 세계적, 과학적이어야 한 다."라고 주장했다.

천두슈는 〈신청년〉을 통해 민중의 각성을 방해한다는 이유로 유교를 강 하게 비판하며 "공자 묘를 부수자."라 고 주장했다. 또한 민주주의와 과학을 기치로 내세워 민주공화국을 건설해 자유와 자치에 따라 국민 정치를 실행 해야 한다고 주장하고, 서구처럼 과학 적 지식을 바탕으로 사고할 것을 주장 했다. 이에 그는 〈신청년〉에 의학, 물리 학, 생리학 등에 관한 내용들을 실어 과 학적 지식을 보급하고 몽매주의와 미

〈신청년〉 신문화 운동은 천두슈의 〈청년잡지〉 발간을 그 시작점으로 한다. 〈청년잡지〉는 이후 〈신청년〉으로 개칭되었다.

신적 사고를 반대했다. 더불어 사회진화론을 내세워 중국 전통문화를 현대 사회에 적합하지 않은 구시대적인 유물로 취급하여 반대했다. 또한 입센, 도스토옙스키, 톨스토이 등의 작품을 번역하거나 소개하여 서구의 선진 사 상과 문화를 적극 수용할 것을 제창했다.

신문화 운동은 잡지 〈신청년〉과 함께 베이징 대학을 거점으로 학생, 청 년층에게 널리 확산되었다. 당시 베이징 대학의 총장은 차이위안페이(蔡 元培)로, 신해혁명 이후 1912년에 중화민국의 초대 교육총장으로 취임했 다. 그러나 위안스카이가 대총통이 되자 1907년에 독일로 유학을 갔으며, 위안스카이가 물러난 후 귀국하여 1916년에 베이징 대학의 총장이 되었 다. 그는 '모든 사상을 수용하고 자율적인 학습 분위기를 조장하자'라는

교육 방침을 내세웠다. 또한 천두슈를 문과대 학장, 후스, 리다자오, 루쉰, 저우쭤런(周作人) 등을 교수로 초빙해 베이징 대학을 신문화 운동의 중심지로 만들었다. 후스, 리다자오, 루쉰, 저우쭤런 등은 〈신청년〉에 글을 기고하여 신문화 운동을 널리 알렸다.

신문화 운동은 크게 문학과 사상으로 나누어 전개되었으며, 특히 문학 면에서 크게 성공했다. 이러한 신문학 운동은 백화문(白話文)을 제창하고 문언문(文言文)을 반대하는 백화문 운동으로 전개되었다. 백화문은 구어체로 쓴 중국의 글을 말하는 것으로, 후스는 〈문학개량주의(文學改良芻議)〉에서 백화문을 통해 국민 문학, 대중적인 사회 문학의 건립을 주장했다. 그리하여 최초의 백화문 시집 〈상시집(嘗試集)〉을 내고, 알퐁스 도데의 〈마지막 수업〉을 번역하여 최초로 서양의 희곡 양식을 소개하기도 했다.

후스와 함께 천두슈도 문학의 형식과 내용을 개혁해야 한다고 주장했다. 〈신청년〉 2월호에 〈문학혁명론(文學革命論)〉을 발표해 최초로 '문학혁명'을 언급했고, 후스의 제창을 지지했다. 이러한 주장에 지식인들은 큰 지지를 보냈고, 이후 〈신청년〉은 백화문으로 발간되었다.

또한 신문학 운동에 적극 참여한 지식인으로 빼놓을 수 없는 인물이 바로 소설가 루쉰이다. 그는 1918년 〈신청년〉에 최초의 백화문 소설 〈광인일기〉를 발표해 사회적으로 큰 반향을 일으켰다. 〈광인일기〉는 피해망상증에 걸린 광인이 주인공으로, 그의 일기를 통해 봉건 사회의 가족 제도와 그 토대가 되는 유교 사상의 위선과 비인간성을 고발한 소설이다. 계몽주의적 성격이 강한 〈광인일기〉는 중국 최초의 근대 문학 작품이다.

신문화 운동의 또 다른 축을 이루고 있던 것은 사상의 개혁이다. 신사상 운동은 봉건적 중국 사회의 근간인 유교 사상을 비판하고, 서구 사상 수용을 위한 계몽 운동 형태로 나타났다. 그리하여 신사상 운동은 서구의 자연 과학과 과학적 사고방식을 받아들이고, 민주주의를 통해 새롭게 중국의 정치, 도덕, 문화를 재건할 것을 주장했다. 또한 유교 사상과 봉건적 관습으로 억압당한 개인과 여성의 해방을 제창했다. 특히 해방에 관한 주장들은 무정부주의자들에 의해 해방 대상의 범위가 확대되었다. 무정부주의자들은 개인, 여성뿐만 아니라 육체노동에 대한 편견의 해방을 주장했다. 이로써 지식인들은 점차 노동의 신성함을 인식했고, 노동과 학업의 병행을 추구했다. 더불어 베이징 대학생들은 평민교육강연단을 조직하여 노동자 계몽 운동을 펼쳤다.

그러나 신문화 운동은 1917년 러시아에서 볼셰비키 혁명이 성공한 후 성격이 변하기 시작했다. 볼셰비키 혁명의 영향을 받은 〈신청년〉은 리다자오의 〈서민의 승리〉, 차이위안페이의 〈노동자는 신성하다〉를 게재했다. 중국 지식인 사이에서 마르크스주의에 대한 관심이 고조되며 사회적으로 유행하자 〈신청년〉은 편집 방향을 바꾸어 마르크스주의를 체계적으로 소개하고 그것을 연구하고 선전하는 데 앞장섰다. 게다가 천두슈는 리다자오와 함께 1918년에 〈매주평론(毎周評論)〉을 창간하여 신문화 운동과 마르크스주의를 선전했다. 하지만 천두슈가 1921년 공산당 총서기가 되어 활동하면서 〈신청년〉을 공산당 기관지로 활용하자, 후스 같은 자유주의적 지식인들이 반발했다. 이에 후스는 〈신청년〉에서 분리하여 1922년에 자유주의적 성격의 〈노력주간(努力週刊)〉을 창간했다. 신문화 운동의 상징인 〈신청년〉이 사상적으로 분열되자 신문화 운동의 핵심 중 하나인 신사성 운동은 종식을 고했다. 이로써 신문화 운동은 활력을 잃었으며, 결국 1920년대 사상 계몽 운동으로서의 생명을 다했다.

　　신문화 운동은 민주주의와 과학을 강령으로 내세운 지식인들의 사상 계몽 운동이다. 신해혁명이 정치적인 계몽 운동이라면, 신문화 운동은 사상적인 계몽 운동인 것이다. 또한 신문화 운동은 다양한 서구 근대 사상을 중국으로 유입시켰으며, 자유주의, 무정부주의, 마르크스주의 등을 중국 사상계와 문화계에 유행시켰다. 더 나아가 민중으로 하여금 정치적 행동을 촉구하도록 하여 국민당을 대중적인 정당으로 만들었으며, 공산당 창당에 영향을 주었다.

1919

5 · 4운동

반제국주의, 반봉건주의 혁명 운동

◁◁▏**1915년** 일본이 중국의 위안스카이에게 〈21개조 요구〉를 제출하다.
◁◁▏**1918년** 제1차 세계대전 승전국들이 파리에서 강화회의를 소집하다.
◁◁▏**1919년** 열강의 승인 아래 산둥성의 모든 권익이 일본에게 넘어가다.

일본은 산둥을 점령하고 21개조를 요구하며 중국에 압력을 가했다. 중국은 제1차 세계대전 종전 후 소집된 파리 강화회의에서 이에 항의했으나 모든 권익이 일본에게 넘어갔다. 이에 격분한 베이징 대학생들은 5월 4일 톈안먼 광장에서 시위를 벌였다. 연일 계속되는 시위는 민중 운동으로 발전했고, 위기를 느낀 북양 군벌 정부는 〈21개조 요구〉의 조인을 거부했다. 이로써 5 · 4운동은 승리했으며 민중이 역사 발전의 주체로 떠올랐다.

1919년 5월 4일 오후 1시, 톈안먼 광장에 베이징 대학 학생을 중심으로 시위대 3천여 명이 집결해 "21개조를 취소하라. 칭다오(青島)를 반환하라. 친일 관료 3인을 파면하라." 등의 구호를 외쳤다. 시위대의 함성과 열정은 중국 각계, 각층, 전역으로 퍼져 민중 운동으로 발전했다.

1914년, 시리 예보 사건으로 전 세계는 전쟁의 소용돌이에 휩싸였고, 유럽 열강들의 관심은 중국에서 유럽으로 이동했다. 반면 일본은 제1차 세계

베이징의 대학생들 당시 대학생들은 톈안먼에 모여 시위를 거행했다.

대전을 계기로 중국 침략을 위한 사전 작업을 다졌다. 일본은 1902년에 맺은 영일 동맹을 구실로 1914년 8월, 독일에 선전포고했다. 이후 일본은 군사 행동을 펼쳐 독일의 조차지 칭다오와 산둥 반도 전역을 점령해 버렸다. 또한 1915년 1월에는 위안스카이에게 〈21개조 요구〉를 제출했다. 그 내용은 독일이 가진 산둥성의 권익과 철도 부설권을 일본에게 승계하고, 동부 내몽골, 남만주 일대의 권익을 부여하며, 여순 대련 조차권과 남만주 철도의 권리 기한을 연장하는 것이다. 또한 중국 정부의 군사, 재정 기관에 일본인 고문을 초빙하고, 중국 치안을 공동으로 유지한다 등이었다. 이 조항들은 중국 주권을 심각하게 침해하는 것으로, 중국 입장에서는 절대 받아들일 수 없는 요구였다. 그러나 일본은 위안스카이의 제제(帝制) 운동에 지지 의사를 밝히며 이를 관철시켰다. 또한 일본은 위안스카이가 죽은 후 돤치루이(段棋瑞) 정권에 막대한 차관을 제공해 포섭하고, 1918년 중국 내 일본군의 자유로운 활동을 약속하는 협정을 맺었다.

1918년, 제1차 세계대전이 독일의 패전으로 막을 내리자, 이듬해 영국, 미국 등의 승전국은 파리에서 강화회의를 소집했다. 중국도 승전국의 일원으로 참가하여 열강들이 가지고 있는 중국에 대한 이권을 돌려받고자 했다. 회의에서 중국 대표단은 제1차 세계대전 전에 독일이 소유한 산둥성 권익을 중국에게 돌려주고, 1915년에 일본과 맺은 〈21개조 요구〉를 무효화하며, 열강들이 가진 영사 재판권, 관세 협정, 군대 주둔, 조차지 취소 등을 제시했다. 그러나 중국 대표단의 요구는 대부분 무시되었고, 심지어 전쟁 전에 독일이 갖고 있던 모든 권익을 일본에게 넘길 것을 결정했다.

중국에 관한 파리 강화회의 결정은 모두 일본의 치밀한 계획에 따른 것이었다. 전쟁이 발발하기 전 일본은 영국, 프랑스, 러시아, 이탈리아와 긴밀한 관계를 맺은 후 강화회의에서 중국에 대한 독일의 모든 권익을 일본에게 승계한다는 약속을 받아 낸 것이다. 또한 일본은 1918년에 돤치루이 정권과 체결한 협정을 근거로 내세우며 산둥성의 권익에 관한 문제는 제1차 세계대전과 무관하며, 단순히 중국과 일본 양국의 문제라고 주장했다. 결국 1919년 4월 21일, 열강의 승인 아래 산둥성의 모든 권익이 일본에게 넘어갔다.

1919년 5월 1일, 베이징의 신문들이 파리 강화회의 결정과 그 내막을 빠짐없이 보도했다. 또한 당시 북양 군벌 정부도 열강의 압력에 굴복해 강화회의 결정에 동의했다는 내용을 함께 실었다. 이러한 소식은 중국인에게 큰 실망과 분노를 안겨 주었다. 이러한 분노는 특히 신문화 운동의 혜택을 받은 학생층에서 가장 심했다. 학생들은 강화회의의 결정과 북양 군벌 정부의 태도를 제국주의 열강의 침략으로 보았으며, 북양 군벌 정부가 국익

대신 자신들의 권력만을 지키려 한다고 생각했다. 이에 따라 5월 1일에 베이징의 학생들은 모임을 갖고 시국을 논의했다. 그리고 5월 3일, 베이징 대학에서 임시학생대회를 열고 4일에 톈안먼에 모여 시위를 거행하기로 결정했다.

5월 4일, 톈안먼에 모인 시위대는 베이징 대학, 베이징 사범대학 등 13개 대학의 대학생들로 약 3천여 명에 이르렀다. 시위대는 〈21개조 요구〉 취소, 칭다오 반환, 친일 관료 차오루린(曹汝霖), 장쭝샹(章宗祥), 루쭝위(陸宗輿) 처단 등이 쓰인 기를 들고 행진했다. 그들이 향한 곳은 외국 공사관 밀집 지역인 동교민항으로, 각국 외교 사절들에게 청원서를 전달하고자 했다. 그러나 5월 4일은 일요일이어서 시위대 대표들은 청원서를 제출할 수 없었다. 게다가 외국 경찰들이 시위대를 저지하고 나서자, 격앙된 시위대는 친일파 차오루린 집으로 몰려갔다. 하지만 차오루린은 이미 피신한 상태였다. 분노한 시위대는 차오루린의 집에 불을 지르고, 대신 자택에 머물고 있던 장쭝샹을 찾아내 구타했다.

사태가 심각해지자 북양 군벌 정부는 시위대 체포 명령을 내려 모두 32명의 학생을 체포했다. 그러나 시위대를 강경하게 탄압하면 해산할지도 모른다는 북양 군벌 정부의 예상은 빗나갔다. 5월 5일, 베이징의 학생들은 체포 학생의 석방을 요구하며 동맹 휴학을 감행한 것이다. 더불어 그들은 사회 각계각층에 함께 싸울 것을 호소했다. 이에 베이징 시민들도 시위대에게 지지를 보냈고, 결국 북양 군벌 정부는 7일, 체포한 학생들을 전원 석방했다.

그러나 북양 군벌 정부도 이대로 물러날 수는 없었다. 체포 학생을 석방하여 시위대 활동이 수그러들자 "베이징 대학생들의 파행적 행동에 대한 책임은 베이징 대학의 몫이고, 이는 곧 총장인 차이위안페이가 지어야 할 몫이다."라고 주장하며 차이위안페이를 해임하고자 했다. 게다가 북양 군벌 정부는 다시 강경방침으로 일변해 차오루린을 유임시키고, 학생 운동 금지령을 내리는 한편, 파리 강화회의의 결정을 승인하려는 움직임까지 보였다.

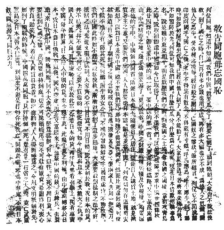

선동격문 베이징에 배포된 선동문은 배일 사상을 고취시켰다.

북양 군벌 정부의 태도 변화는 또다시 학생들의 분노를 일으켰고, 학생들은 5월 19일부터 다시 동맹휴학을 결의했다. 이와 더불어 학생들은 거리에서 강연을 하고, 일본 상품 배척 운동과 국산품 애용 운동을 함께 전개해 나갔다. 연일 계속되는 학생들의 가두연설과 시위, 반일 운동, 애국 운동 등은 곧 전국으로 확산되어, 톈진, 상하이, 난징, 무한의 학생들도 가담했다. 그러자 당황한 북양 군벌 정부는 더욱 강경하게 탄압했으나 학생들은 움직임을 멈추지 않았다. 6월 3일, 학생 7명의 체포를 시작으로, 그다음 날에는 체포된 학생의 수가 무려 천여 명에 이르렀다. 이것이 이른바 6·3사건이다. 이로 인해 북양 군벌 정부에 대한 민중의 분노는 극에 달했다.

6·3사건을 계기로 운동의 불길은 상인, 노동자들에게 이어졌고, 베이징에서 전국 각 도시로 퍼졌다. 특히 상하이에서의 삼파투쟁(三罷鬪爭)은 그 규모와 영향력이 매우 컸다. 6월 5일, 상하이의 공장 노동자들이 학생들을 적극 지원하기 시작했다. 이에 상하이에서는 학생의 수업 거부, 상인의

파리 강화회의 제1차 세계대전의 승전국들이 연합국과 동맹국 간의 평화 조약을 협의하기 위해 개최한 국제 회의. 이 회의에서 산동의 권익을 빼앗긴 중국인들은 분노하여 5·4운동을 일으켰다.

철시, 노동자의 파업 등 연합 투쟁이 이루어졌다. 이때 삼파투쟁이 한창인 상하이에서는 단 한 건의 범죄도 일어나지 않았을 정도로 단결된 모습을 보였다.

상하이의 삼파투쟁이 전국적으로 확산될 조짐을 보이고, 사태가 걷잡을 수 없이 커지자 북양 군벌 정부는 굴복하고 말았다. 친일 관료 차오루린, 장쭝샹, 루쭝위를 파면하고, 구속한 학생들을 석방했다. 또한 파리의 중국 대표단은 6월 28일, 강화회의의 조인을 거부했다. 이로써 5·4운동은 승리를 거두었다.

5·4운동은 반제국주의, 반봉건주의 혁명의 새로운 기원을 이룩하여 중국 현대사의 시발점으로 여겨진다. 또한 5·4운동은 외국과의 불평등한 조약 체결을 무산시켰다. 여기에서 주목할 점은 그 주체가 민중이었으며, 민중이 주권자로서 정부에게 조약 거부를 요구하고, 그것을 투쟁으로 얻어냈다는 것이다. 이로써 민중은 역사 발전의 주체로 떠올랐다. 또한 5·4운동 과정에서 보인 학생, 상인, 노동자, 일반 시민의 연대는 중국 국민의 연대감을 형성시켰다. 이것은 신문화 운동 중 신사상 운동의 성과로, 신사

상의 확산이 5·4운동을 범국민적으로 만든 것이다. 특히 노동자의 정치 참여는 지식인들의 주목을 끌어 1921년 중국 공산당 창당에 많은 영향을 주었다.

1921

중국 공산당 창당

공산주의 국가 건설

> ◀ **1917년** 레닌이 러시아에서 혁명을 일으켜 러시아 제정을 무너뜨리고 공산 정권을 수립하다.
>
> ◀ **1920년** 코민테른의 밀사 보이틴스키가 중국 공산당 창당의 임무를 띠고 중국에 파견되다.
>
> ◀ **1921년** 제1차 전국대표대회를 통해 중국 공산당이 정식으로 출범하다.
>
> 5·4운동의 성공으로 중국은 혁명을 통해 새로운 사회주의를 건설해야 한다는 결론을 내렸다. 보이틴스키와 천두슈의 만남으로 중국 내 공산당 창립이 가시화되자 마침내 마오쩌둥 외 12명의 대표들은 상하이에 모여 중국 공산당 창당을 선언했다. 점차 국내외로 세력을 확장한 중국 공산당은 중국 혁명 운동 세력으로 인정받아 모든 투쟁에서 승리, 중국 대륙의 주인공이 되었다.

중국 공산당은 현재 당원수가 8,026만 명이 넘는 세계에서 가장 거대한 정당이다. 현재 중화인민공화국의 집권 정당이며, 1949년 정권을 잡은 이후 현재까지 일당 독재 체제로 국가를 통치하고 있다. 하지만 1921년, 창당 당시 중국 공산당의 모습은 초라하기 그지없었다. 특히 집권하기까지 약 30년에 가까운 세월은 그야말로 파란만장했다.

1917년, 레닌은 러시아에서 10월 혁명을 일으켜 러시아 제정을 무너뜨

중국사를 움직인 100대 사건

리고 공산 정권을 수립한 뒤 제1차 세계대전으로 와해된 국제적 사회주의 조직의 부활을 시도했다. 1919년, 그는 각국 노동 운동 내의 좌파를 결집해 코민테른을 창립했고, 코민테른은 공산주의의 세계화를 꿈꾸었다.

당시 중국에서는 신문화 운동을 통해 무정부주의, 사회주의가 유입되어 크게 유행하고 있었다. 게다가 중국 지식인들은 러시아의 10월 혁명 성공 소식을 접하고 사회주의에 대해 더욱 큰 관심을 가졌다. 때마침 5 · 4운동에 중국 노동자들이 적극적으로 참여해 성과를 보이자, 지식인들은 노동자들의 정치적 역할에 주목하기 시작했다. 5 · 4운동 이후 지식인들은 중국 변혁의 길을 논의했다. 그들은 사회주의 사상을 중심으로 무산 계급에 의지한 혁명을 통해 새로운 사회를 건설해야 한다는 결론에 도달했다.

코민테른의 공산주의 세계화 전략은 당시 중국 사회에서 일고 있는 변화와 맞아떨어졌다. 1920년, 코민테른의 밀사 보이틴스키(G. Voitinsky)가 중국 공산당 창당의 임무를 띠고 중국에 파견되었다. 보이틴스키가 처음으로 만난 사람은 리다자오였다. 리다자오는 일찍이 러시아의 10월 혁명과 사회주의를 선전한 인물로, 새로운 중국의 탄생을 위해서는 러시아의 10월 혁명 같은 혁명이 필연적이라고 주장했다. 보이틴스키를 면담한 리다자오는 그를 천두슈에게 소개했다. 천두슈 또한 러시아의 10월 혁명과 노동 운동 등으로 사회주의에 경도된 인물이었다. 그는 당시 5 · 4운동의 관련자로 지목당해 베이징 대학에서 해임당하고, 상하이에서 집필 활동에 전념하고 있었다. 보이틴스키와 천두슈의 만남으로 중국 내 공산당 창립이 가시화되었다.

천두슈는 보이틴스키의 도움을 받아 1920년 5월 상하이에서 마르크스주의학설연구회를 조직하고, 8월에 중국 최초의 공산주의 소조를 건립했

상하이에 있는 중국 공산당 제1차 대표회의가 열린 장소

다. 또한 그는 상하이 공산주의 소조의 서기를 맡고, 전국적인 성격의 당조직 건립을 위해 애썼다. 10월, 리다자오는 베이징, 둥비우(董必武)와 마오쩌둥(毛澤東) 등은 후난성, 자오스옌(趙世炎)과 저우언라이(周恩來) 등은 프랑스, 저우포하이(周佛海)는 일본에 공산주의 소조를 건립했다.

각지의 공산주의 소조는 간행물을 창간해 적극적으로 사회주의 사상을 선전했다. 우선 〈신청년〉을 기관지로 바꾸고, 〈공산당〉을 창간해 사회주의를 체계적으로 선전했다. 또한 공산주의 소조는 중국 공산당 창당을 위해서 사회주의와 노동자 운동을 결합시킬 필요가 있다고 생각했다. 따라서 노동자들을 대상으로 한 잡지 〈노동계〉, 〈노동음〉, 〈노동성〉 등을 창간했다. 이러한 간행물들은 사회주의 선전에 크게 기여했으며, 노동자들도 열렬히 호응했다. 이 외에도 소조는 야학을 설립하고, 노동 조합을 건립하여 노동자의 의식 향상에 주력하는 한편, 사회주의 인재를 양성하고자 했다. 이러한 소조의 노력은 중국 공산당의 사상, 계급, 조직의 기초가 되었다.

각지에서 공산주의 소조의 활동이 활발해지고 마침내 전국으로 확산되자, 소조를 통일한 중국 공산당 창당의 분위기가 형성되었다. 1921년 7월 23일, 드디어 열세 명의 소조 대표들이 상하이에 모여 제1차 전국대표대회를 열고 중국 공산당 창당을 선언했다. 여기에 참석한 사람은 둥비우, 천탄추(陳潭秋), 마오쩌둥, 리숙형(李淑衡), 저우포하이, 장궈타오(張國燾), 류인정(劉仁靜), 진공박(陳公博), 포혜승(包惠僧), 왕신미(王燼美), 둥은명(鄧恩銘), 리한준(李漢俊), 리다(李達) 등이다. 한편 리다자오는 베이징 대학의 일이 많아서, 또 천두슈는 광저우에서 관직을 맡았기 때문에 참석하지 못했다.

제1차 전국대표대회는 코민테른에서 파견된 마링(H. S. Maring)의 축사로 시작되었다. 회의는 7월 23일부터 30일까지 총 여섯 차례 열렸다. 이 중 7월 30일에 열린 여섯 번째 회의는 프랑스 경찰들의 갑작스런 조사로 중단되어 저장성 가흥(嘉興) 남호의 유람선 위에서 거행되었다. 회의에서 각 공산주의 소조의 사업 보고와 사업 전개 상황, 방법 등을 논의했다. 하지만 대회의 중심 목적은 중국 공산당 성립이었기 때문에 중국 공산당의 강령과 사업 계획 제정, 중앙 기관 선출 등을 주요 의제로 다루었다.

대회 참석자들은 당의 정식 명칭을 '중국 공산당'으로 확정하고 노동자 계급의 정당임을 분명히 했다. 그리고 노동자 계급의 혁명 군대를 지휘하여 자본가 계급의 정권을 뒤엎어 노동자 계급의 정권을 수립하고, 사회 계급 구분을 없애고, 자본가의 사유제를 폐지하며, 생산 수단을 몰수하여 사회 공동 소유로 귀속시킨다는 등의 강령을 채택했다. 또한 당의 강령에는

중국 공산당 당기를 들고 있는 공산당원

민주 집중제의 조직 원칙과 당의 규율 및 당원 가입 조건, 당원의 역할 등을 규정했다. 중국 공산당은 당의 강령을 구체적이고 명확하게 정함으로써 사상을 강화하고 단결 통일을 꾀했다.

또한 당 중앙 지도기관인 중앙국의 구성도 논의했다. 그리하여 천두슈를 중앙국 서기로 임명하고, 장궈타오는 조직 사업을, 리다는 선전 사업을 맡도록 했다. 하지만 당시에는 당원의 수가 적고, 각지의 소조도 완비되지 않은 상태였기 때문에 당 중앙위원회는 구성되지 않았다. 이것으로 중국 공산당 창당은 성공적으로 이루어졌다.

1921년, 제1차 전국대표대회를 통해 중국 공산당이 정식으로 출범하자 당원들은 활발한 조직 활동을 펼쳐 새로운 당원 영입에 애썼다. 중국 공산당은 노동 운동을 중요 임무로 정하여 노동자 야학과 노동 조합을 통해 노동자들을 계몽하고, 사회주의를 선전해 노동 운동을 활성화시켰다. 그리하여 1922년부터 그다음 해까지 중국에서 노동 운동이 매우 활성화되었다. 특히 홍콩에서는 3만여 명의 선원과 운수 노동자들이 대파업을 일으키기도 했다.

한편 중국 공산당은 장궈타오를 중심으로 대표단을 구성해 1922년 1월에 코민테른이 개최한 '극동 각국 공산당 및 민족혁명 단체 제1차 대표대회'에 참석시켰다. 이 대회를 통해 중국 공산당은 대외에 정식으로 존재를 알렸다.

중국 공산당의 제2차 전국대표대회는 1922년 7월 상하이에서 열렸다. 제1차 전국대표대회가 당원 50명을 대표하는 13명으로 조촐하게 이루어진 반면, 이번 대회에서는 전국 195명의 당원들을 대표해 천두슈, 장궈타오 등 12명의 대표가 참석했다. 1년 전 당 출범 때에 비해 비약적인 발전을 보인 것이다. 제2차 전국대표대회에서는 제국주의와 봉건주의에 반대한다는 중국 혁명의 성격과 대상을 명확히 제시했다. 또한 중화 민족의 완전한 독립 실현과 공산주의 사회 건설이라는 당의 최저 강령과 최고 강령을 규정했다.

분명 창당 당시 중국 공산당은 초라하고 미미했다. 그러나 2년 사이에 놀라운 속도로 조직을 확대시켰다. 그리하여 중국 공산당은 국민당과 함께 군벌과 외국 침략에 대항할 수 있는 중국 혁명 운동 세력으로 인정받았다. 이로써 중국 공산당은 자본가 계급과 투쟁하면서 군벌, 제국주의에 대한 투쟁까지 병행해야 했다. 그 결과 중국 공산당은 파란만장한 과정을 지나 모든 투쟁에서 승리하여 1949년에 중국 대륙의 주인공이 되었다.

1924

제1차 국공합작

국민당과 공산당의 합작

◁◁ **1912년** 쑨원이 중국혁명동맹회를 민주주의 정당으로 개혁하여 국민당이라고 칭하다.

◁◁ **1919년** 쑨원이 중화혁명당을 중국 국민당으로 개칭하다.

◁◁ **1923년** 소련 대표 요페가 쑨원과 회담을 가지고 쑨원-요페 공동선언을 발표하다.

쑨원은 '중국 국민당 개조 선언'을 발표하고 당의 개진 작업에 들어갔다. 공산당 또한 국민당을 연합 전선의 대상으로 인정하고, 국공합작을 정식으로 채택했다. 이로써 국민당과 공산당, 코민테른의 의견이 합쳐져 국민당 제1회 전국대표대회가 개최되었다. 이를 통해 국민당은 소련과 연합하고, 공산당과 제휴하여 농민과 노동자를 돕는다고 천명했으니, 이것이 국민당과 공산당의 제1차 국공합작이다.

1912년, 중화민국의 설립과 함께 쑨원은 중국혁명동맹회를 민주주의 정당으로 개혁하여 국민당이라고 칭했다. 그리고 같은 해 12월에 치러진 선거에서 국민당은 량치차오(梁啓超)가 조직한 진보당과 위안스카이의 공화당 등을 누르고 의석의 과반수를 차지했다. 선거에서 압승을 거둔 국민당은 총통 위안스카이의 권한을 견제하고자 책임내각제 성격이 강한 내각제를 채택하고 참의원의 권한을 강화했다. 하지만 이는 황제가 되려는 욕망이 매우 강한 위안스카이에게 절대 용납할 수 없는 일이었다. 그는 직예도독 임명권을 두고 내각과 대립한 끝에 의회를 해산시키고, 국민당 압승을 이끈 쑹자오런 암살을 사주하는 등 의회의 기능을 말살하고자 했다. 그리고 혁명파를 무력으로 탄압하기 시작했다. 결국 쑨원 중심의 국민당은 위안스카이 토벌 전쟁을 벌이지 않을 수 없었다. 그러나 국민당은 무력이 없었기 때문에 위안스카이에게 패배했다. 이로써 쑨원은 다시 일본 망명길에 올랐으며, 국민당은 반역 조직으로 낙인찍혀 해산되었다.

1913년, 쑨원이 위안스카이 토벌 전쟁에 실패하고 일본으로 향했다는 소식에 혁명파들이 도쿄에 모이기 시작했다. 쑨원은 도쿄의 혁명파들과 결의해 중화혁명당 조직에 착수하여, 9월 1일 〈중화혁명당 선언문〉을 발표하고 위안스카이 토벌을 천명했다. 그 후 중화혁명당은 위안스카이의 제제 운동에 반대하는 투쟁을 벌였으나 뚜렷한 성과를 내지 못했다.

1916년, 위안스카이가 사망하고 정권이 군벌 돤치루이에게 돌아갔다. 이에 쑨원은 1917년 서남 지역 군벌들과 연합하여 광둥 정부(廣東政府)를 수립하고 대원수가 되었다. 하지만 광둥 정부의 실질적 권력인 서남 군벌이 쑨원을 견제하자, 쑨원은 다시 광둥 정부를 떠나 상하이로 향했다. 1919년, 쑨원은 상하이에서 5·4운동을 통해 민중의 역량을 목격하고 중화혁명당을 중국 국민당으로 개칭했다.

1920년, 쑨원은 광저우를 점령하고 광둥성의 행정권을 넘겨받은 천중밍(陳炯明)의 초빙을 받았다. 이에 쑨원은 광둥으로 돌아가 다시 광둥 정부를 세우고 비상대총통이 되었다. 쑨원은 곧 내각을 구성하고 북벌을 시도했다. 1921년 10월, 북벌 안건이 국회에서 통과된 것을 시작으로 쑨원의 북벌 계획은 구체화되었다. 하지만 쑨원의 북벌은 광둥의 자치와 근대적 개혁을 추구한 천중밍의 방침과 대립했다. 따라서 천중밍은 북벌에 소극적인 태도를 취했으며, 심지어 1922년 6월 16일에는 쑨원 습격 명령을 내렸다. 천중밍의 공격에 영풍함으로 피신한 쑨원은 끝내 광동을 떠나 상하이로 향했다.

1922년, 천중밍의 반란으로 상하이로 쫓겨난 쑨원에게 코민테른의 마링과 공산당의 천두슈가 방문했다. 코민테른이 쑨원을 방문한 것은 이번이 처음이 아니었다. 코민테른은 중국 공산당이 창당되었어도 중국 대륙에 혁명 바람을 일으키기에는 그 힘이 약하다고 생각했다. 이에 코민테른은 쑨원을 주목하여 보이틴스키를 파견한 것이다. 당시 쑨원은 5 · 4운동을 경험하면서 사회주의와 소련의 혁명에 관심을 가졌기 때문에 둘의 만남은 성사될 수 있었다. 1921년 7월에는 공산당 전국대표대회에 파견된 코민테른의 마링이 다시 쑨원을 찾았다. 이때 마링은 쑨원에게 중국 혁명을 위해서 각 계층을 망라하는 정당과 군사학교의 설립이 필요하다고 조언했다. 이후 코민테른은 쑨원에게 공산당과 연합한 북벌을 제의하기도 했다. 하지만 쑨원은 두 당의 이념이 너무 다르다는 이유로 제의를 거절했다.

그러나 군벌 천중밍에게 패하고, 기대했던 외국의 원조도 없는 상태에서 소련의 지원은 환영할 만한 일이었다. 마링과 천두슈는 공산당원이 개인 자격으로 국민당에 입당하는 것이 어떻냐는 제안을 했다. 당시 국민당의 대중적 발전과 북벌 성공을 고민하고 있던 쑨원에게 두 사람의 제안은 매우 솔깃했다. 쑨원은 입당을 희망하는 공산당원이 국민당에 충성하고 삼민주의에 찬성하여 활동한다면 입당을 허락한다고 했다. 이로써 1922년 9월 6일에 공산당 서기장 천두슈는 국민당의 개혁안 기초위원이 되었다.

쑨원이 공산당에게 문호를 개방하자 1923년 1월에 소련 정부 대표 요페가 공식적으로 쑨원을 방문했다. 쑨원과 요페는 회담을 가지고 '중국에서 공산주의를 실행할 수 없으니 소련의 국민당 지원은 민국의 통일과 국가의 독립을 위한 것이다'라는 내용의 '쑨원－요페 공동 선언'을 발표했다. 이어서 쑨원은 역시 1923년 1월에 '중국 국민당 개조 선언'을 발표하고 당의 개진 작업에 들어갔다. 개진 선언에는 교육, 선거 제도, 기본권 보장, 사회 경제의 균등한 발전, 빈부 격차 해소 등의 문제가 포함되어 있었다. 주목할 점은 사회 경제의 균등한 발전을 위해 토지 소유의 한

중국을 방문한 요페 요페는 쑨원과 회담을 가지고 쑨원－요페 공동 선언을 발표했다.

도를 지정하고, 국가가 토지 수매와 주요 산업을 주도하며, 노동자 보호법을 제정하고, 각 계층과 남녀평등을 위해 노력한다고 명시한 점이다. 또한 농공위원회와 부녀위원회를 조직해 대중 선전에도 치중하는 모습을 보였다. 여기서 대중적 정당으로 발전하려는 국민당의 의도가 깔려 있음을 볼 수 있다.

한편 공산당은 제2차 전국대표대회를 열어 국민당을 연합 전선의 대상으로 인정하고, '민주주의 연합 전선'의 결성을 당의 기본 방침으로 삼았다. 또한 제3차 전국대표대회에서 국공합작을 정식으로 채택하고, 삼민주의와 쑨원의 정치 지도에 따라 국민혁명에 동참했다. 더불어 국민당 당헌

1922년 9월, 국민당 중국 개조 계획 기초위원회

을 지키며, 국민당원을 공산당원으로 포섭하지 않고, 개인 자격으로 국민
당에 가입할 것 등에 동의했다. 이는 소수 집단인 공산당이 국민당에 들어
가 조직 기반을 확대하라는 코민테른의 지시에 따른 것이기도 하지만, 쑨
원의 요구 사항이기도 했다. 또한 소련은 군사와 정치 고문을 파견하고 재
정 지원과 함께 군관학교 설립을 돕기로 했다. 이에 중국 국민당은 코민테
른의 보로딘을 고문으로 삼고, 소련의 주도하에 조직 개편을 감행하여 소
련 공산당 조직을 모방한 민주 집중제를 채택했다.

1924년 1월, 국민당과 공산당, 코민테른의 의견이 합쳐져 국민당 제1회
전국대표대회가 광저우에서 개최되었다. 대회에서 국민당은 당 이념이 삼
민주의라는 것을 확인하고, 이념 실현을 위해 연소용공(聯蘇容共)과 부조농
공(扶助農工)을 제창했다. 소련과 연합하고, 공산당과 제휴하며, 농민과 노

동자를 돕는다고 천명한 것이다. 또한 제국주의와 봉건주의를 반대하여 북벌 실현을 지향하고, 당 구성원들은 민족 자산 계급, 노동자 계급, 농민 등을 모두 포함하여 지역을 가리지 않는다고 밝혔다.

황푸 군관학교 설립식

한편 대회에서는 당의 최고 기관을 전국대표대회로 정하고, 대회의 폐회 중에는 중앙집행위원회가 그 역할을 대신하기로 했다. 그리하여 24명의 중앙위원과 16명의 후보 위원을 선출했다. 그중 리다자오를 포함한 중앙위원 3명과 마오쩌둥을 포함한 후보위원 7명이 공산당원이었다.

또한 제1회 전국대표대회에서는 군관학교 설립안이 통과되어 장제스를 교장으로 하는 황푸 군관학교가 설립되었다. 황푸 군관학교는 국민혁명군의 간부 육성을 목적으로 설립되었으며, 학생들은 주로 군사와 정치 교육을 받았다. 특히 정치 교육을 매우 중시하여 학생들의 애국정신과 혁명 사상 배양에 힘썼다. 황푸 군관학교의 설립으로 국민당은 마침내 독자적인 군대를 가졌다.

이로써 국민당과 공산당이 연합한 제1차 국공합작이 이루어졌다. 쑨원은 마침내 북상을 선언하며 군벌과의 싸움에 본격적으로 돌입했다. 그러나 국공합작은 오래 지속되지 못했다. 1925년 3월, 쑨원이 지병으로 숨을 거둔 것이다.

이념이 다른 두 당의 합작이 가능했던 것은 쑨원의 포용적인 정치력 때문이었다. 하지만 쑨원이 사망하자 국민당 내에서 반공 세력들이 공산당을 배척하기 시작했다. 1925년 11월, 우파들은 베이징 교외에서 독자적으로 중앙위원회 전체 회의를 열어 국민당 내의 공산당원들을 출당시키고, 공산당 출신 중앙위원을 제명하기로 결정했다. 이에 좌파는 회의의 무효를 선언하고, 1926년에 국민당 전체 회의를 열었다.

이렇게 국민당 내에서 좌파와 우파의 갈등이 고조된 가운데 군사력을 장악한 장제스가 권력의 핵심으로 등장했다. 장제스는 처음부터 반공적이었던 인물로, 1927년 4월 12일 상하이에서 공산당 테러를 개시했다. 이로써 국공합작이 결렬되었으며, 공산당은 불법화되었다.

국민혁명

장제스의 북벌 개시

> <4 **1925년** 쑨원 사후 국민당 내 분열이 일어나 주도권 경쟁이 벌어지다.
> <4 **1926년** 장제스가 국민당 중앙위원으로 선출되다.
> <4 **1927년** 국민 정부가 무한 정부와 난징 정부로 완전히 분열되다.
>
> 쑨원의 죽음 이후 장제스는 쑨원의 뜻을 이어받아 북벌을 완성하고자 했다. 장제스는 국민혁명군의 총사령관에 임명되어 북벌 전쟁을 개시했고, 국민혁명군은 9개월 만에 양쯔 강 일대의 남부 9성을 점령하는 대성공을 거두었다. 이후 국공합작이 결렬되자 장제스는 국민 정부를 개조하여 권력을 장악한 후 북벌을 재개했다. 이로써 국민혁명군은 싸움 없이 베이징에 입성, 만주 지역을 포함한 중국 통일을 이루었다.

1925년 3월 12일, 쑨원이 간암으로 사망했다. 그의 죽음 이후 국민당 내에서는 좌파와 우파로 분열이 일어났고, 복잡한 주도권 경쟁이 벌어졌다.

1925년 8월 20일, 쑨원의 혁명 동지인 랴오중카이(廖仲愷) 암살 사건이 발생했다. 랴오중카이는 친소 정책과 국공합작의 추진자로 국민당 내에서 대표적 좌파였다. 사건의 진상을 조사한 후 우파 3명이 체포되었다. 그러나 1925년 11월, 국민당 우파는 베이징 교외에서 중앙위원회 전체회의를 열어 공산당원의 국민당원 자격을 박탈하고, 공산당원 중앙위원의 제명을 결정했다. 이에 반발한 국민당 좌파는 1926년 1월, 이전 회의가 무효임을 선언하고 전체 회의를 다시 열었다. 이 회의에서는 좌파 세력이 우세를 보인 가운데 장제스가 중앙위원으로 선출되었다. 장제스는 이후 젊은 세대, 우파, 군인을 대표해 두각을 나타내며 당 지도부로 급성장했다.

장제스는 반공적인 인물로, 1926년 3월 중산함(中山艦) 사건을 계기로 자신의 정치 성향을 드러냈다. 공산당원인 중산함의 함장 리즈룽(李之龍)이 광저우에서 황푸로 회항하자, 장제스는 리즈룽이 무단으로 군함을 움직였다고 간주했다. 그리고 이를 자신을 겨냥한 쿠데타로 여기고, 리즈룽을 포함한 공산당원과 18명의 소련인 고문을 체포하고 추방시켰다. 결국 이 사건은 국민당의 핵심 인물인 왕자오밍(汪兆銘)이 물러나는 것으로 마무리되었다. 그러나 장제스는 이 사건을 계기로 주도권을 쥠과 동시에 당 내에서 코민테른 세력을 약화시켰다.

중산함 사건을 정리한 국민당은 쑨원의 뜻을 이어 받아 북벌을 완성하고자 했다. 북벌은 5·4운동 이래 중국인의 소망이었고, 장제스 역시 마찬가지였다. 사실 국민당의 북벌은 1926년 1월부터 다시 논의되었으나 막대한 군사비가 소요된다는 이유로 소련 고문인들의 반대에 부딪혔다. 그러나 중산함 사건으로 소련의 영향력을 어느 정도 약화시킨 장제스는 4월 3일 국민 정부에 정식으로 북벌을 건의했고, 4월 16일 마침내 북벌 승인을 받아냈다. 이어 6월 5일에는 10만 명 국민혁명군의 총사령관에 임명되었다.

국민 정부에게 북벌 전권을 위임받은 장제스는 1926년 7월 9일, 북벌 전쟁을 개시했다. 북벌은 국민혁명군이 광저우를 출발해 양쯔 강까지 북진한 전반부와 베이징까지 진격한 후반부로 나눌 수 있다. 우선 전반부의 북벌을 살펴보면 당시 양쯔 강 일대에는 직예파인 우페이푸(吳佩孚)가, 양쯔 강 이남은 쑨촨팡(孫傳芳)이 할거하고 있었다. 따라서 국민혁명군은 제1목표를 우페이푸 군대로 정하고, 제4군과 제7군, 제8군은 무한을 공격하고, 제2군과 제3군, 제6군은 난징을 공격하며, 제1군은 쑨촨팡의 군대가 있는 푸첸, 저장을 공격했다. 국민혁명군의 진격은 순조롭게 진행돼 8월 12일에 장사를 점령하고, 10월 10일에는 무한을 점령했다. 한편 장제스가 지휘한 제2군, 제3군, 제6군은 쑨촨팡의 군대를

장제스 쑨원 사후 장제스는 국민당 권력의 핵심이 되었다.

물리치고 11월 8일에 난징을 점령하고 장시성을 수중에 넣었다. 또한 제1군은 12월 12일 푸저우를 점령한 데 이어 항저우까지 점령했다. 국민혁명군은 1926년 7월부터 1927년 3월까지 9개월 만에 양쯔 강 일대의 남부 9성을 점령하는 대성공을 거두었다.

이렇듯 국민당의 북벌 전반부는 혁명적이었다. 국민혁명군에 의해 군벌이 무너진 지역에서 노동 조합이 조직되고, 농촌에서 토지 분배가 일어나는 등 사회 혁명이 뒤따라 일어났다. 그런데 노동 운동의 활성화, 노동 조합의 증가, 농민 운동 등은 공산당의 정치적 역량 강화도 가져왔다. 반면 국민혁명군 장교 중에는 토지 소유자 출신이 많아 노동·농민 운동에 불만을 가졌다. 따라서 국민 정부의 점령지가 늘어날수록 국민당 내에서는 지배권을 두고 좌파와 우파의 갈등이 한층 고조되었다.

무한에 입성하는 북벌군

국민당 내 좌파와 우파의 갈등은 국민 정부의 이전 문제로 더욱 격렬해졌다. 1926년 12월 13일, 국민당 중앙 및 국민 정부 연석회의는 중앙당부와 국민 정부를 무한에 두기로 결의했다. 이 결의에 찬성한 사람들은 대부분 좌파 성격의 반장제스파와 공산당원들이었다. 반면 장제스 중심의 우파는 1927년 1월 난징에서 임시중앙정치회의를 열어 중앙당부와 국민 정부를 난징에 둘 것을 결의했다. 이것은 사실상 국민 정부의 국민당이 좌파와 우파, 무한과 난징으로 분열되었음을 의미하는 것이었다.

1927년 4월 12일, 이러한 상황에서 장제스의 쿠데타로 국민 정부가 무한 정부와 난징 정부로 완전히 분열되었다. 장제스는 4·12쿠데타를 계기로 본격적으로 공산당을 배척하기 시작했다.

장제스의 지휘 아래 북벌이 진행되고 있던 1926년 11월, 노동자들은 상하이에서 두 차례 무장봉기를 일으켰으나 모두 실패했다. 그러나 1927년

3월에 일으킨 3차 무장봉기에서 저우언라이 등 공산당의 지원을 받아 상하이를 지배한 군벌들을 몰아내고 조계지를 제외한 상하이 전 지역을 장악하는 데 성공했다. 이들은 국민당계 지도자들과 자본가까지 끌어들여 임시 정부를 수립했다. 하지만 얼마 후 상하이에 입성한 장제스는 공산당과 노동자들의 세력 확대에 촉각을 곤두세워 국민당 내의 공산당 색출과 검거를 지시했다. 이에 무한 정부는 장제스를 국민혁명군 총사령관에서 면직시켜 버렸다. 그러자 장제스는 쿠데타를 결심했다. 1927년 4월 12일, 장제스는 군인, 상하이의 은행가, 외국 세력의 지지를 받아 상하이의 노동 조직과 공산당원들을 공격하고 살해했다.

1927년 4월 18일, 장제스는 무한 정부와 별도로 난징 정부를 수립했다. 무한 정부는 장제스의 당적 박탈과 토벌을 선언했으나 국공합작은 계속 유지했다. 그러나 무한 정부는 난징 정부의 경제 봉쇄로 재정적 어려움을 겪었고, 이는 후난과 후베이 지역의 급진적인 농민 운동으로 더욱 악화되었다. 급진적인 농민 운동은 지주 출신 국민혁명군 장교들에게 불만을 샀고, 이러한 불만은 반공 사상으로 발전했다.

국민혁명군 사이에 반공 사상이 싹트고 있을 즈음 코민테른의 토지 국유화 시행, 공산당원 및 노동자 농민들의 무장이라는 새로운 지령이 무한 정부의 국민당 좌파 왕자오밍에게 입수되었다. 이로써 공산당과 국민당 좌파의 결렬이 가속화되었고, 1927년 7월 15일, 무한 정부는 급기야 공산당과의 분리를 선언했다. 이후 왕자오밍과 국민당 좌파들이 장제스의 난징 정부에 합류함으로써 무한 정부는 붕괴되었다.

국공합작이 결렬된 후 장제스는 하야의 제스처를 취해 난징 정부에 흡수되는 무한 정부의 면목을 세워 줬다. 장제스는 국민혁명군의 총사령관에서 물러나 일본 망명길에 올랐으나, 1928년 1월에 다시 국민혁명군 총사령관으로 복귀했다. 그는 2월에 열린 국민당 제2기 4중전회에서 국민 정부를 개조하고, 자신에게 권력을 집중시킨 후 북벌 재개를 선언했다.

1928년 6월, 북벌의 후반부가 시작되었다. 당시 군벌 세력 중 우페이푸와 쑨촨팡은 국민혁명군에게 패해 양쯔 강 이북으로 피해 있었고, 베이징의 장쭤린(張作霖)만이 정권을 유지하고 있었다. 장제스는 스스로 제1군의 지휘를 맡았고, 제2군과 제3군은 각각 국민혁명군에 항복한 군벌 펑위상(馮玉祥)과 옌시산(閻錫山)에게 맡겼다. 국민혁명군의 북벌이 진행되자 장쭤린은 국민혁명군에게 베이징을 넘기고 만주로 퇴각하려고 했다. 6월 3일, 장쭤린은 기차를 타고 자신의 근거지인 만주에 가던 중 일본 관동군이 일으킨 폭발 사고로 사망했다.

1928년 12월, 국민혁명군은 싸움 없이 베이징에 입성했다. 또한 장쭤린의 죽음으로 후계자가 된 아들 장쉐량(張學良)이 난징 정부에 항복함으로써 장제스는 명목상이나마 만주 지역까지 포함한 중국 통일을 이루었다.

1934

대장정

중국 홍군의 역사적 대행군

◁◁ **1927년** 공산당이 2만여 명의 군대를 동원하여 남창 봉기를 일으키다.
◁◁ **1930년** 국민당이 공산당을 향한 제1차 포위 공격을 시작하다.
◁◁ **1934년** 홍군이 국민당군의 포위와 추격을 피해 대장정을 시작하다.

국공합작 결렬 후 공산당이 난징 정부와 대립되는 또 다른 정부를 수립하자 국민당은 공산당 토벌에 전력을 다하기 시작했다. 홍군은 국민당이 다섯 차례나 홍군을 공격하자 홍군은 서쪽으로 탈출을 시도했고, 국민당군의 포위와 추격을 뚫고 기나긴 대장정을 시작했다. 마오쩌둥의 홍군은 11개의 성을 지나 54개 도시를 점령하고, 18개의 산맥을 넘는 368일간의 긴 행군 끝에 탈출에 성공했다. 대장정을 통해 홍군은 항일 투쟁과 공산 혁명의 중심 부대가 되었다.

1927년 4월 12일, 장제스의 국민당은 상하이 쿠데타를 일으켜 공산당원을 살해하고 체포했다. 이로써 제1차 국공합작은 결렬되었고, 난징에 정부를 수립한 장제스는 공산당을 무력으로 탄압하기 시작했다. 궤멸 위기에 처한 공산당 역시 무장으로 국민당에 항거하기로 방침을 정하고, 코민테른의 지시에 따라 조직을 개편한 뒤 남창에서 봉기를 일으키기로 결정했다. 1927년 8월 1일, 저우언라이(周恩來), 허룽(賀龍), 주더(朱德), 류보청(劉伯

마오쩌둥(왼쪽 세 번째)과 추수 봉기를 일으킨 혁명대

承) 등이 2만여 명의 군대를 동원하여 남창 봉기를 일으켰다. 공산당은 치열한 전투 끝에 봉기에 성공하여 남창 혁명위원회까지 조직했으나, 장제스가 파견한 군대에 포위당해 사흘 만에 남창에서 물러나야 했다.

남창 봉기에 실패한 공산당은 8월 7일 한커우(漢口)에서 중앙긴급회의를 열었다. 이들은 국민당에 대한 무장봉기, 토지 혁명 등을 결의하고 추수철에 극명하게 드러나는 계급 갈등을 이용해 추수 봉기를 계획했다. 이에 추수 봉기가 전국 각지에서 일어났다. 마오쩌둥이 농민을 규합해 일으킨 후난, 장시 경계 지역의 봉기를 비롯해, 후베이성, 허난성, 산시성, 광둥성 등에서도 봉기가 일어났다. 그러나 추수 봉기는 국민당의 반격으로 모두 실패했다. 이에 마오쩌둥은 잔류 병력을 이끌고 정강산(井岡山)으로 후퇴하고, 그곳에서 노동자, 농민, 병사 등으로 소비에트를 구성해 토지 혁명을 실시했다. 또한 그는 부대를 개편하여 '노동혁명 제1군 제1사단 제1연대'라 칭하고 규율을 엄격히 정했다. 1928년 4월에는 주더, 린뱌오(林彪), 천이(陳毅)가 합류하자 재개편하여 홍군(紅軍) 제4군으로 명하고 처음으로 농촌 근거지, 즉 소비에트를 마련했다.

당시 공산당은 모스크바에서 제6차 전체대표대회를 열었는데, 이 대회에서 노동자 출신인 샹중파(向忠發)가 당서기장으로 선출되었다. 그러나 실권은 리리싼(李立三)이 장악하였고, 그는 '한 성(省) 또는 몇 개 성에서의 우선 승리'를 주장했다. 리리싼은 도시 안에서 노동자 총파업에 편승해 도시를 점거하기 위한 무장 투쟁을 지시했다. 그러나 리리싼의 전략은 펑더화이(彭德懷)가 지도한 창사성 점령을 제외하고 모두 실패했으며, 그나마 창사성의 점령 기간도 10일에 불과했다. 이에 공산당은 리리싼이 주장한 도시를 중심으로 농촌을 포위하는 전략 대신 농촌에서 농민들을 대상으로 한 토지 혁명을 통해 소비에트를 마련하고, 홍군을 건설하는 전략으로 전환했다.

그리하여 쉬샹첸(徐向前)은 후베이, 허난, 안후이성 경계에 홍군 제1군을, 허룽은 후난, 후베이성에 홍군 제2군을 조직했다. 이후 공산당의 소비에트는 꾸준히 늘어나 1930년대에 들어 13개의 성에 15개에 달하는 소비에트를 확보했다. 1931년 11월 7일, 소비에트 대표들은 장시성 서금(瑞金)에서 전국 소비에트대표대회를 열고 임시중앙정부 성격의 중화소비에트 공화국을 선포했다. 대회에서 헌법, 토지법, 노동법 등을 논의했으며, 중앙집행위원으로 마오쩌둥, 저우언라이, 주더, 린뱌오, 허룽, 펑더화이 등을 선출했다. 이로써 중국 대륙에 이념이 다른 두 정부가 양립했다.

공산당이 세력 확장을 넘어 난징 정부와 대립되는 다른 정부를 수립하자 국민당은 공산당 토벌에 전력을 다했다. 사실 국민당은 중화소비에트 공화국이 설립되기 전인 1930년부터 공산당 토벌전을 전개했다. 국민당의 공산당에 대한 제1차 포위 공격은 1930년 12월에 시작되었다. 국민당은 군

마오쩌둥의 제1방면군

대 10만 명을 동원해 장시성 소비에트를 공격했다. 그러나 홍군은 국민당 군을 소비에트 지역 깊숙이 끌어들이고 게릴라전을 구사해 물리쳤다. 국민당군의 제2차 포위 공격은 1931년 3월에 재개되었으며, 이번에는 20만 대군을 동원했다. 그러나 이번에도 국민당군은 홍군에게 대패했다. 홍군은 국민당군끼리 협조가 원활하지 못한 것을 이용해 가장 약한 부대를 집중 공격했다. 군사력에서 우세한 국민당군이 두 차례나 패하자 장제스는 1931년 7월, 정예 부대 10만 명을 진두지휘했다. 홍군은 국민당군의 제3차 포위 공격에 고전을 면치 못했다. 하지만 국민당군은 이번에도 홍군을 격파하지 못했다. 일본이 1931년 9월에 만주 전쟁을 일으켜 만주를 침략했기 때문에 군대를 물릴 수밖에 없었다. 한편 공산당은 난징 정부가 일본을 상대하고 있을 때 중화소비에트 공화국을 선포했다.

그러자 국민당군은 일본과 정전 협정을 맺고, 공산당에 대한 토벌전을 재개했다. 국민당군의 제4차 포위 공격은 1932년부터 1933년에 걸쳐 이루어졌다. 하지만 이번에도 국민당군은 일본의 러허 침공 때문에 군대를 돌려야만 했다. 제4차 포위 공격마저 무위로 끝나자 장제스는 총공세를 결심하고 1933년에 100만 명의 군대와 200대의 비행기를 동원했다. 국민당군은 소비에트 주위에 철조망, 방벽 등으로 연결된 요새를 건설해 포위하고 경제를 봉쇄했다. 이러한 국민당군의 전략은 상당한 효과를 거두었으니, 1934년 7월 공산당은 잠시 소비에트를 포기하기로 결정했다.

공산당은 구체적인 계획을 세우지 못한 채 일단 서쪽으로 탈출하기로 했다. 홍군은 1934년 7월 푸젠성에서 탈출했고, 이어서 정강산의 홍군 제6군이, 10월에는 홍군의 10만 명 주력 부대가 탈출했다. 이로써 국민당군의 포위와 추격을 뚫고 후난성, 광시성, 구이저우성, 윈난성, 쓰촨성 등을 거치는 대장정이 시작되었다. 그러나 대장정 초기에 홍군은 도망치기에도 급급했으며, 지도부의 오판으로 많은 희생자를 냈다.

약 2개월 후 홍군은 구이저우성 준의(遵義)에 도착했다. 그곳에서 공산당은 휴식을 취하며 중앙정치국 확대회의인 '준의회의'를 열었다. 회의에서 마오쩌둥은 국민당군의 제5차 포위 공격 당시 공산당의 전략 및 맹목적 도주의 성격을 띤 탈출 과정을 비판했다. 마오쩌둥의 비판은 인정되었고, 공산당은 지도부를 새로 개편했다. 그리하여 천사오위(陳紹禹) 같은 소련 유학생들이 지도권을 상실하고, 마오쩌둥을 중심으로 한 지도 체제가 구축되었다. 중앙정치국 상무위원이자 중앙군사위원회 주석이 된 마오쩌둥은 홍군의 임무가 대중 활동 및 대중의 조직화임을 분명히 하고, 항일 투쟁을 위해 산시, 허난 소비에트로 갈 것을 천명했다.

마오쩌둥은 쓰촨성 북부에 있는 장궈타오(張國燾)의 제4방면군과 합류하고자 했다. 그러나 국민당군은 홍군의 이동 경로를 예상하고, 쓰촨에서

대장정을 이끈 수뇌부가 생존자들에게 연설하는 모습

홍군을 섬멸하려 했다. 이에 홍군 제1방면군은 국민당군을 피해 다두강(大渡河)을 건너고, 다쉐산맥(大雪山脈)을 넘는 강행군을 했다. 이로써 제1방면군은 쓰촨의 마오궁(懋功)에서 제4방면군과 합류하는 데 성공했다. 당시 양군이 만났을 때 제1방면군은 2만 명, 제4방면군은 5만 명이 생존했다.

그러나 마오쩌둥의 제1방면군과 장궈타오의 제4방면군 사이에 다음 행군에 관해 이견이 생겼다. 양군 간부들은 논의 끝에 제1방면군과 제4방면군을 합친 후 다시 동방종대와 서방종대로 편성하여 북상하기로 하고, 동방종대는 마오쩌둥이, 서방종대는 장궈타오가 지휘하기로 결정했다. 홍군은 북상을 재개했지만 간쑤, 시캉, 쓰촨에 걸친 늪지대라는 난관에 부딪히고 말았다. 장궈타오는 더 이상의 북상이 무리임을 주장하고 남하를 명령했다. 하지만 마오쩌둥은 북상을 멈추지 않았고, 저우언라이, 린뱌오, 펑더화이 등이 그의 뒤를 따랐다. 마오쩌둥은 368일간의 긴 행군 끝에 드디어 1935년 10월, 산시성 북부의 작은 소비에트 옌안(延安)에 도착했다. 1936년

10월에는 쓰촨의 주더, 후난과 구이저우의 허룽이 합류함으로써 홍군의 3개 부대가 모두 모였다.

마오쩌둥을 연호하는 홍군

마오쩌둥의 홍군 제1방면군의 행군은 그야말로 대장정이었다. 홍군 제1방면군은 처음 대장정을 시작한 때부터 11개의 성을 지나 54개 도시를 점령했다. 또한 그들은 하루에 한 번씩 전투를 하고, 평균 37킬로미터를 걸어 368일간 총 1만 2천 킬로미터를 걸었다. 만년설이 뒤덮인 다섯 개의 산을 포함해 18개의 산맥을 넘었고, 24개의 강과 여섯 군데의 소수 민족 지구를 통과했다. 그리하여 대장정에서 살아남은 홍군은 전체의 10분의 1에 지나지 않는 3만 명이 전부였다. 비록 수많은 희생이 뒤따랐지만, 홍군은 대장정을 통해 최정예 부대를 얻었다. 이들은 후에 항일 투쟁과 공산 혁명의 중심 부대가 되었다. 마오쩌둥은 대장정에 성공한 후 대장정을 "장정은 진실한 선언서이며, 선전대이고, 파종기였다."라고 평가했다.

1937

중일전쟁

장기적인 안목으로 지구전을 펼친 중국

◁◁ **1932년** 일본이 만주 지역 대부분을 점령하다.
◁◁ **1938년** 중일전쟁이 시작되고, 일본이 광저우에 이어 무한까지 점령하다.
◁◁ **1941년** 일본이 진주만을 습격하다.

일본은 만주 침략을 시작으로 아시아 패권을 차지하려는 야욕을 품었다. 일본은 노구교 무력 충돌 사건을 구실로 삼아 화북 지역을 공격하며 중일전쟁을 일으켰다. 중국은 이에 대응하여 지구전을 펼치며 전쟁을 장기화했다. 이후 중일전쟁은 8년간 지속되었고, 진주만 폭격으로 연합국의 총공세를 받은 일본이 무조건 항복을 선언하면서 태평양 전쟁 종결과 함께 끝을 맺었다.

1905년, 일본은 러일전쟁에서 승리를 거두고 만주 진출에 성공했다. 1928년에 난징 국민 정부가 성립되고, 1929년 대공황이 세계를 휩쓸자 일본은 만주, 몽골에 대해 본격적으로 야욕을 드러냈다. 1931년 9월 18일 밤, 심양 북쪽 유조구(柳條溝)의 만주 철도선이 폭파되는 사건이 발생했다. 이 사건은 일본 관동군의 자작극이었으나, 일본 관동군은 이를 중국군의 소행으로 규정했다. 그리고 만주 전쟁을 일으켜 장쉐량(張學良)의 북대영을 비롯한 중국 군사 기지를 공격하고 만주 철도 근처 주요 도시를 점령했다. 그러나 당시 공산당 토벌전을 지휘한 장제스는 군대를 이동함으로써 자신의 기반이 흔들릴 것을 염려해 장쉐량에게 부저항 정책을 지시했다. 또한 이를 국제연맹에 제소하여 평화적으로 해결할 것을 지시했다.

중국이 일본의 침략 행위에 소극적인 자세를 취하는 동안, 일본은 1932년 2월에 만주 지역 대부분을 점령했고, 급기야 1932년 3월 1일 청나라의 마지막 황제 선통제 푸이를 내세워 괴뢰 정부 만주국을 설립했다. 중국의 제소에 따라 리턴 조사단을 파견한 국제연맹은 일본에게 상하이와 만주에서 철수할 것을 요구했다. 그러나 일본은 국제연맹의 권고를 무시하고 러허성까지 점령한 후, 1933년 3월 국제연맹을 탈퇴했다. 이로써 일본은 너무나 손쉽게 만주를 중국 대륙 침략의 발판으로 만들었다.

이처럼 일본이 손쉽게 만주 지배권을 획득한 것은 장제스가 1930년부터 대규모 포위전을 통해 공산당을 토벌했기 때문이다. 장제스는 '일본을 피부병, 공산당을 심장병'에 비유하면서 일본을 몰아내는 것보다 공산당 토벌을 우선시했다. 그리하여 1933년 5월 25일, 난징 정부는 일본과 당고(塘沽)에서 정전 협정을 맺고 다시 공산당 소탕 작전에 나섰다. 그러는 동안 일본은 중국 침략 계획을 착실히 수행했다. 1935년에는 급기야 허베이성에 괴뢰 정부를 세워 화북 지역까지 세력을 확대했다.

이처럼 난징 정부가 공산당 토벌을 우선시하고 일본의 침략을 묵인하며 일본의 세력 확대를 방관하자 중국 내에서 항일 운동이 활발해졌다. 특히 1935년, 허베이성에 일본 괴뢰 정부가 수립된 이후에는 중국의 식민지화에 대한 위기의식이 더욱 고조되었다.

1935년 12월 9일, 학생들은 공산당과 함께 대규모 항일 시위를 벌였으며, 이는 곧 전국으로 확산되었다. 공산당은 1935년에 이미 8·1선언을 통해 내전을 중지하고 민족이 연합해 일본에 대항하자는 결의를 밝혔다. 공산당은 이듬해 장제스와 연합해 항일 통일전선을 구축하는 정책으로 전환했다. 그러나 장제스의 공산당 토벌 의지는 쉽게 변하지 않았고, 공산당 포위 작전은 계속되었다.

한편 1936년에는 만주 전쟁으로 근거지를 잃은 장쉐량의 동북군이 공산당에 대한 제6차 포위 작전을 수행하고자 시안(西安)에 주둔했다. 그러나 그는 "중국인은 중국인끼리의 싸움을 멈추고 모두 항일 투쟁을 하자."라는 공산당의 의견이 옳다고 생각했다. 이에 전쟁을 중지하고 공산당의 저우언라이와 비밀 회동을 하고, 학병대를 조직하는 등 항일 투쟁을 준비했다. 일본이 내몽골을 독립시키고자 수원성(綏遠省)을 공격했을 때 그는 장제스에게 중국군 지원을 허락해 달라고 요청했다. 하지만 장제스는 장쉐량의 제안을 무시하고 공산당 토벌에 집중할 것을 명했다. 그리고 공산당 토벌전에 나서지 않겠다면 푸젠성, 안후이성으로 이동하라고 명령했다. 장쉐량은 두 가지 명령을 모두 받아들일 수 없었고, 이로써 장제스에게 반감을 가졌다.

1936년 12월, 장제스는 공산당 토벌군의 군기를 독려하기 위해 시안을 찾았다. 그는 장쉐량에게 공산당 토벌을 계속할 것을 요구하는 한편, 항일 운동을 탄압했다. 그러나 시안의 난징 정부 군대에는 항일 운동의 여론이 이미 형성된 상태였다. 이에 장쉐량은 12월 12일, 양호성과 함께 장제스의 숙소에 친위대를 보내 장제스를 체포하고 감금했다. 장쉐량은 장제스에게 8가지 요구 조건을 제시하고 전국에 공표했다.

첫째, 난징 정부를 개조하고 각 당 각 파를 받아들여 구국에 임한다.

둘째, 모든 내전을 중지한다.

셋째, 상하이에서 체포한 구국 지도자들을 석방한다.

넷째, 모든 정치범을 석방한다.

다섯째, 민중의 모든 애국 운동에 자유를 준다.

여섯째, 민중의 정치적 자유의 권리를 보장한다.

일곱째, 쑨원의 유지를 실행한다.

여덟째, 즉각 구국회의를 소집한다.

장제스 시안 감금 사건을 해결하기 위해 장제스의 부인 쑹메이링(宋美齡)이 오빠 쑹쯔원(宋子文)과 함께 시안으로 왔다. 그들은 장쉐량이 파견한 저우언라이를 만나 8개 조항 수용을 약속했다. 이로써 장제스는 12월 25일에 석방되었다. 장쉐량과 공산당은 항일 전쟁의 지도자로 장제스 만한 사람이 없다고 생각했다. 또한 장제스가 없는 국민당을 친일 인사들이 장악할 경우 오히려 일본의 침략에 유리할 것이라고 염려했던 것이다. 난징에 돌아온 장제스는 약속대로 내전을 중지하고 공산당과 여러 차례 회담을 가졌다.

그런데 1937년 7월 7일, 베이징 교외의 노구교(盧溝橋)에서 중국군과 일본군 사이에 작은 무력 충돌이 일어났다. 당시 양쪽은 협정을 맺어 사건을 평화롭게 매듭지었다. 그러나 전쟁 발발의 구실을 찾던 일본은 노구교 사건을 빌미로 화북 지역의 병력을 증강시키고 중국 침략 계획을 전개했다. 7월 28일, 일본은 화북 지역을 공격하며 중일전쟁을 일으켰다. 중일전쟁 발발 1개월 후 일본은 베이징과 톈진 이북을 점령했다. 일본이 빠른 속도

1937년 12월, 상하이에 입성하는 일본군

로 중국을 점령해 오자 국민당과 공산당은 교섭을 서둘러 끝내고 장제스를 육해공군 총사령관에 임명했다. 또한 공산당의 홍군을 8로군으로 개칭하여 명목상 국민당군에 편입시켰다. 이로써 제2차 국공합작이 현실화되었으나 양당 간의 비방은 여전하여 완전한 통합이라고 할 수는 없었다.

일본의 전략은 속전속결이었다. 전쟁 발발 1개월 만인 8월 4일에 베이징을 점령한 일본은 계속 남하해 상하이를 거쳐 12월 13일에는 난징까지 점령했다. 일본은 중국인의 항일 의지를 꺾고자 난징에서 대규모 학살을 자행했다. 2개월 동안 자행된 이 학살이 역사상 악명 높은 난징 대학살로, 일본군은 남녀노소 가리지 않고 30만 명을 학살했다. 30만 명은 중국인의 주장이며, 전후 극동국제군사재판에서는 난징 대학살의 희생자를 12만 명으로 판결했다. 당시 일본군이 난징을 점령했을 때 난징 시민의 수는 약 60만 명이었고, 희생자 수는 전체의 5분의 1이라는 것이다. 그러나 희생자의 수에 차이가 있더라도 일본군 만행의 죄질에는 차이를 둘 수 없다. 이러한 일본의 만행은 학살에 동참한 일본 군인, 일본 종군 기자, 외국 종군기자들에 의해 세계에 알려졌다. 한편 일본은 1938년 광저우를 점령한 데 이어 무한까지 점령했다.

사실 일본은 장제스가 중국의 내분을 통합하기 전에 장제스의 직속 부대를 분쇄하고, 일본 경제에 부담을 주기 전에 전쟁을 끝낼 요량이었다. 그런데 이러한 일본의 전략을 간파한 인물이 있었으니, 바로 마오쩌둥이었다. 그는 항일 투쟁을 장기적인 안목으로 바

난징 대학살 일본은 중국인의 항일 의지를 꺾고자 난징에서 2개월 동안 30만 명을 학살했다.

라보고 지구전을 펼칠 것을 주장했다. 그리하여 일본과의 결정적인 전투를 피했으며, 일본군의 포병이나 기계화 부대가 실력을 발휘할 수 없는 내지의 언덕이나 산에 진을 쳤다. 전선이 장기화될수록 불리하다는 것을 알아챈 일본은 중국의 보급로를 차단하여 중국군을 봉쇄시키고자 했다. 또한 점령지 난징에 왕자오밍을 내세운 괴뢰 정권을 수립해 중국 내부 분열을 꾀했다. 하지만 넓은 대륙을 바탕으로 한 중국군과 중국인의 끈질긴 항쟁으로 두 계획은 크게 성공하지 못했다. 결국 일본의 예상대로 일본은 장기전의 수렁에 빠졌다.

일본군과 비교해 병력에서 열세였던 중국군은 일본군과 정면으로 맞서

면서, 적의 뒤를 치고 후퇴하는 게릴라 전법을 구사했다. 여기서 국민당은 일본군에 정면 대응했고, 공산당의 8로군과 신사군(新四軍)은 일본군의 후방을 공격하며 자신들의 근거지를 형성해 나갔다. 이러한 전술로 중국은 일본의 속전속결을 저지했으며, 전쟁을 장기전으로 이끌었다.

한편 중일전쟁의 교착 상태는 공산당의 8로군과 신사군의 병력 증강으로 이어졌다. 이는 공산당이 항일 전쟁을 하면서도 근거지 확보를 게을리하지 않았기에 가능했다. 공산당 세력의 급성장은 장제스를 다시 불안하게 만들었다. 1939년, 결국 국민당과 공산당이 다시 한 번 충돌했다. 1941년에는 환남(晥南)에서 국민당과 신사군이 전투를 벌이면서 제2차 국공합작을 사실상 붕괴시켰다. 환남 전투에서 큰 피해를 입은 공산당은 충격에 빠졌지만, 국민당에게 보복하지는 않았다.

1941년, 일본이 진주만을 습격하면서 중일전쟁의 전제가 달라졌다. 일본의 진주만 폭격으로 영국과 미국은 일본에 선전포고를 했고, 여기에 중국도 가담했다. 이듬해, 중국은 영국군과 함께 일본군을 공격해 타격을 주었으며, 일본이 후난성 서부를 공격했을 때에는 연합국 공군의 지원을 받아 승리를 거두었다. 1945년, 중국, 미국, 영국은 일본에게 항복을 독촉했으나 일본은 끝까지 거부했다. 이에 미국은 8월에 히로시마와 나가사키에 원자폭탄을 투하했으며, 소련은 일본에 선전포고하고 만주로 진격했다. 중국도 가세하여 마오쩌둥은 '일본에 대한 최후의 일전'이라는 성명을 통해 항일 투쟁을 독려했다. 공산당의 8로군과 신사군도 일본에 대한 대대적인 반격을 명령했다. 연합국의 총공세를 맞은 일본은 8월 15일에 무조건 항복을 선언하고 9월 2일에 비로소 항복 문서에 조인했다. 이로써 태평양전쟁이 종결되었고, 8년간 지속된 중일전쟁도 끝을 맺었다.

국공내전

중국 대륙을 차지한 공산당

> ◁◁▨ **1927년** 국민당의 장제스가 4·12쿠데타를 일으켜 공산당을 탄압하자 1차 내전이 시작되다.
>
> ◁◁▨ **1930년** 국민당이 공산당에 대한 포위 공격을 감행하다.
>
> ◁◁▨ **1946년** 태평양 전쟁에서 일본이 무조건 항복을 선언하자 2차 내전이 재개되다.
>
> 국민당과 공산당의 갈등은 종전 후 일본군의 무장 해제 문제를 둘러싸고 더욱 고조됐다. 급기야 국민당은 동북 지역에 대한 지배권을 확립하고자 군대를 파견했다. 이에 동북 지역에서 해방구를 조직하려는 공산당이 무력으로 대응하자 국민당과 공산당 사이에 전쟁이 일어났다. 내전 초기에는 국민당이 유리했으나 역공세를 펼친 공산당이 베이징에 입성하여 난징까지 함락했다. 이로써 공산당은 국민당을 물리치고 중국 대륙의 주인공이 되었다.

국공내전은 국민당과 공산당 사이에 벌어진 전쟁으로, 크게 세 차례에 걸쳐 이루어졌다. 1차 내전은 1927년 국민당의 장제스가 4·12쿠데타를 일으켜 공산당을 탄압하며 시작됐다. 내전은 1936년까지 지속됐으며, 이때 국민당군은 공산당에 대한 포위 공격을 수차례 감행했다. 하지만 이는 항일 투쟁을 위한 2차 국공합작으로 중지되었다. 마지막 2차 내전은 태평양전쟁에서 일본이 무조건 항복한 이후인 1946년부터 1949년까지 이루어

마오쩌둥과 장제스

졌다. 1차부터 2차까지 20년이 넘는 기간 동안 계속된 내전에서 공산당이 최후의 승자가 되었고, 중국 대륙과 타이완에 각기 다른 정부가 들어섰다.

1945년 8월, 일본의 패배로 태평양전쟁이 종전될 가능성이 커지자 국민당과 공산당은 종전 후의 정권을 구상하기 시작했다. 국민당은 종전 후에도 정권의 주도자 역할을 하길 원했고, 공산당은 각 당 각 파가 참여하는 연합 정부 형태를 원했다. 이러한 양당의 갈등은 일본 항복 후 일본군의 무장해제 문제를 둘러싸고 더욱 고조되었다. 1945년 8월 10일, 공산당의 주더는 일본군과 만주국에 대한 무장해제를 지시했다. 그런데 이로 인해 공산당 세력이 확장될 것을 우려한 국민당은 일본과 만주국에게 공산당의 지시를 따르지 말라고 요구했다. 하지만 주더는 일본과 만주국의 무장해제를 강행했다. 이에 일본은 국민당의 요구에 응하고, 공산당과 전투를 하기에 이르렀다. 결국 일본의 무장해제로 국민당과 공산당은 다시 충돌하게 되었다. 충돌이 점차 심해져 내전으로 발전될 기미가 보이자 중국 내에서는 간신히 찾은 평화를 내전으로 깨뜨리지 말자는 여론이 대두되었다.

내전을 피하고 평화 통일을 바라는 여론이 대두되자, 1945년 8월 28일 공산당의 마오쩌둥은 국민당 장제스의 초청을 받아들여 충칭(重慶)에서 회담을 가졌다. 이것을 충칭 회담이라 하며, 이 회의에는 저우언라이와 주중 미국 대사도 참석했다. 양측은 회담을 통해 내전을 피하고, 정치협상회의를 열어 평화적으로 건국 방안과 국민회의 소집 문제를 토의했다. 또한 각 당파의 평등한 지위를 승인하고, 국민당의 지도적 위치를 인정하며, 공산당의 홍군을 축소하는 등의 내용을 골자로 한 〈쌍십협정(雙十協定)〉에 서명했다.

그러나 국민당은 겉으로는 협정을 통해 내전을 중지하고 통일 정권 수립을 위해 노력하는 척하면서, 속으로는 공산당을 섬멸할 공격을 준비하고 있었다. 당시 국민당의 군사력은 430만 명으로, 공산당 128만 명과 비교해서 월등했다. 또한 미국의 강력한 원조를 받았기 때문에 공산당을 충분히 격파할 수 있다고 확신했다. 그리하여 국민당은 쌍십협정이 공포된 지 얼마 지나지 않은 1945년 10월 중순에 공산당의 거점인 해방구를 공격했다. 이로 인해 내전의 기운은 다시 고조되었고, 미국이 양당의 조정자로 나섰다. 미국 대통령 트루먼은 마셜을 특사로 파견했으며, 1946년 1월 10일에 마셜의 중재 아래 국민당과 공산당 간에 정전 협정이 이루어졌다.

그러나 국민당은 정전 협정을 지킬 생각이 없었고, 1946년 3월에 중앙위원회의를 열어 협정을 파기했다. 또한 소련이 철수한 만주 지역, 즉 동북 지역에 대한 지배권을 확립하고자 군대를 파견했다. 이에 동북 지역에서 해방구를 조직하려던 공산당은 국민당의 정전 협정 위반을 주장하며 무력으로 대응했다. 동북 지역에서 국민당과 공산당의 무력 충돌이 발생하자 마설은 정전 명령을 내렸다. 하지만 미국의 조정은 전혀 효과가 없었고, 중국은 내전에 돌입했다.

1946년 6월 26일, 국민당은 160만 명의 군대를 동원하여 공산당 통치구를 공격하라는 명령을 내렸다. 내전 초기에 전세는 국민당에게 유리했다. 미국의 원조로 국민당은 병력, 장비, 보급 등 모든 면에서 공산당보다 우세했던 것이다. 허난, 후난, 후베이 등에서 공산당을 몰아낸 국민당은 1946년 8월에는 청더(承德), 10월에는 장자커우(張家口), 다음 해 1월에는 산둥성의 린이(臨沂)를 점령했다. 1947년 3월에는 항일 투쟁 때부터 공산당의 수도처럼 기능해 온 산시성의 옌안을 점령했다.

그러나 국민당의 승리는 내전 시작 후 1년 정도가 전부였다. 단기간에 공산당을 전멸시키겠다고 결심한 국민당군은 무리하게 도시만 집중적으로 점령하는 실수를 저질렀다. 게다가 국민당 정부의 쇠퇴로 더 이상 승리를 이어 가기 힘들었다. 국민당 정부는 1945년 8월 15일 종전 이후, 자신의 근거지인 양쯔 강 하류 지역을 스스로 통치할 수 없을 정도로 약해졌다. 항일 전쟁을 위한 과도한 징병과 징수는 민심을 흉흉하게 했고, 전비 충당을 위해 남발된 통화는 물가 폭등을 일으켰으며, 수많은 사람들이 빈민으로 전락했다. 또한 국민당 정부는 부패한 관리들의 축재를 방임하고 세금을 부과하지 않으면서, 농민들에게 과도한 세금을 부과해 부담을 가중시켰다. 국민당 정부의 총체적인 실패와 부패는 국민당에 반대하는 무리를 생겨나게 했다. 이러한 무리들은 국민당에 대한 희망을 버리고 공산당을 의지했다.

반면 공산당은 국민당의 공격 대상이었던 자신들의 거점 도시를 지키는

것에만 주력하지 않았
다. 공산당은 국민당에
비해 상대적으로 적은
군대를 갖고 있었기 때
문에 정면대결을 피하고
퇴각하면서 유격전을 벌
였다. 또한 후퇴하면서
민심을 잃지 않으려고
노력했고, 자신들이 지
배하는 해방구의 농민들
과 밀접한 유대 관계를
바탕으로 전략을 강화해
나갔다. 이것으로 공산

1945년 산시로 진군하는 홍군

당의 총병력과 사기가 점차 상승해 후퇴 전략에서 공격 전략으로 전환할
수 있는 단계로 접어들었다.

1947년부터 수세에 있던 공산당은 역공세에 나섰다. 먼저 린뱌오의 군
대가 만주 지역을 점령하기 시작했고, 류보청과 천이의 군대는 산시와 산
둥을 장악하고 허베이와 양쯔 강 하류로 진격했다. 1948년, 드디어 국민당
과 공산당의 전세가 뒤바뀌기 시작했다. 공산당은 린뱌오가 요심 전투에
서 승리를 거두며 만주 지역을 완전히 장악했고, 뤄양(洛陽), 카이펑(開封),
옌안과 지난(濟南)을 손에 넣었다. 또한 공산당은 1948년 11월부터 1949년
1월까지 치른 회해 전투에서 승리하여 중원의 요충지인 쉬저우(徐州)를 점
령했다. 1949년 1월 15일에는 톈진을 함락했고, 1월 31일에는 베이징에 입

1949년 5월 27일, 상하이를 점령한 공산당군

성하기에 이르렀다.

국민당 정부는 패배를 거듭하자 1949년에 국민당 정부를 유지하는 조건으로 공산당에게 화의를 제안했다. 국민당 정부는 장제스를 하야시키고 부총통인 리쭝런(李宗仁)을 총통으로 내세우는 등 굳은 의지를 표명했다. 이에 공산당의 마오쩌둥은 8개항의 평화안을 제시했는데, 그 내용을 살펴보면 장제스를 포함한 전범자 처벌, 민주주의 원칙에 따른 군대 재편성, 관료 자본 몰수, 토지 개혁, 매국 조약 파기, 반동분자가 없는 정치협상회의 개최, 민주 연합 정부 수립, 국민당 정부와 각급 기구의 모든 권력 접수 등이었다. 이는 사실상 국민당 정부의 해체를 요구한 것이었으므로 1949년 4월에 화의는 끝내 결렬되었다.

1949년 4월, 공산당은 양쯔 강을 건너 국민당 정부가 있는 난징으로 향했다. 4월 23일에 난징을 함락한 공산당은 5월 27에는 상하이, 10월 14일에는 광저우, 11월 30일에는 충칭, 12월 27일에는 청두(成都)를 점령했다. 그리고 장제스와 국민당 정부는 공산당이 압박해 옴에 따라 수도를 광저우,

충칭, 다시 청두로 옮겼으며, 1949년 12월에는 끝내 타이완으로 패주했다. 이로써 중국 대륙에서 국민당의 통치는 막을 내렸고, 공산당이 대륙의 주인이 되었다.

한편 이보다 앞선 1949년 10월 1일, 마오쩌둥은 베이징에서 중화인민공화국의 수립을 선포하고 국가주석에 취임했다.

1949

중화인민공화국 선포

현대 중국의 성립

◁◁ **1948년** 공산당이 정치협상회의에서 민주 연합 정부 수립 계획을 주장하다.
◁◁ **1949년** 인민해방군이 난징을 점령함으로써 공산당이 국공내전에서 승리하다.
◁◁ **1950년** 중화인민공화국을 성립한 마오쩌둥이 소련을 방문하다.

국공내전에서 공산당이 승리하자 마오쩌둥은 전 분야에 걸쳐 혁명을 일으켰다. 우선 중국을 농업 국가에서 공업 국가로 탈바꿈하려는 계획을 세우고, 중화인민공화국을 인민민주주의 국가라고 규정하며 톈안먼 광장에서 중화인민공화국 성립을 알렸다. 건국 이후 중국은 소련과의 관계를 확립하고 자주, 통일, 민주를 바탕으로 한 새로운 정치 시대를 열었다.

"중국은 더 이상 다른 나라에 예속되지 않을 것이다."

"우리들은 단결해 인민해방전쟁과 인민대혁명으로 안팎의 압박자들을 타도했다."

"동포 여러분 중화인민공화국의 중앙인민정부가 오늘 탄생했습니다."

1949년 10월 1일 오후 3시, 베이징 톈안먼 광장의 단상에서 마오쩌둥은 운집한 많은 인민들을 향해 중화인민공화국의 성립을 알렸다. 마오쩌둥은

이날 중화인민공화국 선포
식에서 "전 인류의 4분의 1을
차지하고 있는 중국인이 이
제 우뚝 일어섰다."라고 장엄
하게 말했다. 그리고 직접 게
양대의 단추를 눌러 신중국
의 국기 오성홍기(五星紅旗)

오성홍기

를 올렸다. 군악대가 〈의용
군행진곡〉을 연주하자 54개의 예포가 일제히 28번 발포했다. 발포가 끝난
후 마오쩌둥은 중화인민공화국 중앙인민정부 공고를 낭독했다. 다음으로
인민해방군 총사령관 주더가 열병식을 거행했으며, 제5야전군 사령관 녜
룽전(聶榮臻)을 배석으로 주더는 각 군을 사열했다. 이어 총사령관이 톈안
먼 성루에 올라 중국인민해방군총부명령을 낭독했다. 그리고 약 두 시간
동안 땅에서는 해군 2열을 시작으로 보병사단, 포병사단, 전차사단, 기병
사단이 분열식을 했고, 하늘에서는 공군 전투기와 수송기, 연습기 등 17대
가 분열식을 거행했다. 중화인민공화국의 군사력이 집약된 열병식이 모두
끝난 다음 비로소 대중들이 오성홍기를 흔들며 톈안먼을 행진함으로써 중
화인민공화국 선포 행사가 마무리되었다.

1946년부터 1949년까지 이루어진 국공내전, 이른바 제3차 혁명내전 중
1948년은 군사적 전환점이 이루어진 해였다. 이때에 이르러 방어 전략에서
총공세로 전략 수정을 한 인민해방군은 국민당을 수세에 몰아넣어 요심,
회해, 평진의 전투에서 대승을 거두었다. 그러나 전쟁의 조기 종결을 위한
북평회담이 국민당의 평화 협정 조인 거부로 인해 결렬되자 다시 전쟁에

돌입했다. 결국 인민해방군이 도강 전투에서 대승을 거두며 국민당의 입지는 더욱 좁아졌다. 이어 1949년 4월 23일, 인민해방군이 난징을 점령함으로써 국공내전의 승리자가 공산당으로 결정 나는 것은 시간 문제였다.

한편 중국 공산당은 1949년 3월 5일부터 약 일주일간 허베이성 평산현에서 공산당 중앙위원 34명과 후보중앙위원 19명이 참석한 회의를 열었다. 여기에서 마오쩌둥은 공산당 혁명을 효과적으로 성공시킬 방안들을 설명했다. 그는 혁명의 바람을 농촌에서 도시로 확대하는 방안, 전 분야에 걸친 기본 정책 확정, 공업 국가로의 변환, 사회주의 사회로의 전환 등에 필요한 과제와 주요 방법들을 모색하도록 했다. 또한 공산당 혁명에서 성공하면 중국의 대내외적인 계급 투쟁의 새로운 발전 추세를 전망하면서 겸손하고 신중할 것을 당부했다. 회의는 마오쩌둥의 보고를 토론하는 형식으로 이어졌으며, 이는 향후 중국 공산당의 정치 사상적 기반이 되었다.

하지만 국공내전에서 승세를 잡은 중국 공산당은 난징 점령 이전인 1948년 4월 30일, 민주당파, 인민 단체, 사회 명망가들에게 정치협상회의를 소집해 새로운 민주 연합 정부를 수립하자는 주장을 제기했다. 민주당파를 선두로 각 단체의 대표들이 호응했고, 이들은 공산당 중앙 대표와 함께 신정치협상회의 준비회의에 적극적으로 참여했다.

그리하여 1949년 6월, 북평에서 신정치협상 주비위원회 제1차 전체대회가 개최되었다. 이때 공산당과 민주당파, 인민 단체, 소수 민족, 화교 등의 23개 단체 134명의 대표가 모였으며, 〈신정치협상회의 조직조례〉와 〈신정치협상회의의 참가 단위 및 대표 정원에 관한 규정〉이 통과되었다. 또한 마오쩌둥을 주임으로 하고 저우언라이(周恩來), 리지선(李濟深), 선쥔루(沈鈞儒), 궈모뤄(郭沫若) 등을 부주임으로 하는 주비위(籌備委, 정당의 창당 준비

중화인민공화국 수립을 선포하고 국가주석에 오른 마오쩌둥

위원회 결성을 준비하는 기구) 상무위원회가 설립되어 준비사업을 추진했다. 이후 신정치협상 주비위원회는 1949년 9월 17일에 제2차 회의를 열어 명칭을 중국인민정치협상회의로 바꾸었다.

　1949년 9월 21일, 마침내 중국 인민정치협상회의 제1차 전체회의가 북평에서 성대하게 개최되었다. 전국 각 지역 및 민족, 당파, 단체의 대표, 특별히 초대받은 개인 등 총 662명이 참석했으며, 여기에는 쑨원의 미망인 쑹칭링(宋慶齡)과 국민당 진영의 요인으로 장제스와 결별한 장즈중(張治中), 푸쭤이(傅作義) 등도 포함되어 있었다. 30일까지 10일간의 회의에서 신중국의 대헌장이라 불리는 〈중국인민정치협상회의 공동강령〉이 제정되었다. 이 공동강령에서는 중화인민공화국을 신민주주의, 즉 인민민주주의 국가라고 규정했다. 또한 국영 경제, 협동 조합 경제, 사적 자본주의 경제 및 국가 자본주의 경제, 농민 및 수공업자의 개인 경제 등을 경제 구조로 정의했다. 즉 노동자, 농민, 소자산 계급, 민족자산 계급의 경제적 이익과 사유재산을 보호하고, 신민주주의의 인민 경제를 발전시켜 중국을 농업 국가에서 공업 국가로 탈바꿈한다는 것이다. 이후 〈중국인민정치협상회의 공동강령〉은 1954년 제1기 전국인민대표대회 제1차 회의에서 〈중화인민공화국 헌법〉으로 대체되었다.

더불어 〈중앙인민정부 조직법〉과 오성홍기를 국기로 하며, 〈의용군행진곡〉을 국가로 제정했으며, 북평을 북경으로 개명하고 수도로 삼았다. 주석 마오쩌둥을 비롯하여 부주석 류사오치(劉少奇), 주더, 쑹칭링, 장란(張瀾), 리지선, 가오강(高岡) 등 여섯 명과 정부위원 56명을 선출했다.

1949년 10월 1일 오전, 드디어 중앙인민정부 위원회가 회의를 열어 주석, 부주석, 정부위원 선출을 선포했다. 마오쩌둥은 저우언라이를 인민정부 정무원 총리 겸 외교부장에 지명하고, 주더를 인민해방군 총사령관, 선쥔루를 최고인민법원 원장, 뤄룽환(羅榮桓)을 최고검찰서 검찰장에 임명했다. 또한 각국 정부에게 중화인민공화국 중앙인민정부를 유일한 합법 정부로 인정해 외교 관계를 맺을 것을 요청했다. 10월 2일에 소련이 이를 승인했으며, 1950년 1월 6일에는 영국도 승인했다.

건국 이후 중화인민공화국이 가장 서두른 것은 소련과의 관계 확립이었으며, 마오쩌둥은 1949년 말에 소련을 방문하여 약 3개월간 머물며 1950년 2월에 〈중소우호동맹상호원조약〉을 체결했다. 이로써 중화인민공화국은 본격화되고 있는 냉전 시대에 국가의 안전 보장과 경제 원조를 끌어낼 수 있었다. 동시에 소련 체제를 기본으로 하여 1954년에는 1936년의 스탈린 시대 소련 헌법을 기초로 해 〈중화인민공화국 헌법〉을 제정했다. 단 중화인민공화국은 소련 체제에 없는 국가주석 관직을 만들고, 군대와 공안 세력을 당의 통제 아래 두어 중국만의 새로운 정치 모델을 만들었다.

중화인민공화국의 성립으로 중국은 봉건 통치자들, 외세의 간섭, 내외 전란에서 벗어나 자주, 통일, 민주를 바탕으로 한 새로운 정치 시대를 맞이했다. 중국 공산당은 자신들의 정권이 중국인에게 새로운 세상을 주었음을 강조하고자 중화인민공화국의 성립을 '신중국'의 탄생, '해방'이라 부른다.

한국전쟁

한반도에서 벌어진 사회주의와 민주주의의 대립

◁◁ **1949년** 중국이 중공군에 참여한 북한군 5만 명을 북한 인민군에 편입시키다.
◁◁ **1950년** 중국인민지원군이 압록강을 건너 한국전쟁에 참전하다.
◁◁ **1953년** 전쟁의 장기화를 원치 않는 미국과 소련 사이에 군사정전협정이 체결되다.

중국은 한국전쟁이 일어나자 북한을 지원했으며, 미국은 중국의 예상과 달리 한국전쟁에 적극적으로 개입했다. 마오쩌둥은 전세가 불리해진 북한을 도와 중국군을 참전시켰고, 이로써 전쟁의 장기화를 원하지 않는 미국과 소련 사이에 군사정전협정이 체결되었다. 한국전쟁은 어느 한쪽의 승리도 없이 중국의 위상을 높여 주었으나, 중국은 미국과의 관계 악화로 국제 관계에서 제약을 받았다.

제2차 세계대전 종결 후 사회주의 진영과 민주주의 진영이 각자의 이념을 중시하며 정치적으로 대립하는 냉전 시대가 도래했다. 이 냉전의 부산물 중 하나로 1950년 6월 25일, 한반도에서 한국전쟁이 발발했다. 당시 중국은 장제스의 국민당이 마오쩌둥의 공산당에 패해 타이완으로 쫓겨 가고, 중화인민공화국이 수립된 지 1년도 지나지 않은 상태였다.

신중국, 즉 중화인민공화국 성립 후 중국 공산당 지도부의 당면 과제는 토지개혁법을 반포하고 전국적인 운동을 전개하는 것이었다. 이를 통해 토지 개혁을 완성하고, 효율적이고 안정적인 행정 구조를 구축하며, 경제 적으로는 물가 안정과 국내 산업을 재건하는 것이었다. 그리고 하이난 섬 을 점령하여 영토의 확장을 성공적으로 이룩한 다음, 타이완 점령을 계획 하고 있었다. 하지만 지역적 접근의 어려움과 그즈음 중국군에 불어닥친 전염병으로 인해 타이완 공격을 신중히 하고 있었다.

한편 장제스는 중국 본토를 회복하기 위해 미국에 도움을 요청했으나, 당시 미국 대통령인 트루먼(Truman)은 중국 내부의 영토 분쟁에 끼어들지 않는 것이 현명하다고 결론짓고 이를 거절했다. 1950년 1월, 미국 국무장 관 애치슨(Acheson)은 태평양 지역에서 미국의 새로운 방위선을 한국과 타 이완을 제외한 알류샨 제도, 일본 오키나와, 류큐 제도, 필리핀을 잇는 선 을 따라 정한다는 선언을 발표했다. 이때 중국 정부는 타이완과 남한이 미 국의 보호에서 제외됐음에 주목했다.

상황이 이러할 때 남한의 이승만 정권은 1948년의 제주 4·3사건과 여 순 사건 등으로 사회를 혼란하게 했다. 또한 경제난을 해결하지 못해 국민 의 신임을 얻는 데 실패해 1950년 5·30총선거에서 210석 중 30석을 차지 하는 데 그쳤다. 따라서 남한에서는 정국 불안이 계속되었다. 반면 북한의 김일성은 소련의 스탈린과 중국의 마오쩌둥의 강력한 지원을 받았다. 미 소공동위원회가 결렬된 후 북한은 남침 계획을 세우고 남한에 훈련된 게 릴라를 파견하는 한편, 소련으로부터 비행기와 탱크 등 무기를 지원받았 다. 1949년에는 중국이 중공군에 참여했던 북한군 5만 명을 북한 인민군에 편입시켰다. 여기에 남한이 애치슨라인에서 제외되자 김일성은 소련과 남 침에 대한 의견을 같이하고, 5월에 중국을 방문해 이를 통고했다. 결국 미처 전시 체제를 갖추지 못한 한국군은 완벽한 전력을 갖춘 북한군에게 사흘 만에 서울을 빼앗기고, 두 달 뒤에는 낙동강까지 밀려났다.

중국 공산당 지도부는 한국에서 전쟁이 발발하더라도 미국이 적극적인 군사 행동을 취하지 않을 거라 예상했다. 따라서 북한의 목적이 단시일 내 이루어질 거라 판단했다. 그러나 중국의 예상과 달리 미국은 북한의 남침을 소련과 중국의 사회주의화 확대 전략으로 판단하고, 적극적 군사 개입을 선언했다. 즉각 참전을 결정한 미국은 1950년 7월 7일에 유엔 안전보장이사회를 소집하여 북한의 남침을 규탄하는 결의안을 채택했다. 이에 미국을 비롯해 영국, 프랑스 등 16개국은 소련이 불참한 가운데 맥아더(MacArthur)를 사령관으로 임명하여 한국전쟁에 유엔군을 파견하기로 결정했다. 더불어 이를 기회로 중국이 타이완 공격을 감행할 것을 우려한 미국은 타이완 해협에 제7함대를 파견하고, 필리핀, 인도차이나의 반공 세력에 협조할 뜻을 밝혔다. 9월 15일, 유엔군 총사령관 맥아더는 인천 상륙 작전을 펼쳐 전세를 역전시켰으며, 유엔군은 기세를 몰아 9월 28일에 서울을 수복한 뒤, 10월 초순에 38선을 넘어 압록강 근처까지 이르렀다.

전쟁 초반 중국 지도부는 한국전쟁이 중국 본토나 동북 지역에 직접적인 위협이 될 것이라고 여기지 않았다. 따라서 중국은 전시 상황을 예의주시하면서도 적극적인 행동을 취하지 않았다. 하지만 미국의 적극적인 군사 움직임에 위협을 느낀 중국은 한국전쟁이 일어나자 항미원조(抗美援朝), 즉 미국에 저항하고 북한을 지원한다는 운동을 벌였다. 총리 저우언라이는 "제국주의자의 중국 인근 국가에 대한 침략 전쟁을 용납하지 않겠다."라는 말로 미국에게 경고했다. 이어서 10월 3일에는 인도 주중 대사를 통해 "미국이 38선을 넘어 북한을 침입하여 전쟁을 확대시킨다면 중국이

인천 상륙 작전을 지휘하는 맥아더 장군

전쟁에 개입할 수밖에 없다."라고 알렸다. 전세가 북한에 불리해지자 김일성은 중국에 지원을 요청했고, 미국과의 관계로 직접 출병이 어려운 소련도 공중 엄호와 무기 지원을 약속하며 중국의 개입을 요구했다. 마오쩌둥은 사회주의 이념의 고수를 위해 한국전쟁에 적극적인 군사 개입을 주장했다. 그러나 마오쩌둥의 주장은 신중국의 정치 경제 개혁이 우선이라고여긴 군 지도부의 반대에 부딪쳤다. 두 차례 회의 끝에 마침내 중국인민지원군의 참전이 결정되었다. 10월 8일, 마오쩌둥은 펑더화이를 정치위원 및총사령관으로 임명했다. 10월 13일, 소련의 스탈린이 약속한 공중 엄호 계획이 무산되었다는 소식이 전해졌음에도 마오쩌둥은 공중 지원 없이 중국군만으로 참전하기로 결정했다.

1950년 10월 19일, 중국인민지원군은 압록강을 건너 한국전쟁에 참전했다. 중국이 파견한 100만 명의 군대로 북한군에게 불리하던 전세가 역전되었다. 이로 인해 1951년 1월 4일, 서울은 다시 북한군의 손으로 넘어갔다. 또한 중국군의 게릴라전은 미군을 고전하게 만들었다. 1951년 초여름, 38선 일대에서 전선은 일진일퇴의 교착 상태에 빠졌다.

이즈음 미국은 소련에게 비공식 제안을 했고, 이를 받아들인 소련은 유엔을 통해 휴전 회담을 제의했다. 1951년 6월, 유엔과 북한, 중국 사이에서 진행된 휴전 회담은 군사분계선 설정, 중립국 감시 기구의 구성, 포로 교환 등의 문제로 서로 의견차를 보이며 2년여간 계속되었다. 휴전 회담이 난항을 거듭하는 중에도 전쟁은 계속되어 양쪽 모두에게 엄청난 희생자가 발생했다.

1953년 7월 27일, 마침내 남한 이승만 정부가 반대했음에도 전쟁의 장기화를 원하지 않았던 미국과 소련의 이해가 맞물려 판문점에서 군사 정전 협정이 체결되었다. 이 정전 협정에는 유엔군 대표로 미국이, 공산 측 대표로 북한과 중국이 서명했다. 이로써 한국전쟁은 어느 한쪽의 승리도 없이 중국의 국제적 위상만 높여 주었다. 그러나 이후 중국은 미국과의 관계 악화로 국제 관계에서 제약을 받았다.

한국전쟁에서 중국군은 현대식 무기로 무장한 미군과 전투를 하면서 현대적이고 잘 무장된 군의 필요성을 절감했다. 그 결과 중국군의 현대화 계획이 앞당겨졌으며, 전쟁에 필요한 엄청난 자금과 물자를 지원하고자 재정 정책에도 변화가 생겼다. 민간 은행과 국가가 합작 경영하는 것으로의 전환이 추진되었으며, 정부의 통화 관리가 이루어졌다. 물자 부족으로 물가가 상승하여 투기 조짐을 보이자 시장의 관리, 통제가 심해지기도 했다.

또한 한국전쟁 중 중국 내에서 전국적으로 일어난 항미 원조 운동은 유동적인 국민의 의사를 결속시키는 결과를 가져왔다. 즉 애국주의를 고취시켜 국민을 조직하고 동원하는 데 용이하게 만들었다. 한국전쟁 참전 후 1년간 중국 국민의 80퍼센트가 애국주의 교육을 받았으며, 그 결과 국민적 통합은 물론 정치적 결속이 강화되었다. 농민에게는 지원병 참여를 독려하였고, 노동자에게는 애국주의 생산 경쟁을 주문했다. 이 당시 강조된 민족주의는 한족뿐 아니라 중국 영역 내 다른 소수 민족을 포함하는 중화민족론으로, 기존의 것과 차이가 있었다. 한편 중화민족주의는 반혁명 세력을 진압, 처벌하기 위한 부정적인 수단으로 작용하기도 했다. 내부의 적을 소탕하기 위해 농촌의 향과 도시의 각 기관, 학교, 공장 등에 치안 방위위원회가 조직되었으며, 사회 곳곳에 공안 조직망이 침투했다.

그러나 중국은 한국전쟁에 개입하면서 대외 정책에서 선택의 폭이 좁아졌으며, 미국과의 관계 회복이 어려워졌다. 이에 중국은 이념적, 경제적 측면을 고려해 친소 정책을 더욱 강화했고, 사회주의 일원으로서 자본주의 진영과 대결하여 냉전 시대의 한가운데서 대립을 촉진하는 역할을 했다. 미국의 타이완에 대한 군사적, 경제적인 원조 강화로 중국 영토의 완전한 통일 계획이 실패하자, 타이완 해협을 둘러싼 군사적 긴장이 지속되었다.

1958

대약진 운동

마오쩌둥의 몰락

◁◁▮ **1953년** 중국이 중공업 우선 정책으로 제1차 경제 개발 5개년 계획을 추진하다.

◁◁▮ **1958년** 중국 전역에서 인민공사 개편이 진행되다.

◁◁▮ **1959년** 마오쩌둥이 국가주석을 사임하다.

마오쩌둥은 대약진 운동으로 사회주의 건설을 가속화하고, 인민공사를 조직함으로써 공산주의 사회로 진입하고자 했다. 그러나 대약진 운동과 인민공사는 중국 사회에 경제적, 인간적 재난을 초래하며 실패로 끝을 맺었다. 이로 인해 경제 위기가 심각해지자 마오주의자와 당 관료 사이의 정치 투쟁이 격렬해졌고, 이로써 정치적 기반을 잃은 마오쩌둥은 국가주석을 사임했다.

대약진 운동은 공산 혁명 후 근대적인 사회주의 건설을 목적으로 1958년부터 1960년 사이에 마오쩌둥이 전개한 중국 공산당의 농공업 대증산 정책이다. 건국 후 '과도기 총노선'이라는 정책을 제시한 마오쩌둥은 1953년부터 1968까지 세 차례의 '경제 개발 5개년 계획'을 통해 농업, 공업, 상업 등의 분야를 완전히 사회주의로 개조하고자 했다.

1953년, 중국은 스탈린주의적 발전 모델을 구체화한 중공업 우선 정책으로 제1차 경제 개발 5개년 계획을 추진했다. 이에 따라 농업 분야에서는 초급 합작사를 통해, 상공업 분야에서는 집단화 완료를 통해 정치 안정 및 초보적인 공업화라는 성과를 이룩했다. 또한 당초 계획보다 1년이 앞선 1956년에 증대 목표를 달성했다. 그러나 제1차 경제 개발 5개년 계획은 중국 공산당의 발표와 달리 실제로는 큰 성과를 보지 못했다. 표면적인 성공 이면에 많은 문제점과 부작용이 산재했고, 경제적 불균형이 형성되었기 때문이었다. 특히 1956년 후반부터 시작된 농업 생산력의 급속한 저하로 공업 발전에 필요한 자본 창출이 어려워졌다. 이는 결국 중국 경제를 침체에 들어서게 했다. 또한 18.7퍼센트의 성장률을 기록한 공업 생산량에 비해 농업 생산량은 겨우 3.8퍼센트의 성장률을 보여 농업과 중소기업이 위축되는 결과를 낳았다.

마오쩌둥은 사회주의 개조 후의 모순을 극복하고, 국가 경제력 향상을 극대화하기 위해 '백화제방 백가쟁명(百花齊放 百家爭鳴, 백 가지 꽃이 나란히 피고, 백 가지 학설이 주장을 펼친다)'의 구호를 앞세웠다. 마오쩌둥은 이것으로 공산당 정책에 대한 비판을 허용함으로써 중국의 민족 자본가 및 지식인들의 협력을 얻으려고 했다. 그러나 '백화제방 백가쟁명'이 발표됨과 동시에 민주당파의 공산당 지도 노선에 대한 비판, 사회주의 제도 자체에 대한 공격, 지식인들의 공산당에 대한 비판 등이 들끓기 시작했다. 1957년 5월, 결국 마오쩌둥은 공산당을 비판하고 자유화를 주장하는 이들을 '반우파 투쟁'으로 척결했다. 이 때문에 사회에는 긴장의 분위기가 감돌았으며, 지식인들은 다시 탄압받을 것을 두려워한 나머지 비판 대신 침묵으로 일관했다. 그러나 반우파 투쟁 기간에 중국 공산당은 제1차 경제 개발 5개년 계획의 본질과 이후 성장 전략에 대해 논의했다. 중국 공산당은 1958년 5

대약진 운동을 장려하는 포스터

월 5일 중국 공산당 제8차 전국대회 제2차 회의에서 급진적 사회주의인 '사회주의 건설의 총노선'을 채택함으로써 제2차 5개년 계획을 실시했다.

중국은 1958년 제2차 5개년 계획에서 소련의 도움 없이 농업 및 공업 등 경제 분야에 걸쳐 침체와 후퇴의 돌파구를 찾았다. 또한 중국인의 봉건주의와 자본주의의 모순을 제거하고, 그들의 사상 개조, 인간 개조를 앞당긴다는 목표를 세웠다. 이로써 삼면홍기(三面紅旗) 운동이라고 일컬어지는 사회주의 건설을 위한 총노선, 대약진, 인민공사(人民公社) 운동이 추진되었다. 중국은 삼면홍기 중에서 사회주의 건설을 위한 총노선을 사회주의 강령으로 삼았다. 이후 대약진 운동으로써 사회주의 건설의 속도를 가속화하고, 인민공사를 조직함으로써 공산주의 사회로 진입하고자 했다.

1958년 5월, 중국 공산당은 '15년 이내에 미국을 추월하자'라는 구호를 내세운 소련을 의식하고, 당시 세계 2위의 경제 대국인 '영국을 15년 이내에 추월하자'는 구호를 내세웠다. 그리고 '더 많이, 더 빨리, 더 훌륭히, 더 절약해서 사회주의를 건설하자'라는 총노선을 확정하고, 공업과 농업 생산의 지표를 높였다. 공업은 주로 철강 산업에 편중되었으며, 천리마 운동, 새벽별 보기 운동 등을 벌이며 사람들을 동원했다. 마오쩌둥은 15년 안에 영국의 철강 생산량을 따라잡기 위해 전국 곳곳에 토법(土法, 재래식 방법)으로 100만 개의 소형 제철소를 만들어 철을 생산하도록 했다. 하지만 생

산된 선철의 약 30퍼센트
는 품질이 낮아 아무데도
쓸 수 없었다. 이는 증산
에만 몰두한 나머지 철제
농기구, 밥 짓는 솥까지
재료로 삼았기 때문이다.
농업에서도 '2배로 생산
량을 증산시키자'라는 구
호 아래 농작물 줄기 사이
에 틈이 없을 정도로 촘촘

제철소에서 일하고 있는 소작농들

하게 심는 심경밀식(深耕密植)을 장려했다. 뿐만 아니라 농민의 집약 농업
에 의지하고, 대중 운동에 기초한 대규모 수리, 관개 건설, 비료 주기 운동
등을 전개해 증산에 몰두했다.

그러나 중공업 우선 정책과 대규모 수력, 관개 사업의 시행 등으로 농업
노동력과 생산량이 부족해지는 문제가 발생했다. 그러자 각지에서 합작
사들끼리 합병하여 대형 합작사를 만들었다. 이를 주목한 당과 마오쩌둥
은 수많은 군중을 대규모 농촌 인민공사로 조직하여 공업과 농업의 문제
를 해결하려 했다. 인민공사는 농촌의 행정과 경제 조직을 일체화한 것으
로, 모든 농민들에게 소유물을 인민공사에 헌납하게 하여 공동 소유로 만
들고, 집단 생산과 집단 생활을 영위하는 자력갱생과 자급자족의 말단 권
력 조직이었다. 뿐만 아니라 인민공사는 교육, 군사 일체화도 함께 추구했
다. 1958년 8월에 시작된 중국 전역 합작사들의 인민공사 개편은 그해 말
까지 전체 농가의 99퍼센트를 포함하는 신속함을 보였다. 소련의 지원을

대약진 운동 당시 농민들

기대할 수 없고, 중국 내 민족 자본가들의 적극적인 참여도 기대할 수 없는 진퇴양난의 상황에서 마오쩌둥은 인민의 혁명적 열정을 동원해 경제의 대약진을 실현할 수 있다는 믿음으로 인민공사를 통한 대규모 대중 동원을 시도했던 것이다.

하지만 마오쩌둥의 기대와 달리 대약진과 인민공사는 실패로 끝을 맺었다. 중국의 발표에 따르면, 제2차 5개년 계획의 첫해인 1958년의 농공업 생산 총액은 전년보다 2배 증가했고, 그 후 계속적인 성장을 이루었다고 한다. 그러나 생산량 2배 증산이라는 성장 지수는 부과된 할당량을 달성할 수 없었던 현장 지도자들이 우파 혹은 패배주의자로 낙인찍힐까 두려워서 부풀린 성과 보고였다. 게다가 보고를 받은 마오쩌둥은 보다 많은 증산을 명령함으로써 이에 따른 악순환이 예고되었다. 또한 공업에 지나치게 편중해 공업 노동 인력을 농촌에서 과도하게 차출하자, 도시 인구가 급증하여 필수품의 공급 부족이 일어났다. 여기에 노동력을 잃은 농촌의 농업 생산력까지 급격히 떨어지면서 농업 경제는 파탄 지경에 이르렀다.

인민공사의 급속한 증가는 무리하게 집단생활을 강조해 개인의 가정생활까지 완전히 파괴했다. 또한 사적인 소비품을 몰수하고 생산 수단의 공유화로 일하지 않아도 똑같은 혜택을 받을 수 있게 되면서 작업 능률이 크게 저하되었다. 그리하여 대부분의 인민공사는 점점 유명무실한 행정 조직으로 전락하였다. 결국 농민의 태업과 반항, 1959년 하반기부터 3년간 계속된 자연재해로 인한 흉작 때문에 농업 생산은 대풍작이었던 전년도의 2억 2,500만 톤에서 1960년에는 1억 8천만 톤으로 크게 감소했다. 게다가 소련과의 관계 악화로 1960년 이래 경제 원조가 중단되자 수천만 명이 굶어 죽었다. 당시 굶어 죽은 사람의 수는 약 2천만 명에서 4천만 명이었으며, 이는 제2차 세계대전 사망자수(3천만~5천만 명)와 비슷한 수치였다. 1957년 17.6세였던 사망자 평균 연령은 1963년에는 9.7세로 낮아졌다.

이러한 악재들이 산재한 가운데 중화학공업까지 처음 설정한 경제 지표에 못 미쳤다. 그러자 당 중앙과 마오쩌둥은 비로소 경제 활동과 인민공사 안에서 일어나는 혼란과 문제점을 감지했다. 경제 위기가 한층 심각해지자 마오주의자와 당 관료 사이의 정치 투쟁은 더욱 격렬해졌다. 1959년 7월 2일부터 8월 1일까지 장시성의 여산에서 개최된 제8차 8중전회에서 공산당 당원인 펑더화이는 "삼면홍기, 즉 총노선, 대약진, 인민공사 정책 중 총노선은 옳았지만, 조급하게 일을 진행해 목표 달성에 실패했다."라며 대약진 운동의 문제점을 비판했다. 그 결과 그는 마오쩌둥의 노여움을 사고 실각당했다.

1959년 말, 마오쩌둥은 경제 상황의 심각성과 대약진 운동의 문제점을 인정하고 조정에 들어갔다. 이에 1960년부터 류사오치(劉少奇)와 덩샤오핑(鄧小平)이 나서 대약진과 인민공사 정책을 수정하여 생산 목표와 속도를 하향 조절했다. 결국 1958년에 큰 기대와 희망을 안고 시작된 대약진 운동은 중국 사회에 경제적, 인간적 재난을 초래하면서 1960년에 막을 내렸다. 또한 대약진 운동의 실패로 정치적 기반을 잃은 마오쩌둥은 2년 후인 1962년에 국가주석을 사임했다.

대약진 운동은 마오쩌둥과 중국 공산당 지도부가 자력갱생의 정신으로 중국 경제의 비약적인 발전을 실현하려는 야심 찬 시도였다. 그러나 대약진 운동이 실제로 추진되면서 생산의 대약진이 아니라 생산의 대폭락이 발생했고, 중국 경제에 농·경공업의 퇴보와 중화학공업의 과다 발전이라는 기형적 결과를 초래했다. 결국 이는 마오쩌둥의 리더십에 대한 회의를 싹트게 했다. 또한 실패에 대한 책임 문제 등은 지도부의 균열과 반목을 촉발시켰다. 대약진 운동은 중국 전체의 경제, 문화 수준을 20년 이상 퇴보시켰다는 비판과 함께 지도부의 균열 및 노선 투쟁을 발생시켰다. 이로써 권위를 실추한 마오쩌둥은 자신의 권력 회복을 목적으로 1966년에 문화대혁명을 일으켰다.

문화대혁명

극좌 사회주의 운동

> ◁◁ **1959년** 역사 희곡 〈해서파관〉이 발단이 되어 문화대혁명이 시작되다.
>
> ◁◁ **1966년** 톈안먼 광장에서 문화대혁명을 축하하는 100만 인 집회가 열리다.
>
> ◁◁ **1968년** 중앙위원회 전체 회의에서 린뱌오가 서열 2위인 당 부주석으로 임명되다.
>
> 대약진 운동에 실패한 마오쩌둥은 권력 회복을 목적으로 문화대혁명을 일으켰다. 뿌리 깊게 존재하던 류사오치, 덩샤오핑 파의 영향을 제거하고, 낡은 사상, 문화, 풍속, 관습을 척결하는 것을 목표로 했다. 이에 린뱌오는 홍위병을 선동하여 마오쩌둥주의자가 아닌 지도자들을 감금하고 죽이기까지 했다. 문화대혁명은 교육의 마비, 역사적인 유적과 유산의 파괴, 전통 문화의 위상 악화, 종교 탄압과 함께 34,800명의 희생자를 발생시켰다.

문화대혁명은 1966년 5월부터 1976년 10월까지 마오쩌둥이 주도한 극좌 사회주의 운동으로, 계급 투쟁을 강조하는 대중 운동을 통해 공산당 내부의 반대파들을 제거하고 권력 재탈환을 기도한 일종의 권력 투쟁이다. 공식 명칭은 '프롤레타리아계급 문화대혁명'이며, 약칭 '문혁'이라 한다.

중국은 1960년대에 들어 자급자족 공산 사회를 위해 경제 발전과 농업의 집단화 등을 시도한 대약진 운동이 실패로 돌아가면서 경제적으로 어려움을 겪었다. 더구나 소련과의 관계도 악화되었다. 마오쩌둥은 대약진 운동 실패의 책임을 지고 국가주석에서 사임하고, 류사오치(劉少奇)와 저 우언라이(周恩來), 덩샤오핑(鄧小平) 등에게 권력을 이양했다. 새롭게 권력 을 잡은 이들은 수정주의 노선의 정책을 추진했으며, 대약진 운동의 실패 를 어느 정도 복구하고 경제 발전을 우선시했다. 특히 류사오치의 개혁이 성공을 거두면서 인민 및 당원들은 그를 신망했다. 그러자 위기를 느낀 마 오쩌둥은 이들의 정책이 자본주의를 부활시킨다고 주장했다. 점차 마오 쩌둥과 그의 추종 세력이 그들을 수정주의와 자본주의를 따르는 주자파로 몰아 비판하면서 이내 사상과 정치 투쟁이 벌어졌고, 이는 문화대혁명 발 발을 예고했다.

문화대혁명의 직접적인 계기가 된 것은 1959년 말 우한(吳晗)이 발표한 역사 희곡 〈해서파관(海瑞罷官)〉이었다. 이 극은 청백리인 해서가 타락한 황제에게 파면된다는 내용이다. 1965년 11월, 마오쩌둥의 아내 장칭(江靑) 의 지도하에 야오원위안(姚文元)이 상하이의 〈문회보(文匯報)〉에 이를 비 판하는 글을 발표했다. 그는 이 희곡이 마오쩌둥을 폄하하기 위한 것이고, 황제는 마오쩌둥을, 해서는 대약진 운동을 비판하고 숙청된 펑더화이(彭 德懷)를 비유한 것이라고 주장했다. 이를 계기로 실권파의 권력 기반인 베 이징시 당위원회와 베이징의 지도적 지식인들, 이른바 삼가촌(三家村) 그 룹은 마오쩌둥 추종자들의 집중적인 비판을 받았다. 결국 1966년 4월, 우 한을 지지한 베이징 시장 펑전(彭眞)이 해임되고, 국방부 장관인 린뱌오(林 彪)가 합세했다. 8월 8일, 중국 공산당 중앙위원회에서 마오쩌둥이 〈프롤 레타리아 문화대혁명에 관한 결정안 16개조(無産階級文化大革命16條)〉를 발표함으로써 본격적인 문화대혁명이 시작되었다.

1967년 1월, 린뱌오와 장칭은 미디어를 동원해 지방의 문화대혁명 지도원들에게 상하이의 고위 행정 간부들을 비판하여 숙청하게 하고, 2월에는 마오쩌둥의 승인하에 계급 투쟁을 군사 분야까지 확대했다. 문화대혁명파인 장춘차오(張春橋)와 야오원위안은 미디어를 장악해 반대파들을 모두 실각시켰다. 마오쩌둥의 후계자로 내정된 린뱌오와 그의 일당은 홍위병들을 선동하여 마오쩌둥주의자가 아닌 수많은 지도자들을 반동분자로 몰아 비판, 타도, 감금했으며, 심지어 죽이기까지 했다. 1966년 10월, 당 중앙 공작회의에서 마오쩌둥은 이러한 기세를 동원하여 류사오치, 덩샤오핑 등을 자기비판과 함께 실각시켰다. 1967년, 린뱌오와 장칭이 발동한 류사오치 비판 운동에 마오쩌둥이 동의함으로써 류사오치는 결국 박해를 받고 죽었다.

문화대혁명의 목표는 중앙에서부터 지방 말단에 이르기까지 뿌리 깊게 존재한 류사오치, 덩샤오핑 파의 영향을 제거하고, 4구(舊), 즉 낡은 사상, 문화, 풍속, 관습 등을 척결하는 것이었다. 이를 위해 마오쩌둥이 이용한 것은 당 외의 대중, 특히 청년 학생을 중심으로 한 홍위병(紅衛兵)이었다. 이에 1966년 5월, 칭화(淸華, 청화) 대학에서 최초의 홍위병이 조직되었다. 마오쩌둥은 그들에게 적극적인 지지를 보내는 편지를 하달하고, 여덟 차례나 연달아 전국 각지에서 온 홍위병과 백만 군중들을 접견한 후 그들에게 무산 계급의 문화대혁명을 끝까지 고수할 것을 당부했다. 1966년 8월, 톈안먼 광장에서는 문화대혁명을 축하하는 100만 인 집회가 열렸다. 그 자리에서 마오쩌둥은 홍위병에게 무제한의 자유를 인정하는 '혁명무죄(革命無罪), 조반유리(造反有理)'라는 새로운 구호, 즉 혁명을 일으켜 사회와 정치를 뒤엎고 대량 숙청을 하는 것이 정당화될 수 있다고 외쳤다. 이로써 청년 노동자, 중학생, 대학생, 심지어 소학교 학생까지 가담하는 수많은 홍위병 단체가 만들어져 빠르게 전국으로 파급되었다.

홍위병은 구시대적 문화유산을 제거한다는 명분으로 고대 사찰과 사당, 역사 유물들을 파괴했다. 홍위병의 세력이 커지면서 조직은 점차 분화되어 자신과 다른 혁명적 메시지를 전하는 타 조직을 비판하면서 상황은 더욱 악화되었다. 이에 마오쩌둥은 인민해방군을 투입하여 무력 충돌과 폭력 사태를 저지하고 군대에 의한 통치를 시작했다. 홍위병으로 인한 더 이상의 혼란을 원치 않았던 마오쩌둥은 "지식 청년들이 농촌으로 돌아가서 다시 배우자."라고 주장하며 1968년 상산하향(上山下鄉) 운동을 전개해 지식 청소년들을 깊은 산골로 추방했다. 이는 더 이상 필요가 없어진 홍위병들을 농촌으로 보내 사회 분란을 감소시키려는 의미도 있었다. 결국 혼란스러운 정국은 1968년 9월, 전국 각지에서 인민군 대표, 홍위병 대표, 당 간부 등 3자가 결합한 혁명위원회가 수립됨으로써 진정 국면에 들어섰다.

1968년 10월에 열린 제8차 중앙위원회 제12차 전체회의에서 린뱌오가 서열 2위인 당 부주석으로 임명되었다. 그 후 린뱌오는 몇 차례 마오쩌둥 암살을 시도했으나 모두 실패했고, 1971년에 가족과 함께 소련행 비행기를 탔다가 추락 사고로 사망했다. 이후 저우언라이의 건의로 덩샤오핑이 다시 부총리에 올라 중앙으로 진출했다.

그러나 린뱌오의 죽음과 마오쩌둥의 건강 악화로 정부와 공산당 내에서는 마오쩌둥의 아내 장칭과 정치 선동 전문가인 장춘차오, 야오원위안, 정치적으로 친밀한 왕훙원 등 사인방의 권력이 커졌다. 1969년 이후 사인방은 미디어와 선전망을 장악하고, 저우언라이와 덩샤오핑이 집행하는 경제 정책에 적대감을 드러냈다. 사인방은 미디어를 장악했지만, 덩샤오핑이 경

재판받는 사인방 왼쪽부터 장춘차오, 왕훙원, 야오원위안, 장칭.

제 정책의 집행을 통해 실세로 떠오르는 것을 저지할 수는 없었다. 이에 마오쩌둥의 정책과 노선에 대한 표면적인 지지만으로 권력을 유지해 나갔다.

1976년 1월, 마오쩌둥은 중국 혁명의 주역이자 총리인 저우언라이의 사망으로 공석이 된 국무원총리에 화궈펑(華國鋒)을 임명했다. 1976년 9월 9일에 마오쩌둥이 사망하자, 덩샤오핑과 인민해방군의 지지 아래 화궈펑은 사인방 전원을 체포했으며, 이로써 문화대혁명은 대단원의 막을 내렸다. 사인방은 1980~1981년에 걸쳐 문화대혁명 당시 정책에 대한 재판을 받고, 장칭과 장춘차오는 교수형, 왕훙원은 무기징역, 야오원위안은 20년 징역을 선고받았다.

문화대혁명은 전국적으로 혼돈 및 경제적 침체를 일으켜 국가적 재난이라 간주되며, 이 기간을 '십년동란(十年動亂)'이라고 부르기도 한다. 가장 큰 피해는 이 기간 동안 교육이 마비되었다는 것이다. 대입시험이 취소되고,

많은 지식인은 농촌으로 보내졌으며, 자아비판의 대상이 되었다. 또한 중국의 전통 사상이 무시되었고, 그 자리를 마오쩌둥의 사상이 차지했다. 마오쩌둥의 어록은 '성경'이 되어 누구나 휴대해야만 했다. 또 공산당 내에서 여러 당파의 내부 권력 투쟁을 야기하여 서로 다른 당파에 속한 이들이 백주에 패싸움을 하기도 했다. 건물, 공예, 서적 등의 역사, 문화유적과 전통유산이 '구시대적 산물'로 간주되어 파괴되었고, 전통문화의 지위 역시 크게 손상되어 점술, 종이공예, 풍수지리, 전통의례, 고전 문학, 전통 명절 등의 위상이 약화되었다. 종교 탄압도 가해져 마르크스—레닌주의와 배치되는 모든 종교에 박해를 가했다. 또 제국주의의 첩자, 주구(走狗), 수정주의자로 몰린 사람은 폭행, 감금, 강간, 고문을 당하고 재산을 몰수당했다. 사인방의 재판에서 중국 법원은 문화대혁명 기간에 729,511명이 박해를 받았고, 이 중 34,800명이 죽었다고 발표했다. 그러나 많은 죽음이 보고되지 않았기에 그 수는 더할 것이라 예상된다.

1981년 6월 27일, 공산당 중앙위원회는 〈건국 이래의 몇 가지 역사적 문제에 대한 당의 결의(建國以來黨的若幹歷史問題的決議)〉에서 문화대혁명에 대해 '문화대혁명의 좌편향 과오 그리고 이러한 과오가 거대한 규모로 장기간 지속된 것에 대한 책임은 마오쩌둥 동무에게 있다'라고 발표했다. 또한 '문화대혁명은 마오쩌둥의 잘못된 지도하에서 행해졌으며, 이것은 다시 린뱌오 및 장칭 등의 반동 세력 등에게 포섭되어 당과 인민에 수많은 재난과 혼란을 범했다'라고 밝혔다. 그러나 체제의 정당성을 위해 '문화대혁명의 지도자 마오쩌둥'과 '혁명의 영웅 마오쩌둥'을 분리하여 마오쩌둥이 중화인민공화국 수립에 절대적으로 기여했고, 마오쩌둥의 사상이 곧 당의 지도 이념임을 부정하지는 않았다.

중미 정상 회담

적대 관계에서 우호 관계로

> **◁◁ 1950년** 미국 등 서방 국가들이 중화인민공화국 수립을 인정하지 않다.
> **◁◁ 1969년** 중국과 소련의 관계가 무장 충돌로 악화되다.
> **◁◁ 1972년** 닉슨이 미국 대통령으로서는 처음으로 중국을 방문하다.
>
> 한국전쟁 당시 중국은 미국을 비롯한 연합군과 전쟁을 벌임으로써 미국과 적대적인 관계를 지속했다. 하지만 소련과 대립하게 되자 중국은 미국에 주목했다. 특히 닉슨이 냉전 체제를 청산하자는 〈닉슨 독트린〉을 발표하자 미국과 우호적인 관계를 맺길 원했다. 마침내 닉슨이 중국을 방문하면서 양국은 22년에 걸친 적대 관계에서 벗어나 공식적 외교 관계를 수립하였다.

중화인민공화국 수립 후 1950년에 소련을 비롯한 사회주의 국가들과 영국, 네덜란드 등은 중국 정부를 승인했지만, 미국을 비롯한 대부분 서방 국가들은 중국 정부를 승인하지 않았다. 또한 한국전쟁 당시 중국이 미국을 비롯한 연합군과 전쟁을 벌임으로써 중국과 미국의 관계는 적대적이었다. 한국전쟁 휴전 후에도 미국의 중국에 대한 경제 봉쇄 정책 등으로 적대관계는 지속되었다. 특히 중국은 타이완을 합병하는 데 있어 미국이 최대 걸림돌이라 여겼으며, 유엔 가입 역시 미국의 방해 때문에 거부당하고 있다고 생각했다. 미국이 주요 적국이라는 중국의 인식은 1960대까지 계속되었다. 1970년대에 들어서면서 중국과 미국의 관계에 변화가 생겼고 양국의 만남이 성사되기에 이르렀다. 이는 언제나 그렇듯 양국의 국가 이익상의 필요에 의해 이루어졌다.

중국의 등을 민 것은 소련과의 관계 악화였다. 분명 중국은 처음 사회주의 체제로 이행하면서 소련의 지원이 절대적으로 필요했으며, 소련을 경제 발전 모델로 삼기도 했다. 그러나 1950년대 후반에 들어서면서 중국과 소련의 우호적인 관계에 금이 가기 시작했다.

스탈린 사망 후 지도자로 등장한 흐루시초프는 스탈린을 비판하고, 미국을 중심으로 한 자본주의와 적대적 투쟁 관계 대신 평화 공존을 주장했다. 흐루시초프는 소련의 지원을 받고 있는 중국 역시 자신의 의견에 동의할 것이라고 여겼다. 그러나 중국은 이 같은 소련의 변화를 수정주의라고 맹비난했으며, 소련을 대신해 전 세계 사회주의 국가들의 지도자를 자처했다. 이러한 중소 대립은 몇 가지 사건으로 표면화된다. 1959년 7월, 소련은 국방 관련 핵 원조 협정을 취소하고 경제 원조를 중단했으며, 1960년에는 중국 내 소련 기술자들을 철수시켰다. 중국과 소련의 관계 악화는 흐루시초프 실각 후에도 지속되었으며, 급기야 1969년 3월에는 우수리 강의 진보도(珍寶島)에서 양국의 군대가 무장 충돌했다. 최대 동반자인 소련과의 대립이 국가 안전을 위협하는 극한 상황으로까지 치닫자 중국은 소련에 대항하고 견제할 파트너로 미국을 주목했다.

이러한 시기에 1969년 7월 25일 미국 대통령 닉슨(Richard Milhous Nixon)은 긴장과 대결의 냉전 체제를 청산하자는 이른바 〈닉슨 독트린〉을 발표했다. 당시 닉슨은 사실상 실패로 끝난 베트남 전쟁에서 손을 떼고 동아시아의 균형을 가능한 한 미국에 유리하게 유지하길 원했다. 〈닉슨 독트린〉은 제2차 세계대전 이후 냉전 체제를 불식하고 '데탕트'라는 새로운 국제 질서를 수립하는 계기가 되었다. 그리고 이를 위해 미국은 중국과 우호적인 관계를 맺는 것에 관심을 기울이기 시작했다.

중국과 미국의 관계에 있어 먼저 화해의 제스처를 취한 것은 미국이었다. 미국은 앞서 중국이 소련과 우수리 강 지역을 둘러싸고 영토 분쟁을 일으킬 때 중국의 편을 들었으며, 미국 함대는 타이완 해협 순찰도 이즈음 중단했다. 여기에 중국은 중화인민공화국 수립 기념일 행사에 미국 저널리스트 에드거 스노(Edgar Parks Snow)와 함께 열병식을 사열하는 마오쩌둥의 사진을 크게 실었다. 이로써 중국은 미국과의 관계를 호전시키고자 한다는 의사를 내비쳤다.

그러던 중 중미 관계에 큰 전환점이자 세계를 깜짝 놀라게 한 일명 핑퐁외교가 일어났다. 1971년 3월, 제31회 세계탁구선수권대회가 일본 나고야에서 개최되었다. 중국 선수단은 문화대혁명 이후 최초로 국제경기에 참석한 것이며, 마오쩌둥과 저우언라이는 지대한 관심을 보였다. 당시 중국은 미국 선수단과 접촉했을 때 불미스러운 일이 생기자 않을까 우려했다. 그러나 우려와는 달리 미국 선수단은 적극적으로 접촉을 시도하며 중국 방문 의사까지 전달했다. 1971년 4월 7일에는 마오쩌둥의 허락하에 중국이 미국 탁구 선수단을 공식적으로 초청했으며, 4월 10일에 미국 선수단 15명이 베이징에 도착했다. 4월 14일, 저우언라이는 인민대회당 동대청에서 열린 미국 탁구 선수단 환영식에서 "작은 탁구공 하나가 지구라는 큰 공을 움직였다."라는 말과 함께 우호적인 중미 관계의 출발을 알렸다. 이후

베이징을 방문한 닉슨과 닉슨을 마중 나온 저우언라이

닉슨은 중국에 대한 경제봉쇄 정책의 해제를 발표했다.

평풍 외교 이후 중국의 저우언라이와 미국의 헨리 키신저(Henry Kissinger)는 파키스탄 루트를 통해 비밀리에 양국 고위층 회담을 추진하여 양국 사이에 긍정적인 교신이 오갔다. 그리고 1971년 7월, 키신저가 미국 대통령의 특사 자격으로 비밀리에 베이징을 방문했다. 베이징에서 만난 저우언라이와 키신저는 양국의 관계 개선을 다짐하며, 1972년 닉슨 대통령의 중국 방문에 원칙적으로 합의했다. 그리고 정식 회담에 앞서 1971년 10월 25일 열린 유엔 총회에서 중국은 타이완을 대신해 유엔 회원국이 되었으며, 동시에 안전보장이사회의 상임이사국으로 추대되었다. 당시 미국은 표면적으로 중국의 유엔 가입에 반대 입장을 취했으나, 이미 준비된 절차상의 조정이 있었기 때문에 가능했다.

1972년 2월 21일, 닉슨이 베이징 수도 공항에 미국 대통령으로서는 처음으로 모습을 나타냈다. 비행기에서 내린 닉슨은 마중 나온 저우언라이를 향해 걸어가 서로 악수했다. 그리고 마오쩌둥과 저우언라이는 닉슨이 도착한 지 약 3시간 정도가 흐른 뒤 마오쩌둥의 서재에서 닉슨과 회견을 가졌다. 당시 마오쩌둥은 고령으로 병세가 악화된 상태였지만, 회견은 약 70분가량 진행되었다. 오후 6시에는 저우언라이와 닉슨의 1차 회담이 열렸으며, 한 시간 뒤에는 닉슨 대통령을 위한 환영 만찬이 인민대회당에서 열렸다. 그날의 분위기는 시종 화기애애했다.

1972년 2월 26일, 저우언라이와 닉슨은 항저우를 방문 후 다시 상하이로 향했다. 1972년 2월 28일, 양국은 상하이에서 〈중미 공동 성명(상하이 공동 성명)〉을 발표했다. 이로써 양국은 22년에 걸친 적대 관계에 종지부를 찍고 공식적인 외교 관계를 수립했다. 양국은 영토와 주권의 상호 존중, 상호 불가침, 내정 불간섭, 호혜 평등, 평화 공존 등 평화 5원칙에 따라 국가와 국가 사이의 관계를 확립했다. 또한 국제적인 문제에도 이러한 원칙을 기본으로 할 것을 합의했다.

다만 양국은 관계 개선에 있어 최대 걸림돌인 타이완에 대한 합의는 이루지 못하고, 입장만 확인했다. 중국은 중화인민공화국이 중국의 유일한 합법 정부이며, 타이완은 중국의 1개 성(省)이기 때문에 반드시 귀속되어야 한다고 주장했다. 또한 타이완에 관한 문제는 내정에 속하므로 다른 나라가 간섭할 권리가 없음을 강조했다. 여기에 미국은 중국의 타이완 통합 문제를 평화적으로 해결해야 하며, 하나의 중국이라는 원칙과 타이완이 중국의 일부분이라는 것을 인정했다. 이처럼 〈중미 공동 성명〉은 양국에 가장 민감한 타이완 문제에서 합의를 이끌어 내지 못했기 때문에 매우 모호한 성격을 지녔다. 이후 이것은 양국의 완전한 관계 개선을 위한 숙제로 남았다.

양국의 관계 정상화는 타이완 문제 때문에 오랜 시간이 소요되었다. 중국은 1954년에 미국과 타이완이 체결한 상호 방위 조약의 파기와 미국의 타이완 정부 승인 취소, 타이완에서의 미군 철수 등을 요구했다. 결국 중미의 상호 접근은 지지부진한 상태를 면치 못했다. 중미 관계는 1977년, 덩샤오핑의 복권과 지미 카터의 대통령 당선 이후에 재개되었다. 그리고 1978

년 12월, 중국은 타이완 문제를 해결하는 데 있어 충분한 시간과 평화적인 방법을 거듭 약속했다. 이에 미국의 카터 대통령은 중화인민공화국이 중국의 유일한 합법 정부임을 승인하고, 타이완 국민당 정부의 승인을 취소했다.

1979년 1월 1일, 중국과 미국의 국교가 공식적으로 수립되었다. 이로써 미국은 타이완 주재 대사관을 철수시키고, 1954년 장제스와 체결한 상호 방위 조약도 폐기했다. 그러나 미국에게 타이완은 쉽게 포기할 수 없는 대상이었으므로, 1979년 4월 미국 의회는 '타이완 관계법'을 통과시켜 중국에게 국제법 위반이라는 맹비난을 받았다. 그러나 이러한 어려움에도 중미 관계는 정치, 경제, 문화 등 다각적으로 발전해 갔다.

중국 공산당 제11기 3중전회

개혁개방의 적극적 추진과 그 결과

- **1976년** 장칭, 장춘차오, 왕홍원, 야오원위안 등 사인방이 체포되다.
- **1977년** 사인방에 의해 모든 공직에서 추방되었던 덩샤오핑이 복권되다.
- **1980년** 제11기 3중전회에서 제기된 개혁개방 정책이 본격적으로 시행되다.

덩샤오핑 주도로 베이징에서 열린 중국 공산당 제11기 3중전회는 중국 공산당 중심 업무로 사회주의 현대화 건설 및 개혁개방 정책 추진을 결의했다. 이는 중화인민공화국이 사회주의 현대화 시대로 진입하는 것을 의미했다. 실사구시를 통한 시장 경제 체제의 도입, 대외 개방, 외국 자본 도입 정책으로 높은 경제성장률을 기록한 반면, 자본주의의 병폐가 드러나면서 민주화 운동의 씨앗을 싹틔우게 했다.

1976년 10월 6일, 마오쩌둥의 부인 장칭, 정치국 상임위원 겸 국무원 부총리 장춘차오, 중국 공산당 중앙위원회 부주석 왕홍원, 당중앙위원회 정치국원 야오원위안 등 사인방이 체포되었다. 이로써 사실상 계급, 권력 투쟁이었던 문화대혁명이 종결되었다. 중국 사회 내부에서는 문화대혁명 기간 동안 빚어진 갈등을 해소하고 혼란을 수습해 새로운 시대를 맞이하자는 요구가 강해졌다. 그러나 당시 당 주석에 취임한 화궈펑은 마오쩌둥이 내린 결정들을 지키고 철저히 따라야 한다는 범시론(凡是論) 입장을 굽히지 않았다. 이는 결국 중국 각 분야별 정책 방향의 상실과 경제적 손실을 초래했고, 개혁파와 덩샤오핑의 비판을 받았다.

1976년, 사인방에 의해 제1차 톈안먼 사건의 배후로 지목돼 모든 공직에서 추방되었던 덩샤오핑은 사인방이 숙청되자 화궈펑에 의해 1977년 7월에 복권되었다. 그는 이전에 화궈펑에게 편지를 보내 그에 대한 지지를 표명하는 한편, 마오쩌둥의 절대주의에 사로잡혀 있는 범시론은 마르크스주의에 부합하지 않다고 했다. 또한 마오쩌둥의 사상을 정확하게 이해하고 응용해 중국 발전을 꾀해야 한다고 주장하며 화궈펑을 지적하기도 했다. 그러나 화궈펑은 정국 수습에 어려움을 겪고 있었기 때문에 덩샤오핑을 불러들인 것이다. 1977년 7월 16일, 중국 공산당 제10기 3중전회에서 덩샤오핑은 당 부주석, 총참모장, 국무원 부총리 등의 직무를 회복했다.

덩샤오핑의 복귀와 함께 1977년 8월 12일부터 18일까지 열린 중국 공산당 제11차 전국대회에서 문화대혁명의 종결이 선언되었으며, 4개 현대화 정책이 제기되었다. 사실 4개 현대화가 처음으로 제기된 것은 1975년 1월 13일부터 17일까지 열린 제4기 전국인민대표대회 제1회 회의 때로, 당시 총리 저우언라이는 농업, 공업, 국방, 과학 기술의 현대화를 실현 목표로 제시했다. 하지만 저우언라이가 병석에 눕게 되면서 4개 현대화는 덩샤오핑에 의해 주도되었다. 1975년, 덩샤오핑은 〈공업 발전을 가속화시키는 것에 관한 몇 가지 문제〉와 〈과학원 공작에 대해〉라는 글을 통해 4개 현대화와 경제 발전을 촉진시키는 개혁을 시도했다. 그러나 이러한 개혁 시도는 사인방의 집중적인 비난을 받았으며, 1976년의 제1차 톈안먼 사건과 함께 덩샤오핑을 실각시키는 빌미가 되었었다. 하지만 덩샤오핑이 복귀하면서

4개 현대화 정책 또한 다시 구체화되기 시
작한 것이다.

또한 1978년 5월에 덩샤오핑은 〈광명일
보〉에 〈진리를 검증할 유일한 기준은 실
천이다〉라는 글을 발표했다. 이는 즉시 중
국 공산당 최고 교육 기관인 중앙당교 내
부 간행물에 실렸으며, 〈인민일보〉, 〈해방
군보〉 등에서 보도했다. 이 글의 표면적
인 의미는 어떠한 이론도 실천에 의해 검
증되어야 한다는 것이다. 결국 이는 마오

덩샤오핑

쩌둥이 무조건 옳다고 여기는 화궈펑 등의 범시파들을 겨냥해 마오쩌둥과
좌파의 사상과 정책을 재검토해야 함을 주장하는 것이었다. 이 글은 중국
전역에 진리 기준에 관한 격렬한 토론과 사상 해방 운동을 일으켰다. 이러
한 분위기 속에서 중국 공산당 제11기 3중전회의 실무회의가 1978년 11월
10일부터 12월 15일까지 열렸다. 이때 회의에 참석한 당 간부들은 화궈펑
에게 제1차 톈안먼 사건 때 체포당한 사람들과 반마오쩌둥파 및 문화대혁
명으로 실각한 지도자들의 명예 회복을 강력히 요구했다. 이에 11월 26일,
제1차 톈안먼 사건의 판결이 혁명 사건으로 번복되었다. 또한 화궈펑은 자
신의 마오쩌둥 절대주의에 대해 자아비판을 했다. 그리고 마지막으로 덩
샤오핑은 실무회의 폐막식에서 전 당과 인민들을 향해 '사상 해방, 실사구
시, 일치단결, 미래 지향'이란 주제로 연설하여 회의를 마무리함으로써 범
시론의 몰락과 실사구시론의 승리를 알렸다.

1978년 12월 18일부터 22일까지 169명의 중앙위원과 112명의 후보중앙

위원이 출석한 중국 공산당 제11기 3중전회의가 베이징에서 열렸다. 회의
에서는 '계급 투쟁 강령' 같은 구호의 사용을 중지했으며, 중국 공산당과
전국 인민의 중심 과제를 사회주의 현대화 건설로 결정했다. 또한 화궈펑
의 '두 가지가 다 옳다(兩個凡是)'의 오류를 철저히 비판함으로써 실사구시
라는 새로운 지도 방침을 거듭 강조했다. 그리고 문화대혁명과 제1차 톈안
먼 사건에 대한 과거 잘못된 평가들을 심사하고 해결했다. 이로써 펑더화
이, 타오주(陶铸) 등이 명예를 회복했다. 회의를 통해 천원(陳雲)이 중앙위
원회 부주석으로 선출되었으며, 덩잉차오(鄧穎超), 후야오방(胡耀邦), 왕진
(王震)이 중앙위원으로 발탁되었다.

중국 공산당 제11기 3중전회는 마오쩌둥의 그늘에서 벗어난 실권자 덩
샤오핑의 등장을 의미하며, 중화인민공화국이 사회주의 현대화 시대로
진입하는 전환점을 의미했다. 한편 덩샤오핑은 경제 발전과 생산력을 중
시했기 때문에 개방과 개혁 정책을 선택했지만, 사회주의 제도나 이념에
대한 회의나 부정은 없었다. 오히려 1989년의 제2차 톈안먼 사건에서 볼
수 있듯이 학생들의 민주화 요구나 대중 운동에 대해서는 가차 없이 탄압
했다. 1979년 3월 30일, 덩샤오핑은 당중앙회의를 통해 어떠한 일이 있어
도 중국 공산당이 지켜야 할 확고한 네 가지 원칙을 강조했다. 사회주의
노선의 견지, 프롤레타리아트 독재, 중국 공산당의 지도 견지, 마르크스
-레닌주의와 마오쩌둥 사상 견지 등을 바탕으로 개혁개방을 본격적으로
추진했다.

제11기 3중전회에서 제기된 개혁개방은 12기 대회 이후 1980년대부터
본격적으로 시행되었다. 농업, 공업, 국방, 과학 기술 4개 현대화가 목표로
정해졌으며, 이를 위해 시장경제 체제의 도입, 대외 개방, 외국 자본 도입

등이 허용되었다.

먼저 농업에서는 1985년 6월, 인민공사 해체가 완료되었고, 덩샤오핑의 지지로 가정별 도급 생산제가 전국적으로 시행되었다. 가정별 도급 생산제는 집단 경지를 농가별로 도급받아 생산과 처리를 자율적으로 시행하는 것이다. 이는 농촌 체제 개혁에 중요한 역할을 담당했으며, 농촌 경제에 활력을 불어넣었다. 이후 농촌의 과다한 노동력을 흡수하기 위해 새롭게 등장한 향진 기업은 지방 정부나 농민 소유의 집단 기업으로서 설립이 장려되었다. 농촌 개혁 이후 도시, 공업, 기업 개혁도 이루어졌다. 중앙에 집중된 권력을 지방으로 분산시켜 지방 정부는 제한적 입법권과 재정 자율 운영권을 가졌다. 기업 경영도 기업에게 자유롭게 맡겼으며, 기업 자주권을 확대시켜 독립된 이윤 추구 집단으로 인정하고, 기업의 경제적 책임을 분명히 했다.

중국은 국내 개혁뿐만 아니라 대외 개방도 적극적으로 추진했다. 대외 개방 정책은 1978년 제11기 3중전회에서 이미 확정한 것으로, 사회주의 현대화 건설을 위해 국제적 분업을 이용하고, 세계 경제와 유기적 관계를 맺어야 가능하다는 인식에서 출발한 것이다. 개방 정책의 일환으로 1980년 8월에는 광둥성의 주하이(珠海)와 선전(深圳), 푸젠성의 산터우(汕頭), 같은 해 10월에는 샤먼(廈門) 등의 지역을 경제 특구로 정해 수출을 도모했다. 당시 경제 특구를 지정한 목적은 외국 자본 도입과 기술의 이전, 수출 고용 증대 등의 경제적인 이익 도모에 있었다. 또한 마카오와 홍콩의 반환에 있어 경제 특구의 경험에서 도움을 얻고자 했던 면도 있었다. 1984년 2월에는 덩샤오핑이 대외 개방과 경제 특구 건설을 강조하면서 다롄, 친황다오, 톈진, 옌타이, 칭다오, 롄윈강, 난퉁, 상하이, 닝보, 원저우, 푸저우, 광저우,

잔장, 베이하이 등 14개 연해도시를 개방했다.

중국의 개혁개방 정책은 1980년부터 1993년까지 매년 8퍼센트의 경제 성장률을 기록할 정도로 두드러진 성과를 보였다. 그러나 개혁개방 정책의 성공에 따른 급속한 경제 발전은 대중의 의식 변화와 사회 계층의 분화, 지역 간의 격차를 심화시켰다. 또한 중국 공산당 당원과 관료들의 부정부패, 자본주의의 병폐들이 하나둘 드러나면서 대중의 불만은 고조되었고, 이에 따라 정치 개혁을 요구하는 민주화 운동으로 이어졌다.

1989

톈안먼 사건

중국 정부의 무차별 인권 탄압

1976년 마오쩌둥 사후 공산당 최고 지도자가 된 화궈펑이 덩샤오핑을 공산당에 복귀시키다.

1989년 정치 민주화에 우호적이던 후야오방이 사망하자 지식인과 학생들이 후야오방의 명예 회복을 요구하는 시위를 벌이다.

1994년 덩샤오핑이 정계에서 물러나다.

덩샤오핑의 개혁개방 정책으로 도시와 농촌의 빈부 격차가 심화되자 중국인들은 정치 민주화에 대한 열망을 품었다. 후야오방 사후 명예 회복 문제, 빈부 격차와 언론 자유에 대한 불만 등이 합쳐져 톈안먼 광장에서 수십만 명의 학생과 노동자, 시민이 함께하는 대규모 시위가 벌어진다. 덩샤오핑은 시위대 진압을 위해 계엄령을 선포, 군사력을 동원해 무력으로 진압하여 수많은 사상자를 냈다.

중국 현대사에서 피의 일요일이라 불리는 톈안먼 사건은 1989년 6월 4일 베이징 톈안먼 광장에서 일어났다. 학생, 노동자, 시민들이 정부의 정치 개혁과 민주화를 요구하며 대규모 시위를 벌이자, 정부가 군사력을 동원해 시위대를 무력으로 과잉 진압하여 수많은 사상자를 냈다. 천안문 사태, 북경 대학살 사건, 6·4사건 등으로도 불린다.

중국 공산당의 핵심 인물이었던 덩샤오핑은 자본주의, 실용주의 노선을 따른 정책의 도입을 주장하며 마오쩌둥과 대립 구도에 놓였다. 그러나 마오쩌둥이 급진적 계급 투쟁과 사회주의 대중 운동인 문화대혁명을 일으키면서 덩샤오핑은 권력 일선에서 물러나야 했다. 문화대혁명이 종결되고 1976년 9월에 마오쩌둥이 사망하자, 공산당 최고 지도자가 된 화궈펑은 어수선한 정국을 안정시키기 위해 덩샤오핑을 공산당에 복귀시켰다. 그러나 화궈펑은 두 개의 진리(兩個凡是), 즉 '마오쩌둥의 지시는 무조건 옳고, 그의 지시는 무조건 집행해야 한다'라는 마오쩌둥의 사상을 국가 주요 정책으로 채택하고, 권력 집중, 개인 숭배의 기미까지 보였다. 그리하여 문화대혁명 당시 박해를 당한 공산당 원로들과 국민의 반발을 사는 결과를 초래했다. 그러자 덩샤오핑은 실사구시와 해방 사상을 내세워 화궈펑을 비판한 뒤 그를 밀어내고 당내 지지를 확보해 나갔다. 1982년, 덩샤오핑은 자신과 뜻을 같이하는 개혁파 인물인 후야오방(胡耀邦), 자오쯔양(趙紫陽)을 각각 총서기, 총리직에 세웠다. 그리고 자신은 중앙군사위원회 주석에 취임해 삼두 체제를 이뤄 정권을 장악했다. 실질적으로 당내 서열 1위로 부상한 덩샤오핑의 시대가 시작된 것이다.

덩샤오핑은 4대 현대화, 즉 농업, 공업, 과학, 기술의 현대화를 목표로 삼고 이를 완성시키고자 '중국적 특색을 지닌 사회주의'를 표방하며 개혁 정책을 추진했다. 그것은 '검은 고양이든 흰 고양이든 쥐를 잡을 수 있다면 좋은 고양이다'라는 경제 정책이다. 즉 중국의 경제 발전에 도움이 된다면 이념과 상관없이 자본주의적 경제 요소, 즉 시장 경제와 상품 경제를 적극적으로 수용 가능함을 의미했다. 먼저 그는 인민공사 폐지와 개별 생산 도급제를 실시해 농업 생산력 증대를 이룩했다. 또한 농촌 개혁을 곧 도시 중심의 개혁으로 바꿔 외국 자본과 기술을 적극 도입하고, 수출입을 확대하여 자본주의 국가와 활발하게 경제 교류를 가졌다. 이와 같은 덩샤오핑의 개혁개방 정책으로 중국 경제는 11퍼센트의 높은 경제성장률을 보였다. 특히 연해 지역의 경제 발전이 두드러져 연해 지역 주민의 생활 수준이 크게 향상되었다.

하지만 개혁개방 정책은 정치, 경제적 부작용을 가져왔다. 시장 경제 도입에 따른 급속한 경제 발전은 도시와 농촌 간 소득 격차를 발생시켰다. 특히 도시 내에서는 근로자들 사이에서 소득에 따른 빈부차가 심화되었다. 평등을 우선시하는 사회주의에서 소득 격차는 주민들에게 체제에 대한 불만을 갖게 했다. 또한 기존의 사회주의 체제에서 볼 수 없는 실업 문제와 가격 개혁으로 인한 인플레이션이 발생해 사재기 등 경제 운용상의 문제점이 드러났다. 이 같은 부작용은 주민들, 특히 도시 민중의 안정된 생활을 위협하기 시작했다.

한편 주민들은 개방 정책 및 텔레비전의 보급을 통해 서방 세계에 대한 편견을 버렸으며, 반정부 시위 등으로 정부에 저항하는 서방 세계의 정치적 움직임에 관심을 가졌다. 더불어 자국에 정치 변화가 필요하다는 인식과 함께 정치 민주화에 대한 열망을 품었다.

당시 덩샤오핑은 중국 공산당만이 유일한 정치 세력이며, 공산당을 통한 개혁 추진만이 유일한 방법이라 여겼는데, 이런 생각은 당과 당 간부들에게 강력한 권력이 집중되는 결과를 낳았다. 그러자 중국의 진정한 현대화를 이루려면 마오쩌둥 식의 사회주의 독재 정치에서 벗어난 정치 민주화가 반드시 필요하다는 의견이 제기되었다. 그러나 덩샤오핑은 아래로부터의 민주화 운동은 중국 사회를 혼란에 빠뜨릴 뿐이라며, 정치 개혁에 소극적인 자세를 취했다. 반면 후야오방은 언론의 자유화, 법치주의 보호, 사상 해방, 당내 민주화 등 민주주의 노선의 정치 개혁에 힘을 쏟았다. 하지만 그의 행동은 지나치게 자유주의 노선을 걷는다는 이유로 당내 보수파의 의심과 불만을 초래했다.

1986년과 1987년 사이, 몇몇 도시에서 대학생들의 민주화 요구 시위가 일어나 전국으로 확산되었다. 이때 시위대 진압에 소극적 태도를 보인 후야오방을 향한 시위 진압 책임설이 대두되었다. 결국 후야오방은 당내 보수파 세력과 갈등을 빚다가 총서기직에서 사퇴하였다. 이에 총서기에 자오쯔양, 총리에 리펑(李鵬)이 취임하여 새 지도부가 구성되었다. 일련의 상황을 통해 학생, 지식인 사이에 민주화, 자유화를 제약하려는 공산당을 비판적으로 보는 시각이 늘어났다. 또한 정치 권력의 집중화로 관리들의 관료형 부정부패가 심화되자, 경제적 문제로 현실에 불만을 가진 노동자와 주민들의 불만도 고조되었다.

이런 상황에서 마침 정치 민주화에 우호적인 인물이자 학생들에게 존경의 대상이었던 후야오방이 1989년 4월 15일 심근경색으로 갑자기 사망했다. 그의 사망 소식이 전해지자 베이징에서는 천체물리학자 팡리즈(方勵之) 등의 지식인과 학생들이 후야오방의 총서기직 사퇴에 대한 진실을 밝힐 것과 그의 명예회복을 요구하는 시위를 벌이기 시작했다.

베이징 대학생들은 보수파를 비난하는 내용의 대자보를 붙이기 시작했고, 4월 17일에는 베이징과 상하이에서 보수파에 대한 재평가 및 부패 관료 타도를 외치며 가두 시위했다. 4월 21일에는 시위에 참여한 대학의 수가 10여 개로 늘어났으며, 저항 시인인 베이다오(北道) 등 47명의 학자들이 학생 운동을 지지하는 성명을 발표했다. 4월 22일, 후야오방의 장례식 이후 베이징 내 21개 대학의 대표자들은 효과적인 민주화 운동의 확산을 위해 지도 조직을 정비했다. 또한 자신들의 요구 사항을 적은 종이를 들고 인민대회당 앞에서 무릎을 꿇고 정부의 반응을 기다렸다. 하지만 총리 리펑과 관료들은 미온적 태도를 보일 뿐이었다. 그러자 10만 명의 학생들은 톈안먼 광장으로 집결하여 후야오방을 추모하며 그의 이상주

후야오방 추모 행사에 참석한 대학생들

의가 현실로 실현되길 바랐다. 톈안먼 광장 인민영웅기념비 앞에서 거행된 대학생들의 후야오방 추모 행사에서는 빈부 격차와 언론 자유에 대한 불만 등이 함께 표출되었다. 이로써 수십만 명의 학생과 노동자, 시민이 참가해 정치 개혁과 민주화를 요구하는 대규모 시위로 발전하게 되었다.

4월 26일, 정부는 시위대를 반혁명 폭동으로 규정하고, 덩샤오핑은 총리 리펑에게 강력한 조치를 취해 시위대를 진압할 것을 지시했다. 5월 13일, 2천여 명의 학생들은 시위대를 대표해 단식 연좌 농성을 선언하고 톈안먼 광장에서 무기한 단식 투쟁에 돌입했다. 그런데 마침 5월 15일 중국을 방문한 소련 고르바초프의 환영식이 톈안먼 광장에서 열릴 예정이었다. 시위대는 고르바초프가 도착하기 전에 중국 정부가 자신들과 대화를 시도할 것이라 기대했다. 그러나 단식 농성을 지지하는 시민, 학생들의 수가 100만 명에 달해 시위대가 급격히 증가하자, 정부는 환영식 장소를 공항으로

변경했다. 그리고 당내 보수파들은 학생과 시민들의 대규모 시위를 사회 주의 체제의 존속에 있어 위험 요소로 인식하고, 당시 최고 실권자인 덩샤 오핑에게 시위대를 무력 진압할 것을 요구했다. 하지만 개혁개방파 중 한 명인 총서기 자오쯔양이 이를 반대함으로써 보수파와 갈등했다.

5월 19일, 자오쯔양은 톈안먼 광장을 방문하여 민주 개혁을 외치며 단식 농성 중인 학생들에게 눈물로 호소했다. 이제야 온 것에 대해 사과하고 시 위대가 무엇을 주장하는지 잘 알고 있으며, 비판을 겸허히 받아들이겠으 니 이제 집으로 돌아가라고 설득했다. 하지만 보수파의 의견에 동조한 최 고 실력자 덩샤오핑은 엄청나게 늘어난 시위대를 진압하기 위해 5월 19일 밤에 계엄령을 선포했다. 정치적 힘겨루기에서 패한 자오쯔양은 민주화 운동에 동조했다는 이유로 실각당했으며, 17년 동안 가택 연금당했다.

정권을 장악한 리펑과 덩샤오핑의 후계자로 알려진 양상쿤(楊尙昆) 등 의 강경보수파는 결국 무력 진압을 실행에 옮겼다. 6월 4일, 시위 군중으로 가득 찬 톈안먼 광장에 인민해방군이 진주하여 학생, 시민 등을 상대로 무 차별 발포해 대규모 유혈 사태가 벌어졌다. 이렇게 봇물 터지듯 나오던 시 위대를 강제 해산시킴으로써 민주화 시위를 종식시켰다. 그 결과 1990년 중국 정부의 공식 발표에 의하면 희생자 수는 민간인 사망 875명, 부상 약 14,550명, 군인 사망 56명, 부상 7,525명에 이르렀다. 이것은 덩샤오핑이 4 대 현대화 과정에서 정치 현대화를 등한시하여 생긴 비극적인 결과였다.

당시 중소 정상 회담을 취재하기 위해 중국에 입국한 외신 기자들은 즉 각 중국 정부가 초래한 이 유혈 사태를 전 세계에 알렸다. 국제 사회에서 중국 정부의 무차별적인 인권 탄압을 비판하는 여론이 빗발쳤고, 중국의 이미지는 크게 손상되었다. 미국과 서방 세계는 중국 정부의 비인도적 행

텐안먼 광장에 모인 학생과 시민들

위에 강력하게 항의하는 등 당 지도부를 거세게 비난했고, 중국에 경제 제
재 조치를 단행했으며, 외교 관계 또한 악화되었다.

　　그러나 중국 정부는 텐안먼 사건이 질서를 회복하기 위한 불가피한 조
치였다며 변명으로 일관했다. 그리고 당내에서 대대적인 권력 개편을 단
행하여 자오쯔양 지지 세력을 숙청하고, 자오쯔양에 대한 언론의 언급 금

지를 지시했다. 또한 상하이 시 당서기 출신인 장쩌민(江澤民)을 총서기로 선출하여 리펑, 장쩌민 체제 출발을 알렸다. 강경 보수파의 승리로 끝을 맺었으나, 중국 경제 규모가 커진 상태에서 보수 공산주의로 회귀하는 것은 불가능했다. 따라서 개혁개방 정책은 계속 추진되었다. 이후 서방 세계와의 외교 관계가 악화됨에 따라 개혁개방 정책은 다소 위축되는 양상을 보였다. 이로써 정치적 영향력이 크게 약화된 덩샤오핑은 1994년에 정계에서 물러났다.

홍콩 반환

홍콩의 주권을 되찾다

> ◀ **1840년** 청나라가 난징 조약을 맺고 영국에 홍콩을 할양하다.
> ◀ **1898년** 영국이 〈홍콩경계확장특별조항〉으로 신계 지역을 조차함으로써 홍콩의
>   세 지역을 모두 차지하다.
> ◀ **1982년** 홍콩 반환 문제를 두고 영국의 대처 수상이 중국을 방문하다.
>
> 18세기 후반 청나라가 영국에게 홍콩 영유권을 내준 이래, 중화인민공화국
> 이 수립된 후에도 영국은 계속해서 홍콩을 강점한다. 이에 영국와 중국은
> 홍콩 반환을 둘러싸고 여러 차례 회담을 거쳐 마침내 홍콩의 반환을 확정짓
> 는다. 1997년 중국은 홍콩 반환식을 통해 홍콩에 대한 주권을 완전히 되돌
> 려 받았다.

홍콩은 홍콩섬과 주룽 반도, 신계(新界)의 세 부분으로 이루어져 있다.
홍콩섬은 면적이 75.6제곱킬로미터, 주룽 반도는 11.1제곱킬로미터, 다위
산(大嶼山) 섬 등 주변의 섬 지역을 일컫는 신계는 975.1제곱킬로미터로 홍
콩은 총 면적이 약 1,071.8제곱킬로미터에 달한다. 청나라 시대에 홍콩은
광둥성 신안현(新安縣)에 속한 지역이었다. 그러나 18세기 후반, 청나라는
국력이 쇠약해지고, 통치 집단의 부패와 무능으로 영국에게 홍콩에 대한

영유권을 내주었다.

청나라 시대에 영국은 대중국 무역 적자를 만회하고자 1840년에 제1차 아편전쟁을 일으켰다. 전쟁에 패한 청나라는 영국군에 항복하면서 1842년 영국 군함 콘월리스 호에서 난징 조약에 조인했다. 전체 13조로 이루어진 이 조약에는 '홍콩을 영국에 할양한다'라는 규정이 있었다. 이어 1856년에는 청나라 관리가 청나라 사람 소유의 애로 호에서 영국 국기를 강제로 내리고 청나라 선원 12명을 체포하는 사건이 벌어졌다. 청나라와 영국은 교섭에 실패했고, 영국이 프랑스와 연합해 청나라를 공격하는 제2차 아편전쟁이 발발했다. 청나라는 이 전쟁에서도 패했으며, 1860년에 영국, 프랑스와 베이징 조약을 체결했다. 이때 영국은 홍콩섬 맞은편에 있는 주룽 반도를 할양받았다. 마지막으로 영국이 청나라의 신계 지역까지 손에 넣을 수 있었던 것은 1894년의 청일전쟁에서 청나라가 패배했기 때문이다. 이 패배로 청나라의 약한 국력이 여실히 드러나자 열강 각국은 청나라에게서 이권을 빼앗기에 혈안이 되었다. 게다가 열강들은 서로를 견제할 요량으로 청나라에게 경쟁적으로 조차를 요구했다. 러시아가 여순과 다롄을 조차하자, 영국은 위해위를 조차했고, 프랑스가 광저우만을 조차하자, 1898년 6월 9일에 영국은 청나라와 〈홍콩경계확장특별조항〉을 체결해 신계 지역을 조차했다. 조차 기간은 무려 99년으로 1997년까지였다. 이로써 영국은 홍콩의 세 지역을 모두 차지했다.

태평양 전쟁 발발 후 일본이 홍콩을 잠시 점령했지만, 제2차 세계대전이 종결되고 중화인민공화국이 수립된 후에는 영국이 홍콩을 계속 강점했다. 이에 중국은 홍콩이 중국 영토의 일부이며, 과거 열강의 강요에 의해 체결된 3개의 불평등 조약을 인정하지 않는다는 의사를 확고히 했다. 더불어

1972년에는 중국과 영국이 수교를 맺어 양국이 서로 주권과 영토를 인정하고, 내정에 불간섭하며, 평화 호혜의 원칙을 존중하고, 서로의 수도에 대사관을 설치하기로 했다. 그러자 양국 간 교류가 빈번함은 물론, 상대국에 대한 정책에 변화가 일어났다.

양국은 신계 지역의 조차 마감 기한이 얼마 남지 않은 상태에서 홍콩 반환을 둘러싸고 접촉했다. 1982년 9월 22일, 영국의 대처(Thatcher) 수상이 중국을 방문해 덩샤오핑을 만났고, 9월 24일에 첫 공식 회담이 시작되었다. 그러나 회담에서 양국은 서로의 입장 차이만 확인했을 뿐 만족스러운 결과를 얻지 못했다. 대처 수상은 청나라 때 맺은 3개 조항이 여전히 유효함을 주장했다. 이는 홍콩섬과 주룽 반도는 할양되었기 때문에 논의 대상이 아니며, 신계 지역은 1997년에 반환하면 된다는 것을 의미했다. 당시 영국은 홍콩이 중국에 반환될 경우 홍콩의 번영과 안정을 보장할 수 없으며, 혼란과 재난에 빠질 것이라고 주장했다. 그리고 만약 홍콩이 중국에 반환된다 하더라도 자본주의 체제를 유지하면서 자신들의 영향력을 존속시키길 원했다. 반면 중국은 신계 지역의 조차 기한인 1997년 이전에 홍콩에 대한 권리를 돌려줄 것을 주장했다. 덩샤오핑은 청나라 때 맺은 3개 조항은 불평등 조약이므로 인정할 수 없으며, 신계 지역의 조차가 만료되는 1997년에 홍콩섬과 주룽 반도도 반환해야 한다고 강력히 주장했다.

양국은 1차 회담에서 해결점을 찾지 못했지만, 서로의 입장과 의지는 분명히 확인했다. 그리하여 덩샤오핑은 홍콩 반환을 위한 일국양제(一國兩制) 원칙이라는 현실적인 방안을 제시했다. '나라는 하나지만 두 가지 제도를 인정한다'라는 의미로 홍콩에 최대한 자치권을 부여해 홍콩 인 스스로 홍콩을 통치하게 한다는 것이다. 이에 따르면 홍콩은 각 국가, 지역과

전 분야에 걸쳐 협정을 체결할 수 있으며, 홍콩 인이 행정, 입법, 사법권을 맡는 것이 가능했다. 단 외교와 국방 문제에서는 자치를 허락하지 않았다. 1982년 12월, 덩샤오핑은 제5기 전국인민대표대회 제5차 회의에서 이러한 내용을 담은 〈중화인민공화국 헌법〉을 통과시킴으로써 일국양제를 보장했다.

1983년, 영국이 홍콩 반환에 대한 기존 입장에 변화를 보였다. 영국은 홍콩 반환 문제를 영국 국회에서 다룰 준비를 하고 있다는 서한을 보냈다. 이로써 양국은 협상 테이블에 다시 마주했다. 1983년 7월, 대처 수상이 중국을 다시 방문하자 양국은 2차 회담 및 협상에 들어갔다. 협상은 9월 23일까지 계속되었으나 진전을 보지 못한 채 혼란만 가중되었다. 이에 중국은 1983년 10월 중국을 방문한 영국의 전 수상 히스(Heath)에게 영국의 태도에 변화가 없다면 강력하고 일방적인 조치를 취하겠다는 의사를 전달했다. 결국 협상은 1984년 9월까지 총 22회에 걸쳐 이루어졌으며, 18일에 양국은 드디어 합의에 이르렀다. 1984년 9월 26일, 마침내 양국은 〈홍콩 문제에 관한 중화인민공화국과 영국의 공동 성명서〉를 채택했으며, 12월 19일 베이징에서 영국의 대처 수상과 중국의 자오쯔양(趙紫陽)이 조인했다. 그 내용은 중국 정부는 1997년 7월 1일 홍콩의 주권 행사를 회복하며, 동시에 영국 정부는 이날 홍콩을 중국에 반환한다는 것이다. 이와 함께 중국 정부는 향후 50년간 일국양제를 존속한다는 기본 방침을 명시했다. 1985년, 양국이 상호 비준서를 교환함으로써 공동 성명은 효력을 갖게 되었다.

1990년 3월 20일, 전국인민대표대회에서 정식으로 '홍콩특별행정구역 기본법'이 채택되었다. 이는 홍콩의 헌법이며, 영국과 중국의 합의로 1990년 4월에 공포되었다. 여기에도 역시 홍콩특별행정구는 사회주의 제도와

홍콩의 야경

정책 대신 자본주의 제도와 생활양식을 50년간 유지한다고 적시했다.

1997년 6월 30일 자정 무렵, 드디어 중국과 영국 정부의 홍콩 반환식이 홍콩 컨벤션 센터에서 성대하게 거행되었다. 영국 찰스 황태자와 중국 장쩌민(江澤民), 국무원 총리 리펑(李鵬), 둥젠화(董建華), 마지막 영국 총독인 크리스 패튼(Chris Patten) 등이 참석했다.

1997년 7월 1일 0시 정각, 중국 국가인 의용군 행진곡이 연주되면서 국기 게양대에는 영국 국기와 홍콩특별행정구 기 대신에 오성홍기와 새로운 홍콩특별행정구 기가 함께 게양되었다. 장쩌민은 "중국은 홍콩에 대한 주권을 회복하며, 중화인민공화국 홍콩특별행정기구의 정식 성립을 선언한다."라고 선포했다. 이로써 중국은 과거 불평등 조약으로 영국에게 영원히 양도했던 홍콩섬과 주룽 반도, 신계 지역을 완전히 되돌려 받았다.

　　이후 홍콩 인의 자치 아래 중국은 일국양제를 실험 중에 있으며, 중화인민해방군 홍콩주둔부대가 홍콩의 방위를 맡고 있다. 둥젠화가 홍콩 특구의 초대, 2대 행정장관으로 자치를 실시했고, 3대 행정장관 도널드 창(曾蔭權)을 거쳐, 2012년 현재는 렁춘잉(梁振英)이 4대 행정장관에 선출되었다.

세계무역기구 가입

최대 교역 국가로 떠오른 중국

> ◁◁ **1948년** GATT 성립 당시 중국 국민당이 서명함으로써 중국이 GATT 회원국이
> 되다.
>
> ◁◁ **1995년** GATT를 대체한 WTO가 탄생하다.
>
> ◁◁ **2001년** 카타르 도하에서 열린 제4차 각료회의에서 중국의 WTO 가입이 정식으
> 로 승인되다.
>
> 2001년 12월 중국은 세계무역기구(WTO)의 정식 회원국이 되었다. 이로써
> 중국 기업들의 대외 신임도가 높아지고 해외 자본 투자 기회가 확대되면서
> 중국 경제가 급격히 성장했다. 2001년 중국이 WTO의 정식 회원이 된 지금,
> 중국은 신장된 국력을 바탕으로 세계 경제에 큰 영향을 미치고 있다.

2001년 12월 11일, 중국은 세계무역기구(World Trade Organization, WTO)의
정식 회원국이 되었다. 이로써 중국은 1978년 개혁개방 정책을 추진한 이
래 대외 개방 정책에 있어서 새로운 전환기를 맞았다. 또한 경제를 발전시
킬 도약을 마련하고, 사회주의 시장 경제 체제를 새롭게 정비해야 하는 과
제를 안았다.

WTO는 1995년 1월 1일 이전의 GATT를 대체하여 탄생한 국제기구이

다. 제2차 세계대전 종전 후 전쟁에서 승리한 연합국들은 자유 경제 질서를 유지하기 위해 '관세와 무역에 관한 일반 협정', 즉 GATT와 국제통화기금(International Monetary Fund, IMF), 세계은행(World Bank, IBRD)을 설립했다. 이 중 GATT는 1948년에 발족했으며, 목적은 관세 장벽과 수출입 제한의 제거, 국제 무역과 물자 교류의 증진에 있었다. 이후 몇 차례의 라운드를 통해 관세를 인하하는 성과를 올렸다. 1986년 9월 우루과이라운드에서는 관세 인하와 더불어 서비스, 지적 재산권, 투자 조항 등에까지 영역을 넓혀 논의되었고, 1993년 12월 15일에 타결을 보았다. 우루과이라운드의 성과를 지켜나가고, 만약에 있을 회원국 간의 분쟁 조절을 위해 강력한 권위와 영향력을 가진 기구가 필요했다. 그리하여 탄생한 기구가 WTO였다.

중국이 세계 경제 질서에 편입하고자 한 첫 시도는 1947년, 제네바에서 열린 유엔무역고용회의의 최종 문건에 서명한 것이다. 바로 이때 GATT가 잠정적으로 체결되었으며, 이듬해 GATT가 성립되었을 때 중국 국민당이 대표로 참석해 서명함으로써 GATT의 최초 23개 회원국 중 하나가 되었다. 그러나 1949년 중화인민공화국이 수립되자, 1950년 3월 타이완은 '중화민국' 명의로 GATT를 탈퇴했다. 따라서 중국은 다른 GATT 회원국의 관세 혜택을 받지 못했다. 하지만 중국은 덩샤오핑의 집권으로 개혁개방 정책이 추진되고 괄목할 만한 경제 성장을 이룩한 뒤, 1982년 9월에 GATT 옵서버(참관국)를 신청해 획득했다. 1983년에는 다자간섬유협정 자격을 획득했으며, 1984년에는 GATT 특별옵서버 자격을 얻었다. 이렇듯 GATT 복귀 분위기를 만든 중국 정부는 1986년 7월 GATT에 정식으로 가입을 신청했다. 본격적인 GATT 회원 자격 복귀를 위해 1988년 중국에서는 가입 협상 팀을 꾸렸으며, GATT 역시 적극적인 자세를 취했다. 하지만 중국의 GATT

재가입은 1989년 발생한 6·4 톈안먼 사건으로 좌절되었다. 중국 정부가 톈안먼 사건을 무자비하게 진압하자 미국을 비롯한 서방 국가들이 중국에게 경제 제재를 취했기 때문이다.

중국 정부는 정치 부분의 개혁개방은 절대 허락하지 않았지만, 사회 경제면에서 개혁개방에 대한 고삐를 늦추지 않았다. 1992년, 덩샤오핑은 심천시를 시찰하면서 개혁개방 노선의 가속화를 주장하는 남순강화(南巡講話)를 발표했다. 이후 6·4 톈안먼 사건으로 잠시 주춤했던 중국 경제는 다시 성장세를 보이기 시작했다. 또한 GATT 회원 복귀에 대한 의지로 1994년에는 관세 부문 양허안을 제출했다.

1995년 1월 1일, GATT를 대체하여 134개 회원국이 참여한 WTO가 탄생했다. 1995년 6월에 WTO 옵서버 자격을 획득한 중국은 1997년 8월 WTO 가입을 위해 한국과 관세 및 서비스 분야 시장 개방을 논의했고, 양자 회담을 통해 타결함으로써 WTO 가입에 한 발 다가섰다. 또한 1997년 12월에는 개발도상국들의 제네바 발표를 통해 중국의 WTO 가입에 대한 지지를 확보했다. 더불어 중국 정부는 관세 인하 정책을 내세웠다. 1996년에는 제조업 부문에서 평균 23퍼센트로, 1997년에는 16.8퍼센트로 낮추었다.

이러한 분위기 속에서 1999년 3월에 미국 무역 대표부가 중국을 방문한 데 이어 4월에는 주룽지(朱鎔基) 총리가 미국을 방문하며 양국은 중국의 WTO 가입을 협상해 나갔다. 당시 주룽지는 중국의 WTO 가입에 대한 미국의 지지를 확인했다. 중국과 미국의 협상은 5월 유고 주재 중국 대사관이 오폭당하는 사건으로 잠시 중단되었다가 9월에 재개되었다. 그리고 드디어 11월 15일 중국 대외무역경제합작부 스광성(石廣生) 부장과 미국 무역 대표부 살린 바셰프스키 대표가 6일간의 회담을 통해 도출한 합의문에

서명함으로써 중국의 WTO 가입이 사실상 성사되었다. 합의문은 관세를 실질적으로 낮추고, 미국은 공산품과 농산품의 수출을 확대하며 은행, 보험, 통신업체, 할리우드 영화 제작업체들의 시장 개방 확대를, 중국은 개발 도상국 지위로 가입하는 등의 내용을 담고 있다.

1999년 11월, 중국과 미국이 중국의 WTO 가입을 양자 회담으로 타결했다. 그러나 미국은 합의문에 담긴 내용 이상으로 중국 시장을 개방으로 이끌고, 중국의 산업 구조가 좀 더 시장 경제 체제로 변화되길 원했다. 특히 양국이 이견을 보인 것은 농업 부문이었다. 미국은 중국이 농민들에게 5퍼센트 내의 보조금을 지급하기를 원했으나, 중국은 10퍼센트의 보조금을 주장했다. 2001년 6월, 양국은 농업 총생산액의 8.5퍼센트를 보조금으로 책정함으로써 합의점을 찾았다. 2001년 9월, WTO는 드디어 중국과 다른 무역 상대국들이 중국의 WTO 가입에 합의했다고 발표했다. 이어 WTO는 2001년 11월 9일부터 13일까지 카타르의 도하에서 열린 제4차 각료회의에서 중국의 가입을 정식으로 승인했다. 중국의 WTO 가입은 WTO의 전신인 GATT 출범 이후부터 시작해 15년이라는 가장 긴 시간의 협상 끝에 성사되었다.

중국은 WTO 가입과 함께 국내 시장을 개방하고 WTO 기준에 맞게 관세를 인하해야 했다. 중국은 수입 관세를 농산물 17퍼센트, 섬유류 9.4퍼센트, 석유화학 6~8퍼센트, 철강 제품 8.07퍼센트, 자동차와 부품은 25퍼센트로 낮추어야 했다. 전기전자 첨단제품에서는 관세를 완전 폐지해야 했으며, 수출 보조금, 수출입 쿼터제, 투자 한도 규제 등은 제한되거나 폐지되었다. 이로써 WTO 기준에 맞게 제정, 수정, 폐지된 제도가 3천여 건에 이르렀다. 이것으로 외국 상품과 자본의 중국 진출이 기대되었으며, 중국은 무역 상대국에게 최혜국대우를 받을 수 있었다. 또한 개발도상국에게 제공되는 일반특혜관세 제도의 혜택을 누려 수출 증대도 가능해졌다.

중국의 WTO 가입은 세계 표준 경제 체제의 편입으로 해석되어 중국 기업들의 대외 신임도가 높아졌고, 해외 자본 투자의 기회가 확대되고 용이해졌다. 여기에 중국 정부의 계속되는 개혁개방 정책이 맞물려 중국 경제는 급격하게 성장했다. WTO 가입 10년 후 중국은 대외 무역 총액에 있어서 4.8배 증가했고, 수출입 규모에서 각각 4.9배, 4.7배의 성장률을 보였으며, 화물 무역액에서 세계 2위를 차지했다.

중국은 이로써 발전된 글로벌 경제 환경 속에서 발전 기회와 이권을 얻음과 동시에 발언권과 권리를 가졌다. 그리하여 현재 WTO 업무에도 적극적이고 전면적으로 참여하고 있다. 이로써 중국은 세계 각국의 최대 교역 국가로 떠올랐으며, 아시아 국가들의 중국에 대한 무역 의존도가 크게 높아졌다.

그러나 WTO 가입으로 분명 실도 발생했다. 전반적으로 중국의 낙후한 산업 구조 개선에는 도움이 되었지만, 상대적으로 취약했던 산업은 큰 충격을 받았고, 낙오된 기업은 살아남을 길이 없었다. 또한 중국이 무역 대국으로 성장하고, 중국에게 무역을 의존하는 국가가 늘어날수록 무역 마찰이 빈번하게 발생했다.

중국이 WTO의 정식 회원이 된 지 10년이 넘은 현재, 중국은 더 이상 혜택을 받아야 하는 수세적 입장이기보다는 WTO에서의 영향력과 신장된 국력을 바탕으로 세계 경제에 큰 영향을 미칠 만한 지위에 올랐다. 중국과 WTO의 상호 관계는 계속 진행 중에 있으며, 그 여파는 세계 경제로까지 이어지고 있다.

중국사를 움직인 100대 사건

홍문숙 · 홍정숙 엮음

초판 1쇄 인쇄 · 2013. 1. 10.
초판 1쇄 발행 · 2013. 1. 20.

발행인 · 이상용 이성훈
발행처 · 청아출판사
출판등록 · 1979. 11. 13. 제9-84호
주소 · 경기도 파주시 교하읍 문발리 출판문화정보산업단지 507-7
대표전화 · 031-955-6031
팩시밀리 · 031-955-6036
홈페이지 · www.chungabook.co.kr
E-mail · chunga@chungabook.co.kr

ISBN 978-89-368-1040-5   03900

* 값은 뒤표지에 있습니다.
* 잘못된 책은 구입한 서점에서 바꾸어 드립니다.
* 본 도서에 대한 문의사항은 홈페이지나 이메일을 통해 주십시오.
* 이 책에 사용된 사진 자료 중 일부는 저작권자를 찾지 못했습니다. 저작권자가 확인되는 대로
정식 허가 절차를 진행하겠습니다.

Group:
Printed On:09:09 2017-09-02
Paper:Hansol_MIMO_1200x600_484mm_100g
Copies:70 Print Range:All
Print Side:Duplex Reverse Order:No Collate:Yes
Resolution:600 Mode:Standard (1200x600dpi) Speed:75
Dryer Temperature:
  Heat Roller:Printer1:80 Printer2:80
  Assisting Air Dryer:Printer1:0 Printer2:0
Flushing Pattern:Line8
Line pattern option:C0
Line pattern option 2:Cross stitch
Flusing Page:Standard
Interval:0
Print Head Uniformity
  K:Printer1:Hansol_MIMO_1200x600_484mm_100g_4 Printer2:Hansol_MIMO_1200x600_484mm_...
  C:Printer1:Hansol_MIMO_1200x600_484mm_100g_4 Printer2:Hansol_MIMO_1200x600_484mm_...
  M:Printer1:Hansol_MIMO_1200x600_484mm_100g_4 Printer2:Hansol_MIMO_1200x600_484mm_...
  Y:Printer1:Hansol_MIMO_1200x600_484mm_100g_4 Printer2:Hansol_MIMO_1200x600_484mm_...
Linearize
  K:Printer1:Default Printer2:Default
  C:Printer1:Default Printer2:Default
  M:Printer1:Default Printer2:Default
  Y:Printer1:Default Printer2:Default
Head Alignment:Hansol_MIMO_1200x600_484mm_100g
  K:Printer1:Hansol_MIMO_1200x600_484mm_100g Printer2:Hansol_MIMO_1200x600_484mm_100g
  C:Printer1:Hansol_MIMO_1200x600_484mm_100g Printer2:Hansol_MIMO_1200x600_484mm_10...
  M:Printer1:Hansol_MIMO_1200x600_484mm_100g Printer2:Hansol_MIMO_1200x600_484mm_10...
  Y:Printer1:Hansol_MIMO_1200x600_484mm_100g Printer2:Hansol_MIMO_1200x600_484mm_100g
Screening:RandotJet RandotJet RandotJet RandotJet
Page Size:484.0, 235.0
Page Feed:235.0
Offset: Printer1:0.0, 0.0 Printer2:0.0, 0.0
Tone Curve:screen , screen
Process Job ID:pj170902-00011
Job ID:ej170902-00002
Hot Folder:Yung's 152X225 3up 4color-sidebacode
Output Color Profile:Hansol_WhiteMojo100g
  (Front): ICC_Sys:HD_1212_HansolWhiteMojo100g_120ink
  (Back): ICC_Sys:HD_1212_HansolWhiteMojo100g_120ink

Group:
Printed On:09:09 2017-09-02
Paper:Hansol_MIMO_1200x600_484mm_100g
Copies:70 Print Range:All
Print Side:Duplex Reverse Order:No Collate:Yes
Resolution:600 Mode:Standard (1200x600dpi) Speed:75
Dryer Temperature:
  Heat Roller:Printer1:80 Printer2:80
  Assisting Air Dryer:Printer1:0 Printer2:0
Flushing Pattern:Line8
Line pattern option:C0
Line pattern option 2:Cross stitch
Flusing Page:Standard
Interval:0
Print Head Uniformity
  K:Printer1:Hansol_MIMO_1200x600_484mm_100g_4 Printer2:Hansol_MIMO_1200x600_484mm_...
  C:Printer1:Hansol_MIMO_1200x600_484mm_100g_4 Printer2:Hansol_MIMO_1200x600_484mm_...
  M:Printer1:Hansol_MIMO_1200x600_484mm_100g_4 Printer2:Hansol_MIMO_1200x600_484mm_...
  Y:Printer1:Hansol_MIMO_1200x600_484mm_100g_4 Printer2:Hansol_MIMO_1200x600_484mm_...
Linearize
  K:Printer1:Default Printer2:Default
  C:Printer1:Default Printer2:Default
  M:Printer1:Default Printer2:Default
  Y:Printer1:Default Printer2:Default
Head Alignment:Hansol_MIMO_1200x600_484mm_100g
  K:Printer1:Hansol_MIMO_1200x600_484mm_100g Printer2:Hansol_MIMO_1200x600_484mm_100g
  C:Printer1:Hansol_MIMO_1200x600_484mm_100g Printer2:Hansol_MIMO_1200x600_484mm_10...
  M:Printer1:Hansol_MIMO_1200x600_484mm_100g Printer2:Hansol_MIMO_1200x600_484mm_10...
  Y:Printer1:Hansol_MIMO_1200x600_484mm_100g Printer2:Hansol_MIMO_1200x600_484mm_100g
Screening:RandotJet RandotJet RandotJet RandotJet
Page Size:484.0, 235.0
Page Feed:235.0
Offset: Printer1:0.0, 0.0 Printer2:0.0, 0.0
Tone Curve:screen , screen
Process Job ID:pj170902-00008
Job ID:ej170902-00001
Hot Folder:Yung's 152X225 3up 4color-sidebacode
Output Color Profile:Hansol_WhiteMojo100g
  (Front): ICC_Sys:HD_1212_HansolWhiteMojo100g_120ink
  (Back): ICC_Sys:HD_1212_HansolWhiteMojo100g_120ink